LES

GRANDS ÉCRIVAINS

DE LA FRANCE

NOUVELLES ÉDITIONS

PUBLIÉES SOUS LA DIRECTION

DE M. AD. REGNIER

Membre de l'Institut

ŒUVRES

DE MALHERBE

TOME III

PARIS. — IMPRIMERIE DE CH. LAHURE ET Cie
Rue de Fleurus, 9

ŒUVRES

DE MALHERBE

RECUEILLIES ET ANNOTÉES

PAR M. L. LALANNE

ANCIEN ÉLÈVE DE L'ÉCOLE DES CHARTES

NOUVELLE ÉDITION

REVUE SUR LES AUTOGRAPHES, LES COPIES LES PLUS AUTHENTIQUES ET LES PLUS ANCIENNES IMPRESSIONS

ET AUGMENTÉE

de notices, de variantes, de notes, d'un lexique des mots et locutions remarquables, d'un portrait, d'un fac-simile, etc.

TOME TROISIÈME

PARIS

LIBRAIRIE DE L. HACHETTE ET Cie

BOULEVARD SAINT-GERMAIN, N° 77

1862

PRÉFACE.

Poëte dans notre premier volume, traducteur dans le second, Malherbe va nous apparaître ici comme chroniqueur. Ses lettres à Peiresc offrent, en effet, une chronique précieuse et authentique de la cour de France pendant les dernières années de Henri IV et les premières du règne de Louis XIII. Toutefois on ne doit point y chercher, nous l'avons déjà dit, cet enjouement ni cette vivacité qui ont fait le succès de tant d'épistolaires et qui n'étaient nullement dans la nature de son esprit. N'écrivant point pour le public, il n'avait d'autre but que d'envoyer en Provence des nouvelles qu'il rédigeait en excellente prose, dépourvue de recherche et de prétention, quoiqu'il s'efforçât — ses manuscrits le prouvent surabondamment — de donner à son style toute la correction possible.

Le désir d'être agréable à son ami et sa curiosité naturelle le portaient à se tenir au courant des événements politiques, des intrigues et de ces « nigeries, » ainsi qu'il les appelle, que sa position à la cour, ses liaisons avec de grands personnages, lui permettaient de savoir de première main. Dans ses récits, on sent toujours « l'homme qui est du Louvre. » Il y a dans sa correspondance nombre de faits et d'anecdotes qui ne se rencontrent que là, et M. Paulin Paris s'en est servi plus d'une fois dans son édition de Tallemant pour discuter ou appuyer le témoignage des *Historiettes*. On peut d'ailleurs se fier à la sincérité de Malherbe, car il ne manque jamais de rectifier les faits, avancés par lui, dont il a reconnu plus tard l'inexactitude.

Malgré leur incontestable mérite, ces lettres, dont les autographes sont conservés à la Bibliothèque impériale [1], restèrent oubliées jusqu'en 1822. Il en parut alors une édition qui n'était pas de nature à les faire valoir [2]. L'éditeur (probablement le libraire Blaise) les publia en homme à qui la littérature et la langue du dix-septième siècle étaient aussi étrangères que l'histoire. Les fautes grossières dont il a rempli son texte et que ne peut excuser la difficulté, très-réelle, du déchiffrement, ne sont point rachetées par les commentaires; car les 40 notes qu'il a jugé à propos de disséminer au bas des 516 pages de son volume sont ou insignifiantes ou erronées. Il avait donc peu facilité la besogne à ses successeurs. Nous, qui venons immédiatement après lui [3], nous avons dû d'abord commencer par reviser le texte, puis l'annoter de manière

1. Voyez plus loin la *Notice par M. Bazin*.

2. Voyez tome I, *Avertissement*, p. v, et plus loin, p. VII.

3. Nous avons dit dans notre premier volume, *Notice bibliographique*, p. CIX, n° 64, qu'un supplément à ces lettres a été publié en 1841 par M. Miller.

à mettre le lecteur au courant des hommes et des choses dont Malherbe a parlé en termes très-clairs pour son ami, mais souvent obscurs pour ceux qui vivent dans la seconde moitié du dix-neuvième siècle.

Rien n'a été épargné pour reproduire le texte original avec la précision la plus rigoureuse; et si nous y sommes parvenu, nous le devons à notre confrère M. L. Lacombe et au fils aîné de M. Regnier, qui, au moyen de plusieurs collations successives, en ont accompli la révision avec une habileté et une intelligence dont nous ne saurions trop les remercier. Pour représenter fidèlement l'état des autographes, et montrer surtout avec quelles précautions méticuleuses Malherbe rédigeait sa correspondance, nous avons cru nécessaire de signaler en note les principales modifications qu'il a apportées à son texte primitif, retranchant ici, ajoutant là, substituant à une expression ou à une tournure vieillie une expression ou une tournure plus moderne. Le grammairien, l'écrivain exact, net et concis, s'y révèle à chaque page; et quoique ces sortes de variantes puissent, au premier abord, sembler un peu minutieuses, on s'apercevra bien vite, nous l'espérons, qu'elles ont leur importance pour l'histoire de la prose française, dont Malherbe a été l'un des créateurs.

Le commentaire nous a offert parfois plus d'une difficulté, car nous avons tenu, autant qu'il nous a été possible, à ne laisser sans explication aucun des noms qui se multiplient sous la plume de Malherbe; et il n'a pas toujours été aisé de retrouver l'origine de ces personnages subalternes, qui n'ont guère fait que traverser l'histoire, où il n'est point resté trace de leur passage. Pour cette partie de notre travail, divers documents inédits nous ont été d'un grand secours. Ainsi, la correspondance inédite de Peiresc, à Carpentras, que, grâce à l'obligeance du savant bibliothécaire, M. Lambert, nous avons pu consulter à loisir, nous a fourni, sur les affaires particulières des deux amis, des éclaircissements que nous aurions en vain cherchés ailleurs. Nous avons aussi trouvé de précieux renseignements dans quelques collections de la Bibliothèque impériale et de la bibliothèque de l'Institut [1].

Notre travail complétement terminé, texte et notes, était, depuis plusieurs semaines, entre les mains de l'imprimeur, et les premières feuilles étaient déjà composées, quand MM. Sallard, neveux de feu M. A. Bazin, l'auteur si estimé de l'*Histoire de France sous Louis XIII*, voulurent bien mettre à notre disposition, avec un empressement pour lequel nous leur exprimons ici toute notre gratitude, un exemplaire des lettres de Malherbe que leur oncle avait annoté et préparé pour l'impression [2]. Malheureusement cette obligeante communication, qui, quelques mois plus tôt, nous aurait épargné de nombreuses recherches, arrivait un peu tard. Pourtant, si à ce commentaire d'un écrivain qui avait le premier mis en lumière la valeur historique de cette correspondance,

1. Voyez, entre autres, p. 288, note 12; p. 394, note 7; p. 407, note 7; p. 548, note 6.

2. MM. Sallard ont l'intention de donner à la Bibliothèque impériale cet exemplaire et la copie manuscrite dont il est question plus bas, et qu'ils ont mise aussi à notre disposition.

nous n'avons pu emprunter textuellement qu'une dizaine de notes[1], nous nous plaisons à déclarer que nous y avons puisé des indications fort utiles. Enfin son texte, qu'il avait collationné sur les manuscrits autographes et sur une copie exécutée avant les soustractions opérées dans ces manuscrits, nous a permis soit de combler des lacunes regrettables, soit de surmonter certaines difficultés que présentait le déchiffrement des pièces originales.

MM. Sallard, désirant que le nom de M. Bazin se rattachât en quelque manière à la mémoire de l'écrivain qu'il avait si heureusement étudié, nous ont demandé d'insérer dans notre volume la notice qui devait figurer en tête de son édition. Tout ce qui est sorti de la plume de cet élégant et sagace historien avait trop de valeur pour que nous hésitassions un instant à accepter leur proposition, certain que nous étions du gré que nous en sauront nos lecteurs. C'est donc à M. Bazin que nous allons, dans les pages suivantes, laisser le soin de compléter ce qui manque à cette courte préface.

LUD. LALANNE.

1. Voyez p. 19, 207, 265, 344, 442, 531, 575. — Les notes de M. Bazin sont au nombre d'environ quatorze cents. Les nôtres, conçues sur un plan assez différent, se montent à près de dix-huit cents.

NOTICE

PAR M. BAZIN.

J'acquitte ici une dette envers un des livres qui m'ont le plus servi pour comprendre et pour écrire le commencement du règne de Louis XIII.

Un livre, c'est trop peu dire.

Le témoignage journalier, intime, confidentiel, d'un homme comme Malherbe sur les événements qu'il voyait se faire, sur les hommes parmi lesquels il vivait, a un caractère bien autrement précieux que celui d'un ouvrage composé exprès pour être lu de tous, fût-il d'un contemporain, fût-il de Malherbe lui-même.

Ces lettres, publiées depuis 1822, c'est-à-dire deux siècles après que le messager les avait portées à un correspondant, ont une assez mauvaise réputation sous le rapport littéraire, et on peut dire qu'elles la méritent. Elles ne sont pas éloquentes comme celles de Balzac, ni enjouées comme les faisait Voiture; elles n'ont ni la personnalité confiante de Bussy, ni le commérage caustique de Patin. Elles sont pleines de faits, des faits du jour et de la veille, sèchement racontés par un homme qui n'a jamais le temps d'écrire, qui ne varie aucunement ses formules, qui vide son sac sans nul apprêt, mais qui a mis soin à le remplir.

Un critique qui cherchait le beau et ne le trouvait pas là, avait parlé fort dédaigneusement de ce recueil. Dans une seconde édition de son ouvrage, il a reconnu que les lettres de Malherbe « avaient beaucoup de prix comme renseignement historique », et il veut bien nous donner le mérite de les avoir « remises en valeur. »

Elles le seraient bien plus complétement et au jugement de tous, si chacun pouvait les lire comme nous les avons lues, avec une connaissance suffisante des hommes et des choses dont il y est question, pour savoir redresser les innombrables fautes de la copie, et ajouter de soi-même au texte les commentaires dont il a besoin.

Nul lecteur n'est obligé à cette étude préliminaire ; mais un éditeur doit s'en charger pour lui, et malheureusement le recueil des lettres de Malherbe n'a pas eu d'éditeur.

Le manuscrit a passé par les mains d'un copiste, qui l'a lu comme un copiste lit, souvent avec une admirable habileté pour découvrir des mots sous les traits capricieux d'une écriture irrégulière, toujours avec une parfaite ignorance de la langue du temps, du style particulier à l'homme, du nom des personnages et des faits de l'histoire, toutes choses qui servent aussi à déchiffrer, mais à le faire d'une façon intelligente.

On avait bien promis d'associer à la besogne du copiste le travail d'un commentateur, mais on y a renoncé, et tout ce qu'on a pu ajouter au texte copié s'est borné à quelques notes grammaticales sans intérêt, puisqu'elles n'ont pas de suite, avec quatre ou cinq notes historiques, aussi absurdes que possible.

Dès lors il n'y a pas lieu de s'étonner si le public, qui veut bien s'instruire, mais qui demande qu'on l'y aide, a reçu froidement cette importante découverte.

Elle lui avait été annoncée en 1822 par un libraire publiant une nouvelle édition des *Poésies* de Malherbe, et voici en quels termes il en parlait dans sa préface : « Le libraire doit des remerciements à Messieurs les conservateurs des manuscrits et de la bibliothèque du Roi, à MM. Dacier, Van Praet, Petit-Radel et Feletz, qui ont eu la bonté de lui donner connaissance de deux volumes de lettres, adressées par Malherbe à un sieur de Peyresq, conseiller au parlement de Provence, en l'autorisant à en faire son profit. »

Après avoir imprimé cette phrase dans le volume de poésies qu'il mettait en vente, le libraire s'informa de ce que pouvait être le sieur de Peyresq, à qui Malherbe écrivait des centaines de lettres. Il apprit que le *Dictionnaire historique universel*, que Dreux du Radier, dans son *Europe illustre*, en avaient parlé sous le nom de Peiresc, et il s'empressa de copier, pour mettre en tête de son édition des lettres inédites, de précieux extraits de ces deux ouvrages.

Il paraît d'ailleurs que la considération dont jouissait le sieur de Peiresc chez les auteurs du *Dictionnaire* et chez Dreux du Radier changea quelque chose à la résolution du libraire en ce qui concernait les lettres à publier. Il avait promis de choisir dans le nombre et de donner seulement ce qui lui semblerait propre à intéresser le lecteur, de façon que le volume de lettres et le volume de poésies fussent d'égale épaisseur. Il imprima tout et se résolut à vendre, contre les lois du commerce, deux volumes énormément inégaux : l'un de vingt feuilles, l'autre de trente-trois.

Nous disons qu'il imprima tout, c'est-à-dire qu'il n'écarta rien, par préférence de ceci, par dédain de cela; mais son copiste avait fait des omissions. Deux personnes, l'une après l'autre, se mirent à les rechercher : la première pour fournir du nouveau à une édition rivale (1825), la seconde (1841) pour critiquer le travail de l'autre[1]. Il en est résulté la découverte d'une quinzaine de billets, post-scriptums et passages retranchés, qui ne tiendraient pas dix pages, et parmi lesquels se trouve seulement une lettre importante, en date du 25 juin 1617. Nous-même, qui avons fait à notre tour pareille recherche, nous sommes sûr, sans nous en vanter beaucoup, d'avoir glané encore quelques lignes, encore une lettre entière qui avaient échappé aux investigations précédentes. Peut-être ramassera-t-on quelque chose encore après la nôtre. Nous allons replacer ici toutes les pièces et tous les morceaux égarés, et l'on verra que, toujours sauf la lettre du 25 juin 1617, il n'y a pas de quoi enrichir beaucoup le recueil. Ce qui est plus triste et ce qui est trop vrai, c'est que par suite de ces soustractions dont il ne paraît pas possible de préserver les trésors publics, plusieurs lettres qui étaient autographes n'existent plus que dans l'imprimé[2].

Voici, du reste, ce que nous avons pu apprendre au sujet du recueil autographe. Peiresc, comme on sait, avait laissé une collection énorme de manuscrits : elle ne formait pas moins de 125 volumes in-folio. Après sa mort, arrivée le 24 juin 1637, ce trésor passa, avec le reste de ses biens, dans les mains de son neveu, Claude Fabri, seigneur, puis marquis de Rians, conseiller au parlement de Provence, qui s'empressa de l'apporter à Paris pour le vendre, et, n'en trouvant pas assez bon

1. M. Parelle. — M. Miller. Voyez tome I, la *Notice bibliographique*, p. CVII, n° 53, et p. CIX, n° 64. (Lud. L.)

2. Nous en avons retrouvé plusieurs dans des collections particulières. Voyez ci-dessus, p. 495, 514 et 562. (Lud. L.)

prix, le remporta en Provence. Là, il paraît que la collection s'éparpilla. Le marquis de Rians avait pour héritières deux filles, qui se marièrent : l'aînée porta le marquisat de Rians dans la famille de Valbelle; l'autre épousa Scipion du Périer, conseiller au parlement; toutes deux eurent des enfants, et pourtant ce n'est pas dans leur descendance qu'on retrouve trace des manuscrits de leur grand-oncle. Au commencement du dix-huitième siècle, celui qu'on désigne comme possédant la plus grande partie de cette collection est M. Thomassin de Mazaugues, conseiller au parlement de Provence et président aux enquêtes. Ce Thomassin, d'ailleurs, n'était pas étranger à la famille de Peiresc : il était fils de Louis Thomassin et de Gabrielle de Séguiran, laquelle avait pour père Rainaud de Séguiran, fils de Henry de Séguiran et de Suzanne Fabri, sœur de Peiresc, ce qui le faisait arrière-petit-neveu de celui-ci.

Or c'est, nous a-t-on dit, du fonds de ce M. Thomassin de Mazaugues, le second de son nom, et reçu conseiller en 1724, que provient le portefeuille dont s'est enrichie la bibliothèque du Roi, par le seul intermédiaire, à ce qu'il paraît, de l'abbé Mercier de Saint-Léger, mort en 1799.

Ce qui est certain, en tout cas, c'est qu'il n'y existe pas depuis longtemps; que, même dans la main des possesseurs antérieurs, il avait été fort peu fouillé; que personne, à notre connaissance, n'en avait tiré, soit des éclaircissements pour l'histoire, soit des pièces inédites pour grossir les recueils de renseignements curieux; qu'enfin il s'est présenté vierge à l'éditeur de 1822.

Nous disons le portefeuille, car il nous semble que la bibliothèque du Roi a dû le recevoir ainsi; depuis, elle a fait relier, et fort mal, les pièces qu'il contenait. Ces pièces forment à présent deux volumes, cotés ainsi : *Supplément français* 998 et 999[1].

Dans le premier il y a un peu d'ordre, quoique souvent interverti. Il contient 219 pièces chiffrées et timbrées qui forment à peu près le total des lettres écrites par Malherbe à Peiresc, depuis février 1606 jusqu'à la fin de décembre 1614. Cependant trois lettres de cette époque, qui existaient lorsqu'a

1. La reliure de ces volumes a été changée, et ils portent maintenant les numéros du fonds français 9535 et 9536. (Lud. L.)

été faite la copie pour l'imprimé, ont disparu du recueil autographe, avant le numérotage.

Le second volume est un véritable fouillis; il commence par des lettres de Malherbe qui devraient être la suite du recueil précédent, mais qu'on a rangées au hasard, sans souci de leurs dates, la plus ancienne étant la dernière, sans que la plus nouvelle soit la première, comme au moins l'ordre inverse le voudrait. Ce commencement du volume fournit 54 pièces à la correspondance de Malherbe. Mais il manque déjà deux des pièces numérotées (33[1] et 36) et plusieurs lettres imprimées de cette période, qui ne se sont plus retrouvées au numérotage. Le reste du volume contient des lettres de plusieurs personnes, notamment de Gassendi, jusqu'au nombre de 184 en tout[2].

Des 219 pièces du premier volume et des 54 du second, ensemble de celles qui ont disparu, l'éditeur de 1822 avait fait 217 lettres. C'était encore trop. En déduisant les post-scriptums, les pièces jointes, les enveloppes, les pièces étrangères à la correspondance, en réunissant à la lettre d'envoi les feuilles de nouvelles ou gazettes, nous sommes arrivés à ne compter que 210 lettres, proprement dites, avec leurs annexes. Encore avons-nous introduit dans ce nombre la lettre retrouvée du 25 juin 1617, qui a de l'importance. Quant à dix autres également retrouvées, qui sont de simples billets, nous avons cru suffisant de les adjoindre avec le titre *bis* à celles qui les précèdent dans l'ordre des dates[3].

Pour ce qui est de la correspondance elle-même, correspondance qui n'est pas réciproque et dont nous ne voyons qu'un côté[4], celui qui vient de Malherbe, elle commence au mois de février 1606, peu de temps avant l'époque où Malherbe vint se fixer à Paris, et elle finit au 3 avril 1628, six mois avant sa

1. Le numéro 33, recouvré depuis, a été rétabli dans le volume. (Lud. L.)
2. Il y a dans le volume 185 numéros; le 184e manque. (Lud. L.)
3. Tout ceci, ainsi que les calculs qui suivent, s'applique à la copie préparée pour l'impression par M. Bazin, et nullement à notre édition. Voyez plus haut, p. IV. (Lud. L.)
4. Nous avons dit dans notre *Préface* (voyez p. III et IV) que les lettres de Peiresc à Malherbe sont à Carpentras, où nous sommes allé les consulter et en prendre des extraits pour notre commentaire. (Lud. L.)

mort; mais ces vingt-deux années sont fort inégalement fournies de lettres, tantôt à cause de quelque voyage que fait Malherbe, tantôt à raison de la présence de Peiresc près de son ami.

Ainsi nous trouverons :

De 1606	9	lettres.
De 1607	14	—
De 1608	10	—
De 1609	14	—
De 1610	25	—
De 1611	18	—
De 1612	5	—
De 1613	33	—
De 1614	34	—
De 1615	21	—
De 1616	0	—
De 1617	1	—
De 1618, 1619, 1620	0	—
De 1621	15	—
De 1622	7	—
De 1623, 1624, 1625	0	—
De 1626	1	—
De 1627	2	—
De 1628	1	—
Total	210	lettres.

On voit par ce tableau que les années les plus remplies sont les premières, de 1606 à 1615, sauf l'année 1612 que Peiresc passa presque entière à Paris. En 1616, il y suivit le premier président du Vair, nommé garde des sceaux, et ne retourna en Provence qu'à la fin de 1621. Dans cet intervalle, les quinze lettres de 1621 proviennent d'un voyage de Malherbe en Normandie, d'où il écrivait pour avoir plutôt que pour donner des nouvelles. Les sept lettres de 1622 partent de Provence, où Malherbe était allé revoir sa femme après seize ans d'absence[1]. Le vide des années suivantes annonce peut-être quelques lettres perdues, mais surtout beaucoup de paresse et de

1. Il faut lire après onze ans d'absence, car Malherbe a fait en 1616 un voyage à Aix. (Lud. L.)

chagrin chez un vieillard qui, même dans un temps meilleur, n'écrivait jamais qu'à contre-cœur, ce dont, pour notre part, nous sommes loin de lui faire un reproche[1].

Il n'est pas sans intérêt, en ouvrant ce volume de lettres, de savoir quelle était, à l'époque où commence la correspondance, la condition de celui qui écrit et de celui à qui les lettres s'adressent :

1° François de Malherbe, âgé de cinquante ans, avait quitté depuis six mois la Provence, où il laissait sa femme et son fils, pour venir chercher fortune de poëte et de courtisan à Paris.

2° Nicolas-Claude Fabri de Peiresc, âgé de vingt-six ans, fils d'un conseiller à la Chambre des comptes d'Aix et neveu d'un conseiller au parlement de cette ville, reçu depuis deux ans docteur en droit, achevait, en attendant une charge[2], son éducation scientifique et littéraire par des voyages dans toutes les parties de l'Europe et par la fréquentation des hommes doctes.

La différence d'âge entre l'un et l'autre rend plus remarquable le ton de déférence et de respect que le plus vieux, assez peu complaisant de sa nature, conserve toujours avec le plus jeune.

Au commencement de 1606, Peiresc est à Paris « fort occupé, » comme il le dit dans une lettre à Joseph Scaliger, du 15 février, « d'un fâcheux procès où il s'agit, pour sa famille, de cinquante et tant de mille francs qu'on lui demande, » ce qui n'ôte rien du reste à son active curiosité.

BAZIN.

1. La *France littéraire* de M. Quérard dit que M. de Fortia possédait un recueil *manuscrit* de lettres *inédites* de Malherbe à Peiresc. Nous avons appris, à nos dépens, que cela n'est pas. Le manuscrit de M. de Fortia, qui est en notre possession, ne contient que les lettres imprimées en 1622. Seulement il a été fait, sans aucun doute, avant l'impression de ces lettres : on y trouve la plupart des passages omis par l'éditeur, quelques lettres même qui manquent maintenant au recueil autographe. Il peut, jusqu'à un certain point, remplacer celui-ci, et ne deviendrait complétement inutile que s'il se faisait une édition exacte de ces précieux documents, ce qui n'est pas à espérer. (*Note de M. Bazin.*)

2. Voyez la note 1 de la p. 43. (Lud. L.)

ŒUVRES

DE MALHERBE.

LETTRES A PEIRESC.

1. — [Paris, février [1].] 1606

Monsieur, afin que vous ayez part aux carrouselles[2], je vous prie de penser à quelque belle devise; j'y penserai de mon côté, mais j'ai tant de besogne taillée que je ne sais où donner de la tête. Pline et Piérius[3] vous en fourniront quelque sujet, si vous voulez voir leurs tables sous le nom d'amour; car c'est là qu'il faut que tout se rapporte. Je vous baise bien humblement les mains. Excusez-moi si je vous suis importun; mais qui ne le seroit en une occasion où cinquante chevaux de la taille du mien ne fourniroient pas? Il faut recourir aux amis et je sais

Lettre I. — 1. Peiresc était alors à Paris, où il était venu avec Malherbe dès l'année précédente. Voyez au tome I, la *Notice biographique*, p. xxii. La date de cette lettre et de la suivante nous est donnée par la cote (février 1606) mise au dos par Peiresc.

2. Le carrousel eut lieu à Paris le 25 février 1606. Voyez tome I, pièce xx, les vers que Malherbe fit pour cette fête.

3. Malherbe veut sans doute parler des *Hieroglyphica* de Joannes Pierius Valerianus, ou Valeriano Bolzani, de Belluna, mort en 1558, à l'âge de quatre-vingt-un ans. Il en existait une traduction française par Gabriel Chapuis (Lyon, 1576).

1606 bien que vous êtes des miens. Aussi suis-je votre très-humble serviteur.

2. — [Paris, février.]

Monsieur, lundi au soir Monsieur le Grand[1] me commanda de faire des vers pour les dames[2]. Je fis ce que je pus pour m'en excuser, mais il n'y eut ordre. Vous pouvez penser si un homme qui a mauvaises jambes, comme j'ai, peut faire beaucoup de chemin en si peu de temps. J'en fis pourtant, car il fallut obéir; mais ce furent des vers de nécessité : ils ne laissèrent pas d'être loués; le mal est que je ne les loue pas, et que je ne veux pas qu'on les voye. Toutefois, pource que je ne vous saurois rien nier, vous les aurez sitôt que j'aurai le moyen de les écrire; à cette heure j'ai compagnie qui ne me le permet pas. Je suis bien aise que vous fûtes bien accommodé à la carrouselle : je vous regrettai et vous cherchai partout, sinon là où vous étiez. Vous fûtes bien, et vous n'eussiez pas été mal; car vous eussiez soupé avec M. le comte de Candale[3] et Messieurs ses frères, à la chambre de Monsieur le Grand, et eussiez eu le plaisir de dessus un échafaud qui ne vous eût rien coûté. On voulut que je la visse (je parle de la carrouselle[4]); c'est pourquoi je la vis, car autrement je ne suis pas bien curieux, et n'achète guère

Lettre 2. — 1. Roger de Saint-Lary, seigneur de Bellegarde, grand écuyer de France. Voyez tome I, p. 107, la notice de la pièce XXVII.

2. Ce sont les stances intitulées : *Aux Dames. Pour les demi-Dieux marins, conduits par Neptune.* Voyez tome I, pièce XX, p. 84.

3. Henri de Nogaret de la Valette, comte de Candale, duc d'Halluin, mort à Casal le 11 février 1639. Il était le fils aîné du duc d'Espernon et avait pour frères Bernard, qui devint duc d'Espernon, et Louis, cardinal de la Valette.

4. Malherbe a ajouté au-dessus de la ligne les mots mis entre parenthèses.

de choses avec le travail. Le papier me faut; je m'en vais finir, et me recommander humblement à vos bonnes grâces, comme votre très-humble serviteur, 1606

FR. DE MALERBE.

Je vous renvoye vos cartels, qui sont bons et beaux; il n'en vient point d'autres de ce pays-là.

---

3. — [Fontainebleau, ce 2e octobre[1].]

MONSIEUR, je ne veux pas payer les effets dont vous m'avez témoigné votre bienveillance, en vous offrant la mienne avec des paroles; mais puisque pour cette heure la fortune ne me donne point de moyen de faire autre chose, si veux-je que vous ayez quelque gage des promesses que je vous ai faites de me souvenir tant que je vivrai de l'honneur que j'ai reçu de vous en toute sorte d'offices où l'occasion s'est présentée de m'obliger. Cette lettre m'en servira, s'il vous plaît, attendant que quelque meilleur se mette en sa place, et vous l'accepterez avec votre courtoisie accoutumée.

J'écris toujours très-mal, mais ce soir j'y fais des merveilles, pource qu'il est tard et que je suis si lassé de brouiller le papier que je vous jure que je ne sais ni que je fais ni que je dis; et puis, au même temps que ce porteur est entré en ma chambre, il s'est rencontré avec lui un laquais qui est venu exprès de Paris m'apporter une lettre. Je vous laisse à penser comme je suis glorieux : la réponse a épuisé tout ce que j'avois de belles paroles, et a laissé[2]

LETTRE 3. — 1. Peiresc était revenu en Provence dès le commencement d'octobre, après avoir visité l'Angleterre et les Pays-Bas.

2. Il y a *lassé* dans le manuscrit; mais évidemment c'est *laissé*

1606 l'esprit aussi bien las que la main : il vaut donc mieux me taire que de ne dire rien qui vaille. Je vous envoye les vers de M. Critton[3], bien gâtés et bien frippés; mais nous sommes à Fontainebleau, où nous ne pouvons pas en recouvrer comme à Paris. J'en envoye un[4] à Monsieur le premier président[5], qui est un petit plus entier; mais votre amitié me défend les cérémonies.

Pour des nouvelles, il n'y en a du tout point que le mariage de M. le marquis de Rosny avec la fille de M. de Créquy, moyennant quatre cent mille[6] livres que lui donne M. des Diguières[7]. On attend de jour à autre la prise de Rhinbergue[8] : je ne sais ce que cela nous amènera; pour moi, je ne prévois que paix.

Le vendredi après votre partement, comme je parlois, en la chambre du Roi, avec M. de Saint-André[9], de vous,

qu'il faut lire. Le mot *las*, qui vient un peu plus loin, a été ajouté après coup par Malherbe, dans l'interligne.

3. Ce sont sans doute les trois pièces de vers latins imprimées à Paris, 1606, in-8°, sous le titre de : *Baptisteria lustrico nominalium die Delphino Franciæ inscripta*. Leur auteur, Georges Critton, professeur de langue grecque au Collége royal, était né en Écosse, en 1554, et mourut le 13 avril 1611.

4. Malherbe a voulu dire *un exemplaire*.

5. Guillaume du Vair, premier président du parlement de Provence, garde des sceaux, évêque de Lisieux, né en 1556, mort en 1621.

6. Au lieu de *quatre cent mille*, Malherbe avait d'abord écrit *douze cent mille*.

7. Maximilien de Béthune, marquis de Rosny, né en 1588, mort avant son père, le duc de Sully (le 1er septembre 1634), épousa, le 15 septembre 1609, Françoise de Créquy, fille de Charles de Créquy, pair et maréchal de France, qui fut duc de Lesdiguières après la mort de son beau-père (1626) François de Bonne, duc de Lesdiguières, connétable de France, dont parle ici Malherbe.

8. Rheinberg ou Rhinberg (à neuf lieues environ de Dusseldorf), assiégé par le célèbre général espagnol, le marquis Ambroise Spinola, se rendit le 1er octobre 1606. Voyez de Thou, livre CXXXVI.

9. Nous ne savons de quel Saint-André il est question ici; peut-être s'agit-il de Jean de Saint-André, conseiller au parlement de Paris.

Monsieur le Grand me fit entrer au cabinet, où de nouveau le Roi me fit promettre de lui donner des vers, tellement qu'à cette heure il ne s'y faut plus endormir. Vous les aurez, mais qu'ils soient faits. J'ai fait chercher à Paris les vers faits par M. Barclay[10] pour le roi d'Angleterre. Si je ne vous importune, permettez que je voye les vôtres, et je les vous renvoyerai par celui même qui me les apportera. Que direz-vous de mon effronterie? Mais vous le voulez ainsi, et puisque je ne vous puis servir, pour le moins je vous veux contenter. 1606

Adieu, Monsieur : j'avois de la peine à me mettre en train, et à cette heure je ne me puis taire. Tenez-moi en votre bonne grâce pour votre serviteur le plus affectionné, le plus humble et le plus fidèle que votre honnêteté ait jamais acquis. Dieu veuille que vous puissiez lire mon écriture, et vous ait en sa très-sainte garde!

A Fontainebleau, en la chambre que vous savez, où je suis accommodé comme un prince, ce 2e octobre 1606.

Votre très-humble et très-affectionné serviteur,

Fr. de Malerbe.

Je vous prie, Monsieur, si vous écrivez à M. Camden[11] en Angleterre, souvenez-vous de lui ramentevoir[12] ce qu'il vous a promis touchant notre généalogie. Marc-Antoine[13] vous servira comme y ayant la principale obliga-

10. Jean Barclay, l'auteur de l'*Euphormion* et de l'*Argenis*, né à Pont-à-Mousson en 1582, mort à Rome le 12 août 1621. Il avait publié en 1603 un poëme latin sur le couronnement de Jacques Ier.

11. Guillaume Camden, célèbre antiquaire, né à Londres en 1551, mort en 1623.

12. *Ramentevoir*, rappeler.

13. Le fils de Malherbe, dont nous avons parlé longuement dans la *Notice biographique* : voyez tome I, p. XXXIII et suivantes. Il avait alors six ans, et demeurait à Aix avec sa mère.

1606 tion, ou pour le moins ayant, s'il plaît à Dieu, à en jouir plus longtemps.

Vous lui écrirez, s'il vous plaît, qu'en l'abbaye de Saint-Étienne de Caen, que bâtit le duc Guillaume, sont nos armoiries, parmi un grand nombre de celles[14] des seigneurs qui l'accompagnèrent à la conquête d'Angleterre, et que ce sont des hermines de sable, sans nombre, en champ d'argent[15], et six roses de gueules, afin que légèrement il n'écrive rien d'autre façon[16].

---

4. — [Fontainebleau, ce 3e d'octobre[1].]

Monsieur, vous recevez bien des importunités tout à la fois, mais voici le comble de mon impudence. Il y a une

14. *De celles* a été ajouté par Malherbe en interligne.

15. Malherbe avait d'abord écrit *sable*, au lieu d'*argent*, et omis, à la ligne précédente, *de sable*, après *hermines*.

16. Camden donna en 1606 une nouvelle édition de son *Reges, Reginæ, nobiles et alii in ecclesia collegiata beati Petri Westmonasterii sepulti*, et Malherbe espérait peut-être que les renseignements fournis par Peiresc arriveraient à temps pour y figurer. Mais Peiresc, que son ami accuse si souvent de paresse, ne se hâta pas d'écrire à Camden, et ce fut seulement dans une lettre datée du 5 des nones de mai 1608 qu'il lui transmit la demande du poëte. (Voyez *G. Camdeni et illustriorum virorum ad G. Camdenum epistolæ*, Londini, MDCXCI, in-4°. Lettre 76, p. 107.) — D'autres lettres de Peiresc datées du 29 avril, du 17 juin et du 12 novembre 1618 contiennent encore diverses particularités à ce sujet. Dans la dernière, Peiresc s'étonne « de n'avoir pas trouvé dans son Catalogue des fiefs de Guillaume (le Conquérant) de mention d'aucun du nom de Malerbe. Je ne sais, ajoute-t-il, s'il est échappé à celui qui en a fait la collection ou si *Malopra* n'y appartiendroit point, par transposition corrompue et abusive. »

Lettre 4. — 1. Cette lettre était probablement jointe à la précédente, car, outre la date du 3 octobre 1606, la cote mise au dos par Peiresc porte en quelques mots l'analyse des deux lettres.

certaine dame à qui Mme la comtesse de Sault[2] avoit promis de lui faire venir deux camisoles de toile blanche piquée, de la façon de Toulon[3], dont elle avoit pris envie pour en avoir vu à Mme la marquise de Montlaur[4]; toutefois elle ne s'en est point souvenue. Cette plainte s'est faite devant moi, ce qui m'a fait résoudre à faire ce qu'elle a oublié ou dédaigné. Je vous supplie, Monsieur, que j'en recouvre un couple par votre moyen; mais que ce soit de la plus belle et blanche toile, et du plus bel ouvrage qu'il se pourra. Vous me les ferez, s'il vous plaît, tenir à Paris, bien empaquetées, chez M. Ycart[5]; encore que je crois bien que nous y serons dans un mois, vous me manderez le prix, et je vous en rembourserai. Vous donnerez au diable l'amitié et la connoissance, mais l'indiscrétion n'ira point plus outre : c'est bien assez de la vous témoigner si hardiment; mais c'est pour l'homme de qui le laquais m'a apporté aujourd'hui une lettre. Il suffit de vous dire cela pour avoir mon excuse, même avec vous, de qui les exercices ordinaires sont la courtoisie et l'honnêteté. 1606

2. Chrétienne d'Aguerre, veuve de Louis-François d'Agoult, comte de Sault ou Saut, comme l'écrit habituellement Malherbe.

3. Dans l'autographe il y a un trou après le T. La copie Fortia porte *Turin*. Nous voyons par la lettre 8 (p. 18), et par une lettre de Peiresc, que c'est *Toulon* qu'il faut lire. Le mot *blanche*, qui précède, a été ajouté par Malherbe en interligne, de même que *et blanche* sept lignes plus bas.

4. Marie de Montlaur, femme de Philippe d'Agoult, devenu par son mariage marquis ou comte de Montlaur. Il était fils de la comtesse de Sault dont il est parlé dans la note 2, et mourut en 1608. Voyez plus loin la lettre du 20 janvier 1608.

5. L'homme d'affaires de Malherbe et de Peiresc.

1606

5. — A Fontainebleau, ce mardi 10e d'octobre.

Monsieur, je veux que vous voyiez le desir que j'ai de me conserver en votre souvenance et par conséquent en votre bonne grâce, et puisque je ne le puis faire autrement, pour le moins veux-je que le papier me fasse ce bon office. Je vous écrivis, il y a quelques jours, par un messager de Toulon, nommé Michel Lyotaud; le paquet s'adressoit à vous : je vous prie me mander si vous l'avez reçu. M. de Bagarris[1] est ici depuis trois ou quatre jours, s'il ne s'en est retourné à Paris; mais je ne l'ai vu qu'une seule fois, à la chapelle basse où nous oyions messe; la compagnie où j'étois me le fit perdre. Je n'écrirai point à M. du Périer jusques à ce que j'aye parlé à lui, ou que *les Muses ralliées* soient imprimées[2]. Il verra ici que je suis son serviteur de cœur et d'âme. Souvenez-vous, s'il vous plaît, de ce que je vous écrivis par mon autre lettre, et adressez vos réponses à M. Ycart; car cette voie est la plus assurée, parce que nous sommes planètes et il est étoile fixe. Mais, pour l'honneur de Dieu, Monsieur, excusez l'importunité, sinon pour l'amour de l'importunant, au moins pour le sujet pour lequel vous êtes importuné.

Nous n'avons ici rien de nouveau que Rhinbergue prise avec une composition fort avantageuse, jusques à

Lettre 5. — 1. Pierre-Antoine Rascas, sieur de Bagarris, gentilhomme provençal et antiquaire. Il avait rassemblé une riche collection de pierres gravées, que son fils céda à Louis XIII, et qui sont actuellement à la Bibliothèque impériale. Il y a de lui des lettres autographes à Peiresc, dans le recueil où sont conservées les présentes lettres de Malherbe.

2. Les célèbres stances à M. du Périer, sur la mort de sa fille, furent insérées en 1607 dans le tome II du *Parnasse des plus excellents poëtes de ce temps* (ou *Muses françoises ralliées*). Voyez notre tome I, pièce XI.

avoir amené quatre pièces de canon. Il est vrai que les cavaliers tiennent ici que les plus honorables sont celles où l'on sort avec la baguette en la main, pource que c'est signe que les assiégés[3] ont tenu jusques à l'extrémité. Les sortants ont été conduits à Meurs[4], où aussitôt Spinola les a assiégés. Pour des nouvelles de cour et de Paris, le Roi se porte très-bien, Dieu merci; Monseigneur le Dauphin excellemment; la Reine est grosse. Tout ne sauroit aller mieux. On tient que le Roi s'en va demain faire la chasse à Montargis, et de là à Halliers, qui est à M. de Vitry[5], vers Orléans. Mais la Reine ne bouge d'ici, ni beaucoup d'autres, desquels je serai l'un. L'évêque de Rieux[6] est à Paris, avec la peste à la gorge. M. de Tyron n'est pas mort[7], mais il n'est guère mieux; ses abbayes sont données à M. de Verneuil[8], sinon Josaphat[9], qu'a eu M. de Loménie[10]. Le reste est comme vous l'avez laissé, sinon que nous avons nos coudées plus franches. Je suis 1606

3. L'autographe porte *assiégeants;* mais c'est évidemment *assiégés* que Malherbe a voulu écrire. — Trois lignes plus loin il y a un trou à la place de *très*.

4. Meurs, à six lieues nord-ouest de Dusseldorf.

5. Louis de l'Hospital, marquis de Vitry, père du maréchal de ce nom.

6. Jean de Berthier, évêque de Rieux de 1603 à 1620.

7. Malherbe ignorait encore que le poëte Philippe Desportes, abbé de Tiron, était mort le 6 octobre dans son abbaye de Bonport. Voyez le commencement de la lettre suivante.

8. Henri de Verneuil, fils naturel de Henri IV et de Henriette d'Entraigues, marquise de Verneuil, né en 1601, mort en 1622.

9. Abbaye de bénédictins près de Chartres.

10. Les auteurs du *Gallia Christiana* (tome VIII, col. 1285) n'ont pu décider si l'abbaye fut donnée à Antoine de Loménie, secrétaire d'État, ou à son fils Henri, qui n'avait alors que onze ans. La difficulté est tranchée par une lettre de Henri IV, en date du 22 février 1610, lettre où le Roi prie le cardinal Delfin de faire pourvoir J. Gaudrion de l'abbaye de Josaphat, « vacante par la résignation qu'en a faite en sa faveur Mre Henri de Loménie. »

1606 où j'étois, mais je ne couche plus sur les fagots. Adieu, Monsieur : je vous prie et vous conjure de m'aimer, mais que ce soit d'aussi bon cœur comme de tout le mien je suis votre très-affectionné serviteur à jamais,

FR. DE MALERBE.

Du 13e octobre[11].

J'ai rouvert cette lettre, que j'avois fermée, pour y ajouter que M. le prince d'Orange est depuis deux jours en cette cour[12]. Le Roi le mena hier voir sa maîtresse, qui est à Valery[13], à huit lieues d'ici. Il y est encore ; le mariage se fera dans peu de jours. Le Roi est venu dîner ici ; on tient que lundi il s'en va à Montargis. M. d'Espernon[14] tomba, mécredi matin, dans la chambre du Roi, d'une grande défaillance ; hier il se porta mieux, et s'alla promener, sur les cinq heures de soir, aux jardins ; cejourd'hui il a pris médecine et garde le lit. Il n'a point de fièvre, Dieu merci. Il avoit été le jour précédent à

11. Les lignes suivantes sont biffées sur le manuscrit : « Il y a d'autres nouvelles que j'écris à ma femme de vous faire voir, par paresse de vous faire une autre lettre : je vous prie, Monsieur, de m'excuser. »

12. Philippe-Guillaume de Nassau, prince d'Orange, mort sans postérité en 1618, épousa en 1606 Éléonore de Bourbon, fille de Henri II de Bourbon, prince de Condé, morte le 20 janvier 1619.

13. Le château de Vallery ou Vallory, lieu de sépulture des princes de la maison de Condé, est à un peu plus d'une lieue de Chéroy, chef-lieu de canton de l'arrondissement de Sens. Voyez la lettre 7, p. 15, où Malherbe dit « à six heures de Fontainebleau, » au lieu de *huit*, comme ici.

14. J. L. de Nogaret de la Valette, duc d'Espernon, qui joua un rôle si important sous Henri III et ses deux successeurs, né en 1554, mort en 1642. Voyez plus haut, p. 2, note 3, les noms de ses fils.

l'assemblée, où il avoit bu de l'eau où l'on avoit roui du chanvre : c'est à quoi il impute son mal. 1606

---

6. — De Fontainebleau, ce 15e d'octobre.

Monsieur, depuis ma lettre écrite, M. de Tyron[1] est mort et enterré; je suis marri de vous avoir mal informé. Rhinbergue, comme vous avez su, est rendue. Il en est sorti huit cents blessés et trois mille deux cents hommes sains et gaillards. Les Espagnols, à qui l'on avoit promis double paye après que Rhinbergue seroit prise, se sont mutinés pource que l'on ne la leur a pas baillée. Cela a empêché que le siége de Meurs ne s'est pas encore fait. Hier le Roi, dans sa galerie, bailla le bonnet à Monsieur le Nonce[2]. Demain nous allons à Nemours, puis à Montargis, puis à Briare, puis à Sully, et enfin en tant de lieux que je ne sais où j'en suis. La peste de Paris seroit bien plus supportable que toutes ces incommodités. Ceux qui en viennent disent qu'il ne se voit pas un carrosse emmi les rues; vous pouvez bien penser que le contenu n'y est non plus que le contenant. Souvenez-vous de ce que je vous écrivis dernièrement[3], et, pour l'honneur de Dieu, pardonnez à mon impudence; elle est étrange, mais une courtoisie comme la vôtre est bien capable d'excuser de plus grands crimes. Aimez-moi toujours, Monsieur. Vous verrez bientôt près de quatre cents vers que j'ai faits sur

Lettre 6. — 1. Voyez la lettre précédente, p. 9 et note 7.

2. Maffeo Barberini, depuis pape sous le nom d'Urbain VIII, envoyé en France pour représenter au baptême du Dauphin le Pape, parrain du jeune prince. Il venait d'être nommé cardinal.

3. Voyez ci-dessus, lettre 4, p. 7.

1606 le Roi[4]. J'y suis fort embesogné[5], parce qu'il m'a dit que je lui montre que je l'aime et qu'il me fera du bien. *Vedremo qual che ne seguira*[6].

Je vous supplie que M. du Périer voye ici que je continue de l'honorer et d'être son serviteur.

Votre plus humble et plus affectionné serviteur.

---

7. — A Paris, ce samedi 9e de novembre[1].

MONSIEUR, je commençois d'accuser votre diligence, et pensois avoir de quoi la faire condamner, quand inopinément vous m'avez donné sujet de la louer. Il y a aujourd'hui huit jours que je suis de retour en cette ville. Leurs Majestés y arrivèrent le lendemain. J'avois tant d'envie de revoir Paris, et de me tirer de ces incommodités de Fontainebleau, que je n'eus pas patience d'attendre davantage.

Depuis que je suis ici, j'ai reçu par une même voie trois de vos lettres. Celui qui me les rendit me dit que

4. Il aurait pu dire quatre cent quarante. Ce sont les odes *Que direz-vous, races futures*, et *Enfin après les tempêtes*. Voyez tome I, pièces XIX et XXI.

5. Le commencement de cette phrase, singulièrement altérée par les précédents éditeurs, a attiré de violents reproches à Malherbe. Au lieu de : *J'y suis fort embesogné*, on avait lu et imprimé : *Je suis fort enthousiasmé;* ce qui donnait un tout autre sens à la phrase, qu'il faut interpréter ainsi : « J'y suis fort embesogné, parce qu'il m'a dit que si je lui montre que je l'aime, il me fera du bien. »

6. « Nous verrons ce qui s'ensuivra. »

LETTRE 7. — 1. La plus grande partie de cette lettre (tout ce qui précède le post-scriptum) a été enlevée du manuscrit de la Bibliothèque; mais elle avait été copiée antérieurement dans le manuscrit Fortia, et nous pouvons ainsi rétablir les passages supprimés dans l'édition de Blaise.

M. Lombard[2] en avoit été le porteur, mais qu'il étoit demeuré en chemin pour quelque indisposition qui lui étoit survenue. Je ne puis sinon louer votre incomparable courtoisie; l'accoutumance fait cesser l'admiration; mais ici cette règle n'a point de lieu, car vous donnez toujours quelque nouveau lustre à vos honnêtetés, si bien que les présentes ont toujours de l'avantage sur les passées. Ma fortune m'empêche d'y répondre par effet, et pour les paroles, je vous dirai franchement et tout en un mot que je suis plus votre serviteur que je ne le voudrois être; car si je l'étois moins, je vivrois avec moins de regret de ne le vous pouvoir témoigner. 1606

Je suis bien marri du trait que vous a joué le Gascon[3]. Le nom de sa nation vous devoit faire peur, et surtout cette mine plus potentielle qu'actuelle[4]. Je voudrois que

2. Artefeuil (L. de la Touloubre), dans son *Histoire héroïque et universelle de la noblesse de Provence* (1757-1759, 2 vol. in-4°), fait mention de plusieurs personnages du nom de Lombard contemporains de Malherbe. Nous croyons que celui dont il est question ici est André de Lombard, conseiller en la cour des comptes d'Aix, en 1603. Il épousa, nous ne savons à quelle époque, Marguerite de Boyer, fille de Vincent de Boyer et de Louise (ou Marie) de Coriolis, sœur de père de la femme de Malherbe.

3. Ce Gascon était un domestique attaché à la famille de Peiresc, et qui, ayant été chassé, vint à Paris auprès de celui-ci et trouva moyen de lui voler un paquet valant plus de cent écus, et contenant « les plus rares pièces antiques que Peiresc avoit pu ramasser, et entre autres la gravure du monstre marin de Scylla, et tout plein de médailles d'or qu'il estimoit plus que tout le reste de son cabinet. » Le volé envoya à Malherbe une prise de corps contre le voleur et demanda qu'on le pendît, à moins qu'il ne fût « si galant homme » de lui rendre ou faire rendre ses pièces. En ce cas, il lui pardonnait volontiers. (Bibliothèque de Carpentras, *Correspondance manuscrite de Peiresc*, volume H-M, f° 455, lettre du 23 octobre 1606.) Dans une lettre du 1er avril 1607, Peiresc apprend à son ami que les objets volés avaient été achetés par Vaquette, pourvoyeur de M. de Guise, et portés par lui à M. Borilly, à Aix.

4. *Plus votentielle qu'actuelle*, jeu de mots qui a pu être plaisant

1606 vous m'eussiez envoyé une prise de corps, afin que, si je le rencontre, j'eusse moyen de le faire loger ailleurs qu'à l'hôtel de Guise. Croyez que s'il y a moyen d'en avoir nouvelle, je l'aurai. Puisque vous avez acheté les camisoles, vous ne deviez pas me renvoyer les pistoles. S'il vous plaît, vous me manderez ce qu'elles vous ont coûté, pour vous en rembourser. Quand M. de Vergons[5] ou M. Lombart s'en retourneront, je vous renvoyerai le diamant et peut-être les vers[6] : je dis peut-être, pource que M. du Bouillon ne prend pas plaisir de voir renouveler les choses passées; toutefois, votre amitié peut tout sur moi. Je me vante bien que vous verrez d'aussi bons vers que vous en ayez jamais vu de ma façon. J'ai baillé vos lettres à M. Beys[7], qui vous envoyera l'imperfection que vous desirez, et je la vous ferai tenir, comme partout je serai glorieux de vous montrer que je suis votre très-humble et très-obéissant serviteur,

Fr. de Malerbe.

Je suis logé à la rue des Petits-Champs, devant la croix, à l'image Notre-Dame.

en 1606, mais qui aujourd'hui n'est plus intelligible. « Dans l'école, dit le *Dictionnaire de Trévoux*, on appelle un « tout *potentiel*, » celui qui a sous lui les parties qui le composent, comme un genre a sous lui ses espèces, pour le distinguer du tout qu'on appelle « tout « *actuel*, » qui a dans lui-même les parties qui le composent, comme un corps composé de sa matière et de sa forme. »

5. Louis-François de Rabasse, sieur de Vergons, reçu procureur général au parlement d'Aix, en 1604.

6. Il est question ici de l'ode de Malherbe : *Sur l'heureux succès du voyage de Sedan*. Voyez tome I, pièce XXI.

7. Adrien Beys, libraire, qui a édité un certain nombre de pièces de Malherbe. — Il s'agissait, comme on le voit d'après une lettre de Peiresc, d'un livre qui lui avait été vendu incomplet.

Nous n'avons ici rien de nouveau. M. de Rohan[8] revint, il y a deux jours, de Flandres, qui ne rapporte autre chose sinon que Spinola a secouru Grosle[9], que le prince Maurice[10] avoit assiégée. Les États ont besoin ou de paix ou de secours. Vous aurez au premier jour M. le prince d'Orange avec Madame sa femme; il y a douze ou quinze jours qu'ils furent épousés, à Valery, maison de Monseigneur le Prince, à six lieues de Fontainebleau, où il la ramena deux jours après. Le mariage est de deux cent mille francs, payables en quatre ans; le Roi le doit faire jouir de tous ses biens qu'il a aux terres d'Espagne, et nommément de vingt-cinq mille livres de rente, sur certaines salines en la Franche-Comté; sinon, il lui baillera, par représailles, les biens que les sujets d'Espagne ont en France. 1606

M. du Périer, avec votre congé, trouvera ici une très-affectionnée prière que je lui fais de m'aimer toujours; mais que *les Muses ralliées* soient imprimées[11], je me souviendrai de ce que je lui ai promis, et lui écrirai. Cependant qu'il s'assure que je suis son très-humble et très-obligé serviteur.

---

8. — A Paris, ce dimanche 17e décembre.

Monsieur, vous aurez reçu une assez longue lettre de moi, par Claudon le messager. Il est vrai que je me doute que, selon sa coutume, elle sera hors de minorité quand

8. Le célèbre Henri, duc de Rohan, chef du parti protestant en France, sous Louis XIII, né le 21 août 1579, blessé mortellement à la bataille de Rhinfeld le 28 février 1638. Il a laissé des mémoires.

9. Grol ou Groenloo, ville de la Gueldre hollandaise.

10. Maurice de Nassau, qui devint prince d'Orange après la mort de son frère Philippe-Guillaume (1618). Il mourut en 1625.

11. Voyez plus haut, lettre 5, p. 8, note 2.

1606 vous la recevrez; voilà pourquoi je vous répéterai que j'ai reçu par la voie de M. Lombard les sept pistoles[1] : je dis par sa voie, pource que je ne l'ai point vu, et me fut dit, par celui qui me bailla le paquet, qu'il étoit malade par les chemins, ou à l'hôtellerie, je ne me souvien pas bien lequel.

Vous n'êtes point né pour devoir, mais pour obliger : il faut confesser que votre courtoisie est invincible, et que chercher de la combattre, c'est chercher sa honte et sa confusion. Je mets donc les armes bas, et avec toute sorte de submission vous prie d'accepter cette reconnoissance, pour la satisfaction de vos honnêtetés. Je suis marri qu'à vos dépens le Gascon ait vérifié mes prophéties. S'il vous plaît prendre la peine de m'envoyer une prise de corps contre lui, croyez qu'il sera bien caché si je ne le trouve, et si je ne vous fais avoir raison du mauvais tour qu'il vous a fait. Je suis marri que nous n'avons ici quelques nouvelles, pour répondre à celles que vous avez pris la peine de m'écrire; mais nous sommes à sec, si la venue des députés des États[2] ne nous apporte quelque chose. Ils sont attendus en cette cour d'un jour à l'autre. Le comte Henri[3] n'a pas voulu être de leur nombre; mais il vient sous prétexte de voir son frère, et a promis aux députés qu'étant ici, il les assistera de tout ce qui dépendra de lui. Le Roi s'en va mardi ou mécredi à Ennet[4], et y sera quinze jours; l'on croit que c'est pour

Lettre 8. — 1. C'était de l'argent que Malherbe avait prêté à Peiresc, lorsque celui-ci s'en retourna en Provence. (*Correspondance manuscrite de Peiresc*, volume H-M, f° 10.)

2. Des États de Hollande. Voyez les lettres suivantes.

3. Henri-Frédéric de Nassau, frère de Philippe-Guillaume, prince d'Orange, et de Maurice de Nassau (voyez p. 15, note 10). Il mourut en 1647.

4. *Ennet*, *Anet* en Normandie (Eure), où était le château de

se parer des étrennes. Mes vers sont faits, mais ils ne sont pas encore présentés : il y a deux pièces, l'une médiocre, et l'autre bonne, et si bonne que je ne fis jamais rien de si bien[5]; vous les aurez par le premier. Je vous envoye un méchant petit livret[6] qui s'est traduit par deçà, pour les Vénitiens, contre notre saint-père. M. Servin[7] a aussi fait quelque chose pour eux, dont ils l'ont remercié, et l'ont fait gentilhomme vénitien; mais ce qu'il a fait ne se trouve point. Il en a baillé quelques copies à ses amis; si je le recouvre, vous le verrez. J'ai baillé votre diamant à M. de Vergons, qui m'a promis de le vous rendre sûrement. Je ne pouvois pas, à mon avis, avoir une meilleure commodité que celle-là. Ce coquin de Claudon, le messager, me dit, il y a environ douze ou quinze jours, qu'il étoit prêt à partir, et me pressa tellement que bien à peine j'eus loisir de vous écrire; mais je me doute qu'il ne soit encore ici, car il y a été vu plus de huit jours après. Je vous écrivois assez au long et vous renvoyois l'imperfection que le sieur Beys m'a fournie : cela me met en peine; car depuis que cet autre maraud nous pipa, toute cette manière de gens m'est suspecte; je ne m'en soucie pas que vous la receviez tard, pourvu que vous la receviez. Adieu, Monsieur : faites-moi cet honneur que quand vous compterez vos serviteurs, vous m'y donniez toujours le premier lieu d'affection, bien 1606

Diane de Poitiers. Le voyage ne se fit pas (voyez p. 23), et le Roi resta à Saint-Germain jusqu'aux premiers jours de janvier.

5. Voyez plus haut, lettre 6, p. 10 et 11, note 4.

6. Ce « méchant petit livret » est l'ouvrage de Fra Paolo Sarpi, traduit en français sous le titre d'*Examen contenant la réponse aux censures de Paul V contre la république de Venise*, 1606, in-8°.

7. Louis Servin, conseiller du Roi en son conseil d'État, avocat général au parlement de Paris, mort le 19 mars 1626. — L'ouvrage dont parle Malherbe est intitulé : *Pro libertate status et reipublicæ Venetorum epistola.*

1606 que peut-être l'impuissance ne m'y fasse avoir que le dernier.

Je vous écrivois cette lettre quand le messager de Toulon est arrivé, qui m'a rendu une lettre de vous et les deux camisoles. Elles n'ont point encore été déployées, ce sera pour demain; car aujourd'hui ces dames seront au Louvre, et puis on s'ira réjouir avec Mme de Longueville[8], qui hier, chez la reine Marguerite, se réconcilia avec le Roi. Vous savez comme elle n'étoit point venue à Fontainebleau, et depuis notre retour elle n'étoit point venue au Louvre. A cette heure, cette brouillerie est débrouillée; mais il y en a une autre plus grande en sa place, que je n'écris point pour ne me brouiller moi-même[9]. Tout cela ne sera rien; mais cependant que je m'amuse à vous compter ces baguenauderies, j'oublie à vous remercier de la peine qu'il vous a plu prendre pour moi[10] en cette occasion; elle m'oblige assez sans que votre courtoisie y ajoute autre chose. Faites-moi cet honneur que je sache le coût[11], pour vous en rembourser par le premier, ou bien vous envoyer ce que vous desirerez de deçà. Vous trouverez en ce paquet le mémoire que vous m'aviez laissé pour M. Poulain. Je n'écris point à Monsieur le premier président, pource que je suis pressé de quelque affaire; ce sera pour la première commodité. Vous lui ferez, s'il vous plaît, mes excuses et mes humbles recommandations, et me tiendrez toujours pour votre très-humble et très-affectionné serviteur,

FR. DE MALERBE.

8. Catherine de Gonzague, veuve de Henri Ier d'Orléans, duc de Longueville, morte en 1629.

9. Une brouille du Roi avec la Reine au sujet de la marquise de Verneuil. Voyez la lettre suivante, p. 21.

10. *Pour moi* est en interligne.

11. Les camisoles avaient coûté « quatorze francs et demi. »

M. du Périer, avec votre congé, verra ici que je suis toujours son très-affectionné serviteur; et comme tel je me réjouis avec lui du doctorat de Monsieur son fils[12]. Je n'oublie pas les coutumes de Provence[13]. Je lui écrirai par le premier, et lui envoyerai *les Muses ralliées*, là où il verra la pièce qu'il desire; cependant il m'aimera toujours, s'il lui plaît. 1606

9. — A Paris, ce 22e de décembre.

Monsieur, je vous écris bien au long par M. de Vergons; mais pour cela je ne laisserai pas aller ce porteur sans me donner ce nouveau contentement de m'entretenir avec vous. J'ai ce matin eu des nouvelles du Gascon[1], par un mien ami, à qui j'en avois donné charge. Il m'a dit que l'ayant hier rencontré, il lui demanda où il se tenoit, et qu'il lui avoit répondu qu'il demeuroit avec un avocat du privé conseil, qui demeuroit près de la Croix-du-Tiroir[2]. Incontinent que j'ai eu dîné, je m'en suis allé

12. Scipion du Périer, avocat au parlement d'Aix, mort en 1666.

13. « Les lettres de Peiresc à Joseph Scaliger nous expliquent ce passage : « Il m'a fallu résoudre, dit-il, à prendre mes degrés de « docteur ès droits, selon la coutume du pays, selon laquelle, en-« tr'autres formalités, il a été nécessaire de banqueter et festoyer « deux ou trois fois tous Messieurs de la cour de Parlement, tous « Messieurs de la cour des Comptes, Aides et Finances, la plus « grande part des dames de la ville et une bonne partie de la no-« blesse de tout le pays, ce qui amène une suite de bals, visites et « autres compliments. » (*Note de M. Bazin.*) — Voyez les *Épistres françoises.... à Mons. J. J. de la Scala*, 1624, in-8°, p. 245.

Lettre 9. — 1. Voyez plus haut, lettre 7, p. 13, note 3.

2. Carrefour de la rue de l'Arbre-Sec, à l'endroit où elle aboutit à la rue Saint-Honoré. Voyez le Corneille de M. Marty-Laveaux, tome II, p. 76, note 1.

1606 trouver M. Ycart; et n'ayant trouvé que son frère, je lui ai dit que j'avois des nouvelles de l'homme, et qu'il falloit faire exécuter la prise de corps. Il m'a répondu qu'il demeuroit chez M. de Vergons, qui l'avoit prié de ne lui rien dire qu'il ne fût parti, pource qu'il faisoit compte de le laisser ici; mais je lui ai remontré que s'il attendoit, il pourroit trouver quelque maître qui l'emmèneroit hors de cette ville, et que jamais on n'en orroit plus parler. Il m'a répondu que demain il le feroit. Je suis allé ce soir voir son frère, qui me l'a promis; et pource que j'ai craint qu'il portât quelque respect à celui avec lequel il est, je lui ai offert que s'il me bailloit la prise de corps, je la ferois exécuter sans aucune considération; cela l'a fait résoudre, et m'a assuré que sans faute demain il le feroit faire. J'espère qu'il s'en acquittera, et que vous en aurez la satisfaction que vous desirez. J'ai baillé votre diamant et le mémoire que vous m'aviez laissé à M. de Vergons; il me semble que je n'eusse su choisir une plus sûre commodité. Les camisoles ont été déployées depuis ma dernière, et ont été trouvées des plus belles : c'est votre coutume de faire reluire votre jugement et votre courtoisie en toutes choses. Je vous prie me mander ce qu'elles coûtent et à qui vous voulez que j'en baille l'argent. Vous aurez de mes vers par le sergent Louis, Dieu aidant.

Nous n'avons pas grandes nouvelles : on attend toujours les députés des États; M. de Buzenval[3] a eu un successeur, à sa requête, et est de retour à ce que l'on m'a dit. M. de Brèves[4] est ici depuis trois ou quatre

3. Paul Choart de Buzenval, ambassadeur de France en Angleterre, puis en Hollande, mort à la Haye en 1607.

4. F. Savary de Brèves, habile diplomate, voyageur et orientaliste. Ambassadeur près de la Porte, il resta vingt-deux ans en Orient, et mourut en 1628, à soixante-huit ans.

jours; M. de Termes[5] doit aller en Flandres avec un régiment de cavalerie; il ne sait pas s'il sera de cinq cents ou de mille chevaux. La nouvelle brouillerie arrivée depuis huit ou dix jours pour jalousie d'amour est apaisée; Madame la marquise[6] s'en va à Verneuil. Le Roi et la Reine se portent très-bien, Dieu merci, comme fait Monseigneur le Dauphin. Je ne me souviens pour cette heure d'autre chose; j'oubliois à vous dire que la pompe[7] a déjà couru : elle commença dimanche dernier; mais elle ne continue pas toujours, jusques à ce que les canaux soient faits. M. du Monstier[8] ne me voit jamais qu'il ne me prie de vous le ramentevoir. Adieu, Monsieur : je vous prie de croire que de tous ceux qui me font l'honneur de m'aimer, vous êtes celui dont je tiens les bonnes grâces plus chères, et que pour m'y conserver je me tiendrai très-heureux que vous m'honoriez de quelque commandement où je m'en puisse rendre digne. Je vous baise bien humblement les mains, et prie Dieu, 1606

Monsieur, qu'il vous ait en sa très-sainte et très-digne garde.

Le Roi s'en alla hier à Saint-Germain, où il fait compte de passer ces fêtes. La Reine est encore ici, et tient-on

5. César-Auguste de Saint-Lary, baron de Termes, tué en 1621 au siége de Clérac. Il était frère de M. de Bellegarde.

6. Catherine-Henriette de Balzac d'Entraigues, marquise de Verneuil, maîtresse de Henri IV. Elle était fille de Marie Touchet, maîtresse de Charles IX, et de François d'Entraigues.

7. La pompe de la Samaritaine, établie à la seconde arche du Pont-Neuf du côté du Louvre.

8. Daniel Dumonstier, célèbre portraitiste, né à Paris en 1550, mort en 1631. Dans le tome I (p. cxxv et suivantes), nous avons parlé du portrait qu'il fit de Malherbe.

1606 qu'elle n'en bougera. Ces deux lignes sont du 24e, veille de Noël.

Votre plus humble et plus obligé serviteur,

FR. DE MALERBE.

La lieutenante civile, depuis trois ou quatre jours, est en prison[9]. J'étois au Palais quand elle y fut menée. Son crime est d'avoir voulu empoisonner son mari, pour épouser un Saint-Georges, de Limousin. Un cuisinier, qui avoit été surpris voulant empoisonner la femme de Saint-Georges, étant près d'aller au supplice, jeudi dernier, dit que la lieutenante l'avoit mis au service de Saint-Georges, et lui avoit baillé le poison, et que[10] Saint-Georges l'avoit envoyé à sa femme, avec charge d'exécuter. On trouva, à ce que l'on dit, tout plein de papiers chez la lieutenante, et même on dit que l'on y trouva la promesse de mariage avec Saint-Georges.

Je vous supplie, Monsieur, me faire cet honneur de montrer à M. du Périer que je suis toujours son très-affectionné serviteur. Le sergent Louis lui portera de mes nouvelles, Dieu aidant.

1607 10. — A Paris, ce 2e de janvier.

MONSIEUR, je vous ai si amplement écrit par M. de Vergons, qu'il ne me reste que vous dire, pource que depuis il n'est rien survenu. Il ne vient point de députés de

9. Marie Brisson, fille du président Barnabé Brisson, pendu par les Seize. Elle était femme de François Miron, qui fut successivement maître des requêtes, président au grand Conseil, chancelier du Dauphin, lieutenant civil et (1604) prévôt des marchands. Il mourut le 4 juin 1609.

10. *Et que* est en interligne.

Hollande; il y en a qui croyent qu'ils traitent avec l'Espagnol. Il y a trois ou quatre jours que le Roi dit tout haut qu'il bailleroit un régiment au baron de Sainte-Suzanne[1] pour y mener. Il avoit aussi promis de la cavalerie à M. de Termes; mais en tout cela il n'y a rien d'assuré. M. de Buzenval est ici, par lequel les États ont fait entendre leurs nécessités au Roi. Je ne sais ce qui s'y résoudra. Le mal de M. de Sully dure encore; il étoit sorti pour aller au conseil, ce qui lui augmenta sa défluxion. Le Roi revient demain. Ses voyages de Vigny et Ennet sont rompus, de quoi nous louons Dieu. Votre Gascon est en prison et fait fort l'innocent. M. Ycart m'en a parlé; je lui ai dit que je suis d'avis de le laisser là jusques à ce que la longueur de la prison lui fasse finir de dire la vérité : mandez-nous-en votre volonté. Je vous envoye demie douzaine de copies de mes vers[2]; il y en aura, s'il vous plaît, une pour M. le président de la Ceppède[3], l'autre pour M. de Saint-Cannat[4], et la troisième pour M. du Périer. Je ne doute point que vous n'aimiez l'ouvrage, car je sais trop comme vous aimez l'ouvrier : aussi est-il et sera toujours votre très-affectionné et très-obligé serviteur, 1607

FR. DE MALERBE.

Monsieur, depuis ma lettre écrite, je me suis avisé de

LETTRE 10. — 1. Probablement René Fouquet, seigneur de la Varenne, baron de Sainte-Suzanne, fils de Guillaume Fouquet, seigneur de la Varenne, bien connu par le rôle qu'il joua dans les amours de Henri IV.

2. Voyez plus haut, lettre 6, p. 12, note 4. Le mot *copie* doit se prendre ici et ailleurs dans le sens d'*exemplaire*. *Copy* en anglais a encore aujourd'hui la même signification. — *De mes vers* est en interligne.

3. Jean de la Ceppède, seigneur d'Aigalades, premier président de la cour des comptes de Provence, mort en 1623. — Malherbe a composé un sonnet pour lui : voyez tome I, pièce LX.

4. Gaspard de Forbin, seigneur de Saint-Cannat, mort en 1631.

1607 publier davantage mes folies et les faire voir à plus grand nombre de mes amis; vous en verrez les noms écrits au dos de chaque copie. Je ne les ai point fait relier, afin que le port en fût plus aisé. Excusez mon indiscrétion, et vous y accoutumez.

II. — A Paris, ce 17e de janvier[1].

Monsieur, je n'ai que vous écrire; mais il n'est pas raisonnable que j'envoye un paquet en Provence sans qu'il y ait quelque ligne pour vous témoigner ce que je vous suis, et l'envie que j'ai que vous continuiez de m'aimer. N'attendez nulles nouvelles, car il n'y en a point. Il n'y a rien de résolu pour les affaires de Hollande, et ne s'y résoudra rien que M. d'Arsan[2], qui y est depuis huit ou dix jours, ne soit de retour. J'écrivois ce matin à Monsieur le premier président qu'il y avoit sur le bureau[3] un beau ballet de six hommes et six femmes; mais je viens d'apprendre qu'il est rompu. Le Roi fut hier à la chasse; le cerf fut pris à une lieue de Marcoussy[4], où est Mme la marquise de Verneuil, et n'y alla point. Il commanda à Monsieur le Grand de le témoigner à la Reine; vous jugez bien à quelle fin. Le Roi voit tous les jours Mme la comtesse de Moret[5]; je la vais voir quelquefois, et en reçois tout l'honneur que je saurois desirer. Elle m'a promis des merveilles; mais c'est à savoir

Lettre II. — 1. Le papier de l'autographe a un trou à la place où était le chiffre de la date; nous donnons 17 d'après le manuscrit Fortia.

2. François d'Aarsens, célèbre diplomate, ambassadeur des États-Généraux en France, né en 1572, mort en 1641.

3. *Sur le bureau* est en interligne.

4. A six lieues environ au sud de Paris (Seine-et-Oise).

5. Jacqueline de Bueil, comtesse de Moret, maîtresse de Henri IV.

s'il en réussira quelque chose : je ne suis jamais guère trompé, car je n'espère rien. Votre Gascon veut présenter requête pour sortir; on lui a refusé le pain du Roi[6] : avisez ce que vous voulez que l'on y fasse. M. le chevalier de Vauclause[7] m'en parla hier; je lui dis que je vous en avois écrit, et que je vous en écrirois encore, pour faire ce que vous ordonneriez. Je voudrois qu'il fût en la conciergerie d'Aix; je m'assure qu'il parleroit; ici il ne veut rien dire, quelques menaces et promesses qu'on lui fasse. Mandez-m'en ce que vous desirez qui s'en fasse, puis[8] aimez-moi toujours et me tenez pour votre très-humble serviteur et très-affectionné. 1607

---

12. — [Janvier[1].]

MONSIEUR, j'ai reçu deux de vos lettres tout en un jour; mais pour cela je ne louerai pas votre diligence, car j'avois été près d'un mois sans en recevoir; je vous y répondrai par un messager qui doit partir au premier jour; cette-ci sera une recommandation pour M. Morant[2], premier commis du trésorier de l'Épargne. Imaginez-

6. « Le pain du Roi, dit le *Dictionnaire de Trévoux*, est le pain que le Roi donne sur le fonds des amendes aux pauvres prisonniers. »

7. Les seigneurs de Vauclause étaient une branche de la maison de Villeneuve. — Le chevalier dont parle Malherbe était probablement Christophe de Villeneuve, seigneur de Vauclause, chevalier de l'ordre du Roi, gentilhomme ordinaire de sa chambre, mort le 26 juillet 1615.

8. Il y a maintenant un trou dans le papier à la place où est *puis*, que nous donnons d'après le manuscrit Fortia et l'édition de Blaise.

LETTRE 12. — 1. La cote de Peiresc porte janvier 1607, sans indication de jour.

2. Thomas Morant, baron du Mesnil-Garnier, conseiller au grand

1607 vous tout ce qui se peut dire et écrire pour vous prier de vouloir assister un mien ami, et pensez que je le vous dis et le vous écris. Ne regardez point à celui qui vous prie, mais à celui pour qui vous êtes prié. Il n'y a rien au monde de si courtois, ni de si officieux; et je m'assure que quand par deçà il s'offriroit quelque sujet de se revancher en votre endroit, vous penseriez que je vous aurois fait un plaisir bien grand et bien particulier, de vous avoir fait intercéder pour un homme de son mérite. Après vous avoir dit cela, ce seroit chose superflue de vous dire que j'estimerai ce que vous tenterez pour lui, comme fait à moi-même; car ce seroit vous bailler une mauvaise dette pour une bonne; mais puisque vous m'aimez, je me dispenserai de croire[3] que ma prière ne lui sera point inutile. Je vous la fais donc très-affectueuse, Monsieur, et de me tenir éternellement pour votre très-affectionné serviteur.

---

13. — A Paris, ce 8e de février[1].

Monsieur, je vous écrivis dernièrement par l'homme de M. Morant, commis du trésorier de l'Épargne; mais je ne vous écrivis point de nouvelles, attendant que ce messager partiroit, et vous porteroit ce qui seroit depuis survenu; mais la saison est si stérile de toute sorte d'accidents, que je ne sais de quoi vous entretenir. Il se fait ici force ballets : nous en avons un pour mardi prochain,

Conseil (1605), trésorier de l'Épargne (1617), grand trésorier, et commandeur des ordres du Roi (1621), né en 1584, mort en 1651.

3. Voyez plus loin, lettre 29, p. 62, note 1.

Lettre 13. — 1. La date est douteuse : on peut hésiter entre 8e et 7e.

de la façon de Monsieur le Prince [2], qui sera l'accouchement de la foire Saint-Germain. Elle y sera représentée comme une grande femme, qui accouchera de seize enfants, qui seront de quatre métiers, astrologues, charlatans, peintres, et coupeurs de bourse; tous les galants de la cour, ou la plupart, seront de la partie. Samedi dernier, Monsieur le Prince et M. de Nevers [3] eurent quelque brouillerie, mais ils furent aussitôt appointés : j'en écris le sujet à Monsieur le premier président; voyez-le, s'il vous plaît, en sa lettre, et ne me donnez point la peine de le vous écrire; encore crois-je que vous l'aurez déjà su d'ailleurs. Il ne me souvient d'autre chose. 1607

M. Ycart vous envoye le livre que vous desirez. J'ai envoyé à M. Beys savoir s'il vous vouloit écrire; il a répondu que non. Pour votre Gascon, M. Ycart vous en mande l'histoire. Ce coquin ne vaut pas la peine qu'il donne; j'ai été d'avis d'offrir de le nourrir en prison jusques à ce que l'on eût de vos nouvelles; je ne sais pas si on l'aura fait : mandez-nous-en votre volonté. M. du Monstier vous prie de vous souvenir de lui. J'ai résolu de ne tourner point le feuillet; voilà pourquoi je ne vous en dirai autre [4] chose, sinon que je vous prie de m'aimer et de me tenir pour votre très-affectionné serviteur. Je le vous dirois volontiers avec de belles paroles, mais elles me défaillent aussi

2. Henri de Bourbon, deuxième du nom, prince de Condé, marié en 1609 à Charlotte de Montmorency, mort le 26 décembre 1646. Nous avons déjà parlé de lui dans notre premier volume, p. 151 et 152.

3. Charles de Gonzague-Clèves, duc de Nevers et de Rhétel, duc de Mantoue en 1627, mort le 21 septembre 1637. Il avait épousé, en février 1599, Catherine de Lorraine, fille du duc de Mayenne.

4. A la place de *en* et de *autre*, il y a des trous dans le papier de l'autographe.

1607 bien que le papier. Je vous baise les mains et derechef suis votre serviteur,

FR. DE MALERBE.

Les Muses ralliées ne sont point encore achevées ; il y aura deux grands tomes : dites-le, s'il vous plaît, à M. du Périer, car j'ai oublié de le lui écrire, et sa lettre est fermée.

---

14. — A Paris, ce 21ᵉ de mars.

MONSIEUR, je commençois de me plaindre et pensois en avoir occasion, quand je reçus, il y a huit ou dix jours, une lettre de vous du 24ᵉ du passé. Je vous absous du crime dont je vous accusois. Je suis paresseux, et par conséquent je m'imagine aisément que les autres sont touchés de la même maladie ; mais je ne soupçonne rien de pis, je veux dire de l'oubli. J'ai trop reconnu votre humeur et votre diligence à la conservation des amitiés pour avoir quelque scrupule de ce côté-là. Je me réjouis de la belle acquisition que vous avez faite ; mais elle n'est pas si secrète comme vous desiriez : je[1] vous jure que le lendemain je l'ouïs dire chez nous par un qui fréquente chez Mme de Bressieu[2], et depuis chez M. le comte de Sault[3]. Je crois bien que tout cela venoit d'une source. Je prie Dieu qu'il vous en laisse longtemps jouir, et ajoute à ce contentement tous ceux que vous desirez. Je suis marri que votre carême-prenant ait été gâté, et que nous

LETTRE 14. — 1. Dans le manuscrit, il y a devant *je* le mot *car*, effacé ; ce qui précède, depuis *elle n'est pas*, est en interligne.

2. Marguerite de Morges, nièce et femme de Louis de Grolée de Méuillon, marquis de Bressieu, à qui Peiresc venait d'acheter la baronnie de Rians, dont dépendait la terre de Valavez possédée par la famille de Peiresc.

3. Voyez plus haut, lettre 4, p. 7, note 2.

n'ayons vu le succès de votre ballet, pour en faire comparaison avec les nôtres. Il s'en est fait ici trois ou quatre, je veux dire à la cour; car les enfants de la ville en ont fait plusieurs. Il s'en fait un recueil, et de la course à la quintaine[4], où le sieur Conchine[5] avoit acquis de l'honneur à bon marché, parce qu'en telles choses les tenants ont toujours de l'avantage. Mais par quelques réponses qui furent faites à son cartel, on le défia au dimanche prochain à rompre[6] en lice, armé; à quoi, pource qu'il n'avoit point d'armes ou pour[7] autres considérations tendantes à la conservation de l'individu, il ne voulut entendre. Cela fut couvert par une défense que le Roi fit de rompre; et pour la même raison, un cartel qu'avoient baillé M. de Guise[8] et M. de Termes, pour rompre en lice, ne fut point disputé. Là-dessus le Roi s'en alla à Chantilly, d'où il est revenu aujourd'hui sur les huit heures. Je crois qu'il est tout exprès venu si matin pour trouver la Reine en lieu où il pût faire son appointement, car elle étoit un peu piquée[9]. Mlle des Essarts[10] a fait ce voyage, et a couru à la chasse fort bravement, sous la garde de MM. du Bouillon et de Souvray[11]. L'on parle de sa faveur diversement.

1607

4. « Pal, poteau ou jacquemart qu'on fiche en terre, où l'on attache un bouclier, pour faire des exercices militaires à cheval, jeter des dards, rompre la lance. Cet exercice est hors d'usage. » (*Dictionnaire de Furetière.*)

5. Concini, le célèbre maréchal d'Ancre. Malherbe écrit le plus ordinairement *Conchin.*

6. C'est-à-dire à rompre une lance. — 7. *Pour* est en interligne.

8. Charles de Lorraine, duc de Guise, mort le 30 septembre 1640.

9. Malherbe avait d'abord écrit *piquée de ce voyage,* puis il a effacé les trois derniers mots.

10. Charlotte des Essarts, comtesse de Romorantin, maîtresse de Henri IV, puis femme du maréchal de l'Hospital, morte en 1651. Elle porta d'abord le nom de Mlle de la Haye.

11. Gilles de Souvré, gouverneur du Dauphin, maréchal de France, mort en 1626, à quatre-vingt-quatre ans.

1607 Quoi qu'il en soit, son train est dressé : le Roi l'a meublée de tapisserie et vaisselle d'argent; pour l'argent comptant et la pension, les uns disent deux mille livres, les autres trois. On dit que le Roi, en ce voyage, a dit qu'il la vouloit marier avec Montauban[12], qui s'appelle autrement M. de Moisset; les autres tiennent que c'est une calomnie. Notre monde n'est revenu que[13] ce matin de ce voyage, si bien que je n'ai eu loisir d'en savoir rien de plus particulier.

Je crois qu'autrefois vous avez vu M. de la Liègue en Provence. Son fils[14] se battit, il y a environ quinze jours, avec Bouchereau, écuyer de M. d'Espernon, et se tuèrent tous deux; Bouchereau demeura sur la place, et la Liègue vécut un jour ou deux. Ce jeune homme pouvoit avoir vingt ans et étoit un des agréables gentilshommes de cette cour, si bien qu'en un siècle pire que celui-ci, c'est-à-dire comme celui du feu Roi, il étoit capable de faire fortune. Il n'avoit qu'un mal, qu'il étoit fort vain et fort présomptueux. Je le voyois tous les jours et lui avois prédit que s'il ne changeoit d'humeur, il ne vivroit pas longtemps; ma prophétie n'a été que trop véritable; j'en ai été fort fâché pour la connoissance que j'avois faite à Aix avec son père. Bouchereau étoit celui que M. d'Espernon avoit pris pour son second, il y a un an, quand il fut appelé par M. le prince de Joinville[15].

12. Financier dont il est souvent parlé dans Tallemant des Réaux. C'est lui qui a bâti le château de Ruel.

13. Les mots *ne* (*n'*) et *que* sont en interligne.

14. Il s'appelait le baron des Lagues, suivant l'Estoile.

15. Claude de Lorraine, cinquième fils du duc de Guise tué à Blois, porta d'abord le titre de prince de Joinville, et fut ensuite duc de Chevreuse. Il mourut en 1657. Il épousa, en 1622, la veuve du connétable de Luynes, la célèbre Marie de Rohan. — Sur son duel avec Espernon, voyez l'histoire de celui-ci par Girard (tome I, p. 195).

Votre Gascon est sorti il y a plus de trois semaines [16]; toutefois, si vous avez quelque meilleure preuve, il y a toujours moyen de le rattraper; il me vint quand et quand trouver, et me fit beaucoup de protestations de sa fidélité et de l'affection qu'il avoit à votre service. J'ai baillé, il y a longtemps, les cinq écus que vous avez employés pour moi à M. Ycart; je ne sais s'il le vous aura mandé. C'est assez, Monsieur, il faut finir mes fâcheux discours, qui sont plutôt pois pilés qu'une lettre. Excusez-moi, et m'aimez comme celui qui est de tout son cœur votre très-humble et très-obéissant serviteur, 1607

FR. DE MALERBE.

Selon ma coutume de vous importuner, je vous prie me faire le bien de m'envoyer une bouteille d'huile de fleur d'orange [17] : vous savez que les dames s'en servent à frotter les cheveux pour y arrêter la poudre; mais il faudroit que ce fût de l'excellente et non sophistiquée; je sais bien qu'il n'y a personne qui ait meilleur moyen d'en recouvrer que vous par vos connoissances d'Hières et de Boisgercy [18]. Je vous supplie, Monsieur, m'obliger tant que de vous en souvenir et que j'en aye par le premier porteur qui viendra par deçà; je rembourserai en ce qui vous plaira ce que vous y aurez employé.

On parle d'aller lundi à Fontainebleau.

Faites-moi cet honneur, Monsieur, de faire mes humbles recommandations à M. du Périer; je lui écrirai par le sergent Louis, qui partira dans cinq ou six jours.

16. Malherbe avait d'abord écrit : *il y a longtemps.*

17. Comme on le voit dans une lettre de Peiresc du 13 juin 1607, cette huile venait d'Espagne.

18. *Boisgercy*, lisez : Boisgensier, à quelques lieues de Toulon et d'Hières. C'était le lieu de naissance de Peiresc, qui s'y fit construire une magnifique habitation.

15. — De Paris, ce 26e avril.

1607

Monsieur, vous aimez comme il faut, car vous n'oubliez point. J'ai honte de tant de témoignages d'affection, parce que je n'ai de quoi m'en revancher; mais je suis résolu de vous laisser faire et de me contenter, pourvu que je vous fasse connoître que vous obligez un homme que la seule mauvaise fortune empêche de vous servir.

Vous aurez bientôt M. Vaquette [1] en Provence, pour vous rendre raison de ce que vous estimez qu'il ait acheté du Gascon. Quant à ce coquin, il n'est plus en cette ville, à mon avis, et crois que si vous en voulez faire plus grande poursuite vous aurez plus de peine qu'il ne vaut. Le sieur du Monstier a eu votre lettre; mais certainement il est si paresseux que quasi il pourroit entrer en compétence avec moi. Je le solliciterai d'achever ce que vous desirez, estimant infiniment l'honneur que vous me faites de me vouloir mettre en un lieu si digne comme votre cabinet. Mais souvenez-vous de ces babioles qu'il vous demande; car il n'y a rien qui le puisse tant exciter au travail que si vous l'obligez par quelque chose de bizarre [2]; et plus elle sera extravagante, plus elle sera selon son humeur [3].

Nos nouvelles sont que Monsieur d'Orléans a cuidé n'être que Monsieur[4] sans queue; le Roi ayant dit, aussitôt qu'il fut né, qu'il ne vouloit point qu'il eût plus de dix mille livres de rente en fonds de terre, et que s'il servoit bien

Lettre 15. — 1. Voyez plus haut, lettre 7, p. 13, note 3.

2. Il y a *choses* et *bizarres*, au pluriel, dans le manuscrit.

3. Voyez tome I, p. cxxiv et suivantes, la *Notice* sur les portraits de Malherbe.

4. *N.* de France, duc d'Orléans, second fils de Henri IV, né à Fontainebleau le 16 avril 1607, mort le 17 novembre 1611, sans avoir reçu de nom.

son frère, il lui donneroit des pensions. Toutefois, hier au matin, il dit qu'il voyoit bien que ce nom de M. d'Orléans étoit déjà tellement publié dedans et dehors le royaume, par les dépêches qui y avoient été faites, qu'il n'y avoit plus d'ordre de le supprimer; si bien que ce sera Monsieur d'Orléans, mais titulairement et non autrement. Il naquit le lundi, lendemain de Pâques, à dix heures du soir. Le Roi est extraordinairement transporté de cette joie; je pense que ce qui la lui accroît, c'est que l'on dit qu'il lui ressemble entièrement. En cette conformité, on remarque la grandeur du nez et l'éclair des yeux du père. Dieu lui en donne la valeur et la bonne fortune! La nuit d'entre le jeudi et le vendredi ensuivant, il fut vu par les gardes un certain feu en forme d'oiseau, qui s'éleva du jardin des Canaux, passa par-dessus le court[5] du Cheval et par-dessus le château, alla crever en le court du Donjon, à l'endroit de l'horloge, avec un grandissime bruit; on dit comme d'un pétard, mais s'il eût été aussi grand, il eût réveillé tout le monde, ce qu'il ne fit pas. Le Roi, comme cela lui fut récité, s'en réjouit fort, et dit que souvent devant des batailles et en des siéges de villes et autres entreprises, il avoit vu de semblables choses, mais toujours avec bonne issue, et qu'il espéroit que s'il avoit la guerre il feroit bien ses affaires.

1607

Pour la Hollande, vous savez la trêve. D'autres nouvelles, il n'y en a point que la recherche des financiers, à laquelle les choses se préparent avec beaucoup de véhémence, le Roi s'y étant résolu malgré quelques-uns de son conseil, et nommément de celui que l'on croit y pouvoir le plus.

J'envoye à Monsieur le premier président un avis d'un

5. *Le court*, la cour. Trois lignes plus bas, on lirait plutôt *s'il ayt*, que *s'il eût*.

1607 nommé Bizet[6], qui promet d'accroître le revenu de la France de quatre millions d'or tous les ans et davantage; vous le verrez : c'est à la vérité une promesse émerveillable, et dont l'effet le sera encore plus, s'il réussit.

Voilà trop de choses sérieuses; il faut venir à quelque chose de plus de goût. Mme la comtesse de Moret est à Moret, prête d'accoucher; le Roi la fait visiter continuellement, et lui-même y est allé une fois. M. le prince de Joinville est à Nancy[7]. M. de Lorraine[8] est amoureux, mais éperdument, d'une damoiselle[9] que vous avez vue ordinairement avec Mlle de Rohan, nommée Mlle de la Patrière[10]; elle est huguenote; et avec tout cela il l'alla dernièrement accompagner jusques au lieu de sa cène.

Quid non mortalia pectora cogis,
Cunni sacra fames[11]?

Il n'a guère moins de quatre-vingts ans[12]; je vous laisse à penser ce que cet exemple permet à ceux qui n'en ont que cinquante-trois ou cinquante-quatre.

6. La *Bibliothèque historique de la France* donne (tome II, nº 27680) l'indication suivante : *Traité du domaine du Roi par Biset, contenant plusieurs avis*, 2 vol. in-fº, manuscrit de la bibliothèque du président de Mesmes.

7. Suivant l'Estoile, il était exilé « pour soubçon de quelques amourettes entre lui et la comtesse de Moret. »

8. Le duc Charles II (ou III) de Lorraine était né en 1543; il n'avait donc que soixante-quatre ans, et non pas quatre-vingts, comme le dit Malherbe quelques lignes plus bas.

9. Le mot est ainsi abrégé dans le manuscrit : *dam^lle^*; à la ligne suivante, il y a : *Mad^lle^*; un peu plus loin : *Madam^lle^*.

10. Elle mourut de la petite vérole au mois de novembre suivant. Voyez plus loin la lettre du 12 novembre 1607, p. 52.

11. Comparez Virgile, *Énéide*, livre III, vers 56 et 57.

12. A la suite de ce membre de phrase, Malherbe avait d'abord écrit ces mots, qu'il a ensuite effacés : « et avec tout cela l'amour ne lui. »

Mlle des Essarts a été malade quelques jours en cette ville. M. Laurens[13], par le commandement du Roi, écrivit à M. Martin [14] de la voir avec soin en sa maladie, ce qu'il a fait. Je lui ai ouï dire qu'il l'estime grosse. Elle est aujourd'hui à une lieue près de Fontainebleau[15], en un lieu nommé le Pressoir. Elle étoit assez bien auprès du Roi; mais l'on doute de quelque brouillerie, parce que M. de Beaumont [16], que sans occasion elle a voulu brouiller, et qu'en effet elle a brouillé en calomniant ses actions d'Angleterre, lui a rendu la pareille, par le moyen d'un grand nombre de lettres passionnées qu'il a fait voir au Roi qu'elle lui avoit écrites. Ce ne seroit jamais fait de vous écrire les changements de la maison de la reine Marguerite, non-seulement au commencement des quartiers, mais aussi au milieu; c'est vous en dire assez que de vous dire que tout y va comme de coutume. Aussi bien est-ce trop écrit; aimez-moi, mais de cœur et d'âme, comme de cœur et d'âme je suis toujours 1607

Votre plus humble et plus affectionné serviteur,

Fr. de Malerbe.

Dans[17] huit ou dix jours nous nous en allons à Fontai-

13. André du Laurens, premier médecin du Roi, né à Arles, mort à Paris le 16 août 1609.

14. Jean Martin, premier médecin de la reine Marguerite, né à Paris, mort en 1609.

15. Dans la lettre du 17 juin 1608, Malherbe, au lieu de : « une lieue, » dit : « deux ou trois lieues. »

16. Christophe de Harlay, comte de Beaumont, ambassadeur en Angleterre de 1602 à 1607, mort en 1615. On lit dans le *Journal* de l'Estoile, à la date du 21 juin 1607 : « M. Despinelle m'a donné des vers françois assez bien faits sur la disgrâce du comte de Beaumont, à cause de la Haye, favorite de Sa Majesté. »

17. Ce post-scriptum a été écrit après coup par Malherbe à la

1607 nebleau; si vous prenez la peine de m'écrire, vous adresserez votre paquet à M. Ycart, qui loge à la rue des Vieilles-Étuves, à l'Écu de France.

---

16. — A Paris, ce 23e de mai.

Monsieur, je reçus hier, chez M. le comte de Sault, votre lettre du 18e d'avril. Vous me mandez que mon neveu de Margaillet[1] en seroit le porteur, mais je la reçus de M. Gasqui[2], qui disoit l'avoir des mains d'un nommé de Brengis. C'est un homme que je n'ai point vu, et que je ne connois point. Tant y a qu'elle m'a été rendue, et m'a infiniment réjoui de m'avoir assuré de votre bon portement, et de l'honneur que vous me faites de m'aimer toujours; c'est à la fortune à me donner moyen de vous montrer combien je le desire, en me fournissant quelque occasion de vous servir. Pour le fait dont vous m'écrivez, je m'en informerai; et s'il est possible, je vous envoyerai l'arrêt. Cependant je vous dirai, pour le savoir fort bien, que la substitution est déclarée ouverte à M. le comte de Sault, et que la transaction faite avec feu Monsieur le comte son père tiendra. Si cela est, vous pouvez mieux que moi juger si vous pouvez être troublé, car ce sont matières de palais, auxquelles, comme en

place blanche qu'il avait laissée entre les mots *je suis toujours*, et la formule finale *Votre plus humble*, etc.

Lettre 16. — 1. Claude Margalet ou Margaillet, fils d'Anne de Coriolis, sœur de la femme de Malherbe et veuve de Pierre Margalet. Il était conseiller à la cour des comptes du parlement de Provence.

2. Il y avait alors trois gentilshommes de Provence du nom de Gasqui : Melchior Gasqui, capitaine d'une des galères du Roi, commandant de Bregançon (Var), et ses deux fils, Joseph et Honoré.

1607

une infinité d'autres, je suis le plus ignorant homme du monde. Ne doutez point que je ne fasse tout ce que je pourrai pour savoir ce que vous en devez ou craindre ou espérer. Le bruit de ce que je vous avois écrit touchant Monsieur le premier président continue, et depuis quinze ou vingt jours s'est fort augmenté[3]. Quelqu'un m'a dit avoir ouï de M. de Guise que le Roi lui[4] en avoit fait une dépêche. Ce prince est un peu suspect de n'être pas trop bon auteur; mais cela étant confirmé par beaucoup d'autres, il n'est pas hors d'apparence de le croire. Le Roi a été ici quelque[5] trois ou quatre jours; il s'en alla vendredi. Mme de Nemours[6] étoit décédée la nuit précédente; toute la cour sera pleine de deuil, je veux dire aux habits, car le long temps qu'elle a vécu semble dispenser ses plus proches de s'en affliger. Cependant que le Roi a été ici, il n'a point vu Madame la marquise[7], en quoi il a trompé beaucoup de gens, et peut-être elle la première. Le Roi s'en alla dans le carrosse de Mlle de la Haye[8]; Monsieur le Grand s'en alla avec lui, et revint hier en poste, et s'en retourne demain. Il a eu commandement du Roi d'aller voir Mlle de la Haye de sa part. Nous nous en allons tous à cet infortuné Fontainebleau. Je vous jure, sans une méchante affaire que j'ai, je me fusse paré de ce voyage, car Paris est une douce demeure; et à propos de cela souvenez-vous de la fleur d'orange, je vous en supplie, Monsieur, et que ce soit

3. M. Bazin conjecture qu'il s'agissait de charger M. du Vair de l'éducation du Dauphin.

4. *Lui* est en interligne.

5. Il y a *quelques*, au pluriel, dans l'autographe.

6. Anne d'Este, fille de Renée de France, mariée d'abord à François duc de Guise, puis à Jacques de Savoie, duc de Nemours, morte le 17 mai 1607, à soixante-seize ans.

7. De Verneuil.

8. Charlotte des Essarts. Voyez plus haut, p. 29, note 10.

1607 bientôt. Adressez désormais vos lettres à M. Ycart, à la rue des Vieilles-Étuves, à l'Écu; car je ne sais où je serai, et en quelque part que je sois, il en aura des nouvelles, et me fera tenir ce que vous m'envoyerez. Il est aujourd'hui dimanche; demain de grand matin j'irai au Palais, querir des aiguillettes. Mon impudence à vous employer ne vous peut donner la hardiesse d'user du pouvoir que vous avez sur moi; vous me commandez timidement : ce n'est pas savoir ce que je vous suis. Usez-en d'autre façon, s'il vous plaît, et me continuez l'honneur de vos bonnes grâces. Tout mon mérite est que je les desire avec passion.

Je vous écrivis dimanche ce qui est en l'autre page. Depuis j'ai été au Palais où j'ai acheté les aiguillettes que je vous envoye. Si je vous puis servir en quelque chose et que vous ne m'employiez avec la privauté que vous devez, je me plaindrai que vous ne me tenez pas pour celui que je suis,

Votre plus humble et plus affectionné serviteur.

---

17. — A Paris, ce 18e de juillet.

Monsieur, j'ai fait un silence de cinq ou six semaines; mais ne l'imputez pas à ma paresse. Le séjour de ce malplaisant lieu de Fontainebleau, ou l'absence de Paris, ou tous les deux m'avoient rendu stupide; et d'ailleurs vous savez que j'y étois logé si loin du château, que je ne voyois pas un de tous ceux qui partoient pour aller en Provence. J'ai reçu les deux pots d'huile d'orange que vous m'avez fait cette faveur de m'envoyer; ils arrivèrent le jour même que je partis de cette ville : je les baillai à l'homme à qui ils étoient destinés, qui les eut extrêmement agréables, et le cas qu'il en fit me redouble l'obligation que je vous en ai. Je vous rends avec regret des paroles pour des effets; mais vous y devez être accoutumé : voilà pourquoi je ne vous en ferai point davantage d'excuses. 1607

Nos nouvelles sont que la persécution des financiers continue. Il est vrai que les choses vont assez lentement, pource qu'ils ont de grands intercesseurs, et nommément la Reine, qui s'employe fort pour eux. Quoi que c'en soit, jusqu'à cette heure le Roi a toujours tenu bon. Puget[1], trésorier de l'Épargne, entra mardi en prison, après avoir fait tout ce qu'il put pour n'y aller point. Ce qui l'y fit entrer fut qu'il s'étoit accommodé avec Placin[2], qui est son beau-frère, et qui devoit être son accusateur, et que par ce moyen il pensoit répondre aisément aux objections qu'on lui feroit. Mais cette réconciliation ne s'étant pu faire si secrètement que l'on ne l'ait sue, Placin fut mis en prison vendredi dernier à quatre heures de matin, et tient-on que l'un et l'autre courent fortune de la vie. M. le prince de Joinville est de retour de ses voyages d'Angleterre, et du pays des États, à Marchais, maison de M. de Guise, près Notre-Dame de Liesse; il s'en va à Joinville achever sa quarantaine[3], et de là s'en reviendra à la cour. M. de Guise fait compte de partir à la fin de ce mois pour aller en Provence; je ne sais ce qui en sera. Monsieur votre archevêque[4], l'autre jour,

LETTRE 17. — 1. Étienne du Puget, seigneur de Pommeuse, trésorier de l'Épargne, mort avant 1639. Voyez son *Historiette* dans Tallemant, tome VI, p. 213, et dans le *Recueil* de M. Berger de Xivrey deux lettres de Henri IV, en date du 10 juin 1607 et du 17 décembre 1609. Voyez aussi le *Mercure françois*, 1607, p. 177 et 178.

2. Nicolas Plassin, suivant Tallemant, tome VI, p. 213.

3. Voyez plus haut, p. 34, note 7.

4. Paul Hurault de l'Hospital, archevêque d'Aix de 1598 à 1623. Le

1607 au sortir du prêche du P. Cotton [5], m'entretint fort du regret qu'il avoit d'être hors d'avec son troupeau, et me dit qu'il s'étoit fié jusqu'à cette heure aux promesses que lui avoient faites quelques conseillers de votre parlement [6], étant par deçà, que l'arrêt donné contre lui seroit arraché du registre; mais que puisqu'il n'en voyoit point d'effet, qu'il étoit résolu d'en avoir la fin d'autre façon, ce que Monsieur le garde des sceaux [7] lui avoit promis; et que cela étant, il faisoit compte d'être à la mi-septembre en Provence, et n'étant point, qu'il se déferoit de son archevêché : je ne sais ce qu'il en sera. M. de Montglas [8], premier maître d'hôtel chez le Roi, mourut vendredi au soir. M. de Frontenac [9] a eu sa charge. Mme de Moret est démariée; il ne reste que d'avoir les expéditions de Rome, où l'on a envoyé pour cet effet; la capitulation est que M. de Sezy [10] aura vingt

Gallia Christiana (tome I, p. 336) mentionne cette querelle du prélat avec le parlement d'Aix. Elle était survenue à l'occasion d'un prêtre, accusé d'un crime infâme (*pessimi criminis*) et qui avait été puni du dernier supplice, sans avoir été dégradé par l'Archevêque. Celui-ci avait défendu à son clergé de donner l'absolution aux membres du parlement, qui, à leur tour, avaient rendu arrêt contre lui.

5. Le P. Cotton, jésuite, confesseur de Henri IV et de Louis XIII, mort en 1629.

6. Malherbe avait d'abord ajouté *de Provence*, qu'il a ensuite effacé. — Deux lignes plus loin, les mots « d'en avoir la fin d'autre façon » sont écrits dans l'interligne, au-dessus de ceux-ci, qui ont été effacés : « de voir la fin de son affaire. »

7. Nicolas Brûlart, marquis de Silleri, seigneur de Puisieux, chancelier de 1607 à 1616 et de 1623 à janvier 1624, mort le 1er octobre 1624.

8. Robert de Harlay, baron de Montglas, Montglat ou Monglas. Il mourut le 13 juillet, « soudainement et avec soupçon de poison, » dit l'Estoile, auquel, en pareil cas, il ne faut point s'en rapporter.

9. Antoine de Buade, comte de Frontenac, conseiller d'État, chevalier de l'ordre du Roi (1619).

10. Henri IV, pour posséder Jacqueline de Bueil, la fit marier « en

mille livres d'argent, et que sa pension de douze cents livres lui sera augmentée jusqu'à deux mille. Mme de Verneuil a été quelques jours à Vanves, où l'on disoit qu'elle devoit prendre des eaux; toutefois, après y avoir été cinq ou six jours, elle s'en est retournée à Marcoussy, maison de son père. Je la fus voir et reçus d'elle des caresses plus que je n'en pouvois espérer. Le Roi s'en va cette semaine à Monceaux pour prendre les eaux; de là il ira achever l'été à Villers-Cotterets, et puis nous nous en retournerons à Fontainebleau. Il m'a promis une pension sur la première abbaye ou évêché qui vaquera : cela me tiendra encore ici quelque temps; car sans cette espérance, j'aime trop la liberté pour m'en priver si longtemps. Voilà, Monsieur, toutes nos nouvelles; mais je me plains qu'en m'écrivant les vôtres vous ne m'avez pas mandé que vous étiez reçu conseiller[11], comme si vos prospérités m'étoient choses indifférentes : je ne laisserai pas de m'en réjouir avec vous, et de vous souhaiter que vous jouissiez longtemps de ce contentement. Quelque autre vous pourra faire ce compliment avec de plus belles paroles, mais nul avec plus d'affection, croyez-le, Monsieur, et m'aimez toujours comme 1607

Votre plus humble et plus affectionné serviteur,

Fr. de Malerbe.

Pource que[12] vous avez été en Angleterre, je vous

figure, » comme dit Tallemant (tome I, p. 155), à Philippe de Harlay, comte de Césy, à condition qu'elle ne serait que de nom la femme de celui-ci. Le mariage fut ensuite rompu moyennant trente mille écus que le Roi donna au mari.

11. La suscription de la lettre est ici pour la première fois : *A Monsieur Monsieur de Peiresq con^{lr} du Roi au parlement de Provence;* à la lettre suivante : *con^{lr} du Roi en sa court de parlement à Aix.*

12. Ce post-scriptum est placé de la même manière que celui de

1607 dirai cette particularité, que M. le prince de Joinville a mangé à la chambre du lit, qu'ils tiennent être une extrême faveur. M. du Périer est si content des caresses qu'il a reçues du Roi, qu'il ne le fut jamais tant. A la vérité il lui en a fait de grandes démonstrations, par cinq ou six fois qu'il a parlé à Sa Majesté.

Monsieur, s'il se peut recouvrer de cette huile de fleur d'orange autrement qu'en beurre, faites-moi cette faveur de m'en envoyer, et donnez ordre qu'elle soit si bien accommodée qu'elle se conserve; car un des petits pots se rompit dans la boîte, je ne sais par quel malheur. Il est vrai que le beurre se conserva, et qu'il n'y en eut de perdu que ce que l'on ne put séparer d'avec les morceaux de verre. Je rendrai ici à M. Ycart ce qu'il vous aura coûté, quand vous me l'aurez mandé. Si vous voulez quelque service de moi, commandez en liberté.

Monsieur, je suis lassé d'écrire; voilà pourquoi, voulant envoyer deux sonnets à Monsieur le premier président et à vous, je n'en ai fait qu'une copie [13] : vous la lui baillerez, s'il vous plaît, et en ferez faire une pour vous, si vous jugez qu'ils le vaillent. Adieu, Monsieur; excusez ma poltronnerie.

---

18. — Paris, ce 28ᵉ de juillet.

Monsieur, je vous écrivis, il y a dix ou douze jours, par le savetier, et m'excusai d'avoir été si longtemps sans m'acquitter de ce devoir, de sorte que je pense avoir satisfait à la plainte que vous m'en faites par une de vos

la lettre 15 : voyez p. 35, note 17. — A la date, qui se trouve, comme à l'ordinaire, après la signature, Malherbe a corrigé 1606 en 1607.

13. Voyez tome I, pièces XXIV et XXV.

lettres que je reçus jeudi au soir. J'avois su par les lettres de Monsieur le premier président votre réception à l'état de conseiller[1], et m'en étois réjoui comme le me commandoit notre amitié; mais sans mentir, ce m'a été une bien plus grande joie de recevoir cette nouvelle de votre part, l'opinion que par là vous montrez avoir que vos prospérités me touchent, m'étant un argument très-certain que vous m'aimez, et que vous vous assurez[2] de mon affection. Vous le devez faire, et imputer à ma mauvaise fortune si je ne suis capable de mériter l'un et de témoigner l'autre; mais c'est assez de cérémonie pour une âme franche comme la vôtre, et ennemie de simulation comme la mienne. Je fus hier au Palais trouver Mme Choucart, à laquelle je baillai votre rabat pour vous en faire. M. du Périer y étoit présent. Sans la fête de sainte Anne, qui est aujourd'hui, et dimanche qui sera demain, ils eussent été dépêchés incontinent. Elle m'assura que ce seroit pour mécredi prochain. Je revins de là chez M. du Monstier pour avoir son avis sur le fait de l'or moulu que vous desirez. Il n'étoit point au logis[3], j'y retournerai; et par le premier messager qui partira, je vous ferai tenir tout ce que vous desirez. 1607

Nos nouvelles sont que l'on est toujours sur la composition des financiers. Quand le Roi partit, ils offrirent six cent mille livres, le Roi en vouloit un million; depuis, les uns tiennent la chose achevée, les autres non du tout : quoi qu'il en soit, l'affaire est en beau chemin. M. le

Lettre 18. — 1. Peiresc avait eu, dès 1604, les lettres patentes qui le nommaient conseiller à la place de son oncle; mais bien qu'il les eût présentées cette année même, il ne se fit recevoir que le 24 juin 1607. Voyez les *Épistres françoises à J. J. de la Scala*, p. 245.

2. Malherbe avait d'abord écrit : « et que vous êtes assuré; » et au commencement de la phrase suivante : « Vous devez faire l'un et l'autre. » Devant le verbe *mériter* de la ligne suivante, il y a *vous* biffé.

3. Ce petit membre de phrase est écrit en interligne.

1607 prince de Conty[4] a été fort malade de la gravelle; il se porte mieux, et dès hier Madame la princesse partit pour s'en aller à Monceaux, où le Roi est avec la goutte. Il a envoyé querir MM. de Guise, d'Espernon, de Bassompierre[5], et autres joueurs, pour lui faire passer le temps : ce sont là toutes nos nouvelles. Je finis à regret, pour le plaisir que je prends à vous entretenir; voilà pourquoi j'y ajouterai encore deux ou trois lignes, et vous assurerai du pouvoir absolu que vous avez sur moi. Je ne sais pas à quel parti me fera résoudre la fortune, c'est-à-dire si je deviendrai[6] Normand ou si je deviendrai Provençal; car je suis combattu de beaucoup de considérations de côté et d'autre : mais quoi que je sois, je serai toujours votre plus humble et plus affectionné serviteur.

---

19. — Paris, ce 3e d'août.

Monsieur, je suis au trône de ma paresse, c'est-à-dire au lit ; voilà pourquoi vous n'aurez que ces trois ou quatre lignes, encore Dieu sait avec quel ordre et quel ornement. Premièrement, je vous dirai que nous n'avons point de nouvelles depuis ce peu que je vous en écrivis par le grand Claude il y a huit ou dix jours, si vous ne voulez prendre pour nouvelles que Monseigneur le Dauphin passa mardi par cette ville sans y séjourner. Il entra par

4. François de Bourbon, prince de Conti, mort le 3 août 1614. Il avait épousé en 1605 Louise-Marguerite de Lorraine. Voyez tome I, pièces XLVIII et XLIX.

5. François de Bassompierre, maréchal de France, né le 12 avril 1579, mort le 12 octobre 1646. Il a laissé des mémoires qui ont été jusqu'ici imprimés d'une manière très-incorrecte. M. le marquis de Chantérac en prépare une édition qui fera oublier toutes les autres.

6. Ce premier *deviendrai* est douteux ; on pourrait lire tout aussi bien *demeurerai*.

la porte Saint-Antoine, et sortit par celle de Saint-Honoré, 1607
pour aller coucher à Saint-Cloud, et de là à Saint-Germain. Il étoit dans un carrosse tiré à six chevaux, et dix qui le suivoient. M. de Saint-Géran[1] marchoit devant lui avec quelque soixante chevaux de sa compagnie, et derrière M. de Guise avec les galants de la cour; devant tout l'équipage marchoient cinq litières. M. et Mlle de Verneuil[2] s'arrêtèrent chez Madame leur mère, qui est ici depuis quatre ou cinq jours. On attend d'heure à autre M. le prince de Joinville. Les joueurs, comme je vous avois écrit, étoient allés à Monceaux, par le commandement du Roi, pour lui faire passer le temps; mais il les a renvoyés et va à la chasse dans une chaise, porté par des Suisses. On ne parle point encore de son retour. Je vous envoye une douzaine et demie de coquilles d'or moulu, que M. du Monstier a achetées et accommodées lui-même. Vos rabats ne sont point encore faits; Valentin partira lundi prochain, à ce qu'il dit, et les vous portera, et encore d'autres coquilles. Je ne sais que c'est que cette marchandise; mais je me suis adressé à l'homme[3] que vous m'avez commandé; il est fort content de votre petit lézard, il l'appelle un crocodile. Pour le pourtrait que vous daignez desirer, il m'a dit qu'il faut que je lui donne une après-dînée pour le réformer; laissez-moi le soin de l'en solliciter. Je n'écris point par cette occasion à Monsieur le premier président, ni à M. le président Cariolis[4],

Lettre 19. — 1. Jean-François de la Guiche, seigneur de Saint-Géran, lieutenant de la compagnie des gendarmes du Dauphin, et plus tard maréchal de France, mort en 1632. — *M. de* a été ajouté après coup devant *Saint-Géran*, dans l'interligne.

2. Gabrielle-Angélique, légitimée de France, mariée en 1622 à Bernard de la Valette, duc d'Espernon, morte en 1627.

3. Dumonstier.

4. Laurent de Coriolis, président à mortier au parlement d'Aix, après la mort de son père (1600).

1607 mon beau-frère; vous leur ferez, s'il vous plaît[5], mon excuse, qui est le peu de loisir que me donne ce messager. Il m'avoit averti il y a trois ou quatre jours; mais il n'a pas laissé de me surprendre, pource que je pensois qu'il mentiroit de trois ou quatre autres, suivant la coutume des messagers. J'ai reçu vingt et deux quarts d'écu que vous m'avez envoyés; je vous manderai par Valentin comme je les aurai employés. Je vous prie, quand vous desirerez quelque chose de par deçà, vous remettre à moi de le fournir, et vous le rendrez par delà à ma femme. Adieu, Monsieur; je suis un babillard, car je n'avois rien à vous dire, et cependant je vous ai rempli deux pages : accusez-en le plaisir que je prends de parler à vous; et puisque je ne vous puis autrement rendre témoignage de mon affection, recevez cettui-ci pour vous persuader que je suis toujours votre plus humble et plus affectionné serviteur.

---

20. — A Paris, ce 10e d'août.

Monsieur, ma paresse fait que je vous écris toujours en hâte, pource que j'attends toujours que le messager soit sur le point de partir. Ce qui me console, c'est que je n'ai pas grand'chose à vous écrire. L'appointement des financiers n'est point encore arrêté; l'un d'eux, nommé Garraut, fut pendu en effigie il y a trois ou quatre jours; il y a un certain commis que l'on croit qu'il le sera en propre personne, peut-être dès demain. Le Roi est encore à Monceaux, sans goutte, grâces à Dieu : nous ne l'attendons à Paris qu'après cette Notre-Dame prochaine. Je vous envoyai dernièrement une douzaine et

5. *S'il vous plaît* est écrit en interligne.

demie de coquilles d'or moulu de Flandres; je vous en envoye à cette heure une autre douzaine, malgré M. du Monstier, qui ne peut croire qu'il vous en faille tant que cela. Vous recevrez par ce même porteur six collets; s'ils ne sont de belle toile, la faute en est à Mme Choucart, car je lui recommandai qu'ils fussent de la plus belle; ma vue commence à se baisser et m'en empêche le jugement. Il y a pour quatre livres et demie d'or, et pour sept livres quinze sous de collets; ainsi j'ai encore de votre argent. Vous me manderez en quoi il vous plaît que je l'employe, et je vous servirai selon votre desir, et, si je puis, selon le mien. Adieu, Monsieur; aimez-moi toujours et me tenez pour celui qui sera éternellement votre plus humble et plus affectionné serviteur, 1607

Fr. de Malerbe.

Monsieur, vous ferez, s'il vous plaît, avertir ma femme qu'il y a une lettre pour elle au paquet de Monsieur le premier président [1].

---

21. — A Paris, 2e septembre.

Monsieur, mes lettres ne sauroient avoir meilleure recommandation que les nouvelles : voilà pourquoi, quand je n'en ai point, je suis assez paresseux à vous écrire; car de vous prier de m'aimer, je sais que vous le faites, et sais bien aussi que vous me faites cette faveur de croire de mon affection tout ce que mes paroles vous en sauroient représenter. J'écris à Monsieur le premier président peut-être quelque chose qui ne sera point ici; vous l'apprendrez de lui, Mme la comtesse de Sault s'en

Lettre 20. — 1. Ce paragraphe est au dos de la lettre.

1607 va en Provence, pleine de lauriers; elle remène Mme la marquise de Montlaur en son marquisat. Il faut avouer que une bonne cause est bien entre vos mains. M. de Montespan[1] a derechef gagné sa cause contre MM. de Romefort. Il y a dix ou douze jours que l'on pendit un fils d'un médecin des quartiers de Boisgercy[2], pour avoir voulu tuer le président Forget[3]. Cette nouvelle est vieille, voilà pourquoi je ne vous en dis rien de particulier. J'ai encore de votre argent : mandez-moi si voulez encore de l'or ou des rabats. Adieu, Monsieur; je vous baise bien humblement les mains, et vous supplie que j'aye toujours en votre amitié le lieu qu'y mérite celui qui est à jamais votre très-humble et affectionné serviteur,

Fr. de Malerbe.

Messeigneurs le Dauphin et d'Orléans sont à Noisy[4]; le Roi les va voir demain. M. d'Orléans fut pris hier la nuit d'une petite fièvre; l'on tient que ce ne sera rien. La femme qui bailloit[5] le lait pour sa bouillie est

Lettre 21. — 1. Antoine-Arnaud de Pardaillan et de Gondrin, seigneur de Montespan et d'Antin, lieutenant général au gouvernement de Guienne, chevalier des ordres du Roi, mort en 1624. Les terres de Montespan et d'Antin furent érigées en marquisats, l'une en 1612, l'autre en 1615.

2. L'assassin ou prétendu tel, car il paraît qu'il n'avait fait que menacer le président, se nommait Lesterac, suivant l'Estoile. Il fut le jour même (le 13 août) « pendu et étranglé. » Le Roi trouva fort mauvaise cette justice si expéditive, disant que « sa cour ne se hâtoit pas tant quand il étoit question de punir les assassins de Sa Majesté. »

3. Jean Forget, président à mortier au parlement de Paris, mort en 1611, à soixante-douze ans.

4. On les y avait conduits de Saint-Germain, où il s'était déclaré une grave épidémie.

5. Malherbe avait d'abord écrit : « qui lui bailloit, » puis il a effacé *lui*.

morte de peste à Saint-Germain. Mme la marquise de Verneuil s'en est retournée à Verneuil : elle attendit le Roi en cette ville ; il la fut voir une fois. Fortan, cet Espagnol qui avoit été en peine avec elle, a eu commandement de s'en aller dans dix jours hors du royaume, pource que le Roi a cru qu'il traitoit quelque chose avec l'ambassadeur d'Espagne. Il part aujourd'hui à deux heures, pource qu'il n'a plus que huit jours ; il m'a fait voir son passe-port, qui est de hier premier de ce mois. Mme la comtesse de Moret est bien avec le Roi ; mais depuis trois jours on lui a ôté un jeune homme qui étoit son domestique, nommé Gillot ; il avoit été au comte de Gramont[6]. On a aussi défendu de la voir[7] à un gentilhomme breton, qui la hantoit fort, nommé Grandbois ; il est proche parent de Madame la Grand[8]. Les inimitiés du sieur don Joan[9] et du sieur Conchin ne se réconcilient point. Il y a un nommé Jean-Paul Guerre en prison, pour être soupçonné d'avoir voulu tuer le sieur Conchin. L'écuyer du sieur don Giovan[10], l'allant visiter en prison, y a été retenu sur ce qu'il offrit vingt écus au geôlier pour le laisser parler à lui. Il y a un jeune homme qui vint à Monceaux trouver le Roi pour le supplier que par son moyen il fût rétabli en la société des Jésuites, de laquelle, après y avoir été quatre ans, il a été banni pour 1607

6. Antoine de Gramont, vice-roi de Navarre, mort en août 1644. Il fut créé duc et pair en 1643.

7. *De la voir* est écrit en interligne.

8. Anne de Bueil, femme de Monsieur le Grand (M. de Bellegarde).

9. Jean de Médicis, fils naturel de Cosme de Médicis, grand-duc de Toscane, né en 1567, mort en 1624. Il avait suivi en France sa nièce, Marie de Médicis. Henri IV le traite de cousin dans ses lettres. — Malherbe l'appelle don Giovan trois lignes plus loin, et ailleurs don Juan et don Jouan.

10. Après *don Giovan*, Malherbe avait écrit *est aussi*, qu'il a ensuite biffé.

1607 avoir falsifié la signature de son général. Tout cela n'est rien, mais ce qui en a fait très-grand bruit, c'est qu'il dit qu'il est fils du Roi et d'une damoiselle de Béarn, qui[11] le fit porter en la frontière d'Espagne tout aussitôt qu'il fut né; le Roi ne se souvient point d'avoir jamais vu cette damoiselle. Cet homme est fort simple, âgé d'environ vingt-sept ou vingt-huit ans, la barbe et les cheveux noirs, le teint fort délié; il fut dès l'heure mis entre les mains du grand prévôt. Je ne sais s'il y est encore, car on n'en parle plus. Les financiers ont fait leur paix. Le sieur don Joan fait parler du mariage de la comtesse de Chemilly[12].

---

22. — Paris, ce 24e septembre.

Monsieur, je suis à demi en colère contre vous. Vous ne me sauriez mieux offenser que de me faire croire que vous m'avez oublié; par dépit vous n'aurez point de nouvelles. Si vous en voulez savoir, M. de Caldagnes, qui est porteur de cette lettre, vous dira ce que nous en avons : il n'y a rien de plus frais que la mort de M. de Meslé[1]. Nous avons ici des dyssenteries, mais nous sommes pires que le mal. La Reine a eu, durant une semaine, un flux de ventre, et ne s'est laissé voir à qui que ce soit jusques à hier, que les princesses la virent. Je me repens de vous en avoir tant dit; mais je ne suis pas si marri, comme j'en fais le semblant. Puisque vous ne me voulez mander à quoi vous voulez que j'employe le reste de votre argent,

11. Malherbe avait d'abord écrit : « qui l'ayant eu le fit tout aussitôt porter en la frontière. » Les mots *d'Espagne* sont en interligne.

12. Jeanne de Scépeaux, fille de Guy de Scépeaux, comte de Chémillé et duc de Baupréau. Il en sera reparlé plus loin.

Lettre 22. — 1. Louis d'Angennes, marquis de Maintenon, baron de Meslay, chevalier des ordres du Roi.

je vous envoyerai des aiguillettes par le sergent Lóuis. M. du Périer triomphe de gouverner le Roi. Vous l'aurez bientôt en Provence, et moi quand Dieu voudra. Partout, Monsieur, je suis votre très-affectionné serviteur. 1607

23. — A Paris, ce 7ᵉ octobre.

Monsieur, si c'étoit un autre que M. du Périer qui s'en allât en Provence, vous n'auriez point de lettre de moi. Vous ne m'écrivez point; voilà pourquoi je vous veux rendre la pareille, afin que la faim d'avoir non de mes lettres, mais des nouvelles, vous range à la raison, et malgré vous vous oblige à me donner ce contentement. Le porteur est trop bien informé de toutes nos nouvelles et est trop éloquent, pour vouloir rien ajouter à sa suffisance. Vous n'aurez donc autre chose de moi, sinon la prière que je vous fais et que je vous ferai toujours de m'aimer et me tenir pour votre très-humble et affectionné serviteur.

24. — A Paris, ce 12ᵉ novembre.

Monsieur, si vous avez été quelque temps sans m'écrire, vous m'en avez bien payé l'usure. Je n'en ferai pas de même, non faute d'affection, mais pour n'avoir guère[1] de matière dont vous preniez plaisir d'être entretenu. La cour est depuis un mois à Fontainebleau, et nous à Paris, Dieu merci. On parle diversement du retour du Roi par deçà; toutefois je pense qu'il ne reviendra que nous ne soyons près de fêtes : ses exercices sont le jeu et la

Lettre 24. — 1. Le mot *guère* est écrit au-dessus de *point*, qui a été effacé.

1607 chasse. Monsieur le connétable[2] y est arrivé, à ce que je viens d'apprendre. Il y a eu trois à quatre maisons fermées à Avon, à cause de la peste, de sorte que l'on a fait déloger la musique du Roi qui y étoit, et les maçons qui travaillent au canal ont été mis à la héronnière. Tout est sain en cette ville, hormis je ne sais quelle petite vérole qui nous a fait mourir trois ou quatre personnes seulement, dont Pardillan, autrement nommé Panjas[3], est un, et une belle jeune damoiselle nommée la Patrière[4] est l'autre; le fils du capitaine Gasqui est le troisième. Il y en a eu tout plein de malades; mais tout est guéri. Le flux de sang a eu aussi quelque cours, toutefois[5] avec peu de dommage. M. de Bressieu en a cuidé mourir, et est encore au lit, mais hors de danger, grâces à Dieu. Pour les affaires de Flandres, on y tient la paix faite; mais il n'y a rien d'assuré. Mme la marquise de Verneuil est en cette ville, qui, depuis peu de jours, a reçu de notables gratifications du Roi, et entre autres une pension pour M. de Gyé son frère[6], de dix mille écus, à ce que l'on dit : je le crois malaisément; mais quoi qu'il en soit, il faut qu'elle soit bonne, car il s'en est allé remercier le roi d'Angleterre de celle qu'il lui donnoit, et la lui remettre. M. de Sully est en faveur plus que jamais, et dit-on que si Monsieur le connétable mouroit, il seroit pour avoir sa charge. J'ai été longtemps sans vouloir, non pas croire, mais ouïr cette nouvelle; mais quand je l'ai ouï dire à des personnes qui vont au cabinet, j'ai cru qu'il n'y avoit

2. Henri I, duc de Montmorency, mort en 1614.

3. Louis de Pardaillan, comte de Panjas, mort à Paris le 14 octobre 1607, à vingt-quatre ans.

4. Voyez lettre 15, p. 34, et pour Gasqui, lettre 16, p. 36, note 2.

5. *Toutefois* est écrit au-dessus de *mais*, qui a été effacé.

6. César de Balzac d'Entraigues, sieur de Gié, frère de père de la marquise de Verneuil.

rien qui ne se pût faire. On parle de sa catholisation : les siens disent qu'il n'y pense pas; mais s'il pense à l'un, je crois qu'il pense à l'autre. Vous ferez, s'il vous plaît, part de ces nouvelles à Monsieur le premier président, et le prierez que pour ce coup il excuse ma paresse et des méditations que j'ai qui m'empêchent la liberté de l'esprit. J'ai reçu les vers de M. Barclay[7], dont je vous remercie d'autant plus que vous avez si longtemps gardé la mémoire de la prière que je vous en avois faite. Devant que j'eusse reçu votre lettre, j'avois employé le reste de votre argent à deux douzaines d'aiguillettes; je les vous envoye, croyant qu'elles ne vous seront pas désagréables; je vous envoye aussi *les Muses ralliées*, et une douzaine de manchettes, comme vous m'avez écrit. J'embrasse toutes occasions de vous servir; mais je regrette qu'il ne s'en offre de plus importantes, pour vous donner meilleur témoignage de l'affection que j'en ai. Ce sera quand il vous plaira me commander; ce que j'attends comme votre plus humble et plus affectionné serviteur, 1607

F. DE MALERBE.

J'oubliois à vous dire que le sieur du Monstier est si content de vous, qu'il n'est pas possible de plus. Il vous eût envoyé le pourtrait de Monsieur le premier président, et à M. du Périer celui de M. le cardinal du Perron, mais il attend que le mien soit achevé, ce qui sera, Dieu aidant, cette semaine prochaine. Pour les deux autres, je vous réponds qu'ils sont faits, car il me les a apportés à voir; mais pource qu'il dit qu'ils se gâteroient d'être roulés, et qu'il les veut envoyer étendus comme ils

7. Le coffre qui les contenait avait été égaré pendant un an. (Lettre de Peiresc du 12 octobre 1607. Manuscrit cité de la Bibliothèque de Carpentras.)

1607 sont dans une cassette, il veut attendre qu'ils soient tous trois ensemble ; je l'en solliciterai, en sorte que vous serez content. Adieu, Monsieur : encore une fois et encore une fois je vous dis que je suis votre serviteur.

---

25. — A Paris, ce 8e décembre.

Ce me seroit un crime capital de ne vous écrire point par cette occasion ; mais pour cela vous n'aurez point de nouvelles, car il est minuit sonné. Monsieur le premier président, à qui j'écris tout ce que nous en avons, vous en fera part. Il me suffit que par ces trois lignes je vous témoigne qu'il me souvient des obligations que je vous ai, et que je desire que vous continuiez de m'aimer. Si je ne le puis mériter d'autre façon, au moins sera-ce en vous en priant et conjurant de toute mon affection. Faites-le donc, Monsieur, et me conservez en vos bonnes grâces comme votre plus humble et plus affectionné serviteur,

Fr. de Malerbe.

M. du Monstier a commencé le troisième pourtrait ; aussitôt qu'il sera achevé, vous le recevrez avec les deux autres : vous l'avez fort obligé par ce que vous lui avez envoyé. Tout son desir est de vous contenter en cette occasion et vous servir en toutes [1] où il en aura le moyen. M. du Périer m'excusera pour cette fois ; je lui baise bien humblement les mains et suis son serviteur.

Lettre 25. — 1. Malherbe avait d'abord mis : « et en toutes vous servir, » puis il a effacé *en toutes*, pour le récrire après *servir*.

26. — A Paris, ce 1er de janvier. 1608

Monsieur, vous m'avez oublié. J'en ferai de même si je puis. Mais non ferai, car vous auriez des excuses et moi non. Nos nouvelles sont aussi froides que la saison. Nous allons courre la bague le lendemain des Rois. Vous saurez qui l'aura gagnée. Je[1] vois bien que de ce carême-prenant il ne se parlera d'autre chose. Le Roi courra; cela met toute la cour en débauche. Adieu, Monsieur, en voilà trop pour un paresseux comme vous. A M. du Périer, il aura dent pour dent, ou œil pour œil, lequel qu'il voudra; c'est-à-dire rien pour rien; car puisqu'il ne m'écrit point, il n'a que faire de mes lettres. Je ne laisserai pas pour cela de lui baiser les mains et l'assurer que je suis son serviteur. Mandez-moi, s'il vous plaît, si vous avez reçu les rabats, aiguillettes, etc. Je suis toujours votre très-humble et affectionné serviteur.

27. — A Paris, ce 20e janvier.

Monsieur, j'étois affamé de vos lettres, je ne dirai pas que vous m'en ayez soûlé, car cela ne sauroit jamais être; mais vous avez fait cesser la plainte que je faisois de votre paresse. Le grand nombre de nouvelles dont vous avez rempli votre lettre me convie de vous en faire de même; mais je n'ai de quoi, parce que le froid a gelé tous les desseins qui se faisoient pour honorer notre carême-prenant. Nous avons laissé celui[1] des lices, barrières et autres telles galanteries, et sommes réduits aux ballets. Nous en attendons un au premier jour de la façon de

Lettre 26. — 1. Devant *je*, il y a dans le manuscrit *car*, effacé.
Lettre 27. — 1. *Celui* est écrit au-dessus des mots *le dessein*, qui ont été effacés.

1608 M. de Vendôme, duquel sont tous les galants de la cour, au moins une grande partie. Si le froid n'avoit fait autre mal que cela, ce seroit peu de chose; mais il a tellement gelé notre rivière, que la charge de cotrets coûte trente-cinq sols : voilà le principal grief. Il est vrai qu'encore avons-nous à nous contenter d'elle, au prix de la Loire, qui s'est arrêtée au pont d'Amboise, et ne passe plus par-dessous, à cause des glaces qui s'y sont amoncelées, si bien qu'il y a trois ou quatre lieues de pays noyé tout à l'entour; le mal continue tous les jours, et tout ce pays-là n'est aujourd'hui qu'un étang glacé, si ce que l'on en rapporte est véritable[2]. Le Roi passa vendredi la Seine sur la glace, à l'endroit de l'Arsenac; vous pouvez penser à quel jeu il jouoit : il y a beaucoup de marauds qui n'en feroient pas de même. J'ai baillé votre lettre à Beys, qui vous envoyera les livres contenus en votre lettre, mais qu'ils soient venus, ce qui ne peut être que la rivière ne soit dégelée. Je lui dis que quand il vous voudroit écrire, qu'il m'envoyât ses lettres et que je les ferois tenir : il m'a dit qu'il le feroit; mais il n'en a encore rien fait. M. de Riz[3] enfin est demeuré premier président de Rouen, M. de Jambeville[4] n'ayant pas voulu l'être aux conditions que le Roi vouloit. On dit que le Roi en a refusé trente mille pistoles d'un des présidents de Rouen[5]. Il y a des fous de robe longue aussi bien que de courte, et en Normandie comme ailleurs, encore qu'on l'appelle le pays de sapience. Je crains bien que,

2. Le froid sévit avec une extrême rigueur en 1608, et cette année fut pendant longtemps appelée *l'année du grand hiver*. Voyez le *Mercure françois*, tome I, p. 229.

3. Alexandre Faucon de Ris, mort en 1628. Il était président au grand Conseil. — Il paya au Roi trente mille écus.

4. Le président le Camus de Jambeville.

5. Il s'appelait Chevalier. Il en sera question plus loin.

comme nous avons changé de premier président, nous n'en fassions de même de notre gouverneur[6]; il est extrêmement mal, et le remède du lait, où il est depuis trois semaines, pour avoir été employé trop tard, ne fait pas l'effet que l'on desireroit en la guérison d'un si bon prince. Il y aura, ce me semble, demain huit jours que sa fille[7] fut accordée à M. d'Orléans. Si le mariage s'achèvera quand ils seront grands, c'est une question; ceux qui vivront verront ce qui en sera. Pour n'ôter pas toute espérance de vivre à M. de Montpensier, le Roi lui a promis que, s'il a un fils, il lui donnera une de ses filles. Le sieur de Florence[8] vous aura conté la mort de M. le marquis de Montlaur. Il est fort regretté, et Monsieur le comte son frère[9] en porte la perte fort impatiemment. Toute la cour l'a visité en son affliction, même M. le comte de Soissons. M. de Montpensier y a envoyé, et lui a mandé que, si sa maladie le lui eût permis, il lui eût lui-même rendu cet office. Le sieur du Monstier vous prie de l'excuser à cause du temps qui est si rigoureux qu'on ne peut travailler; je lui rends ce témoignage à sa prière et pour la vérité, car certainement il n'y avoit ordre de manier le pinceau. Je le presserai, aussitôt qu'il dégèlera, de satisfaire à votre desir. Je lui ai fait acheter une douzaine de coquilles d'argent moulu, que je vous envoye avec six onces de la cire plate de Charlot. Mandez-moi en quoi vous voulez que j'em- 1608

6. Henri de Bourbon, comte de Montpensier. Il mourut le 29 février 1608, « après avoir langui deux mois, dit l'Estoile, ne vivant que de lait de femme. »

7. Marie de Bourbon, qui, en 1626, épousa Gaston, devenu duc d'Orléans après la mort de son frère, second fils de Henri IV.

8. David de Rivault, sieur de Flurance, précepteur de Louis XIII, conseiller d'État, mort en 1616. Malherbe a composé un sonnet pour son *Art d'embellir :* voyez tome I, pièce XXVIII.

9. Philippe d'Agoult, comte de Montlaur. Voyez p. 7, note 4.

1608 ploye le reste de votre argent, car je ne me souviens plus du passé. S'il me reste quelque nouvelle à vous dire, le sieur de Florence la vous apprendra, mais voilà tout ce que ma mémoire me fournit, sinon que pour faire que ma lettre soit une vraie gazette, je vous dirai que il y eut vendredi huit jours que le Roi défendit à Monsieur le Grand et à M. du Bouillon[10] de recevoir plus page de la chambre qui ne soit l'aîné de sa maison. Cela sera observé comme l'ordonnance qu'il fit dernièrement que tout le monde, en son absence même, fût tête nue en sa chambre et en son cabinet; et à une heure de là tout y étoit couvert, jusques aux garçons de la chambre.

Je vous avois dit au commencement de cette lettre que je n'avois que vous écrire, et cependant, sans y penser, je vous ai presque fait un volume, pource que ma mémoire, qui ne se souvenoit de rien au commencement, s'est échauffée sur la besogne; encore me vient-il de souvenir d'une chose que je veux que vous sachiez, c'est que le marché d'enclore les faubourgs dans la ville est fait, et y commencera-l'on à ce printemps. La besogne est que de deçà on continuera ce qui est commencé hors des Tuileries jusques à la porte Saint-Denis, et du côté de l'Université, depuis le bord de l'eau vis-à-vis des Tuileries jusques à la porte Saint-Victor vis-à-vis de l'Arsenac. Le Roi prête pour cet ouvrage cent mille francs, et on lui en rend deux cent mille d'ici à quatre ans. Il s'est retenu six places, dont il en donne une à Monsieur le Grand, les autres à M. de Bassompierre, M. d'Espernon, M. de Rohan; il ne me souvient pas de la cinquième; la sixième, il la réserve pour lui, et s'appellera Bourbon, pource

10. Henri de la Tour, duc de Bouillon, maréchal de France, premier gentilhomme de la chambre, mort le 25 mars 1623, à soixante-sept ans.

que, en bâtissant le Louvre, le Bourbon [11] qui est devant la porte sera mis bas. Saint-Nicolas et Saint-Thomas du Louvre seront transportés là, pour raser cet espace d'entre le Louvre et les Tuileries. Adieu, Monsieur; je ne me puis taire quand je parle à vous; aimez-moi, car je suis votre serviteur très-humble et très-affectionné. 1608

28. — Paris, ce 8e de mars [1].

MONSIEUR, vous n'eûtes point de mes lettres par ce dernier messager qui est allé en Provence, pource que j'attendois toujours le paquet de M. Beys, qui n'arriva qu'après qu'il fut parti. J'ai déjà répondu à votre lettre que vous m'envoyâtes par M. Boyer [2]; mais de celle de ce capitaine Tassi [3], dont vous me parlez, je ne sais que c'est : ce n'est pas que mon logis ne soit fort aisé à trouver; mais la fortune m'a voulu ôter cette occasion de vous servir. Je m'informai à tous les Provençaux de cet homme, et enfin je trouvai M. de Boyer en la chambre de la Reine, qui me donna des nouvelles de son logis; mais le lendemain, comme j'y envoyai, il étoit parti. J'ai reçu votre lettre de change, que j'ai baillée à M. Beys après l'avoir fait obliger [4], selon ce que vous me mandiez. Son homme et moi fûmes trouver M. Vanel [5], qui demeure

11. Le château appelé le Petit-Bourbon, du côté de Saint-Germain l'Auxerrois, ne fut démoli que sous Louis XIV.

LETTRE 28. — 1. Bien que cette lettre composée de deux feuillets porte sur l'adresse : *A Monsieur de Calas*, son contenu prouve qu'elle est destinée à Peiresc. Malherbe y avait probablement joint une autre lettre au père de Peiresc, M. de Calas, qui venait de perdre son frère.

2. Jean-Baptiste de Boyer, conseiller au parlement de Provence, neveu de la femme de Malherbe. Voyez tome I, p. XLIII.

3. Il était de Toulon.

4. C'est-à-dire après lui avoir fait signer un engagement.

5. Claude Vanel, financier.

1608 à la rue Saint-Honoré, environ Saint-Innocent; nous ne le trouvâmes point; l'homme de M. Beys l'attendit, et depuis je sus[6] qu'il avoit accepté la lettre[7]. M. Beys vous écrit : je crois qu'il en fera mention. Je vous envoye sa lettre, mais non le rouleau dont il vous parle, pource que je le réserve au premier messager. Je vous ai mandé que vous me fissiez savoir où vous desirez que j'employe le reste de votre double pistole; j'en attends votre réponse. M. du Monstier est un peu paresseux; j'attends sa commodité pour vous envoyer les pourtraits dont il est question. Je ne m'amuse point à vous consoler de la mort de M. de Calas[8], votre oncle : je ferois tort à votre sagesse, qui dès longtemps avoit prévu, par les incommodités de sa vie, que sa mort ne pouvoit plus guère tarder. Pour moi, je tiens que le vivre parmi toutes les délices du monde n'est pas grand'chose : vous pouvez penser ce que ce peut[9] être de vivre parmi des douleurs perpétuelles comme étoient les siennes. Mais j'ai peur que cette mention que je vous en fais ne refraîchisse la plaie que le temps sans doute peut justement avoir guérie. Je quitte donc ce discours, pour vous assurer toujours de ma très-fidèle affection à vous servir, et vous remercier des offres que vous me faites de votre amitié. Je vous baille du cuivre, et vous me rendez de l'or ; je n'y saurois que faire : c'est la différence de nos fortunes qui en est cause. Aimez-moi tel que je suis, et aimez encore Marc-Antoine, qui sera votre serviteur comme le père.

6. Malherbe avait d'abord écrit : « je sus de M. Beys, » puis il a effacé les trois derniers mots.

7. Une lettre de change de soixante écus que Peiresc avait tirée sur lui et envoyée à Malherbe, pour en remettre l'argent au libraire Beys.

8. Claude Fabri, sieur de Calas. Il avait, en 1604, résigné à Peiresc sa charge de conseiller à la cour des comptes de Provence.

9. Il y a : « ce que *se* peut, » dans l'autographe.

Nous n'avons ici rien de nouveau, car la mort de M. de Montpensier est déjà vieille[10]; elle a empêché Monsieur le Dauphin de danser un ballet, combien qu'il fût venu exprès ici pour cela. Le Roi en eut le plaisir à Saint-Germain le soir du premier jeudi de carême; et certainement, sans cajolerie, ceux qui y étoient présents disent que de bien grandes personnes eussent été fort empêchées de s'en acquitter si dignement[11]. Les personnages du ballet étoient Monsieur le Dauphin, Madame[12], M. le chevalier de Vendôme, Mlle de Vendôme, M. et Mlle de Verneuil, et quatre ou cinq autres petits garçons de leur âge. Le Roi partit mardi pour s'en aller à Chantilly; il porte le deuil, et la Reine aussi, tous deux de noir : le Roi de frise, et la Reine de montcayar[13]; toute la cour le porte, c'est-à-dire les grands, et avec eux grand nombre de petits qui se veulent grandifier par ce moyen. Sa Majesté me fit cet honneur lundi au soir, de me renouveler la promesse de la pension sur la première abbaye, évêché ou archevêché. Je ne sais quand j'en verrai l'effet; jusque-là il se faut contenter de sa bonne volonté. Je ne sais plus de quoi vous entretenir; car il me semble que j'ai satisfait à tout ce que vous m'écriviez, et que je vous ai écrit tout ce que nous avons de nouveau. Adieu donc, Monsieur; je vous conjure encore une fois de m'aimer et de me tenir pour votre très-humble et très-affectionné serviteur, 1608

Fr. de Malherbe.

M. Beys m'a donné espérance de vous trouver un

10. Voyez plus haut, lettre 27, p. 57, note 6.

11. Voyez tome I, pièce xxvi.

12. Élisabeth, l'aînée des filles du Roi, née en 1602, et qui devint reine d'Espagne.

13. *Montcayar*, « serge, ou étoffe de laine croisée et fort déliée, dont on fait des habits longs. » (*Dictionnaire de Trévoux.*)

1608 bon compagnon de relieur qui a été page de Jérome. Mandez-m'en votre volonté.

29. — A Paris, ce 25e mars.

Monsieur, je vous ai écrit assez au long par le passé pour me dispenser d'être[1] brief à cette heure. Je vous envoye un rouleau de la part de M. Beys, duquel il vous faisoit mention par une sienne lettre que je vous ai fait tenir. Depuis il vous a écrit une autre lettre, que vous recevrez par ce porteur. Nos nouvelles sont que le Roi se porte fort bien, Dieu merci. Nous attendons l'accouchement de la Reine dans dix-huit ou vingt jours[2]. Vous avez su la mort de M. de Montpensier, qui fut le dernier du mois. On lui dressa une effigie au logis où il est décédé; elle fut servie durant trois jours, qui commencèrent le lundi d'après sa mort. M. le comte de Soissons fit difficulté de la garder, et dit que les princes du sang ne gardoient que les rois, et que Monsieur[3], frère du Roi, n'avoit été gardé que par des gentilshommes. On tint conseil là-dessus, où il fut résolu d'en avoir la volonté du Roi, qui étoit lors à Chantilly. Il ordonna que M. de Fervaques[4], maréchal de France, avec trois chevaliers du Saint-Esprit, le garderoient, ce qui fut fait. MM. de Sordeac[5], le marquis de Tres-

Lettre 29. — 1. C'est-à-dire pour m'autoriser, pour que je sois autorisé à être.... Voyez le Corneille de M. Marty-Laveaux, tome I, p. 208, note 2.

2. Elle accoucha de Gaston le 25 avril 1608.

3. François d'Alençon, frère de Henri III.

4. Guillaume de Hautemer, comte de Grancei, maréchal de France en 1596, mort en 1613.

5. René de Rieux, marquis de Sourdéac, gouverneur de Brest,

nel[6], et un autre dont il ne me souvient plus, y furent députés avec ledit sieur de Fervaques[7]. Le mécredi après dîner, sur les trois heures, la Reine envoya Madame la Princesse, de sa part, donner de l'eau bénite au corps qui étoit sous l'effigie. Comme elle fut revenue, elle y retourna de son chef, et quand et elle Mmes les princesses de Conty et de Soissons, Madame la Grand, et quelques autres dames, jusques au nombre de sept, en princesses et en tout. Mme de Montpensier s'est retirée à l'hôtel du Bouchage, où l'on commence à se consoler. Mme de Montpensier, par les exhortations de Monsieur son père[8], ou par les prières que le Roi lui a faites de se réjouir, montre une merveilleuse constance. M. Fenouillet, vendredi dernier fit la harangue funèbre[9]. Il cuida y avoir du bruit pour les séances[10]; et si M. d'Espernon n'avoit été retenu, les choses fussent allées plus avant. Il aima mieux n'y être point que de céder au parlement : c'est assez de ce sujet. Jeudi dernier se fit le baptême d'une fille du sieur Conchin : le Roi y fut compère et Madame la Princesse commère. Elle eut nom Marie. La Reine y fut, et s'y fit une belle collation; don Jouan s'y trouva, et au retour, tout d'un coup, sans avoir donné aucune démonstration de mécontentement, de- 1608

chevalier des ordres du Roi, mort à quatre-vingts ans, le 4 décembre 1628.

6. François Jouvenel des Ursins, marquis de Traynel, mort en 1650, à quatre-vingt-un ans.

7. Ces cinq derniers mots sont écrits dans l'interligne.

8. Henri, comte du Bouchage, puis duc de Joyeuse, qui se fit capucin, quitta son couvent et y rentra. Il mourut le 27 septembre 1608.

9. Pierre de Fenoillet, prédicateur ordinaire du Roi, évêque de Montpellier (1608), mort le 23 novembre 1652. Il était né à Annecy. L'oraison funèbre a été imprimée à Paris (1609), in-8°.

10. C'est-à-dire pour les préséances.

1608 manda congé au Roi, mais avec protestation qu'il y étoit résolu[11]. Le Roi lui offrit la continuation de sa pension hors du royaume, pour un gage, à ce qu'il dit, qu'il continueroit d'être son ami. Don Jouan lui répondit qu'il n'en vouloit autre gage que sa parole, et promit au Roi que toutes fois et quantes qu'il auroit besoin de son service, il le viendroit trouver, et que jamais il ne serviroit ses ennemis. Il est parti aujourd'hui sur le midi. Monsieur le Grand a eu son logis en don du Roi : c'est l'hôtel de Chalons[12], qui est une des belles maisons de Paris. On ne sait point l'occasion du partement du sieur don Joan; mais tous croyent que c'est du déplaisir qu'il a de voir le sieur Conchin tant favorisé, et qu'il se fâcha que la Reine fût allée à son baptême, et que, tant que le Roi fut à Chantilly, elle n'alla jamais chez lui voir la comédie, comme elle lui avoit promis. Vous avez su comme M. le comte de Moret a été légitimé[13], il y a environ trois semaines ou un mois; aussi a été Mlle Jeanne de France[14], fille de Mlle de la Haye. La mère et la fille s'en vont à Frontevaux[15] attendre la vacation d'une abbaye que le Roi leur a destinée. Elle s'est un peu piquée de ce que le Roi est parti sans lui dire adieu :

11. Le brusque départ de Jean de Médicis eut lieu à la suite d'une querelle avec Concini. Nous ne savons quel était le chiffre de sa pension, mais l'année précédente, au mois de mai, le Roi lui avait fait payer par Sully une somme de trente-six mille livres. Voyez le *Recueil des lettres missives de Henri IV*, tome VII, p. 245.

12. « Les anciens pairs de Châlons, dit Sauval, avoient leur Hôtel à la rue Trousse-Nonain, entre la rue Court-au-Villain et la rue Chapon. » Bellegarde, en 1612, acheta l'hôtel de Montpensier (rue de Grenelle), qu'il fit rebâtir de fond en comble par du Cerceau.

13. Antoine de Bourbon, né en 1607, fils du Roi et de la comtesse de Moret.

14. Jeanne-Baptiste de Bourbon, coadjutrice de Fontevrault, morte en 1670.

15. Fontevrault.

sa faveur a été de courte durée. Je sais bien qu'il y a d'autres nouvelles; mais il ne m'en souvient pas, et ce sont là les principales. Vous en ferez part, s'il vous plaît, à Monsieur le premier président, car je m'endors. Il n'y a moyen que je lui écrive, ni à M. du Périer, et puis on nous dit qu'il est par les chemins, pour accompagner son cabinet. Par la première commodité je serai plus diligent. Vous ferez beaucoup si vous pouvez lire cette lettre, étant si mal écrite comme elle est; mais excusez-m'en, une autre fois je ferai mieux peut-être et peut-être pis; mais toujours je serai votre plus humble et très-affectionné serviteur, 1608

Fr. de Malerbe.

M. de Guise est à Fontainebleau depuis lundi, à ce que l'on m'a dit; il est très-vrai qu'il est arrivé.

---

30. — A Paris, ce 20e avril.

Monsieur, puisque vous avez ici M. de Valavez[1], votre frère, il me déchargera de vous écrire des nouvelles. Il est assez curieux pour s'en acquitter dignement, et certainement je ne crois pas qu'il soit bien aisé de vous rien mander qui en vaille la peine. Cela me garde d'écrire à Monsieur le premier président. Il y a trois ou quatre jours que le voyage de Provence fut résolu à Fontainebleau; mais avec tout cela je ne le crois non plus qu'auparavant. Je voudrois bien que la cour m'y menât; nous verrons ce[2] qui en sera. Continuez de m'aimer, je vous

Lettre 30. — 1. Palamède de Fabri, sieur de Valavez, frère puîné de Peiresc. Il épousa une fille que la seconde femme de son père avait eue d'un premier mariage.

2. *Ce* est dans l'interligne.

1608 en supplie, Monsieur, et de me tenir pour votre très-humble et très-affectionné serviteur.

---

31. — A Paris, ce 14e de mai.

Monsieur, M. de Valavez me vient d'avertir de cette commodité de vous écrire ; je n'ai de quoi, mais c'est assez que je témoigne le desir que j'ai que vous me conserviez en vos bonnes grâces. Le Roi s'en retourna vendredi dernier à Fontainebleau, après avoir été ici sept ou huit jours. Il parle toujours du voyage de Provence, mais je ne le crois pas. Adieu, Monsieur : aimez toujours votre très-humble et très-affectionné serviteur.

---

32. — Paris, ce lundi 25e de mai[1].

Monsieur, je vous ai dit que je me remettois sur M. de Valavez de vous écrire des nouvelles; c'est la meilleure excuse que je saurois trouver à ma paresse; toutefois je ne laisserai pas de vous dire le peu que j'en sais. Nous avons été jusqu'ici en doute du nom du dernier fils du Roi[2]; mais hier Sa Majesté, dans la galerie, dit tout haut que certainement elle avoit douté comme elle le feroit appeler, et qu'elle avoit été de quelque opinion qu'on le nommât prince de Navarre, mais que par l'avis de ceux à qui il en avoit communiqué, elle s'étoit résolue qu'il fût appelé M. d'Anjou, et ajouta à cela que sa pre-

Lettre 32. — 1. Cette lettre a disparu du manuscrit de la Bibliothèque impériale. Nous l'avons collationnée sur le manuscrit Fortia.

2. Celui qui fut plus tard Gaston duc d'Orléans.

mière considération étoit le bien de son royaume, et qu'il ne vouloit laisser aucun prétexte de troubler son aîné. On lui apporta en même temps un grand tableau où étoit peint l'artifice de moulinet pour le battement de monnoies et médailles[3]; et lui disant que la place de l'île du Palais où il travaille étoit trop petite, il en promit une plus grande. Celui même qui lui présenta ce tableau lui présenta aussi une vingtaine de pièces d'or et d'argent: entre autres, il y avoit des pièces de quarante sous, d'autres de quatre livres, des écus d'argent, des pièces d'or de quatre écus, d'autres de deux : celles qui pouvoient porter une inscription en leur circuit en avoient une; mais j'oubliai à regarder que c'étoit. Les autres avoient des dents comme une faucille pour empêcher la rognerie. 1608

Je vous envoye un méchant sonnet[4] que je donnai au Roi, lequel il estima plus que son mérite; vous le ferez voir, s'il vous plaît, à Monsieur le premier président. Je suis trop pressé pour en faire plus d'une copie, ni pour vous écrire davantage; ce sera pour la prochaine occasion. Adieu, Monsieur : si vous ne m'aimez, vous n'aimez point l'homme du monde qui est le plus votre très-humble et très-affectionné serviteur,

FR. DE MALERBE.

Je vous envoye une lettre de M. du Monstier qui est fort en peine d'une caisse dont vous lui avez fait mention dans une de vos lettres, laquelle il n'a pas reçue.

3. Malherbe veut probablement parler du mécanisme du balancier qui, après avoir été adopté sous Henri II, fut abandonné comme trop coûteux sous Henri III, et ne fut repris que sous Louis XIII.

4. Voyez tome I, pièce XXV.

1608

33. — A Paris, ce 17e juin.

Monsieur, je vous proteste que je n'ai point de nouvelles; s'il y en a quelques-unes, elles sont si communes qu'elles ne valent pas la peine de les écrire. Le Roi est ici depuis cinq ou six jours avec grand déplaisir des dames, qui ne vont jamais aux Tuileries tant qu'il est en cette ville. Dans trois ou quatre jours, et peut-être dès demain, il les délivrera de cette peine. Le mariage de M. de Vendôme et de Mlle de Mercœur[1] est accordé. Mme de Mercœur par le marché a la place de feue Mme de Nemours[2], en la maison de la Reine. Mme la comtesse de Soissons[3] accoucha d'une fille il y a deux jours; elle croit que ce fut avant terme : toutefois c'est une fille, voilà pourquoi il ne s'en parle pas autrement. Mlle de la Haye est encore à Fontainebleau, c'est-à-dire au Pressoir, qui est à deux ou trois lieues du château. Le Roi lui a cassé son train qui étoit demeuré en cette ville. Il ne l'a point vue depuis cinq ou six semaines qu'il est par delà. Je vous entretiens de ces nigeries[4], à faute de quelque chose de meilleur; mais je ne voulois pas que ce porteur s'en allât sans vous porter quelque chose de ma part, afin que toujours vous ayez quelque objet qui vous ramentoive que je suis votre très-affectionné serviteur.

Lettre 33. — 1. César, duc de Vendôme, épousa en juillet 1609 Françoise de Lorraine, duchesse de Mercœur, d'Étampes et de Penthièvre, princesse de Martigues et fille unique de Philippe-Emmanuel de Lorraine, duc de Mercœur, et de Marie de Luxembourg. Ce mariage rencontra de grands obstacles de la part de Mlle de Mercœur. — Malherbe écrit ici *Mercure*, ailleurs *Mercueur*.

2. Voyez lettre 16, p. 37, note 6.

3. Anne de Montafié, femme de Charles de Bourbon, comte de Soissons. La fille dont parle Malherbe, Charlotte-Anne, mourut en 1623.

4. *Nigeries*, niaiseries, bagatelles.

34. — De Fontainebleau, ce 30e juillet. 1608

Monsieur, vous n'aurez que ces quatre ou cinq lignes de moi : ce n'est pas ce que mériteroit votre dernière lettre, aussi longue que pleine de toutes sortes de courtoisie ; mais c'est ce que je puis parmi le tumulte où nous sommes. Le Roi s'en va ce soir à Paris, et Monsieur le Grand avec lui ; pour[1] nous, nous allons droit d'ici à Sens, où il[2] nous reviendra trouver pour aller en Bourgogne. Ce sera un voyage de trois mois, ou plutôt de trois siècles ; mais il faut avoir patience : ce qui m'y sera le plus dur, ce sera d'être en un lieu où il me sera malaisé d'avoir des nouvelles de mes amis. Si vous prenez la peine de vous souvenir de me donner des vôtres, vous adresserez vos lettres à M. de la Mole, au Soleil d'or, rue de Grenelle, et il me les fera tenir, suivant l'ordre dont nous sommes demeurés d'accord. Je suis marri que je n'ai du loisir pour bouffonner avec vous de cet ambassadeur don Diégo[3], de son carrosse tiré par six mules, de leurs mallettes sur les arçons de devant, et de la huée que firent assez insolemment messieurs les laquais, à ce beau spectacle, dans la cour du Donjon. Mais il faut penser à partir ; le désordre où ce soin met toutes mes actions m'excusera de vous écrire plus au long, et avec cette même raison vous m'excuserez, s'il vous plaît, à

Lettre 34. — 1. Les mots *pour*, et un peu plus loin *d'ici*, sont en interligne.

2. *Il*, Monsieur le Grand, gouverneur de Bourgogne.

3. L'ambassadeur de Philippe II s'appelait non pas don Diégo, mais don Pedro de Tolède. Il était connétable de Castille, général des galères de Naples et parent de Marie de Médicis. Il arriva à Fontainebleau, suivant l'Estoile, le 19 juillet au soir, et trois jours après à Paris. Son entrée a donné lieu à un pamphlet très-piquant publié dans la *Bibliothèque de l'École des chartes* (1844, p. 344) par E. de Fréville, qui n'a pu en découvrir l'auteur.

1608 Monsieur le premier président. Si je ne lui écris, je ne laisse pas d'être son très-humble serviteur et le vôtre.

35. — D'Auxerre, ce 20e d'août.

Monsieur, il n'y a pas une de vos lettres où vous ne me donniez quelque témoignage de votre bonne volonté; mais particulièrement vous m'avez infiniment obligé en la dernière, de m'avoir averti de ce qui s'est passé à mes dépens en l'affaire de M. de la Ceppède[1]; je l'estime et l'honore trop pour lui vouloir laisser une mauvaise impression de moi; c'est pourquoi[2] je vous veux dire de fil en aiguille ce que je sais de cette histoire. Lorsque la nouvelle de la mort du président Reauville[3] arriva, le Roi étoit à Fontainebleau; la première chose qu'il dit, ce fut : « Voilà de quoi faire achever mon canal[4]; » car, par intermède, il faut que vous sachiez que ce canal est aujourd'hui sa passion prédominante, et qu'avec ces chaleurs qui ont été excessives s'il en fut jamais, il étoit ordinairement assis sur une pierre depuis cinq et six heures du matin jusques à midi, sans parasol ni ombre quelconque, à voir travailler ses maçons. J'étois lors à Paris, où, un jour entre autres, m'étant trouvé en une compagnie où, parmi les nouvelles du temps, cette-ci fut mise sur le tapis, il fut dit par un des plus huppés que l'avocat Lau-

Lettre 35. — 1. « Une damoiselle, écrit Peiresc à Malherbe, dit à Mlle de la Coste (*parente de M. de la Ceppède*) depuis peu que vous aviez écrit de la cour que son office (*de président*) n'étoit point encore à lui. »

2. *C'est pourquoi* est en interligne.

3. Jean des Rolands de Reauville, premier président de la chambre des comptes du parlement de Provence.

4. Par la vente de la charge vacante. Voyez plus haut, lettre 27, p. 56.

rens avoit l'état dont il étoit question. A quoi tout le monde, par complaisance ou autrement, s'étant accordé, je répondis, avec ma liberté accoutumée, que je croyois que le Roi, ayant une fois désobligé M. de la Ceppède en faveur de M. le comte de Soissons, qui avoit intercédé pour Reauville, il étoit vraisemblable qu'à ce coup il le voudroit gratifier; que si la chose se décidoit par mérite, il y auroit de l'impudence en qui que ce fût de ses concurrents [5] de lui débattre une charge qu'il entendoit mieux que nul autre, et où le long exercice qu'il en avoit fait sembloit lui avoir acquis quelque droit; et que si le plus offrant étoit préféré, comme la condition du siècle et les langages que le Roi avoit tenus donnoient occasion de le penser, je croyois qu'il en bailleroit plus que nul autre, comme y étant le plus intéressé. Sur quoi ayant été répondu que les autres avoient les reins plus fermes que lui, je répliquai que ce qui ne seroit en sa bourse se trouveroit en celle de ses amis, et que je ne pensois point qu'il y eût, non pas à Aix, mais en Provence, un honnête homme qui ne lui ouvrît la sienne, et en cette occasion et en toutes; et là-dessus Dieu sait ce que je dis de sa courtoisie et de sa gracieuse façon d'obliger tout le monde; de quoi, pour mon particulier, je m'étois ressenti autant de fois que j'en avois eu besoin. Il ne me souvient pas en quelle autre part j'ai ouï faire mention de cette affaire; mais je sais bien qu'autant de fois qu'il s'en est parlé en ma présence, j'en ai toujours tenu le même langage. Le Roi étant venu à Paris, la chose fut résolue. J'étois allé d'aventure ce matin-là au Louvre, 1608

5. Malherbe avait d'abord mis *compétiteurs*, qu'il a effacé pour écrire *concurrents* au-dessus. De même, six lignes plus bas, *sur quoi* a remplacé *là-dessus;* treize lignes après, *la chose* a été substitué à *elle;* et à la seconde ligne de la p. 72, *tout* à *la chose*.

1608 où, ayant rencontré un grand aux degrés, j'appris de lui comme tout s'étoit passé. De là je m'en revins dîner chez M. le comte de Sault, où il y avoit bonne compagnie. Cependant que nous étions à table, M. de la Coste y arriva et se vint mettre derrière Monsieur le comte, qui lui dit quelque chose à l'oreille, et j'y ajoutai : « Ce que vous a dit Monsieur le comte est véritable ; de quoi je me réjouis de tout mon cœur. » Il y avoit là un homme de Mme la comtesse de Sault, par qui je faisois compte de mander cette nouvelle à M. de la Ceppède ; mais il avoit les bottes aux jambes, de sorte qu'il ne me put donner le loisir qu'il m'eût fallu pour faire ce compliment avec soin. Le lendemain, si je ne me trompe, il partit un messager ; mais puisque je n'avois pu être le premier à lui donner cet avis, je ne me souciai pas d'être le second, et me contentai de l'écrire à ma femme ; ce que je fis avec des paroles qui témoignoient bien le contraire de ce que cette belle et bonne damoiselle, ou plutôt qui n'est ni l'un ni l'autre, avoit dit à Mlle de la Coste. Je me puis donner cette vanité, que tout ce qu'il y a d'éminent en France, j'entends de ceux qui me connoissent, me fait cet honneur d'estimer et desirer mon amitié. Je crois que M. de la Ceppède en fait de même ; et pour moi, depuis que j'ai le bien de le connoître, j'ai toujours fait un cas fort particulier de la sienne, non-seulement pour ses mérites, en quoi, sans cajolerie, je le préfère à de bien plus honnêtes gens qu'à ses compétiteurs, mais encore pour quelque inclination qu'il m'a semblé avoir à me vouloir du bien. Je ne crois pas que cette calomnie si sotte et si lourde l'empêche de continuer ; et voudrois que dès demain le Roi me donnât quelque chose de bon en vos quartiers, pour avoir occasion de recourir à lui. Je m'assure qu'il y a peu d'hommes à qui plus volontiers il fît un bon office qu'à moi ; comme de ma part je vous jure que je ne le

pourrai jamais servir que je ne lui confirme mes paroles 1608
avec des effets qui ne lui laisseront aucune occasion de douter du pouvoir qu'il a de me commander[6]. C'est là, Monsieur, tout ce que je vous en puis dire; et encore qu'il y en ait assez pour vous ennuyer, si vous y ajouterai-je qu'autant de fois que je balance en moi-même qui aura mes os de la Normandie ou de la Provence, une des considérations principales qui me tire vers la Provence, c'est la douceur de sa conversation. Je ne puis quitter ce discours, par où vous connoîtrez combien cette imposture m'a touché au cœur.

Je me suis bien moins troublé de ce que vous m'écrivez qu'il a plu du sang à Aix et en quelques autres endroits circonvoisins[7]. Les histoires sont pleines de semblables accidents, mais avec tout cela il est malaisé de me le persuader; s'il étoit arrivé si souvent, il ne seroit pas possible que de tant de fois une il ne se fût fait à la vue du monde, et qu'il n'y eût eu quelque collet d'homme ou couvre-chef de femme qui en eût reçu[8] quelque goutte. Ces esprits que l'on tient être ordinairement parmi nous ne font pas toujours des actions sérieuses; ils s'amusent parfois à des nigeries : je pense que ceci en est aussi bien une comme ce que je vis il y a quinze ou seize ans en nos quartiers de la basse Normandie. Il s'y coula un bruit parmi le peuple que dans les coittes[9] des lits il y avoit des

6. Malherbe avait commencé par écrire *sur moi*, qu'il a rayé pour mettre au-dessus : « de me commander. » Il y a aussi plusieurs corrections à la phrase suivante; les verbes étaient d'abord à d'autres temps : *j'ai balancé, qui auroit, tiroit, c'étoit.*

7. Voyez Bouche, *Histoire de Provence*, tome II, p. 344.— Peiresc fit un mémoire pour prouver que cette prétendue pluie de sang n'était autre chose que des excréments d'une certaine espèce de papillon. Voyez sa vie par Gassend, p. 111.

8. L'autographe porte : « qui n'en eût reçu. »

9. *Coitte, couette*, lit de plumes.

1608 pelotons de plume que les sorciers y avoient mis pour travailler ceux qui couchoient dessus, et encore, y ajoutoit-on, pour les faire mourir dans le bout de l'an. Quelques-uns, ou par un scrupule de religion, ou par une gravité de philosophie, négligèrent cet avis; les autres furent curieux et voulurent voir ce qui en étoit; ce nombre fut le plus grand. Voilà pourquoi, croyant que ce qui se fait avec la multitude se fait, sinon avec raison, au moins avec excuse[10], je fis visiter deux coittes, où il fut trouvé en chacune une pelote de plumes de gorge de chapon, le tuyau vers le centre, mais tissues si ferme et avec tant d'artifice, que manifestement on y remarquoit une autre main que celle des hommes. Ces pelotes étoient justement de la grosseur et de la forme ronde et plate de ces grands oignons que vous avez à Bouc[11]. Tous ceux qui firent la même recherche trouvèrent la même chose : là-dessus chacun faisoit des discours à perte de vue, comme c'est la coutume; mais enfin ce ne fut rien. Quelquefois, quand les rois sont aux cabinets, les peuples croyent qu'ils parlent de changer le pôle arctique à l'antarctique, et le plus souvent ils prennent des mouches[12]. Les démons en font de même, ils se plaisent à nous en bailler à deviner. Pour moi, il faut bien que les préjugés soient extravagants pour me brouiller l'esprit. Je me réserve à la venue des maux, sans les prévenir en les attendant. Il y a eu quarante ans de guerres continuelles en France, où il s'est répandu cent mille muids de sang, et cependant il n'en a jamais plu une goutte. Résolvez-vous-en avec M. de Cassagne; je m'assure qu'il ne s'en émeut non plus que moi, et même, à cette heure, qu'il a un autre écheveau à démê-

10. *Excuse* est en interligne, au-dessus de *apparence*, qui a été effacé.
11. Bouc, près d'Aix.
12. Malherbe a mis cette idée en vers : voyez tome I, pièce CXVII, strophe 1, p. 311.

ler. Je sais bien que, vous autres jeunes gens, vous moquez des passions des pauvres quinquagénaires, et pensez qu'en cet âge-là on ne se doit plus mêler que de dire son chapelet; quand vous y serez arrivés[13], vous en parlerez d'autre façon. Une bien grande et belle princesse, au commencement que je vins en cette cour, me voulant persuader que je fisse l'amour, afin que j'eusse un sujet de faire des vers, je m'en excusai le mieux que je pus; mais elle me ferma la bouche par l'exemple du maître, et me dit que tant que le Roi s'en mêleroit, je ne m'en pouvois dédire. Cette raison, que je pris en payement, doit servir pour M. Cassagne; et puis, ayant été si heureux que de faire garder la mule à Messieurs les cardinaux, et dans Rome, c'est-à-dire sur leur fumier, du temps qu'il se mettoit au balcon, habillé des besognes de nuit[14] de la signora Sperancilla, il a quelque sujet de tenter encore ce qui lui a si bien réussi. Il me reste trop peu de papier pour en parler selon la dignité du fait[15]; ce sera, s'il plaît à Dieu, pour notre première vue.

1608

J'oubliai, par ma précédente, à vous remercier de la copie que vous m'avez envoyée de la lettre que M. le premier président du Vair a écrite à Mme la marquise de Montlaur; je le fais par cette-ci de tout mon cœur; elle est digne du lieu d'où elle est partie. C'est en peu de paroles dire tout ce qu'une feuille entière d'autres louanges ne seroit pas capable de comprendre. Je ne lui écris point, pource que, n'ayant point de nouvelles, je n'ai point de matière. L'offre de mon affection est trop ordinaire pour en faire cas; elle lui est pourtant extraordinairement acquise, et à vous aussi, Monsieur, je le vous

13. Malherbe avait mis d'abord : « quand vous en serez là. »
14. C'est-à-dire de la toilette de nuit.
15. *Fait* est en interligne. Malherbe avait d'abord écrit *de la matière*.

1608 jure, et vous baise bien humblement les mains. Pardonnez à cette longueur; je ne me sépare pas volontiers d'une compagnie qui m'est agréable.

Votre plus humble et plus affectionné serviteur,

Fr. de Malerbe.

Cette lettre auroit bien besoin d'être récrite, mais elle est trop longue; je vous en[16] crie merci.

---

36. — De Dijon, ce 1er de septembre.

Monsieur, nous arrivâmes hier au soir en cette ville d'où, non plus que de Paris, je ne veux point perdre l'occasion de vous assurer du pouvoir que vous avez sur moi. Il est bien acquis; il est raisonnable qu'il soit durable. Si vous vous fâchez que je vous répète ceci après vous l'avoir dit tant d'autres fois, pensez que je n'ai[1] de quoi remplir ma lettre si je ne me sers des compliments ordinaires. Ils seront courts, afin que vous connoissiez que je n'en use que par faute d'autre sujet. Votre amitié toute solide n'aime point les cérémonies, ni moi aussi; mais la nécessité me le fait faire. Nous allons commencer nos états[2] aux premiers jours de la semaine qui vient. J'ai bien envie qu'ils soient achevés pour nous en retourner. Aimez Malerbe comme votre serviteur très-affectionné.

16. Le mot *en* a été ajouté en interligne.

Lettre 36. — 1. Malherbe avait mis d'abord : « que je n'ai point ; » puis il a effacé *point*.

2. Les états de la province de Bourgogne.

37. — De Dijon, ce 3e septembre. 1608

Monsieur, voici une diligence extraordinaire; je me roidis contre les difficultés. A Paris où j'avois des commodités à toutes heures, j'en laissois passer la plus grande partie; à cette heure qu'elles me sont rares, je les recherche; et quand elles se présentent, je les prends avec soin. Tout ce que je veux de vous, c'est que vous m'aimiez et que vous croyiez que je vous honore comme je dois, c'est-à-dire de tout mon cœur. Je vous écrivis d'Auxerre[1] une fort longue lettre, où je satisfaisois à ce que vous m'écriviez que l'on m'avoit voulu, par un mauvais office, faire perdre l'amitié de M. de la Ceppède. Je vous prie me mander si vous l'avez reçue. M. de la Mole me fera tenir vos lettres; il est logé à Paris, au Soleil d'or, en la rue de Grenelle.

Votre très-humble et très-affectionné serviteur.

---

38. — De Dijon, ce jeudi 4e de septembre[1].

Monsieur, je serai à la fin importun par ma diligence, mais n'importe; faites le jugement de moi qu'il vous plaira, pourvu que vous croyiez que vous vivez en ma mémoire, comme l'un des hommes du monde de qui j'estime plus l'amitié.

Je vous ai répondu à ce que vous m'écriviez de M. de la Ceppède. Faites-moi cet honneur de me mander si vous avez reçu ma lettre et s'il se tient pour satisfait. J'honore trop ses belles qualités pour souffrir qu'une si frivole ca-

Lettre 37. — 1. Voyez plus haut la lettre 35, p. 70-76.

Lettre 38. — 1. N'ayant pas de place pour mettre la date, selon sa coutume, auprès de la signature, Malherbe, dans cette lettre et dans quelques autres, l'a écrite, en sens inverse, au haut de la page.

1608 lomnie lui donnât quelque mauvaise impression de moi. Nous avons ici les nouvelles de la course de bague de jeudi et vendredi derniers, mais vous les aurez aussi bien que nous. Voilà pourquoi je m'en tais et ne remplirai ce reste de papier que de vous prier de baiser les mains pour moi à Monsieur le premier président, et l'assurer que je suis son très-humble serviteur. Je vous jure que je suis et serai le vôtre éternellement.

---

39. — Dijon, ce 3e octobre.

Monsieur, une malheureuse sciatique qui m'a tenu au lit dix ou douze jours a fait que vous n'avez pas eu si souvent de mes lettres comme je me l'étois proposé. A cette heure que je suis debout, grâces à Dieu, je m'en vais recommencer mes importunités; je parle ainsi pource que, n'étant point en cour, je ne vous puis écrire de nouvelles, et sans cela je ne crois pas que mes lettres puissent rien avoir d'agréable. Vous verrez ce que j'écris à Monsieur le premier président, où vous ne trouverez rien qui ne vous soit déjà vieil; mais la plupart sont choses tirées d'une lettre de la main du Roi, voilà pourquoi leur auteur leur donnera le crédit qui leur pourroit défaillir d'ailleurs. Si voulez savoir quelque chose du menu, je dirai que les coches pour aller à la traverse sont établis à quatre écus par jour; mais il faut payer le retour, tellement que pour Fontainebleau il faudra huit écus en été, et douze en hiver, à raison d'un jour et demi à l'aller, et autant au retour. Il est vrai qu'ils font compte d'établir un bureau à Fontainebleau, de sorte que l'on ne payera que quatre écus en été, qui est une journée, et six en hiver pour une journée et demie. Si vous revenez à Paris d'ici à deux ans, vous ne le connoîtrez plus : le pavillon du bout de la galerie est presque achevé; la galerie du pavillon au bâtiment des Tuileries est fort avancée; les fenêtres de l'étage du bas sont faites; l'eau de la pompe du Pont-Neuf est aux Tuileries; mais le plus grand changement est en l'île du Palais, où l'on fait un quai qui va du Pont-Neuf au Pont-aux-Meuniers[1], comme l'autre va du Pont-Neuf au bout du Pont-Saint-Michel. On fait en cette même île une place que l'on appellera, à ce que l'on dit, la place Dauphine, qui sera très-belle et bien plus fréquentée que la Royale. On refait le pont Saint-Cloud, dont il y avoit plusieurs arches rompues. On va faire un pont de bois à Surêne, pour aller à Saint-Germain sans passer plus de bacs; le bois en est presque tout amassé. M. de Sully a été à Rouen pour y faire un pont neuf, pource que nul n'a voulu entreprendre de rebâtir le vieil. Il y a à cette heure un grand ordre à Paris pour les boues, pource que les maisons sont taxées à deux fois plus qu'elles n'étoient; mais j'ai peur que cette grande furie ne durera pas, et qu'insensiblement nous retournerons au premier désordre, et qu'il y fera crotté comme devant. Adieu, Monsieur : écrivez-moi si vous voulez que je croye que vous m'aimez. Si cela n'est, vous avez tort, car vous ne sauriez faire cette faveur à personne qui plus que moi soit votre serviteur très-affectionné à jamais.

1608

LETTRE 39. — 1. Le Pont-aux-Meuniers était un pont de bois appelé d'abord Pont-aux-Colombes. Il fut emporté par les eaux le 22 décembre 1596. Reconstruit en 1609, il prit le nom de Pont-Marchand, du nom de Charles Marchand, qui le fit bâtir à ses frais. Un incendie le consuma en 1621, avec son voisin le Pont-au-Change, qui fut reconstruit en pierre. Voyez sur ces embellissements de Paris, le *Mercure françois*, tome I, p. 227 v°, 310, 406, etc.

1609

40. — A Paris, ce 12e de janvier.

Monsieur, si jusques à cette heure je me suis plaint légèrement de votre silence, c'est à cette heure que je le puis faire à bon escient. J'étois résolu de m'en revancher et ne vous écrire de six mois, j'eusse dit de six ans si je pensois que ma vie pût aller jusque-là. Mais ce porteur qui appartient à un de mes amis, bien intime et bien particulier, m'a mis hors de colère pource que, pour le vous recommander, il a fallu que j'aye rompu mon serment. Il n'a pas à faire de vous, mais de Monsieur votre père, à cause que son procès est aux Comptes. Je vous supplie, Monsieur, qu'il connoisse que vous m'aimez. Je sais bien ce qui en est; mais je prends plaisir que les obligations que je vous ai soient publiées, afin que ce me soit d'autant plus de sujet de penser à les acquitter. Je ne vous en saurois avoir une plus chère que cette-ci. Ajoutez-la donc aux précédentes. Je vous écrirai plus au long par le premier; par cette voie vous n'aurez que vos trois ou quatre lignes. Je suis toujours votre très-humble serviteur.

41. — De Paris, ce soir de la Chandeleur [2 février].

Monsieur, j'avois renoncé à vous écrire, car si vous êtes paresseux, aussi suis-je; mais je suis prié de vous recommander Mme de Pipelles. Cela me fait rompre mon serment, pource que je ne puis rien refuser aux personnes par qui j'en suis prié; elle ne doute point de sa bonne cause, mais elle craint la faveur de ses parties. Pour l'amour de moi, Monsieur, prenez-la en votre protection, et l'assistez contre l'oppression de ceux qui ont plus de faveur qu'elle. A cette condition, je serai hors de la colère où je suis contre vous il y a cinq ou six mois.

Je ne vous mande rien du ballet de la Reine[1], pource que je me connois fort peu aux descriptions de telles choses; et sans le commandement que la Reine me fit de le voir, je ne fusse pas sorti de mon logis. Tant y a que je suis extrêmement aise de l'avoir vu, pource que le désespoir de voir jamais rien de si beau ni de si magnifique me dégoûtera de me travailler plus en semblables occasions. Nous perdîmes hier le comte de Sault[2], sur les neuf heures de matin; on l'a ouvert aujourd'hui, et a l'on trouvé[3] qu'il avoit les boyaux pourris; aussi en avoit-on reconnu plusieurs fois des pièces parmi ses excréments. Environ les quatre heures son corps a été porté à Savigny. Il n'est pas possible de vous dire comme il est regretté en cette cour, et particulièrement du Roi. M. de Fresnes[4] est venu visiter, cette après-dînée, Madame la comtesse[5], de la part de Sa Majesté, et son affliction est plainte de ses propres ennemis. Voilà, Monsieur, des nouvelles de joie et de douleur. Je vous viens de dire que la Reine m'avoit commandé de voir son ballet : à cette heure même, Leurs Majestés m'ont envoyé querir pour m'en demander mon avis. Vous pouvez penser que je n'ai pas fait le froid à le louer, comme certainement cela a fait perdre l'envie de faire des ballets, et y en avoit tout plein de couvés qui n'écloront point. Le 1609

LETTRE 41. — 1. Voyez dans le tome I, pièce XLI, les vers que Malherbe fit pour ce ballet, qui eut lieu le 31 janvier 1609.

2. Louis d'Agoult, dernier comte de Sault, mort sans alliance, le 1er février 1609.

3. La leçon du manuscrit est *a lon trouvé;* on pourrait être tenté de croire que c'est une faute pour *a-t-on trouvé*, que Malherbe a coutume d'écrire ainsi : *a ton trouvé*, sans apostrophe ni trait d'union; mais on verra plusieurs fois, dans la suite, *l'on* placé ainsi après le verbe.

4. Pierre Forget, sieur de Fresnes, secrétaire d'État, intendant des bâtiments du Roi, né en 1544, mort en 1610. Il était frère du président Jean Forget dont il a été question dans la lettre 21, p. 48, note 3.

5. Chrétienne d'Aguerre, comtesse de Sault, mère du défunt.

1609 Roi m'a entretenu de quelque autre galanterie dépendante du ballet[6], qui étoit la vraie occasion pourquoi il m'a envoyé querir exprès par un garçon de la chambre, et le ballet n'a servi que de prétexte. Selon que je vous verrai diligent à m'écrire, je serai curieux de vous mander des nouvelles; si vous continuez en votre fainéantise, vous pouvez bien vous contenter de celles de la place des Jacobins[7]; car je vous réponds que vous n'en aurez plus de moi, et je sais bien que je suis la meilleure banque d'où vous en sauriez avoir. C'est trop parlé pour une fois; je m'en vas fermer ma lettre après qu'encore une fois je vous aurai prié et conjuré de vous souvenir de la dame dont je vous ai fait mention au commencement de ma lettre. Je crois bien que vous n'êtes pas de ses juges; mais vous y avez des amis. La recommandation m'en est faite par les deux personnes du monde que j'aime le plus. Si par votre moyen je leur puis donner du contentement, ce me sera donner[8] un des plus agréables témoignages que je saurois recevoir de la continuation de votre amitié; je l'honore et l'estime autant que vous le sauriez desirer. Ne me la déniez point, et me tenez toujours pour votre plus humble et affectionné serviteur,

Fr. de Malerbe.

Je vous prie que M. de Calas trouve ici que je suis son très-humble serviteur; il m'a trop obligé pour ne lui renouveler pas mon affection à toutes les occasions qui s'en offriront.

6. Il s'agissait d'une commande de vers pour Charlotte de Montmorency, qui, quelques mois plus tard, épousa le prince de Condé. Voyez tome I, pièces XLIII à XLVII.

7. Place publique et lieu de promenade à Aix.

8. Le mot *donner*, précédé d'un second *me*, est en interligne dans l'autographe.

42. — A Paris, ce 21e de mars. 1609

Monsieur, j'ai reçu une lettre de vous il y a environ dix ou douze jours; c'est tout depuis six mois. Je veux bien que le messager de Toulon en ait perdu une autre; mais quand elle seroit venue jusques à moi, ce ne seroit pas grande excuse à votre nonchalance. Recevez mes plaintes comme témoignages de mon affection. Si je ne desirois la continuation de votre amitié, je m'en fusse tu, comme de chose indifférente. J'aurai ma raison de votre paresse, quand M. de Valavez sera retourné vers vous; car alors si vous voulez savoir des nouvelles, il faudra passer par mes mains, et Dieu sait comme je me saurai venger de votre silence. Marc-Antoine vous fera voir des vers que j'ai faits pour le ballet de Madame[1]. Il se doit danser à Saint-Germain de jeudi prochain en huit jours. La Reine vient présentement de partir pour s'en aller à Notre-Dame de Chartres. Le Roi est à Chantilly depuis lundi; ils se doivent trouver, vendredi qui vient, à Ennet, et de là s'en revenir à Saint-Germain, d'où ils viendront à Paris reprendre le chemin de Fontainebleau. Quand vous serez plus diligent, j'en ferai de même; pour cette heure vous ne saurez que cela, et que toute ma vie je serai votre très-humble serviteur.

---

43. — A Paris, ce 16e d'avril.

Monsieur, depuis ma dernière lettre, j'en ai reçu deux de vous; tellement que j'ai peur qu'au lieu que je me plaignois de votre paresse, je vous aurai donné occasion de blâmer la mienne, et que, d'accusateur que j'étois, je

Lettre 42. — 1. Voyez tome I, pièce xlii.

1609 serai devenu criminel. Vous justifiez votre silence par les empêchements que le Palais vous donne; mais croyez qu'il n'y a point de lieu au monde où il y ait de divertissements[1] semblables[2] à ceux de la cour. Cela ne m'ôtera point le soin de me ramentevoir en vos bonnes grâces; je les estime trop précieuses pour les négliger. Mais sans mentir, votre diligence à me répondre excitera la mienne à vous écrire. L'absence de Leurs Majestés nous ôte presque toutes nouvelles, si bien que je ne vous en dirai que de vieilles ou de bien communes. Après ces Pâques nous irons à la cour; ce sera de là que je vous manderai quelque chose de plus particulier. On attend les noces de M. de Vendôme et de Mlle de Mercœur : cela pourra produire quelque chose digne de vous. Celles de Monsieur le Prince se feront les premières. On ne sait encore si ce sera à Paris ou à Chantilly; toutefois Madame la Princesse[3] me dit hier qu'elle croyoit que ce seroit à Chantilly. Je crois bien que, pour n'y faire point de dépense, on aura jugé plus à propos de les faire hors de Paris et de la cour. Pour les autres, le Roi eût bien voulu que l'on en eût fait de même; mais Mme de Mercœur, à qui Sa Majesté a voulu donner quelque sorte de contentement, a desiré qu'elles se fassent en cérémonie, et que l'épousée, comme prenant[4] un prince qui a l'honneur d'appartenir au Roi de si près, porte le manteau royal. Je me suis informé que c'étoit; mais, comme en choses qui se pratiquent peu souvent, les opinions sont différentes. Madame la Princesse m'a dit que lorsqu'elle épousa

Lettre 43. — 1. *Divertissements*, distractions, empêchements.

2. Malherbe avait d'abord écrit *semblables* avant *divertissements*, puis il l'a biffé, pour le récrire en interligne après le substantif.

3. Charlotte-Catherine de la Trémoille, veuve de Henri Ier de Bourbon, prince de Condé, morte en 1629.

4. *Prenant* est en interligne, au-dessus de *épousant*, effacé.

feu Monsieur le Prince, le Roi lui envoya le sien, qui étoit de veloux cramoisi violet, avec un rang de fleurs de lis d'or tout à l'entour. Les filles de France y en ont trois rangs, et les reines en ont le manteau tout semé; celui de Mme de Vendôme sera comme fut celui de Madame la Princesse, et porté par trois princesses, qui pourront être Mlles du Maine, d'Elbeuf et d'Aumale[5]. Quand la chose sera arrivée, j'en saurai plus de nouvelles, et vous en écrirai quelque chose de plus certain. La mort du duc de Clèves est vieille[6] : il y a beaucoup de prétendants à sa succession; il y en a qui se font accroire[7] que le Roi achètera leurs droits; pour moi, je ne le crois pas, et tiens qu'il nous conservera la paix qu'il nous a donnée. La trêve de Flandres[8] s'est publiée aujourd'hui à midi par tous les Pays-Bas. M. de Préaux[9] en est de retour depuis deux ou trois jours, qui le conte comme cela, si bien que la chose est hors de doute. Il est allé trouver le Roi à Fontainebleau. M. le président Janin[10] sera ici au premier jour. Marc-Antoine vous fera voir un panégyrique de M. de Sully[11]. Il me reste ici trop peu d'es- 1609

5. Renée de Lorraine, fille de Charles duc de Mayenne. — Henriette de Lorraine, fille de Charles duc d'Elbeuf. — Anne de Lorraine, fille de Charles duc d'Aumale.

6. Guillaume duc de Juliers, de Clèves, etc., mort le 25 mars 1609.

7. L'autographe porte *à croire* en deux mots.

8. Après *Flandres*, une autre main, qui nous paraît être celle de Peiresc, a ajouté dans l'interligne : « est faite pour douze ans, et.... »

9. Charles de l'Aubépine, abbé de Préaux, neveu de Villeroy, connu plus tard sous le nom de marquis de Châteauneuf. Il fut garde des sceaux de 1630 à 1633, puis de 1650 à 1651. Il mourut en 1653.

10. Pierre Jeannin, négociateur, secrétaire d'État, président au parlement de Bourgogne, né à Autun en 1540, mort en 1622. Il a laissé le récit de ses négociations.

11. Peut-être ce panégyrique dont parle l'Estoile, à la date du 20 février 1609, et qui avait été composé par son neveu de Bénevent. Il a été imprimé en 1609, in-4°. Le P. Lelong ne le mentionne pas.

1609 pace[12] pour vous faire le discours de sa nouvelle ville[13]; je l'ai mise dans une lettre que j'écris par réponse à M. de la Ceppède : vous la verrez là, si vous ne la savez d'ailleurs; j'employerai ce peu de papier à vous remercier du soin que vous avez eu des huiles de jasmin. Vous m'obligez si fort que vous me désobligez en me faisant des faveurs que je ne puis pas même reconnoître de paroles. Ce sont toujours des marques de votre insatiable courtoisie. Tout ce que je puis, c'est de vous répéter que je suis éternellement votre très-humble serviteur.

La pauvre Mme la comtesse de Maurevel[14] s'en retourne demain ou vendredi en son pays; Mme la comtesse de Sault s'en va après ces fêtes en Lorraine, pour deux mois. Vous avez su comme le mariage de la fille de M. de Créquy et du marquis de Rosny fut résolu il y aura demain quinze jours, tandis que Leurs Majestés étoient à

12. Malherbe avait d'abord écrit : « Il me laisse ici trop peu de papier. » Deux lignes plus loin, *par réponse* est en interligne; deux lignes après, *reste* a été corrigé en *peu*.

13. Sully ayant acquis en 1597 Boisbelle en Berry, franc-alleu noble qui avait toujours joui de toutes les prérogatives de la souveraineté, y fit bâtir une petite ville, qu'il appela Henrichemont et dont tous les priviléges furent confirmés d'abord par Henri IV, puis par Louis XIII et Louis XIV.

14. Maurevel ou Montrevel. Jeanne d'Agoult de Montauban de Vesc de Montlaur, fille de François-Louis d'Agoult de Montauban, comte de Sault, et de Chrétienne d'Aguerre, dame de Vienne, avait épousé, le 5 juin 1602, Claude-François de la Baume, comte de Montrevel, qui fut tué au siége de Saint-Jean d'Angéli, en 1621. « Louis d'Agoult, comte de Sault, son frère, étant mort sans enfants, dit Moréri (article LA BAUME), elle devoit hériter de cette riche succession; mais sa mère, qui avoit épousé en premières noces Antoine, sire de Créquy, qui la prétendoit en vertu du testament du comte de Sault, son fils, la lui disputa longtemps, et en emporta enfin la meilleure partie par une transaction du 13 septembre 1618. »

Saint-Germain[15] : le succès jugera de la prudence de ce conseil. Mme des Ars[16] fit faire lundi quelque exploit à Mme la comtesse de Maurevel, qu'elle présupposoit héritière de son frère; elle fit réponse qu'il se falloit adresser à sa mère; Mme la comtesse de Sault en dit de même, c'est-à-dire qu'elle[17] étoit seule héritière de son fils[18]. 1609

44. — [Mai[1].]

Monsieur, jusques ici je me suis plaint de votre paresse, pource qu'elle me privoit de vos lettres; mais à ce sujet, Monsieur le premier président en a ajouté un autre : c'est que, comme si j'étois quelque archétype[2] de poltronnerie, il croit que par une transpiration imperceptible, je la vous aye communiquée en cinq ou six mois que j'ai eu le bien que nous ayons vécu ensemble. Ayez soin de votre honneur et du mien, et ne me pensez pas faire croire que le Palais soit une occupation qui n'ait point d'intervalles. Jusques ici vous n'avez eu que faire de moi, pource que M. de Valavez vous donnoit des nouvelles du monde, et par ce moyen vous rendoit mon service inutile; mais à cette heure, son absence vous fera par force recourir à moi, qui ne serai diligent que tout autant que vous le serez et ne vous écrirai jamais de

15. Ce mariage fut célébré le 15 septembre 1609.

16. Isabelle d'Halluyn, femme de Arnauld de Villeneuve, marquis des Arcs, député de la noblesse de Provence aux états généraux de 1614, mort à Paris le 14 décembre de la même année.

17. C'est-à-dire sa mère, Chrétienne d'Aguerre. Voyez lettre 41, p. 81, note 5.

18. Ce dernier paragraphe n'est point écrit de la main de Malherbe.

Lettre 44. — 1. La date nous est donnée par la cote mise au dos de cette lettre par Peiresc.

2. On peut douter si l'autographe porte *archetype* ou *architype*.

1609 seconde lettre que je n'aye la réponse de la première. Je ne sais pour cette heure que vous mander, pource que la cour est à Fontainebleau; et quand j'y serois, il y a aussi peu de nouvelles qu'à Paris. Le mariage de Monsieur le Prince s'est fait avec peu de frais, mais avec bien de la gaieté. Monsieur le connétable et Madame d'Angoulême[3] y ont dansé : jugez par là comme la débauche y a été grande. Toutes les dames sont de retour depuis quatre ou cinq jours, je veux dire Madame la Princesse et Mmes les princesses de Condé et d'Orange; elles s'en vont cette semaine prochaine à Fontainebleau. Les noces de M. de Vendôme se doivent faire dans trois semaines ou un mois. L'on croit qu'il s'y fera quelque galanterie; mais il n'y a rien de certain. L'on tient que la Reine est grosse de trois mois; toutefois elle veut encore que l'on en doute. Nous ne saurions avoir trop d'enfants d'une si bonne race : Dieu la multiplie à l'infini! Je m'assure que vous le desirez aussi bien que moi. Je voudrois bien vous entretenir plus longtemps; mais au bout de l'aune faut le drap : je n'ai plus de matière, et vous savez bien que de rien il ne se fait rien. Adieu donc, Monsieur; continuez d'aimer votre serviteur très-affectionné à jamais,

Fr. de Malerbe.

Je vous prie de faire voir à M. de la Ceppède que je suis son très-humble serviteur.

3. Diane de France, fille légitime de Henri II, duchesse d'Angoulême, veuve, depuis 1579, de François de Montmorency, fils du connétable Anne, morte en janvier 1619, à quatre-vingts ans.

45. — De Paris, ce 23e de juin. 1609

Monsieur, je vous dois toujours quelque nouveau remerciement; mais le nombre infini des obligations précédentes m'a tellement épuisé de toutes les paroles qui se peuvent dire en cette matière, que je suis résolu, quand vous me ferez à l'avenir quelque faveur, de vous dire simplement que je l'ai reçue, afin de vous ôter de la peine où vous seriez que la nonchalance des messagers ou quelque autre inconvénient ne l'eût fait demeurer par les chemins. Les deux cassettes que vous envoyiez à M. de Valavez m'ont été rendues en son absence; quand il sera de retour, elles seront ouvertes, et lors j'en prendrai ce qu'il pensera lui être superflu. Nous n'en avons point de nouvelles depuis son partement; mais je ne m'en étonne point, pource que je ne crois pas qu'il fasse du séjour assez aux lieux où il va pour avoir du temps de reste pour écrire à ses amis. Je ne pense pas qu'il soit ici devant la fin du mois qui vient. Nos nouvelles sont que lundi prochain se doivent faire les noces de M. de Vendôme. Il est vrai que l'on parle déjà d'un reculement jusques au huitième de juillet; il y aura grande cour, mais peu de magnificence. Tout ce qu'il y a de princes et princesses y est convié. Mme de Nevers ne laissa pas de partir hier de Fontainebleau, pour s'en aller à Nevers; sa grossesse a été son excuse. M. du Maine[1] et Mme de Longueville sont priés; je ne sais si M. du Maine ira. Quant à Mme de Longueville, je lui ai ouï dire qu'elle ne s'y trouveroit point, et qu'elle avoit des affaires en Normandie. On tient qu'on y dansera le grand bal; toutefois les dames n'ont point fait faire de robes. Le lendemain des noces on courra la

Lettre 45. — 1. Charles de Lorraine, duc de Mayenne, le chef de la Ligue, mort en 1611, à cinquante-sept ans.

1609 bague, et rompra-t-on au faquin [2], et rien davantage. J'espère m'y en aller samedi prochain ; s'il s'y passe quelque chose digne de vous, je le vous manderai. On vous aura conté mille nouvelles de deçà ; mais de vous en écrire, ce seroit autant de crimes que de paroles. Le Roi se porte fort bien ; la Reine, depuis deux ou trois jours, s'est trouvée mal de la colique ; mais ce ne sera rien. Il s'est fait ici une penderie d'un prêtre sorcier qui avoit fait des enrageries plus que diaboliques [3]. J'aime mieux que vous les sachiez d'ailleurs que d'en gâter le papier ; car cela fait horreur d'y penser. M. le comte d'Auvergne [4], avec l'occasion de ce que vous pouvez avoir ouï dire, s'étant trouvé malade, a fait supplier le Roi de trouver bon qu'il fût porté au logis de Madame sa femme [5], pour se faire servir plus commodément ; il ne l'a point obtenu. Nous avons un roi parfaitement sage et qui n'a point de passion plus grande que l'amour de son État. Le mauvais gré du refus est su à M. de Sully, qui dit franchement au Roi qu'il n'en devoit rien faire. Monsieur le connétable est à Fontainebleau ; Mme la princesse de Condé à Valery depuis mécredi dernier. Monsieur le Prince l'y mena, et s'en revint tout aussitôt ici, pour dire adieu à Mme la princesse d'Orange sa sœur ; elle partit hier au matin pour

2. *Faquin*. On appelle ainsi, dit le *Dictionnaire de Trévoux*, « un homme de bois qui tourne sur un pivot et sert à faire les exercices de manége, contre lequel on court, pour passer sa lance dans un trou qui y est fait exprès. »

3. « Il étoit atteint et convaincu, dit l'Estoile, d'une milliasse d'abominations, entre les autres, d'avoir dit la messe à reculons et consacré un renard au lieu de l'hostie. »

4. Charles de Valois, fils naturel de Henri II et de Marie Touchet, mère de la marquise de Verneuil. La peine de mort prononcée contre lui, le 1er février 1605, pour avoir conspiré avec sa sœur, avait été commuée. Il était alors enfermé à la Bastille, où il resta douze ans.

5. Charlotte de Montmorency, morte en août 1636.

s'en aller vers Monsieur son mari en Flandres, et lui s'en retourna à Valery, pour de là s'en revenir avec Madame sa femme aux noces. M. du Bouillon s'en est allé à Sedan, où il sera un mois ou deux. Je voudrois que son absence rompît un voyage que Monsieur le Grand va faire en Gascogne, pour tenir le fils de M. de Montespan sur les fonts. Je ne me souviens que de cela. Je n'ai pas le loisir d'écrire à Monsieur le premier président : vous lui direz, s'il vous plaît, que je lui suis comme à vous très-humble serviteur et très-affectionné, 1609

FR. DE MALERBE.

Monsieur, j'avois oublié à vous dire que je fis moi-même porter la lettre que vous m'aviez recommandée à l'orfévre de la Maque. Sitôt qu'il en vit le dessus, il me dit que c'étoit de son fils, et me promit de lui faire réponse. A cette heure, comme j'ai été sur le point de clore mon paquet, je l'ai envoyé avertir. Il a dit qu'il avoit écrit trois fois depuis la lettre que je lui rendis. Le sieur Beys me vient d'envoyer une lettre que vous trouverez enclose dans ce paquet, avec une autre de M. du Monstier, qui a été très-content de ce que vous lui avez envoyé. Bonjour, Monsieur. Ma lettre est d'hier au soir et ce billet est d'aujourd'hui, 24e de juin 1609, jour de saint Jean. Votre très-humble serviteur.

---

46. — De Paris, ce 19e de juillet.

MONSIEUR, vous n'avez point eu de mes lettres depuis quelque temps, pource que j'ai été à Fontainebleau, où je n'ai vu ni messager de Provence, ni personne qui allât en ces quartiers-là. Voici la première commodité que j'ai recouverte, que je prends pour vous assurer que je n'en

1609 perdrai jamais une de vous témoigner le soin que j'ai que vous me continuiez votre amitié ; il faut que je la mérite comme je puis, ne pouvant la mériter comme je veux. J'ai peur que nos nouvelles ne vous soient vieilles, pource que je ne vous puis rien écrire que des noces de M. de Vendôme, qui furent faites il y aura mardi prochain quinze jours[1]. Toutefois les particularités, que possible vous n'avez pas sues d'ailleurs, vous pourront être agréables. L'épousée et le reste des dames furent si longtemps à se parer, que la messe ne se dit que sur les cinq heures[2]; elle avoit un manteau ducal et une couronne ducale. Ce manteau ducal étoit de veloux cramoisi violet, attaché sur les épaules avec des nœuds de pierrerie ; il étoit doublé d'hermines sans aucunes fleurs de lis ; la queue en étoit longue d'environ trois aunes ou un peu davantage[3]. La couronne ducale étoit toute de pierrerie, c'est-à-dire diamants ; car d'autres pierres, il ne s'en parle du tout plus ; elle pouvoit avoir quatre doigts de haut et autant de diamètre. Sa robe étoit de toile d'argent, et n'en paroissoit que le devant, qui étoit tout couvert de grandes enseignes de pierrerie[4]. La compagnie partit de la chambre de la Reine[5], où la mariée, accompagnée de

Lettre 46. — 1. Le 7 juillet.

2. Peiresc a complété les renseignements que lui donnait Malherbe en intercalant dans la lettre même quelques détails et en ajoutant des notes au bas de la dernière page. Ici il a écrit au-dessus de la ligne : « du soir par M. de Paris. » — Henri, cardinal de Gondi, évêque de Paris de 1598 à 1622.

3. Peiresc a ajouté au-dessus de la ligne : « large de deux lés de velours et ronde par le bout. »

4. « *Enseigne de pierreries* se dit d'un ornement où plusieurs pierreries sont enchâssées. » (*Dictionnaire de Trévoux.*)

5. Peiresc a mis en note au bas de la lettre : « La Reine ne fut pas à la messe, parce qu'elle avoit été fort travaillée d'une colique les jours précédents et ne s'en trouvoit pas encore bien. »

toutes les dames qui devoient assister à la cérémonie, l'étoit allée trouver. On descendit par le degré du quartier de la Reine. Les Suisses et autres gardes faisoient une haie des deux côtés, jusques à une barrière qui étoit dressée à l'entrée de la chapelle. Le Roi, extrêmement paré de pierreries et plus de bonne mine, avec une cape, un bonnet et un bas attaché[6], menoit la mariée du côté droit[7]. Monsieur le Grand, aussi fort paré, la menoit du gauche; Mlle de Vendôme portoit la queue de la mariée; après, marchoient Madame la Princesse[8], Mme la princesse de Condé, Mme la princesse de Conty, Mme la comtesse de Soissons, Mme de Guise, Mme de Luxembourg[9], Mme de Sully et Mme de Rohan[10]. Ces deux dernières marchoient ensemble, pource que le rang appartenoit à Mme de Rohan, qui ne voulut pas laisser sa mère derrière. Toutes ces dames avoient des mantes de gaze noire rayée les unes d'or et les autres d'argent, rattachées et couvertes partout d'un nombre infini de pierreries[11]; Madame la Princesse et Mme de Guise en 1609

6. Le *bas attaché* ou *bas d'attache* était un bas qu'on attachait au haut-de-chausses avec des rubans ou des aiguillettes.

7. Malherbe avait d'abord écrit : « sur le côté droit. »

8. La princesse douairière de Condé, Charlotte-Catherine de la Trémoille.

9. Marguerite de Lorraine, femme de François de Luxembourg, duc de Pinei, mort le 30 septembre 1613. Elle mourut sans postérité, le 20 septembre 1625.

10. Marguerite de Béthune, fille de Sully et de Rachel de Cochefilet, mariée le 18 février 1605 à Henri, premier duc de Rohan, morte le 21 octobre 1660.

11. Au bas de la lettre se lit la note suivante, écrite bien probablement par un secrétaire de Peiresc : « Elles étoient attachées sur les épaules, où la gaze faisoit trois bouillons séparés d'enseignes de pierreries sur les épaules, de là leur descendoient jusques au coude en faisant deux bouillons, rattachés de même depuis la garde de la manche jusques au coude; de là elles se rejetoient sur le derrière des

1609 avoient de crêpe comme veuves. De la messe, on alla droit au festin royal, qui se fit en la salle accoutumée à telles choses, et où vous vîtes que l'on fit le festin du baptême. On y usa de mêmes cérémonies; la table étoit[12] dressée en potence[13]. Au côté de la cheminée étoit l'épousée, le Roi, la Reine, et Monsieur le Dauphin; en la table qui descendoit en bas étoient les princesses, au même rang qu'elles avoient marché à la cérémonie, hormis[14] Mme de Guise, qui n'y assista point. Elle me dit que c'étoit pource qu'elle ne pouvoit voir le bâton de grand maître sans se souvenir de Monsieur son mari; mais je crois que c'étoit qu'elle cherchoit sa commodité. Mme de Rohan, à table, précédoit Madame sa mère[15]. De ce festin on alla au grand bal, où l'on marcha selon les rangs des hommes[16]. Cette feuille ne suffiroit pas à

robes. Les dames n'étoient conduites que par leurs écuyers ordinaires, et leurs queues n'étoient point portées. »

12. Malherbe a ajouté *étoit* après coup, dans l'interligne.

13. Peiresc a ajouté au-dessus de la ligne : « mais sans être relevée sur un échafaud de deux ou trois degrés, comme celle de Monsieur le Dauphin à son baptême, ains à plain pied. »

14. Peiresc a ajouté entre les lignes : « Madamoiˡˡᵉ de Vendôme, laquelle étoit assise entre Mme de Soissons et Mme de Luxembourg. »

15. Peiresc a ajouté entre les lignes : « Après Mme de Sully étoit Mme de Guercheville. Au-dessous de cette table y en avoit une autre un peu plus bas, où étoient les filles de la Reine. » — Antoinette de Pons, marquise de Guercheville, morte en 1632.

16. « M. de Soissons faisoit son office de grand maître. Le Roi étoit servi par M. le prince de Joinville et M. d'Aiguillon. De la table on alla droit au grand bal, en la salle d'auprès la chapelle. Le Roi mena la mariée. La Reine fut menée par Monsieur le Dauphin. Monsieur le Prince mena Mme la princesse de Conty; M. le prince de Conty, Mme la princesse de Condé; M. de Vendôme, Mme la comtesse de Soissons; M. le prince de Joinville, Mme de Rohan; M. le duc de Raiz, Mme de Guercheville; Monsieur le Grand, Mme de Sully; M. le maréchal de Laverdin, Mme de Ragny. Mmes de Guercheville et de Ragny n'avoient point de mantes. » Ces notes mises au bas de la

vous en donner les particularités. Ce qui manquera ici pour l'ordre du grand bal, vous l'apprendrez de Marc-Antoine, si vous ne l'avez su d'ailleurs. Je ne vous puis mander autre chose : voilà pourquoi j'ai été un peu long à vous faire ce discours. Le Roi se porte fort bien et rajeunit tous les jours. Il ne se parle que de courre la bague, où il fait honte à toute la cour ; je l'ai vu courir une fois que de huit courses qu'il fit il eut quatre dedans. Monsieur le Prince est attendu ici mardi prochain, et Madame la Princesse sa mère ; de Madame la Princesse sa femme, on n'en est pas si assuré, mais je crois qu'elle viendra. Adieu, Monsieur, je vous baise bien humblement les mains, et suis de tout mon cœur votre très-humble et affectionné serviteur. 1609

J'oubliois à vous dire que l'on va voir sortir force nouveaux édits sur le règlement des monnoies, des carrosses, et des habillements. S'ils sont aussi bien observés que celui des duels[17], tout ira bien, car il ne se parle plus de querelles. Il s'est demandé trois ou quatre combats ; mais tout a été appointé[18]. On est fort empêché sur un combat demandé par un François à qui un Écossois des gardes, avec supercherie, a donné force coups de bâton. Toutes les compagnies d'hommes d'armes sont envoyées vers Metz : l'on dit que c'est pour le fait de Clèves. J'ai ouï dire à M. de Nevers que le Roi lui a promis qu'il lui coûtera une armée de cinquante mille hommes et quatre

dernière page de la lettre sont probablement de la main d'un secrétaire de Peiresc. On lit encore au dos de la lettre ces lignes écrites aussi de la main d'un secrétaire : « On dansa environ une heure, que la Reine se retira, en faveur, comme je crois, de la mariée qui étoit si chargée de ses habits, qu'elle étoit digne de pitié. »

17. Cet édit avait été donné à Fontainebleau, en juin 1609.

18. *Appointé*, accommodé.

1609 millions d'or, pour empêcher que ceux d'Autriche empiètent cet État[19]. Le droit de M. de Nevers, à ce qu'il m'a dit, est que Monsieur son grand-père, qui étoit de Clèves, fut assigné pour son partage de quarante-cinq mille écus par an, de quoi il n'a rien touché durant quatre-vingts ans; mais ne vous imaginez pas de guerre pour tout cela. Adieu, Monsieur : faites part de ces nouvelles à MM. les présidents du Vair et de la Ceppède. Je ne leur écris point de peur de les charger de trop d'arrérages.

---

47. — A Paris, ce.... juillet[1].

Monsieur, depuis vous avoir écrit celle que vous recevrez par cette même voie, j'ai reçu ce matin sur les onze heures un paquet que vous m'adressez[2] pour M. Cenami et une lettre pour M. de Valavez. J'ai porté l'un et l'autre incontinent chez M. Ycart, auquel il a laissé charge de tout ce qui le concerne, et de là je m'en suis allé chez le sieur Prédesegle ; je ne l'ai point trouvé ; mais j'ai laissé à ses gens le nom de mon logis par écrit, et leur ai dit qu'ils m'envoyassent la réponse demain au matin, ce qu'ils m'ont promis faire. Assurez-vous, Monsieur, que partout où je pourrai quelque chose pour votre contentement, vous me trouverez[3] disposé comme votre très-humble et plus affectionné serviteur.

19. Le mot *empiètent* est difficile à lire et cette leçon n'est pas très-sûre.

Lettre 47. — 1. La date du jour est déchirée sur l'autographe.

2. *Que vous m'adressez* est en interligne.

3. *Me trouverez* est fort douteux ; les bords du papier sont arrachés.

48. — Sans date.

1609

MONSIEUR, ce mot n'est que pour vous adresser la lettre de M. de Prédesegle. Il a été diligent à faire sa réponse. Je le veux être aussi à la vous envoyer. Adieu, Monsieur; je suis avec l'affection accoutumée votre très-humble serviteur.

Je vous avois écrit que j'écrirois à Messieurs nos premiers présidents[1] quand j'aurois leurs réponses. Je les ai eues depuis et leur écris par cette voie; mais c'est si en hâte que vous ne laisserez pas, s'il vous plaît, de leur faire part de ce que je vous écris.

---

49. — A Paris, ce 1er d'août.

MONSIEUR, je me réjouis que vous soyez de retour de Montpellier, et desire que vous en oyez bientôt autant de M. de Valavez. Je l'espère bien comme cela, si ce n'est qu'en cette guerre de Clèves[1] il lui prît envie d'être soudard. Les nouvelles que nous en avons font ouvrir les oreilles à un monde de gens. J'ai ce matin passé en la rue de la Heaumerie, où il ne fut jamais mené tant de bruit. Un doreur m'a dit que pour sa part il avoit cinquante armures complètes à dorer, et qu'il y en avoit deux cents de commandées. La plupart sont pour la compagnie de Monseigneur le Dauphin. Quoi qu'il y ait, je crois que cette affaire sera comme celle de Sedan. Le fait est que le duc de Clèves, qui est mort sans enfants, il

LETTRE 48. — 1. Les présidents du Vair et de la Ceppède.

LETTRE 49. — 1. Malherbe avait d'abord écrit : « dans cette guerre de tumulte, » puis il a effacé ce dernier mot et a mis *Clèves* à la suite.

1609 y a quelque temps, avoit quatre sœurs[2] : l'aînée fut mariée en Brandebourg; les deux autres aux Deux-Ponts, à deux frères; et la quatrième est mère du marquis de Burgaw[3]. Les aînés, qui sont les vrais héritiers, ont recouru à la protection du Roi. Le dernier, qui cherche du droit en la force, s'est retiré vers l'Empereur et l'Archiduc. Le marquis de Burgaw est dans Juliers, et Spinola près de là, avec une petite armée pour l'assister. Brandebourg est dans Clèves, mais si foible que le ban de l'Empereur y a été publié en sa présence. Entre ci et mardi nous serons résolus de la paix ou de la guerre. Tout ce que le Roi veut faire pour ce Brandebourg et pour Neubourg, qui est ici il y a environ six semaines, c'est que leur droit leur soit conservé, et que ceux d'Autriche ne se saisissent[4] de cet État sous ombre d'assister ce Burgaw. Pour moi, je crois que tout se terminera par un bon accord. Je ne sais si c'est pource que je le desire, mais il y a bien de l'apparence, et des gens qui sont bien avant des affaires ont cette même opinion. Le jour que je reçus votre lettre, je fus moi-même parler à l'orfévre de la Maque, qui me dit qu'il avoit fait deux ou trois réponses, et qu'au demeurant il avoit nouvelles que son fils n'étoit plus à Aix, et qu'il n'y avoit moyen de trouver des compagnons qui voulussent aller en Provence. Vous recevrez, dans ce paquet, la réponse de M. Beys, et verrez

2. Jean-Guillaume, duc de Clèves et de Juliers, laissa cinq filles, dont une, Élisabeth, mourut sans avoir été mariée. Les autres furent : Marie-Éléonore, femme d'Albert-Frédéric de Brandebourg, duc de Prusse; Anne, femme de Philippe-Louis de Bavière, duc de Neubourg; Madeleine, femme de Jean de Bavière, duc de Deux-Ponts; Sibylle, femme en secondes noces de Charles d'Autriche, marquis de Burgaw.

3. Malherbe a écrit Burgos.

4. Malherbe avait mis « ne se saisissent point; » il a ensuite effacé *point*.

comme il a reçu les cent cinquante livres. Je m'en vais faire un voyage en Touraine, où nous serons environ deux mois, sans autre sujet que pour chasser : jugez par là si la guerre est fort échauffée. M. de Vendôme s'en va dans quinze jours pour tenir les états en Bretagne, où il sera fort accompagné. Je n'ai, ce me semble, autre chose qui vaille de vous être écrite. Ce qui me reste, c'est de vous baiser bien humblement les mains, et de vous assurer que je suis toujours votre plus humble et plus affectionné serviteur, 1609

FR. DE MALERBE.

Je n'écris à personne, pource que je suis sur mon partement pour ce beau voyage, qui me trouble si fort que je ne sais ce que je fais. Vous m'excuserez envers Messieurs les premiers présidents[5], et les assurerez que je suis leur serviteur. Vous en direz, s'il vous plaît, de même à M. du Périer. Dimanche dernier, après souper dans le grand cabinet de la Reine, je fis voir au Roi l'inscription de M. du Vair[6]. Monsieur le Grand la lut dignement, et rendit à l'auteur tout le bon office qui se pouvoit en cette occasion. Il n'y avoit d'auditeurs que Sa Majesté, M. de Rohan et moi. Mmes la princesse de Conty, de Sully, la duchesse de Rohan et Mlle de Rohan[7], étoient au cabinet; mais elles s'entretenoient à part. La Reine

5. Après avoir d'abord écrit : « Monsieur le premier président du Vair, » Malherbe a rayé le nom propre, et changé le singulier en pluriel.

6. Cette inscription, imprimée dans les *OEuvres* de du Vair (1625, in-f°, p. 733), est intitulée : *Inscription faicte à l'honneur du feu Roy Henry le Grand, pour estre mise au frontispice de l'entrée du college de Bourbon, que Sa Majesté a fondé en la ville d'Aix en Provence.*

7. Anne de Rohan, fille de René de Rohan et de Catherine de Parthenai, morte sans alliance en 1646, dans sa soixante-deuxième année. On a d'elle quelques poésies.

1609 soupoit dans le petit cabinet. L'ouvrage fut loué comme il devoit; si Monsieur le Grand y fit son devoir, je ne m'y oubliai pas de mon côté. Ce témoignage étoit dû à la vérité, mais encore fis-je ce que je devois à l'affection.

---

50. — A Paris, ce lundi 17e d'août.

Monsieur, j'ai fait réponse à toutes vos lettres, et vous ai averti comme j'ai mis vos paquets entre les mains de M. Ycart, qui les garde pour le retour de M. de Valavez. Je vois bien que la curiosité l'emporte plus avant qu'il ne s'étoit promis, et qu'il a peur que vous n'ayez quelque avantage sur lui, mais si ne peut-il plus guère demeurer à venir; j'en souffre aussi bien comme vous, et prie Dieu qu'il le ramène bientôt à son contentement et à celui de ses amis. Je vous remercie de vos nouvelles : dès que je les eus reçues, je les allai porter à Mme de Guise, qui en[1] fut extrêmement aise; elle en avoit bien eu par un laquais de M. de Guise, mais non pas de si particulières[2]. La différence des avis étoit qu'on lui mande que M. le comte de Carces[3] y est allé, et vous me mandez que non. Il a été dit et écrit d'ailleurs qu'il s'est embarqué; mais j'aime mieux vous croire, que je sais qui écrivez avec poids, que les autres, qui le font le plus souvent à la volée et sans s'informer des choses que superficiairement. Pour ce que nous avons de plus nouveau, c'est que le président Richardot[4] est ici, et s'en va trouver le Roi

Lettre 50. — 1. *En* a été ajouté après coup, dans l'interligne.

2. Il s'agit d'une expédition du duc de Guise contre les Barbaresques.

3. Gaspard de Pontevez, comte de Carces.

4. J. Grusset Richardot, président du conseil privé des Pays-Bas, né à Champlitte en 1540, mort en 1609. Voyez plus loin, p. 106.

de la part de l'Archiduc; il est à croire que c'est pour l'affaire de Clèves. Le succès en sera ce que je vous ai mandé : rien. Les choses passeront par arbitrage. Il y a longtemps que nos éveillés ont perdu toute espérance d'avoir de l'exercice de ce côté-là. Pour deux jours à la vérité, la guerre fut à tous les coins de la Flandres; mais au troisième, elle ne parut en lieu du monde. Nous tenons ici que le Roi s'en va à Fontainebleau faire un petit voyage, sans passer par cette ville, et dit-on que c'est pour voir le canal, duquel la chaussée est crevée, pour la grande pente des eaux. Il y en a qui y cherchent un sens mystique; quant à moi, je m'arrête au littéral. Il y a un nommé Courtenay Blesneau[5] qui a vengé le cocuage cruellement. C'est un de ces Courtenay que vous savez qui prétendent d'être déclarés princes du sang. Il tua le portier de son logis qui ne lui vouloit pas ouvrir la porte. L'adultère, qui étoit le baron de la Rivière, s'étant levé au bruit, lui tira un coup de pistolet, qui faillit; mais il ne fut pas failli, ni un gentilhomme qui étoit venu avec lui; la femme y passa aussi, et avec elle une damoiselle, sa confidente. Cet exemple a fait peur à Mme de Villars[6], non pas comme coupable de rien de pareil[7], mais comme brouillée avec son mari; il est en cette ville depuis quelques jours par le commandement du Roi, qui les veut appointer. Depuis elle avoit été tenue comme perdue; 1609

5. Probablement Edme de Courtenay, seigneur de Blesneau, mort en 1640. Il avait épousé Catherine du Sart. La maison de Courtenay descendait de Pierre, septième et dernier fils de Louis le Gros. — Voyez sur cette affaire la lettre suivante et le nº 25336 (tome II) de la *Bibliothèque historique de la France*.

6. Julienne-Hippolyte d'Estrées, mariée en 1597 à G. de Brancas, marquis, puis duc de Villars, gouverneur du Havre. Voyez son *Historiette* dans Tallemant (édition P. Paris, tome I, p. 213), qui nous a raconté ses galanteries.

7. Malherbe avait d'abord mis : *rien de semblable*.

1609 mais vendredi au soir elle arriva en cette ville, pour être plus près de ses amis. Quoi que c'en soit, elle ne s'est point encore montrée, et beaucoup de gens la croyent encore au Havre; mais la vérité est qu'elle est ici. Ce sera de la besogne pour le Roi, quand il viendra, de démêler cet écheveau. Il y a deux jours que nous avons perdu M. Laurens le médecin[8], qui est fort regretté. Le Roi n'a point encore pourvu à sa charge. On croit que ce sera un M. Petit, médecin de Gien-sur-Loire, ou bien un M. Milon, de Poitiers[9], qui lui succédera. Je n'écris point à M. le premier président du Vair, pource qu'il est aux champs; je me servirai, pour cette fois, de son absence pour servir d'excuse à ma paresse, mais le premier qui partira lui portera de mes lettres et à M. le premier président de la Ceppède. Vous leur baiserez, s'il vous plaît, bien humblement les mains de ma part. J'oubliois à vous dire la nouvelle des nouvelles : c'est que Mme la princesse de Conty est grosse; de quoi je me réjouis de tout mon cœur, pour le contentement de cette vertueuse princesse[10], qui m'oblige tous les jours par une infinité de témoignages de son affection. Adieu, Monsieur : je vous baise bien humblement les mains, et prie Dieu qu'il vous ait en sa très-sainte et très-digne garde. Votre très-humble serviteur.

8. A. du Laurens, premier médecin du Roi, dont nous avons parlé plus haut, lettre 15, p. 35, note 13. Il fut pendant quelque temps remplacé par Petit, qui demanda bientôt son congé, « aimant mieux, dit l'Estoile, gouverner à Gien son compère le savetier et boire librement avec lui, que de courtiser et gouverner les dieux de la cour. »

9. Pierre Milon, premier médecin du Roi, mort en 1616.

10. Mme de Conty était la protectrice de Malherbe, qui en parle toujours avec respect et affection; mais il ne faut pas en croire le poëte quand il vante la vertu de la princesse. Voyez Tallemant des Réaux, *Historiette de la princesse de Conty*, tome I, p. 78.

51. — A Paris, ce 23e d'août. 1609

Monsieur, je vous écris si souvent que je m'épuise de paroles et de nouvelles. La guerre de Clèves avoit donné quelque espérance à nos braves d'employer leurs courages et leurs épées, et aux curieux d'avoir de quoi s'entretenir; mais nous sommes tous[1] à sec de ce côté-là. M. de Nevers a été reçu par l'Empereur en ses demandes, tellement que l'on nous a mis[2] hors d'intérêt. La saison de Mars est passée, nous sommes en celle d'Amour, qui règne fort absolument. Ils ne valent tous deux rien; mais encore le beau-fils vaut mieux que le beau-père. Je vous avois écrit dernièrement que le sieur de Courtenay Blesneau avoit tué un monde de gens en sa maison; mais enfin il s'est trouvé qu'il n'a tué que ce la Rivière, qu'il soupçonnoit d'adultère avec sa femme, et un portier qui fut un peu long à lui ouvrir la porte, et lui donna la peine de la rompre. Tandis que l'on employa le temps à cela, la dame descendit[3] par une fenêtre, et au travers des fossés du château se sauva au village chez un greffier; le galant en pensa faire de même, mais il fut tué à coups d'arquebuse dans le fossé. On parle d'une damoiselle qui eut le bras coupé; les autres disent qu'elle est seulement blessée à l'épaule. Les parents du mort, qui sont grands et en grand nombre, en veulent avoir raison, et disent qu'il a été tué botté et éperonné, et par conséquent innocent; mais il sera malaisé qu'ils le fassent croire avec une si foible raison : je m'en rapporte à ce qui en est.

Lettre 51. — 1. Nous lisons ainsi, sans être tout à fait sûr de bien lire, un mot ajouté après coup, dans l'interligne.

2. Il y avait d'abord : « nous sommes hors d'intérêt, » ce que Malherbe a corrigé en « l'on nous a mis. »

3. On lit dans l'autographe : « se descendit. » *Descendit* est dans l'interligne, au-dessus de « se sauva; » *sauva* seul est effacé. A la fin de la phrase les mots *dans le fossé* sont aussi écrits entre les lignes.

1609 Mais tant y a que nos dames sont fort en alarme, et que si Courtenay vient ici, elles ne solliciteront pas pour lui. Je vous avois écrit que M. Laurens étoit mort, et que sa charge étoit destinée ou à un M. Milon de Poitiers ou à M. Petit d'Orléans. Le Roi s'est arrêté à M. Petit; il s'en est excusé; mais on a renvoyé vers lui, et le Roi même, de sa main, a écrit au-dessus : *A Monsieur Petit, mon premier médecin.* J'ai aujourd'hui eu l'honneur de dîner avec Mme de Guise, qui a gagé une discrétion avec moi que M. de Guise ne feroit rien en son voyage[4]. Je crois qu'elle a autant d'envie de perdre que moi de gagner. Je vous prie, Monsieur, me mander, quand il sera de retour, quel en aura été le succès[5]. Je ne sais plus que vous dire, sinon que le bruit de la grossesse de Mme la princesse de Conty s'augmente. Mme de Guise ne l'ose pas assurer; seulement elle m'a dit qu'il y en a des apparences. Il s'en bruit autant de Madame la Princesse, mais je n'en crois rien. Mme de Verneuil est allée à je ne sais quels bains en Auvergne. Mme de Moret est à Moret; le conte dit que le Roi alla pour coucher avec elle, il y eut jeudi quinze jours, et qu'elle ne lui voulut jamais rien permettre, si bien qu'il se fâcha à bon escient; tant y a qu'elle partit le matin même et s'en alla à Moret, où elle est encore. La reine Marguerite a été cinq ou six jours à Monceaux passer le temps; l'on tient qu'elle revient aujourd'hui. Nous attendons de jour à autre que les nouveaux édits[6] sortent; l'expectation en est grande, pour une infinité de particuliers règlements sur les habits des personnes, selon leurs conditions. Hier le carrosse de Mme la comtesse de Sault partit de cette ville pour aller

4. Voyez la lettre précédente, p. 100, note 2.
5. Malherbe avait d'abord écrit : « quel aura été le succès de son voyage. »
6. Les édits somptuaires. Voyez l'Estoile, août et septembre 1609.

querir M. des Diguières[7], qui a pris l'eau à Rouane. 1609
Il emmène toute l'infanterie[8] de M. de Créquy. Ses gens, qui lui sont venus retenir un logis, disent qu'hier il étoit à Nevers, et que dans huit jours il sera en cette ville. Si je n'oublie rien, voilà tout ce que nous avons. Je vous remercie, Monsieur, de l'affection que vous portez à Marc-Antoine; car ce ne peut être que de là que part le témoignage que vous lui rendez. Je prie Dieu qu'il lui fasse la grâce de se rendre digne de la bonne opinion que vous avez de lui, et de vous faire paroître quelque jour qu'il est, comme son père, votre serviteur très-affectionné,

Fr. de Malerbe.

Je vous supplie de baiser bien humblement les mains à M. le président de la Ceppède, et l'assurer que je suis son très-humble serviteur.

---

52. — A Paris, ce 21e de septembre.

Monsieur, je suis bien aise que ma diligence vous contente, puisque c'est le seul moyen par lequel je vous puis témoigner ce que je vous suis; mais je me fâche que vous rompiez la trêve que nous avions faite de cérémonies. Si celle de Flandres n'étoit mieux gardée, les affaires de ce pays-là n'iroient pas bien. Quant à moi, je suis résolu de la garder, et sans contravention, pour vous convier à en faire de même. Nous avons eu ici force nouvelles depuis que je ne vous ai écrit; mais à faute de messager par qui je les vous pusse mander, elles sont vieillies entre mes

7. Le duc de Lesdiguières, nommé récemment maréchal de France, venait à la cour pour prêter serment en cette qualité.
8. C'est-à-dire les enfants de M. de Créquy, son gendre.

1609 mains, et ont tant perdu de leur grâce que je fais conscience de vous en rien dire. Le président Richardot étoit venu ici faire une ambassade, dont la mort lui a ôté le moyen d'en porter la réponse à son maître; il mourut tout aussitôt qu'il fut arrivé à Arras. Il étoit venu prier le Roi de ne se mêler point des affaires de Clèves, et parloit de quelque mariage des enfants de France et d'Espagne, mais sans charge, et seulement de sa part. Il lui fut répondu au premier point que le Roi n'abandonneroit pas ses amis, si on ne les contentoit de ce qui justement leur seroit dû; et pour le second, puisqu'il n'en avoit point de charge, que ce seroit chose superflue d'en parler; que lorsque le roi d'Espagne lui en feroit l'ouverture, il aviseroit ce qu'il y devroit répondre. Mardi dernier, le contrat de mariage de M. le marquis de Rosny et de Mlle de Créquy fut lu à l'Arsenac, en la présence du Roi et de la Reine, qui le signèrent, et nul autre pour l'heure. Voilà tout ce qui s'y passa, sinon que le Roi commanda aux amoureux de se baiser. On dit qu'ils seront mariés au premier jour. Je vous en dirois plus particulièrement des nouvelles; mais depuis la mort du pauvre comte de Sault, que j'aimois de tout mon cœur, je ne vais guère là dedans, si bien que je ne vous puis rien dire de l'affaire du testament[1]; bien ai-je ouï dire qu'ils n'en font

Lettre 52. — 1. Un passage d'une lettre inédite de Peiresc, en date du 4 septembre 1609, nous explique la phrase de Malherbe : « Tout le monde, dit Peiresc, admire la fortune de M. de Vins, lequel a trouvé un testament fait à Compiègne par messire François, comte de Sault, son grand-père, avant que aller à la bataille de Saint-Denis, où il mourut, lequel institue son fils héritier, lui substitue les mâles de sa descendance, et venant à faillir lesdits mâles, leur substitue son frère Jean.... et, après lui et sa race masculine, son autre frère, et à leur défaut la fille aînée qui restoit, feu Mme de Vins et ses enfants mâles, dont l'aîné est M. de Vins. » — De plus on lit dans l'*État de la Provence* par Robert, tome III, p. 292 (article *Vins*) : « François pas grand cas, et qu'ils croyent que le testateur ne pouvoit rien donner. Nous avons ici force ambassadeurs allemands : l'un de l'Empereur, et les autres des ducs de Brandebourg et comte palatin, tendants à diverses fins. Je vous en dirai plus de particularités dans deux jours; car j'espère demain dîner avec un homme qui en sait autant de nouvelles que nul autre. Pour l'inscription que vous desirez[2], je la baillai à Mme la duchesse de Rohan, qui étoit au cabinet lorsqu'elle y fut lue; elle ne sait ce qu'elle en a fait. Je verrai de la retirer si je puis, et satisferai à votre desir, comme aussi à ce que vous m'écrivez de la lettre du P. Gontier[3]; mais je crois qu'il ne soit pas ici. Le Roi et la Reine s'en allèrent hier à Fontainebleau, 1609

de Vins, marquis de Vins, né l'an 1578, est le premier de cette famille qui fut obligé de porter le nom et les armes d'Agout, comme ayant succédé à Louis d'Agout, comte de Sault, son cousin germain, mort sans enfants l'an 1608, et auquel il étoit substitué en vertu du testament de François d'Agout son aïeul, seigneur de Sault, du 7 octobre 1557, lequel, au défaut de l'un de ses enfants mâles, substituoit les enfants mâles de sa fille aînée, laquelle fut Marguerite d'Agout, femme d'Hubert, seigneur de Vins. C'est pourquoi François de Vins ayant obtenu l'an 1627 arrêt d'ouverture de cette substitution, prit le nom et les armes d'Agout, que ses descendants ont continué de porter. Il obtint l'érection de la terre de Vins en marquisat l'an 1641, et mourut l'an 1648. »

2. Le 4 septembre 1609, Peiresc avait écrit à Malherbe : « Monsieur le premier président me montra longtemps y a son inscription, mais depuis la minute s'est tellement égarée que nous ne la saurions retrouver. Je vous prie de nous en envoyer un extrait et de n'oublier pas vos gloses librement entre vous et moi, car elles ne me passeront pas plus avant. » — Voyez plus haut, lettre 49, p. 99.

3. Le jésuite Jean Gonthier, mort en 1616. On lit dans la lettre de Peiresc que nous venons de citer : « Le P. Gonthier écrivit dernièrement une belle lettre à Monsieur le premier président sur le sujet de cet infâme livre de *la Justice terrassée aux pieds du Roi* (voyez la note 4 de la lettre suivante, p. 110). Il lui fit réponse et en si beaux termes, que je ne crois point qu'il se puisse rien voir de mieux ni de plus modeste, vu la gravité de l'offense. »

1609 d'où ils ne reviendront que pour la couche de la Reine, qui entrera en son neuvième mois au 23e du mois qui vient. Mme de Leuville[4] est mal extrêmement de la vérole, j'entends de la petite. Je vous dis cette nouvelle, pource qu'elle est sœur du sieur de Fontenay, que vous connoissez. Cela étonne fort nos belles, car elle étoit du nombre. Mme de Montpensier a été à l'extrémité; mais, grâces à Dieu, elle est hors de danger. Mlle du Maine avoit craint d'avoir la petite vérole; mais il s'est trouvé que ce n'étoient qu'ébullitions de sang. Si je ne suis au bout de nos nouvelles, je suis au bout de celles dont il me souvient. Faites-en, s'il vous plaît, part à M. le premier président de la Ceppède, et l'assurez toujours de ce que je lui suis. Je ne vous dis rien de Monsieur le premier président, pource que je le tiens encore à Antibes. A son retour, il se fera sûrement quelque chose qui me donnera sujet de lui écrire : pour ce coup, c'est assez ; j'ai la main si lasse, que je ne sais si vous pourrez lire mon griffonnage. Pardonnez-moi, Monsieur, et me tenez toujours pour votre plus humble et plus affectionné serviteur.

---

53. — A Paris, ce 19e d'octobre.

Monsieur, comme ne m'ennuieroit-il de ne recevoir point de vos lettres, puisqu'il m'ennuie de ne vous avoir point écrit? Le savetier de la Madeleine est le dernier, à mon avis, par qui vous avez eu de mes nouvelles. Je répondis par lui à tout ce que vous me mandiez, sinon au fait des lunettes de Hollande, parce que M. de Valavez

4. Madeleine de l'Aubespine de Chasteauneuf, mariée (1598) à Jean Olivier, seigneur de Leuville, morte en 1613. Elle était non point sœur, mais belle-sœur de Charles Olivier, abbé de Fontenay.

se chargea de la commission. Il vous aura écrit ce qui en fut résolu, mais il sera malaisé qu'elles soient telles que celles qui viennent du pays où l'invention s'en est trouvée; encore les hollandoises ne sont pas toutes également bonnes[1]. J'ai ouï entre autres faire cas de celles de la Reine; mais ce qui se fait pour les dieux se fait avec plus de soin que ce qui se fait pour les hommes. Quoi qu'il en soit, les vôtres ne seront point des communes. Vous aurez su comme depuis huit ou dix jours les sceaux ont été sur le point de changer de main, et tient-on que le Roi avoit autant envie de les donner à M. le président Janin comme de les ôter à celui qui les a; tant y a que les choses ne sont point passées plus avant. Je n'en ai rien su de bien particulier, sinon que M. de Villeroy[2] ayant demandé plusieurs fois son congé au Roi, il lui dit enfin : « Eh bien, je le vous donne, mais emmenez avec vous ce larron de chancelier[3] et ce fou de Pisieux. » Le président Janin est fort bien avec le Roi, et tous les soirs le Roi l'envoye querir pour lui communiquer ce qui s'est proposé au Conseil, et s'en résoudre avec lui. Quand je vous parle de conseil, j'entends celui qui se tient chez le Roi, où il n'y a que M. de Sully, Monsieur le chancelier et M. de Villeroy, et nul autre. Le Roi y a toujours fait appeler M. le président Janin; mais pour ne donner sujet de jalousie, il n'y a jamais voulu aller : aussi n'en avoit-il que faire, puisqu'il savoit de si bonne main ce qui s'y faisoit. Durant que les choses ont été en cette alarme, tout le monde

1609

LETTRE 53. — 1. Les *lunettes à voir de loin* avaient été inventées à Middelbourg en 1608. Voyez le *Mercure françois*, tome I, p. 338 v°.

2. Nicolas de Neufville, seigneur de Villeroy, secrétaire d'État sous Charles IX, Henri III, Henri IV et Louis XIII, mort en 1617.

3. Voyez sur ses friponneries l'Estoile, octobre 1609. Son fils était Pierre Brûlart, marquis de Sillery, vicomte de Puisieux, secrétaire d'État, mort le 22 avril 1640.

1609 se dispensoit déjà de parler et d'écrire, et entre autres il m'arriva vendredi dernier que, revenant à mon logis, mon hôtesse me bailla un paquet dont la couverture s'adressoit à moi, et dedans j'y trouvai une requête au Roi, qui semble faite contre Monsieur le chancelier. Au style, je reconnus tout aussitôt que c'étoit de l'ouvrage d'un Provençal; et si par conjecture il est permis d'en deviner l'auteur, je crois que c'est celui même qui avoit fait ce beau discours de *la Justice aux pieds du Roi*[4]. Je vous envoye l'écrit tel que je l'ai reçu, non la copie, mais l'original même, afin que vous en puissiez mieux juger; je ne sais pourquoi ce paquet me fut adressé. Si c'étoit pour le faire voir, le pauvre homme a perdu sa peine, pource que je vous jure qu'il n'a bougé de dessus ma table que jusques à ce que je l'ai mis dans ce paquet. Je vous envoye aussi une inscription que M. de Sully a faite et montrée au Roi pour mettre à la nouvelle ville de Henrichemont[5]. Je ne sais pas ce que le Roi en aura pensé; mais tout le monde trouve le langage extrêmement haut et bien convenable à ce qu'il dit dernièrement à la reine Marguerite, qu'elle étoit, comme tout le reste de la France, sous sa jurisdiction, et qu'il n'y en avoit que trois qui n'y fussent point, le Roi, la Reine et Monsieur le Dauphin. Ainsi peuvent parler les heureux comme il est; mais c'est ne se souvenir pas de ce que peut la fortune, et de ce dont elle le menaça l'hiver passé. Quoi

4. *La Justice aux pieds du Roy, pour les parlements de France* (par Ant. de Bandole, dont il sera parlé plus loin), 1608.

5. C'est la ville dont il a été question plus haut, lettre 43, p. 86, note 12. L'Estoile, après avoir rapporté cette inscription, « trouvée bonne des uns, dit-il, et des autres non; de moi, pure fadaise, flatterie et jactance ridicules, » ajoute qu'elle devait être « mise en marbre sur le portail de la ville de la souveraineté de Boisbel. » — Nous la donnons à la suite de cette lettre, d'après la copie que Malherbe en avait faite de sa main.

qu'il en soit[6], il sert bien le maître, et en cette qualité il ne peut douter d'être avoué. Hier se fit le mariage de M. le marquis de Rosny et de Mlle de Créquy. Pour vous en dire davantage, il faudroit plus de papier. Adieu. Marc-Antoine vous fera voir des vers que j'ai faits pour le Roi[7]; il les a si extrêmement loués, que je crains qu'il ne pense que nous soyons quittes : ce n'est pas là comme je l'entends; car s'il trouve des vers qu'il m'a commandés de nouveau aussi bons que les précédents, je suis résolu de lui parler de *grille*[8], c'est-à-dire d'une pension. Il m'a tant de fois dit qu'il me veut faire du bien, que je crois qu'il ne s'offensera point de ma requête, et puis je la ferai accompagner de la recommandation de la Reine, et en ma présence, afin que je sache à qui avoir l'obligation du succès. Adieu, Monsieur : aimez-moi heureux ou malheureux; car, et l'un et l'autre, je serai toujours votre serviteur très-humble et très-affectionné. 1609

INSCRIPTION POUR LA VILLE DE HENRICHEMONT.

L'an 1609 de la mort d'un seul pour le salut de tous, le vingtième du règne plus fleurissant de Henri, IVe du nom, monarque des François, roi des batailles, toujours auguste et victorieux, père et restaurateur de l'état de la France, et de la paix au monde, au troisième mois de l'an, dont le nom est sacré à sa mémoire, Maximilian de Béthune, duc de Sully, marquis de Rosny, sire d'Orval, prince souverain de Boisbel,

6. L'édition de Blaise et le manuscrit Fortia donnent *quoi qu'il en soit*, que M. Bazin a corrigé en *quoi qu'il y ait*. Il y a aujourd'hui à cet endroit, dans l'autographe, un trou qui empêche de trancher la question.

7. C'est probablement la pièce XLIV du tome I.

8. Le mot est très-douteux : on lirait plutôt *querelle*. *Grille* est donné par le manuscrit Fortia et l'édition Blaise. « *Grille*, en chancellerie, dit le *Dictionnaire de Trévoux*, est un paraphe fait en forme de grille, qu'on appelle *la paraphe du Roi*, et que les secrétaires mettent au-devant de leurs paraphes particuliers quand ils signent quelques lettres. »

1609 pair et grand maître des armées et trésors de France, après trente années de services rendus à son roi et à sa patrie, en toutes les plus importantes occurrences de paix et de guerre, comblé d'honneur et de gloire pour avoir secondé les plus hautes intentions de son généreux maître, fait prospérer ses affaires, banni la nécessité, rétabli l'ordre, les lois et l'abondance : pour monument à la postérité de choses si grandes, a jeté les solides fondements de cette ville de Henrichemont, dont la félicité doit être éternelle, puisqu'en son front reluit, en ses portiques et en ses fondements, la gloire des monarques, l'honneur des reines, l'espoir de [la] France, et l'élite des hommes.

---

54. — A Paris, ce 28e d'octobre, à minuit.

Monsieur, je suis bien marri que le paquet que j'envoyois par M. le Gras de Toulon se soit perdu; mais je n'en suis pas autrement en peine, pource que je n'écris autre chose que des compliments à mes amis, et quelques nouvelles, s'il y en a; encore n'écris-je guère de choses qui puissent brouiller ni moi ni personne. Je suis extrêmement aise d'avoir su la guérison de Monsieur le premier président devant que sa maladie : c'est une tristesse qui m'a été épargnée. J'aime et estime peu d'hommes au monde, et cettui-là est de ce petit nombre : tant que Dieu aimera la Provence, il le lui conservera; car je ne crois pas que ce fût une perte dont on pût dire : *uno avulso non deficit alter*[1]. J'ai été cette après-dînée pour[2] voir M Ribier[3]; je n'ai trouvé que Mlle Aleaume et Mlle Ri-

Lettre 54. — 1. Il y a dans Virgile (*Énéide*, livre VI, vers 143) :

Primo avulso non deficit alter.

2. *Pour* est en interligne.

3. Jacques Ribier, conseiller au parlement de Paris, l'un des correspondants de Peiresc. Il avait épousé Françoise Aleaume, nièce par sa mère de Guillaume du Vair.

bier, auxquelles j'ai donné cette bonne nouvelle ; ou pour mieux dire, je la leur ai confirmée, car ils avoient déjà eu des lettres de Monsieur le président. J'ai trouvé Mlle Ribier en couche d'un fils, et par conséquent bien éveillée et toute prête d'en recommencer un autre. Ce discours me fait souvenir de la pauvre Mme de Saint-Luc[4], qui est en travail depuis quatre heures de matin. La Reine, qui s'informe pour son intérêt des grossesses et des couches, en a parlé tout du long de son souper, et entre autres choses a dit qu'elle croyoit que Mme de Saint-Luc étoit plus mal qu'on ne lui avoit rapporté, mais qu'on avoit peur de l'étonner en l'état où elle étoit ; toutefois que quant à elle, elle n'appréhendoit point cela, et qu'elle savoit bien qu'il n'en seroit que ce que Dieu en avoit ordonné. Il y a environ demie heure qu'elle a envoyé un des garçons de sa chambre pour en savoir des nouvelles. Cela montre qu'elle y pense, quelque mine qu'elle fasse. Dieu nous gardera, s'il lui plaît, une si bonne Reine. Elle est extrêmement grosse, et dit-on qu'elle ne le fut jamais tant. Elle disoit hier au soir qu'elle feroit une fille, et que la chambre où elle devoit accoucher y étoit fatale ; qu'elle y avoit fait Madame Chrestienne[5] ; que la reine Élisabeth[6] y avoit fait sa fille, et en allégua encore quelques autres exemples. Elle commence demain une dévotion de trois jeudis. Son pavillon, pour la mettre quand elle aura accouché, est déjà pendu et dressé[7] en sa ruelle, et celui de son travail est pendu au haut du plancher, troussé dans

1609

4. Henriette de Bassompierre, femme de Timoléon d'Espinay-Saint-Luc, maréchal de France, morte à Paris en novembre 1609.

5. Christine, née en 1606, mariée en 1619 au duc de Savoie, morte en 1663.

6. Élisabeth d'Autriche, femme de Charles IX. Sa fille, Marie-Élisabeth, née en 1572, mourut en 1578.

7. Les mots *et dressé*, et à la ligne suivante *troussé*, sont en interligne.

1609 une enveloppe d'écarlate, comme l'on pend une lanterne, pour être tout prêt à laisser choir quand on s'en voudra servir. Je ne vous ai entretenu que d'accouchées, mais c'est faute d'autre chose. Je vous entretiendrois bien d'un mariage dont l'on a fort parlé, et dont l'on parle fort en cette cour; mais ce sont choses qu'il n'y a moyen d'écrire. M. de Valavez s'en doit aller bientôt. Si je sais, lorsqu'il partira, quelque chose de plus que le commun de cette affaire ou de quelque autre, je le lui dirai pour le vous apprendre. Vous m'aviez prié de savoir ce que l'on dit chez Mme la comtesse de Sault touchant le testament [8]. Je vous ai répondu que c'est une maison où je ne hante plus depuis la mort du pauvre comte; mais j'en ai parlé à des gens qui sont du conseil, qui disent que l'on s'en moque là dedans; et un que vous connoissez m'a dit [9] qu'un nommé Blanc, qui fait les affaires de Madame la comtesse, lui avoit dit qu'il ne donneroit pas cinq sous du droit de M. de Vins : je ne sais ce qui en sera. A eux! Je vous mandai dernièrement que le marquis de Rosny et Mlle de Créquy avoient été mariés; mais je ne vous mandai pas que l'épousée fut menée avec la mante, qui ne lui fut mise qu'à Charenton. L'on dit qu'elle se fût gâtée dans le carrosse : cela est remarqué, pource que cet honneur ne se fait qu'aux duchesses. M. de Sully lui donna un ameublement de chambre de veloux cramoisi violet, sans or, et y avoit un dais qui ne se baille aussi qu'aux duchesses. Toutefois on dit que depuis il l'a fait ôter. Je ne sais ce qui en est. Hier elle demanda le tabouret, au moins fut-il demandé pour elle. La réponse n'en fut pas faite sur-le-champ; je ne sais pas si on l'a faite aujour-

8. Voyez plus haut, lettre 52, p. 106, note 1.

9. Les mots : « un que vous connoissez m'a dit, » ont été ajoutés après coup, au-dessus de la ligne.

d'hui. L'édit des habillements, et tout plein d'autres, est[10] réservé à cette Saint-Martin. Cela m'a fait ébahir de ce que vous m'écriviez que vous l'alliez publier. Pour celui des duels, il est fort bien obéi, tellement qu'il n'a point encore été besoin d'en punir personne. Ce conte que l'on vous avoit fait du soufflet donné par le bourreau est une pure billevesée[11]. J'avois donné charge à quelques relieurs de me trouver quelque gentil garçon qui reliât bien. Hier, Provence me fit parler à un qui me promit d'y aller. Je le ferai voir à M. de Valavez, qui le vous mènera si bon lui semble. On m'a fort assuré de sa suffisance, qui ne me fut suspecte qu'à faute de barbe. Ce sera peut-être de ces fruits hâtifs : hormis le défaut d'âge, je crois qu'il vous contentera, et que vous en chevirez[12] comme vous voudrez. Adieu, Monsieur : voilà pour cette heure tout ce que vous aurez de moi ; je m'endors, il est une heure. J'ai donné ce soir des vers au Roi. M. de Valavez en veut être le porteur, sans cela vous les eussiez eus par ce messager. Adieu encore un coup, Monsieur ; je vous baise bien humblement les mains, et suis votre très-humble serviteur. 1609

Monsieur le général[13] a fait ce soir la révérence à la Reine, dans son cabinet.

10. Malherbe avait d'abord mis *sont*, qu'il a ensuite remplacé par *est*.

11. Peiresc avait écrit à Malherbe : « On conte ici des belles nouvelles d'un gentilhomme qu'on dit avoir été condamné de par delà par les maréchaux de France à souffrir un soufflet par la main du bourreau. »

12. *Chevir*, venir à bout, être maître de quelqu'un ou de quelque chose.

13. Le général des galères, Philippe-Emmanuel de Gondi, comte de Joigny, marquis de Belle-Isle, mort en 1662.

1609

55. — [Sans date[1].]

Monsieur, je voudrois bien vous écrire une longue lettre; mais ma paresse et l'opinion que l'alarme que ce messager me donnoit de son partement étoit fausse m'ont fait différer jusques à cette heure qu'il est sur le point de partir. Depuis ma dernière lettre[2], nous avons eu une fille; je crois que la Reine accouchoit quand je l'écrivois[3]. Le poteau dont je vous écrivois a été replanté par M. de Boisse[4], sans attendre autre commandement de Sa Majesté. Je ne pense pas qu'on l'ôte plus; car il a fait dire à ceux du Comté que si l'on y touche, il ira brûler les faubourgs de Dole[5]. Ceux qui vous ont dit que l'édit des habits n'est point publié ici vous ont dit vrai. Il ne s'y porta jamais tant de clinquant, ce qui vient à mon avis que les marchands qui s'en veulent défaire en font bon marché, et le baillent à crédit, qui est ce que demandent les gens de cour. On tient que M. de Guise devoit hier arriver à Montargis; il y avoit assigné M. Bigot. Je ne saurois à cette heure vous en dire davantage. J'écris en la présence du messager, et par conséquent en désordre. Excusez-moi donc et m'aimez à bon

Lettre 55. — 1. La cote mise au dos par Peiresc porte 29 décembre : ce qui ne saurait être la date de la lettre; peut-être a-t-il voulu écrire 29 novembre.

2. Cette lettre manque.

3. La Reine était accouchée le 26 novembre, au Louvre, d'une fille, Henriette-Marie, qui épousa en 1625 Charles Ier d'Angleterre.

4. Pierre d'Escodeca, seigneur de Boesse, gouverneur de Bourg et de Sainte-Foy, tué en 1621. Voyez sur lui les *Mémoires de Richelieu*, année 1621. — Il s'agit ici d'un poteau pour la délimitation des frontières de la France et de la Franche-Comté, terre d'Espagne.

5. Malherbe avait d'abord écrit *Bresse*, au lieu de *Dole*, et à la ligne précédente : « si on l'ôte, » au lieu de : « si l'on y touche. »

escient, et comme celui qui est éternellement votre plus humble et plus affectionné serviteur, 1609

FR. MALHERBE[6].

Je vous prie me donner avis de la santé de Monsieur le premier président, car je doute[7] ce voyage de mer, et m'étonne bien qu'il ait pris cette résolution : si j'y eusse été, je n'eusse pas donné ce conseil-là. Dieu lui donne ce que je lui desire et ce qu'il mérite !

---

56. — A Paris, ce 11e décembre[1].

MONSIEUR, j'aime vos lettres, pource qu'elles sont vôtres et pource qu'elles sont longues : c'est me donner moyen de m'entretenir longtemps avec vous, qui, hors d'hypocrisie, n'est point un des moindres contentements que je saurois recevoir. Je vous écrivis dernièrement tout ce que nous avions de nouvelles; mais le temps en fait toujours naître quelqu'une; entre toutes, celle du voyage qu'est allé faire Monsieur le Prince en Flandres[2] est la plus relevée, pour l'éminence de sa qualité. Il y eut samedi dernier huit jours que, sur l'heure de se coucher, il dit à Madame la Princesse sa femme qu'il vouloit le lendemain aller voir une terre qu'il desiroit bien acheter, et

6. C'est la première de nos lettres où Malherbe ait signé son nom avec un *h* et sans le faire précéder de la particule *de*.

7. *Je doute*, je redoute. Du Vair était alors à Antibes.

LETTRE 56. — 1. Cette lettre a deux feuillets, et au bas du verso du premier Malherbe a mis la date, et écrit par erreur *Aix*, au lieu de *Paris*.

2. Voyez, sur la fuite du prince et de la princesse de Condé en Flandre, tome I, p. 151 et 152.

1609 qu'il n'en vouloit rien dire à personne, afin que l'on ne courût sur son marché, mais qu'il y pourroit séjourner quelques jours, et pour ce qu'elle fît porter des chemises. Lendemain, de grand matin, ils montèrent en carrosse : elle, accompagnée de deux damoiselles, Châteauvert et Sarteau ; et lui, du sieur de Rochefort[3] et de cinq ou six autres ou gentilshommes ou officiers. Leur carrosse étoit attelée[4] de six chevaux ; toutefois on leur menoit des haquenées et des chevaux de trousse, afin de ne demeurer point, si d'aventure la carrosse se venoit à rompre. Ils arrivèrent le lundi au matin, environ les huit heures, à Landrecy, où ils se mirent au lit, comme en terre où ils n'avoient plus de peur d'être poursuivis. Le Roi s'émut à la première nouvelle de ce partement, qui lui arriva le dimanche au soir, et à l'heure même envoya après eux la Chaussée, exempt des gardes, puis incontinent après M. de Balagny[5], qui promit merveilles. Au matin, M. de Praslin[6] fut envoyé avec le chevalier du guet, d'Elbène[7], Rodelle[8], et quelques autres, jusques à dix ou douze. L'archer[9] trouva Monsieur le

3. L. d'Aloigny, marquis de Rochefort, lieutenant général de Poitou, chambellan du prince de Condé, mort en 1657.

4. Malherbe, selon l'usage de son temps, fait *carrosse* tantôt masculin et tantôt féminin. Voyez plus haut, p. 37, p. 45, etc.

5. Damian de Montluc, seigneur de Balagny, prévôt des maréchaux. Il etait fils de Jean de Montluc, seigneur de Balagny et maréchal de France. — Voyez, dans le *Recueil des lettres missives de Henri IV*, tome VII, à la date du 29 novembre 1609, la lettre que le Roi lui écrivit pour le charger de la poursuite du prince, et p. 808, note 2, l'ordre donné au chevalier du Guet, qui s'appelait Testu.

6. Charles de Choiseul, marquis de Praslin, capitaine des gardes.

7. Alexandre d'Elbène, conseiller d'État, mort en 1613.

8. Gentilhomme ordinaire du Roi.

9. L'exempt des gardes, la Chaussée, était accompagné d'un archer, mais c'est de la Chaussée lui-même que Malherbe veut parler ici.

Prince à Landrecy, où il pria le gouverneur de l'arrêter; 1609 ce qu'il fit. Mais ce que l'on croyoit qu'il fît pour gratifier le Roi, c'étoit pour attendre les troupes que l'Archiduc[10] envoya tout aussitôt pour accompagner Monsieur le Prince, qui fut une compagnie de gens de cheval et deux de pied. Monsieur le Prince est allé à Breda, où il étoit à la dernière nouvelle que l'on en a eue. Il ne passa point à Bruxelles, et n'a point vu l'Archiduc. Madame la Princesse fut à Bruxelles, où M. de Praslin parla à elle et l'y laissa attendant cinq ou six carrosses que l'Archiduchesse lui envoya pour aller trouver Monsieur son mari[11]. M. de Praslin cependant continua son chemin vers Monsieur le Prince. Quels langages ils eurent ensemble, il ne se dit point encore. On me vient de dire présentement que M. de Praslin étoit arrivé; mais il est neuf heures du soir, de sorte qu'il n'y a point d'apparence d'en aller savoir des nouvelles. Demain nous les saurons tout à loisir; et s'il se présente quelque commodité de vous écrire, je les vous manderai tout aussitôt. Dieu sait comme les almanachs sont consultés sur ce sujet[12]; la plupart disent que les malavisés se ravisent; les autres parlent plus expressément, et disent qu'on reviendra d'un voyage entrepris par légèreté. Tant

10. Albert d'Autriche, gouverneur des Pays-Bas. Il avait épousé en 1589 l'infante Isabelle-Claire-Eugénie, fille de Philippe II.

11. *Pour aller trouver Monsieur son mari* est écrit en interligne.

12. « En l'Almanach de M. Jason de Netlac, de ceste année 1609, dit l'Estoile (29 novembre 1609), on y trouve la retraite de Monsieur le Prince, au commencement de décembre, comprise en ces quatre vers, ce que ce bonhomme d'astrologue peut bien avoir rencontré sans y penser :

> Un prince valeureus et doué de prudence,
> Certioré d'un mal trouvera promptement
> Le remède certain, qui grand soulagement
> Causera par le temps aux peuples de la France. »

1609 y a que Monsieur le Prince ayant pris le chemin de Hollande, comme il fait, il n'y a point d'apparence qu'il ait aucun mauvais dessein. Il fut pris il y a quelques jours un messager qu'il envoyoit par deçà, qui portoit quelques lettres et autres mémoires concernant ses affaires particulières, mais rien d'où l'on pût soupçonner rien de mal à propos [13]. Il a écrit à Madame sa mère qu'il la prioit d'apaiser l'aigreur du Roi, et moyenner son appointement, pourvu que ce fût à son honneur. Il a écrit plus au long à M. de Thou [14] qu'à personne. Il faisoit quelque excuse à Monsieur le connétable de ne lui avoir pas dit adieu. Il écrivoit à M. le marquis de Cœuvres [15] qu'il étoit marri que Balagny de gentilhomme fût devenu prévôt, mais qu'il n'étoit pas de son gibier. M. d'Espernon est à Metz, qui a ôté de la citadelle le lieutenant de M. d'Arquien [16], pource qu'il dit qu'il est capitaine, M. d'Arquien son lieutenant, et par conséquent qu'il ne lui faut point de sous-lieutenant; il a changé aussi quelques soldats : je le vous dis selon la vérité, afin que l'on ne vous fasse pas croire quelque chose de plus. Mme la princesse de Conty, étant en sa litière, il y a quatre ou cinq jours, tomba, et se fit mal à la cuisse; mais, grâces à Dieu, son ventre se porte fort bien. La Reine se porte fort bien de sa couche; mais elle est fort maigrie. On lui parla hier de son ballet, à quoi elle répon-

13. Malherbe avait d'abord écrit *mauvais*, qu'il a ensuite corrigé en *mal à propos*.

14. Le président Jacques-Auguste de Thou, l'auteur de l'*Histoire universelle*.

15. François-Annibal d'Estrées, marquis de Cœuvres, puis duc d'Estrées, maréchal de France, mort le 5 mai 1670, à quatre-vingt-dix-huit ans. — Une de ses sœurs avait été la seconde femme de Jean de Montluc, marquis de Balagny.

16. Antoine de la Grange, seigneur d'Arquien, commandant de la ville et de la citadelle de Metz.

dit que pour cette année il n'y auroit point de moyen, et qu'elle ne pourroit pas sortir qu'à la fin de janvier. La salle neuve de l'Arsenac fut étrennée dimanche dernier[17] d'un ballet que firent douze des galants de la cour; ils s'appeloient les fous armés : ils firent fort rire le Roi, combien qu'il ne soit pas en trop bonne humeur. L'on m'a aujourd'hui montré un quatrain, que je vous envoye; on dit qu'il est tiré des *Centuries* de Nostradamus : je vous prie, Monsieur, prendre la peine de voir si vous l'y trouverez. Il semble parler clairement de l'affaire qui est aujourd'hui sur le tapis[18]. 1609

Adieu, Monsieur : je n'ai plus de papier que pour vous dire que je suis votre plus humble et plus affectionné serviteur.

---

57. — A Paris, ce 5e de janvier. 1610

Monsieur, ayant à vous écrire ce soir, je suis allé tout exprès souper au Louvre pour apprendre des nouvelles; je commence ma lettre par là, pource que nous avons,

17. Le 6 décembre.

18. A cette lettre est joint un papier qui contient le quatrain de la main de Malherbe, ou du moins d'une écriture qui ressemble fort à la sienne, et une rédaction différente de ce passage :

« L'on fait courre en cette cour ce quatrain, que l'on dit être tiré des *Centuries* de Nostradamus :

Cinq décades et sept n'auront borné la course
Du grand lyon celtiq, qu'un jeune lyonceau
Aveque sa lyonne s'en yra devers l'Ourse
Et fuytif tranchera du rival le fuzeau.

« Je vous prie, Monsieur, voyez les *Centuries*, et prenez la peine de le chercher, et de me mander si vous l'y aurez trouvé. »

Au dos du second feuillet de la lettre, Malherbe a écrit : « Les damoiselles sont Chateauvert et Sarteau. » Voyez ci-dessus, p. 118. Le nom de *Chateauvert* est en abrégé dans le corps de la lettre, et celui de *Sarteau* n'y est pas très-lisible.

1610 ce me semble, fait trêves de cérémonies. Je m'assure qu'en l'état où sont les affaires, on vous conte force billevesées par delà, et peut-être vous en dirai-je moi-même quelqu'une; mais au moins si je mens, c'est après des auteurs qui doivent savoir autre chose que ce qui se dit en la basse cour. Je vous ai mis tout ce que j'en sais dans un papier à part[1], afin que plus aisément vous le puissiez communiquer à ceux que bon vous semblera. Je n'écris point à Monsieur le premier président, pource que je me suis retiré trop tard. Vous m'excuserez[2], s'il vous plaît, en son endroit, et lui ferez voir les vers que je vous envoye[3]. Le sujet vous apprendra pour qui ils sont faits. Ils ont été extrêmement agréables, et m'ont fait renouveler force belles promesses : Dieu sait quand j'en verrai quelque effet. Adieu, Monsieur; le sommeil me presse. Avec plus de loisir, une autre fois vous aurez plus de discours.

Je me viens de souvenir qu'en votre dernière lettre vous me disiez qu'on faisoit par delà des contes des amours d'un homme de robe longue et d'une belle veuve[4]. Je vous jure, Monsieur, que ce m'est un énigme. Vous savez qu'en cette cour on ne parle point de gens qui portent cet habit-là, et que parmi nos galants, il leur seroit malaisé d'avoir bonne grâce auprès des dames. Si vous m'en écrivez plus clairement, je vous en ferai réponse plus particulière; mais sans autre plus grande

Lettre 57. — 1. Voyez p. 124-128.

2. Malherbe avait d'abord écrit : « Vous m'en excuserez. »

3. Ce sont les stances : *Que d'épines, Amour*. Voyez tome I, pièce XLV, p. 158. Voyez à ce sujet diverses lettres de Valavez à Peiresc, dans le tome V de la Correspondance de celui-ci, à la Bibliothèque impériale (nos 2, 6 et 7).

4. Peiresc avait écrit à Malherbe : « Il court ici certains bruits d'un mariage qui se traite de par delà entre une belle veuve et un homme de robe, lesquels font bien parler le monde. »

information, je vous puis dire qu'il ne se parle de rien à la cour qui soit[5] ni près ni loin de ce que l'on vous en conte par delà. Vous m'obligerez de me mander ce que c'est, afin que j'en rie comme je crois que vous en riez. J'ai tourné les yeux sur toutes les veuves de la cour, mais je n'y vois rien où je puisse soupçonner aucune recherche d'un homme de la qualité dont vous m'écrivez. J'ai montré votre lettre à M. de Valavez, qui en est aussi en peine comme moi; mais il n'y est pas tant comme pour la colère où vous êtes contre lui : je lui ai dit, et sais bien que j'ai dit vrai, que ce sont plaintes d'amour que les vôtres. Je m'assure que l'arrivée de M. de Lougan par delà vous aura satisfait sur tout ce dont vous vous plaigniez, et que vous aurez reçu par lui tout ce que vous desirez. Il y a longtemps qu'il[6] le vous eût envoyé; mais toutes personnes ne lui sembloient pas capables de porter sûrement et fidèlement des choses dont vous faites tant de cas. Pour le peu de fois que vous dites qu'il vous a écrit, il m'a juré que depuis son retour, et surtout depuis que la fin de son affaire lui a donné quelque relâche, vous devez avoir eu plus d'une douzaine de ses lettres, si bien que je suis d'avis que la paix soit faite entre vous. Je vous avois dit que ma lettre seroit courte, faute de loisir; mais je me démens pour le plaisir que j'ai de parler avec vous. Dieu veuille, Monsieur, que ce soit quelque jour en présence! et cependant croyez que je n'estime amitié au monde plus que la vôtre : vous me la conserverez, s'il vous plaît, comme à votre plus humble et plus affectionné serviteur à jamais.

1610

5. *Soit* est écrit entre les lignes, au-dessus de *approche*, qui a été effacé.

6. Au lieu de *qu'il*, Malherbe avait d'abord écrit : « que M. de Valavez. »

1610 M. de Bouteville[7] revint samedi de Bruxelles, où il étoit allé vers Madame la Princesse de la part de Monsieur le connétable et de Mme d'Angoulême[8]. Il porta trois cents pistoles à Madame de la part de Monsieur son père. Je vous écris ceci pource que je sais bien que l'on vous contera l'affaire autrement. Il ne pensoit pas trouver Monsieur le Prince à Bruxelles; mais il y arriva[9], revenant de ce voyage qu'il avoit fait à Liége et à Juliers. Il ne reçut guère bon visage de lui, et ne l'a pas reçu guère meilleur du Roi à son retour. Pourquoi? cela ne se sait point : bien a-t-on ouï tout haut que le Roi lui témoigna qu'il n'avoit pas été bien servi, combien que je crois qu'étant fort sage et brave gentilhomme et fort serviteur de Sa Majesté, il a fait ce qu'il a pu; mais les grands ne trouvent rien bon, si les choses ne succèdent à leur gré, et ne louent rien que par l'événement. Madame la Princesse douairière avoit envoyé son écuyer, M. Miette, vers Monsieur son fils, qui revint il y a trois ou quatre jours. Il lui écrit qu'il s'est retiré en Flandres pour de bons sujets, et que s'il traitoit, il feroit toujours plus pour elle que pour nul autre. Je ne l'ai point vue depuis le retour de Miette, voilà pourquoi je n'en sais pas davantage. Bien fut-elle au Louvre, il y a deux jours, et supplia Sa Majesté de lui permettre d'aller vers Monsieur son fils; mais le Roi ne l'a pas trouvé bon. On parle d'y envoyer M. le marquis de Cœuvres. L'on dit qu'il demande trois places en son gouvernement de Guienne : Blaye, le Château-Trompette et Bayonne. Il reçoit jusques ici force honneur et caresses là où il est; aussi s'est-

7. Louis de Montmorency, seigneur de Boutteville, mort le 20 mars 1615, à cinquante ans.

8. Mme d'Angoulême était tante de la princesse de Condé.

9. Malherbe avait d'abord écrit : « mais je crois qu'il y arriva. » Quatre lignes plus bas, il a substitué *témoigna* à *dit*.

il habillé à l'espagnole. L'Archiduc lui donne, et à Madame sa femme, de l'Excellence : elle fut voir l'Infante[10], 1610
qui alla dix ou douze pas au-devant d'elle, la fit marcher à sa main droite jusque sous le dais, où il lui fut baillé deux carreaux; car de tabouret il ne s'en parle point, et l'Infante même n'a que des carreaux. L'Infante lui loua fort sa beauté, et lui dit qu'elle l'estimoit encore plus pour avoir suivi son mari que pour tout le reste, que la plus grande beauté d'une femme étoit d'obéir son mari[11] et préférer son contentement à toutes choses. Elle s'étendit fort sur ce discours. On y ajoute qu'un jour qu'elle l'étoit allée voir, je ne sais si ce fut cette fois-là ou une autre, elle lui dit qu'elle lui vouloit faire voir comme elle traitoit celles qui n'étoient pas sages, et qu'en sa présence et d'une grande assemblée de dames elle fit fouetter une de ses dames (c'est ce que nous appelons filles en France) qui, sans son congé, avoit reçu un poulet d'un cavalier espagnol. Madame la Princesse fut visitée par l'Archiduc ; elle le vint recevoir au bas du degré; il alla toujours avec elle le chapeau en la main jusque dans sa chambre, où s'étant assis l'un près de l'autre, ils parlèrent près de deux heures ensemble. L'on dit que tant qu'il parla à elle, il eut toujours les yeux fichés en terre. En sortant, elle l'alla accompagner; et passant par une galerie pleine de tableaux, où entre autres il y en avoit de plusieurs dames, il lui dit : « Autrefois on a tenu ces femmes-là pour belles; mais à cette heure il ne faut plus parler d'autre beauté que de la vôtre. » Un jour[12], sortant de sa chambre, elle trouva son antichambre toute pleine de marchands de toiles d'or,

10. Voyez lettre 56, p. 119, note 10.
11. « D'obéir son mari » est le texte de l'autographe.
12. Malherbe avait d'abord écrit : « un matin. »

1610 satins, veloux, toiles et dentelles, passementerie, et généralement de tout ce dont elle pouvoit avoir affaire. Un gentilhomme qui les conduisoit lui dit, de la part de l'Infante, qu'elle prît ce que bon lui sembleroit. Elle ne prit rien qu'un manchon et quelques gants, et autres telles gentillesses : l'ambassadeur de France[13], qui étoit avec elle, le lui conseilla de cette façon. M. de Sully, qui avoit su que Monsieur le Prince fondoit son voyage sur quelques langages qu'il lui avoit tenus, lui écrivit une fort longue lettre[14]. Monsieur le Prince ne la voulut point recevoir, et dit qu'il savoit que c'étoit un homme qui faisoit profession d'outrager tout le monde; et que quant à lui, il ne le pouvoit pas souffrir pour l'inégalité de leurs qualités. Il s'est baillé des copies de cette lettre en cette cour; mais je n'ai pas jugé qu'il fût besoin de la vous faire voir. Les fêtes de Nouel ont quelque chose de fatal à la fortune de M. de Sully : il[15] avoit demandé au Roi un certain office de prévôt en Bourbonnois; le Roi lui dit qu'il l'avoit baillé à Mme de Mercœur pour M. de Vendôme,

13. Matthieu Brûlart, seigneur de Berny, résident de France près l'archiduc Albert. Dans une lettre sans date à lui adressée par Henri IV, et que M. Berger de Xivrey donne à tort, à ce qu'il nous semble, comme écrite vers la mi-février 1610, on lit ce qui suit : « Je desire que vous donniez charge à vostre femme de voir souvent Madame la Princesse, et l'assurer que vous avez ci-devant parole de moi de l'assister et lui bailler tout ce qu'elle aura besoin, comme je vous en prie, et sitôt que je saurai quoi, je vous le ferai rendre; aussi à cause de sa jeunesse qu'elle l'instruise de ce qu'elle aura à faire et devra comporter voyant l'Infante; et au reste, selon les occasions, faire tout ce que vous jugerez être à propos pour son bien et mon contentement. Mais surtout que ce soit de façon que le Prince, ni pas une de ses femmes n'en sachent rien.... » (*Recueil des lettres missives de Henri IV*, tome VII, p. 834.)

14. Cette lettre se trouve dans les *OEconomies royales* de Sully, année 1609, chapitre CXCIV.

15. Devant *il*, Malherbe a effacé ces mots : *la veille de Nouel.*

et qu'il le leur demandât. Mme de Mercœur et M. de Vendôme, aussitôt qu'ils le surent, le lui envoyèrent offrir. M. de Sully lendemain manda au Roi que Mme de Mercœur les avoit trompés tous deux. Il vouloit dire que le Roi, qui l'avoit remis à elle, n'avoit pas cru qu'elle fût si libérale, comme certainement il étoit vrai; car il tança fort M. de Vendôme d'avoir donné une chose d'importance si légèrement. M. de Vendôme lui répondit que M. de Sully avoit tant de puissance et d'autorité en France, qu'ils ne pouvoient faire leurs affaires sans lui, et que si l'office eût valu deux fois autant, ils le lui eussent baillé. La première fois que M. de Sully vint voir le Roi, il lui dit l'offre que M. de Vendôme et Mme de Mercœur lui avoient faite. Le Roi lui dit qu'il se devoit contenter que sa femme en avoit eu trois mille livres, et son secrétaire deux mille, et qu'il se lassoit d'être dérobé, avec une infinité d'autres tels discours; et là-dessus, le Roi entrant dans la chambre de la Reine, dit : « Enfin cet homme est insupportable, il n'y a plus de moyen d'en endurer. » Voilà l'histoire. Le lendemain le Roi lui fit meilleure chère[16] que jamais. Mme la marquise de Verneuil a été environ un mois à une lieue de cette ville, en un village nommé Charronne. Le Roi ne l'a jamais vue; je crois qu'elle a été tout ce temps-là si près de cette ville pour voir si le Roi ne changeroit point d'avis; mais cela n'a de rien servi. Elle s'en va demain à Verneuil. Hier Monsieur son fils la fut voir, et comme il prit congé d'elle, elle lui dit : « Mon fils, baisez très-humblement les mains au Roi de ma part, et lui dites que si vous étiez à faire, il ne vous eût jamais fait avec moi. » Nous avons mille drôleries; mais je m'ennuie d'écrire, ce sera 1610

16. C'est-à-dire *meilleure mine*. Voyez les *Lettres de Mme de Sévigné*, tome III, p. 438.

1610 pour une autre fois. Voilà pour cette heure ce qu'il y a de plus relevé. La Reine fait demain sa première sortie; elle fera ses pâques à l'église de Saint-Germain.

M. des Diguières s'en va duc[17]. Il s'en retourne, à ce que l'on dit, dans huit ou dix jours.

M. de la Boderie[18] est en Angleterre pour solliciter le roi d'Angleterre de se joindre à la guerre de Clèves, en laquelle il n'y a jusques à cette heure rien d'assuré.

Du mariage de Madame et du prince de Savoie[19], je vous en écrirai par le premier. Je ne vois goutte de sommeil et ce discours est trop long.

Faites voir ceci à M. le président de la Ceppède; car je me suis ruiné sur vous de toutes nouvelles. Adieu, Monsieur.

---

58. — A Paris, ce 11e janvier.

Monsieur, il y a cinq ou six jours que je vous écrivis tout ce que nous avions de nouvelles, au moins tout ce dont il me souvint. Ce qui me resta lors, et ce qui depuis est survenu, vous le verrez en un mémoire que j'en envoye à Monsieur le premier président; et le ferez voir s'il vous plaît à M. le président Cariolis, qui par même moyen vous communiquera quelque autre particularité que j'ai mise dans sa lettre. Il n'est pas possible que je récrive tant de fois une même chose. Vous

17. Il ne fut créé duc qu'en 1619.

18. Antoine Lefèvre, sieur de la Boderie, premier maître d'hôtel du Roi, ambassadeur en Angleterre de 1606 à 1610, mort en 1615. Voyez dans le *Recueil* de M. Berger de Xivrey (tome VII) une lettre de Henri IV à la Boderie, sur l'affaire de Clèves, en date du 22 février 1610.

19. Victor-Amédée, qui en 1619 épousa Christine de France. Il succéda en 1630 à son père Charles-Emmanuel.

m'en dispenserez, s'il vous plaît, Monsieur, et m'aimerez toujours comme votre plus humble et plus affectionné serviteur, 1610

MALHERBE.

Je vous prie me faire ce bien de baiser bien humblement les mains à M. le président de la Ceppède, et lui faire part de ce que je vous écris. C'est une amitié que la sienne que je tiens extrêmement chère et que je veux conserver par toutes sortes de témoignages de mon affection. Je lui écrivis par ma dernière dépêche. Cela me gardera de l'importuner par cette-ci.

Du lundi 11e janvier[1].

M. d'Espernon a été mandé pour la seconde fois; on l'attend ici au premier jour. M. le marquis de Cœuvres devoit partir aujourd'hui pour aller à Bruxelles; mais ou le mauvais temps, ou quelque autre chose, l'a arrêté jusques à demain. Monsieur le Grand est de retour en cette cour depuis le jour des Rois; le Roi lui fit des caresses infinies. M. le chevalier de Guise a la petite vérole; mais grâces à Dieu, il est hors de danger, et ne lui en demeurera point de marques; il est à Nancy, et M. le prince de Joinville aussi. Il s'y prépare force magnificence pour ce carême-prenant; M. de Lorraine[2] y doit faire son entrée, que jusques ici il n'a point encore faite. M. des Diguières attend la résolution des affaires du Piémont, pour s'en aller en Dauphiné. M. le prince de Piémont est sur l'état de cette année pour cent mille écus de pension. Je crois que du voyage de M. de la Boderie, qui est allé en Angleterre, dépend la

1. Tout ce qui suit sous cette date n'est pas de la main de Malherbe; c'est très-probablement encore un extrait d'une lettre adressée à un autre que Peiresc. Voyez plus haut, lettre 46, p. 92-95, et les notes.

2. Henri II, qui avait succédé à son père Charles III le 14 mai 1608.

1610 résolution de la guerre ou de la paix. Sesy doit épouser Mlle de Béthune[3], sœur du maréchal de camp Béthune, qui a un régiment aux Pays-Bas[4]. Pour voir clair au contrat de mariage, M. de Sully a voulu voir la légitimation de M. le comte de Moret. Ce bruit est allé aux oreilles de Mme de Moret et de M. de Vendôme, et leur a on dit que c'étoit qu'on vouloit faire brûler leur légitimation; ils s'en sont plaints au Roi. Celui qui leur a donné cet avis est fort brouillé, et pour ce respect, et encore pour avoir dit au P. Gonthier qu'il prêchât hardiment contre les huguenots, et qu'il seroit assisté de tous les grands de la cour, et entre autres il nomma MM. les maréchaux de Brissac[5] et d'Ornano[6], qui l'ont fort bien désavoué. Il aura de la peine à démêler cet écheveau : il nie tout; je ne sais s'il en sera quitte pour cela[7]. L'on dit qu'à Bruxelles il se fait force ballets, combats à la barrière, tournois, courses de bague, et autres telles choses. Ici il ne se parle que de jouer. Toutefois on aura jeudi un ballet de réputation, que fait M. de Vendôme.

Vendredi dernier Monsieur le Dauphin jouant aux échecs avec la Luzerne[8], qui est un de ses enfants d'honneur, la Luzerne lui donna échec et mat; Monsieur le Dauphin en fut si fort piqué, qu'il lui jeta les échecs à la tête : la Reine le sut, qui le fit fouetter par M. de Souvray, et lui commanda de le nourrir à être plus gracieux; elle l'a jugé nécessaire pource que ce prince, extrêmement généreux, ne veut rien souffrir

3. Philippe de Harlay, comte de Césy, dont il a été question plus haut (lettre 17, p. 40, note 10), épousa en 1610 Marie de Béthune, fille de Florestan, seigneur de Congis, et de Lucrèce Coste. Il fut pendant vingt-quatre ans ambassadeur à Constantinople.

4. Léonidas de Béthune, seigneur de Congis, mestre de camp d'un régiment français en Hollande.

5. Charles de Cossé, maréchal de France, mort en 1621.

6. Alphonse d'Ornano, maréchal de France, colonel général des Corses, mort en 1610.

7. Voyez sur toute cette affaire les *OEconomies royales* (chap. CXCIV), qui, pas plus que Malherbe, ne nomment l'auteur de ces intrigues. Il y est dit seulement qu'il fut exilé au bout de quelques jours.

8. Henri de Briqueville, marquis de la Luzerne, mort lieutenant général des armées du Roi en 1642.

qui ne lui cède. Il fut à l'Arsenac il y a trois ou quatre jours; j'ai ouï dire à un gentilhomme qui y étoit présent que M. de Sully lui fit un grand accueil; mais que, quoi qu'il lui fît, jamais il ne s'arrêta à lui et ne le regarda presque point. 1610

Il y a, depuis huit ou dix jours, au grand cabinet de la Reine, un tableau où l'infante d'Espagne est peinte de son long, avec cette inscription : *Dona Anna Mauricia d'Austria;* l'autre soir, Monsieur le Dauphin la montroit à quelques-uns de ces petits qui sont nourris auprès de lui, et leur disoit : « Voilà ma femme. » M. de Souvray lui dit que peut-être les Espagnols ne la lui voudroient pas bailler, et il répondit tout aussitôt : « Eh! il la faudra aller prendre. » Ce prince est pour donner de la besogne à la jeunesse qui sera de son siècle : il est d'un naturel extrêmement bon, mais il veut être respecté, comme il est raisonnable. Madame sera ici dans cinq ou six jours pour faire un ballet.

---

59. — A Paris, ce 13e janvier.

Monsieur, il y a environ trois ans que je vous écrivis en faveur de M. Morant pour une affaire qu'il avoit en votre parlement [1]. A quoi vous étant employé comme vous faites généralement en tout ce qui vient de ma part, vous lui avez fait croire qu'après l'équité de sa cause il ne pouvoit avoir en votre endroit une intercession de plus d'effet que la prière que je vous ferois de l'assister de votre protection. Il n'y auroit point d'apparence que lui ayant rendu cet office en un temps où je commençois seulement à le connoître, je le lui refusasse à cette heure qu'il m'a obligé par une infinité de bienfaits. Vous souffrirez donc, Monsieur, s'il vous plaît, que je craigne plus d'être ingrat en son endroit qu'indiscret au vôtre, et trouverez bon que je vous supplie bien humblement de continuer

Lettre 59. — 1. Voyez lettre 12, p. 25 et 26.

1610 en cette occasion le témoignage de la bonne volonté que vous lui avez déjà fait paroître. Vous n'obligerez point une personne courtoise et officieuse, mais la courtoisie et l'officiosité même, s'il m'est permis d'user de ce mot. Pour moi, j'ai renoncé avec vous aux cérémonies, et quoique vous me fassiez en ceci une faveur extraordinaire, je ne vous dirai point avec autres paroles que les accoutumées que je suis à jamais votre plus humble et plus affectionné serviteur.

---

60. — A Paris, ce 2e février.

Monsieur, par ma dernière lettre je pense vous avoir écrit que M. le marquis de Cœuvres devoit aller à Bruxelles; à cette heure je vous dirai qu'il y est depuis huit ou dix jours[1]. Il ne se passe guère jour qu'il ne vienne quelque courrier de sa part; les nouvelles jusqu'ici ne sont point mauvaises : il voit à toute heure Monsieur le Prince, qui, grâces à Dieu, ne s'est point encore engagé avec l'Espagnol. Il a bien envoyé l'un des siens en Espagne, mais il n'a point encore de réponse; il passe cependant son temps aux exercices de la saison : le bal est chez lui trois fois la semaine. Le marquis de Cœuvres y a toujours été, non sans espérance que, comme il est sage et bien avisé, il gagnera quelque chose sur l'esprit de ce prince. Je sais bien que s'il le fait, ce sera contre l'opinion de beaucoup de gens; mais la fortune de notre roi a toujours été si grande, qu'il n'y a rien si hors d'apparence que l'on ne s'en puisse promettre. Pour la guerre de Clèves,

Lettre 60. — 1. Voyez à ce sujet deux lettres de Henri IV à l'Archiduc et à l'Archiduchesse, dans le *Recueil des lettres missives*, tome VII, p. 826 et 827.

la plupart de notre monde se fait accroire que nous l'au- 1610
rons; mais je crois que c'est pource qu'ils la desirent, par la même raison que je ne la crois point pource que je serai bien aise que nous demeurions où nous en sommes. Le Roi a protesté au comte de Mansfeld[2], ambassadeur du duc de Saxe, que si le duc de Saxe pouvoit faire avec l'Empereur qu'il lui quittât la possession de cet État, il étoit prêt de sa part de laisser la protection de ses compétiteurs; mais qu'il doutoit que sous prétexte de son droit, la maison d'Autriche ne s'en voulût emparer, ce qu'il étoit résolu d'empêcher, tant qu'il lui sera possible. Il est aujourd'hui venu nouvelle, je ne sais si elle sera véritable, que le Turc a rompu la trêve avec l'Empereur. Si cela est, il faut croire que nous n'aurons point de trouble du côté de l'Allemagne : l'apparence en est bien plus grande vers vos quartiers, c'est-à-dire en Lombardie. Si le mariage s'achève entre Madame et le prince de Piémont, de quoi la pension que le Roi lui a donnée de cent mille écus donne beaucoup d'apparence, il ne tiendra pas à M. des Diguières que Milan ne soit assiégé, ni à M. de Sully non plus. Il y a quelques jours qu'il dit qu'il avoit envoyé en Danemark pour avoir quatre mille chevaux d'artillerie; je ne sais ce qui en est. Après ces nouvelles, qui sont de quelque importance, si vous en voulez ouïr de menues, je vous dirai que l'on tient le mariage de M. de Montmorency défait[3]; et ensuite de cela je sais de fort bon lieu que l'on a parlé de Mme la com-

2. Wolfgang, comte de Mansfeld, lieutenant général des troupes de Christian II, duc de Saxe. Celui-ci obtint de l'empereur Rodolphe II, le 27 juin 1610, l'investiture de la principauté de Juliers, investiture qui n'eut aucun résultat.

3. Henri de Montmorency avait épousé l'année précédente, c'est-à-dire à l'âge de quinze ans, Mlle de Chemillé, dont nous avons parlé plus haut, lettre 21, p. 50, note 12.

1610 tesse de Chemilly à M. du Maine, pour M. d'Aiguillon[4]. L'on m'a dit qu'on lui offre de lui faire valoir son bien sept cent mille écus; j'ai voulu réduire les écus en livres, mais on a persisté. L'on tient le mariage de M. le prince de Joinville assuré avec Mlle du Maine par quatre cent mille livres. On parle de celui de Mlle de Rohan, l'aînée de celles qui sont à marier, avec le fils de M. le maréchal de Brissac[5]. Pour celui de M. le comte de la Rochefoucauld avec Mlle de Liancourt[6], on le tient indubitable; et peut-être fût-il plus avancé sans la maladie du comte. Je ne vous dis rien de la mort de M. le maréchal d'Ornane[7], qui fut il y eut jeudi dernier huit jours. Celui qui fit l'opération en a rapporté fort peu d'honneur : il y mit la main par soixante et dix fois, tandis qu'on lui étoit allé querir son principal ferrement qu'il n'avoit point apporté. Imaginez-vous avec quelle douleur du pauvre patient se fit une si lourde faute! Il avoit demandé d'être inhumé à Notre-Dame; mais Messieurs du chapitre le refusèrent, pource qu'ils disent qu'ils ne doivent sépulture qu'aux rois et aux princes du sang. On le portera à Bourdeaux. Monsieur le coronel[8] a eu le Château-Trompette et le droit d'ancrage à Bourdeaux, qui vaut deux mille cinq cents livres par an. M. de Roquelaure[9] a la

4. Henri de Lorraine, duc d'Aiguillon, puis de Mayenne, fils de Charles, duc de Mayenne.

5. François de Cossé, duc de Brissac. Ce mariage ne se fit pas.

6. François, comte, puis duc (1622) de la Rochefoucauld, épousa en juillet 1611 Gabrielle du Plessis, fille de Charles, seigneur de Liancourt.

7. Il mourut de l'opération de la taille le 19 janvier 1610, suivant l'Estoile.

8. Jean-Baptiste d'Ornano, fils du maréchal, fut comme lui colonel général des Corses et maréchal de France. Il mourut en 1626.

9. Antoine de Roquelaure, maréchal de France (1615), mort en 1625, à quatre-vingt-deux ans.

lieutenance de la province. J'oubliois à vous dire que cette semaine passée, le Roi étant allé à Saint-Germain[10], eut avis que dans la forêt on avoit vu cinq hommes avec des pistoles[11]; la forêt fut visitée, et ne trouva-t-on rien. On a su depuis que c'étoit une querelle particulière : ce n'est pas chose qui vaille être écrite; mais il n'y a point de mal qu'on sache que cet éléphant n'est qu'une mouche. Adieu, Monsieur : je vous baise les mains très-humblement, et suis à jamais votre très-affectionné serviteur, 1610

MALHERBE.

Il[12] ne me reste qu'à vous faire part de mes nouvelles; elles ne sont pas si grandes comme vous les figurez : Monsieur le Prince est à Bruxelles, où il passe son temps; le bal se tient trois fois la semaine chez lui; le marquis Spinola l'entretient fort, et lui a fait un festin très-magnifique, dont la description a été envoyée par deçà : le sommaire est qu'il a coûté deux mille huit cents écus. Monsieur le Prince a envoyé en Espagne, dont il n'a point encore eu de réponse; quoi qu'il en soit, jusques ici il n'a point pris de leur argent. M. le marquis de Cœuvres est là depuis huit ou dix jours, qui en donne bonne espérance; pour moi, je crois qu'il est malaisé qu'il se résolve à s'en revenir. Toutefois, quand je considère la bonne fortune de notre grand roi, je ne vois rien si hors d'apparence que je ne trouve possible. Quant à la guerre de Clèves, je crois que ce ne sera rien. L'alliance de Savoie nous pourra apporter la guerre à Milan, si elle s'achève; on attend ici des députés pour

10. Malherbe avait mis d'abord et a raturé *Fontainebleau;* après Saint-Germain il avait écrit *il*, second sujet superflu, qu'il a également effacé.

11. *Pistoles*, pistolets.

12. Ce paragraphe, écrit au verso du dernier feuillet de la lettre de Malherbe, n'est pas de sa main : c'est probablement un extrait d'une autre lettre adressée à l'un de ses amis de Provence, et que Peiresc, comme nous avons déjà pensé qu'il l'avait fait précédemment, aura ajouté à celle qu'il avait reçue lui-même. Voyez plus haut, lettre 58, p. 129.

1610 cet effet. Je vis hier un gentilhomme qui vient de Flandres, qui dit que les Hollandois ne font qu'attendre le commandement du Roi pour se ruer sur l'Archiduc. Je crois que si nous avons la guerre, ce sera au grand regret de ce prince, qui fait tout ce qu'il peut pour conserver la bonne grâce du Roi.

---

61. — A Paris, le samedi 6e de février[1].

Monsieur, les nouvelles sont que le Roi a résolu le couronnement de la Reine pour ce mois de mai prochain. Le Roi vouloit que ce fût plus tôt; mais à cause des grands préparatifs on l'a remis à ce terme-là.

Après avoir été couronnée à Saint-Denis, elle fera[2] son entrée à Paris, et ce sera une des belles cérémonies qui se puissent voir.

L'on a envoyé à Milan pour avoir deux mille aunes de toile d'argent et huit cents aunes de velours cramoisi violet.

La Reine entrera dans une litière découverte, et Mesdam de même.

Les princesses, femmes d'officiers de la couronne, et autres grandes, entreront sur des chevaux d'Espagne, vêtues de toile d'argent.

Les princesses auront des couronnes, et les autres dames des bonnets de velours blanc, tout couverts de pierreries.

La Reine couchera le soir de son entrée au Palais, et le festin se fera dans la grand'salle.

Jeudi 4e de ce mois, Monseigneur le Dauphin et Mme de Vendôme tinrent le fils de M. de Tresmes[3], où il se fit une col-

Lettre 61. — 1. Cette lettre n'est pas autographe; cette circonstance et son contenu nous font penser qu'elle n'était point adressée à Peiresc, mais à quelque autre ami de Provence, qui en aura donné une copie au savant conseiller. En tout cas, elle est, à divers endroits, annotée par Peiresc, qui l'a cotée au dos : *Malerbe, 5 février* 1610.

2. Le manuscrit porte *feit*, ce qui est évidemment une faute.

3. René Potier, comte, puis duc de Tresmes et de Gesvres, mort en 1670, à quatre-vingt-onze ans. — Son fils, Louis Potier, marquis

1610

lation si superbe, que l'on dit qu'il ne s'en fit jamais de semblable.

Nous n'attendons plus rien d'importance pour ce carême-prenant que le ballet de Monseigneur le Dauphin.

M. d'Espernon est arrivé cejourd'hui 6e de février, sur les deux heures après midi, et est allé droit trouver le Roi sans entrer chez lui.

On avoit parlé du mariage de Mlle de Rohan avec le comte de Brissac; mais on tient qu'il ne s'en fera rien.

Le baron de Benac[4], qui avoit été rencontré[5] il y a quelque temps par M. de Balagny, blessé et poursuivi, pource que Balagny se devoit être vanté qu'il lui avoit donné la vie, a présenté requête à Monsieur le connétable, à Messieurs les maréchaux de France, par laquelle il raconte le fait, et dit que en ce que Balagny se vante de lui avoir donné la vie, il dit qu'il a menti comme un traître, et demande le combat. Cette requête a ce matin été signifiée par un sergent à M. de Balagny, par commandement de Messieurs les maréchaux; je ne sais quelle réponse il a faite. Il y en a qui croyent qu'ils se battent; pour moi, je ne crois pas que cela soit.

Des nouvelles de Flandres, il ne se dit rien de certain.

Il a couru un bruit que le traité de mariage d'entre le prince de Piémont et Madame étoit rompu, et que le duc de Savoie avoit repris le parti d'Espagne; le Roi s'en est fort offensé, et a dit tout haut que s'il sait quelqu'un qui tienne ce langage, il l'envoyera à la Bastille. Mme de Montmorency, je l'appelle encore ainsi[6], fut assignée, il y a quatre ou cinq jours, pour venir voir déclarer nul son mariage avec M. de Montmorency; elle n'y met point d'empêchement.

de Gesvres, fut tué au siége de Thionville, le 6 août 1643, à trente-trois ans.

4. Philippe de Montaut, baron, puis marquis de Benac, duc de Navailles et pair de France (1650), mort en 1654. Il fut le père du duc de Navailles, maréchal de France.

5. C'est-à-dire qui avait eu une rencontre avec Balagny, par qui il avait été blessé et poursuivi.

6. La comtesse de Chemillé. Voyez plus haut, lettre 60, p. 133, note 3.

1610 Les danseurs du ballet[7] entroient de cette façon quatre à quatre : les quatre premiers étoient M. de Vendôme et le comte de Cremail[8], qui alloient ensemble en forme de tours. M. de Termes et la Ferté[9], petit-fils de M. le maréchal de Fervaques, en forme de femmes de grandeur colossale, suivoient après.

Des autres quatre, les deux premiers dansoient sous la forme de deux grands pots à fleurs, et les deux derniers sous la forme de chats-huants ou hiboux : les pots étoient le baron de Sainte-Suzanne, etc.[10]; les chats-huants étoient le comte de Roche-Guyon[11] et le baron de la Chateigneraye[12].

Des quatre derniers, les deux premiers étoient Sesy et Jouy[13], qui étoient en formes de basses de violes, et les derniers en moulins à vent, qui étoient Monsieur le général des galères et Vinsy.

Après qu'ils avoient dansé sous ces formes, ils se retiroient au bas de la salle; et là sortoient de dedans ces instruments, et dansoient en leurs formes naturelles quatre à quatre, c'est à savoir les quatre premiers ensemble, puis les quatre seconds, et puis les quatre derniers, et puis dansoient tous ensemble; puis se retirèrent dans leurs machines, et lors les nains sortirent.

Il ne me souvient pas qui étoit l'autre pot à fleurs avec

7. Du ballet dansé par le Dauphin et qui fut précédé d'un ballet dansé « par les galants de la cour, » dit Bassompierre.

8. Adrien de Montluc, comte de Cramail, prince de Chabanais, né en 1568, mort en 1646.

9. Jacques d'Estampes, marquis de la Ferté-Imbaut, maréchal de France (1651), était fils de Jeanne de Hautemer, dame de Mauny, fille de Guillaume de Hautemer, comte de Grancey, seigneur de Fervaques, maréchal de France.

10. Peiresc, pour suppléer à l'*et cætera* de Malherbe, a mis en marge : *duc de Rez ou Marillac.*

11. François de Silly, comte de la Roche-Guyon, damoiseau de Commercy, marquis de Guercheville, mort au siége de la Rochelle, le 19 janvier 1628.

12. Louis de Vivonne, baron de la Chasteigneraie.

13. Jouy, peut-être celui dont parle Tallemant (tome IV, p. 201); c'était un officier qui ne savait pas lire.

le baron de Sainte-Suzanne; il n'y eut que les hiboux qui baillassent des vers[14]. 1610

---

62. — De Paris, ce 12e de février[1].

MONSIEUR, si je ne vous écris autre chose, au moins vous écrirai-je que je n'ai point de nouvelles : nous en sommes fort à sec. Ce matin il y a eu un peu de bruit de guerre; mais nous en avons déjà vu naître et mourir tant de semblables, que jusques à ce que j'y voye quelque chose d'extraordinaire, je ne prendrai point l'alarme. L'on tient ici que le Turc a rompu la trêve avec l'Empereur : si cela est, le Roi aura beau jeu pour faire quelque chose digne de son courage et de sa bonne fortune. Il ne tiendra pas à M. des Diguières que Milan ne soit à nous : il donne de grandes espérances à Sa Majesté du bon succès de cette entreprise, et s'assure que s'il a vingt mille hommes de pied et deux mille chevaux payés, il fera de grands services, et que quand M. de Savoie se voudroit dédire, il conservera ce qu'il aura pris, en dépit de tout le monde, pource qu'il fait compte de prendre pied à pied et ne rien laisser derrière. Il a ce matin prié le Roi de lui bailler M. de Mesplez[2], ce que le Roi lui a accordé. Adieu, Monsieur : vous aurez bientôt M. de Valavez, qui vous en dira davantage. Aimez toujours votre plus humble serviteur,

MALHERBE.

14. Ordinairement, les personnages du ballet distribuaient à l'assistance les vers qu'ils devaient réciter.

LETTRE 62. — 1. La copie Fortia et l'édition de Blaise datent cette lettre du 12. Le bord de l'autographe, où était le chiffre de la date, est arraché, et il n'y a point de cote de Peiresc.

2. Anchot de Mesplez, gouverneur de Berre en Provence.

1610 Monsieur le Prince a demandé à Léopold[3] le commandement de mille[4] chevaux : je ne sais pas quelle réponse il en a eue; mais cela montre que ce que l'on dit est véritable, que l'Archiduc voudroit qu'il fût hors de ses terres, et qu'il ne veut point se mettre mal avec le Roi.

Mlle de Chemilly (je lui rends son premier nom) a pris logis dans le cloître de Notre-Dame pour y être plus sûrement; M. de Soubise[5], et peut-être quelque autre, la tient en alarme, encore que je croye que personne ne pense à une recherche si violente. On croit que ce sera pour M. le duc de Raiz[6]; et de fait, le Roi, ayant été prié par quelques autres de parler pour eux, leur a répondu qu'il étoit engagé à cettui-là. Je pensois n'avoir rien à vous dire, mais enfin ma mémoire m'a fourni ces trois ou quatre nigeries. Adieu, Monsieur; vous aurez mieux une autre fois.

Vous m'avez vu, ce me semble, quelques couplets d'une méchante chanson[7] que j'avois commencé à faire sur un air que m'avoit baillé M. le marquis d'Oraison[8]. A cette heure que je l'ai achevée, je vous prie, Monsieur, me faire ce bien de prier Monsieur le marquis, de votre part et de la mienne, de vous en donner l'air et me l'envoyer par le premier, et tout aussitôt je vous envoyerai

3. L'archiduc Léopold d'Autriche, évêque de Strasbourg et de Passaw, commandait les troupes de l'Empereur dans le duché de Juliers. Voyez le *Mercure françois*, année 1609, p. 387 et suivantes.

4. L'autographe a ici trois zéros; le commencement du nombre est arraché ; la copie Fortia et l'édition de Blaise donnent *mille*.

5. Benjamin de Rohan, seigneur de Soubise, qui joua un grand rôle dans les guerres de religion sous Louis XIII. Il mourut en 1641.

6. Henri de Gondi, duc de Retz, né en 1590, épousa, en effet, le 15 mai 1610, la comtesse de Chemillé. Il mourut le 12 août 1659.

7. Il ne reste que le premier couplet de cette chanson. — Voyez tome I, p. 162.

8. François d'Oraison, vicomte de Cadenet.

les paroles; j'y ferai mettre ici un autre air, et nous re tiendrons le meilleur[9]. La chanson se commençoit : 1610

Infidèle mémoire,
  Pourquoi fais-tu gloire
De me ramentevoir
Une saison prospère,
  Que je désespère
De jamais plus revoir?...

Je baise bien humblement les mains à Monsieur le premier président. Je lui écrivis dernièrement; cela et le peu de sujet que j'ai m'en dispensera pour cette fois. Je suis son très-humble serviteur.

---

63. — De Paris, ce 15e février.

Monsieur, si je vous eusse écrit cette lettre par quelque messager ordinaire, elle eût été plus longue; mais puisque c'est M. de Valavez qui en est le porteur, j'en retrancherai ce que vous pourrez apprendre de lui, qui sont les nouvelles; vous aurez du loisir assez de l'en entretenir[1]. Je crois que dans quatre ou cinq jours le sujet du voyage de M. le marquis de Cœuvres à Bruxelles sera fait ou failli; vous en aurez avis par le premier. Il n'y a que cinq ou six jours que je vous écrivis par un Louis, de Montagnac, qui me fut amené par Jacques le messager; je[2] vous en avertis afin que vous lui demandiez mon pa-

9. Dans ce paragraphe et dans le précédent, le manuscrit porte bon nombre de ratures et de corrections, mais dont aucune, ce nous semble, ne mérite d'être signalée.

Lettre 63. — 1. Malherbe avait d'abord mis : *de vous en entretenir avec lui.*

2. Malherbe a mis par erreur : « je *ne* vous. »

1610 quet. Nous sommes ici après l'entrée de la Reine; il ne faut pas demander si elle sera belle, Paris la fait. Je n'oserois vous solliciter d'y venir, pource que vous êtes en un lieu d'où l'on ne vous peut tirer sans incommoder votre repos. Quoi qu'il en soit, le spectacle sera, à mon avis, digne des curieux. Il y en a qui ont fait courre le bruit que ce dessein étoit rompu; mais la Reine s'en est fort offensée, comme fit le Roi de ceux qui publioient que le duc de Savoie s'étoit réconcilié avec l'Espagne et avoit rompu avec nous[3]. Il y a toujours de mauvais courages qui ne peuvent souffrir les prospérités publiques. Je hais ces gens-là autant comme je vous aime, et comme je suis votre serviteur très-affectionné à jamais.

---

64. — De Paris, ce 18e de février.

MONSIEUR, je m'endors, mais si aurez-vous ces deux ou trois paroles. Mardi nous eûmes un courrier de Flandres. Madame la Princesse a été mise par Monsieur le Prince dans le palais de l'Infante, et sous sa garde. Il est venu aujourd'hui quelque avis que Monsieur le Prince est parti, lui cinquième, pour s'en aller à Milan. Je crois qu'il ne bougera de là; au moins le Roi l'a dit de cette façon. Il m'a commandé ce soir de lui faire une élégie: je me vais mettre après. Je lui ai baillé la chanson[1] pour laquelle je vous avois prié de m'envoyer un certain air sur lequel j'ai pris ma mesure. Je vous fais encore la même prière: ce sera pour le comparer avec celui que Guesdron[2] y fera;

3. Voyez plus haut la lettre 61, p. 137.
LETTRE 64. — 1. Voyez tome I, pièces XLVI et XLVII.
2. Pierre Guesdron ou Guedron, compositeur de la musique de Henri IV, surintendant de la musique de Louis XIII.

car le Roi l'a envoyé querir à l'heure même qu'il a eu lu mes vers, et lui a dit qu'il vouloit qu'il y travaillât[3] dès ce soir. Le ballet de Monsieur le Dauphin s'attend au premier jour; il sera de deux mille écus de dépense : cela, et un triste carrousel que préparent les académistes[4], sera tout ce que nous aurons à ce carême-prenant. Après Pâques, tout aussitôt, nous aurons l'entrée de la Reine, Dieu aidant. Je vous baise les mains, et suis votre serviteur très-humble et très-affectionné. 1610.

Je n'écris point à Monsieur le premier président; vous me ferez cette faveur de lui baiser très-humblement les mains, et à M. de Valavez. Si vous ou lui voulez venir, il se faut hâter.

---

65. — [A Paris, ce 23-25 mars].

MONSIEUR, j'ai reçu dans le paquet de votre homme toutes les lettres dont vous me faites mention, et deux des vôtres. J'allai tout aussitôt moi-même à Saint-Martin porter celle qui s'adressoit à M. Olivier[1], qui me promit que dès le lendemain il satisferoit à ce qu'on lui mandoit. Je n'ai rien ouï depuis de l'affaire du collége de Cambray[2],

3. Les mots *y travaillât* sont en interligne; Malherbe avait d'abord écrit *le fît*.

4. *Académistes*, écoliers qui apprenaient à monter à cheval, etc., dans une académie.

LETTRE 65. — 1. Conseiller au parlement d'Aix, l'un des correspondants de Peiresc.

2. On lit dans le *Mercure françois*, année 1609, p. 407 : « Le 23e jour de décembre 1609, le cardinal du Perron, le duc de Sully, le président de Thou et le conseiller Gillot, par le commandement de Sa Majesté vinrent reconnoître les lieux des anciens colléges de Triquet (Tréguier) et de Cambray, pour y faire édifier de nouveau un collége royal sur trente toises de long et vingt de large, où aux deux

1610 et croirois facilement que ces bruits de guerre feront surseoir les desseins de paix; je m'en informerai, et si j'en apprends quelque chose, je le vous ferai savoir tout aussitôt. Nous avons ici M. le comte de Carces, qui a reçu du Roi toute la bonne chère[3] qu'un bon serviteur comme il est doit espérer d'un bon maître comme est le Roi. Je ne saurai autre chose de cette affaire que je n'aille au Louvre, et je ne suis pas résolu d'y aller que je n'aye fait les vers que le Roi m'a commandés; je suis après et ne m'ose présenter à lui que je n'aye satisfait à ce qu'il desire. Pour cela, je ne laisse pas de savoir des nouvelles par les mains de mes amis, qui sont à toute heure au cabinet; le mal est que les plus curieuses ne se peuvent écrire sans se brouiller avec ceux qui peuvent proscrire. Le Roi se porte fort bien, grâces à Dieu; aussi font la Reine et Monsieur le Dauphin, et le reste de Messieurs les enfants. M. d'Orléans a été fort mal d'une grosse dent qui lui perçoit; à cette heure il se porte très-bien et n'a plus de dents à percer. De tous les enfants du Roi, c'est celui, à ce que l'on dit, qui a le plus grand horoscope; mais rien qui soit venu d'un si grand père ne sauroit être petit. Puisque nous sommes sur l'*infanterie*, je vous dirai d'un train que Mlle de Conty[4] est décédée, et a laissé Monsieur le prince son père fort affligé; car ce pauvre père ne bougeoit d'auprès du berceau : c'étoit, à ce que l'on dit, la plus belle et la plus grande enfant qui se pouvoit voir; elle est décédée en l'abbaye de Saint-Germain[5], où elle fut

bouts de la longueur on devoit bâtir quatre grandes salles pour faire les leçons publiques; et au-dessus de ces salles on devoit mettre la bibliothèque de Sa Majesté, etc. » La première pierre du nouveau bâtiment fut posée par Louis XIII, le 23 août 1610.

3. Voyez plus haut, p. 127, note 15.

4. Voyez tome I, pièces XLVIII et XLIX, p. 170 et 171.

5. Le prince de Conti était abbé commendataire de Saint-Germain des Prés.

portée aussitôt qu'elle naquit. Madame la princesse avoit résolu d'y faire sa couche, et y avoit tout fait préparer pour cet effet; mais elle fut surprise de son accouchement dans le Louvre, où elle est encore à cette heure ignorante de l'inconvénient qui lui est arrivé. Dieu la consolera, s'il lui plaît, et l'espérance qu'elle aura d'un fils au bout d'un an. L'on est après à faire le mariage de M. le prince de Joinville et de Mlle du Maine. Il a envoyé ici sa procuration pour cet effet. J'ai écrit tout au long à Monsieur le premier président ce qui se dit ici de notre guerre. Vous le verrez en sa lettre, et il en verra en la vôtre ce que j'ai oublié en la sienne. Le Roi aime fort Monsieur le connétable, et a raison; il a trouvé un homme selon son cœur. Il est fort résolu d'avoir sa fille, et maintient qu'elle est encore pucelle[6]. Je crois qu'à sa prière Mme d'Angoulême s'en va faire un voyage à Bruxelles : je ne sais si ce sera avec quelque effet[7]. Celui de M. le marquis de Cœuvres ne lui a pas réussi. J'ai toujours trouvé cette commission ruineuse. En ces occasions-là, c'est la coutume d'imputer[8] les mauvais événements des affaires à ceux qui les ont négociées. Il a demandé congé au Roi de se retirer; il lui a répondu qu'il partît quand il voudroit. On est après à rhabiller tout cela. Le Roi est bon, et je crois que Monsieur le marquis a fait 1610

6. Les mots « et maintient, etc., » ont été ajoutés après coup, au-dessus de la ligne.

7. On lit dans une lettre de Henri IV à l'abbé de Préaux : « Les père et tante me donnent bien de la peine, car ils sont froids plus que la saison; mais mon feu les dégèle, dès que j'en approche. » *Recueil des lettres missives*, tome VII, p. 837. — On peut consulter sur l'affaire du prince de Condé *l'Enlèvement innocent* par Virey, publié par E. Halphen, Paris, Aubry, 1859, in-12, le tome I de la *Revue rétrospective*, p. 283 à 334, et le portefeuille 265 de la collection Godefroy, à l'Institut.

8. Malherbe avait d'abord écrit : « En ces occasions-là, on impute toujours. »

1610 pour son service tout ce qui s'y pouvoit faire. M. de Préaux l'Aubépine y est demeuré. Il avoit été un bruit qu'il seroit secrétaire d'État; mais l'on tient que ce sera M. Phelypeaux[9], secrétaire de la Reine, moyennant soixante mille écus qu'il baille de récompense à M. de Fresnes. On dit qu'il donne quelque chose à des personnes qui l'ont assisté en cette affaire; mais je ne le veux pas croire, car il a de la faveur assez aux bonnes grâces de la Reine sans en mendier ailleurs. Vous avez su que M. de Bassompierre est maistre de camp de la cavalerie légère de l'armée de Piémont, et outre cela, il a deux compagnies à soi, l'une de chevaux légers, et l'autre de carabins. Il fait compte, à ce qu'il m'a dit, de dépendre cinquante mille écus à faire son équipage et lever ses deux compagnies, et dépendre trente mille écus par an quand il sera en l'armée. La résolution de cette guerre ne se prendra que sur les nouvelles que l'on aura de M. des Diguières, après qu'il aura vu M. de Savoie. Le Roi s'en va, à ce qu'il dit, au rendez-vous, aussitôt que le couronnement de la Reine sera fait. Il a dit qu'il veut que tous ceux qui n'auront point de charge se rangent sous sa cornette, et qu'ils portent tous des casaques de veloux violet. Je ne sais qui vous aura dit que Mme la comtesse de Sault avoit été malade : c'étoit une imposture, je ne sais à quelle fin. Il y a, je crois, dix mois que je n'ai été qu'une seule fois chez elle; mais je ne laisse pas de savoir qu'elle se porte fort bien. Il a été bruit qu'elle avoit été brouillée à l'Arsenac; mais l'on dit que cela est raccommodé : tant y a qu'il n'y paroît point. La citadelle de Metz est en l'état où elle étoit quand M. d'Espernon y alla, le Roi ayant

9. Paul Phelypeaux, seigneur de Pontchartrain, secrétaire des commandements de Marie de Médicis, puis secrétaire d'État en remplacement de Forget de Fresnes. Il mourut à Castelnaudary le 21 octobre 1621, à cinquante-deux ans.

voulu, quelques instantes prières que M. d'Espernon lui ait su faire, que celui qu'il en avoit ôté y ait été rétabli[10]. Ce n'est pas que M. d'Espernon ne soit fort bien avec le Roi ; mais le Roi veut être roi, et le sera tant qu'il vivra ; si bien que je conseille à vos remueurs de Provence qui faisoient des desseins sur l'opinion qu'ils avoient d'un changement, de ne se hâter pas tant une autre fois, s'ils ne vouloient d'aventure se faire pendre ou couper le cou ; car à ce prix-là tout est permis. Il y avoit un livre sur la presse nommé *la Chasse de la bête romaine*[11], de quoi l'imprimeur est fort en peine. L'auteur est un jeune ministre de Poitou contre lequel on a décrété ; s'il est pris, je crois qu'il fera un miracle des plus grands qui se soit jamais fait par homme de son métier, s'il n'y laisse le moule du bonnet ou du pourpoint. Il y a ici un autre livre nouveau, fait par Bandole, intitulé *des Parjures*[12], à ce que m'a dit celui qui l'a imprimé. Il faut que je le recouvre pour le vous envoyer ; car on m'a dit qu'il continue toujours ses premiers erres de parler contre un homme qu'il ne nomme point[13]. Adieu, Monsieur ; en vous parlant de livres, je vous en fais ici un sans y penser : excusez-moi, c'est ma coutume de ne pouvoir me retenir quand je suis avec vous. Je vous baise bien humblement les mains, et suis, avec le même vœu qu'auparavant, votre serviteur très-humble et très-affectionné à jamais, 1610

MALHERBE.

A Paris, ce 24e de mars 1610.

10. Voyez plus haut, lettre 56, p. 120, note 16.

11. *La Chasse de la beste romaine, où est recherché et évidemment prouvé que le pape est l'Antechrist*, par G. Thompson, la Rochelle, 1608, in-8o, réimprimée en 1611, malgré un arrêt du parlement en date du 11 mars 1610.

12. Antoine de Bandole, avocat au parlement de Provence. Nous n'avons pu découvrir son livre. Voyez plus loin, p. 159.

13. Guillaume du Vair. Voyez plus haut, lettre 52, p. 107, note 3.

1610 Mme des Essarts, qui étoit ici depuis quelque temps, a eu commandement du Roi de se retirer; elle est partie ce matin, et s'en est allée à Romorantin. Deux gentilshommes de mes amis qui viennent du Louvre me viennent de dire que le couronnement est remis au mois de mai.

Monsieur, vous me permettrez, s'il vous plaît, que je die ici à M. de Valavez que je suis son serviteur très-humble et très-affectionné.

Le couronnement de la Reine est remis, qui dit en juin, qui dit en octobre : tant y a qu'il est remis. Aujourd'hui, M. Robin, de l'argenterie [14], s'est venu plaindre à Monsieur le Grand de la dépense qu'il avoit déjà faite pour faire venir des étoffes d'Italie; et entre autres choses, il lui a dit qu'il faisoit apporter neuf caisses de draps et toiles d'or et d'argent de la plus belle façon qui se peuvent desirer.

On nous dit que Madame la Princesse va être conduite à Milan, où est Monsieur son mari; il avoit pris le chemin de Prague, mais tout d'un coup il a rebroussé vers l'Italie. Si cela est, le voyage de Mme d'Angoulême, qui s'en alloit à Bruxelles la demander au nom de Monsieur le connétable son père, ne se fera point. Les Flamands, peut-être, et l'Archiduc, ont pensé qu'en l'ôtant de là ils se délivreroient de l'orage; car, comme je vous ai dit, le Roi avoit dit qu'il prêteroit son armée à son compère pour ravoir sa fille. Hier et aujourd'hui on n'a fait autre chose au conseil

14. Robin, de Tours, partisan. — « L'argenterie chez le Roi est un fonds qu'on fait tous les ans pour quelques dépenses extraordinaires, comme pour les habits des ballets et autres fêtes. Il y a deux contrôleurs et deux trésoriers qu'on appelle officiers de l'argenterie. » (*Dictionnaire de Trévoux.*)

que mettre prix aux munitions de l'armée, pain, vin, foin et avoine, etc. 1610

Le Roi avoit dit hier au soir qu'il iroit voir aujourd'hui Madame la marquise, ou chez elle, ou chez Mme d'Entraigues, mais il a gardé le lit, sans maladie toutefois, Dieu merci [15]. Je vous ai dit que Mme des Essarts s'en étoit allée; il est vrai, et c'est que il a été rapporté au Roi qu'elle s'étoit laissé voir à Monsieur de Reims [16]. Le Roi lui avoit baillé pour six mille livres de rente de domaine qui est à Romorantin, et quelques lieux voisins : le don a été révoqué. Le Roi s'offensa fort contre Monsieur de Reims, et lui dit qu'il ne seroit point cardinal qu'il n'eût changé de vie. L'on dit que Mlle Choisy [17] de jalousie a fait cette brouillerie. M. Bongars [18], qui est l'un de ceux qui négocient les affaires de Clèves, revint samedi [19] de Clèves, qui a dit à un de ses amis, duquel je l'ai su, que les Allemands sont en appréhension de l'armée du Roi, et qu'ils croyent qu'ils s'appointeront plutôt que d'appeler de si grandes forces à leur service.

De Paris, ce 24e mars, après avoir reçu votre lettre et l'air [20], dont je vous remercie. Bonsoir, Monsieur.

Le gros paquet est écrit du 23e, encore que je l'aye daté

15. Ces onze derniers mots paraissent avoir été ajoutés après coup.

16. Louis de Lorraine, cardinal de Guise, archevêque de Reims (1605-1621), bien qu'il n'eût jamais été ordonné prêtre. Il épousa secrètement Mme des Essarts, dont il eut plusieurs fils, qui furent déclarés bâtards.

17. Francienne, fille de Jacques de l'Hospital, marquis de Choisy; elle épousa Jacques le Roi, seigneur de la Grange-Quincy.

18. Jacques Bongars, diplomate, érudit, né en 1546, mort en 1612. Il appartenait à la religion réformée.

19. Devant samedi, il y a *hier*, biffé.

20. Voyez plus haut, lettre 62, p. 140.

1610 du 24e, et ce qui est en l'autre page est du 24e véritablement.

Je viens de recouvrer l'air qu'a fait M. Guedron sur la chanson dont il est question. Je ne m'y connois pas [21]; mais tout le monde le trouve fort bon, et surtout le Roi. Vous en ferez le jugement, et Mme d'Oppède [22], qui lui fera bien de l'honneur de le faire passer par un si beau canal comme le sien. Je suis son très-humble serviteur, et lui baise très-humblement les mains [23].

Nous n'avons rien aujourd'hui de nouveau. J'ai appris que le couronnement est retardé; mais il n'y a point de nouveau terme, tellement que je prévois qu'il ne se fera pas sitôt. Le Roi presse fort la guerre, et montre d'en avoir une envie extrême. Il y a encore des incrédules qui pensent qu'il n'y en aura point. Pour moi, je crois qu'ôtant la cause, l'effet ne demeurera point. Les Flamands seront [24] sages s'ils renvoyent l'esteuf [25] à ceux de Milan. Adieu, Monsieur. De Paris, ce 25e de mars 1610.

Le grand Louis est arrivé il y a deux heures; mais je ne l'ai point encore vu.

21. Ceci réfute ce que dit Tallemant, que Malherbe prétendait ne se connaître qu'en deux choses, en musique et en gants.

22. Marguerite d'Oraison, femme de Vincent-Anne de Forbin-Meynier, baron d'Oppède.

23. Cette dernière phrase a été ajoutée après coup, à la suite du paragraphe.

24. Malherbe avait d'abord mis et a effacé : *se feront*.

25. *Esteuf*, balle du jeu de paume.

66. — Paris, ce 24 mars[1]. 1610

Monsieur, je crains de vous écrire des nouvelles, pource qu'elles ne sont pas encore assurées; puis ayant comme vous avez des avis de gens qui sont du conseil, ce n'est pas pour faire cas de celles qui ne viennent point de plus avant que la basse cour, comme sont les miennes. Je n'y saurois que faire : je vous entretiendrai de ce qui se dit, sans vous répondre de la vérité. Monsieur le Prince fait deviner tout le monde en quelle part il peut être. On l'avoit cru jusques ici du côté de l'Italie : à cette heure on nous dit qu'il a pris le chemin de Prague. Madame la Princesse est près de l'Infante à Bruxelles; Monsieur le connétable est résolu de la ravoir, et le dit ainsi à tout le monde, même à Madame la Princesse douairière. Le Roi a dit tout haut qu'il veut prêter son armée à son compère pour cet effet; tellement que si les Allemands s'accordent, pour cela nous ne sommes pas sans sujet de guerre. Mme d'Angoulême est sur le point d'y aller faire un voyage de la part de Monsieur le connétable. Je vois peu d'apparence qu'ils s'accordent; mais la peur qu'a l'Archiduc des armes du Roi fait tout espérer. Il a passé par ici un Bastien Spinola, auquel Sa Majesté a fait fort bonne chère, et entre autres choses lui parlant de la guerre de Clèves, il lui dit que son passage s'adressoit par Luxembourg, qu'il croyoit que l'Archiduc étoit de ses amis, et qu'il ne lui empêcheroit pas; mais que, quand il le feroit, il menroit[2] cinquante canons qui le lui feroient bien ouvrir. On bat le tambour aux terres de l'Archiduc,

Lettre 66. — 1. Cette lettre, dont notre manuscrit ne contient qu'une copie assez fautive, ne semble pas, d'après la lettre qui précède, avoir été adressée à Peiresc, mais plutôt à du Vair ou à la Ceppède. Seulement Peiresc en aura pris copie.

2. *Menroit*, mèneroit.

1610 et a-t-on jeté force gens dans Cambray. Je crois que les Flamands voudroient que Clèves, Juliers, et généralement tous les sujets de guerre, fussent aussi loin d'eux qu'ils en sont près. Il est venu un homme de la Boderie, qui est en Angleterre, qui assure que le roi d'Angleterre contribuera à cette armée douze mille hommes de pied et mille chevaux [3]; les États y en envoyent quatre mille; le Roi fait compte de vingt mille hommes de pied, et quatre mille chevaux, qu'il accompagnera de cinquante canons. Il dit, il y a cinq ou six jours, que indubitablement il seroit au rendez-vous à la fin du mois qui vient, quand il n'y auroit que six mille hommes. Il manda vendredi dernier à Monsieur le procureur général qu'il fît vider la salle du Palais, afin de la préparer pour le couronnement de la Reine : il se doit faire le 18 du mois qui vient, si le terme n'est prolongé. Leurs Majestés, et surtout la Reine, pressent fort cette affaire. Pour la guerre du Piémont, il n'y aura rien de certain jusques à ce que M. des Diguières ait vu M. de Savoie. La semaine passée, on fit marché, dans le conseil, avec quatre qui ont entrepris la fourniture de la cavalerie : il me semble qu'elle se monte à quarante muids d'avoine par jour; chaque muid a seize setiers, chaque setier douze boisseaux, et chaque boisseau six mesures : si bien qu'à raison d'un boisseau par chaque cheval par jour, ce sera pour environ sept mille chevaux. Il ne me souvient d'autre chose pour cette heure. Quant aux autres nouvelles, le Roi fut dimanche dernier ouïr le Portugais [4], à Saint-

3. Dans une lettre de Henri IV à la Boderie, en date du 27 février, il n'est question que d'un secours de quatre mille hommes de pied à fournir par Jacques Ier.

4. Jacques Suarez, cordelier portugais, « du couvent de Lyon, fort habile homme, écrit Gillot à Scaliger, et celui-là est le plus estimé en savoir, comme de vérité il est, sans comparaison, plus versé en la

Nicolas des Champs; il arriva demie heure après que le sermon fut commencé. Il entretint fort Madame la marquise, et après le sermon il ouït vêpres et complies avec elle, et lui donna encore assignation, à la sortie, au logis de Madame sa mère, où l'un et l'autre se rendirent; ce fut la récompense de ne l'avoir point vue depuis dix mois. Je ne sais si ce feu se rallumera; il seroit quasi à desirer, mais il est malaisé : elle dit qu'elle est la bête du Roi; et son explication, c'est qu'ordinairement on fait peur aux petits enfants de la bête, quand on ne peut en venir à bout d'autre façon, et que le Roi fait de même d'elle; que quand il veut fâcher le monde, il dit qu'il verra la marquise. Elle a toujours des bons mots. Mme des Essarts est ici plus belle que jamais; mais pour cela il ne s'en parle pas autrement. Mme la comtesse de Moret est toute à la dévotion, encore qu'elle ne peut persuader beaucoup de gens que ce soit à bon escient; mais vous savez comme le monde est mal disant et mal pensant : cela a toujours été et sera toujours. M. le prince de Joinville a envoyé ici procuration pour conclure son mariage avec Mlle du Maine. Le Roi est un peu fâché avec Monsieur de Reims[5]; cela pourra reculer sa promotion au cardinalat[6] : il est vrai que les colères du Roi sont de verre, et puis il ne se plaint d'autre chose de lui que de quelques débauches de jeunesse; l'on tient que c'est qu'il veut que M. de Verneuil ait le chapeau premier 1610

philosophie et la théologie. » *Épistres françoises des personnages illustres à M. J. J. de la Scala*, p. 427. Après la mort du Roi, Suarez se signala par ses attaques en chaire contre les jésuites.

5. A cause de Mme des Essarts. Voyez la lettre précédente, p. 149, note 16.

6. La copie porte par erreur : *sa procuration au cardinal*, ce qui n'offre aucun sens. Quatre lignes plus bas, il faut lire probablement : « premier que lui. »

1610 qu'à lui. Nous avons eu bien de la joie de [la] naissance de Mlle de Conty. Monsieur le prince son père en étoit hors de soi; mais elle est décédée depuis deux jours[7], dont il est au désespoir. Madame sa mère, qui fait sa couche au Louvre, n'en sait rien; car l'enfant fut portée à l'abbaye de Saint-Germain aussitôt qu'elle fut née. M. d'Aiguillon est de retour de Soissons, où il étoit allé pour remettre le changement que la petite vérole avoit fait à son visage. M. le comte de Carces reçoit du Roi extrêmement bonne chère. Je ne vous en puis rien dire davantage, pource que je ne vais point au Louvre, depuis que le Roi m'eut commandé de lui faire une élégie. Je n'irai qu'elle ne soit faite, cela s'appelle jusques à Pâques : alors je saurai plus de nouvelles et de plus fines, et vous en manderai ce qui se pourra mander. Adieu, Monsieur : je vous baise bien humblement les mains, et vous conjure de me tenir en vos bonnes grâces, comme votre plus humble et plus affectionné serviteur.

---

67. — A Paris, ce 1er d'avril.

Monsieur, je n'ai rien à vous écrire; mais je ne saurois faire un paquet en Provence qu'il n'y ait une lettre pour vous. Nos nouvelles de guerre ne sont plus nouvelles, elles sont vieilles depuis le temps qu'il y a qu'elles sont nées : il est vrai que tous les jours quelque bruit les rajeunit. Nous avons encore des incrédules; mais pour moi, qui ne suis guère fin, je m'arrête au sens littéral le plus que je puis, et n'allégorise que quand il ne me rend point satisfait. J'ai toujours cru que nous aurons la

7. Lisez : « depuis quatre jours. » Elle mourut le 20 mars. Voyez tome I, pièce XLVIII, p. 170.

guerre si ceux qui appellent notre secours ne s'appointent[1]. Le prince d'Anhalt[2] est ici depuis trois ou quatre jours; le Roi le mena mécredi à la chasse, et lui a promis aujourd'hui qu'il sera lui-même en l'armée : il y a de l'apparence que tout n'en ira que mieux. Le couronnement de la Reine est renoué à ce coup, et crois que ce sera tout à bon : jusques ici on en avoit douté, et y avoit eu des brouilleries là-dessus; mais tout est cessé. Pour les choses de moindre importance, nous tenons ici que le comte de Gramont, gouverneur de Bayonne, ayant trouvé Marfizian, son écuyer, qu'il aimoit uniquement, en quelque action déshonnête[3] avec sa femme[4], l'a envoyé jouer en l'autre monde; on y ajoute qu'après l'avoir tué, il lui a fait faire son procès et trancher la tête : de la mort, elle est certaine, le genre en est incertain. On parle aussi diversement de la femme, mais la meilleure opinion est qu'il ne l'a point tuée. M. de Roquelaure, qui est son père, n'a pas laissé pour cela de faire festin aujourd'hui à toute la cour, au moins à la plus grande partie. Mme la princesse de Conty, samedi dernier, fut avertie de la mort de Madamoiselle sa fille : on la lui avoit celée quelque temps; mais pource que l'on voyoit qu'elle en faisoit trop de cas, on n'a point voulu laisser croître cette affection davantage, de peur que la douleur de la perte ne fût plus malaisée à déraciner. M. de Gordes[5] est ici depuis trois ou quatre jours; le Roi lui a

1610

Lettre 67. — 1. Malherbe avait précédemment écrit le contraire : voyez entre autres la lettre 60, p. 133.

2. Jean-Georges, prince d'Anhalt, né le 9 mars 1567, mort en 1618.

3. Les mots *en quelque action déshonnête* ont été ajoutés après coup, en interligne.

4. Louise de Roquelaure, fille d'Antoine de Roquelaure, maréchal de France.

5. Guillaume de Simiane, marquis de Gordes, capitaine des gardes (1611), chevalier des ordres du Roi, mort en 1642.

1610 donné un régiment de cinq compagnies, de deux cents hommes chacune.

Adieu, Monsieur : je vous baise bien humblement les mains et suis éternellement votre très-humble serviteur et à M. de Valavez. Je vous prie, Monsieur, de me faire ce bien, que Monsieur le premier président sache que je lui baise très-humblement les mains et suis son serviteur très-humble.

---

68. — A Paris, ce 23e avril.

Monsieur, je crois que la dernière lettre que vous avez eue de moi l'a été par un nommé Étienne que vous aviez envòyé par deçà. Je vous écrivis lors tout ce que nous avions de nouvelles; depuis il n'y a pas grand changement, car toujours les choses se disposent à la guerre. Il y a deux jours que nous eûmes des ambassadeurs des États, qui furent reçus avec beaucoup d'honneur. M. de Vendôme alla au-devant, avec environ deux cents chevaux et demie douzaine de carrosses, où se mirent ces messieurs les Flamands, qui étoient dans des chariots, sur de la paille. Tout ce matin le Roi s'est promené avec eux aux Tuileries. L'on dit qu'ils le viennent supplier de déclarer ouvertement la guerre à l'Espagne, et en ce cas offrent leurs biens et leurs vies pour sa querelle; que s'il ne veut faire qu'une guerre de trois mois, et puis faire la paix, ils le prient de trouver bon qu'ils se tiennent en l'état qu'ils sont. Je saurai demain la vérité de cette affaire; mais le messager m'a dit qu'il faut qu'il ait ma lettre dès ce soir : voilà pourquoi je ne vous en dirai rien de plus certain. On lève ici force belles troupes, et crois qu'il ne se vit jamais rien de si beau et de si paré que notre armée; car ce ne sont qu'armes dorées, veloux

et broderies extrêmement riches. Sa Majesté a déclaré 1610
qu'elle ne veut point qu'on porte d'écharpes, mais des croix blanches : cela ramènera l'usage des casaques; la cornette blanche[1] en portera de veloux violet. L'on tient que le nombre de ceux qui s'y rangeront sera très-grand. Le Roi a dit qu'il veut avoir tous leurs noms pour en choisir ceux que bon lui semblera pour être auprès de lui, et qu'il fera mettre pied à terre aux jeunes gens pour combattre, une pique en la main, et M. le maréchal de Laverdin[2] à leur tête. On fait compte ici de cinquante mille hommes de pied, et neuf ou dix mille chevaux en l'armée, tant en ce que fourniront nos partisans d'Allemagne qu'en ce qui y ira de France[3]. Du parti contraire, il se fait aussi de grandes levées. M. de Préaux Châteauneuf, prenant congé du Roi pour s'en retourner à Bruxelles, Sa Majesté lui commanda que s'il voyoit Spinola, il lui dît que s'il étoit sage il ne se trouvât point en son chemin, autrement qu'il s'en pourroit mal trouver. Pour la guerre de Milan, il arriva hier un appelé la Bretonnière, serviteur de M. de Nemours[4], qui vient dire au Roi, de la part de M. de Savoie, que toute l'Italie, et particulièrement ses amis, s'offensent que il se serve de huguenots, tellement que cela semble avoir un peu refroidi cette affaire. M. de Bassompierre m'a dit que M. des Diguières lui a mandé que quoi qu'il oye dire, il s'assure que il est en fort bonne intelligence avec M. de

LETTRE 68. — 1. On appelait *cornette blanche* la compagnie de mestre de camp général de la cavalerie. Elle avait un étendard ou cornette de couleur blanche.

2. Jean de Beaumanoir, marquis de Laverdin (ou Lavardin), maréchal de France (1595), mort en 1612.

3. *Qui y ira de France* est en interligne, au-dessus de ces mots, qui ont été biffés : « que la France fournira. »

4. Voyez lettre 16, p. 37, note 6.

1610 Savoie. Le premier courrier qui viendra au Roi nous ôtera de cette incertitude. L'on croit que cette intrigue vient de M. de Nemours, qui desireroit bien être lieutenant général de l'armée. Pour les nouvelles de la guerre, vous n'en aurez point d'autres pour cette heure; et quant au couronnement, il se prépare toujours avec toute la diligence que l'on peut. Les boutiques du Palais sont transportées, les unes aux Augustins, les autres dans la cour du Palais, et font une rue depuis la porte du Palais qui est devant la Vieille-Draperie jusques au pied du grand degré; le passage des carrosses y est condamné par un pieu qu'on a planté au milieu de la porte. L'on fait compte de marquer les logis dans la rue de Saint-Denis pour y mettre ceux de la cour; mais le petit peuple ne le trouve pas bon, pource qu'ils font compte que cette journée leur vaille un an entier : cela ne se fera pas sans quelque peu de tumulte; pour moi, je me règle à une pistole pour ma place à une fenêtre. L'on tient que pour[5] le plus tôt que ce puisse être, ce ne sauroit être devant le 20e du mois qui vient. Le Roi dit que quatre jours après il partira pour s'en aller à l'armée. M. le marquis de Rosny, qui est, comme vous savez, reçu à la survivance de M. de Sully en l'état de grand maître de l'artillerie, s'y en va accompagné de tout ce qu'il y a de galants hommes en France pour ce métier, que lui a baillés M. de Sully. Je vous dirois ce qui se prépare pour le couronnement; mais il vaut mieux attendre qu'il soit fait pour en parler plus assurément. Je vous avois mandé que je vous envoyerois un livre nouvellement fait par Bandole; pour y satisfaire, je fus, il y a huit ou dix jours, au Palais, le demander à son libraire, qui étoit du Bray[6], et

5. *Pour* a été ajouté après coup, au-dessus de la ligne.
6. T. du Bray, qui a édité plusieurs pièces de Malherbe.

Richer l'imprimeur : il me dit qu'il n'en avoit point, et que l'auteur étoit en prison depuis vingt jours[7], pource qu'un nommé M. de Villarnoux[8] et quelques autres députés de la religion[9] s'étoient allés plaindre de lui à M. Servin. Le libraire fut envoyé querir, qui pour se garantir les mena prendre Bandole. Je ne sais ce qui en sera. Le libraire m'a dit que ce livre a été fait pour complaire à une dame à laquelle il est dédié, qui a perdu un procès contre ce Villarnoux, et s'en est voulu venger de cette façon. Je ne sais pas quel intérêt y ont ceux de la religion. Si je m'en fusse trop soucié, j'en eusse recouvert un; mais je ne l'avois desiré que pource que je croyois qu'il en voulût encore à celui même qu'il avoit attaqué la première fois. Il y a trois ou quatre jours que M. de Fresnes[10] décéda; la jeune Sagonne, qui étoit nièce de sa femme, et l'avoit servie huit ou neuf ans, en espérance d'être héritière d'une partie du bien de M. de Fresnes, comme à ce que l'on dit il lui avoit promis assez de fois, voyant que par son testament il ne lui laisse que deux mille écus, en a pris tel déplaisir qu'elle mourut deux jours après; encore non pas du tout[11]. On l'a trouvée fort saine, hormis quelque mal à la rate, et le cœur tout flétri. Je ne vous dis rien de la lieutenance de Roi en Provence accordée à M. le comte de Carces; vous 1610

7. C'est de sa prison qu'il écrivit au chancelier, au sujet de deux prisonniers qui connaissaient Ravaillac, une lettre conservée au portefeuille 15 de la collection Godefroy, à l'Institut.

8. Jean de Jaucourt, seigneur de la Villarnoul, gendre de du Plessis Mornay.

9. *De la religion* a été ajouté en interligne.

10. Forget de Fresnes. Voyez plus haut, lettre 41, p. 81, note 4. — Il avait épousé Anne de Beauvillier, qui mourut en 1636.

11. Ces cinq derniers mots n'offrent pas un sens bien clair. Peut-être Malherbe, comme le conjecture M. Bazin, a-t-il voulu dire que les deux jours n'étaient pas complétement écoulés.

1610 devez savoir cette histoire d'ailleurs ; tout le monde n'en est pas content, mais le Roi est le maître. Adieu, Monsieur : je vous prie me faire ce bien de baiser bien humblement les mains à MM. les présidents du Vair et de la Ceppède. Je suis votre très-humble serviteur,

MALHERBE.

Je vous supplie, Monsieur, que M. de Valavez sache que je suis toujours son serviteur très-affectionné. Le nom du livre de Bandole est : *des Parjures et faux serments*.

---

69. — A Paris, ce jeudi, 6e de mai.

MONSIEUR, je loue Dieu de l'heureux succès de vos affaires à Montpellier, et vous remercie de l'avis que vous m'en avez donné[1] : vous m'avez en cela, comme vous faites en toutes choses, témoigné que vous m'aimez ; mais pour cela je ne m'en mettrai pas davantage sur les belles paroles, vos honnêtetés précédentes m'en ont épuisé. Je m'en vais, selon ma coutume, recourir aux nouvelles ; je commencerai par les fâcheuses, qui sont celles de la guerre, et finirai par celles du couronnement, de l'entrée, et autres de semblable nature. Nous avons ici, depuis trois ou quatre jours, un courrier du Piémont, qui dit que M. de Savoie est très-humble serviteur de Sa

LETTRE 69. — 1. Il s'agit probablement du gain d'un procès dont, dans une lettre écrite de Montpellier le 15 février 1606, Peiresc parle ainsi à Scaliger : « J'étois fort occupé pour un fâcheux procès que nous avons ici qui est sur le point d'être jugé, lequel nous va de cinquante et tant de mille francs qu'on demande à notre maison. » (*Épistres françoises des personnages illustres à M. J. J. de la Scala*, p. 139.)

Majesté, et qu'il se remet entièrement à lui de la résolution de cette guerrre : on n'en publie que cela; mais on attend dans deux jours M. de Créquy et M. de Bullion[2], qui en doivent dire davantage. Quoi qu'il soit, deux des maistres de camp qui sont destinés pour servir en ces quartiers-là sont ici, toujours attendant commandement de Sa Majesté de lever leurs troupes, et n'en reçoivent point : je crois qu'elle attend que M. de Bullion soit venu, pour se résoudre suivant ce qu'il rapportera. Pour la guerre de Flandres, elle continue fort et ferme avec une dépense extrême; et particulièrement celle de l'artillerie, de qui l'équipage est le plus beau qui fut jamais, se monte, à ce que l'on dit, à cinq mille écus par jour; car les chevaux seuls, qui sont six mille, se montent, à raison de vingt-cinq sous les uns et quarante sous les autres (parce qu'il y a deux sortes de marchés, le vieil et le nouveau), à trois mille écus par jour. Il se fait une levée nouvelle de Suisses, qu'ils appellent aventuriers, pource qu'ils ne sont point de ceux que les Cantons doivent par leur traité, mais doivent servir aux assauts, escarmouches, et généralement en toute sorte d'occasions, ce que ne font pas les autres. Nous avons nouvelles de Bourgogne qu'en la levée des six mille, il s'en est trouvé en la montre, à Saint-Jean-de-Laune[3], plus de deux mille d'avantage[4], qui sont gens volontaires qui viennent pour apprendre le métier. On fait compte, outre cela, d'environ quinze mille hommes de pied françois; et pour la cavalerie, il y aura trois mille chevaux payés, c'est-à- 1610

2. Claude de Bullion, marquis de Gallardon, seigneur de Bonelles, conseiller au parlement de Paris (1599), maître des requêtes (1605), surintendant des finances (1632), président à mortier (1636), mort le 22 décembre 1640.

3. *Montre*, revue. — Saint-Jean-de-Losne (Côte-d'Or).

4. *D'avantage*, en outre, en surplus.

1610 dire des gendarmes et chevaux légers, qui sont entretenus en temps de paix comme des compagnies du Roi, de la Reine, Monsieur le Dauphin et autres ; cinq cents carabins, dont M. de Gié, frère de Madame la marquise, a le commandement ; et puis la cornette blanche, qui se montera à plus de quinze ou dix-huit cents chevaux. Les États fournissent douze mille hommes de pied, savoir quatre mille François, quatre mille Anglois, et quatre mille Hollandois, et quinze cents chevaux. Les Allemands de notre parti baillent vingt-cinq mille hommes de pied et quatre mille chevaux. Spinola se trouvera entre eux et nous ; son armée est de quinze à seize mille hommes de pied, deux mille chevaux, et ce qui viendra de la part de l'Empereur. L'ambassadeur de l'Archiduc dit hier à quelqu'un, de qui je le tiens, que son maître avoit retenu Madame la Princesse, pour obliger le Roi et Monsieur le connétable, qui l'avoient prié d'empêcher qu'elle n'allât en Espagne, où son mari la vouloit envoyer, et que pour la retenir, il avoit promis à Monsieur le Prince de la lui garder, de sorte qu'il n'y avoit point d'apparence qu'il la renvoyât, et encore moins lui étant demandée avec menaces de lui faire la guerre, s'il ne la rend. Il ajouta à cela qu'il se lève, outre l'armée de Flandres, une armée en Espagne et une autre[5] en Italie, qui seront sur pied dans un mois ; je ne sais ce qui en sera. Il vient un légat de la part du Pape, que l'on dit devoir être ici dans huit ou dix jours. Le Roi[6] fait dépêcher le plus que l'on peut, afin qu'il soit déjà en l'armée quand il arrivera. Je pense qu'il accommodera ces affaires par la dissolution du mariage de Monsieur le Prince, à quoi tout semble assez

5. Malherbe a écrit par inadvertance : *en l'autre*, pour *une autre*.

6. Malherbe avait d'abord réuni les deux phrases et écrit : « de sorte que le Roi, etc. »

disposé. On parle de le remarier à Mme de Montpensier; 1610
je dis qu'on en parle, mais je n'en assure rien. En voilà trop sur cette matière; il faut sortir du sérieux pour parler du délectable. Le couronnement se hâte tant que l'on peut; le Roi dit que ce sera mardi; Monsieur le Grand, jeudi pour le plus tôt, et pour le plus tard de dimanche en huit jours : car on m'a dit aujourd'hui que M. de Rodes [7], suivant le dû de sa charge, ayant consulté les livres rituaux, a fait rapport qu'il faut que ce soit un jour de fête : l'entrée se fera huit ou dix jours après. On fait des diligences extrêmes, mais les apprêts sont si grands qu'ils ne se peuvent faire sans beaucoup de temps; je ne vous en dirai rien, pource que toutes les choses [8] n'y sont pas du tout résolues, et se présente tous les jours quelque nouvelle difficulté. La reine Marguerite y sera, en qualité de fille de France, en même litière que Madame, Madame tenant la place d'honneur comme fille du roi régnant; elles auront leurs manteaux à trois rangs de fleurs de lis : la reine Marguerite a demandé que le sien fût tout couvert, et sa couronne fermée, comme retenant la qualité de reine, suivant la promesse que le Roi lui en a faite; je ne sais si elle l'obtiendra. Après les litières de la Reine et les leurs, marcheront les dames à cheval : les quatre premières sont les quatre princesses du sang, puis Mme de Vendôme, Mlle de Vendôme, Mlle du Maine, Mme la duchesse de Rohan, Mlle de Rohan, et puis le reste selon leurs qualités. Aujourd'hui il n'étoit pas encore résolu si Mme la comtesse de Soissons y seroit, pource que Monsieur son mari prétend que

7. Guillaume Pot, seigneur de Rhodes, grand maître des cérémonies de France, mort en 1616.

8. Il y avait d'abord *toutes choses;* Malherbe a ajouté *les*, au-dessus de la ligne. — Cinq lignes plus bas, et à la première ligne de la page suivante, il a substitué *manteaux* à *robes*.

1610 les princesses du sang doivent avoir leurs manteaux à trois rangs de fleurs de lis, et dit que si on ne le lui accorde, elle ne s'y trouvera pas; l'on lui débat au contraire que les fleurs de lis n'appartiennent qu'aux filles de France[9], et qu'il ne s'est fait qu'une seule fois autrement, par des considérations qui n'ont point de lieu en cette occasion. Mlle de Rohan a eu bien de la peine à obtenir le rang qu'elle a, et enfin il lui a été accordé par gratification, et sans attribution d'aucun droit au préjudice des personnes qui y prétendent intérêt. M. de Raiz fut hier fiancé avec Mlle de Chemilly, où étoit toute la cour, hormis M. de Montmorency[10]. Samedi se doivent faire les noces. M. d'Aiguillon est malade à Soissons. M. du Maine a obtenu du Roi que M. d'Elbeuf[11] fera sa charge de grand chambellan. Je suis au bout de mon rôlet, aussi est-il temps de finir cet ennuyeux discours. Dieu veuille que la première nouvelle que vous aurez de moi soit que Monsieur le légat ait avancé quelque chose! Les poltrons comme moi ont besoin de la paix, mais encore le plus le pauvre peuple, qui est ruiné partout où passent les troupes; car elles font des désordres incroyables et ne respectent rien, jusques à avoir logé aux villages de M. de Sully et battu le juge de Sully, qui leur en alla faire quelque remontrance. Vous pouvez juger en quel état est la pauvre Champagne, où est le rendez-vous de l'armée. Adieu,

9. Malherbe avait d'abord écrit : « l'on lui débat au contraire que cela n'appartient qu'aux filles de France, » et trois lignes plus bas : « a eu bien de la peine à en obtenir le rang; » *qu'elle a* est en interligne.

10. Son premier mari. Voyez plus haut, lettre 60, p. 133, note 3.

11. Charles de Lorraine, duc d'Elbeuf, né en 1596, mort le 5 novembre 1657. — A la ligne suivante il y avait d'abord *rolle*, que Malherbe a changé en *rollet*, en ajoutant après coup un *t*.

Monsieur : pour l'honneur de Dieu, excusez-moi pour cette fois à MM. les présidents du Vair et de la Ceppède, car je ne vois goutte de sommeil. Je suis leur très-humble serviteur et le vôtre. 1610

Monsieur, donnez-moi congé de baiser bien humblement les mains à M. de Valavez, et de lui dire que je suis son très-humble serviteur.

---

70. — A Paris, ce 19e de mai.

Monsieur, vous verrez, par un mémoire que Marc-Antoine vous fera voir, les particularités de cette pitoyable nouvelle que je m'assure vous aurez déjà sue, de la mort de notre bon roi. Cet abominable de qui le diable s'est servi à cette occasion est d'Angoulême, nommé François de Ravaillac, homme de trente-cinq ans, les cheveux d'un châtain noir, la barbe rouge, haut et puissant, les épaules larges, et[1] l'estomac de même; il a les yeux gros et fort enfoncés en la tête, les narines fort ouvertes; et à le prendre tout ensemble, il est extrêmement mal emminé. Il m'a été dépeint comme cela par ceux qui l'ont vu. Je suis allé après dîner à la Conciergerie pour le voir, si d'aventure on le menoit devant Messieurs; mais cela avoit déjà été fait dès ce matin, tellement que ce sera, Dieu aidant, pour vendredi prochain. J'ai vu en ce beau lieu-là ce faiseur de livres de vos quartiers[2] : il a feint de ne me connoître pas, encore que je lui aye dit mon nom et donné des enseignes de l'avoir autrefois vu en Pro-

Lettre 70. — 1. Après *et* Malherbe avait d'abord écrit ces trois mots : « le devant de, » qu'il a ensuite effacés.

2. Bandole. Voyez plus haut, lettre 68, p. 158 et 159.

1610 vence. Je vous ai écrit par ci-devant qu'il étoit en peine pour un livre qu'il avait fait des *Parjures;* son arrêt a été qu'il est banni pour trois ans, et son livre sera lacéré, autres m'ont dit brûlé. Il a parlé de l'accord de Messieurs du parlement de Provence, et par occasion est tombé sur M. du Vair, lequel il a fort loué; ce qui m'a fait penser qu'il me connoissoit : comme de fait, comme nous avons été hors de là, un de mes amis, qui l'a vu ailleurs, m'a dit que ma présence avoit été cause de le faire parler de cette façon. Je ne sais comme ce discours est venu au bout de ma plume, car je n'y avois pas pensé, n'estimant pas[3] que l'homme en fût digne; mais je me suis d'autant diverti[4] de cet autre détestable sujet. Je ne vous écris rien du couronnement, car à quel propos la mention de joie parmi tant d'occasions de s'affliger? Notre bonne reine commence pour le moins sa régence le plus heureusement qu'on le pouvoit souhaiter; Dieu fasse que la fin réponde au commencement! je l'en prie de tout mon cœur, et vous, Monsieur, que vous m'aimiez toujours, et toujours me teniez pour votre très-humble et affectionné serviteur.

Monsieur, je vous prie assurer M. de Valavez que je suis son serviteur[5].

3. *Pas* a été ajouté après coup, au-dessus de la ligne.
4. *Diverti*, distrait, détourné.
5. Malherbe paraît avoir ajouté ce post-scriptum sur la lettre déjà pliée. Il est au dos, à la même hauteur que la suscription, mais écrit en sens inverse.

71. — A Paris, le mécredi 19e de mai[1]. 1610

Jeudi au soir[2], au retour du couronnement de la Reine, un nommé la Brosse[3], qui a été médecin de M. de Soissons[4], dit à M. de Vendôme qu'il avertît le Roi que le lendemain il courroit une grande fortune; que s'il en échappoit, il iroit encore jusques à vingt-cinq ans. Cet avis fut donné au Roi par M. de Vendôme; mais il n'en fit que rire, et pensa qu'il en seroit comme d'une infinité d'autres qu'il avoit reçus sur ce même sujet. Sa réponse fut: « C'est un fou, et vous en êtes un autre. » Le lendemain au matin, soit que le Roi pensât à cet avis, ou autrement, il pria Dieu extraordinairement, et même se fit apporter ses Heures dans le lit; de là il s'en alla aux Tuileries selon sa coutume, et ouït messe aux Feuillants. Après dîner, il fut quelque temps au cabinet de la Reine, où il fit et dit mille bouffonneries avec Mme de Guise et Mme de la Châtre[5]. Mme de Guise sortit pour s'en aller solliciter un procès, et lui un peu après pour s'en aller à l'Arsenac. Il délibéra longtemps s'il sortiroit, et plusieurs fois dit à la Reine : « Ma mie, irai-je, n'irai-je pas? » Il sortit même deux ou trois fois, et puis tout d'un coup retourna, et disoit à la Reine : « Ma mie, irai-je encore? » et faisoit de nouvelles doutes d'aller ou de de-

Lettre 71. — 1. Cette pièce n'est point autographe. C'est probablement le mémoire que Malherbe a envoyé à son fils Marc-Antoine et dont il parle dans la lettre précédente.

2. Le 13 mai.

3. Le vieux la Brosse, comme l'appelle l'Estoile, qui rapporte aussi la prédiction, faisait profession d'astrologie. Du reste, Malherbe dément plus loin ce qu'il rapporte ici. Voyez la lettre du 26 juin, p. 181.

4. Charles de Bourbon, comte de Soissons, le dernier des fils de Louis Ier, prince de Condé, né en 1556, mort en 1612.

5. Jeanne Chabot, mariée en secondes noces à Claude de la Chastre, maréchal de France.

1610 meurer. Enfin il se résolut d'y aller, et ayant plusieurs fois baisé la Reine, lui dit adieu; et entre autres choses que l'on a remarquées, il lui dit : « Je ne ferai qu'aller et venir, et serai ici tout à cette heure même. » Comme il fut au bas de la montée, où sa carrosse l'attendoit, M. de Praslin, son capitaine des gardes, le voulut suivre. Il lui dit : « Allez-vous-en, je ne veux personne; allez faire vos affaires. » Ainsi n'ayant autour de lui que quelques gentilshommes et des valets de pied, il monta en carrosse, se mit au fond à la main gauche et fit mettre M. d'Espernon à la main droite : auprès de lui à la portière étoit M. de Montbazon, M. de la Force; à la portière du côté de M. d'Espernon étoit M. le maréchal de Laverdin, M. de Créquy[6]; au devant, M. le marquis de Mirebeau[7] et Monsieur le Premier[8]. Comme il fut à la Croix-du-Tiroir, on lui demanda où il vouloit aller; il commanda qu'on allât vers Saint-Innocent. Étant arrivé à la rue de la Ferronnerie, qui est la fin de celle de Saint-Honoré, pour aller à celle de Saint-Denis, devant la Salamandre, il se rencontra une charrette, qui obligea la carrosse du Roi à s'approcher plus près des boutiques de quincailleurs qui sont du côté de Saint-Innocent, et même d'aller un peu plus bellement, sans s'arrêter toutefois, combien qu'un qui s'est hâté d'en faire imprimer le discours l'ait écrit de cette façon. Ce fut là qu'un abominable assassin, qui s'étoit rangé contre la prochaine boutique, qui est celle du *Cœur couronné percé d'une flèche*,

6. Créquy n'est pas mentionné par l'Estoile.

7. Jacques Chabot, marquis de Mirebeau, comte de Charny, lieutenant général au gouvernement de Bourgogne, mort le 29 mars 1630.

8. Charles du Plessis, seigneur de Liancourt, comte de Beaumont-sur-Oise, baron de Montlouet et de Gallardon, premier écuyer de la petite écurie du Roi, nommé (1604) gouverneur de Metz, puis gouverneur de Paris.

se jeta sur le Roi et lui donna, coup sur coup, deux coups de couteau dans le côté gauche : l'un, prenant entre l'aisselle et le tetin, va en montant sans faire autre chose que glisser; l'autre prend contre la cinq et sixième côte, et, en descendant en bas, coupe une grosse artère, de celles qu'ils appellent *veineuses*. Le Roi, par malheur et comme pour tenter davantage ce monstre, avoit la main gauche sur l'épaule de M. de Montbazon, et de l'autre s'appuyoit sur M. d'Espernon, auquel il parloit. Il jeta quelque petit cri, et fit quelques mouvements. M. de Montbazon lui ayant demandé : « Qu'est-ce, Sire? » il lui répondit : « Ce n'est rien, ce n'est rien, » par deux fois; mais la dernière il le dit si bas qu'on ne le put entendre. Voilà les seules paroles qu'il dit depuis qu'il fut blessé. Tout aussitôt la carrosse tourna vers le Louvre. Comme il fut au pied de la montée où il étoit monté en carrosse, qui est celle de la chambre de la Reine, on lui donna du vin. Pensez que quelqu'un étoit déjà couru devant porter cette nouvelle. Le sieur de Cerisy, lieutenant de la compagnie de M. de Praslin, lui ayant soulevé la tête, il fit quelque mouvement des yeux, puis les referma aussitôt sans les plus ouvrir. Il fut porté en haut par M. de Montbazon [9], le comte de Curson [10] en Quercy, et mis sur le lit de son cabinet, et sur les deux heures porté sur le lit de sa chambre, où il fut tout le lendemain et le dimanche, où chacun alloit lui donner de l'eau bénite. Je ne vous dis rien des pleurs de la Reine, cela se doit imaginer. Pour le peuple de Paris, je crois qu'il ne pleura jamais tant qu'à cette occasion. Tout le monde monta à cheval, les uns allant aux portes, les

1610

9. Hercule de Rohan, duc de Montbazon, pair et grand veneur de France, mort le 16 octobre 1654, à quatre-vingt-six ans.

10. Frédéric de Foix, comte de Curson et de Fleix, grand sénéchal de Guienne (1616), mort en 1622.

1610 autres aux places, les autres aux ponts, avec une affection extrême de témoigner sa fidélité. L'on envoya quand et quand[11] deux compagnies des gardes à M. de Sully, pour conserver l'Arsenac et la Bastille s'il en étoit besoin; mais tout cela fut inutile, car jamais il n'y eut autre trouble que celui de la douleur générale qu'apporta ce pitoyable inconvénient. On donna des gardes aux ambassadeurs, et mêmement à celui d'Espagne, que le peuple vouloit tuer à l'heure même, et l'eût fait sans M. de Corbozon[12], qui l'en empêcha; les gardes lui furent levées devant-hier. Le lendemain, le Roi et la Reine allèrent au parlement, accompagnés de tout ce qu'il y avoit de princes et de grands en cette cour, hormis de M. de Vendôme; Madame sa femme y fut, qui contesta le rang avec Mme de Longueville, qui lui demeura. Il s'y passa quelques autres particularités; mais ce ne seroit jamais fait : il suffit de dire que d'un consentement universel, le Roi fut couronné, et la Reine déclarée régente. Le jour même, il en fut fait de même à Rouen et à Orléans, et partout généralement il ne se parle que de concorde et d'obéissance. Ce coquin est d'Angoulême, nommé François de Ravaillac, grand et puissant homme, âgé d'environ trente-cinq ans, la barbe rouge et les cheveux noirs; il est extrêmement résolu et jusques ici n'avoit rien dit, sinon que ce matin. On ne dit point ce qu'il a dit[13]. On parle si diversement de lui que

11. *Quand et quand*, en même temps.

12. Probablement Louis de Courbouzon-Montgommery, fils du capitaine calviniste de ce nom qui joua un grand rôle dans les guerres de religion et était le frère du comte de Montgommery, décapité en Grève le 26 juin 1574. Malgré son illustration, la maison de Montgommery n'a pas encore trouvé de généalogiste.

13. Voyez dans les *Mémoires du duc de Luynes*, tome VI, p. 359, une singulière mais très-peu croyable anecdote sur les motifs qui auraient poussé Ravaillac à commettre son crime.

ne sais quasi qu'en écrire. Monsieur d'Aix[14] le fut voir, auquel il répondit de sorte que l'on dit qu'il ne jugeoit pas qu'il fût à propos de le faire trop parler. Il dit qu'il étoit résolu à tout ce qu'on lui voudroit ou qu'on lui voudra faire endurer; toutefois on lui a dit qu'on alloit écorcher devant lui son père et sa mère, et de fait on les est allé querir; cela lui a un peu attendri le cœur. Il fut trouvé saisi de quelques billets pleins de croix et caractères inconnus. M. de Vitry, qui le garda au commencement, dit qu'il en avoit vu un où au-dessus étoit écrit : *Stances pour empêcher de sentir les douleurs des supplices.* Il dit que de tout autre jour il ne pouvoit courir fortune qu'au vendredi, mais qu'il avoit vu l'occasion trop belle pour la laisser perdre. Son couteau étoit une espèce de baïonnette[15], qu'il dit avoir prise en un cabaret; le manche en est blanc, il n'a qu'environ deux doigts de dos, le reste est tranchant des deux côtés. Il dit qu'il y a fort longtemps qu'il a cette résolution, et que plusieurs fois il l'a quittée, toutefois qu'elle lui est toujours revenue. Il s'est confessé, à ce qu'il dit, plusieurs fois d'un homicide volontaire, toutefois qu'il n'a jamais désigné à ses confesseurs que ce fût le Roi, d'autant qu'il sait bien qu'en matière de crime de lèse-majesté les confessions se révèlent; il a nommé entre ses confesseurs un jésuite nommé le P. d'Aubigny. Il a été trois ans feuillant; mais ayant eu quelque vision, qu'il révéla aux religieux, ils le chassèrent de leur couvent. Enquis d'où lui étoit arrivée premièrement cette méchante

1610

14. Paul Hurault de l'Hospital. Voyez lettre 17, p. 39, note 4.

15. Le manuscrit porte *espee de baïonnette;* le *c* a sans doute été omis par inadvertance. — Il y a très-peu d'années que l'on a cessé de montrer au Musée d'Artillerie, comme étant le couteau de Ravaillac, une arme qui n'avait aucune ressemblance avec celle que décrit Malherbe. Suivant l'arrêt, l'instrument du crime dut être jeté au feu avec les membres du supplicié.

1610 pensée, il dit que comme il fut en la conciergerie de cette ville, où il a été longtemps prisonnier (les uns disent à cause d'un vol dont il se purgea; il dit qu'il y étoit pour six mille francs auxquels il étoit condamné), dit qu'étant un soir dans sa chambre, seul, il vit voler près de sa chandelle un papillon, qu'il jugea plus grand que les autres; que plusieurs fois il le voulut prendre, mais toujours il disparoissoit : cela lui fit croire que c'étoit autre chose qu'un papillon. Après avoir rêvé quelque temps, il se coucha sur la paille; et s'étant endormi, il lui fut avis qu'il voyoit soixante hommes armés de toutes pièces, qui se battoient auprès de lui, et qu'ayant discouru quelque temps là-dessus en lui-même, il jugea que c'étoit un préjugé de guerre, et que le moyen de continuer la paix et le repos étoit de tuer le Roi. Comme on lui remontra que c'étoit au contraire le moyen d'allumer la guerre, il dit qu'il le reconnoissoit bien à cette heure, mais que lors il ne le jugeoit pas comme cela. Lorsque le bruit de la mort du Roi fut porté chez M. de Beaulieu[16], il y avoit un nommé Bouchet, qui a longtemps demeuré en Flandres, qui dit tout aussitôt qu'il se doutoit bien qui avoit fait le coup, et conta que depuis environ un an, il y a en ce pays-là dix-huit ou vingt qui font pénitence publique, et tous les mécredis et samedis se battent emmi les rues; le plus méchant d'entre eux s'appelle *le Roi* et est couronné d'épines. Ce sont tous gens qui, à juger par leurs pénitences, doivent avoir fait des méchancetés exécrables, et qui sont aisés à induire en leur proposant quoi que ce soit pour accourcir leur pénitence, et se soumettent de faire tout ce qui leur est commandé par un confesseur.

16. Martin Ruzé, seigneur de Beaulieu, de Chilly, de Longjumeau, secrétaire d'État sous Henri III et sous Henri IV, mort le 16 novembre 1613.

Il avoit opinion que cela pouvoit venir de quelqu'un de cette manière de gens, pource qu'il avoit vu depuis quatre jours leur roi en cette ville. Ces gens s'appellent *battus*, et lui le *roi des battus*. Ce Bouchet fut tout aussitôt mené reconnoître ce criminel, mais il trouva que ce n'étoit pas lui. Les uns disent qu'il a été maître d'école à Tours ; les autres, à Montpellier; les autres, qu'il a été des gardes de l'Archiduc; les autres, son laquais; aucuns disent qu'il est marié à Bruxelles, et qu'il a trois enfants; la plupart ne croyent pas qu'il soit marié; bien tient-on pour certain qu'il a été maître d'école. Il a été pris trois ou quatre autres coquins, l'un pour avoir dit que le fils ne survivroit guère après; l'autre, qu'il y avoit beaucoup de gens qui prioient Dieu pour ce maraud, et qu'il en étoit un, et que quant à lui il avoit eu autrefois la même imagination. Il a été pris aussi un gentilhomme qui, voyant passer le Roi, dit : « Voilà un beau roi ! » On ne parle que de telles pestes, et cela, grâce à Dieu, est le plus grand trouble que nous ayons; car tout est aussi tranquille ici et par tous les quartiers de deçà, que s'il n'étoit point arrivé de changement. L'on prépare les funérailles du Roi; je crois que vendredi prochain l'effigie sera mise en public; cette cérémonie se fera aux Tuileries, pour empêcher que tout le monde ne vienne au Louvre, et aussi qu'il sera plus à propos que cela se fasse hors du lieu où est le nouveau roi. Pour cette heure le corps du Roi est dans une bière de plomb, en la chambre qui va des cabinets à la galerie, sur un lit couvert de drap d'or frisé, avec une croix de satin blanc; deux archers du hoqueton blanc[17], l'un d'un côté, l'autre de l'autre, sont au chevet du lit; et au pied deux hérauts d'armes avec leurs cottes, qui sont 1610

17. Les compagnies des archers étaient distinguées par la couleur de leur casaque ou hoqueton.

1610 celles mêmes qu'ils portoient au couronnement. A la main droite du lit est un autel où l'on dit messe tous les jours, et des deux côtés du lit y a toujours des religieux qui prient; le lit est entre les deux croisées qui regardent sur la Seine, les pieds viennent vers la cheminée. Le roi Henri troisième sera enterré quatre ou cinq jours auparavant : il y en avoit qui proposoient de les enterrer l'un quand et l'autre; mais la Reine ne l'a pas voulu. Je crois que, cela fait, le Roi fera son entrée. Tous les arcs qu'on avoit dressés demeurent, et en a-t-on seulement ôté les tableaux. Je suis las d'écrire, mais si vous dirai-je encore que M. de Guise a protesté à la Reine qu'il ne permettra plus que M. de Vendôme le précède, et que ce qu'il en a fait autrefois, ç'a été pour le respect du Roi. Ceci me fait ressouvenir d'un des points de la harangue que fit Monsieur le premier président[18], quand la Reine fut déclarée régente, qui est que l'âge et l'expérience du feu Roi, le bien qu'il avoit fait à la France de l'avoir tirée de tant de misères, avoit été cause qu'ils ont passé au parlement beaucoup de choses contraires au bien du peuple; mais à l'avenir si on leur en proposoit de semblables, ils supplioient le Roi et la Reine de les excuser s'ils en usoient d'autre façon. On a conseillé à M. de Sully de remettre ses charges; il dit qu'il le veut faire : ses amis l'en pressent, et croit-on qu'il le fera, quoique la Reine les lui aye confirmées. Comme M. de Soissons fut venu, il l'alla treuver et l'accompagna au Louvre. J'avois dit qu'il n'y avoit rien de changé; mais si a; et ne fût-ce que cela. L'armée demeure debout jusques à ce que l'on aye vu ce que diront les étrangers.

18. Du parlement de Paris, Achille de Harlay.

72. — [Juin[1].]

1610

MONSIEUR, il ne s'en est rien fallu que vous n'ayez rien eu de moi par ce porteur; ma vengeance ne sera que demie, je vous écrirai, mais ce sera peu : aussi bien je m'assure que nous n'avons pas la moitié des nouvelles que l'on vous conte par delà. Les portes furent fermées, il y a trois ou quatre jours, pour chercher un qui avoit dit que les choses iroient mieux qu'elles n'avoient fait durant la vie du feu Roi. Je m'assure que l'on vous aura dit ce qui fut dit ici, que c'étoit un qui avoit dit que le fils ne vivroit pas longtemps après le père, et que plutôt il le tueroit lui-même : quoi que c'en soit, il ne fut point pris. L'on avoit cherché aussi le jour précédent le prévôt de Pluviers[2] (c'est une petite villette de la Beauce), pource que le jour que le Roi fut tué, et à l'heure même, étant à jouer aux quilles en un jardin, il dit tout haut à la compagnie : « Messieurs, à cette heure même le Roi vient d'être tué ou fort blessé. » Il en fut informé[3], et les informations apportées par deçà. J'ai parlé à l'homme qui les a vues : il[4] ne fut non plus pris que l'autre. Pour moi, je le crois innocent, pource que le meurtrier même ne savoit pas à quelle heure il auroit moyen de faire son coup. L'on nous a conté ici le même d'une religieuse de Picardie, sœur de Villars-Houdan[5], qui s'écria, à ce qu'ils disent, que

LETTRE 72. — 1. Malherbe n'a pas daté cette lettre; Peiresc a écrit au dos : « juin 1610. »

2. Pluviers, aujourd'hui Pithiviers.

3. C'est-à-dire, on informa du fait.

4. Le prévôt. — Il fut arrêté plus tard. Voyez la lettre suivante, p. 181.

5. Suivant Richelieu, elle était religieuse de l'abbaye de Saint-Paul, près de Beauvais, et âgée de quarante ans. Son frère, Villars-Houdan, qui fut gouverneur de Dieppe, était, ajoute-t-il, « un gentilhomme assez connu du temps du feu roi (Henri IV), pour l'avoir servi en

1610 l'on tuoit le Roi, à l'heure même que la chose se faisoit; mais pource que en ces lieux-là il y naît force[6] miracles, et très-souvent plus de bons que de mauvais, j'ai peur qu'il n'y ait eu quelque mère Thérèse[7] qui nous ait produit cettui-ci. Le meilleur et le plus beau que j'y voye, c'est que l'obéissance est partout si grande que jamais elle ne le fut plus. On parle d'envoyer un grand secours en Clèves, et que M. de Nevers aura la charge de l'armée. S'il falloit vous écrire tout ce qui se dit et qui se fait[8] ici par le menu, je vous ferois plutôt un livre qu'une lettre. Contentez-vous que pour un si grand changement il n'y en eut jamais si peu : nous avons eu un grand roi, nous avons une grande reine; Dieu soit loué que les choses sont allées d'autre façon que les gens de bien n'avoient craint, et les méchants espéré! On se console partout, et jusques au Louvre; ce sont des merveilles de la bénédiction de Dieu sur ce royaume. Adieu, Monsieur, je suis votre serviteur très-humble.

M. de Valavez saura, s'il vous plaît, que je suis toujours son très-humble serviteur. Si vous avez à faire des arrêts[9] qui ont été faits par deçà, Marc-Antoine vous en fournira. Je ne vous en ai point envoyé pource que je crois que vous les avez eus d'ailleurs.

toutes ses guerres. » — L'édition de Blaise contient ici une singulière faute de lecture; on y lit : « une religieuse de Picardie, *près de Villers-Houdan.* »

6. Les mots *force;* plus loin *et très-souvent*, et trois lignes plus bas *partout*, ont été ajoutés après coup par Malherbe.

7. Allusion à sainte Thérèse, morte en 1582.

8. Le texte du manuscrit est : « tout ce qui se dit et qu'il se fait. »

9. Au sujet de Ravaillac, qui avait été supplicié en Grève, le jeudi 27 mai.

73. — A Paris, ce 26e juin. 1610

Monsieur, j'attendois à vous écrire que nous vissions la fin de nos cérémonies; mais puisque ce porteur s'offre, il ne s'en retournera point sans que je vous en écrive une partie : vous serez moins importuné de les lire à deux fois. L'effigie du Roi a été en vue durant onze jours : elle en fut ôtée lundi au soir[1]; le mardi et le mécredi furent employés à ôter les tapisseries d'or et de soie de la salle basse, et y en mettre de sarge[2] noire, avec une ceinture de veloux noir tout à l'entour; et lors le corps du feu Roi fut mis sur des tréteaux, au lieu même où avoit été l'effigie. Le jeudi, qui étoit le jour de la Saint-Jean, il ne se fit rien. Hier, qui étoit vendredi, le Roi lui fut donner de l'eau bénite; il partit pour cet effet de l'hôtel de Longueville, et vint au Louvre en cet ordre : le grand prévôt, habillé de sa robe et chaperon de deuil, entra le premier avec ses archers, qui sous leurs casaques avoient des robes de deuil; après venoient les cent gentilshommes avec leurs becs-de-corbin en la main; ceux-ci étoient suivis de quatre-vingts ou cent gentilshommes, des principaux de la cour, et de quelques officiers, tous avec la robe de deuil. Le Roi étoit conduit par deux cardinaux, Joyeuse[3] à main droite, et Sourdy[4] à gauche; il étoit vêtu d'une robe de sarge violette, et avoit sur la tête un chaperon de même couleur : sa robe avoit cinq queues; celles de devant étoient portées par M. le chevalier de Guise à main gauche, et M. le prince de Joinville à main droite; les deux d'après, par M. le comte de Soissons à

Lettre 73. — 1. Le 21 juin. — 2. *Sarge*, serge.

3. François, cardinal-duc de Joyeuse, archevêque de Narbonne, puis de Rouen, mort doyen des cardinaux le 23 août 1615.

4. François d'Escoubleau, cardinal de Sourdis, archevêque de Bordeaux (1599), mort le 28 février 1628, à cinquante-deux ans.

1610 main droite, et M. de Guise à gauche; celle du milieu, par M. le prince de Conty. L'entrée de la salle étoit à la porte du bout, et pour cet effet le Roi et le convoi[5] entroit par la porte qui va au grand degré, où il étoit attendu par MM. les maréchaux de Laverdin, Brissac et Bois-Dauphin[6], au bas de trois marches qu'il falloit qu'il montât; et au haut justement, sous la porte, étoit Monsieur le Grand : tous vêtus de robes de deuil, avec leurs colliers de l'ordre par-dessus. La queue de Monsieur étoit portée par M. de Béthune[7], celle de Monsieur le Duc[8] par le comte de Curson; derrière le Roi et Messieurs ses frères il n'y avoit que MM. de Montbazon et d'Espernon, comme ducs; après eux il n'y avoit que de la confusion. Le Roi fut quelque temps dans la salle, et puis sortit avec sa suite par la porte du milieu de la salle qui est vis-à-vis de la porte du Louvre, et s'en alla à sa chambre par le degré du coin. Aujourd'hui, de matin, le parlement et la cour des comptes, et quelques autres, y sont venus; mais je me suis contenté d'y avoir vu le Roi. Les ambassadeurs y doivent venir, qui dit après dîner, qui dit demain : tant y a que la basse cour du Louvre demeure toujours tendue de quatre ceintures de sarge et une ceinture de veloux; les sarges vont jusque devant la porte du Louvre, mais le veloux n'est que dans la basse cour. Je vous ai récité tout d'un train cette cérémonie, je retourne à celle de l'effigie. Il se fit deux effigies par commandement, du Pré en fit l'une, et Grenoble[9] l'autre;

5. *Et le convoi* a été ajouté au-dessus de la ligne.

6. Urbain de Laval, seigneur de Bois-Dauphin, marquis de Sablé, maréchal de France, mort le 27 mars 1629.

7. Philippe de Béthune, gouverneur de Monsieur, ambassadeur à Rome, en Italie, en Allemagne, mort en 1649, à quatre-vingt-huit ans.

8. Le troisième fils de Henri IV, Gaston.

9. Guillaume (et non Georges) Dupré, habile graveur en mé-

il s'en fit une troisième par un Baudin, d'Orléans, qui se voulut faire de fête, sans en être prié : celle de Grenoble l'emporta, pource qu'il eut des amis; elle ressembloit fort à la vérité, mais elle étoit trop rouge, et étoit faite en poupée du Palais. Celle du Pré au gré de tout le monde étoit parfaite; je fus pour la voir, mais elle étoit déjà vendue. Je vis celle de Baudin, qui n'étoit point mal. Cette effigie fut vêtue d'un pourpoint de satin cramoisi rouge, d'une robe de veloux violet fleurdelisée et doublée d'hermines, et d'un manteau de même; un bonnet de satin cramoisi en tête, et une couronne par-dessus; les bottines étoient de veloux violet fleurdelisé, les semelles de veloux cramoisi rouge; le lit sur lequel elle étoit en son séant, avec des carreaux de drap d'or qui lui soutenoient le dos, étoit couvert d'un drap d'or frisé, bordé à l'entour de veloux violet fleurdelisé, qui couroit jusques au bas des trois marches du haut dais sur lequel l'effigie étoit relevée. Des deux côtés de l'effigie étoient deux carreaux de drap d'or, sur l'un desquels, à main droite, étoit le sceptre, et sur l'autre, à main gauche, la main de justice. Des deux côtés de l'effigie étoient deux autels, où il y avoit à chacun deux cierges de cire blanche, brûlant continuellement; et aux pieds de l'effigie en étoient quatre autres, puis un siége avec un carreau auprès, pour s'agenouiller quand on viendroit prier Dieu pour le Roi; et un peu plus loin en étoit un autre couvert de drap d'or, tout de même que l'autre, sur lequel y avoit un bénitier 1610

dailles du commencement du dix-septième siècle. Voyez son œuvre dans le *Trésor de numismatique et de glyptique. Médailles françaises*, IIe partie. — Matthieu Grenoble figure sur les états de la maison de Henri IV et de celle de Louis XIII (années 1599 et 1611) avec le titre de sculpteur valet de chambre aux gages de trente-trois livres, puis de cent livres. (Archives de l'Empire, *Cour des Aides*, Maison du Roi, États généraux des officiers, Registre I.)

1610 pour donner de l'eau bénite. Du côté droit de l'effigie étoient[10] de longs bancs couverts de drap d'or, sur lesquels se mettoient ceux qui étoient de garde; et de l'autre, à main gauche, étoient les gens d'Église : aux bouts de ces bancs qui étoient vers l'effigie, étoient, par chaque premier banc, deux chaises de drap d'or pour les grands qui seroient de garde. J'y fus à l'heure du souper de l'effigie, mais il n'y avoit personne; quand j'y arrivai, M. de Vendôme y étoit, mais il étoit sur le point de partir, et n'étoit que sur le banc; Mme d'Angoulême y vint, mais elle ne fit que donner de l'eau bénite et s'en aller. Tout ce que dessus étoit séparé du reste de la salle par des barrières; il y avoit une entrée au milieu et deux aux deux bouts. La salle étoit toute tendue de tapisserie d'or et de soie, et ces grandes étaies de bois que vous y avez vues étoient couvertes de drap d'or. La table du souper étoit à cinq ou six pas de l'effigie, entre deux piliers; le service en fut fait ni plus ni moins que le Roi étoit servi lorsqu'il vivoit, sans que l'on criât[11] ni grand panetier, ni grand sommelier, comme on se le faisoit croire. A toutes les croisées de la salle, qui sont douze ou quinze, il y avoit un autel à chacune, et s'y disoit cent messes par jour. Devant que l'effigie fût mise en la salle, le Roi, depuis sa mort, avoit été continuellement en sa chambre sous un lit couvert d'un drap d'or et une grande croix de

10. Il y a *étoit*, au singulier, dans l'autographe.

11. Ce mot est très-mal écrit et difficile à lire. La copie Fortia porte *creust*, que M. Bazin a corrigé en *vît;* mais c'est *criât* qu'il faut lire. On en trouve l'explication dans le passage suivant de l'*État de la France* (1749, tome I, p. 130) : « Le grand pannetier ne sert ordinairement que dans les grandes cérémonies, suivant l'ancien usage.... Lorsque Sa Majesté est sortie de sa chambre pour aller à la messe, le Sert d'eau crie par trois fois du haut d'un balcon ou du haut de l'escalier : *Messire N..., grand pannetier de France au couvert pour le Roi.* » — Il en était de même pour le grand sommelier.

satin blanc au milieu, avec deux autels des deux côtés, et deux bancs aux pieds du lit, pour ceux qui étoient de garde et pour les religieux qui y chantoient continuellement. Chaque grand de la cour, prince, maréchal, ou officier, avoit deux heures de service à l'effigie, avec dix ou douze gentilshommes à la fois. Le corps est à cette heure sur des tréteaux, dans un coffre, couvert d'un drap d'or et une grande croix de satin blanc; sur le coffre, à l'endroit de la tête, sont deux carreaux de drap d'or l'un sur l'autre, et dessus une couronne d'or. Je ne sais si j'oublie quelque chose; si je le fais, excusez ma mémoire, qui ne vaut rien. Pour la cérémonie du couronnement, le récit en est hors de saison, comme est celui de l'exécution du coquin[12]. Je vous avois mandé[13] que la Brosse avoit fait avertir le Roi que lendemain il seroit tué, ou courroit la plus grande fortune qui se peut courir sans mourir; mais il n'en est rien. Celui qui l'avoit dit tout haut dans la chambre de la Reine, et qui se vantoit que la Brosse s'étoit adressé à lui, se donnoit cette vanité, comme depuis il s'est vérifié : l'on dit qu'il est assez coutumier de faire de semblables traits. Je vous avois écrit du prévôt de Pluviers[14] : depuis il a été pris; et craignant que ses affaires n'allassent pas bien, non pour aucun dessein contre le Roi, mais pour magie et fausse monnoie dont il étoit accusé, il s'est étranglé dans la prison, et fut brûlé publiquement il y a aujourd'hui huit jours[15]. Le livre de Mariana[16] a aussi été brûlé publique- 1610

12. De Ravaillac. — 13. Voyez lettre 71, p. 167.

14. Voyez la lettre précédente, p. 175, et le *Mercure françois*, année 1610, p. 493 v°.

15. Malherbe avait mis d'abord : « il y aura demain huit jours. »

16. *De rege et regis institutione*, Tolède, 1598; Mayence, 1605. Ce livre dont l'auteur, Jean Mariana, jésuite espagnol, mourut en 1624, avait en partie pour but de justifier l'assassinat de Henri III.

1610 ment, et semble que les jésuites sont beaucoup déchus de leur crédit, pource qu'on leur impute cette doctrine de tuer les tyrans. Je ne sais ce qui en est, mais les curés déclament fort haut contre eux ; et s'ils ont fait ce qu'on dit, d'avoir voulu divertir M. le maréchal de la Châtre[17] d'aller en Clèves, ce sera pis que jamais. M. le maréchal les excuse tant qu'il peut, et dit que ce qu'il en avoit dit étoient choses qu'il avoit imaginées ; mais on croit le premier avis. Tant y a qu'il est parti. Son armée est de cinq mille hommes de pied françois, trois mille Suisses et douze cents chevaux ; les douze mille hommes de pied et quinze cents chevaux de Hollande le viennent joindre vers Trèves, et de là ils s'en vont joindre nos alliés. Il demanda une faveur à la Reine, comme ayant l'honneur d'être son premier capitaine ; elle lui donna une chaîne de diamants de cinq ou six cents écus. Le roi Henri IIIe fut enterré mardi au soir à Saint-Denis, dans le caveau de cette chapelle que la Reine sa mère avoit fait faire. Le mécredi, le service fut fait par M. le cardinal de Joyeuse, qui y alla le mardi au soir pour cet effet. Monsieur le Grand et M. d'Espernon allèrent, il y a aujourd'hui huit jours, à Compiègne, querir le corps avec quatre-vingts ou cent chevaux. L'on pensoit mettre la feue Reine mère au même caveau, mais il y eut de la peine à y mettre le Roi son fils : il faudra du temps pour ranger les coffres qui y sont, et lui faire place ; elle est cependant dans un coffre de plomb, recouvert d'un autre de bois, sans drap, sans cierge, et sans autre chose que ce qu'auroit une bien chétive damoiselle. La fortune se joue des rois en leur vie et en leur mort, afin qu'ils se souviennent qu'ils sont du

17. Claude de la Châtre, baron de la Maisonfort, maréchal de France, gouverneur du Berry, mort le 18 décembre 1614, à soixante dix-huit ans.

nombre des hommes[18]. Mardi dernier, le père portugais[19], ayant convié ses amis des grands de la cour pour venir ouïr l'oraison funèbre du feu Roi, à Saint-Jacques de la Boucherie, fit perdre la bonne opinion que jusque-là on avoit eue de lui. Il ne fut, au jugement de tout le monde, jamais si mal fait; j'y étois, et de bon cœur me range à la voix du peuple, pource que c'est celle de Dieu. Monsieur d'Angers[20] fera celle de Saint-Denis, que l'on estime qui sera belle et digne de son éloquence accoutumée. Le Roi sera porté lundi à Notre-Dame, mardi à Saint-Denis, et enterré; puis le mécredi, le service et les cérémonies faites, l'on s'en reviendra pour penser au sacre du nouveau roi. 1610

Monsieur le Prince est à Bruxelles depuis quelques jours; on l'attend ici la semaine qui vient : il a été à Mariemont[21] voir les Archiducs, et y fut deux heures seulement. Ce n'est qu'à cinq lieues de Bruxelles. L'Infante lui dit qu'elle avoit une requête à lui faire : lui qui se douta que c'étoit de vouloir voir Madame sa femme, comme c'étoit cela à la vérité, lui répondit qu'il la supplioit très-humblement de ne lui rien commander où il fût réduit en cette extrémité de lui désobéir, pource que il aimeroit mieux mourir; ainsi les choses en demeurèrent là : si tient-on qu'il la reprendra, mais qu'il veut en être prié par Monsieur le connétable et Messieurs ses parents. Toutes les lettres que le feu Roi avoit montrées, où il étoit appelé *mon tout* et *mon cher chevalier*, sont désavouées; et pour la requête présentée à Bruxelles contre Monsieur

18. Malherbe avait d'abord terminé la phrase ainsi : « qu'ils sont compris au nombre des hommes. » Quatre lignes plus bas, il avait mis *à l'opinion*, qu'il a corrigé en *au jugement*.

19. Voyez la lettre 66, p. 152, note 4.

20. Charles Miron, évêque d'Angers de 1588 à 1616.

21. Marimont, maison de plaisance à Binch, en Hainaut.

1610 son mari[22], l'on dit que ç'a été par commandement du père : le père dit qu'il l'a fait, de la peur qu'il avoit que sa fille n'allât en Espagne. Voilà comme l'on en parle : ce sont choses de grands où les petits n'ont que voir; ils s'accorderont, et nous demeurerons leurs serviteurs.

Mme la princesse de Conty, depuis trois ou quatre jours, est revenue au Louvre, et gouverne la Reine plus que jamais. Elle me fit hier accorder un méchant don[23], voilà pourquoi j'en parle; je n'ai autre peur que de ma mauvaise fortune, qui pourroit bien, à l'accoutumée, me frustrer[24] de cette espérance : il en sera ce que Dieu voudra. Monsieur de Meaux[25] me dit, il y a trois ou quatre jours, qu'il vous avoit mandé qu'il falloit que vous ou M. de Valavez fussiez ici au premier jour. Je vous prie, Monsieur, me faire ce bien de bailler à ma femme quatre cent cinquante livres, et je les vous rendrai quand vous serez par deçà; si vous n'y venez, je les baillerai à qui vous me manderez. Excusez-moi, Monsieur, si je vous employe librement, mais vous le voulez. Le jour même que je reçus votre lettre à l'évêque de Toul[26], je la fus bailler à son secrétaire nommé M. Richardet, qui étoit logé à la rue des Juifs, au *Mulet chargé;* il étoit sur son partement, et me promit de la bailler sûrement à son maître. Si vous venez ici, vous verrez un miracle d'un crayon du feu Roi, fait par le sieur du Monstier, qui est si bien que je vous jure que je ne le vois jamais qu'il ne me semble qu'il veuille parler à moi : il fait son compte

22. Au lieu de *Monsieur son mari*, Malherbe avait d'abord mis simplement *lui*.

23. Il s'agissait d'une importante concession de terrains à Toulon. Voyez la *Notice biographique*, tome I, p. XXVI.

24. Devant *frustrer*, le manuscrit porte *priver*, effacé.

25. J. de Vieuxpont, évêque de Meaux de 1603 à 1623.

26. Jean des Porcelets de Maillane, évêque de Toul de 1608 à 1624.

qu'il y en aura une copie pour vous, mais que vous vous 1610
souveniez de je ne sais quelle tortue que vous lui avez promise. Adieu, Monsieur : je suis et serai à jamais votre très-humble et très-obligé serviteur,

Malherbe.

LES CINQ QUEUES DE LA ROBE DU ROI.

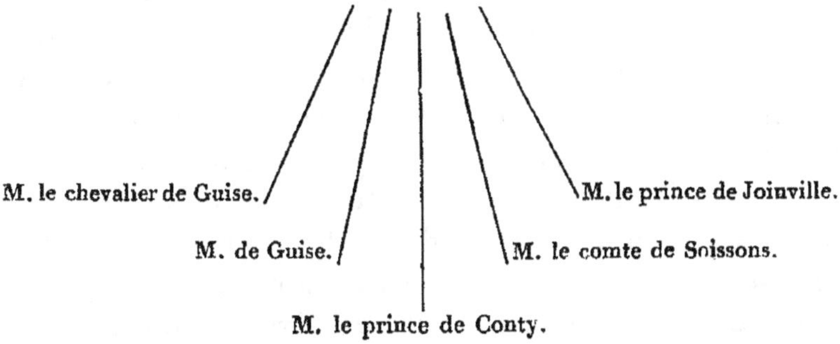

L'enterrement est différé d'un jour : ce sera mécredi, car mardi le Roi sera porté à Saint-Ladre[27] ; jeudi se fera le service et le festin, qui est de cinquante plats, à quatre-vingts écus le plat.

Monsieur, j'oserai avec votre congé baiser ici les mains à M. de Valavez, et l'assurer que je suis son serviteur très-affectionné[28].

---

74. — A Paris, ce lundi 28e de juin[1].

Monsieur, il y a trois ou quatre jours je vous écrivis fort au long par le sergent Louis : je pensois qu'il de-

27. Saint-Lazare. Cette ancienne église, dont le nom indique l'emplacement (faubourg Saint-Denis), a été démolie en 1823.

28. Ce dernier paragraphe est au verso du dernier feuillet, à côté de la suscription.

Lettre 74. — 1. L'original de cette lettre a été enlevé du ma-

1610 voit partir à l'heure même que je lui baillai ma lettre; mais cette après-dînée je l'ai trouvé emmi la rue, en état de ne partir peut-être de huit ou dix jours. Quoi qu'il en soit, je ne me travaillerai pas à vous répéter ici les mêmes choses; je vous dirai seulement que je reçus hier votre lettre du 20e de ce mois, où vous me mandez l'indisposition de Monsieur le premier président. Je loue Dieu qu'elle vous donne espérance de n'être pas longue. Votre province est en paix, mais elle a besoin d'y être maintenue, et je ne doute pas que sa présence n'en soit un des principaux moyens. Vous avez très-bien fait de châtier ce coquin d'Arles : si vous m'eussiez mandé son nom et les langages qu'il avoit tenus, la Reine l'eût su comme elle a su la punition de Costes [2]. Depuis ma dernière lettre, nous n'avons rien de nouveau : l'on avoit résolu, comme je vous écrivois, de porter aujourd'hui le corps du feu Roi à Notre-Dame; mais ce ne sera que demain; mécredi il sera porté et enterré à Saint-Denis, jeudi le service et le festin se feront. Nous attendons cette semaine Monsieur le Prince, ou au commencement de la prochaine. M. le comte de Soissons a eu le gouvernement de Normandie, quelque opposition qu'y eût apportée M. le prince de Conty : il s'y est tellement roidi qu'il n'a voulu prendre aucune offre que la Reine lui ait faite; et jusques à cette heure on l'a toujours tenu en cette opinion que les choses sont en l'état qu'elles étoient du vivant du feu Roi. Il n'y a rien de résolu pour

nuscrit, où l'avait copié l'éditeur de 1822. — Nous l'avons collationnée sur le manuscrit Fortia qui nous a fourni une addition assez importante.

2. Malherbe fait probablement ici allusion à l'histoire d'un procureur de Provence qui fut envoyé aux galères pour avoir apporté à Aix de prétendues prophéties de Nostradamus. Voyez le *Mercure*, année 1610, p. 437.

le fait de M. d'Arquien[3]; les uns disent que la citadelle de Metz lui demeurera et que la Reine y est fort résolue; les autres croyent que on contentera M. d'Espernon : ce qui en succédera sera fait dans peu de jours. Le mariage de M. le prince de Joinville ne va pas si vite qu'on l'espéroit, et même on doute qu'il ne se rompe tout à fait. Voilà tout ce que en particulier je vous puis dire, et en général les choses sont les plus calmes qu'on le sauroit desirer; ce sont des effets de la bonté de Dieu et de la sagesse de notre très-bonne reine. Elle me fit cet honneur de m'accorder, samedi dernier, une méchante affaire que l'on me dit valoir dix mille écus[4] ; mais je suis si malheureux que je n'en dois rien espérer, et si on m'en offroit mille, ce seroit plus que je n'en puisse jamais avoir : j'en attends l'événement, nous verrons quel il sera. J'ai su que M. de Valavez s'en revient par deçà; je vous prie, Monsieur, me faire cette faveur de bailler à ma femme quatre cent cinquante livres, et je les rendrai, par deçà, ou à lui ou à tel autre que vous me manderez : je me promets cette courtoisie de vous, et ne vous en importunerai point davantage. J'ai baillé la lettre que vous écrivez à Monsieur l'évêque de Toul à un nommé Richardet, son secrétaire, dès le jour même que je l'ai reçue[5]. Je solliciterai M. Beys de vous envoyer ce que vous desirez.

1610

Je ne vous fais point de profession nouvelle de service. Il vous est tellement acquis par toute sorte d'obligations que vous devez vous en assurer. Adieu, Monsieur; je vous baise et à M. de Valavez bien humblement les mains, et suis votre très-humble et affectionné serviteur.

3. Voyez plus haut, lettre 56, p. 120.
4. Voyez la lettre précédente, p. 184, note 23.
5. Voyez la lettre précédente, p. 184.

1610 J'oubliois à vous dire que ce matin j'ai reçu une lettre de M. le premier président du Vair, et une de M. le premier président de la Ceppède. Je leur écrirai par la première voie, incontinent et après nos cérémonies. Vous leur direz, s'il vous plaît, que je leur baise très-humblement les mains et suis leur très-humble serviteur[6].

---

75. — A Paris, ce samedi 17e de juillet.

Monsieur, ce n'eût pas été peu de surcroît à la joie que j'ai eue de la venue de M. de Valavez, s'il m'eût apporté de meilleures nouvelles de la santé de Monsieur le premier président. Il me dit bien que ce n'est qu'une fièvre tierce, et vous m'écrivez qu'il avoit déjà été vingt-quatre heures sans fièvre; mais pource que je me doute que vous et lui ne me veuilliez diminuer cette douleur, je me range aisément à croire ce que je crains et me défier de ce que je desire. Dieu veuille que bientôt nous soyons hors de cette peine! J'ai quasi envie de me dispenser de ne vous point[1] écrire ce qui se passe par deçà, sachant bien que M. de Valavez est assez diligent pour vous donner toute la satisfaction que vous pouvez desirer de ce côté-là; toutefois, pource qu'il est si fraîchement arrivé qu'il ne peut pas encore s'être informé bien particulièrement de toutes choses, je le relèverai pour ce coup d'une partie de cette peine. Les funérailles du Roi sont déjà trop vieilles pour tenir rang parmi les nouvelles, et puis il y auroit de la matière pour un volume, et faudroit sortir des bornes ordinaires d'une lettre. Je ne

6. Nous tirons les deux derniers paragraphes du manuscrit Fortia.

Lettre 75. — 1. *Ne.... point* a été ajouté après coup par Malherbe, au-dessus de la ligne.

vous dirai sur ce sujet autre chose, sinon qu'il y eut de la brouillerie pour les rangs, et surtout pour la place de Monsieur de Paris[2], qui débattit que la plus prochaine de l'effigie lui appartenoit, et l'emporta, quoique Messieurs du parlement la disputassent fort et ferme, de sorte qu'entre lui et l'effigie il n'y eut que deux huissiers de la chambre du Roi, qui portoient des masses d'argent. Messieurs du parlement les en voulurent faire sortir; mais la Reine y envoya M. le comte de Soissons, qui pacifia toutes choses, après toutefois des paroles de colère que les uns et les autres seroient marris d'avouer hors du transport où la contention les avoit portés. Quoi qu'il en soit, il ne se passe rien au préjudice du service de Leurs Majestés et du repos public. Monsieur le Prince, si longtemps attendu, arriva hier sur les six heures de soir. Sa venue avoit donné à chacun des espérances et des craintes; mais je crois que les unes et les autres seront trompées, et que ce prince, se ressouvenant de ce qu'il est, n'aura point de plus forte passion que les bonnes grâces du Roi et de la Reine. Il partit de cette ville treize cent cinquante chevaux pour aller audevant de lui, car ils furent comptés par un à qui M. d'Espernon avoit donné cette charge. Il partit de Bruxelles avec cinquante ou soixante, mais par les chemins cette troupe s'accrut de la noblesse des lieux où il passa, si bien que jeudi au soir, lorsqu'il arriva[3] à Louvres en Parisis, il pouvoit avoir environ deux cents chevaux. Hier au matin il s'en alla à Saint-Denis, où il fit dire messe pour l'âme du feu Roi. Cela fait, il s'en revint dîner au Bour-

1610

2. Henri, cardinal de Gondy, évêque de Paris de 1598 à 1622.

3. Malherbe, après avoir d'abord écrit simplement : « qu'il arriva, » a ensuite ajouté *lors*, au-dessus de la ligne. — Deux lignes plus bas, la première rédaction était : « il s'en alla ouïr messe à Saint-Denis, qui fut dite pour, etc. »

1610 get, où le furent trouver ceux de cette cour à qui la Reine le permit. Monsieur le Grand avoit une troupe de cent ou six vingts chevaux, et étoit à son logis prêt à partir, lorsque M. d'Espernon, avec une semblable troupe, le vint trouver et le prier qu'ils allassent ensemble, ce qui fut fait. M. d'Espernon, devant que de partir, avoit dit la harangue qu'il lui vouloit faire, qui est que il étoit son très-humble serviteur pour le rang qu'il tenoit en France; mais qu'il lui protestoit que s'il se laissoit porter à quelque chose préjudiciable au service du Roi ou de la Reine, il ne fît nul état de lui. Je ne sais pas s'il aura parlé avec cette liberté, mais je sais bien que Monsieur le Prince lui ayant demandé s'il étoit vrai que pour sa venue il eût renforcé les gardes, il lui répondit que ceux qui le lui avoient dit étoient des flatteurs et des menteurs, et que hors de son respect il leur maintiendroit qu'ils avoient menti, et que il le croyoit trop serviteur de Leurs Majestés pour avoir pris aucun ombrage de lui. Toutes ces troupes qui étoient allées au-devant de lui s'en revinrent, qui une heure, qui deux devant qu'il arrivât, pour se trouver auprès du Roi et de la Reine lorsqu'il arriveroit; de sorte que sa troupe n'étoit point de deux cents chevaux, et trouva auprès de Leurs Majestés tout ce qu'il avoit vu auprès de lui une heure ou deux auparavant. Jeudi au soir la Reine fit faire nouveau serment à Messieurs les maréchaux, et envoya querir les capitaines des gardes, à qui elle défendit de obéir ni reconnoître autre que le Roi, elle, et leur coronel; ce qu'ils lui promirent. M. le comte de Soissons, deux ou trois heures devant que Monsieur le Prince arrivât, s'en vint au Louvre avec deux cents chevaux et plus. Hier même il avoit été commandé aux habitants d'être en armes, et à ceux qui n'en avoient point d'en acheter. Aujourd'hui, grâces à Dieu, l'on reconnoît que ces ombrages étoient sans fondement, et n'a-t-on autre espérance que de repos par les actions et langages de Monsieur le Prince. Il salua le Roi et la Reine dans la chambre de la Reine, où elle l'attendoit au coin de la cheminée qui est aux pieds du lit du Roi. Il ne se fit devant le monde, qui étoit infini dans cette chambre, autre chose qu'une simple salutation, en laquelle Monsieur le Prince mit le genou fort bas; il y en a qui disent qu'il le mit à terre; la Reine dit elle-même qu'elle n'en sait rien. Cela fait, elle entra dans le cabinet, où il la suivit, et parlèrent ensemble autant que vous serez à lire cette page. Monsieur le Comte, M. de Vendôme et quelques autres étoient dans le même cabinet, qui ne s'approchèrent point : bien y eut-il un cardinal[4] qui ne fut pas si retenu, et voulut avoir part à leurs discours. Monsieur le Comte, s'en moquant, dit à M. de Vendôme : « Allez dire à ce prince de votre sang qu'il s'ôte de là. » Après fort peu de paroles, la Reine lui dit qu'il s'allât débotter, et lui commanda qu'elle le vît après souper. Il s'en alla donc à son logis, à l'hôtel de Lyon, près la porte de Bussy, et y fut accompagné par M. de Guise et Monsieur le chevalier son frère; ils pouvoient avoir chacun soixante ou quatre-vingts chevaux. Ils y furent si peu que je crois qu'ils ne firent que le mettre dans sa chambre. Monsieur le Prince fut après souper voir la Reine, avec soixante ou quatre-vingts chevaux. Aujourd'hui, de matin, il s'est promené en carrosse, ayant M. le prince de Joinville auprès de lui, et près de quatre-vingts chevaux à l'entour de la carrosse; et après dîner, à cheval, avec même suite. 1610

4. Le cardinal de Sourdis (voyez lettre 73, p. 177, note 4) était fils de François d'Escoubleau, marquis d'Alluye, et d'Isabelle Babou, fille de Jean Babou, sieur de la Bourdaisière, et tante de Gabrielle d'Estrées, mère du duc et du chevalier de Vendôme.

1610 M. de Guise et ceux de sa maison sont parfaitement bien avec lui; M. du Bouillon et M. de Sully sont encore de ce parti : pour moi, je crois que tout le monde sera sage, et que l'on en sera quitte pour l'augmentation des pensions. L'on m'a dit qu'il demande quatre cent mille livres, et l'état de connétable après la mort de Monsieur le connétable. Je crois que de cela il pourra avoir cent mille écus de pension. M. d'Espernon est un peu piqué de ce que M. d'Arquien a toujours été auprès de lui, et qu'il a dit tout haut que l'on lui avoit fait injustice, et que la chose est de mauvais exemple. M. de Sully le fut trouver avec environ cent chevaux, entre lesquels furent M. de Créquy, le comte de Schomberg[5] et M. de la Guelle[6], maistre de camp du régiment, à qui M. d'Espernon dit qu'il avoit oublié son coronel ce jour-là, mais que son coronel l'oublieroit toute sa vie. Il fit grande réception à M. de Sully. Comme j'écrivois ceci, est arrivé céans[7] un gentilhomme qui l'a tout aujourd'hui accompagné, qui m'a dit qu'il a été voir Monsieur le premier président, M. de Thou et le président Molay[8]; s'il se gouverne par ce conseil, il ne faut pas douter que tout n'aille le bien. Ce matin la Reine lui a fait présent de la maison de Gondy, dont Monsieur le chancelier lui a porté parole, et lui doit donner pour trente mille écus de meubles; il a eu dès ce matin pour sept ou huit mille écus de vaisselle d'argent; sa table est de quarante serviettes. Ce gentilhomme m'a

5. Henri de Schomberg, maréchal de France, surintendant des finances, mort en 1632, à cinquante-neuf ans.

6. Alexandre de la Guesle, marquis d'O, mestre de camp du régiment de Champagne, frère de ce Jacques de la Guesle, procureur général au parlement de Paris, qui introduisit Jacques Clément près de Henri III.

7. *Céans* a été ajouté après coup, en interligne.

8. Édouard Molé, président au parlement de Paris, mort en 1638.

dit qu'il a ouï dire à M. de Biron[9] qu'on lui a accordé quatre cent mille livres de pension, qui sont trois cent mille plus qu'il n'avoit; il doit avoir douze écuyers, à quatre cents livres de gages, deux chevaux et deux hommes défrayés; vingt-cinq gentilshommes à mille livres, un cheval et un laquais défrayé, et six à mille écus de gages. Avec cela je ne crois pas qu'il puisse avoir sujet de se plaindre. La Reine a promis à M. de Guise trois cent mille livres pour aider à l'acquitter : il fait compte de vendre Montargis autant, si bien qu'il demeurera du tout quitte. Il recherche Mme de Montpensier; on tient qu'il a pour rival M. de Savoie; on avoit même parlé de Monsieur le Prince : toutefois l'on tient qu'il[10] ne se démariera point. Il vit Madame la Princesse à Mariemont, quand il alla voir les Archiducs; mais ce fut de loin et sans parler à elle. L'Infante lui ayant dit qu'elle lui vouloit faire une requête, il lui répondit qu'il aimeroit mieux être mort que de lui désobéir, mais qu'il la supplioit de ne lui parler point de voir sa femme; ainsi les choses sont encore en ces termes[11]. Il donna à l'Archiduc une épée de huit ou dix mille écus, que certainement on dit être la plus belle chose qui se puisse voir; il donna au sieur Spinola deux poignards que l'on tient valoir deux mille écus; il lui voulut rendre quatre mille pistoles qu'il lui avoit prêtées, mais il lui fit réponse qu'il ne les pouvoit reprendre pource qu'il les avoit déjà comptées au Roi son maître. Le comte de Fuentes[12], qui lui avoit prêté deux mille écus, ne les voulut non plus 1610

9. Jean de Gontaut, baron de Biron, mort en 1636. Il était frère cadet du duc de Biron décapité en 1602.

10. Le prince de Condé.

11. Voyez plus haut, lettre 73, p. 183.

12. Gouverneur de Milan, mort le 22 juillet 1610, à quatre vingt-cinq ans, suivant l'Estoile.

1610 reprendre; tellement que lui, qui ne leur voulut pas céder de générosité, ne pouvant faire autrement, donna tout cet argent à leurs officiers; il donna à la gouvernante de l'Infante un diamant de quinze cents écus. Voilà tout ce que je vous saurois dire pour cette heure de Monsieur le Prince.

D'autres nouvelles, M. du Bouillon doit demain donner le nom à un fils de M. de Sully[13] : ils avoient été brouillés, mais les ministres, pour l'intérêt de leurs églises, les ont si bien réconciliés qu'ils ne furent jamais si bien. Pour confirmer cette amitié[14], ils se vont allier par le moyen du mariage de M. de Canaples[15] avec Mlle du Bouillon.

Vous avez su comme Mme la comtesse d'Auvergne étoit allée querir Madame la Princesse. L'on tient qu'elles partirent hier de Bruxelles; elles s'en doivent venir à Chantilly. Madame la Princesse douairière arriva en cette ville hier au matin. On a ôté au Roi tout ce petit peuple qu'il avoit auprès de lui, et les a-t-on réduits à servir par quartier, six à la fois, pource que l'on a jugé que cette compagnie l'entretenoit en enfance. Ce prince, sans cajolerie, promet merveilles; il a toute son inclination à la guerre[16], ne prenant plaisir qu'aux armes et aux chevaux, et est d'un naturel du tout porté au bien, mais jaloux extrêmement de sa grandeur. Je vous en

13. Sully eut plusieurs fils qui moururent jeunes.

14. Dans l'autographe il y a ici *cest amitié*, et six lignes plus haut, *cestheure*, en un seul mot.

15. Charles de Créquy, sire de Canaples, mort en 1630. Ce mariage ne se fit pas. — Sa sœur avait épousé le marquis de Rosny. Voyez plus haut, lettre 3, p. 4, note 7. — Mlle du Bouillon dont il est question est probablement l'aînée des filles de Henri de la Tour, duc de Bouillon, Marie, qui épousa en 1619 Henri de la Tremoille, duc de Thouars.

16. Malherbe avait d'abord écrit : « Il a le naturel du tout porté à la guerre. »

dirai deux exemples : l'un est que voyant le même cardinal dont j'ai parlé ci-devant parler à la Reine la tête couverte, et s'étant couvert sans permission, il commanda à M. de Saint-Géran de lui aller dire qu'il se découvrît, ce qu'il alloit faire si, par changement d'avis, le Roi ne l'eût rappelé; l'autre est que quelqu'un lui étant venu demander congé d'aller au-devant de Monsieur le Prince, il lui permit, et à l'heure même demanda au chevalier de Vendôme : « Et vous, irez-vous au-devant lui? » A quoi lui ayant répondu que non, et qu'il n'en avoit que faire, il lui dit : « Vous me faites plaisir de parler comme cela. » 1610

Pour reste de nos nouvelles, je vous dirai que mécredi la Reine fut à Vincennes et y mena M. de Sully. L'on y fit marché de plusieurs beaux bâtiments auxquels l'on va travailler; elle fait compte d'y mettre Messieurs les enfants, et d'acheter Saint-Maur pour elle. Jeudi il vint un gueux au Louvre, qui ayant été interrogé ce qu'il cherchoit, répondit qu'il vouloit parler à quelqu'un des gardes. On lui fit venir un de ceux de la Reine, auquel il bailla un billet contenant avis à la Reine de se garder soigneusement et ne se mettre plus de *coton*[17] aux oreilles. Il fut fort menacé pour savoir qui lui avoit baillé ce billet; mais on n'en sut tirer autre chose, sinon qu'un homme qu'il avoit trouvé emmi la rue le lui avoit baillé, et lui avoit donné un quart d'écu pour le porter.

Je pensois finir cette lettre, mais il me vient de souvenir d'une chose qui est digne d'être sue : c'est qu'un nommé Razilly, gentilhomme de Poitou, a trouvé une invention de faire qu'un vaisseau percé à jour de coups

17. Allusion au P. Coton, confesseur de Henri IV, puis de Louis XIII.

1610 de canon n'ira point à fond. La Reine voulut que l'épreuve s'en fît aux Tuileries, à porte close, en présence de M. de la Châteigneraye, capitaine de ses gardes, en une petite nacelle qui est sur l'étang, laquelle on renversa la quille en haut et y fit-on tirer quatre coups de mousquet, et de plus M. de la Châteigneraye, pour plus d'assurance, fit, avec une cognée, mettre ces quatre trous ensemble, de sorte qu'il y avoit de l'ouverture pour passer la tête, sans que pour tout cela il y entrât une seule goutte d'eau, et n'y avoit autre chose que je ne sais quoi qu'il fit mettre en l'un des bouts du vaisseau. Comme ils en furent sortis, il fit prendre par son homme ce qu'il y avoit mis, et tout aussitôt il alla au fond, où il est encore. L'on ne sait que s'imaginer; la commune opinion est que cela se fait par magie; pour moi, je n'en sais que dire; peut-être le saura-t-on quand le segret aura été payé.

J'ai vu après dîner M. Beys, qui, m'ayant ouï parler que je vous écrivois, m'a baillé une feuille des *Opuscules* de Scaliger, qui n'est point en la copie[18] qu'il vous a envoyée. Adieu, Monsieur : c'est trop prêché pour un mauvais orateur. Je vous envoye la lettre de M. le président de la Ceppède ouverte[19], afin que vous y voyiez, si bon vous semble, ce que je lui écris de l'ordre du convoi, et en preniez la copie si vous croyez que ce soit chose qui le mérite. Adieu, Monsieur : je vous prie et reprie de tout mon cœur que je sois assuré en vos bonnes grâces comme votre très-humble et très-affectionné serviteur.

Vous me ferez cet honneur, s'il vous plaît, de baiser bien humblement les mains à Monsieur le premier

18. *Opuscula varia*, 1610, in-4°. — *Copie*, exemplaire.
19. C'est la lettre qui suit.

président; j'espère lui écrire par la première commodité. 1610

MALHERBE.

Aujourd'hui 23e de juillet, j'ai dit à M. de Valavez tout ce qui s'est passé depuis, il le vous écrira. Je ne vous dirai autre chose, sinon que à la fin, comme je l'ai toujours cru, toutes nos brouilleries sont pacifiées : tout le monde s'en va content, et qui ne le sera fera semblant de l'être. Rien n'a étonné le monde que de voir le peuple passionné comme il est pour le succès de Leurs Majestés, et résolu de vivre en paix malgré ceux qui les en voudroient empêcher.

---

76. — Sans date[1].

MONSIEUR, je ne vous écris pas si souvent comme je ferois si je n'avois peur de vous divertir de quelque meilleure occupation; toutefois, puisque vous le voulez, je vous donnerai très-volontiers ce contentement pour vous tenir lieu de service que je suis si peu capable de vous rendre. Les obsèques du Roi sont bien les plus sérieux discours dont je vous saurois entretenir; mais c'est chose si longue, que je ne m'oserois fier à ma mémoire de le vous réciter fidèlement; je m'en remettrai à ce qui s'en imprimera, et vous l'envoyerai sitôt qu'il sera hors de la presse : pour cette heure, je ne vous en dirai que les principaux points, et ce que je crois être plus digne

LETTRE 76. — 1. Peiresc n'a écrit au dos que le chiffre de l'année, 1610. — Cette lettre, qui n'est point de la main de Malherbe, est certainement la transcription de celle qu'il écrivit à la Ceppède, et qu'il envoya ouverte à Peiresc, qui en prit copie. Voyez la fin de la lettre précédente et la fin de celle-ci

1610 d'être su. Les archers de la ville, divisés en trois compagnies, commencèrent la pompe, et furent suivis de toute sorte de religieux, pauvres, prêtres de paroisses, chanoines de Notre-Dame, de la Sainte-Chapelle, et autres; l'Université, le Châtelet, les hautbois et douze tambours de la chambre, la caisse couverte d'étamine, battant fort lamentablement; maistre de camp et capitaines des gardes, grand prévôt et ses archers, Suisses de la garde du corps, les deux compagnies des cent gentilshommes, officiers de la maison du Roi, commençant par les moindres et finissant par les maîtres d'hôtel, qui se treuvoient les plus prochains du chariot au côté droit de la rue, et au côté gauche étoient Messieurs des comptes, des aides, des monnoies, du trésor, et autres officiers de finances; et cela étoit jusques au chariot d'armes. Ce chariot, où étoit le corps du Roi, étoit traîné par six coursiers couverts de velours noir, avec de grandes croix de satin blanc; le chariot, couvert d'un drap de même matière et croisé de même, semé de vingt-quatre écussons de France et de Navarre. Devant le chariot étoit M. de Rodes à cheval, portant une bannière qui s'appelle panon[2], et dit-on que c'est l'enseigne de la maison du Roi; et de fait, quand à l'enterrement qui se fit le lendemain, le héraut, étant dans la fosse où étoit le corps du Roi, appela ceux qui avoient des charges, il cria : « M. de Rodes, premier valet tranchant, apportez le panon dont vous avez la charge. » Derrière le chariot marchoient à pied les capitaines des gardes du corps; après venoient, la tête nue, douze pages de la grande écurie, vêtus de robes de velours noir, et montés sur douze coursiers couverts aussi de housses de velours noir, tellement que rien n'en paroissoit que les yeux; les

2. *Panon*, pennon.

bousses étoient croisées de satin blanc. Après venoient les honneurs, à savoir les éperons, les gantelets, l'écu, la cotte d'armes, le heaume timbré à la royale; les quatre premiers portés par quatre écuyers de la grande écurie, et le dernier par M. de Liancourt, premier écuyer de la petite écurie. Après marchoient force abbés et aumôniers du Roi; puis quatorze évêques à pied, mitrés; puis les ambassadeurs de Savoie, de Venise et d'Espagne, à cheval, et vêtus de grandes robes à queue pendantes à terre, et portées par de leurs estafiers. Les nonces du Pape, l'ordinaire et l'extraordinaire, suivoient, conduits par des évêques[3], montés sur des mulets, entre lesquels je vis Messieurs d'Aix et d'Embrun[4], avec des chapeaux bordés de vert; après eux venoient MM. les cardinaux de Joyeuse et de Sourdy, vêtus de robes violettes, avec des chapeaux rouges; puis venoit le cheval d'honneur, tout couvert d'une housse de veloux[5] violet semé de fleurs de lis d'or; puis Monsieur le grand écuyer, à cheval, vêtu de deuil en forme et sa queue portée; il portoit l'épée royale, qui a un fourreau de veloux violet semé de fleurs de lis d'or, pendue à un baudrier de même; les écuyers de la grande écurie le suivoient à pied avec les valets de pied du Roi. Après marchoit la cour de parlement en robes rouges, et au milieu d'eux l'effigie du Roi, telle qu'elle étoit dans la salle quand on alloit donner de l'eau bénite au corps; elle étoit portée par de certaines gens que l'on appelle anouarts[6], por- 1610

3. Au-dessus du mot *évêques*, il y a *archevêques*, dans l'interligne.

4. Honoré du Laurens, archevêque d'Embrun de 1600 à 1621.

5. Le manuscrit porte ici et trois lignes plus bas *veloux;* plus haut, par deux fois, le mot est écrit *velours*. Il y a d'autres irrégularités d'orthographe dans cette copie : *pourté* et *porté*, *çérimonie* et *cérémonie*, etc.

6. Les *hanouards* étaient les porteurs de sel, officiers du grenier à

1610 tant des bonnets de Mantoue et des sangles couvertes de veloux noir, en écharpe : outre ceux qui la portoient, j'en vis neuf qui ne portoient rien, et étoient là pour relayer ceux qui portoient. Messieurs les présidents portoient les coins et côtés du drap d'or qui étoit sur l'effigie. Devant l'effigie immédiatement étoient deux huissiers de la chambre du Roi, et devant eux Monsieur l'évêque de Paris, et Monsieur l'évêque d'Angers, représentant le grand aumônier. Cette place de Monsieur de Paris fut fort disputée par Messieurs de parlement, qui le vouloient envoyer auprès du corps comme curé du Roi; toutefois ayant été cette cérémonie regardée aux livres qui ont été imprimés des obsèques des rois Charles IXe et Henri IIe, qui étoient différentes[7], on suivit celle qui faisoit pour Monsieur de Paris. Après venoit un dais de drap d'or, porté par des archers de la ville; puis les princes du sang et autres, qui étoient MM. de Conty et de Soissons, MM. de Guise, prince de Joinville[8], et M. d'Elbeuf, à cheval, vêtus de robes de deuil à queues, portées par grand nombre de gentilshommes. Après marchoient MM. les ducs d'Espernon et de Montbazon, leurs queues portées chacun par un gentilhomme seul. Après suivoient neuf ou dix chevaliers de l'ordre, à pied, avec des robes de deuil, et environ quatre-vingts ou cent gentilshommes de la cour, vêtus de même; puis onze pages de la chambre, avec des sayes et bonnets de velours noir, l'épée au côté; et enfin les quatre compa-

sel, au nombre de vingt-quatre. D'après les priviléges de leur charge, ils avaient le droit de porter le corps des rois jusqu'à la première de ces croix qui jadis se trouvaient sur la route de Paris à Saint-Denis. Là le corps était remis aux religieux de l'abbaye de Saint-Denis.

7. Dans le manuscrit : « qui étoient différant. »

8. Après *Joinville*, les mots *chevalier de Guise* ont été effacés.

gnies du corps : tout cela vêtu de deuil depuis un bout jusqu'à l'autre, hormis les religieux, qui n'avoient que leurs habits, et Messieurs du parlement, qui avoient leurs robes rouges. Les rues, depuis Notre-Dame jusques à la porte, étoient tapissées de sarges noires; et devant, à chaque maison, une torche allumée; et de toise en toise, un écusson des armes de France ou de la ville, mais elles étoient presque toutes de la ville. Cet ordre fut gardé jusques à Saint-Lazare, qui est au bout du faubourg de la porte Saint-Denis; et les uns s'en revinrent à Paris, les autres allèrent coucher à Saint-Denis; les uns en carrosse, les autres à cheval, comme bon leur sembla. L'endemain se fit l'enterrement, que je ne vis point, pource que, hormis la cérémonie de mettre les honneurs dans la fosse, il ne s'y fit rien qui vaille la peine de prendre une mauvaise nuit, et puis on le verra dans le discours qui s'imprime. 1610

M. le chevalier de Guise marcha comme grand chambellan, au lieu de M. d'Aiguillon, qui étoit absent, et portant l'oriflambe, bannière de France. M. le comte de Saint-Pol[9] marcha comme grand maître, au lieu du comte de Soissons. M. de Termes marcha comme premier gentilhomme de la chambre.

Le Roi partit de l'hôtel de Longueville, lorsqu'il alla donner l'eau bénite au feu Roi; son deuil en forme de sarge violette à cinq queues, dont la plus longue étoit portée par M. le prince de Conty; les deux autres plus courtes, celle d'à main droite, par M. le comte de Soissons, et de gauche par M. de Guise; les deux plus petites par M. de Joinville et chevalier de Guise[10]; tous ces princes avoient des gentilshommes qui portoient leurs queues. Il suivoit après Monsieur, qu'on portoit avec son deuil noir, sa queue portée par M. le comte de Cur-

9. François de Longueville, comte de Saint-Paul, créé duc de Fronsac en 1608.

10. Voyez plus haut, lettre 73, p. 185.

1610 son; et après Monsieur le Duc, qu'on portoit aussi : je ne sais qui portoit sa queue. Devant le Roi marchoient les gardes et tous les officiers de la maison du Roi. Voilà ce que j'ai ajouté à la lettre de M. de Malerbe, afin que vous attendiez avec moins d'impatience l'impression[11].

---

77. — A Paris, ce 9e d'août.

Monsieur, par ma précédente, je vous ai protesté que tant que M. de Valavez seroit à la cour, je me déchargeois sur lui de vous écrire des nouvelles; je persiste, et ne vous veux mander autre chose que la continuation du desir que j'ai de me conserver votre bienveillance. Nos crieurs de livres ne nous tourmentent que d'oraisons funèbres, qui naissent comme champignons en une nuit. Monsieur Bertaut, évêque de Sais[1], fait imprimer la sienne cette semaine par Mme l'Angelier; je tiens que ce sera la meilleure : il est vrai que la victoire ne lui coûtera ni sang ni sueur pour la foiblesse de ses antagonistes; aussi en sera-t-elle moins glorieuse. Pour les vers, vous avez reçu par M. de Valavez tout ce qui s'en est vu par deçà; j'en dirai ma râtelée après les autres, mais ce sera assez tôt si assez bien[2]. Je lui ai fait voir un malotru manifeste fait au nom d'un prince contre un grand[3] : je

11. Ces deux derniers paragraphes ne sont point de la même main. Peiresc avait probablement fait ou fait faire cette addition à la lettre avant de la communiquer à M. de la Ceppède ou à M. du Vair.

Lettre 77. — 1. *Discours funèbre sur la mort du feu Roi*, Paris, veuve de l'Angelier, 1610, in-8°. — J. Bertaut, poete, évêque de Séez, né à Caen en 1552, mort en 1611.

2. Voyez tome I, pièce LII, p. 178.

3. *Lettre en forme de manifeste de M. le prince de Condé à tous les princes, prélats, seigneurs et gentilshommes de la France, sur son absence et éloignement de la Cour*, 1609. Publiée dans la *Revue rétrospective*, tome I, p. 303. — Sully y est vivement attaqué.

tiens[4] que c'est chose qui ne vaut pas être vue ; toutefois il en a voulu avoir la copie, je crois que c'est pour la vous faire voir ; vous en jugerez, je m'assure, plus à l'avantage de l'auteur, que l'on n'a jugé par deçà, d'un écrit qui est venu de vos quartiers : si on ne loue l'éloquence, il faut estimer la douleur ; c'est toujours un témoignage de bonne volonté. Adieu, Monsieur : je suis votre serviteur très-humble et très-affectionné. 1610

---

78. — A Paris, ce 3e septembre.

MONSIEUR, vous n'aurez que trois lignes de moi pour cette fois : ce sera pour vous remercier des quatre cent quatre-vingts livres que vous avez fournies par delà à ma femme ; je les baillerai par deçà, dans dix ou douze jours, à M. de Valavez, car M. Beys part lundi pour s'en aller à Francfort. Si vous vouliez des cérémonies, j'en ferois ; mais votre amitié, qui se témoigne par les effets, doit être autrement reconnue que par des langages : Dieu me fasse la grâce de vous pouvoir rendre quelque service, vous verrez de quel cœur je m'y employerai. M. de Valavez, à mon avis, vous aura écrit nos nouvelles : elles commencent d'être petites, qui est bon signe ; notre cour se diminue fort aussi, pource que chacun se retire chez soi. M. de Vendôme est aujourd'hui parti pour s'en aller tenir les états en Bretagne ; il y est allé avec un équipage bien différent des deux autres fois qu'il y est déjà allé, et crois que la réception aussi n'en sera pas semblable. M. le duc de Feria[1] arrive demain ;

4. Il y avait d'abord *crois*, qui a été corrigé en *tiens*.

LETTRE 78. — 1. Ambassadeur d'Espagne. Il était fils du duc de Feria, qui joua un si grand rôle à Paris pendant la Ligue. — Dans l'autographe, *le duc* a été ajouté après coup, au-dessus de la ligne.

1610 nous l'irons voir arriver, M. de Valavez et moi, Dieu aidant. Si nous ne voyons autre chose, au moins verrons-nous deux cents mulets tout d'une troupe, ce qui seroit malaisé d'assembler en France. Sur son rôle, il y a jusques à un porteur d'eau; on leur a ordonné six vingts lits. Le sacre du Roi se doit faire le 10e du mois prochain, si la résolution ne change. Je m'en irai passer ce temps-là en Normandie, pour me préparer à faire ma retraite en Provence tout à fait. Je suis marri de tout mon cœur de la mort de M. le comte de Carces. Si j'eusse achevé je ne sais quels méchants vers, j'eusse écrit à Madame la comtesse; mais jusques à ce que je sois hors de cette besogne, je n'aurai pas l'esprit libre. Je vous prie, Monsieur, me faire ce bien de m'excuser à Monsieur le premier président si je ne lui écris; ce sera par la première commodité. Je prie Dieu qu'il lui continue sa santé, et le prie qu'il me continue ses bonnes grâces; pour les vôtres, ce m'est, à mon avis, chose superflue de vous en prier. Adieu donc, Monsieur : tenez-moi toujours pour votre plus humble et plus affectionné serviteur.

---

79. — A Paris, ce 8e septembre.

Monsieur, depuis trois ou quatre jours que je vous ai écrit, nous n'avons rien d'importance. M. le duc de Feria arriva hier avec force mulets, trois carrosses couvertes de toile cirée verte, et deux litières de même. M. de Montbazon fut au-devant de lui avec environ deux cents chevaux; l'un et l'autre mirent pied à terre pour se saluer, et puis entrèrent en carrosse ensemble. Il est logé à la rue de Seine, à l'hôtel de Montpensier, tout auprès de la reine Marguerite. Je crois qu'il aura audience dimanche prochain; nous en aurons le plaisir, Dieu aidant.

Nous avons été aujourd'hui, M. de Valavez et moi, à un compliment que Monsieur le Grand lui est allé faire de la part de Leurs Majestés[1]; de quoi il vous rendra compte. Je crois qu'il vous a envoyé un *Anti-Coton*[2]; vous y verrez les jésuites un peu malmenés : je ne sais si c'est à tort ou à droit, mais leurs amis diminuent fort. J'écris à Monsieur le premier président, et lui envoye la capitulation de Juliers[3]; vous lui baillerez le paquet, s'il vous plaît, et en prendrez la copie, si bon vous semble. Vous me dispenserez, s'il vous plaît, de la faire, vous savez bien comme je suis paresseux; c'est une maladie qui me continue toujours et continuera jusques à la mort, comme l'affection de vous témoigner que je suis votre plus humble et plus affectionné serviteur. 1610

---

80. — A Paris, ce 19e de septembre.

Monsieur, nous sommes en une saison fort stérile de nouvelles : tout est en repos, Dieu merci, et sera, si je suis bon augure. Tous nos gens sont contents, moyennant les pensions; et pour les étrangers, s'ils ne nous

Lettre 79. — 1. Les mots *de la part*, etc., ont été ajoutés en interligne.

2. *L'Anti-Coton, ou réfutation de la lettre déclaratoire du P. Coton, livre où il est prouvé que les jésuites sont coupables et auteurs du parricide exécrable commis en la personne du Roy très chrétien Henri IV, de très heureuse mémoire*, 1610, in-8°. On ignore quel est l'auteur de ce livre, réimprimé en 1736, in-4°. Voyez *Bibliothèque historique de la France*, tome I, n° 14258. — Le P. Coton avait publié une *Lettre déclaratoire de la Doctrine des jésuites touchant la vie des Rois*, qui est insérée dans le *Mercure françois*, tome I, p. 848.

3. La ville et le château de Juliers, assiégés par une armée franco-hollandaise, capitulèrent le 2 septembre 1610. Voyez le *Mercure françois*, tome I, p. 522.

1610 craignent, pour le moins ne sont-ils pas en état de nous faire peur. Je vous ai écrit la réception de l'ambassadeur d'Espagne ; celle d'Angleterre s'est faite aujourd'hui, à ce que l'on m'a dit. Pource que je n'ai bougé de ma chambre, je ne vous en saurois dire autre chose, sinon que l'on m'a dit que l'Anglois a été beaucoup mieux accompagné que l'Espagnol : aussi ne vient-il pas seulement pour se condouloir avec nous, mais pour renouveler l'alliance de ces deux couronnes ; et puis les Espagnols sont habillés à leur mode, et les Anglois à la nôtre, en sorte que l'on ne les sauroit discerner des François que du langage. La Reine s'en va cette semaine à Monceaux, et de là au sacre. On ne veut arriver à Reims que le plus tard que l'on pourra, pour donner loisir de faire la vendange devant que le régiment des gardes y arrive. Il y a quelques jours qu'un soldat fut au carcan pour avoir pris du raisin dans les vignes de cette ville ; mais le désordre ne se pourroit[1] pas empêcher quand les troupes sont à la campagne. Notre armée s'en revient de Juliers ; chacun[2] s'en retournera à sa garnison, et les compagnies seront réduites à leur premier nombre. On parle de faire des chevaliers du Saint-Esprit, mais princes et ducs seulement ; les autres disent que l'on n'en fera du tout point. Il y a une autre proposition sur le bureau, qui est de faire quatre-vingts gentilshommes de la chambre, qui porteront la clef dorée, serviront par quartier, vingt à chacun, et auront deux cents livres de gages : je ne sais ce qui en sera. Adieu, Monsieur ; je m'en vais en Normandie jusques à la Toussaint : devant que de partir, je baillerai à M. de Valavez les quatre cent quatre-vingts livres que vous avez baillées à ma femme.

LETTRE 80. — 1. Le mot est douteux : il y a *pourroit* ou *pouvoit*.
2. Devant *chacun*, le manuscrit porte les mots *et de là*, biffés.

Tenez en vos bonnes grâces votre très-humble et très-affectionné serviteur, 1610

MALHERBE.

Je vous prie que M. le président de la Ceppède sache que je suis toujours son très-humble serviteur. Comme tel, je lui baise les mains.

---

81. — De Paris, ce samedi 25e de septembre.

MONSIEUR, je vous écrivis par M. Bezut, il n'y a que trois jours; depuis le sieur Conchin a été fait marquis d'Ancre, lieutenant général de Péronne, Montdidier et Roye, et premier gentilhomme de la chambre[1], par la résignation que lui en a faite M. le maréchal du Bouillon. Hier il bouffonnoit avec M. de Guise de son marquisat d'Ancre, et disoit que cela s'étoit rencontré fort à propos, à cause qu'en Italie il est descendu des comtes de la Plume[2]. M. de Guise lui répondit que avec une comté de Plume et un marquisat d'Ancre, il ne lui falloit plus qu'une duché de papier pour assortir tout l'équipage. On pensoit partir lundi pour aller au sacre; mais les officiers de chez le Roi ont fait remontrer par M. le comte de Soissons que ce seroit trop d'incommodité, tant pour ceux qui étoient en quartier que pour ceux qui y entrent le premier jour du mois qui vient, que le quartier expirât pour les uns et commençât pour les autres[3], par les

LETTRE 81. — 1. Les mots *premier* et *de la chambre* ont été ajoutés après coup, en interligne.

2. « En italien : *della Penna*. — *Penna*, qui se traduit par plume, était aussi le nom d'un comté dont on voulait que ses ancêtres eussent été seigneurs. » (*Note de M. Bazin.*)

3. Les mots *pour les uns* et *pour les autres* ont été ajoutés après coup.

1610 chemins, comme il eût fait si l'on fût parti lundi prochain, ainsi qu'il avoit été résolu : de sorte que l'on ne partira que d'aujourd'hui en huit jours, et de cette façon Leurs Majestés ne seront absentes qu'environ trois semaines. Si Monsieur le Prince y est, on y fera des chevaliers, pource qu'il a envie de l'être ; et seront cinq : lui, MM. de Guise, de Joinville, d'Aiguillon et de Nevers ; s'il ne vient[4], il ne s'en fera point[5]. L'on tient que l'ambassadeur d'Espagne, le duc de Feria, viendra voir cette cérémonie. Le mariage de M. de Guise sembloit n'avoir plus de difficulté ; mais on lui en fait encore naître, et dit-on que tout n'a pas été brûlé ; pour moi, je crois qu'il viendra à bout de ceci comme du reste. Il m'a dit qu'il étoit résolu de se retirer en Provence ; je le lui ai conseillé, et d'être bien avec tout le monde, et particulièrement avec la cour de parlement, à quoi je le trouve fort disposé[6]. Adieu, Monsieur ; je vous baise bien humblement les mains et à Monsieur le premier président, et suis son serviteur et le vôtre très-affectionné.

---

82. — A Paris, ce 9e octobre.

Monsieur, je vous crie merci de n'avoir point encore rendu à M. de Valavez les quatre cent quatre-vingts livres que vous avez baillées par delà ; je suis remis au retour du sacre, avec assurance qu'il n'y aura aucune faute, et de mon côté je vous jure que j'y satisferai tout aussitôt. J'ai fait voir à M. de Valavez la plainte que vous faites de

4. Malherbe avait d'abord écrit : « s'il ne vient point. »
5. Le Prince se rendit au sacre, et le lendemain de la cérémonie, le 18 octobre, il fut, mais seul, créé chevalier du Saint-Esprit.
6. Malherbe avait d'abord mis *résolu*, au lieu de *disposé*.

ce qu'il ne vous écrit pas avec assez de diligence, de quoi il se justifie fort, et dit qu'il ne se passe rien de digne d'être su dont il ne vous envoye, non pas des lettres, mais des volumes. Pour cette heure, il est malaisé que ni lui ni moi vous en écrivions, car il n'en est point : le retour de ce voyage, où il va exprès pour en apprendre, pourra apporter quelque chose. La Reine part demain ou mardi : l'entrée à Reims est jeudi, le couronnement dimanche, et la cérémonie du Saint-Esprit, c'est-à-dire de l'ordre, le lendemain. On n'avoit point encore hier résolu qui porteroit la queue du Roi au sacre : la Reine avoit donné ce commandement à M. de Créquy; M. de Biron le lui débat comme maître de la garde-robe : je ne sais pas quelles raisons il a ; M. de Créquy m'a dit les siennes, qui me semblent pertinentes. Le marquis d'Ancre, comme premier gentilhomme de la chambre, l'avoit aussi disputé; mais M. de Créquy l'emporta : je ne sais s'il en fera [1] de même contre M. de Biron. Monsieur le coronel [2] doit porter la queue le jour de la cérémonie de l'ordre, qui sera le lendemain du sacre. Je crois que si M. de Biron le perd contre M. de Créquy, il disputera contre Monsieur le coronel. Monsieur le Grand tient le rang de grand écuyer; voilà pourquoi il n'a point de part en ces brouilleries. M. de Guise n'y sera point, pource qu'au sacre de la Reine il en demeura ainsi d'accord avec M. de Nevers. L'affaire de son mariage va comme il desire. La marquise dit à M. le président Janin qu'elle diroit en présence de la Reine tout ce qu'elle lui commanderoit [3]. Quand le président Janin la fut trouver, la Reine lui dit qu'il lui fît ses remontrances comme de 1610

LETTRE 82. — 1. On peut douter s'il y a *fera* ou *sera*.
2. Ornano. Voyez plus haut, lettre 60, p. 134, note 8.
3. Malherbe a écrit : « tout ce qu'elle le lui commanderoit. »

1610 lui-même, mais qu'il ne la priât de rien de sa part, d'autant que c'étoit une femme à qui elle ne se vouloit du tout point obliger. M. de Verneuil, à qui, le soir que le feu Roi fut tué, on avoit baillé un exempt et deux archers, n'a plus de gardes depuis le commencement de ce quartier : à la vérité la chose ne le méritoit pas ; mais alors c'étoit une saison où l'on croyoit du péril partout. A cette heure, Dieu merci, tout est clair, et rien à mon avis ne se brouillera, puisque la condition de ceux qui le pourroient faire est telle qu'ils ne la sauroient avoir meilleure. Un peu après l'*Anti-Coton*, il vint en lumière un petit livret, qui fut publié par les rues, d'un certain miracle d'une fille de la frontière de Flandres qui avoit été vingt-cinq ou trente jours sans pisser, et qu'enfin, ayant réclamé le P. Ignace Loyola, elle avoit pissé[4] : ce livre est désavoué à cette heure par les jésuites, pource qu'ils ont vu que le peuple l'a reçu avec risée ; mais l'approbation qui y est de l'évêque de Saint-Omer[5], et encore d'un nommé Billaut, docteur de Sorbonne, fait croire qu'à la vérité la chose se faisoit à bon escient, si elle eût réussi : tant y a qu'en pleine assemblée de Sorbonne il a été défendu à Billaut de donner désormais aucune approbation sans y appeler quelqu'un des autres docteurs. Toutes ces circonstances ne justifient pas ce que disent les jésuites, que ce sont les huguenots qui ont fait imprimer ce livre pour leur faire déplaisir. Il y a de nouveau un autre petit livret nommé *le Remerciement des beurrières au P. Coton*[6] : je crois bien que c'est une bouffonnerie,

4. Voyez l'Estoile, édition Michaud, p. 633.

5. J. Blaze, évêque de Saint-Omer de 1600 à 1618.

6. Malherbe se trompe ici. Le titre du pamphlet est : *le Remerciement des beurrières de Paris au sieur de Courbouzon-Montgommery*, Niort, 1610, in-8° (en vers). C'est le Courbouzon dont nous avons parlé plus haut, lettre 71, p. 170. Les mots : « au P. Co-

et qu'il n'y aura que des vétilles; mais avec tout cela j'ai fait ce qui m'a été possible pour le recouvrer. On m'a dit que d'ici à cinq ou six jours il s'en trouvera. Vous avez ouï parler du *Fléau d'Aristogiton*, qui est une réponse que fit Montgommery[7] pour les jésuites à l'*Anti-Coton;* je crois qu'il sera remercié dans ce *Remerciement:* aussi son écrit n'a pas été bien reçu[8]. L'on m'a dit que le P. Coton fait une réponse; je ne sais ce qui en sera, mais il y a là tout plein de questions où il sera malaisé qu'il puisse répondre, sinon qu'il ait son recours aux équivoques dont ces pauvres gens sont accusés. Adieu, Monsieur : je ne pensois vous écrire que deux mots, et le flux de bouche m'a emporté jusques où vous voyez; il suffit pour cette fois : continuez d'aimer 1610

MALHERBE,

comme votre serviteur très-humble et très-affectionné. Je vous prie que MM. les premiers présidents du Vair et de la Ceppède sachent que je suis toujours leur serviteur, et que je leur baise très-humblement les mains.

---

83. — A Paris, ce 23e décembre.

MONSIEUR, je suis au désespoir de n'avoir encore satisfait à ce que je vous dois: l'on me remet d'une semaine à l'autre. Je crois que la bonne heure ne tardera plus guère à venir. Quoi qu'il en soit, cela me fera sage pour une autre fois : je vous en crie merci, comme les petits

ton, » ont été ajoutés après coup par Malherbe, au-dessus de la ligne.

7. *Le Fléau d'Aristogiton*, par Louis de Montgommery, 1610, in-8°.

8. Malherbe avait d'abord écrit : « aussi n'a-t-il pas été bien reçu. »

1610 enfants, à la charge qu'il ne reviendra jamais. Nous n'avons point de nouvelles en cette cour : vous aurez su l'instance qu'a faite M. d'Espernon qu'on lui continuât le privilége que le feu Roi lui avoit accordé, d'entrer le soir en carrosse dans le Louvre, et ce qui en a été ordonné. Depuis, il y a eu au conseil quelques contestations entre M. de Sully et quelques-uns de Messieurs les conseillers d'État, où M. de Sully a vu qu'il n'est plus ce qu'il étoit du temps du feu Roi. Il ne laisse pas de se préparer à faire[1] merveilles contre les nouveaux pensionnaires; vous pouvez penser comme j'en suis en alarme. Il est vrai que la Reine, en me promettant la mienne, a usé de ce mot d'*absolument;* nous saurons dans dix ou douze jours ce qui en sera. Je vous envoye des vers que j'ai donnés à la Reine[2]; ils sont au goût de toute cette cour, je desire qu'ils soient au vôtre : s'ils produisent quelque chose de bon pour moi, ils seront au mien; jusque-là je tiendrai mon jugement suspendu. Nous attendons à demain M. le comte de Soissons. M. de Sully a eu pour lui ou pour les siens vingt-quatre mille écus d'augmentation d'états et pensions. Il avoit dit quelques jours auparavant à la Reine que la dépense de cette année excéderoit de quatre millions de livres la recette : on dit qu'elle s'en ressouvint, et lui en dit quelque chose en passant; mais je n'ai point su ce qu'il répondit; bien m'est-il avis qu'il étoit malaisé qu'il pût rien dire là-dessus qui fût recevable; mais que j'aye mon compte, je ne porte point d'envie aux autres. M. de Guise et Madame sa maîtresse[3] partent après ces fêtes pour aller

LETTRE 83. — 1. Malherbe avait d'abord écrit : « mais si est-ce qu'il se prépare de faire, etc. »

2. Voyez tome I, pièce LIII, p. 182.

3. Le mariage du duc de Guise avec Mme de Montpensier eut lieu en janvier 1611.

faire les noces à Gaillon, où M. d'Espernon et Monsieur 1610
le Grand se trouveront, avec[4] quelques autres de cette cour. Je ne sais si la maladie de Mme la princesse de Conty y apportera point quelque délai; elle a été saignée par deux fois; c'est une enflure dessous l'oreille gauche: le vulgaire appelle ce mal *les oripeaux*. M. le marquis d'Ancre a été aussi malade quelques jours; toutefois il se porte mieux, et sortira dans deux ou trois jours. Tout le reste de cette cour se porte bien. M. de Frontenac[5] a vendu à M. de la Varenne[6] son état de premier maître d'hôtel du Roi deux cent mille livres; il se parle de tout plein d'autres semblables marchés. Mme la princesse de Conty a acheté la maison de M. de la Varenne trente mille écus: ce ne sont pas choses dignes d'être écrites; mais de quoi ferois-je ma lettre, si je ne vous mandois ces nigeries? Adieu, Monsieur: je vous baise bien humblement les mains, et suis toujours votre serviteur très-humble et très-affectionné.

---

84. — De Paris, ce 7e de janvier. 1611

Monsieur, je vous écrivis dernièrement par M. de Barbesieux: je crois qu'à cette heure, si vous n'avez ma lettre, vous n'en êtes pas bien éloigné; vous recevrez celle-ci par M. de Franqueville[1], qui s'en va en Provence

4. Après *avec*, le manuscrit porte *une infinité de*, que Malherbe a biffé pour écrire à la suite *quelques autres*.

5. Voyez plus haut, lettre 17, p. 40, note 9.

6. Guillaume Fouquet, marquis de la Varenne. Voyez plus haut, p. 23, note 1. — Malherbe se trompe. M. de Frontenac eut pour successeur son fils, Henri de Buade, baron de Palluau.

Lettre 84. — 1. Nous ignorons s'il s'agit ici du personnage de ce nom qui était président au parlement de Rouen.

1611 pour mettre la dernière main, s'il peut, à l'affaire qu'il y a commencée. J'ai tant d'obligation à M. Morant, qu'encore que ce vous soit importunité d'être employé par une personne inutile comme je suis à vous servir, si ne laisserai-je pas de vous renouveler l'affectueuse prière que je vous ai faite déjà plusieurs fois en sa recommandation. Je sais bien l'excès de votre courtoisie: c'est ce qui me donne cette hardiesse; excusez-la, s'il vous plaît, et m'excusez quand et quand de ne vous écrire point de nouvelles : quand j'en sais quelques-unes, je les dis à M. de Valavez pour vous en faire part, ce que je m'assure qu'il fait avec assez de soin pour vous contenter; et puis le repos universel où nous sommes, par la bonté de Dieu et par la sagesse de notre bonne reine, nous tient en un état que si l'on ne mande des choses de peu de conséquence, l'on n'a de quoi s'entretenir. Ce que nous avons de plus relevé, c'est le mariage de Monsieur notre gouverneur[2], qui fut fait et consommé mécredi[3], environ quatre heures de matin. M. le cardinal de Joyeuse fit l'office en présence du curé de Saint-Eustache, en la paroisse duquel est l'épousée. Il y a eu aussi quelque brouillerie entre Monsieur le Grand et le marquis d'Ancre, mais elle fut aussitôt assoupie. Le fait est que M. le marquis d'Ancre vouloit, comme premier gentilhomme de la chambre, avoir une chambre que tenoit Monsieur le Grand dans le Louvre, prétendant qu'elle étoit affectée à la charge. Monsieur le Grand débattoit qu'elle lui devoit demeurer, tant pource que M. le marquis d'Ancre étoit déjà logé au Louvre par le moyen de sa femme, comme pour d'autres raisons qu'il alléguoit. La chose a

2. Le duc de Guise. Voyez la lettre précédente, p. 212, note 3.

3. *Mécredi* est écrit en interligne au-dessus de *mardi*, effacé.

été composée par M. le comte de Soissons, comme grand maître, à cause qu'il étoit question d'une dispute arrivée[4] au Louvre : il dit tout haut, s'adressant à Monsieur le Grand[5], qu'il s'étoit passé quelque chose entre lui et le marquis d'Ancre, que ce n'étoit rien de conséquence, et qu'il le prioit de vouloir accorder son amitié à Monsieur le marquis, qui la desiroit. Il[6] répondit que puisqu'il la desiroit, et que Monsieur le Comte le lui commandoit, il la lui accordoit. Monsieur le marquis, cela fait[7], s'adressa à Monsieur le Grand, et lui dit qu'il ne se contentoit pas de ce que lui avoit dit Monsieur le Comte, et qu'il lui vouloit dire lui-même qu'il étoit son serviteur, et le vouloit être toute sa vie; et se tournant vers M. d'Espernon, lui dit qu'il le prioit d'en vouloir être caution. La réponse de M. d'Espernon fut que les gens de bien n'avoient que faire de caution, et que s'il ne faisoit ce qu'il devoit, il s'en trouveroit le plus marri : voilà l'histoire à la vérité. Les partisans furent, pour Monsieur le Grand, les trois princes du sang, M. de Guise et tous Messieurs ses frères, M. de Vendôme, et généralement tout ce qu'il y avoit d'éminent à la cour, hormis M. d'Aiguillon, qui fut trouver le marquis d'Ancre; M. de Nevers, suivant la passion de son beau-frère[8], y envoya, et M. de Longueville aussi, se ressouvenant qu'en la brouillerie qu'il eut à Sainte-Geneviève avec M. de Vendôme, Monsieur le Grand s'étoit offert à M. de Vendôme : tant y a qu'il se trouva une grande inégalité aux 1611

4. Le mot est mal écrit; on pourrait hésiter entre *arrivée* et *ancienne*, si le sens ne décidait la question.

5. *S'adressant à Monsieur le Grand* a été ajouté après coup, au-dessus de la ligne.

6. *Il*, Monsieur le Grand.

7. Devant les mots *cela fait*, le manuscrit porte *après*, effacé.

8. M. d'Aiguillon, dont il avait épousé la sœur.

1611 deux factions. M. d'Ancre sortit du Louvre seul, et Monsieur le Grand avec environ trois cents chevaux, dont M. d'Espernon, qui en fut averti à son logis, en amena cent à l'heure même. M. d'Espernon fut chargé par la Reine de prendre garde que Monsieur le Grand ne sortît et n'entreprît rien; suivant cela, il le mena souper et coucher chez lui. M. de Guise, M. le prince de Joinville, et Monsieur le chevalier[9], y soupèrent aussi, et tout incontinent toute la maison fut pleine de gens qui se vinrent offrir; et en fin de compte la chambre est demeurée à Monsieur le Grand. Je ne vous en pensois pas tant dire, mais je me suis laissé emporter au fil de l'eau. Adieu, Monsieur : continuez de m'aimer, et m'écrivez quand vous ne saurez que faire, car je suis toujours votre très-humble et très-affectionné serviteur.

85. — A Paris, ce 13e de février[1].

Monsieur, je reçus, il y a deux jours, deux lettres, l'une de Monsieur le premier président, et l'autre de vous : elles furent laissées à mon hôte, si bien que je ne sais qui les a apportées, si ce n'a été M. du Mas, pource que vous m'en faites mention. Je vous remercie et de la continuation de votre courtoisie et des nouvelles que vous avez pris la peine de m'écrire; vous n'en aurez point de revanche de moi, pource que je viens d'être averti du partement de ce porteur. En récompense, je viens d'envoyer à M. de Valavez une lettre qui a couru en cette cour, et que peu de gens ont vue : je la tiens de

9. Le chevalier de Guise.
Lettre 85. — 1. Telle est la date écrite par Malherbe : Peiresc a mis au dos 3, au lieu de 13.

l'auteur même; vous en ferez le jugement[2]. Toutes nos brouilleries sont apaisées, grâces à Dieu; je ne sais si ce sera pour longtemps. Nous sommes aussi moins en alarme de la guerre de Genève[3] que nous n'avons été jusques à cette heure. Ces affaires ont empêché l'état d'être fait; je crois que[4] ce sera pour cette semaine qui vient. La Reine m'a fort assuré de se souvenir de moi; je suis si souvent en sa présence qu'il lui sera malaisé de m'oublier. M. de Sully est de retour[5]. Il y a deux jours que l'on trouva une affiche à la porte de l'Arsenac : *Maison à louer pour le terme de Pâques; il se faut adresser au marquis d'Ancre, au faubourg Saint-Germain.* Vous avez su que M. le marquis d'Ancre est lieutenant de Roi en Picardie : l'on dit qu'il offre cent mille écus à M. de Trigny[6] de la citadelle d'Amiens; le reste, vous l'apprendrez de M. de Valavez, ou des lettres de M. de Saint-Canat à Monsieur le premier président. Sa diligence exacte me soulagera de ce côté-là, et pour cette fois vous m'excuserez à lui si je ne lui écris; car le messager part, à ce qu'il dit, présentement. Je suis son très-humble serviteur et le vôtre : continuez-moi vos bonnes grâces et me conservez les siennes. Mme la comtesse de Sault est [dans] un état qui fait douter que sa vie ne soit pas longue. 1611

MALHERBE.

2. Malherbe nomme plus loin (lettre 91) l'auteur, qu'il appelle de Ryon. C'est peut-être celui qui, à la mort de Concini, publia un *Avertissement à M. de Luynes.*

3. Le duc de Savoie avait rassemblé des troupes pour attaquer Genève; mais les menaces de la France le forcèrent de renoncer à son entreprise.

4. Entre *que* et *ce sera* l'autographe porte les mots : « au plus tard, » effacés.

5. Il avait quitté Paris après avoir remis à la Reine sa démission de gouverneur de la Bastille et de surintendant des finances.

6. François de l'Isle, seigneur de Trigny (ou Traigny) et de Marivaux, gouverneur d'Amiens, mort à la fin de 1611.

1611 M. de Gordes est capitaine des gardes du corps[7]; M. de Montespan lui a baillé sa charge moyennant soixante mille écus. Le marché fut conclu hier au soir, et ne restoit plus que le faire trouver bon à la Reine; mais de ce côté-là il n'y a point de difficulté. Il baille vingt mille écus comptant, et pour les quarante mille écus restant, il les paye dans certain temps. M. d'Espernon lui a dit qu'il bailleroit en gage une terre à M. de Montespan, qui lui avoit coûté soixante et dix mille écus, ou bien des cautions à Paris, tant qu'il en voudroit. Il a extrêmement obligé M. de Gordes. Je dis hier au soir, en nous mettant à table, cette nouvelle à Mme la princesse de Conty, qui tout aussitôt envoya son écuyer s'en réjouir avec lui; et comme nous fûmes retournés après souper au cabinet, elle lui dit elle-même le contentement qu'elle en avoit, et lui offrit pour vingt mille écus de pierrerie pour mettre en gage.

---

86. — A Paris, ce 4e mars.

Monsieur, ce n'est plus à vous à nous demander des nouvelles, elles viennent à cette heure de vos quartiers. Je ne sais pas si je serai mauvais devin; mais je ne crois pas que ce mouvement soit long. Nous venons d'avoir avis qu'il est parti douze mille hommes de pied et quinze cents chevaux que l'Archiduc envoye au duc de Savoie; il a demandé et obtenu passage par la Lorraine; il dit que c'est pour aller assister le duc de Savoie contre ceux de Berne, pour quelques pays qu'il leur demande. L'on dit cependant[1] qu'ils prennent tous les vaisseaux des ri-

7. Les mots *du corps* ont été ajoutés au-dessus de la ligne.
Lettre 86. — 1. Malherbe a ajouté *cependant*, en interligne.

vières qu'ils trouvent sur leur chemin, et qu'ils en veulent couvrir le lac. Cela montre qu'ils en veulent à Genève : il est à croire que, s'ils ne sont empêchés, ils feront l'un et l'autre. Monsieur le Grand s'en va en Bresse, pour assister ceux de Genève. On ne fait point de nouvelles troupes, on se sert de celles qui sont sur les lieux; il est vrai que s'il en est besoin, on y fera des crues[2], dont pour cet effet il porte les commissions : voilà pour ce qui est de la guerre. Pour la cour, elle est si calme qu'elle ne le fut jamais plus. Tout le bruit qui y est, c'est l'attente de l'état des pensions : je crois qu'après avoir bien écouté[3], nous en sortirons demain; je n'attends que cela pour m'en aller en Normandie, et de là faire un voyage en Provence, avec le congé de la Reine. Je voudrois qu'elle continuât sa résolution d'aller à Lyon, comme je crois qu'elle fera si la guerre dure; et en ce cas j'ai une place en la carrosse de Mme la princesse de Conty, qui me sera une commodité excellente pour mon soulagement. J'avois oublié à vous dire que don Louis de Velasque conduit les troupes dont je vous ai parlé au commencement de cette lettre[4]. Je dois recevoir de l'argent dans deux jours, duquel je satisferai à ce que vous m'avez fourni; excusez cette longueur, elle ne vient pas de moi : je ne me fierai pas une autre fois si légèrement aux paroles; la première fois sera la dernière : excusez-m'en encore un coup, et ne laissez pas de m'aimer comme votre plus humble et plus affectionné serviteur, 1611

MALHERBE.

2. *Crues*, levées. — A la suite de ce mot il y avait d'abord *et*, qui a été corrigé en *dont*.

3. Malherbe avait d'abord mis *attendu*, qu'il a raturé.

4. Cette nouvelle était fausse. Voyez la lettre suivante.

1611 On tient ici pour premier président M. de Verdun, qui l'étoit à Toulouse [5].

---

87. — De Paris, ce 5e de mars.

Monsieur, je vous écrivis hier[1] sur les cinq heures après midi, et vous mandai que don Louis de Velasque alloit mener douze mille hommes de pied et quinze cents chevaux à M. de Savoie. Je tenois cette nouvelle de Monsieur le Premier[2], qui sur les deux heures, étant venu dire adieu à Monsieur le Grand, lui avoit conté qu'il étoit présent lorsque l'avis en avoit été donné à la Reine; mais le soir je fus au cabinet, où j'appris qu'il n'en étoit rien. Jugez par là quelles[3] mensonges on dit aux provinces, puisque l'on ment ici avec tant d'impudence. On dit bien que l'Archiduc fait quelque levée; mais quand il voudroit, il n'oseroit se dégarnir de tant de gens. Pour les autres nouvelles, il ne se dit rien en ce lieu-là que du bon accueil qu'avoit reçu M. le maréchal de Laverdin en Angleterre. Il en faisoit lui-même les contes à la Reine, qui lui faisoit la guerre de ce qu'il lui avoit apporté des bas de soie incarnats[4], jaunes et bleus, le voulant taxer d'avoir mal choisi les couleurs propres à sa condition

5. Nicolas Verdun, premier président au parlement de Toulouse, puis au parlement de Paris, mort le 17 mars 1627. Voyez tome I, pièce xcviii, p. 268, les stances que Malherbe lui adressa sur la mort de sa femme.

Lettre 87. — 1. Malherbe avait mis d'abord : « Je vous ai écrit sur les, etc.... et vous ai mandé, » puis il a ajouté *hier* au-dessus de la ligne, et remplacé les passés indéfinis *ai écrit*, *ai mandé*, par les passés définis *écrivis*, *mandai*.

2. Le premier écuyer. Voyez plus haut, lettre 71, p. 168, note 8.

3. Il y a le féminin *quelles* dans l'autographe.

4. Dans le manuscrit, *incarnats* est suivi du mot *rouges*, raturé.

présente. Il lui répondit qu'il y en avoit de noirs aussi, mais qu'elle ne s'en moquât pas, et qu'elle ne les tenoit pas encore. De là la Reine se retira à l'entre-sol, où elle mange depuis carême, et s'y en alla voir jouer une montre[5] de quatre mille écus entre M. de Bassompierre et le commandeur de Sillery[6]; elle avoit été commencée entre la Reine, M. de Vaudemont[7], le comte de Schomberg, Bassompierre, et Sillery; mais tous avoient perdu leur part, hormis les deux derniers. Adieu, Monsieur: je vous entretiens de nos nigeries, mais Dieu soit loué que nous n'avons point de nouvelles de plus d'importance! Je suis votre très-humble serviteur. 1611

---

88. — A Paris, ce 8e de mars.

Monsieur, il n'y a que deux jours que je vous écrivis: depuis, nos nouvelles ne sont point changées. Le bruit de la guerre de Savoie continue toujours, mais aussi incertain qu'il fut jamais. Le Roi et la Reine allèrent hier à Saint-Germain voir Messieurs et Mesdames; on attend leur retour vendredi. Jusque-là nous ne saurons rien de l'état[1]. Un qui voit fort privément M. le président Janin me dit vendredi qu'il étoit fait, et qu'il ne restoit qu'à le faire signer à la Reine. Tout va ici, grâces à Dieu, le mieux du monde: nos princes se contentent de se faire la guerre par paroles, et je ne crois pas que leurs différends aillent jamais plus avant. Monsieur le Grand s'en va de-

5. *Montre*, partie.

6. Noël Brûlart, chevalier de Malte, dit le *commandeur de Sillery*, ambassadeur de son ordre en France, chevalier d'honneur de la Reine. Il était frère cadet du chancelier Nicolas Brûlart.

7. François de Lorraine, comte de Vaudemont, mort en 1632.

Lettre 88. — 1. De l'état dressé pour les pensions.

1611 main à Saint-Denis faire dire une messe pour le feu Roi. Je crois que jeudi il s'en ira en Bourgogne et en Bresse. L'on tient[2] qu'il aura cinq mille hommes de pied et douze cents chevaux; mais si la guerre s'échauffe, l'on fait bien compte de davantage. Pour moi, comme je ne desire que paix, aussi ne puis-je croire autre chose. J'ai baillé ce soir à M. de Valavez les quatre cent quatre-vingts livres que vous avez baillées à ma femme; je vous réitère les remerciements que je vous en ai déjà faits, et les excuses de vous les avoir fait si longtemps attendre : ce que ces gens ici promettent n'est pas argent pour aller au sel. Dieu soit loué de tout! Adieu, Monsieur : je vous baise bien humblement les mains, et suis votre très-humble serviteur.

---

89. — A Paris, ce 5e d'avril.

Monsieur, j'ai ce matin reçu votre lettre du 26e du mois passé, pleine, comme toujours, d'honnêtetés et de courtoisies : elles vous sont trop naturelles pour les oublier; mais si me semble-t-il qu'après tant de témoignages que vous m'en avez rendus, il est temps que vous les teniez superflues en mon endroit. Je vous remercie de vos nouvelles, mais j'eusse bien voulu que vous m'eussiez mandé quelque chose de votre démoniaque, pource que c'est chose que comme vous j'estime l'un des mémorables accidents de ce siècle. Je ne suis pas étonné qu'elle die que l'âme de notre bon roi soit au ciel; mais je ne sais comme entendre qu'il fut martyr. Il[1] est vrai que ce matin, ayant mis cette affaire sur le tapis avec un de mes amis qui vient de Rome, il m'a dit que les jésuites

2. Malherbe a substitué *tient* à *fait état*, qu'il a raturé.
Lettre 89. — 1. Dans l'autographe, *il* est précédé de *car*, biffé.

y ont proposé de le canoniser en cette qualité. Vous avez su ce qui s'est passé à Bourg[2] : la Reine y a envoyé M. de la Varenne. Je me doute bien que ce ne sera rien, et que s'il en doit sortir quelque chose, ce sera que Messieurs de la religion, en leur assemblée qu'ils vont tenir à Châtelleraut, la demanderont pour place de sûreté. De l'armée de Savoie, j'ai toujours cru que ce seroit ce que c'est. Je crains bien que M. le comte de la Roche[3] n'y reçoive de mauvaises nouvelles de Madame la comtesse sa femme : il y a trois jours qu'elle est en l'agonie de la mort, et n'est défendue que de son grand courage. Dieu veuille que la fin en soit autre que tout le monde ne la croit ! Mme la comtesse de Sault, ne voyant point d'assurance aux remèdes de la terre, s'est résolue à ceux du ciel, et s'est vouée à Notre-Dame de Montaigu en Flandres, qui est une dévotion aujourd'hui extrêmement célèbre. Dieu lui en donne bonne issue ! Elle n'attend que le beau temps pour se mettre en chemin. J'ai recouvert une des médailles d'argent qui furent mises aux fondements du bâtiment que la Reine fait faire au bois de Vincennes ; vous l'aurez à mon retour de Fontainebleau, où je m'en vais sur la fin de cette semaine pour me ramentevoir en la clôture de l'état des pensions, qui se va faire la semaine prochaine. Il y a longtemps que l'on n'y peut donner de fin ; mais si faudra-t-il qu'on mette en repos les craintes et les espérances où cette suspension 1611

2. M. de Bellegarde, ayant voulu visiter Bourg, dépendance de son gouvernement de Bourgogne, y avait été reçu à coups de mousquet par les soldats de Boesse qui en était le gouverneur. Pour terminer cette affaire, on donna cent mille écus à Boesse, qui sortit de la ville après en avoir fait raser les fortifications. Voyez les *Mémoires de Richelieu*, année 1611, et le *Mercure françois*, 1611, p. 51.

3. Balthasar Flotte, comte de la Roche. Sa femme mourut le 6 avril, et la comtesse de Sault le lendemain.

1611 tient la plus grande partie de la cour. Je vous eusse dès à cette heure envoyé votre médaille, mais je ne sais qui sera le porteur de ce paquet; voilà pourquoi je ne l'ai pas voulu[4] hasarder mal à propos : avec cette-là, vous en aurez une de celles du sacre de la Reine, si déjà vous n'en avez eu par M. de Valavez. Je crois qu'il vous aura averti comme j'ai satisfait à la somme que vous aviez prêtée par delà à ma femme. Je vous prie m'en donner avis, et croire que si j'ai rendu l'argent, je ne pense point avoir acquitté l'obligation; je la conserverai, avec une infinité d'autres, aussi longtemps que Dieu me prêtera la vie; et jusques à ce terme-là je serai, Monsieur, votre très-humble et très-affectionné serviteur,

MALHERBE.

J'écrirai, par M. du Mas, à Monsieur le premier président : tenez-moi toujours en ses bonnes grâces, s'il vous plaît.

J'oubliois à vous dire que Mme la marquise de Verneuil a tenu le tapis quelque temps; à cette heure il est à Madamoiselle sa sœur[5] : elle prétend que M. de Bassompierre lui a promis mariage, et le prouve, outre les papiers, par un enfant qu'elle a dit avoir de lui. Elle le fit citer il y eut samedi huit jours : il s'en alla tout aussitôt[6] à Fontainebleau, où il est encore. Je l'ai vue, et sa mère aussi, depuis que cette affaire est commencée; mais je ne vois rien en leurs visages qu'une fort bonne mine, feinte ou véritable. La Reine est pour M. de Bassom-

4. Il y a *voulue*, au féminin, dans l'autographe.

5. Marie de Balzac d'Entraigues. Voyez l'histoire de ses amours et de son procès avec Bassompierre dans les *Mémoires* de celui-ci, années 1611 et suivantes.

6. *Tout aussitôt* a été ajouté après coup, au-dessus de la ligne.

pierre; il y aura d'ailleurs une autre bonne pièce en son sac : c'est qu'il est Allemand, et que se retirant chez lui, cette difficulté donnera de la peine à ceux qui le poursuivront. L'on dit qu'il offre vingt mille livres à la mère et une terre de quatre mille livres à l'enfant. Le comte de Tonnerre[7] dit qu'il y a un M. Foucher[8] à la cour aussi bien qu'au parlement; et certainement à ce prix-là, outre cinquante mille écus que l'on tient que lui à déjà coûté cette amour, il faudroit que la pièce eût beaucoup de mérite pour croire qu'il en eût eu bon marché. Cette affaire est mauvaise pour lui et n'est pas bonne pour elle. 1611

Depuis ma lettre écrite, M. de Valavez m'a dit que le porteur de ce paquet étoit sûr; cela m'a fait résoudre à lui bailler les médailles. Je crains que vous n'en ayez déjà de semblables, et que par conséquent, n'ayant point de prix d'elles-mêmes, elles perdent encore celui que leur peut donner la nouveauté; mais si vous ne les retenez pour vous, ce sera pour un de vos amis : il me suffit que vous voyiez que je suis votre serviteur très-affectionné.

---

90. — A Paris, ce 13e de mai.

Monsieur, tant que nous avons été à Fontainebleau, qui a été cinq ou six semaines, je n'ai point trouvé de commodité à mon goût pour vous pouvoir écrire; il s'en est présenté quelques-unes, mais je n'aime que celles que je tiens assurées. Nous sommes depuis mécredi au

7. Charles-Henri de Clermont, comte de Tonnerre, chevalier des ordres du Roi, mort en 1640.

8. Il y a ici, sur le nom de Foucher, un jeu de mots qu'on nous permettra de ne pas expliquer.

1611 soir en cette ville, où j'en aurai davantage, et par conséquent vous recevrez plus souvent de mes nouvelles. Vous m'avez extrêmement obligé de m'écrire fort particulièrement de ce prêtre sorcier [1]. Je fis voir votre lettre à Mme la princesse de Conty, qui me dit qu'elle étoit d'avis que le soir même je la fisse voir à la Reine, ce que je fis le soir même [2]; et tout aussitôt Sa Majesté fit apporter un flambeau, et donna la charge à Monsieur de Paris de la lire. Le reste des hommes qui étoient au cabinet se retira, parce qu'il ne fut pas jugé à propos qu'elle fût lue devant eux. Pour moi qui la présentois, je fus laissé en [3] la compagnie des dames, qui étoient Mmes les princesses de Conty, de Guise, mère et fille, et de Mercœur, Mme de Guercheville, et Mme la marquise de Verneuil. La pauvre Mme de Maurevel s'y trouva; mais elle ne s'en approcha point, et m'appela pour l'entretenir tant que cette lecture dura. Vous pouvez juger comme parmi ces choses sérieuses il fut ri quand il fut question de la soufflerie [4]; il y en eut peu qui n'en dissent leur mot, et

Lettre 90. — 1. Louis Gaufridi, curé de l'église collégiale des Acoules, à Marseille. Il séduisit d'abord une jeune fille de seize ans, nommée Madeleine de la Palud; puis celle-ci s'étant retirée dans un couvent d'Ursulines, il parvint à s'y introduire, et en se donnant comme sorcier, troubla complétement la tête des religieuses, qui se livrèrent à mille extravagances. Le parlement d'Aix évoqua l'affaire et condamna le curé à être brûlé vif. L'arrêt fut exécuté le 30 avril 1611. — On peut consulter sur ce procès, outre le *Mercure françois*, la *Confession faite par messire L. Gaufridy, prêtre en l'église des Acoules, de Marseille, prince des magiciens*, Aix, 1611, in-8°.

2. Au lieu des mots : « ce que je fis, etc., » Malherbe avait d'abord écrit : « je le fis hier au soir. »

3. Malherbe a substitué : « je fus laissé en la compagnie, » à « je fus de la compagnie. »

4. On lit dans la déposition de Gaufridi : « Le diable me dit que par la vertu de mon souffle j'enflammerois à mon amour toutes les filles et femmes dont j'avois envie de jouir, pourvu que mon

Monsieur de Paris même, quand ce vint à ce lieu où le prêtre dit qu'il n'avoit trouvé difficulté qu'à celles qui se trouvoient en la grâce de Dieu lorsqu'il les souffloit, encore qu'il réitérât son charme jusques à sept et huit fois, ne se put tenir de dire qu'il ne croyoit pas qu'il s'en fût trouvé beaucoup qui se fussent fait souffler plus d'une fois. Comme ce fut fait, Mme de Guercheville me pria de lui laisser la lettre jusques aujourd'hui. Cette affaire a été trouvée étrange de tout le monde, et a-t-on pris un plaisir extrême au soin que vous aviez apporté à vous ressouvenir de tant de choses[5]. Je voudrois que quand vous écrivez que cette Madeleine[6] fut rebaptisée au sabbat, vous vous fussiez souvenu de mander le nom qui lui fut donné. Vous le ferez, s'il vous plaît, par votre première, et me manderez qu'est devenu ce livre. Je ne sais, si les distiques étoient hors de là, s'ils auroient la même vertu; car quelque curiosité que j'aye, je ne voudrois pas les lire à ce prix-là. Je m'imagine que s'il s'est trouvé, la cour l'aura fait brûler. On a dit par deçà que ce malheureux avoit demandé, outre les femmes, le don d'éloquence, et que le diable lui avoit répondu que c'étoit chose qu'il ne lui pouvoit donner. Les autres tiennent qu'il lui dit que si, de grossier comme il étoit, il devenoit si habile homme, cette mutation le pourroit faire découvrir. Je vous prie, Monsieur, que celui qui mettra la main à la plume le fasse diligemment et exactement, et qu'il n'oublie rien de ce qui peut satisfaire les curieux; je suis d'avis qu'il envoye imprimer son discours 1611

souffle leur arrivât aux narines; et dès lors je commençai à souffler à toutes celles qui me venoient à gré. » (*Mercure françois*, 1611, p. 18 v° et 19.)

5. Il y avait d'abord : « à vous ressouvenir tant de choses. » Malherbe a ajouté *de* dans l'interligne.

6. Madeleine de la Palud. Voyez la note 1.

1611 en cette ville[7], afin que la chose en ait plus de réputation. Entre autres choses, qu'il n'oublie pas de dire ce qui retint ce prêtre de venir révéler ce qu'il savoit de l'entreprise contre la vie du feu Roi, vu qu'il dit qu'il en avoit eu la volonté. Quant à ce que vous m'écrivez que les médecins s'étonnent que le sentiment fût revenu aux parties où le diable avoit fait sa marque, il me semble qu'il n'y a rien d'étrange en cela, et que n'y ayant eu qu'une stupéfaction et non une mort entière, il ne s'y est point fait de création nouvelle, mais[8] seulement a été rendu sensible ce qui avoit cessé de l'être par l'application de ces marques; et puis ayant été confessé par le diable qu'il avoit eu commandement exprès de Dieu de les arracher, n'est-ce pas un témoignage que Dieu a voulu que l'état de cette fille fût tel qu'auparavant, et qu'il ne demeurât aucune impression en sa chair? et l'ayant voulu, ne lui a-t-il pas été aussi possible de faire cela comme le reste[9]? Mais c'est assez de ce misérable sujet. Je m'en vais de ce pas au Louvre, pour apprendre quelque chose; que si le porteur m'en donne le loisir, je vous écrirai demain au matin. Nous attendons la paix de Savoie : les conditions que demande M. de Savoie sont que ceux de Genève désarment, et que les fortifications nouvelles qu'ils ont faites soient démolies. Monsieur le Prince a eu son congé d'aller en Guienne, et semble que depuis la volonté qu'il en avoit soit refroidie; peut-être aussi que la maladie de Monsieur le connétable aidera à le retenir. Nous sommes ici pour dix ou douze jours; et puis, si la Reine ne change d'avis, nous nous en retour-

7. Au lieu des mots : « qu'il envoye imprimer son discours en cette ville, » Malherbe avait mis d'abord : « qu'il l'envoye imprimer en cette ville. »

8. Après *mais*, le manuscrit porte *bien*, effacé.

9. *Cela comme le reste* a été substitué à *l'un comme l'autre*.

nons à Fontainebleau. Mme de Sully et Mme de Rohan devoient partir aujourd'hui. M. de Sully sera à l'assemblée de Saumur[10], de laquelle je n'attends pas grand changement, sinon quelques légères demandes que pourront faire ceux de la religion. Tout me semble disposé à la paix, et rien à la guerre. S'il étoit permis de vous mander de nos nigeries de cour, j'aurois assez de quoi vous entretenir; mais il ne faut point se brouiller volontairement. Je vous ai dit que je vis hier Mme la comtesse de Maurevel au cabinet; je la fus remener chez elle. Le testament[11] n'est point encore ouvert. M. de Bullion n'est plus son tuteur : elle m'a dit qu'elle lui a dit pis que pendre, et que pour cela elle ne se peut garantir de l'avoir tous les jours sur les bras. Ces affaires sont en un état que si les parties[12] ne se résolvent à quelque composition, il y a des procès pour eux et pour leurs enfants jusques à dix générations. Elle m'a dit que M. du Vair lui conseille fort la paix. Son mari s'en vient en cette ville, d'où ils font compte de ne partir de longtemps. Je crois que s'ils veulent voir le bout de cette fusée, ils y sont pour plus qu'ils ne pensent. Adieu, Monsieur : je vous baise un million de fois les mains, et suis pour jamais votre serviteur très-humble et très-affectionné, 1611

MALHERBE.

Je suis très-humble serviteur de Monsieur le premier

10. L'assemblée des députés des églises protestantes.

11. Le testament de la comtesse de Sault, morte le mois précédent. Elle était mère de Mme de Maurevel. Voyez plus haut, lettre 43, p. 86, note 14. Une copie de son testament se trouve à la Bibliothèque de Carpentras, dans la collection Peiresc.

12. Malherbe avait d'abord écrit *esprits*, qu'il a corrigé en *parties*.

1611 président; je vous prie qu'il le sache, et que je lui baise bien humblement les mains.

---

91. — A Paris, ce jour de Pentecôte[1].

MONSIEUR, je ne vous ai pas assez remercié par ma précédente de la peine que vous avez prise de m'écrire si particulièrement de ce bélître sorcier : je vous en remercie encore par cette commodité; elle s'est présentée à moi inopinément; je la dois à M. de Valavez, que j'étois allé voir cette après-dînée. Si j'eusse cru[2] la rencontrer sitôt et si à propos, je vous eusse écrit une longue lettre; mais il m'a fallu aller au Louvre, où j'ai été jusques à cette heure, si bien que je ne vous saurois dire grand'chose. Le Roi, avec une patience merveilleuse, a cejourd'hui touché les malades, que l'on tient avoir été jusques au nombre de onze cents. La dernière fois qu'il toucha, pour éviter que quelque malheureux ne fît rien de mal à propos, les malades, à mesure qu'il les touchoit, étoient tenus par des archers qui étoient derrière eux; mais cette fois, pour ne faire paroître la défiance, on s'est contenté de leur faire joindre les mains. Il y avoit eu avis qu'avec cette occasion un coquin devoit entreprendre contre la personne du Roi; et l'avis venoit du sieur de Vouzay, lieutenant de M. de Châteauvieux[3] à la Bastille; si bien que ce M. de Vouzay a toujours été derrière le Roi pour

LETTRE 91. — 1. En 1611, la Pentecôte (Malherbe écrit *Pentecouste*) tombait au 22 mai.

2. Au lieu de *cru*, Malherbe avait d'abord mis *pensé*.

3. Joachim de Châteauvieux, comte de Confolans, chevalier d'honneur de Marie de Médicis, qui mourut non le 13 janvier 1615, comme le dit le P. Anselme, mais en 1614 (voyez la lettre du 20 mai 1614). Il avait le gouvernement de la Bastille depuis la retraite de Sully.

prendre garde s'il verroit quelque visage semblable à celui que l'on lui avoit dépeint. Tout s'est bien passé, grâces à Dieu. Leurs Majestés sont allées cette après-dînée voir les disputes des Jacobins, qui sont ici en un nombre infini pour leur chapitre général[4]. La Reine leur a donné mille écus : elle s'en va demain voir Messieurs et Mesdames à Saint-Germain, et revient le même jour pour s'en aller à Fontainebleau mécredi ou jeudi. MM. du Bouillon et de Sully sont à l'assemblée de Saumur : tout s'y passera au service du Roi, Dieu aidant; les choses y sont disposées, et les personnes aussi. Ceux de la religion disent que les grands sont à la dévotion de la Reine, et peut-être ne se trompent-ils pas. L'on tient que pour cette occasion ils feront présider un ministre[5]. Quoi que c'en soit, je ne vois point d'orage de ce côté-là, ni d'ailleurs : nous avons Dieu pour nous, et sommes gouvernés par une très-bonne et très-sage reine. Il s'est trouvé cette semaine un grand nombre de placards affichés aux coins des rues; de vous dire les ordures dont ils étoient pleins, cela feroit mal au cœur : vous les devinerez bien[6]. Il s'est aussi trouvé un homme perdu qui a fait un livre où il traite force belles questions. On l'a mis à la Bastille, où il fait le fou, croyant que cette échappatoire le garantisse; mais je tiens que son affaire est faite. Je ne vous dirai point de quoi parloit ce livre en particulier; je vous dirai en gros qu'il attaquoit la Reine[7], son 1611

4. Voyez le *Mercure*, 1611, p. 52 et suivantes.

5. Ce fut du Plessis-Mornay qui fut élu président. On lui adjoignit le ministre Daniel Chamier. Voyez le *Mercure françois*, 1611, p. 73-108.

6. Il s'agissait de la Reine et de Concini.

7. Devant *la Reine*, le manuscrit porte *le Roi*, biffé. Deux lignes plus loin, au lieu de : « l'on n'en parle, » il y avait d'abord : « l'on ne parle de ces choses-là. »

1611 mariage, et sa régence[8]. Cette chose est encore fort obscure, pource que l'on n'en parle qu'à l'oreille; quand le temps l'aura éclaircie, je vous en écrirai ce qui s'en pourra écrire. Au demeurant, en dépit de toutes ces âmes damnables, Leurs Majestés se portent fort bien, et verront la mort de tous ceux qui desirent là leur. Adieu, Monsieur: je ne cuidois[9] vous écrire que deux mots, mais le discours m'a emporté plus loin que je ne pensois. Si j'eusse cru que ma lettre eût dû être si longue, j'eusse pris une feuille entière; vous m'en excuserez s'il vous plaît: je vous écrirai la première fois plus à loisir et plus considérément. Aimez-moi toujours comme votre serviteur très-humble et très-affectionné,

MALHERBE.

Je vous supplie me faire cette faveur de baiser bien humblement les mains à Monsieur le premier président[10] et à M. le président de la Ceppède. J'ai reçu une lettre de lui ce matin; mais j'en remettrai la réponse à la première commodité pour lui écrire quelque nouvelle, si j'en apprends entre ci et là. Si vous croyez que ce que je vous écris le mérite, vous leur en ferez part.

J'avois l'autre fois oublié à vous écrire le nom de l'auteur de la lettre que je baillai à M. de Valavez pour vous

8. C'est bien probablement le livre du calviniste Louis de Mayerne, dit *Turquet*, intitulé : *de la Monarchie aristo-démocratique*, 1611. « Ce livre, dit le *Mercure*, fut saisi, confisqué et étroitement défendu, mais la Reine ne voulut par sa bonté que l'auteur en eût d'autre peine. » Voyez année 1611, p. 87 v°; voyez aussi l'Estoile et Richelieu.

9. *Je ne cuidois* a été substitué à *je ne pensois*, et deux lignes plus bas *j'eusse cru* à *j'eusse pensé*.

10. Malherbe a effacé, après les mots *le premier président*, le nom propre *du Vair*, et deux lignes plus loin *aujourd'hui* devant *ce matin*.

faire voir : c'est un nommé de Ryon, d'Orléans, gentilhomme servant chez le Roi, qui a fort bien étudié; il est tout près d'en faire une autre[11]. 1611

92. — De Paris, ce 29e de mai.

Monsieur, il n'est pas possible que je fasse un paquet pour la Provence qu'il n'y ait une lettre pour vous. Je n'ai rien à vous dire; mais je veux que vous voyiez[1] que je me souviens de ceux qui m'aiment, comme par effet je vois que vous faites. La sécheresse n'est pas seulement sur les fruits, elle est aussi sur les nouvelles. MM. de Boissize[2] et Bullion s'en vont de la part de la Reine à l'assemblée de Saumur. Le roi d'Angleterre a assuré Sa Majesté que si ceux de la religion brouillent et demandent plus que ne leur avoit accordé le feu Roi, ils l'auront pour ennemi : je ne crois pas qu'ils y soient disposés. M. de Châtillon[3] y est allé depuis deux ou trois jours, et a fait porter force lances de bague; s'il étoit saison de ballets, je crois qu'ils en feroient, tant les choses sont en bon état. Je n'ai rien ouï depuis de l'homme du livre[4]; et quant aux placards, je ne pense point qu'il s'en soit trouvé qu'en deux lieux qui sont du côté de l'Université. Le bruit avoit couru qu'il y en avoit eu sept ou huit cents

11. Voyez plus haut, lettre 85, p. 216, 217, et note 2.

Lettre 92. — 1. Dans le manuscrit : « que vous *voyez.* »

2. Jean de Thumery de Boissise, conseiller d'État, ambassadeur en Angleterre (1599), puis près les princes protestants d'Allemagne (1610).

3. Gaspard de Coligny, seigneur de Châtillon-sur-Loing, colonel-général des gens de pied (1614), gouverneur d'Aigues-Mortes, maréchal de France (1622), mort le 4 janvier 1646.

4. Voyez la lettre précédente, p. 231 et 232, et la note 8.

1611 d'affichés, mais que l'on les avoit brouillés avec de l'encre[5]. J'ai voulu vérifier ce qui en est, et ai trouvé que les placards qui sont effacés sont certaines défenses à un de Brade et de Pron, gantier de la cour du Palais, de recevoir personne à maîtrise du métier, en vertu[6] de certaines lettres qui y sont spécifiées. Tout est paisible, Dieu merci : je le prie qu'il nous y conserve. On nous conte ici force miracles nouveaux de votre possédée de Provence : donnez-moi de quoi entretenir les curieux. Je suis, Monsieur, votre très-humble serviteur,

MALHERBE.

Je me résous à écrire à Monsieur le premier président par M. le trésorier Serre, qui part dans trois ou quatre jours. Cependant[7]. . . . . je suis toujours son très-humble serviteur.

---

93. — De Paris, ce 4e de juin.

MONSIEUR, ce seroit, si je l'ose dire, un crime de lèse-amitié d'écrire où vous êtes et ne vous écrire pas : vous aurez donc ce petit mot pour vous témoigner que je vous suis ce que j'ai toujours été et que je serai toujours. Pour vous mander des nouvelles, il en faudroit inventer, car il n'en est point. Je m'en vais lundi à Fontainebleau;

5. Malherbe avait mis d'abord : « mais que l'on les avoit effacés avec de l'encre, dont on les avoit brouillés. »

6. L'écriture est ici peu lisible; *en vertu* est douteux. Un peu plus loin, *y* a été ajouté au-dessus de la ligne; trois lignes plus bas, au lieu de : « entretenir les curieux, » il y avait d'abord : « en conter aux curieux. »

7. Ici le papier est coupé ou usé; il manque deux ou trois mots; peut-être : « assurez-le que. »

d'affichés, mais que l'on les avoit brouillés avec de l'encre[5]. J'ai voulu vérifier ce qui en est, et ai trouvé que les placards qui sont effacés sont certaines défenses à un de Brade et de Pron, gantier de la cour du Palais, de recevoir personne à maîtrise du métier, en vertu[6] de certaines lettres qui y sont spécifiées. Tout est paisible, Dieu merci : je le prie qu'il nous y conserve. On nous conte ici force miracles nouveaux de votre possédée de Provence : donnez-moi de quoi entretenir les curieux. Je suis, Monsieur, votre très-humble serviteur,

MALHERBE.

Je me résous à écrire à Monsieur le premier président par M. le trésorier Serre, qui part dans trois ou quatre jours. Cependant[7]. . . . . je suis toujours son très-humble serviteur.

---

93. — De Paris, ce 4e de juin.

MONSIEUR, ce seroit, si je l'ose dire, un crime de lèse-amitié d'écrire où vous êtes et ne vous écrire pas : vous aurez donc ce petit mot pour vous témoigner que je vous suis ce que j'ai toujours été et que je serai toujours. Pour vous mander des nouvelles, il en faudroit inventer, car il n'en est point. Je m'en vais lundi à Fontainebleau;

5. Malherbe avait mis d'abord : « mais que l'on les avoit effacés avec de l'encre, dont on les avoit brouillés. »

6. L'écriture est ici peu lisible; *en vertu* est douteux. Un peu plus loin, *y* a été ajouté au-dessus de la ligne; trois lignes plus bas, au lieu de : « entretenir les curieux, » il y avait d'abord : « en conter aux curieux. »

7. Ici le papier est coupé ou usé; il manque deux ou trois mots; peut-être : « assurez-le que. »

prendre garde s'il verroit quelque visage semblable à 1611
celui que l'on lui avoit dépeint. Tout s'est bien passé, grâces à Dieu. Leurs Majestés sont allées cette après-dînée voir les disputes des Jacobins, qui sont ici en un nombre infini pour leur chapitre général[4]. La Reine leur a donné mille écus : elle s'en va demain voir Messieurs et Mesdames à Saint-Germain, et revient le même jour pour s'en aller à Fontainebleau mécredi ou jeudi. MM. du Bouillon et de Sully sont à l'assemblée de Saumur : tout s'y passera au service du Roi, Dieu aidant; les choses y sont disposées, et les personnes aussi. Ceux de la religion disent que les grands sont à la dévotion de la Reine, et peut-être ne se trompent-ils pas. L'on tient que pour cette occasion ils feront présider un ministre[5]. Quoi que c'en soit, je ne vois point d'orage de ce côté-là, ni d'ailleurs : nous avons Dieu pour nous, et sommes gouvernés par une très-bonne et très-sage reine. Il s'est trouvé cette semaine un grand nombre de placards affichés aux coins des rues; de vous dire les ordures dont ils étoient pleins, cela feroit mal au cœur : vous les devinerez bien[6]. Il s'est aussi trouvé un homme perdu qui a fait un livre où il traite force belles questions. On l'a mis à la Bastille, où il fait le fou, croyant que cette échappatoire le garantisse; mais je tiens que son affaire est faite. Je ne vous dirai point de quoi parloit ce livre en particulier; je vous dirai en gros qu'il attaquoit la Reine[7], son

4. Voyez le *Mercure*, 1611, p. 52 et suivantes.

5. Ce fut du Plessis-Mornay qui fut élu président. On lui adjoignit le ministre Daniel Chamier. Voyez le *Mercure françois*, 1611, p. 73-108.

6. Il s'agissait de la Reine et de Concini.

7. Devant *la Reine*, le manuscrit porte *le Roi*, biffé. Deux lignes plus loin, au lieu de : « l'on n'en parle, » il y avait d'abord : « l'on ne parle de ces choses-là. »

1611 mariage, et sa régence[8]. Cette chose est encore fort obscure, pource que l'on n'en parle qu'à l'oreille; quand le temps l'aura éclaircie, je vous en écrirai ce qui s'en pourra écrire. Au demeurant, en dépit de toutes ces âmes damnables, Leurs Majestés se portent fort bien, et verront la mort de tous ceux qui desirent là leur. Adieu, Monsieur : je ne cuidois[9] vous écrire que deux mots, mais le discours m'a emporté plus loin que je ne pensois. Si j'eusse cru que ma lettre eût dû être si longue, j'eusse pris une feuille entière; vous m'en excuserez s'il vous plaît : je vous écrirai la première fois plus à loisir et plus considérément. Aimez-moi toujours comme votre serviteur très-humble et très-affectionné,

MALHERBE.

Je vous supplie me faire cette faveur de baiser bien humblement les mains à Monsieur le premier président[10] et à M. le président de la Ceppède. J'ai reçu une lettre de lui ce matin; mais j'en remettrai la réponse à la première commodité pour lui écrire quelque nouvelle, si j'en apprends entre ci et là. Si vous croyez que ce que je vous écris le mérite, vous leur en ferez part.

J'avois l'autre fois oublié à vous écrire le nom de l'auteur de la lettre que je baillai à M. de Valavez pour vous

8. C'est bien probablement le livre du calviniste Louis de Mayerne, dit *Turquet*, intitulé : *de la Monarchie aristo-démocratique*, 1611. « Ce livre, dit le *Mercure*, fut saisi, confisqué et étroitement défendu, mais la Reine ne voulut par sa bonté que l'auteur en eût d'autre peine. » Voyez année 1611, p. 87 v°; voyez aussi l'Estoile et Richelieu.

9. *Je ne cuidois* a été substitué à *je ne pensois*, et deux lignes plus bas *j'eusse cru* à *j'eusse pensé*.

10. Malherbe a effacé, après les mots *le premier président*, le nom propre *du Vair*, et deux lignes plus loin *aujourd'hui* devant *ce matin*.

faire voir : c'est un nommé de Ryon, c 1611
homme servant chez le Roi, qui a fort l
tout près d'en faire une autre[11].

92. — De Paris, ce 29e de m

MONSIEUR, il n'est pas possible que je
pour la Provence qu'il n'y ait une lettre
n'ai rien à vous dire; mais je veux que vou
me souviens de ceux qui m'aiment, com
vois que vous faites. La sécheresse n'est
sur les fruits, elle est aussi sur les nou
Boissize[2] et Bullion s'en vont de la part
l'assemblée de Saumur. Le roi d'Angleter
Majesté que si ceux de la religion brouill
dent plus que ne leur avoit accordé le feu
ront pour ennemi : je ne crois pas qu'ils y
sés. M. de Châtillon[3] y est allé depuis deux
et a fait porter force lances de bague; s'il é
ballets, je crois qu'ils en feroient, tant les c
bon état. Je n'ai rien ouï depuis de l'homme
quant aux placards, je ne pense point q
trouvé qu'en deux lieux qui sont du côté de
Le bruit avoit couru qu'il y en avoit eu sept

11. Voyez plus haut, lettre 85, p. 216, 217, et no

LETTRE 92. — 1. Dans le manuscrit : « que vous ve

2. Jean de Thumery de Boissise, conseiller d'État,
en Angleterre (1599), puis près les princes prote
magne (1610).

3. Gaspard de Coligny, seigneur de Châtillon-sur-L
général des gens de pied (1614), gouverneur d'Aigues-
chal de France (1622), mort le 4 janvier 1646.

4. Voyez la lettre précédente, p. 231 et 232, et la n

s'il y en a, vous en aurez votre part. J'ai vu par deçà un mémoire de plusieurs choses que ce fameux sorcier a dites; mais à mon avis celui qui les a recueillies a plus de piété que de jugement. Il y a bien quelques choses touchant les particularités du sabbat qui semblent considérables; mais il y en a bien aussi de ridicules et qui me font croire que le diable n'est pas si fin comme nous le croyons, ou bien qu'ayant à faire à des personnes qu'il n'estime pas, il les entretient de viandes dignes de leur goût. Je ne sais certainement à quoi me résoudre là-dessus : il y a des intrigues en cette matière qui ne se démêleront jamais que nous ne soyons en un lieu où le jour soit plus clair qu'il n'est en ce monde; il faudra que l'apprentissage nous en coûte la peau. S'il s'en fait quelque discours par delà, je vous prie d'avertir l'auteur qu'il contente bien exactement tous les scrupules que le lecteur pourra faire, et qu'il n'y ait rien qui se contredise. Adieu, Monsieur : je vous baise bien humblement les mains, et suis votre très-humble serviteur, 1611

MALHERBE.

J'écrivis il y a quelques jours à M. le premier président de la Ceppède; mais je ne laisserai pas de l'assurer ici de mon très-humble service.

---

94. — A Paris, ce 20e de juillet.

MONSIEUR, votre homme s'en retournera demain, par lequel je répondrai à votre lettre, et vous manderai de nos nouvelles. M. le commandeur de la Mole[1], qui est

LETTRE 94. — 1. Peut-être un fils de François de Boniface, seigneur de la Molle.

1611 porteur de cette lettre, me presse de trop près pour vous tenir[2] long discours. L'affaire de Saumur fut hier résolue[3] : j'ouïs parler les députés dimanche à la Reine, dans le cabinet, avec des submissions[4] les plus grandes du monde; mais je n'ai loisir de vous rien dire. J'ai baillé à M. de Valavez cent quarante écus, qui sont quatre cent vingt livres; je vous prie me faire cette faveur de les faire rendre à ma femme, suivant la lettre que M. de Valavez en écrit à M. de Calas. C'est ma coutume de vous importuner : si j'abuse de votre courtoisie, dites-le-moi, j'y serai plus retenu à l'avenir; mais j'ai peur de vous offenser par ce scrupule, ayant tant de preuves de votre amitié. Je vous supplie me mander des nouvelles de Monsieur le premier président, car je suis en peine de sa santé : je lui écrivis dernièrement; vous l'assurerez, s'il vous plaît, de mon très-humble service. Adieu, Monsieur : je vous baise très-humblement les mains, et suis à jamais votre serviteur très-humble et très-affectionné.

---

95. — De Paris, ce 21e de juillet.

Monsieur, je vous écrivis hier par M. le commandeur de la Mole; ce fut un peu à la hâte, et par conséquent en désordre : à cette heure, plus à loisir, je vous dirai que dimanche dernier, sur les deux heures après midi, étant au cabinet de la Reine, où, hormis les princesses, il n'y avoit que cinq ou six personnes, Messieurs les députés de Saumur eurent une audience. M. de la Case[1] et le baron

2. *Tenir* a été substitué à *dire*.

3. La réponse de la Reine aux cahiers de doléances de l'assemblée de Saumur. Voyez le *Mercure* et la lettre suivante.

4. Ici Malherbe a écrit *sumissions*.

Lettre 95. — 1. Jacques de Pons, marquis de la Caze. Il joua de Courtaumer[2] parlèrent l'un après l'autre, et dirent fort peu de chose. La Reine répliqua cinq ou six mots à chacun d'eux ; mais, sans mentir, tout cela fut si bas, qu'encore que je touchasse le baron de Courtaumer, je n'en pouvois rien entendre qu'à bâtons rompus : bien ouïs-je que la Reine dit au ministre Ferrier[3] qu'il s'avançât, ce qu'il fit, entre les sieurs de la Case et de Courtaumer, demeurant un peu derrière, et lors il parla, non éloquemment, mais assez bien pourtant, et si intelligiblement que je n'en perdis pas un mot. La substance de ce qu'il dit fut que ceux de sa religion n'avoient jamais eu autre intention que de très-humbles et très-obéissants sujets de Leurs Majestés ; qu'en l'année 1607, en leur assemblée de Châtellerault, le feu Roi avoit trouvé bon qu'ils reconnussent Monsieur le Dauphin légitime successeur de la couronne, et qu'à cet exemple, en celle-ci de Saumur, après le serment de fidélité fait au service du Roi, ils en avoient fait un autre pour la régence de la Reine, et que pour l'un et pour l'autre ils exposeroient leurs vies quand l'occasion s'en présenteroit ; qu'on avoit voulu donner de mauvaises impressions d'eux à Sa Majesté, à quoi ils la supplioient très-humblement de n'ajouter point de foi ; que tout ce qu'ils avoient mis en leurs articles n'étoit que cela même que le feu Roi leur avoit accordé en ses édits, et que ce peu qui y étoit de plus étoient des grâces[4] qu'avec toute submission et révérence ils re- 1611

un grand rôle dans les assemblées des protestants à la fin du seizième siècle et au dix-septième.

2. Jean-Antoine de Saint-Simon, baron, puis marquis de Courtomer, tué au siége de Bois-le-Duc le 1er septembre 1629.

3. Jérémie Ferrier, célèbre ministre calviniste, né à Nîmes, dans la deuxième moitié du seizième siècle, mort à Paris en 1626. Vendu à la cour, il fut excommunié (1613) par le synode provincial du Languedoc, et ne tarda pas à abjurer le calvinisme.

4. Malherbe avait d'abord écrit : « n'étoit que des grâces. »

1611 quéroient de Sa Majesté; et qu'étant l'image de Dieu, ils avoient cru qu'elle feroit comme lui, qui ne s'offense jamais d'être prié : ce sont les propres termes par lesquels il finit. Tout cela ne fut pas prononcé tout d'une suite, mais à trois reprises : à la première, la Reine répondit qu'elle vouloit croire que ce qu'ils disoient seroit véritable, et qu'autant de fois que le feu Roi lui en avoit parlé, il l'avoit toujours assurée qu'ils ne feroient jamais rien contre son État; l'autre réplique fut sur ce mot d'*insolence*, où elle leur dit qu'avec l'insolence il ne falloit rien espérer d'elle, et que quand on montreroit desirer sa bonne grâce, elle ne refuseroit chose qui fût raisonnable; la conclusion fut qu'ils seroient expédiés le mardi ensuivant. Depuis les choses ont été résolues; car mardi après dîner je me trouvois au cabinet, où il n'y avoit que Mme de Guise et Mme de Sourdy[5]; la Reine, sortant de l'entre-sol, s'en vint avec une face riante vers Mme de Guise, à qui elle dit que désormais elle ne se lèveroit plus si matin comme elle avoit fait depuis quelque temps, et que l'affaire de Saumur étoit résolue. Mme de Guise lui fit là-dessus plusieurs questions, mais c'étoit en se promenant, tellement que je n'en entendois que fort peu de chose. A une heure de là, M. de Nevers étant venu au cabinet, pource que j'avois ouï de la Reine qu'il avoit été des opinants en ce conseil, je lui en demandai des nouvelles; il me dit que ceux de la religion avoient leurs villes de sûreté encore pour cinq ans, que par-dessus ce qu'ils tenoient on leur bailloit le Mont-de-Marsan et Tartas, qui sont deux bicoques, desquelles le fils de M. de Châteauneuf de Chalosse[6], qui est demeuré huguenot, encore que

5. Charlotte de Barbesières, femme de René d'Escoubleau, seigneur de Sourdis.

6. Probablement Charles de Pierre-Buffière, baron de Château-

son père se soit fait catholique, en tenoit l'une dès le temps du feu Roi, et qu'avec cela on leur bailloit quelque somme d'argent. Il survint quelqu'un là-dessus qui rompit ce propos, si bien que pour lors je n'en appris autre chose. Depuis j'ai su que la Reine leur bailloit quinze mille écus, pour l'entretènement de leurs ministres, plus qu'ils n'avoient du temps du feu Roi; sur quoi il faut noter qu'en l'année que le feu Roi retrancha tout le monde, il retrancha aussi les ministres, et leur ôta le tiers de ce qu'il leur avoit accordé. A cette heure, ils demandoient les arrérages de ce tiers, et continuation à l'avenir : pour les arrérages, la Reine les leur refuse tout à plat, et pour l'avenir ils ont[7] quinze mille écus plus qu'ils n'avoient quand le Roi mourut. Avec ces conditions, tout le monde est content, et tient-on que samedi prochain ils auront leur congé. Nous avons ici tous les jours au cabinet M. de la Force[8], M. de Châtillon, le vidame de Chartres[9] et assez d'autres de la religion[10]. S'il s'entreprenoit quelque chose par ceux de ce parti, ils ne se tiendroient pas parmi nous. Quant à moi, je ne sais pas ce qui en sera; mais je n'ai jamais craint tous ces remuements que l'on nous promettoit devoir naître de cette assemblée, et pense le vous avoir écrit autant de fois que je suis tombé en propos de ce sujet. La Reine s'en va lundi 1611

neuf, qui prit une part active aux troubles de la minorité de Louis XIII. Il était fils de Charles de Pierre-Buffière, seigneur de Châteauneuf, lieutenant général du Limousin.

7. Au lieu de *ils ont*, il y avait d'abord *ils en sont réduits à;* la fin de la phrase, depuis : « plus qu'ils n'avoient quand le Roi mourut, » a été ajoutée en interligne.

8. Jacques Nompar de Caumont, duc de la Force, pair et maréchal de France, mort en 1652, à quatre-vingt-dix-sept ans.

9. Prégent de la Fin, qui fut vidame de Chartres de 1602 à 1630.

10. Les mots : « et assez d'autres de la religion, » ont été ajoutés au-dessus de la ligne.

1611 à Saint-Germain, où Mesdames lui préparent le plaisir d'une comédie qu'elles-mêmes doivent réciter : voilà par où nous allons recommencer[11] les passe-temps de la cour, qui seront en leur comble quand le Roi et Messieurs ses frères seront en âge de les goûter. Il y a quelques jours[12] que, sous couleur de rencontre fortuite, il se fit un combat sur le Pont-Neuf : le tué qui est un d'Arquy[13], gentilhomme de M. le duc d'Aiguillon, a été depuis deux jours promené dans un tombereau par plusieurs endroits de la ville, et puis traîné à la voirie; le tueur, qui est un Baronville, fils de Montescot[14], s'est sauvé en Angleterre, par la recommandation, à ce que l'on dit, de M. le prince de Joinville : il fera bien de s'y tenir; et par le traitement que l'on a fait au mort, jugera ce que l'on feroit au vivant s'il tomboit entre les mains de la justice. La damoiselle de Cosman[15], qui est celle qui avoit fait ces plaisantes accusations dont vous avez ouï parler, aura samedi prochain son arrêt : quel il sera, je n'en sais rien; mais les conclusions des gens du Roi sont à la mort. Nous attendons ici de voir sortir en lumière un discours de ce qui

11. Malherbe a changé *commencer* en *recommencer*, en ajoutant *re* en interligne.

12. Le 15 juillet.

13. Le baron d'Arquy, suivant le *Mercure françois*, 1611, p. 131. Il était l'agresseur.

14. Il fut décapité en effigie. Voyez la lettre 99. Son père, Claude Montescot, figure sur les états généraux des officiers de la maison de Louis XIII, à l'année 1611, comme secrétaire de la chambre, avec quatre cents livres de gages.

15. Jaqueline le Voyer, dite de Comant ou d'Escouman, femme d'Isaac de Varenne. Elle avait accusé le duc d'Espernon et la marquise de Verneuil d'avoir fait assassiner Henri IV. Le 30 juillet 1611, le parlement rendit un arrêt qui la condamna à « tenir prison perpétuelle entre quatre murailles. » Voyez son interrogatoire dans le *Journal* de l'Estoile, édition de 1741, tome IV, p. 266; voyez aussi le *Mercure françois*, 1611, p. 14 et suivantes.

s'est passé au fait de messire Louis Gaufridi et de Madeleine de la Palud; je crains bien que ce ne soit au mépris de l'auteur : un habile homme qui l'a vu m'en a parlé comme cela. 1611

Il s'est fait une espèce de catholicon sur l'assemblée de Saumur[16], et dit-on que c'est une bouffonnerie assez plaisante : si je la recouvre, comme je l'espère, vous aurez votre part du passe-temps[17]. Au demeurant, Monsieur, selon votre honnêteté accoutumée, vous m'avez fort obligé de me demander mon avis sur le dessein que vous avez de mettre quelque pièce au jour. J'estime trop et votre suffisance et votre jugement pour douter que ce ne soit chose digne d'être vue; c'est pourquoi je ne saurois sinon vous en louer, et vous exhorter toutefois que devant qu'il parte de vos mains, il soit si bien censuré de vous-même, que ceux qui y voudront mordre y laissent leurs dents. Ayant pourvu à cela, comme je m'assure que vous ferez, je ne vois point de sujet pourquoi vous ne puissiez, comme les autres, jouir de la gloire de votre labeur. J'approuve extrêmement les noms que vous donnez à ces nouvelles planètes; et s'il m'est permis d'en dire mon avis, je dirois plutôt le petit Cosme et le grand Cosme que le Cosme intérieur et le Cosme extérieur[18] : toutefois

16. Ce pamphlet est intitulé : *Satyre menippée sur ce qui s'est passé en l'assemblée de Saumur au mois de juin, avec la représentation des Tableaux de la salle, et enrichissement des bordeures*, par de Tantale, ministre de France, in-12.

17. Malherbe a substitué ici *passe-temps* à *plaisir*, et, trois lignes plus loin, *pièce* à *chose*.

18. Les satellites de Jupiter avaient été découverts par Galilée; et Peiresc, après les avoir observés, eut pendant quelque temps l'intention de publier ses observations, comme on le voit d'après sa lettre à Malherbe. Mais il renonça à son projet lorsqu'il eut appris que Galilée allait faire imprimer les siennes. Voyez la *Vie de Peiresc*, par Requier, p. 132 et 133.

1611 il n'y a pas beaucoup à choisir, sinon que vous eussiez peur d'offenser celui que vous nommerez *le petit*. Si votre œuvre est en françois, et que vous l'envoyiez imprimer par deçà, je présiderai à l'impression, et empêcherai qu'au langage il n'y ait rien que l'on puisse reconnoître pour étranger. Je vous ai assez de fois dit ce que vous pouvez sur moi, mais je ne le vous ai jamais su faire voir par effet. Cette occasion, et généralement toutes celles qui s'en[19] offriront, me seront extrêmement chères; et en toutes vous verrez, Monsieur, que je suis autrement que de bouche votre serviteur très-humble et très-affectionné,

MALHERBE.

Il y a cinq ou six jours que je baillai quatre cent vingt livres à M. de Valavez; je vous supplie, Monsieur, me faire cette faveur de les faire rendre à ma femme par delà.

---

96. — [23e juillet[1].]

MONSIEUR, vous avez en ce paquet la bouffonnerie dont je vous avois parlé en ma précédente. Je ne la vous envoyerois pas si je ne la vous avois promise; car, à mon goût, c'est une pure niaiserie; mais je vous veux montrer que je suis homme de parole, et vous ôter l'opinion que vous auriez que la paresse m'eût empêché de vous donner ce plaisir[2]. M. Fontaine[3] m'est ce matin venu

19. *En* a été ajouté au-dessus de la ligne.

LETTRE 96. — 1. La lettre ne porte pas de date; mais comme Malherbe dit l'avoir écrite deux jours après la précédente, qui est du 21 juillet, nous pouvons en toute certitude la dater du 23 de ce mois. La cote de Peiresc est à moitié effacée.

2. Au lieu de : « vous donner ce plaisir, » Malherbe avait mis d'abord : « la vous faire voir. »

3. Jacques Fontaine, médecin ordinaire de Louis XIII, premier

voir, qui m'a conté merveilles de votre possédée. Il m'a dit qu'il y a un autre nouveau prêtre prisonnier : si c'est chose qui vaille en parler, faites-m'en aussi bonne part comme vous avez fait de messire Louis[4]. Je vous écrivis il y a deux jours par votre messager; depuis il n'est rien survenu. Notre voyage de Saint-Germain est remis à mardi; la comédie ne se gâtera pas entre ci et ce temps-là. J'eusse fait récrire le bel ouvrage que je vous envoye, mais il n'en vaut pas la peine : je m'assure que vous en ferez même jugement que moi. Si vous n'avez bien souvent de mes lettres d'ici à deux ou trois mois, un voyage que je vais faire en Normandie en sera cause; mais là, comme ici et partout, je serai toujours votre serviteur très-affectionné. Honorez-moi toujours de votre amitié. 1611

Nous attendons ici au premier jour Mme et Mlles de Rohan. C'est quelque conjecture que nous n'aurons point de brouillerie du côté de Saumur. Dieu favorisera les soins de notre Reine comme il a fait ceux du feu Roi. Vous aurez su comme le roi d'Angleterre avoit donné un coup de poing au prince son fils[5]; pour le moins le conte le disoit ainsi; mais cela n'a point passé plus outre, ils ont été réconciliés tout incontinent. Le Roi s'étoit mis en colère de quelque faute que les chiens avoient faite à la chasse, et sembla au prince que le sujet n'en étoit pas digne, si bien qu'il se mit à rire, de quoi le Roi s'offensa tellement, ajoutant cette nouvelle colère à la précédente, qu'il ne se put empêcher de le frapper. Il se retira tout à l'heure, et fut suivi de tant de gens que le Roi demeura

régent de la Faculté de médecine à Aix, mort en 1621. Il avait été appelé à déposer comme expert dans le procès de Gaufridi. Voyez le *Mercure françois*.

4. Louis Gaufridi.

5. Henri-Frédéric, prince de Galles, fils aîné de Jacques Ier, né le 19 février 1594, mort le 6 novembre 1612.

1611 presque seul et éprouva la vérité de cette maxime, que plus de gens adorent le soleil levant que le couchant. Je n'ai pas mis cette nouvelle en son rang, je l'ai mise au lieu où il m'en est souvenu; excusez-m'en : vous devez être accoutumé à mes libertés.

---

97. — De Paris, ce 1er d'août.

Monsieur, si vous m'avez oublié, je n'en ferai pas pourtant de même. M. le commandeur de la Mole, qui partit il y a dix ou douze jours, et votre Étienne, qui est parti depuis deux ou trois, vous ont porté de mes lettres; mais je ne laisserai pas d'en bailler encore à ce messager. Nous n'avons plus rien de nouveau en cette cour, que la venue de M. le comte de Saint-Pol[1], depuis cinq ou six jours. M. le marquis d'Ancre avec ses amis alla au-devant de lui, tellement que l'affaire d'Amiens[2] est du tout accommodée au contentement de la Reine. Il ne nous reste plus qu'une brouillerie d'entre le marquis de Nesle[3] et le comte de Bresne[4]. Le conte dit qu'il y a cinq ou six jours que le comte de Bresne, sur les onze ou douze heures du soir, étant allé à l'hôtel de Nemours, où Mme d'Aumale[5] est logée, il monta à la chambre de Mlle de Senetaire[6], qui y loge aussi, et ayant frappé à sa porte, comme

Lettre 97. — 1. François de Longueville, comte de Saint-Paul, était oncle du duc de Longueville, gouverneur de Picardie, qui avait eu de grands démêlés avec le marquis d'Ancre, gouverneur d'Amiens.

2. Malherbe a substitué *d'Amiens* à *de Picardie*, qu'il avait écrit d'abord.

3. René aux Épaules, marquis de Nesle, gouverneur de la Fère, mort en 1650, à soixante-quinze ans.

4. Henri-Robert de la Marck, comte de Braisne, mort en 1652, à soixante-dix-sept ans.

5. Marie de Lorraine, femme de Charles de Lorraine, duc d'Aumale.

6. Madeleine de Saint-Nectaire, morte en 1646. Voyez son *His-*

on lui eut dit qu'elle étoit couchée et qu'il se retirât, il appela une damoiselle nommée Chambonnez, qui est à Mlle de Senetaire, laquelle aussitôt lui ouvrit la porte[7], comme pour parler seulement à lui, pource qu'ayant autrefois servi Mme du Bouillon, mère du comte de Bresne, elle se croyoit obligée à ce respect envers lui. L'on dit que comme il fut dedans, il se[8] voulut jouer un peu insolemment avec Mlle de Senetaire, qui étoit au lit; elle se jeta à la ruelle, et se coucha contre terre. Toutefois, si le conte dit vrai, elle ne put si bien faire qu'il ne lui déchirât sa chemise depuis le haut jusques au bas, et ne prît tout plein d'avantages sur elle. Ce conte ayant été fait à la Reine, même en présence du marquis de Nesle, cousin germain de Mlle de Senetaire, ce que ceux qui faisoient le conte ne savoient pas, il se crut obligé à en tirer raison; et s'étant tous deux rencontrés à l'hôtel de Guise, comme le comte de Bresne en fut sorti à pied, le marquis de Nesle le suivit de même; et de quinze ou vingt pas ayant crié au comte qu'il tournât et mît la main à l'épée, il fit bien l'un, mais non pas l'autre, s'amusant à des satisfactions qui ne contentoient pas le marquis de Nesle. Il en voulut lui-même prendre une autre, et lui donna deux coups d'épée sur les oreilles : le cordon de son chapeau et son rabat en sont coupés. Les amis du comte de Bresne lui ayant fait sentir cette lâcheté, et particulièrement M. le marquis de Mauny[9], qui est brave[10] 1611

toriette dans Tallemant des Réaux, qui a aussi, mais en termes vagues, parlé de l'anecdote que Malherbe raconte ici en détail.

7. Malherbe avait d'abord écrit : « lui ouvrit la porte à demi; » puis il a effacé *à demi*.

8. *Se* a été ajouté au-dessus de la ligne.

9. Louis de la Marck, marquis de Mauny, capitaine des gardes, mort en 1626. Il était frère du comte de Braisne.

10. Devant *brave*, le manuscrit porte *un*, effacé.

1611 gentilhomme, il s'est retiré d'ici, l'on ne sait pour quoi faire : les uns tiennent qu'il veut demander le combat, les autres en jugent autrement. Le marquis de Nesle est demeuré ici avec une garde que la Reine lui a baillée : le premier président [11] l'a voulu faire prendre; mais la défense de Sa Majesté y est intervenue, et devant cela l'assistance de Monseigneur de Guise, qui lui a bien servi [12]. Il pensoit qu'hier on le vînt prendre, si bien que tous ses amis s'allèrent enfermer avec lui en son logis, et nommément M. le prince de Joinville; mais depuis la défense de la Reine, cette rigoureuse poursuite s'est adoucie : nous verrons où la chose aboutira. Nous avons ici Mme de Rohan et Mesdamoiselles ses filles, depuis trois ou quatre jours; jugez par là si ceux de la religion ont les âmes disposées à la paix : ce sont effets de la bonté de Dieu et de la prudence de notre grande reine. Je vous ai assez entretenu de choses qui ne le valent pas, mais pour le moins est-ce un témoignage de ma diligence. Je me réjouis de tout mon cœur de la santé de Monsieur le premier président; je ne crois point qu'il la garde comme il doit; c'est à vous qui êtes auprès de lui, et qui l'aimez chèrement, de la lui recommander. Je ne lui écris point, car je n'ai de quoi, si je ne lui voulois écrire que je suis son très-humble serviteur, et c'est chose si souvent répétée que je crois qu'il en doit être ennuyé; je réserverai donc ce devoir à quelques nouvelles qui vaudront lui être mandées : aussi bien lui ai-je écrit par M. le commandeur de la Mole, et un peu auparavant par un autre messager. Conservez-moi, s'il vous plaît, Monsieur, en ses bonnes grâces et aux vôtres; je les desire toutes deux avec passion.

11. Nicolas de Verdun.

12. *Qui lui a bien servi* a été ajouté après coup, au-dessus de la ligne.

De Paris, ce premier d'août, prêt à partir pour aller voir la comédie de Madame, qui est la *Bradamante* de Garnier[13]. C'est à demain au soir : M. de Valavez y sera, qui vous en fera le discours, car pour moi je m'en vais au partir de là en Normandie, aussitôt que la Reine m'aura donné congé. 1611

98. — A Paris, ce 4e août.

Monsieur, hier je revins de Saint-Germain voir jouer la comédie. M. de Valavez, à mon avis, vous en aura écrit plus particulièrement ; de moi, je ne vous en dirai autre chose, sinon que tous les personnages y firent des miracles. Madame, qui étoit habillée en amazone comme représentant Bradamante, étonna tout le monde par sa bonne grâce ; Monsieur et Monsieur le Duc y firent plus que l'on ne pouvoit espérer de leur âge. Monsieur, pour prologue, récita les six vers que vous trouverez en ce paquet : il avoit une pique en la main, qu'il mania en fils de maître. Ils avoient tous deux des hauts-de-chausses, dont ils étoient, à mon avis, merveilleusement empêchés ; aussi les quittèrent-ils aussitôt et reprirent leurs robes. Madame Chrétienne ne parut sur le théâtre qu'en la fin du dernier acte, où elle dit un mot, seulement pour en être comme les autres : voilà tout ce que vous en saurez de moi. A mon retour, je m'en allai au Palais, où je trouvai cette lettre de Barclay[1], qui me fut présentée

13. Robert Garnier, mort en 1590. La tragédie de *Bradamante* avait paru en 1580. — Au lieu des mots : « qui est la *Bradamante* de Garnier, » Malherbe avait simplement écrit d'abord : « qui est prise de Garnier. »

Lettre 98. — 1. On lit sur la cote mise au dos par Peiresc : *Lettre de Barclay sur l'Arabelle.*

1611 comme nouvelle; elle l'est à la vérité pour mon regard[2], je ne sais si elle le sera pour le vôtre : quoi qu'il en soit, elle me semble fort bonne. Adieu, Monsieur; aimez votre serviteur très-affectionné,

MALHERBE.

Je m'en retourne demain à Saint-Germain prendre congé, ce que je ne pus faire dernièrement. Si nous apprenons quelque chose, vous le saurez. Je vous baise bien humblement les mains.

Charlemagne, Léon, Roger et Bradamante
Sont de gaze et carton à la comédiante;
Je suis le vrai crayon des illustres Césars.
Des lis j'arborerai les braves étendards;
Du Gange jusqu'au Rhin, et sur les bords d'Afrique,
Pour mon petit papa[3] donrai des coups de pique.

Vous verrez bien que ce ne sont pas vers d'un bon maître; mais puisqu'ils ont eu l'honneur d'être prononcés par la bouche d'un si grand prince, j'ai pensé que vous prendriez plaisir de les voir : je les ai retenus par cœur, et crois que ç'a été fidèlement; quoi que c'en soit, s'il y a du change, il ne sauroit être bien grand. J'oubliois à vous dire qu'ayant achevé de prononcer ces vers, il tenoit une pique qu'il branla vers la compagnie de si bonne grâce, que cette action, et un petit saut qu'il fit en achevant, lui attira un monde de bénédictions.

Dans peu de jours, M. le chevalier de Vendôme partira pour s'en aller à Malte; je crois que vous le verrez en Provence.

2. Malherbe a substitué *mon regard* à *moi*, et, à la ligne suivante, *le vôtre* à *vous*.

3. « C'est le Roi qu'il appelle son petit papa. » (*Note de Malherbe.*)

99. — A Paris, ce 14e d'août. 1611

Monsieur, il y a six semaines que je n'ai eu de vos lettres, ce sont beaucoup d'arrérages; mais pour cela je ne laisserai pas de hasarder encore celle-ci. Je m'en vais faire un petit voyage en Normandie; si durant ce temps-là je ne vous écris si souvent, et peut-être point du tout, ne vous en étonnez pas, la difficulté des commodités en sera cause. Pour mon affection, vous en ferez toujours le même état; je la porterai où je vais, et la rapporterai telle que je la vous ai dédiée. Nos nouvelles sont petites. M. le marquis d'Ancre partit vendredi, accompagné d'environ cent ou six vingts chevaux; la moitié revint d'une lieue d'ici; le reste est allé avec lui. Il sera à Amiens aujourd'hui, et y séjournera[1] trois ou quatre jours; de là il s'en va à Ancre[2] voir son marquisat, puis s'en revient à Péronne, et de Péronne à Paris. Tout son voyage ne sera pas de quinze jours. Mesdames les Princesses[3] doivent être aujourd'hui à Cadillac, où M. d'Espernon les festie[4]; de là elles s'en reviennent ici, et d'ici s'en vont en Flandres voir Mme la princesse d'Orange. Vendredi dernier, M. le Fèvre[5] commença l'exercice de sa

Lettre 99. — 1. Au lieu de : « et y séjournera, » Malherbe avait d'abord écrit : « son séjour y sera de.... »

2. Ancre (ou Albert) est un chef-lieu de canton de la Somme, à cinq lieues et demie d'Amiens.

3. Les princesses de Condé avaient accompagné le prince de Condé, que la Reine, craignant quelques troubles de la part des protestants, avait envoyé dans son gouvernement de Guienne. Voyez le *Mercure*, 1611, p. 74. — Cadillac est un chef-lieu de canton de la Gironde, à environ six lieues de Bordeaux.

4. *Festie*, festoie. Voyez le *Dictionnaire* de Nicot.

5. Le poëte des Yveteaux, précepteur de Louis XIII, ayant été renvoyé, fut remplacé par Nicolas le Fèvre, que Henri IV avait donné pour précepteur au prince de Condé, et qui mourut le 3 no-

1611 charge; il fut présenté au Roi par la Reine, M. le comte de Soissons, Monsieur le chancelier, M. de Villeroy, M. le président Janin et M. de Souvray, dans le petit cabinet de la Reine. La Reine fit la harangue; Monsieur le chancelier y ajouta quelques paroles à la louange de M. le Fèvre, et promit au Roi que bientôt, et sans l'ennuyer, il l'auroit rendu savant. Le Roi répondit que de son côté il tâcheroit de faire son devoir. De là ils montèrent au cabinet des livres, où M. Florence fit la leçon au Roi en présence de M. le Fèvre, qui ne dit jamais un mot, mais se contenta de voir comme il étoit avancé, et de quelle façon on le faisoit étudier. A cette leçon il n'y eut personne présent que le vidame du Mans [6], par qui je m'en suis fait conter l'histoire. M. de Bressieu n'est point encore hors de sa brouillerie avec le sieur de Saveuse [7]; quoi qu'il en soit, depuis trois ou quatre jours l'on n'informe plus. On parle diversement de l'affaire du comte de Bresne et du marquis de Nesle; qui tient qu'on leur accordera le combat, qui tient que non. Je ne sais où j'en suis. Baronville, fils de Montescot, est en effigie au bout du Pont-Neuf, pour le combat dont je vous ai écrit. Je crois que M. de Senas vous ira bientôt porter des nouvelles de Saumur : l'on nous dit [8] que tout s'y est passé au contentement de Leurs Majestés. Adieu, Monsieur : je suis votre serviteur très-humble.

vembre 1612. (Voyez plus loin, lettre 106, p. 262.) Il y a de nombreuses lettres de lui dans la collection Dupuy à la Bibliothèque impériale.

6. Charles d'Angennes, marquis de Rambouillet, vidame du Mans, mort le 26 février 1652.

7. Peut-être Charles Tiercelin, seigneur de Saveuse.

8. Au lieu de : « l'on nous dit, » Malherbe avait mis d'abord : « je crois. »

100. — De Paris, ce 9ᵉ de novembre. 1611

Monsieur, pardonnez à ma paresse; je ne sais si je me flatte, mais je la trouve assez bien fondée pour cette fois. Je ne suis de retour en cette cour que depuis trois ou quatre jours, et d'ailleurs je ne vois rien à votre goût ni au mien. J'ai passé toute la journée au Louvre pour y apprendre quelque chose qui valût vous entretenir; mais[1] j'en suis revenu comme j'y étois allé. M. le comte de Soissons est parti ce matin pour s'en aller tenir les états à Rouen; il devoit aujourd'hui voir Mme de Lorraine[2]; toutefois il est parti devant qu'elle fût levée. Monseigneur le Prince est encore à Valery. On s'en va dans deux ou trois jours à Saint-Germain, pour faire voir Messieurs et Mesdames à Mme de Lorraine. Tout cela ne sont pas grandes nouvelles, mais c'est tout ce que nous avons. Si j'en avois de plus sérieuses[3], vous les auriez volontiers, pour vous récompenser de celle que vous m'avez donnée de la guérison de Monsieur le premier président. Je m'en réjouis de tout mon cœur; mais il me déplaît fort de tant de rechutes. On m'a dit qu'il impute son mal à la demeure du Palais; pour moi je crois qu'il la[4] faut chercher aux humeurs mélancoliques où il semble qu'il prenne plaisir de s'entretenir[5] : on peut bien penser au

Lettre 100. — 1. *Mais* a été substitué à *et*.

2. Marguerite de Gonzague, seconde femme de Henri duc de Lorraine, morte le 27 février 1632. Elle était fille de Vincent duc de Mantoue et d'Éléonore de Médicis, sœur de Marie de Médicis. Voyez le *Mercure*, 1611, p. 158.

3. Au lieu de *sérieuses*, Malherbe avait d'abord écrit *grandes*; et, à la ligne suivante, *remercier*, au lieu de *récompenser*.

4. Telle est la leçon du manuscrit; *la*, dans la pensée de Malherbe, se rapportait sans doute à l'idée de *cause*, implicitement contenue dans ce qui précède.

5. Le séjour de Provence ne plaisait guère à du Vair. Dans diverses lettres à de Thou, conservées à la Bibliothèque impériale,

1611 public et ne se négliger pas; ce ne sont pas deux soins contraires. C'est à vous, qui êtes auprès de lui, et qui l'aimez, de lui en faire des reproches et l'exhorter à s'aimer plus qu'il ne fait; ce n'est pas tout que d'aller au terroir de Marseille, il y faut aller avec un esprit libre et déchargé d'affaires. Je lui écrirai par la première voie. Cependant il saura, s'il vous plaît, de vous que je lui baise bien humblement les mains et que je suis son très-humble serviteur, comme à vous le vôtre très-obligé et très-affectionné,

FR. DE MALHERBE.

Vous m'écrivez que vous attendez un cardinal Ducani[6]; je ne sais qui il est. Je vous prie par votre première de m'en éclaircir.

---

101. — A Paris, ce 25e de novembre.

MONSIEUR, encore que depuis trois mois je n'aye reçu qu'une lettre de vous, je ne me veux pas imaginer que vous ne m'aimiez comme de coutume, mais que vous avez cru que j'étois encore en Normandie, qui est, à vous autres Messieurs de Provence, être quasi hors du monde. J'en suis de retour depuis environ trois semaines, et vous ai écrit par Valentin, sans nouvelles toutefois, comme je fais encore à cette heure. Ce fut alors pource que je n'en avois point, et aujourd'hui c'est que de la principale

il ne cesse de se plaindre des tracas sans nombre qui lui étaient suscités au parlement. (Collection Dupuy, manuscrit 802.)

6. Le manuscrit porte *Ducani* ou *Ducain*. — Il n'a existé aucun cardinal de ce nom. Malherbe a évidemment mal lu l'écriture de Peiresc, qui peut-être a voulu parler du cardinal *decano*, c'est-à-dire doyen du Sacré Collége. S'il en était ainsi, il s'agirait de l'évêque d'Ostie Gallio, mort doyen des cardinaux en 1620.

nouveauté[1] que nous ayons, qui est l'enterrement fait ce matin de feu Monseigneur[2], je ne vous puis rien dire, pour n'y avoir pas été, et que M. de Valavez, qui a eu cette curiosité d'y aller, vous en fera, comme il fait de toutes choses, le discours assez particulier. Cette cour a plaint la mort de ce prince, et pour être ce qu'il étoit, et pour les grandes espérances qu'en avoient fait concevoir je ne sais quels signes qui furent vus à Fontainebleau à sa nativité. Mais la douleur de la mort du feu Roi est si récente, qu'après cela il semble que toutes nos plaies ne puissent jamais être prises que pour des égratignures. Mlle de Montpensier fut hier voir la Reine avec le grand deuil, c'est-à-dire voile, nages[3], et tout l'équipage que les veuves portent ordinairement. La Reine la reçut avec toutes sortes de caresses, et la dispensa de porter cet habillement, pource qu'il la charge trop. A son entrée, la Reine s'émut, et porta le mouchoir au visage; tant y a qu'elle est de nouveau promise à Monseigneur[4] qui est à cette heure. De quoi la Reine l'assura qu'elle ne seroit pas tant respectée qu'elle l'étoit de feu Monsieur, d'autant qu'il ne la baisoit jamais sans lui demander son congé, et que cettui-ci n'en feroit pas de même.

1611

La citadelle de Bourg n'est point encore bas, quoique

LETTRE 101. — 1. Malherbe avait d'abord écrit : « c'est que la principale nouvelle que nous ayons, qui est l'enterrement, etc., je ne vous en puis rien dire. »

2. *N.* duc d'Orléans, second fils de Henri IV, mort le 17 novembre 1611. Voyez au tome I, pièce LIV, l'épitaphe que lui composa Malherbe; voyez aussi le manuscrit 110 de la collection Dupuy.

3. Nous n'avons pu trouver ce mot dans aucun lexique. Il a probablement un sens analogue à celui de l'espagnol *naguas*, *enaguas*, qui signifie « jupon, » et désignait particulièrement une jupe de frise noire qui se portait dans les grands deuils.

4. Gaston, dernier fils de Henri IV.

1611 la commission en soit expédiée il y a déjà quelques jours[5]. Vous aviez ouï dire que l'on la bailleroit à M. d'Arquien, au lieu de Calais : ce bruit-là, qui avoit cessé, a recommencé sourdement aujourd'hui. M. de Termes étoit allé voir s'il auroit raison[6] de M. de Boisse, de quelques discours qu'il prétend qu'il a tenus à son préjudice : l'on a nouvelles d'aujourd'hui qu'il est arrêté. Il y a en Berry une petite rumeur d'un nommé Vaten[7], qui, pource que l'on avoit pris quelques faux-sauniers en ses terres, a par représailles arrêté le fils de M. Robin[8], et le tient encore. Le conseil a donné arrêt contre lui, par lequel il est dit que sa maison sera rasée. Pour moi, je crois qu'il aura son pardon, pource que des principaux d'auprès de la Reine sont ses parents. Tant y a que cela n'est rien ; je le vous ai voulu dire afin qu'à l'accoutumée on ne vous fasse pas d'une mouche un éléphant. Adieu, Monsieur ; il ne me reste plus rien à vous dire. Je suis toujours votre serviteur très-humble et très-affectionné.

1612 102. — De Paris, ce 7e de février.

Monsieur, je ne vous écris que pour vous tancer ; ce n'est plus paresse qui vous tient, c'est un pur oubli : si celle-ci ne vous réveille du profond sommeil où vous êtes

5. Voyez plus haut, lettre 89, p. 223, note 2.

6. Malherbe avait d'abord écrit : « quelque raison, » puis il a effacé *quelque*. Deux lignes plus bas, *en Berry* a été substitué à *ici*.

7. Florimond Vastan, seigneur du Puy, assiégé et pris dans son château, fut condamné à mort par arrêt du parlement de Paris le 2 janvier 1612, et, malgré la prévision de Malherbe, exécuté en Grève le même jour. Voyez le *Mercure*, 1612, p. 293 et suivantes. Il existe plusieurs estampes représentant son supplice.

8. Thomas Robin, sieur de Belair, fermier général des gabelles de France.

depuis trois ou quatre mois, je suis résolu de vous laisser dormir jusques au jour du jugement. M. de Pibrac[1], qui s'en va à Aix pour un procès qu'il a contre son frère, vous contera des nouvelles du monde; il en est : sa suffisance m'en dispensera, et puis M. de Valavez, à mon avis, y apporte assez de diligence pour ne vous laisser rien desirer de ce côté-là. Je l'ai envoyé avertir de cette commodité, pource que je la crois bonne, sûre et prompte; mais mon homme ne l'a point trouvé. La doute que j'ai qu'il ne la sache pas me fait enhardir à vous envoyer un petit livret qui s'est fait par un docteur de Sorbonne nommé Richer[2], *de la Puissance ecclésiastique et politique :* la cour de parlement l'a tellement goûté, qu'elle l'a fait mettre au greffe. Mandez-moi quelle est la santé de Monsieur le premier président, je vous en conjure; je ne lui écris point pour cette fois; je suis pourtant, comme toujours, son très-humble serviteur et le vôtre très-affectionné. 1612

M. de Pibrac est de mes amis; [je ne puis vous] le recommander [mieux] que de lui donner cette qu[alité]. Bonsoir, Monsieur[3].

J'ai l'esprit brouillé en l'expectation de mon état[4];

Lettre 102. — 1. Michel du Faur, seigneur de Pibrac, mestre de camp de cavalerie, tué au siége de Montauban en 1621. Son frère Henri, seigneur de Tarabel, devint premier président du parlement de Provence.

2. *De ecclesiastica et politica potestate liber Edmundi Richerii, theologiæ doctoris Parisiensis*, Parisiis, 1611, in-4°, souvent réimprimé, et traduit en français, Paris et Caen, 1612, in-8°. — Voyez, à ce sujet, les *Mémoires de Richelieu*, année 1612; le *Mercure*, 1612, p. 301 et 587, et le manuscrit 494 de la collection Dupuy.

3. Le papier du manuscrit est déchiré, et quelques mots sont enlevés. Au-dessous de *Bonsoir, Monsieur*, on lit *serviteur* Ma[lherbe].

4. L'état des pensions.

1612 cela m'empêche d'écrire à M. le président de la Ceppède; mais, s'il vous plaît, qu'il sache que je suis toujours son très-humble et très-affectionné serviteur.

Il se va imprimer un recueil de lettres[5], où l'on me presse d'en mettre; si vous en avez quelqu'une de qui le sujet le méritât, vous m'obligerez de m'en envoyer la copie, comme de celle des noces de M. de Vendôme, de la mort du Roi[6], et autres nouvelles. Si vous m'en vouliez écrire une où fût contenue bien au long l'histoire de messire Louis et de Madeleine de la Palud, je crois que cette narration contenteroit fort les lecteurs. Vous n'auriez que faire d'y mettre du vôtre que l'histoire : si vous m'en jugez digne, je vous relèverai de la peine du reste.

M. de Valavez vous a aussi écrit le couronnement du Roi et les obsèques de feu Monsieur; s'il vous plaisoit en faire faire des copies, nous les mettrions avec les autres, et les mettrions en équipage de comparoître. Adieu, Monsieur : excusez ma liberté. Si vous voulez que votre nom soit tu, il le sera, mais je n'en suis pas d'avis.

---

103. — A M. DE CALAS[1].

[Mars.]

Monsieur, vous avez résolu avec Messieurs vos enfants de m'accabler d'obligations. C'est bien à la vérité

5. *Lettres amoureuses et morales des beaux esprits de ce temps*, publiées par Rosset, et dont la septième édition (1625, in-8°) contient seize lettres de Malherbe; deux seulement sont signées.

6. Voyez plus haut, lettres 46 et 71, p. 91 et 167.

Lettre 103. — 1. Père de Peiresc. La suscription est : *A Monsieur, Monsieur de Calas, conseiller du Roi en sa cour des comptes, à Aix.* — Malherbe n'a point daté la lettre; *mars* a été mis au dos par Peiresc.

quelque sorte d'injure; mais elle est trop douce pour m'en plaindre. Seulement regretterai-je que par quelque service je ne puisse payer une seule de tant de faveurs par lesquelles vous me témoignez journellement votre amitié. Accroissez la gloire de votre courtoisie, et continuez de m'aimer[2] sans espérance quelconque de ressentiment. Aussi ferai-je beaucoup si je puis aller jusques à la reconnoissance. J'espère presque l'un aussi peu que l'autre; mais si ne laisserai-je pas de me juger digne que vous me teniez toujours pour votre serviteur très-humble et très-affectionné, puisque en mon âme je me reconnois tel aussi véritablement que personne à qui vous donniez cette qualité. 1612

104. — A PEIRESC.

[Fontainebleau, 14e de juin[1].]

Monsieur, c'est trop demeuré sans vous écrire : quand ce ne seroit que pour avoir de vos nouvelles et de celles de M. de Valavez, il faut que je hasarde cette lettre; je dis hasarder, pource que je ne sais si celui à qui je la baillerai la vous rendra. Je désignerai votre logis le mieux que je pourrai, et puis du reste j'en laisserai disposer à la fortune : si elle se perd, ce sera un effet du malheur de son auteur; si elle arrive à bon port, elle vous fera voir que je ne suis pas si paresseux comme j'en ai le bruit. Nous n'avons ici rien qui vaille vous être écrit. Monsieur le Prince revint devant hier. Monsieur le Comte n'a bougé d'ici[2].

2. Malherbe avait d'abord écrit : « d'aimer votre serviteur. »

Lettre 104. — 1. Cette lettre et la suivante ne sont datées que par la cote de Peiresc. — Peiresc venait d'arriver à Paris, d'où il repartit au mois de novembre.

2. Malherbe avait mis d'abord : « n'en a bougé; » une et deux lignes après, *ce qui est* a été ajouté après coup, en interligne.

1612 Les affaires, qui durant ces fêtes[3] avoient eu quelque relâche, reprennent leur train accoutumé; et ce qui est le meilleur de tout, Leurs Majestés se portent excellemment bien; elles furent hier aux toiles[4], où il y eut un sanglier tué. C'est un plaisir où je ne prends point de part, pource que je ne crois pas qu'il vaille les incommodités qu'il me coûteroit; je me contente d'y avoir été une fois, pour en savoir parler. Nous sommes encore ici pour un mois; la Reine fait compte de recevoir le duc de Pastrana[5] à Paris, dans la salle du bal, qui sera parée pour cet effet. Je ne sais plus que vous dire, si je ne vous parle de mon particulier. J'ai fait voir à la Reine les devises que j'ai faites pour elle; elle les a trouvées fort à son goût, ce que je crois pource qu'elle l'a dit, mais encore plus pource qu'elle m'a augmenté ma pension de cent écus[6]. Si je me fusse préparé à lui faire cette requête, je la trouvai si bien disposée, que je crois qu'elle eût passé plus avant : ce sera, Dieu aidant, pour l'année prochaine; cependant je tâcherai de mériter cette gratification par quelque nouvel ouvrage. Au demeurant il faut qu'encore cette fois comme toujours vous vous ressentiez de mon importunité. J'ai promis à Mme de Pisieux[7] le ballet de la reine Louise, fait aux noces de M. de Joyeuse[8], de quoi je ne

3. Les fêtes de la Pentecôte, qui en 1612 tombait au 10 juin.

4. C'est-à-dire chasser aux toiles.

5. Le duc de Pastrana, ambassadeur extraordinaire d'Espagne en France, où il avait été envoyé pour conclure le double mariage de l'infant d'Espagne (Philippe IV) avec Elisabeth de France, et de Louis XIII avec Anne d'Autriche. Henri de Lorraine, duc de Mayenne, était allé en même temps remplir, de la part de la France, une mission analogue en Espagne. Voyez le *Mercure*, 1612, p. 562 et suivantes.

6. Voyez au tome I, la *Notice biographique*, p. XXVII, note 2.

7. Madeleine de Neufville de Villeroi, femme de Pierre Brûlart, marquis de Sillery, vicomte de Puisieux, morte le 24 novembre 1613.

8. Anne, duc de Joyeuse, tué à la bataille de Coutras (1587),

me puis acquitter que par votre moyen. Vous me permettrez donc, s'il vous plaît, de vous prier de prendre la peine de m'en acheter un; vous en trouverez chez Balart[9], où il me semble que vous et moi fûmes ensemble il y a quelques jours : il n'est point de besoin de le faire relier autrement qu'en parchemin. Je vous crie merci de cette impudence; mais vous y devez être accoutumé. Je suis logé au *Mal-Assis*, près du château. Si j'eusse eu l'adresse de votre logis, il y a longtemps que je vous eusse écrit. Je vous prie de me l'envoyer; car comme je vous ai dit, nous sommes encore ici pour un mois. J'écris un mot à M. de Toutvent[10]; vous le[11] lui ferez tenir, s'il vous plaît, par la voie de M. de Rosset[12], qui se tient à la rue de Bertin-Porée, à *l'Ours-Rouge*. Adieu, Monsieur; je vous baise bien humblement les mains, et à M. de Valavez; et suis votre serviteur très-humble et très-affectionné. 1612

Si vous écrivez à M. le président de la Ceppède, je vous prie de l'assurer qu'il aura les vers qu'il desire de

avait épousé, le 24 septembre 1581, Marguerite de Lorraine, sœur puînée de la reine Louise, femme de Henri III. Le ballet est intitulé : « Ballet comique de la Royne, faict aux nopces de Monsieur le duc de Joyeuse et de Madamoiselle de Vaudemont, sa sœur, composé par la Chesnaye, aumônier du Roi, et mis en musique par Baltasar de Beaujoyeulx, le sieur Beaulieu et Me Salmon, Paris, Adr. le Roy et Rob. Ballard, 1582, in-4°. » Il a été réimprimé en 1612, dans un *Recueil* de ballets publié par Toussainct du Bray.

9. Les Balart ou Ballart étaient une famille d'imprimeurs et de libraires qui ont conservé jusqu'à la Révolution le privilége exclusif d'imprimer la musique.

10. Charles de Piard, sieur d'Infrainville et de Touvant, poëte que Malherbe avouait pour l'un de ses élèves. Voyez tome I, *Notice biographique*, p. LXXX, note 3.

11. *Le* a été ajouté par Malherbe au-dessus de la ligne.

12. François de Rosset, l'auteur du *Roman des Chevaliers de la gloire*, dont il sera question p. 263. Voyez aussi p. 256, note 5.

1612 moi, lorsque vous lui envoyerez la première feuille de son livre, c'est-à-dire dans un mois[13].

---

105. — A M. DE CALAS.

[A Paris, 4e de novembre.]

Monsieur, je ne m'étonne plus de la courtoisie de M. de Peiresc, puisqu'il est votre fils : la naissance n'est pas de peu d'effet à produire en nous des qualités. Tout le mal que j'y vois, c'est que vous et lui semez sur une terre qui ne vous rapportera jamais rien; mais au moins, si je puis, vous reconnoîtrez que mes défauts viendront d'une cause à quoi je ne puis remédier, qui est la mauvaise fortune; et en cette considération, vous ne laisserez pas de me continuer l'honneur de votre amitié, et me la témoigner aux occasions qui s'en présenteront : elles sont si fréquentes que j'en suis honteux. Mais pour diminuer la honte que j'en ai, je me persuaderai que vous y prenez plaisir, et qu'étant né comme vous êtes à faire de bons offices[1], si ce n'est vous obliger de vous offrir des sujets d'exercer votre bonté, au moins est-ce en quelque chose satisfaire à votre desir. M. de Peiresc, qui à la fin nous est échappé[2], vous contera tout ce que nous avons ici de nouveau; vous savez comme il est curieux et diligent : ce seroit se moquer du monde que de vouloir glaner après lui. Je vous supplie, Monsieur, me conserver vos bonnes

13. Voyez tome I, pièce LX, p. 204.

Lettre 105. — 1. Après *bons offices*, le manuscrit porte les mots suivants, que Malherbe a effacés : « à ceux qui vous employent. » Après *vous obliger*, il a rayé *aucunement*.

2. Voyez la lettre précédente, p. 257, note 1.

grâces, comme l'une des choses qui sont plus souhaitées de votre serviteur très-humble et très-affectionné. 1612

---

106. — A PEIRESC.

A Paris, ce 22e de novembre.

Monsieur, depuis votre partement, je n'ai point de vos nouvelles : vous m'obligerez de m'en donner ; et en revanche je vous ferai part des nôtres, cela s'appelle quand nous en aurons, car à cette heure nous sommes à sec. Tous ces nuages qui nous faisoient craindre quelque mauvais temps sont dissipés. La Reine est bonne, son conseil sage, et Dieu pour nous. M. le maréchal de Fervaques s'en est retourné en Normandie, à ce que m'a dit aujourd'hui l'un des siens. Nous avons la Reine pour gouverneuse[1], vous pouvez penser si nous sommes bien glorieux. Quand je vous ai dit que nous n'avions point de nouvelles, il ne me souvenoit pas de la mort de M. le prince de Galles[2]. Il y a trois ou quatre jours que discourant avec un de mes amis de tout plein de morts de princes arrivées en tous les quartiers de l'Europe depuis quatre ou cinq ans, je lui dis que je croyois que le premier deuil que nous porterions viendroit d'Angleterre, pource qu'il y avoit longtemps qu'il n'y avoit en ce pays-là que des sujets de joie, et que c'est l'ordre des choses du monde qu'après les noces viennent les funérailles. Ma prophétie a été trop véritable, et certainement en la[3]

Lettre 106. — 1. La Reine avait pris pour elle le gouvernement de Normandie, que la mort (1er novembre) de Charles de Bourbon, comte de Soissons, venait de laisser vacant.

2. Voyez plus haut, lettre 96, p. 243, note 5.

3. Malherbe avait d'abord écrit *une*, qu'il a ensuite corrigé en *la*.

1612 personne de qui je me fusse le moins douté, pource qu'il y avoit de l'apparence que le père ou la mère précéderoient les enfants. Dieu en a voulu disposer d'autre façon. Je pensois que cette après-dînée l'ambassadeur d'Angleterre dût venir porter la nouvelle à la Reine, et pour cela je m'étois trouvé au cabinet; mais il n'y est point venu, et la Reine s'en est allée voir son dessein de l'hôtel de Luxembourg[4]. M. le comte de Soissons nous avoit fait prendre le deuil, celui-ci nous le fera continuer. La Reine veut qu'on attende à le prendre que l'ambassadeur lui ait porté la nouvelle. Toutefois cette après-dînée la reine Marguerite étant venue voir la Reine, elle lui a demandé pourquoi elle n'étoit point en deuil; la Reine a répondu qu'elle avoit su que la cour d'Angleterre ne l'avoit point porté pour la mort de feu Monsieur : nous verrons ce qui en sera; je crois que nous le porterons, et tiens à ce coup indubitable l'alliance de France et d'Angleterre. Dieu nous prépare plus de joies que nous ne méritons; c'est à nous de nous en rendre dignes, afin qu'il nous les continue. Il me semble que quand vous partîtes, le pauvre M. le Fèvre étoit décédé[5], et M. Florence en sa place; voilà pourquoi je ne vous en dis rien. Cet homme de bien avoit fait lui-même son épitaphe; je le vous envoye; vous verrez comme il étoit vain[6]. Je vous

4. Voyez, sur la construction du palais du Luxembourg, le *Mercure*, 1613, p. 296.

5. Voyez plus haut, lettre 99, p. 249, note 5. Le 29 novembre 1612, Peiresc écrivait à Malherbe : « On nous a voulu dire qu'il se parloit de vous substituer à la place de feu M. le Fèvre. Vous pouvez penser comme nous nous en sommes réjouis, et comme nous desirerions que cela réussît heureusement et à votre contentement. Il paroît qu'il avoit deux mille écus d'état et son carrosse entretenu. » — Le Fèvre, sur les comptes de la maison du Roi pour l'année 1611, est marqué comme appointé non pas à deux mille écus, mais à dix-huit cents livres.

6. Voyez cette épitaphe à la fin de la lettre.

baise, Monsieur, bien humblement les mains, et à M. de Valavez; aimez toujours votre serviteur très-humble et très-obligé, 1612

FR. MALHERBE.

Il me semble que quand vous partîtes, le discours des voyages des ambassadeurs[7] étoit imprimé, et par conséquent que vous vous en serez fourni devant que de partir, si c'est chose que vous en ayez estimée digne; voilà pourquoi je ne vous en envoye point. Vous aurez le grand *Roman des Chevaliers de la gloire*[8], mais qu'il soit achevé d'imprimer. Il fut porté, tout imparfait comme il est, au cabinet, il y a deux jours, par Mme la princesse de Conty, où il eut plus d'approbation que je ne croyois : vous en direz votre avis; je crois qu'il sera demain achevé. Vous m'avez envoyé[9] céans une caisse pour vous garder, sans me mander ce que c'est; je vous prie que le sache, afin que j'y apporte le soin que la chose méritera. Adieu, Monsieur; encore un coup, je suis votre serviteur très-hnmble et très-obligé.

NICOLAUS FABER, PECCATOR INDIGNUS, UNUS E MULTIS, HIC JACEO. QUID DE ME DICI VERIUS, AUT A ME UTILIUS, NON VIDEO. AGNOSCO, BONE JESU; TU IGNOSCE. AD HOC ENIM NATUS, AD HOC PASSUS, AD HOC TREMUISTI, UT PER TE SECURI ESSEMUS.

VIXI ANNOS 69, MENSES 3, DIEM 1. DEVIXI 3 NOVEMBRIS 1612[10].

7. *Discours de ce qui s'est passé à l'arrivée du duc de Pastrana*, par le sieur D. S. A. Paris, 1612, in-8°. — *Relation de ce qui s'est passé sur l'arrivée du duc de Mayenne.... en Espagne*. Paris, 1612, in-8°.

8. *Le Roman des chevaliers de la gloire, contenant les aventures des chevaliers qui parurent aux courses faites à la place Royale*, par François de Rosset. Paris, 1612, in-4°.

9. *Envoyé* a été substitué à *laissé*.

10. Cette épitaphe est écrite ainsi de la main de Malherbe, sur un feuillet détaché. Elle est rapportée assez différemment dans le *Mercure*, tome I, p. 606 v°. On y lit : *non unus e multis*, et à la fin : *vixit an.* LXVIII. *men.* IV.D.III. *Devixit an.* CIↃIↃCXII. *R. I. P.*

1612 107. — [A Paris, le 15e décembre[1].]

Monsieur, j'attends des nouvelles de votre voyage; les dernières que j'ai de Provence, c'est que M. de Valavez étoit arrivé il y avoit quatre jours, et que vous n'y étiez point encore[2]. Ce que nous avons ici depuis votre partement vous aura déjà été en la plus grande part écrit d'ailleurs : vous aurez su comme le gouvernement d'Auvergne a été baillé à M. le prince de Conty, lequel la Reine lui fait valoir dix mille écus, la réserve à M. le prince de Joinville, et cependant sa compagnie entretenue : on y ajoute la réserve de l'abbaye de Saint-Germain en faveur de Mme la princesse de Conty[3]. Monsieur le Comte[4] fut baptisé dimanche dernier, habillé d'une robe blanche, et nommé Louis par le Roi, qui fut parrin, et la Reine marrine[5]; le lendemain il prit le haut-de-chausses, et vint faire le serment de grand maître entre les mains du Roi, en présence de la Reine, dans le cabinet du conseil. Madame la Comtesse sa mère, le mardi, alla ouïr messe aux Feuillants, mécredi vint voir la Reine, et jeudi Mme la marquise d'Ancre. Hier au matin l'affaire des ducs[6] fut refusée tout à plat du parle-

Lettre 107. — 1. La lettre n'est datée que par la cote de Peiresc.

2. Comme on l'apprend par une lettre de du Vair à de Thou en date du 15 décembre 1612, Peiresc était tombé malade en route. (Collection Dupuy, manuscrit 802.)

3. Voyez, sur ces intrigues de cour, les *Mémoires de Bassompierre*, année 1613.

4. Louis de Bourbon, comte de Soissons, grand maître de France, né le 11 mai 1604, tué au combat de la Marfée en 1641. Son père était mort le 1er novembre précédent, comme nous l'avons dit plus haut (lettre 106, p. 261, note 1).

5. Les mots : « et nommé Louis, etc., » ont été ajoutés après coup, au-dessus de la ligne.

6. « Il s'agit de plusieurs duchés qui avaient été érigés en faveur du prince de Joinville, des maréchaux de Brissac, de Fervaques et

ment. A la fin, après avoir bien délibéré du rasement de Quillebeuf, il a été résolu. L'on tient pour assuré que nous allons avoir des chevaliers du Saint-Esprit[7] : qui dit plus, qui dit moins; la plus saine opinion tient que ce seront MM. de Guise, M. le prince de Joinville, M. du Maine et M. de Nevers, MM. de Créquy, Bassompierre, d'Ancre, de Rambouillet, et Cœuvres. Le bruit du mariage de M. du Maine et de Mme d'Elbeuf se renforce[8]. L'on parle de guerre, mais c'est si foiblement que je tiens pour très-certain que nous n'aurons que paix; les remueurs[9] demandent quelques conditions que la Reine ne veut aucunement accorder, et dit qu'elle entretiendra, sans faillir, ce qui a été promis par le feu Roi, mais que d'en espérer davantage c'est s'abuser. M. de Rohan, pour son particulier, est content. Je crois que bientôt nous en orrons dire de même des autres; Dieu le veuille! Adieu, Monsieur : je suis votre serviteur très-obligé et très-affectionné. 1612

Je n'écris point à M. le premier président du Vair : je vous supplie, Monsieur, de m'en excuser sur ce que je lui écrivis dernièrement, et que ce seroit trop souvent l'importuner pour des choses de néant comme sont nos nouvelles. Vous en direz autant à M. le premier président de la Ceppède, s'il vous plaît. J'obliois à vous dire que hier le *Roman des Chevaliers de la gloire* fut présenté à la Reine[10] : vous en aurez un par la première commo-

de Lesdiguières, et que le parlement refusait de vérifier, par le motif surtout qu'il ne pouvait être créé de ducs et pairs en temps de minorité. » (*Note de M. Bazin.*) Pour Lesdiguières, voyez plus haut, lettre 57, p. 128, note 17.

7. Il n'y eut de promotion qu'en 1618.

8. Ce mariage n'eut pas lieu. — 9. Les réformés.

10. Voyez la fin de la lettre précédente, p. 263.

1612 dité. Je crois que vous aurez su que dernièrement, en la cause de Messieurs de l'Université contre Messieurs les ecclésiastiques[11], Monsieur l'archevêque d'Aix ayant parlé pour les siens avec beaucoup d'affection, et nommément ayant dit que les cardinaux étoient juges des rois, Monsieur le Prince lui commanda de se taire, et lui dit qu'ils n'étoient point juges des rois, mais des archevêques et évêques qui ne résidoient point aux lieux de leur diocèse, comme lui. Je vous dirois volontiers un excellent mot qui fut dit sur ce que Monseigneur le Prince si courageusement se banda pour l'Université[12]; mais il vaut mieux se taire que de rien écrire de ceux qui peuvent proscrire. Adieu donc, Monsieur, encore une fois : aimez-moi toujours, et soyez un peu plus curieux d'écrire, ou je serai paresseux à votre exemple.

---

108. — A Paris, ce 18e de décembre.

Monsieur, depuis celle que je vous écrivis hier par un homme que M. de Vaumène avoit envoyé par deçà, il n'est rien survenu; et à la vérité le temps en si peu d'espace n'eût su produire grande nouveauté. Je vous avois mandé que nous ne pensions avoir que neuf ou dix chevaliers à cette cérémonie qui se va faire; mais le nombre en croît tous les jours. Qui employe la faveur, qui allègue des nominations faites en chapitre et hors de chapitre; tellement que si l'on s'en rapporte à eux, il y en aura, non pas une compagnie, mais un régiment. Je dînai hier

11. Edmond Richer, dont il a été question plus haut (p. 255), avait été mis dans les prisons de Saint-Victor, et aurait été livré au pape, si l'Université n'en eût porté plainte au parlement.

12. Voyez plus loin, lettre 112, p. 285.

avec un homme qui est fort de vos amis, et[1] en condition où il le vous peut fort bien témoigner. Il desire fort avoir la vue d'un livre dont vous m'avez parlé, qui a été imprimé à Turin ou à Chambéry, touchant les droits du duc de Savoie au marquisat de Saluces[2]. Si vous [le] pouvez retirer de l'homme qui l'a à Aix, en l'empruntant pour huit ou dix jours, vous pourrez étendre le terme jusques à deux mois, durant lesquels on aura desir de le voir par deçà[3] et de le vous renvoyer, de quoi je vous serai répondant, s'il vous plaît vous en fier à moi. Vous obligerez l'homme extrêmement pour des occasions que je vous dirai un jour, et que peut-être je vous écrirai, avec le nom de celui qui vous aura l'obligation, que je m'assure vous jugerez digne qu'on fasse pour lui[4]. Pour mon particulier, je n'ai plus rien à vous offrir; car je suis, il y a longtemps, du tout votre serviteur très-affectionné et très-obligé. 1612

---

109. — [5 janvier.] 1613

Je vous écrirai plus au long par le premier qui partira; celle-ci sera seulement pour vous dire que le baron de Lus[1], aujourd'hui une heure après midi, a été tué par M. le chevalier de Guise, au bout de la rue de Grenelle,

Lettre 108. — 1. Devant les mots *en condition*, Malherbe a effacé *est*. Trois lignes plus bas, *ou à Chambéry* a été ajouté après coup, en interligne.

2. Peiresc répondit qu'il n'avait aucune souvenance d'avoir parlé « de ce prétendu livre imprimé à Turin ou à Chambéry touchant les droits de Son Altesse de Savoie au marquisat de Saluces, ne sachant qu'aucun en ait traité *ex professo* et n'ayant veu.... qui en dise davantage que le *Cavalier de Savoie*, etc. »

3. *Par deçà* a été ajouté après coup, dans l'interligne.

4. Flurance, dont il a été question plus haut, lettre 27, p. 57, et lettre 106, p. 262.

Lettre 109. — 1. Edme de Malain, baron de Lux, chevalier d'hon-

1613 dans la rue de Saint-Honoré. Le baron de Lus étoit en son carrosse avec trois ou quatre des siens. Monsieur le chevalier venoit du Louvre, et avoit avec lui M. de Cuges et M. le chevalier de Grignan[2], à cheval tous trois. Il a mis pied à terre, et a crié à M. de Lus qu'il en fît de même[3], et qu'il lui vouloit dire un mot. Le baron de Lus est descendu; et ont fait dans l'autre côté de la rue deux ou trois tours de huit ou dix pas, ou environ, parlant ensemble. Ce qu'ils disoient, personne ne le peut rapporter; seulement on a vu que M. de Lus a voulu embrasser Monsieur le chevalier, qui l'a repoussé d'un coup dans l'estomac, et lui a dit qu'il mît la main à l'épée, ce qu'il a fait; et ayant tiré chacun deux ou trois coups, le baron de Lus a reçu de Monsieur le chevalier un coup au-dessous du tetin gauche, et a commencé à chanceler. Monsieur le chevalier est remonté à cheval, et s'en est allé le petit pas vers la porte Saint-Honoré. Le baron de Lus est entré dans l'allée d'un cordonnier, entre *le Temps perdu* et *la Bannière de France*, et au bout de l'allée a monté

neur de la Reine, lieutenant du Roi en Bourgogne, et chevalier de ses ordres. Le chevalier « le tua un peu en prince, » dit Tallemant des Réaux (*Historiette du chevalier de Guise*). C'est ce que disent aussi le cardinal de Richelieu et Fontenay-Mareuil, contrairement à ce que raconte Malherbe qui vante ce combat dans sa lettre à la princesse de Conty. Tous deux s'accordent encore à déclarer que le sujet de la querelle mis en avant par le chevalier était un prétexte, et que l'on tenait avant tout à se débarrasser du baron pour faire avorter une intrigue dirigée contre Bellegarde, que soutenaient les Guises. Une phrase ambiguë de Malherbe ne fait que confirmer cette assertion. Voyez le *Mercure*, 1613, p. 47 et suivantes, et plus loin les lettres 110 et 111.

2. Jean-Louis de Grignan, chevalier de Malte, commandeur de la Bastide en Quercy. Quant à M. de Cuges, de la maison de Glandevez, c'était un écuyer du chevalier de Guise.

3. Au lieu de : « Il a mis, etc., » Malherbe avait d'abord écrit : « Il a crié à M. de Lus qu'il mît pied à terre. »

cinq ou six marches dans le degré, là où il est tombé mort, en disant : *Jésus, Maria!* Je venois alors du dîner de la Reine, et l'avois laissée au segond[4]. Je suis sorti par la cour des cuisines, et m'en suis venu par la rue Jean-Saint-Denis[5], au bout de laquelle, étant dans la rue Saint-Honoré, j'ai vu venir d'en bas quatre chevaux qui s'en venoient froidement et au petit pas, comme si rien ne fût avenu[6]. Je me suis arrêté pour saluer Monsieur le chevalier, et n'ai vu en lui aucune marque d'émotion, que le visage un peu pâle. M. de la Boulaye[7], lieutenant de la compagnie de chevaux légers de M. le chevalier de Vendôme, s'étoit joint à lui, et s'en alloient eux deux le petit pas, avec MM. de Grignan et de Cuges derrière eux. L'on m'a dit que M. de Termes est monté à cheval avec une vingtaine de ses amis, et l'est allé accompagner. Où il est allé, je n'en sais rien. Le sujet de la querelle est que le baron de Lus, depuis huit ou dix jours, s'étoit vanté qu'il s'étoit trouvé à la résolution qui fut faite de tuer feu M. de Guise, et qu'un autre qui y étoit aussi[8], que Mme la princesse de Conty m'a nommé, mais il ne m'en souvient pas, avoit voulu en avertir M. de Guise, afin qu'il prît garde à soi, mais qu'il l'en avoit empêché; et de cette façon se faisant auteur de la mort de feu M. de Guise, 1613

4. C'est-à-dire au second service.

5. Malherbe avait d'abord mis simplement : « par la rue Jean-Saint-Denis, où j'ai vu venir, etc.; » et à la fin de la phrase : « comme s'il n'eût rien vu, » au lieu de : « comme si rien ne fût avenu. »

6. Les quatre phrases qui suivent, jusqu'à : « je n'en sais rien, » sont écrites à la fin de la lettre, entre les deux paragraphes du post-scriptum, et précédées d'un signe de renvoi qui indique que c'est ici leur place : il y a un signe semblable après le mot *avenu*.

7. Nous ignorons s'il s'agit ici d'Edme de Rochefort, baron, puis marquis de la Boulaye, ou de Philippe Eschallard, seigneur de la Boulaye.

8. Le maréchal de Brissac. Voyez plus loin, p. 275.

1613 Monsieur le chevalier[9] a cru avoir juste occasion de s'en ressentir. Si c'est la vraie cause, ou si c'est seulement un prétexte, je le vous laisserai deviner. Mme la comtesse de la Chapelle-aux-Ursins[10] m'a dit qu'hier au soir il étoit au cabinet, et lui parlant d'amour, lui disoit qu'il étoit du bois dont l'on faisoit les maréchaux de France, et qu'elle lui avoit répondu qu'il étoit d'un bois fort sec. A quelque temps de là elle prit garde que Monsieur le chevalier regardoit attentivement et de mauvais œil le baron de Lus, et qu'elle lui dit : « Qu'y a-t-il? vous regardez le baron de Lus de travers ; c'est mon amoureux, ne lui faites pas de mal. » Et là-dessus il lui répondit : « J'aimerois mieux avoir un bras rompu qu'il fût votre mari. » Comme j'ai eu dîné, je m'en suis retourné au Louvre, où j'ai trouvé que la Reine étoit au conseil à l'entre-sol, où étoient Monsieur le Prince, M. du Maine, Monsieur le chancelier, M. le marquis d'Ancre, et quelques autres. Toute la cour étoit au Louvre; j'en ai vu sortir Monsieur le premier président : c'est tout ce que je vous puis dire à ce soir. La Reine devoit[11] donner à souper au Roi, à Madame, Mme la princesse de Conty, Mmes de Guise, Mme de Vendôme, Mlle de Vendôme, Mmes les marquises de Guercheville et d'Ancre; mais la partie sera rompue par cet accident : Dieu nous garde de rien de pis! Pour le bruit de la Rochelle, qu'ils avoient fait sortir les catholiques, il se trouve que c'est une mensonge : ç'a toujours été mon opinion que nous n'aurions que paix, je n'en ai

9. « Monsieur le chevalier » a été substitué à « Monsieur le baron. »

10. Jabel Jouvenel, comtesse de la Chapelle-aux-Ursins, veuve de Mercure de Saint-Chamant, seigneur du Pesché. Elle se remaria en 1613 à Louis de la Marck, marquis de Mauny, et mourut en 1644. Voyez plus loin, lettre 133, p. 336.

11. Au lieu de : « La Reine devoit, » Malherbe avait mis d'abord : « On devoit. »

point changé; s'il plaît à Dieu, j'aurai été prophète. Leurs Majestés se portent très-bien : cette bonne nouvelle en pèse bien une douzaine d'autres. Adieu, Monsieur : je suis votre serviteur très-humble et très-affectionné, 1613

Fr. Malherbe.

A Paris, à six heures de soir, la veille des Rois.

En écrivant cette lettre, mon homme m'est venu dire que M. de Valavez étoit arrivé; je l'y ai envoyé quand et quand pour en savoir des nouvelles : je ne fermerai point cette lettre, que je ne vous mande ce qui en est.

Il est vrai que M. de Valavez est ici; demain, Dieu aidant, je le verrai.

---

110. — A Paris, ce 8e de janvier.

Monsieur, je vous écrivis samedi au soir ce qui étoit arrivé de la mort du baron de Lus, je ne vous dirai plus rien sur ce sujet. J'ai baillé à M. de Valavez ce matin, pour vous faire tenir[1], les paroles que dit sur ce fait M. le chevalier de Guise, une heure après le coup, dînant chez M. de Termes, à la grande écurie; un curieux qui les recueillit fidèlement me les a baillées[2]. Je lui ai aussi baillé à même fin une copie de la lettre que Monsieur le Grand a écrite à la Reine sur le commandement qu'il a eu de s'arrêter en son gouvernement[3]; c'est en cela que toutes nos

Lettre 110. — 1. Malherbe avait d'abord écrit : « pour les vous faire tenir, » puis il a effacé *les*.

2. Voyez plus loin, p. 275.

3. Richelieu raconte (année 1612) que Bellegarde fut disgracié pour avoir accepté l'offre qu'on lui faisait de lui montrer « par le moyen d'un miroir enchanté jusqu'à quel point étoit la faveur du maréchal d'Ancre et de la maréchale » auprès de la Reine.

1613 nouvelles consistent : je ne saurois qu'y ajouter, sinon que la Reine a été fort en colère[4], et y est encore. Mme la princesse de Conty et Mme de Guise ne viennent point chez la Reine. Je ne sais combien durera la fête, elle est trop violente pour être longue; cependant M. le comte de la Rochefoucauld[5], qui alla voir M. de Guise incontinent après que l'affaire fut faite, a eu commandement de s'en aller chez lui : je crois qu'on ne lui a pas fait grand déplaisir; car il est hors d'année[6], et étoit résolu de demander son congé. J'ai aujourd'hui rencontré M. le marquis d'Ancre, avec vingt-cinq ou trente chevaux à l'entour de sa carrosse; je ne crois pas pourtant qu'il ait sujet de craindre : il fut voir Mme la princesse de Conty, et lui dit que Monsieur le chevalier étoit un brave prince, et qu'il étoit son serviteur. On m'a dit que la réponse fut qu'en cette occasion on le verroit. Je voudrois bien que tout ceci fût passé; car jusqu'à ce que nous en soyons dehors, notre belle et bonne reine sera en mauvaise humeur : hors de cela tout est paisible. L'on m'a dit que le baron de Saugeon[7] est encore prisonnier; celui qui l'a pris est ici : je veux savoir de sa propre bouche comme s'est passée cette affaire, et vous en donnerai avis. Nous avions ici un compagnon du moine *bourré*[8], à qui l'on

4. « Jamais, dit Richelieu, on ne vit tant de larmes que celles qu'épandit la Reine. »

5. Voyez plus haut, lettre 60, p. 134, note 6.

6. C'est-à-dire qu'il avait fini son année de service comme maître de la garde-robe.

7. Probablement le père du Saugeon dont parle Tallemant (tome VII, p. 356), de celui qui fut lieutenant du duc de Richelieu au Havre et entra ensuite à l'Oratoire. Il avait été arrêté, dans le Rouergue, à la fin d'octobre 1612, lorsqu'il se rendait en Guienne, où il avait été envoyé par M. de Rohan et l'assemblée de la Rochelle. (Pontchartrain, *Mémoires*, année 1613. Voyez la lettre suivante, p. 280.)

8. *Moine bourré*. C'est bien certainement le revenant dont il est question dans les *Mémoires de Benvenuto Cellini* et dans le *Don Juan*

avoit donné le nom de *Tasteur;* l'on dit que c'étoient bons compagnons qui avoient des gantelets de fer, et au bout des doigts des ergots de fer, de quoi ils fouilloient les femmes, et qu'il y en avoit à tous les quartiers. Depuis quelques jours les dames se sont rassurées, car on dit que le Tasteur est prisonnier : il s'est fait là-dessus de bons contes, mais ce sont toutes inventions. Vincy n'avoit pas oublié à me dire l'affaire dont vous m'écriviez; mais pource que ce n'étoit pas chose qui fût du voyage, je ne vous en avois rien dit. Le conte, outre ce que vous m'en écriviez, ajoute qu'elle suoit la vérole. Quand Étienne partira, il vous portera des *Romans* de Rosset[9]; ils sont chez le relieur. Je pensois vous avoir envoyé des lettres de Lingende [10]; vous en aurez par la même voie que vous recevrez les *Romans :* elle ne s'est du tout point vendue, et n'en a-t-on pu obtenir privilége. Je suis bien aise de savoir que dans votre casse[11] il n'y ait rien d'importance; je desirois le savoir pour la garder avec sécurité : elle n'a garde de m'empêcher, car j'ai augmenté mon logis d'une garde-robe que[12] j'ai prise d'un voisin, à plain-pied de ma chambre. Monsieur le procureur général de la chambre des comptes[13] et M. l'auditeur Buysson s'en vont, à ce qu'ils disent, vendredi ou samedi; je vous écrirai par

1613

de Molière (acte III, scène I), où il est appelé *moine bourru.* — Quant au *Tasteur*, on peut consulter le *Discours sur l'apparition de faits prétendus de l'effroyable Tasteur*, par d'Angoulevent, Paris, 1613; réimprimé par M. E. Fournier, dans le tome II des *Variétés historiques et littéraires* (Bibliothèque elzévirienne).

9. Voyez plus haut, p. 263, note 8.

10. J. de Lingendes, poëte, né à Moulins vers 1580, mort en 1616.

11. *Casse, caisse.* Voyez le *Dictionnaire* de Nicot.

12. Malherbe avait mis d'abord : « car j'ai encore autant de logis comme j'avois, par le moyen d'une garde-robe, etc. »

13. Marc-Antoine de Cadenet, seigneur de Lamanon, procureur général à la cour des comptes de Provence.

1613 eux, Dieu aidant, ce qui sera survenu de nouveau entre ci et là; et écrirai à M. le président de la Ceppède, et lui envoyerai un *Roman*[14] : je suis son serviteur de tout mon cœur, je vous prie de l'en assurer[15]. J'ai envoyé une lettre de Lingende à Marc-Antoine; vous la pourrez voir cependant par ses mains, attendant que vous receviez celles que je vous envoyerai. Adieu, Monsieur; je vous supplie m'excuser à Monsieur le premier président si je ne lui écris; ce sera[16] par la première commodité : je lui baise bien humblement les mains, et à vous aussi, Monsieur, vous suppliant de m'avoir toujours comme votre serviteur très-humble et très-affectionné,

F. MALHERBE.

Je vous avois écrit que la veille des Rois il devoit y avoir festin au Louvre, c'est-à-dire que la Reine donneroit à souper à ceux que je vous écrivois; il ne fut pas interrompu pour l'accident de la mort du baron de Lus, mais on n'y cria point : *Le Roi boit.* Mme la princesse de Conty n'y fut point, ni Mmes de Guise. Outre ceux que je vous mandois, Mme la comtesse de la Rochefoucauld[17] et Mme de la Châteigneraye[18] y furent, et le bonhomme M. Zamet[19]. Il y eut hier au soir comédie à la galerie.

14. Un exemplaire du *Roman* de Rosset.

15. Cette politesse : « je suis son serviteur, etc., » a été ajoutée par Malherbe, au-dessus de la ligne.

16. Devant *ce sera*, le manuscrit porte *mais*, effacé.

17. Gabrielle du Plessis, fille de Charles de Liancourt et d'Antoinette de Pons, marquise de Guercheville, mariée à François de la Rochefoucauld, dont il est question plus haut, p. 134, note 6.

18. Léonor de Chabot-Jarnac, veuve de Louis, seigneur de la Châteigneraye, mort en 1612.

19. Sébastien Zamet, célèbre financier, né à Lucques vers 1549, mort en 1614.

L'affaire de Monsieur le chevalier[20] est entre les mains de la cour de parlement. M. Legrand et M. Faideau en[21] sont commissaires[22]. 1613

DISCOURS DE LA MORT DU BARON DE LUS[23].

M. le chevalier de Guise, samedi veille des Rois, à trois heures après midi, dînant à la grand écurie[24], deux heures après qu'il eut tué le baron de Lus, récita le fait de cette façon :

« M'étant trouvé auprès de M. de Guise, mon frère, il n'y a que deux jours, un gentilhomme lui vint donner avis que M. de Lus, entretenant M. du Maine, l'avoit assuré qu'il s'étoit treuvé au conseil secret de Blois, où la mort de feu Monsieur mon père avoit été résolue, et qu'il avoit empêché M. le maréchal de Brissac de l'en avertir : ce qui fut cause que dès l'heure je fis dessein de lui faire mettre l'épée à la main. Pour à quoi parvenir, ce matin j'ai fait prendre garde quand il sortiroit de son logis. On m'est venu rapporter qu'il en étoit parti, et qu'il avoit pris le chemin de la rue Saint-Antoine; je m'en suis donc allé[25] de ce côté-là, accompagné du chevalier de Grignan, de mon écuyer, et de deux laquais. J'ai défendu aux deux gentilshommes de mettre la main à l'épée, si l'on ne vouloit entreprendre sur moi, et à mes deux laquais, qui n'avoient que chacun un bâton en la main,

20. Le chevalier de Guise. — 21. *En* est en interligne.

22. Legrand et Faideau (ou Feydeau), conseillers au parlement de Paris.

23. Ce récit, écrit tout entier de la main de Malherbe, remplit trois pages; au verso de la troisième, qui est resté blanc, Malherbe a mis le titre que nous donnons.

24. Malherbe a écrit ici *grand écurie;* plus loin par deux fois (voyez p. 278) : *grande écurie.*

25. Malherbe avait mis d'abord : « je m'en allai donc. »

1613 de[26] se mêler d'autre chose que d'arrêter les chevaux du carrosse, si d'aventure le baron de Lus, après que je l'aurois convié de mettre pied à terre, refusoit de le faire et commandoit à son carrossier de s'avancer. Ne l'ayant point trouvé au quartier de Saint-Antoine, je m'en suis venu au Louvre, où j'ai trouvé son carrosse à la porte; j'y ai fait prendre garde, et suis allé donner le bonjour à Mme la princesse de Conty, de laquelle j'ai ouï la messe. Cela fait, je suis sorti du Louvre, et y ayant encore vu le carrosse du baron de Lus, je m'en suis venu vers son logis, estimant bien qu'il ne faudroit pas de s'y en revenir. Comme j'ai eu fait quelque chemin dans la rue de Saint-Honoré, je suis retourné sur mes pas. Comme j'ai été revenu[27] à l'entrée de la rue du Louvre, j'ai vu venir son carrosse; ce qui m'a fait tourner tout aussitôt comme pour aller vers la porte de Saint-Honoré. Comme j'ai été à la barrière des Sergents, je me suis tourné et l'ai vu à trente pas de moi. Je suis allé droit à lui, et lui ai dit tout haut : « Monsieur, Monsieur le baron, je vous supplie que je vous die quatre paroles. » Il a répondu : « Oui, tant qu'il vous plaira. » Il étoit au derrière de son carrosse, et avoit deux gentilshommes à chacune des portières, qui tous ont mis pied à terre; moi et les miens en avons fait de même en même temps. Cela fait, je l'ai pris par la main, et l'ai tiré à part à dix pas de nos gens, et lui ai dit : « Monsieur, j'ai su que vous « avez dit à M. du Maine, en la présence de plusieurs « gentilshommes d'honneur, que vous fûtes du conseil de « Blois, où il fut résolu de tuer Monsieur mon père, et « qu'hier même vous le dîtes à la reine Marguerite. Je ne « veux point là-dessus de réponse de vous que l'épée à la

26. Après *de*, Malherbe a effacé *ne*.
27. *Revenu* a été ajouté après coup, en interligne.

« main, si vous en avez le courage[28] : çà, l'épée à la « main; il faut mourir. » Sur cela il s'est voulu jeter sur moi; je l'ai repoussé d'un coup de poing que je lui ai donné en l'estomac, et me retirant deux pas en arrière, ai mis l'épée à la main. Il en a fait de même; et tirant l'un contre l'autre en même temps, j'ai paré son coup avec le bras que j'avois enveloppé de mon manteau; le mien lui a porté dans le côté gauche assez avant, et tout aussitôt il s'est retiré dans une maison prochaine[29], et je m'en suis venu vers deçà. » 1613

Voilà le récit qu'en fit, selon la vérité, Monsieur le chevalier : ce qui est attesté de tous ceux qui l'ont vu. Un gentilhomme normand nommé Bellefontaine, l'un de ceux qui étoient dans le carrosse du baron de Lus, saisit par derrière Monsieur le chevalier au collet; le chevalier de Grignan le colleta, et lui fit lâcher prise. Monsieur le chevalier remonta à cheval, et les siens avec lui, et au petit pas s'en alla au Roule, cinq ou six cents pas hors du faubourg Saint-Honoré. M. de la Boulaye, lieutenant des chevaux légers de M. de Verneuil[30], qui survint à ce combat, et en a témoigné la vérité comme elle est ci-dessus récitée, l'accompagna jusqu'à la porte, et ayant demandé à Monsieur le chevalier ce qu'il vouloit qu'il fît, et que son épée et sa vie étoient à son service, il le pria de s'en aller au Louvre, et de témoigner à tout le monde ce qu'il avoit vu : ce qu'il fit. J'avois oublié à dire que Monsieur le chevalier, remontant à cheval, s'adressant au peuple qui

28. Malherbe avait d'abord écrit : « si vous avez le courage de l'y mettre. » Dans les deux phrases suivantes, il avait employé pour tous les verbes le passé défini, qu'il a corrigé partout en passé indéfini.

29. Après *maison*, le manuscrit porte ces mots : *de l'autre côté*, effacés.

30. Lisez Vendôme, comme Malherbe l'a dit dans la lettre précédente, p. 269.

1613 étoit là amassé, leur dit : « Messieurs, vous me serez témoins que personne n'a mis la main à l'épée que moi. » Comme il se fut séparé de M. de la Boulaye, il envoya un laquais[31] à la grande écurie voir si M. de Termes y étoit. M. de Termes à l'heure même monta à cheval, avec huit ou dix gentilshommes qui avoient dîné avec lui, et le ratteignit environ les Feuillants. Ayant fait quelque chemin avec lui, il le laissa aller, et s'en vint à l'hôtel de Guise conter l'affaire à M. de Guise, qui fut d'avis qu'il s'en revînt à Paris. M. de Termes s'en retourna donc le trouver, et l'amena dîner à la grande écurie. Toutefois cet avis qu'il s'en revînt à Paris fut changé, et lui fut mandé qu'il ne revînt point qu'on ne le[32] mandât. Ainsi, après qu'il eut dîné et changé de bottes, il s'en alla à Saint-Denis, où il a été quelques jours, et depuis à Meudon, attendant que sa paix soit faite avec la Reine.

Je crois que ce sera demain 13e de ce mois que tout s'achèvera. Jeudi, après dîner, Mme la princesse de Conty et Mme de Guise sa mère retournèrent au cabinet, où elles n'avoient voulu aller jusques alors. La Reine les reçut en riant, avec tout le bon visage qu'elles pouvoient desirer, et rejeta tout ce qui s'étoit dit d'une part et d'autre sur la colère.

III. — A Paris, ce 12e de janvier.

Monsieur, après vous avoir écrit la mort du baron de Lus, tué la veille des Rois par M. le chevalier de Guise,

31. *Un laquais* a été ajouté après coup, en interligne; de même que, huit lignes plus loin, les mots : « qu'il s'en revînt à Paris. »

32. *Lui* a été biffé devant *mandât*.

et avoir[1] baillé à M. de Valavez le récit que Monsieur le chevalier en a fait de sa bouche deux heures après la chose arrivée, pour le vous faire tenir avec la lettre que Monsieur le Grand a écrite à la Reine, je ne vois plus rien qui mérite d'être mis sur le tapis. Ce matin M. de Valavez a pris la peine de me venir voir pour savoir quelque chose de nouveau; je lui ai promis d'aller dîner chez Mme la princesse de Conty pour en apprendre; mais j'ai trouvé M. de Saint-Luc[2] à la messe de la Reine[3], qui m'a emmené dîner chez M. de Bassompierre, si bien que je n'en sais pas davantage que quand je suis sorti du lit. Tout ce que je vous puis dire, c'est que demain l'affaire de Monsieur le chevalier se doit terminer. En la colère, M. Legrand et M. Faideau furent faits commissaires; mais ils se récusèrent : on y en substitua qui en ont fait de même. A cette heure, les affaires n'en sont plus en ces termes-là. La Reine a retiré les informations. Je crois que l'entérinement de la grâce se fera devant la Reine en son cabinet; je saurai cette formalité, et la vous écrirai. D'autres nouvelles, il n'en est point. M. le prince et Mme la princesse d'Orange arrivèrent vendredi; Monsieur le Prince alla au-devant d'eux, et y mena trois ou quatre cents chevaux. Monsieur le chevalier les alla voir passer : je le sais d'un gentilhomme qui étoit avec lui. Je vous envoye les trois *Romans* que vous desiriez; pour les lettres de Lingende, il faisoit si mauvais temps pour aller au Palais, que j'ai prié M. de Valavez de me décharger de cette corvée, ce qu'il a fait. Je lui ai aussi baillé 1613

LETTRE III. — 1. *Avoir* a été ajouté après coup, au-dessus de la ligne.

2. Timoléon d'Espinay, seigneur de Saint-Luc, maréchal de France (1628), mort en 1644.

3. Les mots : « à la messe de la Reine, » sont écrits dans l'interligne.

1613 les *Romans* pour vous les[4] faire tenir; vous les recevrez par M. l'auditeur Buysson ou par votre Étienne. Si vous me commandez avec tant de cérémonie comme vous faites, vous ignorez le pouvoir que vous avez sur moi, et me défendez la privauté dont j'ai accoutumé d'user avec vous. Je suis marri de n'avoir de quoi vous entretenir plus longtemps; mais il n'y a ici rien de nouveau. Messieurs de la Rochelle et de Saint-Jehan d'Angely, que l'on croyoit qui nous dussent brouiller, se sont faits gens de bien. Vous savez ce que je vous en ai toujours écrit; je n'ai point été trompé. Le baron de Saugeon est encore en prison à Villefranche de Rouergue. Il fut pris par un nommé Rodelle, qui est des ordinaires du Roi[5] : il étoit au lit en une hôtellerie. Un des siens fut tué d'un coup de pistolet; un autre soldat se jeta par la fenêtre, et s'est sauvé : l'on croit que c'est celui qui avoit les papiers. Saugeon fut pris à trois lieues de Villefranche, à deux lieues du Pont-Antonin, qui étoit une place de son parti; mais il ne pensoit plus être suivi, et d'ailleurs il avoit fait de grandes traites sur des barbes qu'il avoit achetés. L'envie qu'il avoit de les faire reposer, pour le besoin qu'il jugeoit qu'ils en avoient, le fit arrêter si près de sa retraite. Je crois qu'il est bien heureux que les affaires de Saint-Jehan d'Angely s'apaisent, et qu'il s'éjouira[6] des lettres d'abolition qui ont été expédiées sur tout ce qui s'est passé. J'avois oublié à vous dire qu'il y a un avis proposé et reçu par le conseil, à ce que m'a dit M. Florence, pour acquitter cinq millions de livres de rente que fait le Roi, sans aucune surcharge ni exaction nouvelle. Le proposant est un nommé Bizet[7]. Il m'a mon-

4. *Les* a été de même ajouté au-dessus de la ligne.
5. Voyez plus haut, lettre 56, p. 118.
6. Ce mot est mal écrit et peut laisser quelque doute.
7. Voyez plus haut, lettre 15, p. 34.

tré sa proposition, qui contient mille belles choses pour l'embellissement de cette ville, et entre autres un pont neuf qui s'appellera le pont Saint-Louis, pour passer du quai des Célestins à celui de la Tournelle vers la place Maubert, tel que celui de Châtelleraut. Il s'en est proposé aussi un autre par M. de Lorsac, de[8] faire venir tous les ans à Paris douze cent mille voies de bois de Norvége et quatre cent mille de charbon, pour laisser reposer les forêts du Roi, et autres qui se diminuent fort. Il doit bailler le bois à vingt sous de meilleur marché sur chaque voie. Là-dessus, il demande d'être dressé de quelques parties qu'il dit lui être dues; l'on m'a dit aussi que son avis a été reçu et sa demande accordée. Je n'ai plus que vous dire; au moins ne me souvient-il de rien. Il y a quelques brouilleries en cette cour; mais ce n'est que la coutume; tout aura bonne fin, Dieu aidant. Nous sommes trop bien guidés pour nous perdre, et notre Reine n'a pas seulement la prudence du feu Roi, mais elle en a encore la bonne fortune : Dieu la lui continuera, s'il lui plaît; et vous, s'il vous plaît, Monsieur, me tiendrez toujours en vos bonnes grâces : vous savez bien comme je les desire, et si j'osois, je dirois comme je les mérite, en qualité de votre serviteur très-affectionné à jamais,

1613

Fr. Malherbe.

Vous savez comme je suis bon peintre[9]. J'ai fait une

8. *De* a été substitué à *pour*.

9. Peiresc se fit non-seulement montrer, mais donner par Marc-Antoine le dessin que lui envoyait Malherbe, et qui dans le manuscrit est placé immediatement avant le *Discours de la mort du baron de Lus* (voyez ci-dessus, p. 275). On le trouve dans les *Lettres inédites* de Malherbe, publiées par M. Miller, et nous croyons devoir le reproduire ici.

1613 petite topographie, pour faire mieux entendre l'histoire de la mort du baron de Lus. Si vous la desirez voir, Marc-Antoine vous la montrera.

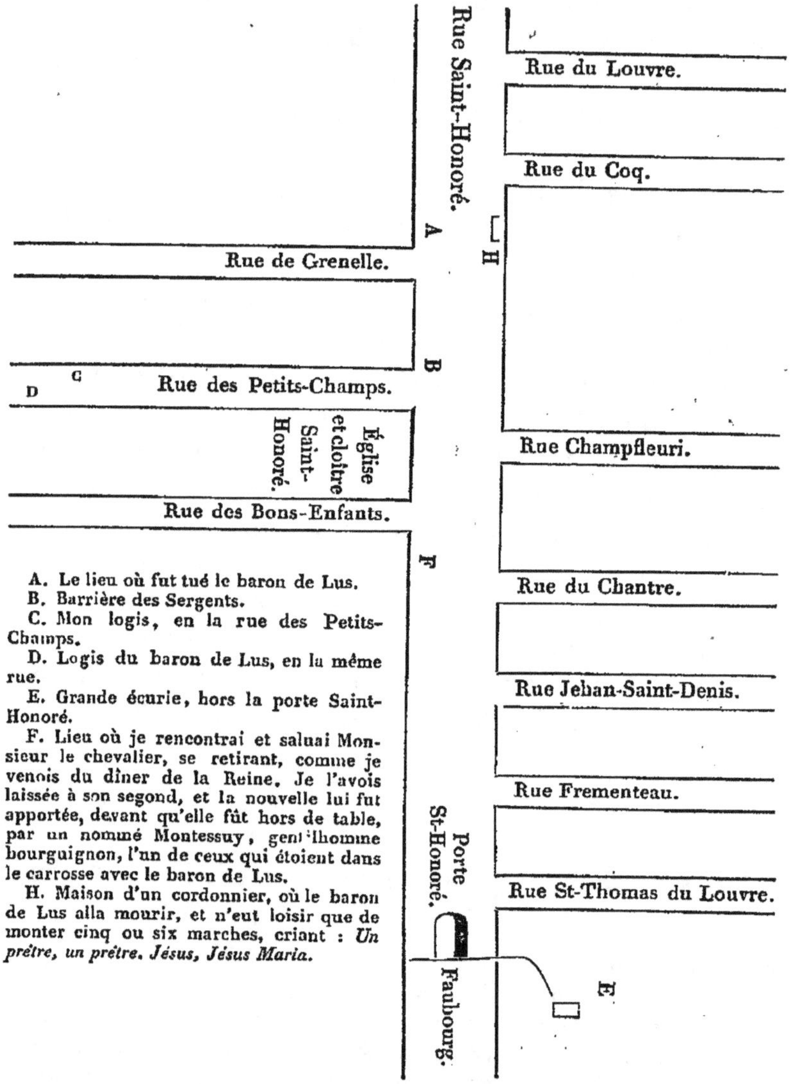

A. Le lieu où fut tué le baron de Lus.
B. Barrière des Sergents.
C. Mon logis, en la rue des Petits-Champs.
D. Logis du baron de Lus, en la même rue.
E. Grande écurie, hors la porte Saint-Honoré.
F. Lieu où je rencontrai et saluai Monsieur le chevalier, se retirant, comme je venois du dîner de la Reine. Je l'avois laissée à son segond, et la nouvelle lui fut apportée, devant qu'elle fût hors de table, par un nommé Montessuy, gentilhomme bourguignon, l'un de ceux qui étoient dans le carrosse avec le baron de Lus.
H. Maison d'un cordonnier, où le baron de Lus alla mourir, et n'eut loisir que de monter cinq ou six marches, criant : *Un prêtre, un prêtre. Jésus, Jésus Maria.*

112. — A Paris, ce 21e de janvier. 1613

Monsieur, peut-être vous écrirai-je demain par M. de Cadenet, procureur du Roi aux Comptes, qui doit partir mécredi, mais peut-être aussi n'en ferai-je rien : ce sera selon l'humeur où je me trouverai. Voilà pourquoi j'aime mieux prendre cette occasion dont me vient d'avertir M. de Valavez, que de remettre la chose à une autre fois. Ce sera seulement pour vous témoigner toujours le soin que j'ai d'être en vos bonnes grâces. Les bonnes fortunes donnent des effets, et les mauvaises des paroles. La mienne est du nombre des dernières; excusez-la de payer en si mauvaise monnoie; elle feroit pis si elle ne payoit rien du tout[1]. Sortons des cérémonies, et venons aux nouvelles. L'on est après à faire que Monsieur le Grand ait son congé de venir[2]; si on l'obtient, ce sera avec peine; et s'il vient, je crois que ce ne sera que pour un mois ou six semaines : de vous en dire les raisons, c'est à vous, doctes; je ne le sais point. Je suis enfant d'obéissance, et crois que nos maîtres ne font rien que bien et pour bien. M. le chevalier de Guise est en cette ville; mais c'est sans y être, c'est-à-dire sans se faire voir. Il n'a point encore été au Louvre; l'entérinement de sa grâce sera que la première fois qu'il verra la Reine, il se mettra à genoux devant elle : cela s'appelle que qui est mort a tort, et qu'une autre fois quand un homme de cette qualité appellera quelqu'un pour sortir du carrosse et[3] lui dire un mot, il faut faire le sourd, et sans descendre lui répondre qu'on l'ira trouver à son logis. L'on dit que cette grâce est faite sur une d'un roi de

Lettre 112. — 1. *Rien du tout* a été substitué à *du tout rien.*

2. Voyez plus haut, lettre 110, p. 271, note 3.

3. *Sortir du carrosse et* est une addition placée dans l'interligne.

1613 Navarre, qui autrefois tua un comte d'Anjou [4]. Je m'en rapporte à ce qui en est. L'on s'est, cette après-dînée, assemblé pour savoir s'il y aura moyen d'accommoder l'affaire du comte de Bresne avec le marquis de Nesle [5]. S'ils ne s'accommodent, comme l'on ne croit pas qu'il se puisse faire, on ne leur permettra pas de se battre; mais on fermera les yeux pour les laisser faire. Monsieur le Prince, à ce que l'on m'a dit, parlant de cette affaire, a dit que, s'ils se battent, il fera dès le lendemain bailler la grâce à celui qui aura tué son compagnon. Vous avez su la mort de Béthune de Hollande, tué il y a trois ou quatre jours par un nommé Montigny Meslé [6]. Ils s'en allèrent ensemble coucher au Bourg-la-Reine et en même logis, et le lendemain au matin l'affaire se fit. Courtaumer a été pourvu du régiment. Bouteville, son beau-frère, étoit son compétiteur, et en ont eu brouillerie; mais ce n'a été rien [7], non plus que celle de M. le marquis de Noirmoutier [8] avec Jouy, frère de Sardiny [9]. Je vous ai, à mon avis, mandé, par une de mes précédentes, qu'il y avoit eu dispute au conseil entre Messieurs les cardinaux et Messieurs de l'Univer-

4. Malherbe a voulu probablement faire allusion au meurtre (1354) de Charles d'Espagne, fils de D. Alphonse de la Cerda, comte d'Angoulême, par Charles le Mauvais, roi de Navarre.

5. Voyez plus haut, lettre 97, p. 244.

6. Cyrus de Béthune, frère de Léonidas de Béthune dont il a été parlé plus haut, p. 130, « colonel en Hollande, dit le P. Anselme (tome IV, p. 228), d'où il revint en France, et fut tué en duel l'an 1611 (lisez 1613), entre Paris et Bourg-la-Reine, par le baron de Mellay, capitaine aux gardes. » — Suivant le *Mercure* (tome III, p. 50), qui appelle Hallé l'adversaire de Béthune, le duel eut lieu à Chatenay, c'est-à-dire au delà de Bourg-la-Reine, entre Sceaux et Verrière.

7. Malherbe avait écrit d'abord : « mais cela n'a de rien servi. »

8. Louis de la Tremoille, marquis de Noirmoutier, mort le 4 septembre 1613.

9. Le comte Scipion de Sardini.

sité. La cause de l'Université fut fort débattue par l'un des principaux du conseil[10]; et là-dessus l'on dit qu'il ne se falloit pas ébahir s'il faisoit ce qu'il pouvoit pour obliger l'Université, pource qu'il avoit envie d'être *régent*. Il y a des gens au monde qui aimeroient mieux perdre une douzaine d'amis qu'un bon mot. M. de Vendôme est de retour de Bretagne depuis cinq ou six jours. La première visite qu'il fit fut celle de M. le marquis d'Ancre; cela et d'autres choses font croire qu'il se veut retirer du parti dont il sembloit qu'il fût. Toutefois ils[11] disent que s'ils le perdent, ils en gagneront d'autres qu'ils avoient perdus pour l'amour de lui. Pour moi, je ne me soucie que de voir le Roi et la Reine bien sains et bien obéis comme ils sont, grâces au bon Dieu. Le Roi étoit hier un peu enrhumé, mais aujourd'hui il l'est beaucoup moins, Dieu soit loué! Il y a sur le tapis un certain ballet de Madame avec dix nymphes; j'ai charge de faire les vers; mais il n'y a encore rien d'assuré, pource que Mme la marquise d'Ancre, quand Mme de la Boissière[12] lui en a parlé, a dit que Madame, étant princesse d'Espagne, ne devoit plus rien faire qui ne fût fort magnifique, et que la dépense en seroit trop grande; toutefois qu'elle en parleroit à la Reine : *staremo a veder*[13]. Ce sera pour demain que nous saurons *o'l sì, o'l no*[14]. J'aime bien autant l'un que l'autre. Je tourne les yeux de tous côtés pour vous dire quelque chose de bon; mais je ne vois rien, ni bon, ni mauvais. Adieu donc, Monsieur : tenez-moi en vos bonnes grâces et en celles de M. le premier 1613

10. Le prince de Condé.

11. Le parti des princes opposé aux ministres.

12. Charlotte de Villiers Saint-Pol, femme de Christophe de Lannoy, seigneur de la Boissière.

13. « Nous serons là pour voir, nous serons spectateurs. »

14. « Ou le oui, ou le non. »

1613 président du Vair. Je suis son serviteur et le vôtre très-humble et très-affectionné; et s'il vous plaît, Monsieur, vous en direz de même à M. le premier président de la Ceppède, afin que ce me soit une excuse de ne leur avoir écrit : je n'ai rien qui en soit digne.

---

113. — A Paris, ce 1er de février.

Monsieur, ce ne seroit que gâter le papier que de vous conter le combat de M. le chevalier de Guise avec le baron de Lus[1], qui, voulant venger la mort de son père, s'est précipité à la sienne. M. de Valavez et assez d'autres en ont fait leur devoir[2]. Vous ne croiriez jamais comme Monsieur le chevalier a été loué; la Reine l'envoya visiter dès qu'il fut de retour; le Roi y a envoyé[3] aujourd'hui; pour tous les princes, et du sang, et autres, il n'y a en pas un seul qui n'y soit allé. J'y suis allé aujourd'hui après dîner, avec Mme la princesse de Conty; cependant que nous y étions, M. d'Espernon y est venu pour la segonde fois, M. du Maine, l'ambassadeur d'Angleterre[4], et tout plein des plus relevés de la cour, en telle abondance qu'il sembloit que ce fût une procession,

Lettre 113. — 1. Claude Malain, baron de Lux. Ils se battirent à cheval près de la porte Saint-Antoine. Le baron fut tué à la troisième passe. Le chevalier de Grignan, second du chevalier de Guise, fut grièvement blessé par Riolet (que quelques écrivains appellent du Riol), second du baron. Voyez le *Mercure*, 1613, tome III, p. 48 et suivantes. — On trouve sur ce combat, dans le tome VI, p. 358, des *Mémoires du duc de Luynes*, des particularités, qui sont de tout point inexactes.

2. Toute cette phrase a été ajoutée par Malherbe, au-dessus de la ligne.

3. Malherbe avoit d'abord écrit : « y a été. »

4. Le chevalier Edmonds.

encore que la principale presse fût hier. Il y a plusieurs prétendants à ses charges[5] de lieutenant de Roi en Bourgogne, au bailliage de Dijon, et en Bresse. La Reine a dit après dîner à l'un d'eux qu'elle n'en avoit encore rien résolu. Toutefois je crois, et toute la cour aussi, que le baron de Thianges[6] aura le bailliage de Dijon, et M. le vicomte de Tavannes[7] la Bresse. M. de Ragny[8] s'y attendoit pour un brevet qu'il en avoit du feu Roi, dont il a fait apparoître, et crois certainement qu'il y eût eu bonne part; mais la faveur de Monsieur le Prince, M. du Maine et M. le marquis d'Ancre, a vaincu cette considération. J'ai conté ce matin à M. de Valavez, qui a pris la peine de venir me voir, comme mécredi, après dîner, la Reine montra en son cabinet, à ceux qui y étoient, une grenade d'une si étrange invention, qu'elle demeure trois semaines cachée en un lieu, sans manifester son effet. Sa Majesté avoit été avertie qu'il y avoit un certain homme qui se vantoit de savoir cet artifice[9]; elle envoya tout aussitôt chez lui, mais on ne le trouva point; seulement on trouva cette grenade, qui fut apportée à la Reine. Le Roi a eu mal aux dents cinq ou six jours; il se porte très-bien, grâces à Dieu. Il y a deux ou trois jours que Monsieur le chancelier fut à l'abbaye de Saint-Germain recevoir de M. le prince de Conty le ser- 1613

5. Les charges du baron de Lux.

6. Charles de Damas, comte de Thianges, chevalier des ordres du Roi, maréchal de camp et lieutenant général dans la Bresse et le Charolais, mort le 26 juin 1638. Malherbe écrit *Tyanges*.

7. Claude de Saulx, vicomte, puis comte de Tavannes, bailli de Dijon, lieutenant général, mort en 1638.

8. Léonor de la Madeleine, marquis de Ragny, lieutenant de Roi en Bresse, mort en 1628.

9. Malherbe avait d'abord écrit : « d'avoir cette invention ; » puis il y avait substitué : « de le savoir faire, » qu'il a enfin remplacé par les mots « de savoir cet artifice. »

1613 ment de gouverneur d'Auvergne, pource qu'il étoit un peu indisposé ; Madame la princesse sa femme avoit supplié la Reine qu'elle lui permît de le pouvoir faire par procureur, mais elle a plus obtenu qu'elle ne demandoit[10]. Marc-Antoine vous fera voir le cartel du baron de Lus envoyé à Monsieur le chevalier, si vous ne l'avez d'ailleurs[11]. C'est tout ce que je vous puis dire : je ne crois rien oublier de ce qui se passe ici ; si vous en faisiez de même, vous ne m'eussiez pas réduit à aller mendier la vérité de l'histoire de ce qui s'est passé en votre Palais[12].

10. Cette fin de phrase a été substituée à celle-ci : « mais elle a plus accordé que l'on ne demandoit. »

11. On le trouvera à la suite de la lettre.

12. Diverses pièces inédites que nous avons trouvées à la Bibliothèque impériale nous permettent d'expliquer complétement ces affaires de Provence auxquelles Malherbe fait allusion plus d'une fois et toujours en termes vagues et obscurs.

Charlotte de Cariolis, sœur de Mme de Malherbe, avait épousé Arnoul Joannis, sieur de Châteauneuf, qui depuis 1586 était conseiller au parlement de Provence. Il faisait partie d'une faction qui dans ce parlement s'opposait vivement au premier président du Vair, et le 22 décembre 1612 et le 2 janvier suivant il l'insulta si gravement, que le 14 janvier la cour condamna le délinquant à faire amende honorable debout et tête nue, et le suspendit pour un an de l'exercice de sa charge. Voyez un extrait de l'arrêt dans le tome XVII (p. 177) de la collection Dupuy.

On comprend quels soucis une pareille affaire dut donner à Malherbe, que sa femme et son beau-frère cherchèrent, comme on le verra plus loin, à compromettre auprès de son ami du Vair.

Le lendemain même de la dernière affaire, le 3 janvier 1613, du Vair écrivait à de Thou : « Comme ma vie a été une éternelle bataille, *et vere pugna sine missione*, je suis encore à combattre des bêtes farouches, ayant assez de courage, mais moins de force que je n'avois auparavant ces trois ans passés de maladie continuelle. J'ai toujours en tête les méchants, peu en nombre, mais de si grande audace et effronterie que trois ou quatre qu'ils sont tiennent acculée toute une compagnie de quarante hommes, sans qu'il y ait moyen d'en venir à bout. » Du Vair attribue « tous ces mouvements » aux intrigues de l'archevêque d'Aix. (Collection Dupuy, tome 802, p. 52.)

Vous m'en avez celé le commencement, n'en faites pas de même du progrès et de la fin. M. de Valavez a bien pris la peine de me le venir dire; mais j'eusse été plus aise de le savoir de vous-même. Si vous êtes paresseux, vous me le ferez devenir; je n'y suis que trop porté de mon naturel : imaginez-vous comme j'y triompherai quand je le serai par votre exemple. C'est assez pour cette fois; j'ai la main si lasse que je n'en puis plus, mais si faut-il qu'elle écrive encore ces trois ou quatre mots : tenez-moi toujours, Monsieur, pour votre serviteur très-humble et très-affectionné, 1613

Fr. Malherbe.

Le nom de la personne[13] que je n'ai point nommée au-dessus du billet que vous montrera Marc-Antoine est au-dessus[14] de la lettre de M. le premier président du Vair. On a fait courir le bruit d'une autre, mais ç'a été pour certains respects que l'on a baillé ce change[15].

Billet d'appel porté par un nommé Riolet à M. le chevalier de Guise, de la part du jeune baron de Lus, le jeudi dernier jour de janvier 1613.

Monseigneur, nul ne peut être plus fidèle témoin du juste sujet de ma douleur que vous : c'est pourquoi, Monseigneur, je vous supplie très-humblement de pardonner à mon ressentiment, si je vous convie par ce billet de me faire tant d'honneur que je me puisse voir l'épée à la main avec vous, pour tirer raison de la mort de mon père. L'estime que je fais de votre courage me fait espérer que vous ne mettrez en avant votre qualite pour eviter ce à quoi l'honneur vous oblige. Ce gentilhomme vous amènera au lieu où je suis avec un bon che-

13. Riolet. — 14. *Au-dessus* a été substitué à *au bas*.

15. Au lieu de *baillé ce change*, il y avait d'abord : *nommé l'un pour l'autre*.

1613 val et deux épées, desquelles vous aurez le choix; et si vous ne l'avez agréable, je m'en irai partout où vous me le commanderez.

LUZ.

---

114. — A Paris, cet 11e de février[1].

MONSIEUR, depuis ma dernière, je ne vous puis rien dire, sinon que j'ai reçu la vôtre, et avec elle le livre[2] que vous avez pris la peine de m'envoyer. Ce n'est pas ce que l'on demandoit, je l'avois déjà; mais l'obligation ne laisse pas d'en être aussi grande, comme si ce l'eût été; je vous en remercie de tout mon cœur, et vous crie merci de mon importunité. Il y a quelques jours que la Reine m'avoit commandé des vers sur l'air d'une chanson italienne; ce n'a pas été sans peine : tant y a que je les ai achevés à son contentement, et que le Bailly[3], qui les a chantés devant elle, a dit qu'ils étoient entièrement semblables aux italiens; aussi[4] la Reine l'avoit envoyé les concerter avec moi. Je les vous eusse envoyés, mais ce sera pour la première fois : pour cette heure, j'obéirai à ma paresse; de quoi vous ne me blâmerez pas, car je vois que vous vous y laissez couler tout bellement. Vous n'aurez de moi, pour cette heure, que les paroles de l'accord du comte de Bresne et du marquis de Nesle. Nous n'avons nulles nouvelles en cette cour; il ne s'y parle que de comédies et de ballets : toutefois, ni le Roi,

LETTRE 114. — 1. Il y a dans l'autographe : « cest xre de feurier 1613. »

2. Voyez plus haut, lettre 108, p. 267, note 2.

3. Henri le Bailly, surintendant (1625) de la musique du Roi, et qui a composé quelques ballets et quelques divertissements pour la cour.

4. *Aussi* a été ajouté au-dessus de la ligne; deux lignes plus loin, devant *pour cette heure*, Malherbe a effacé *mais;* quatre lignes après, *l'accord* a été substitué à *la réconciliation*.

ni Madame, n'en font point, Dieu merci! et par conséquent je me repose. C'est donc tout ce que vous aurez de moi, après vous avoir confirmé que je suis, comme de coutume, votre serviteur très-humble et très-affectionné, 1613

Fr. Malherbe.

Je vous ai écrit le bon mot de quoi il étoit question[5]; il n'est pas si bon comme vous l'avez imaginé, mais il n'est pas aussi très-mauvais. Je vous renvoye votre livre; car de le retenir, puisque ce n'est pas celui dont il est question, et qu'il s'en trouve à Paris à revendre, il y auroit de l'indiscrétion à le retenir. L'homme de vos amis qui le desiroit voir étoit M. Florence, précepteur du Roi; il est en lieu où il peut servir ses amis. Je ne doute point que si vous l'eussiez pu faire, vous ne l'eussiez fort volontiers obligé; mais *ad impossibile nemo tenetur*[6].

Accord du comte de Bresne et du marquis de Nesle[7].

Le marquis de Nesle dit: « Monsieur, j'avoue que je vous ai pris à mon avantage, et que, vous ayant surpris et porté l'épée à la gorge, je vous ai ôté le moyen de vous servir de la vôtre; dont je vous demande pardon, et me mets entre vos mains pour faire de moi ce qu'il vous plaira. »

Le comte de Bresne répondit: « Monsieur, puisque vous confessez la vérité, je vous le pardonne et me contente, Messieurs les princes et maréchaux de France me l'ayant commandé. »

5. Voyez plus haut, lettre 112, p. 285.
6. « A l'impossible nul n'est tenu. »
7. Dans le manuscrit, cet *accord* est au bas de la page où se trouve le billet d'appel que nous avons donné à la suite de la lettre précédente. Les deux pièces sont de la main de Malherbe.

1613

115. — A Paris, ce dernier de février.

Monsieur, vous m'obligez toujours de m'écrire, en quelque façon que vous m'écriviez; mais sans mentir, si je fais quelque différence entre vos lettres, celles qui[1] sont les plus longues me sont les plus chères et les plus agréables. Vos dernières étoient de ce nombre, et en cette qualité méritoient bien une longue réponse; toutefois je ne sais si nos nouvelles y pourront fournir. Pour commencer par la meilleure que je vous saurois donner, le Roi et la Reine se portent fort bien; tout est calme, et de quelque côté que l'on tourne la vue, au levant, au ponant, au midi ou au septentrion, il ne paroît nuée quelconque qui puisse faire peur à la paisible disposition où sont les affaires. Les ballets sont cessés, mais les comédies continuent à l'entre-sol, où la Reine a fait faire le plus agréable théâtre qui se puisse voir, avec des siéges pour environ quatre-vingts personnes. Samedi, il s'en doit faire une extraordinaire, où la Reine dit hier au soir qu'elle avoit convié Monsieur le chancelier et M. le président Janin. Si je vis, je la verrai, Dieu aidant, et vous en dirai des nouvelles. Il y a huit ou dix jours que l'on parle du mariage de M. d'Elbeuf avec Mlle d'Ancre. Hier[2], j'appris de Mme de Longueville que le jour même les articles s'en devoient accorder; si la fortune y veut apporter des intrigues, elle en aura le loisir, car la fille n'a pas six ans : on dit qu'elle est fort belle et fort jolie, et bien digne d'une bonne fortune. On ajoute encore à cela qu'elle n'a qu'un frère, qui est malsain et qui ne peut vivre : ce sont langages que l'on tient ordinairement

Lettre 115. — 1. Malherbe avait d'abord ainsi commencé ce membre de phrase : « celles-là me sont plus. » Trois lignes plus loin il a effacé *elles* devant *méritoient*, et changé *mais* en *toutefois*.

2. Les mots *au soir* ont été effacés après *Hier*.

quand on marie une fille qui n'a qu'un frère; c'est à Dieu de disposer de cette affaire comme il fait de toutes. M. du Maine et M. de Nevers sont à Soissons depuis cinq ou six jours; ils doivent être de retour cette semaine prochaine, pour s'en aller quinze jours après à Nevers faire partir Mlle du Maine[3], qui s'en va à Rome trouver Monsieur son mari. Vous avez su que les lieutenances de Roi au bailliage de Dijon et en Bresse vaquoient par la mort du baron de Lus. Jusques ici l'on a cru que M. de Thianges et M. de Tavannes les auroient; à cette heure, les choses semblent aucunement changées, et croit-on que M. de Thianges n'aura rien, et que M. de Tavannes aura la Bresse. M. du Maine, qui poursuit cette affaire, fait, à ce que l'on dit, que M. de Tavannes donnera six mille écus à M. de Thianges. Je le tiens de bon lieu, mais je n'en crois rien pourtant, car la chose ne le vaut pas. Il n'est pas croyable comme la fortune tourne continuellement et diligemment sa roue en cette cour : les faveurs n'y sont guère en un même lieu; c'est raison aussi que tout le monde s'en sente. Samedi dernier, environ deux heures après minuit, la garde-robe de la Reine fut volée et toutes ses robes emportées; il s'en est retrouvé quelques-unes qui tombèrent dans le cloître de Saint-Nicolas, derrière la cour des cuisines, et furent trouvées par les prêtres allants de matin aux services; il en est encore demeuré deux, avec toutes les jupes et force sachets de poudre. Il sera toutefois malaisé que les larrons en fassent leur profit, pource qu'il y aura sans doute quelque chose qui, en l'exposant, fera découvrir le reste. Dieu veuille que la fortune se contente de ce petit malheur, parmi tant de prospérités qu'elle donne à notre bonne reine! 1613

3. Renée de Lorraine, mariée en 1613 à Marie Sforce, duc d'Ognano, morte à Rome en 1638.

1613 Puisque je suis sur les crimes, je vous dirai qu'un nommé Guinegaut[4], qui avoit répondu pour M. du Maine pour dix ou douze mille écus, étant poursuivi du payement et exécuté en ses biens, fit saisir le buffet de M. du Maine, le jour même qu'il devoit faire festin à Messieurs les Princes. M. du Maine, n'y pouvant autrement remédier, lui envoya des pierreries, et par ce moyen empêcha que sa vaisselle d'argent ne fût transportée. Il arriva, à trois ou quatre jours de là, que ce Guinegaut fut rencontré par deux laquais qui lui ayant demandé s'il s'appeloit pas Guinegaut, et lui, ayant répondu qu'oui, lui donnèrent tant de coups de bâton que jusques à cette heure on l'avoit tenu pour mort. L'on dit que M. du Maine, étant prêt à partir, dit tout haut qu'on ne se devoit point mettre en peine qui avoit fait battre Guinegaut, et que ç'avoit été lui; l'on dit même, et l'a-t-on dit en fort bon lieu, qu'il l'avoit ainsi envoyé dire au commissaire de la cour de parlement, qui en informoit, à la poursuite de Guinegaut. L'édit des duels n'est point encore publié; il en a été délibéré au parlement, mais ils[5] ont trouvé bon de supplier la Reine d'y ajouter encore trois ou quatre points, dont l'un est que la connoissance en soit du tout ôtée au prévôt de l'hôtel[6], l'autre que les maisons soient rasées, et le troisième qu'il n'y ait point de prescription pour les criminels; s'il y en a d'autres, il ne m'en souvient point. M. de Valavez vous aura écrit le ballet de dimanche dernier, car il le vit à l'Arsenac; je ne vous en dirai donc rien, sinon qu'au Louvre, où nous étions, M. de Longueville prit

4. Probablement Guenégaud, trésorier de l'Épargne, mort en 1638.

5. Les membres du parlement.

6. Le prévôt de l'hôtel du Roi, ou grand prévôt, avait juridiction sur toute la maison du Roi.

Madame pour danser les branles; M. de Guise, Madame la Princesse; Monsieur le général des galères, Mme la princesse de Conty; M. le chevalier de Guise, Mme la princesse d'Orange, et ainsi du reste. M. le prince d'Orange y étoit, mais il ne dansa point[7], comme aussi ne fit Monsieur le Prince, qui y arriva presque sur la fin. Ce ne fut rien que ce ballet; tout ce qui en plut fut un nommé Marais[8], habillé en berger, qui menoit un homme habillé en chien, et le fit danser avec des bouffonneries si agréables que je crois que jamais je ne vis rire personne comme je vis rire la Reine. Je n'ai plus que vous dire, et puis le papier me faut : contentez-vous donc, Monsieur, que je ne vous en die plus, sinon que je suis votre serviteur très-humble et très-affectionné. 1613

---

116. — De Paris, ce 12e d'avril.

Monsieur, je suis étonné que par vos dernières lettres vous ne me faites aucune mention d'avoir reçu un paquet par M. l'auditeur Buysson, où il y avoit des *Romans* que vous m'aviez demandés[1], ni un autre qui fut mis entre les mains de l'homme de M. de Bouliers[2], dans lequel je vous envoyois trois lettres du roi et de la reine d'Angleterre[3]

7. Au lieu des mots : « mais il ne dansa point, » Malherbe avait d'abord écrit : « mais sans danser. »

8. Homme d'armes de la compagnie de M. de Bellegarde. Voyez tome I, pièce LXXII, p. 228.

Lettre 116. — 1. Voyez plus haut, lettre 110, p. 273 et 274.

2. La famille de Bouliers était une ancienne famille de Provence, mais il nous est impossible de déterminer de qui Malherbe veut parler ici. Voyez Robert, *l'Etat de la Provence*, tome I, p. 423 et suivantes.

3. Anne, fille de Frédéric II, roi de Danemark, femme de Jacques Ier.

1613 à M. et Mme la princesse de Conty. Je vous prie prendre la peine de le faire savoir de lui. Ces lettres sont des réponses à des lettres de condoléance sur la mort du prince de Galles, que j'ai pensé qui plairoient à votre curiosité pour la qualité des personnes, plutôt que pour la beauté du langage. Nous n'avons ici rien de nouveau que je me fasse[4] conscience de vous écrire. Il y a deux jours que M. de la Mole me vint dire adieu, et me dit qu'il s'en alloit, de la part de quelques seigneurs de cette cour, à une diète qui se tient en Allemagne, pour savoir si on se voudra servir d'eux, et à quelles conditions. Il ne me les nomma point, pource qu'il y avoit compagnie chez nous, ou peut-être pource que ceux qui le mettoient en besogne ne vouloient pas qu'on en sût rien : tant y a que je ne crois pas, si c'est pour la guerre contre le Turc, qu'ils ayent de trop bons avis, pource que ceux qui viennent de ces quartiers-là disent qu'il ne s'y en dit mot. C'est un grand bonheur de notre siècle, et dont nous avons, après la grâce que nous en devons à Dieu, une grande obligation à notre très-bonne et très-grande reine, que l'on cherche de la guerre de tous côtés et qu'on est[5] en peine de la trouver. La princesse d'Angleterre[6], à ce que m'ont dit Mme la princesse d'Orange et Mme de la Trimouille[7], doit partir le 18e de ce mois avec Monsieur l'Électeur son mari, pour s'en aller au Palatinat; elles s'en vont à la Haye en Hollande, pour les recevoir. Je ne sais autre chose, et puis je m'endors :

4. Malherbe avait d'abord écrit *fisse*, qu'il a corrigé en *fasse*. Sept lignes plus loin, il a substitué *qu'on en sût rien* à *être nommés*.

5. Malherbe avait d'abord mis *soit*, qu'il a raturé.

6. Élisabeth d'Angleterre, mariée en 1613 à Frédéric, électeur palatin.

7. Charlotte Brabantine de Nassau, veuve (1604) de Claude de la Tremoille, duc de Thouars, morte en 1631.

cette excuse me servira pour Monsieur le premier président, si je ne lui écris; ce sera sans doute pour la première fois, car je suis et serai toujours son très-humble serviteur et le vôtre. 1613

---

117. — Du 15e avril[1].

Aujourd'hui le sieur de Razilly[2], qui depuis quelques jours est de retour de l'île de Maragnan[3], a fait voir à la Reine six Toupinamboux qu'il a amenés de ce pays-là. En passant par Rouen, il les fit habiller à la françoise; car, selon la coutume du pays, ils vont tout nus, hormis quelque haillon noir qu'ils mettent devant leurs parties honteuses : les femmes ne portent du tout rien. Ils ont dansé une espèce de branle sans se tenir par les mains et sans bouger d'une place; leurs violons étoient une courge comme celles dont les pèlerins se servent pour boire, et dedans il y avoit quelque chose comme des clous ou des épingles. L'un d'eux en avoit un, et leur truche-

Lettre 117. — 1. Cette pièce n'est probablement qu'un fragment d'une lettre adressée par Malherbe à son fils, ou à un de ses amis de Provence.

2. Ce Razilly, qui est sans doute le même que le commandeur de Razilly, chef d'escadre en 1631, a édité et dédié à Louis XIII une Relation du P. Yves d'Évreux, intitulée : *Suite de l'histoire des choses plus mémorables advenues en Maragnan ès années* 1613 *et* 1614, Paris, 1615, in-8o. Cet ouvrage était une continuation de l'*Histoire de la navigation et de l'arrivée des capucins avec plusieurs personnes de distinction du royaume de France, dans l'île de Maranga, et lieux adjacents*, par le P. Claude d'Abbeville, capucin, Paris, 1614, in-12.

3. Maranhan ou Maragnon, île qui fait partie de la province du même nom, au Brésil. Il existe à la Bibliothèque impériale, dans les portefeuilles de l'histoire de France, plusieurs estampes représentant les Topinamboux. Voyez le *Mercure*, tome III, p. 3 et suivantes, 164 et suivantes.

1613 ment, qui est un Normand de Dieppe, en avoit un autre. Je crois que ce butin ne fera pas grande envie à ceux qui n'y ont point été d'y aller. Leur langue doit être assez aisée ; car M. de Razilly, qui n'y a été que six mois, se fait aucunement entendre à eux, et un des capucins[4] qui y étoit allé avec le sieur de Razilly et est revenu avec lui, la[5] semble encore mieux parler que lui. Ils disent que, comme nos gens furent arrivés en cette île, on leur présenta, et même à ces bons pères capucins, force filles pour se réjouir, s'ils l'eussent voulu faire; mais ils rejetèrent ces caresses fort loin.

Ce soir il est venu nouvelles d'un duel fait en Poitou ; je ne l'ai ouï conter que par-dessous, pource que l'on fait ce que l'on peut pour le supprimer. Il y a environ trois semaines que le marquis de Beuvron[6] étoit allé en Poitou rechercher la veuve de feu M. de la Châteigneraye, et étoient déjà les affaires si avancées devant qu'il partît, que je crois qu'à cette heure la chose est faite. Le sieur de la Châteigneraye[7], héritier de son frère, a été en cette recherche pour Beuvron, et l'a reçu pour cet effet en sa maison, d'où la veuve n'est point encore partie. Il est arrivé qu'un nommé des Francs[8], qui avoit prétendu à ce mariage, s'en est offensé, et a fait appeler M. de la

4. Ils étoient partis au nombre de quatre. Nous en avons mentionné deux plus haut.

5. Dans l'autographe, il y a *le*, au lieu de *la*.

6. Jacques d'Harcourt, marquis de Beuvron, tué au siége de Montpellier en 1622. Il épousa en effet Mme de la Châteigneraye, dont il a été question plus haut, lettre 110, p. 274, note 18.

7. Charles de Vivonne, baron de la Châteigneraye.

8. Nous ne connaissons comme baron des Francs à cette époque, que Jacques de Neuchèses, qui fut évêque de Chalon de 1624 à 1658. Il était né en 1591. Peut-être s'agit-il d'un frère? — Malherbe avait d'abord écrit *que quelqu'un qui*, etc., » puis il a effacé *quelque*, et ajouté : « nommé des Francs, » au-dessus de la ligne.

Châteigneraye ; lui et Beuvron y sont allés d'un côté, des Francs et un de ses amis de l'autre. Beuvron a ôté l'épée et la dague à son ennemi ; la Châteigneraye poursuivit fort et ferme le sien, qui reculoit ; là-dessus ils ont été empêchés de passer plus avant : c'est à la cour de parlement à faire le reste. 1613

Il est encore venu une autre nouvelle, qui est étrange, si elle est véritable[9]. Entre les bannis d'Espagne qui étoient en cette cour, il y avoit un nommé Frontin, homme de soixante-deux ou soixante-trois ans ; le feu Roi lui avoit donné douze cents écus de pension. Comme l'alliance de France et d'Espagne fut faite, il procura, par l'intercession de Madame, d'avoir sa grâce, et d'être rappelé ; il eut ses dépêches en telle forme que bon lui sembla, et s'en retourna[10] chez lui. A cette heure, l'on dit que ce pauvre homme, quelques jours après qu'il fut arrivé, étant en son lit, il vint frapper à sa chambre trois hommes de justice, un prêtre et un bourreau ; la porte leur ayant été ouverte, ils lui signifièrent[11] son arrêt, qui fut à l'heure même exécuté. Cette nouvelle est venue aujourd'hui à un nommé don Emmanuel, qui étoit ici de même condition que le seigneur Frontin ; deux de ses amis de la frontière de Béarn l'avertissent que s'il est parti pour s'en retourner chez lui, qu'il ne bouge, de peur que le semblable ne lui avienne. L'on croit malaisément ce bruit, pource qu'il n'est pas vraisemblable[12] que, contre sa foi, un grand prince comme le roi d'Espagne eût voulu permettre un si malheureux acte ; et d'ailleurs ce don Emmanuel, qui est homme de dix ou

9. Malherbe, dans la lettre suivante, dément cette histoire.

10. *Retourna* a été substitué à *alla*.

11. Malherbe avait mis d'abord : « un prêtre et un bourreau, auxquels la porte ayant été ouverte, ils lui signifièrent, etc. »

12. Il y avait d'abord : « pource que l'on ne croit pas. »

1613 douze mille livres de rente, marié et bien apparenté dans son[13] pays, ne croit point que si cela étoit vrai, sa femme, ou quelqu'un de ses parents, ne l'en eût averti: cependant il ne bouge, et attend le boiteux[14].

---

118. — A Paris, ce 3e de mai.

Monsieur, vous m'obligez d'accuser ma paresse à vous écrire, car par là je reconnois que vous m'aimez. La cause de mon silence est plus légitime qu'il ne vous est avis[1] : je ne veux pas me faire le plus diligent homme du monde, je ne gagnerois rien d'affecter cette gloire, il y auroit trop de gens qui m'en démentiroient; mais certes jusques ici j'ai été, depuis quatre ou cinq mois, [si] intriqué de l'affaire de ma pension, tantôt pour me faire mettre sur l'état, tantôt, après avoir été oublié, pour remédier à cet inconvénient, que je n'avois du sens ni du temps que ce qu'il m'en falloit en cette occasion: c'est de quoi je me suis excusé envers Monsieur le premier président; je m'assure que vous et lui trouverez que je ne l'ai pas fait sans raison. Je vous écrivis dernièrement que je n'avois point de nouvelles; à cette heure, je vous en puis encore autant dire: ce siècle en est fort stérile. Le roi d'Espagne presse la Reine d'envoyer Madame, comme de son côté il veut envoyer la petite reine : cela a fait résoudre la

13. *Son* a été substitué à *le*.

14. *Le boiteux*, c'est-à-dire le temps, expression proverbiale qui est encore usitée dans quelques provinces. Voyez le *Dictionnaire de la langue française*, par M. Littré, article *Boiteux*, p. 366, col. 1.

Lettre 118. — 1. Malherbe avait mis d'abord : « que vous ne pensez. » Huit lignes plus loin : *en cette occasion* a été substitué à *pour cette affaire;* la phrase se terminait par : « je m'assure que vous et lui le trouverez équitable. »

Reine de bâtir au Louvre pour la loger; on y va mettre la main aussitôt que nous serons à Fontainebleau. Cependant on remettra le change de nos princesses jusques à l'an qui vient, et fait-on compte que pour cet effet la cour s'acheminera à Bordeaux vers la fin du printemps. Je crois vous avoir écrit que nous avions ici six Toupinamboux; il en est mort un depuis deux jours, il avoit quatre-vingts ans; toutefois l'on peut dire qu'il est mort jeune, s'il est vrai, ce que l'on nous conte, qu'en leur pays ils vivent ordinairement deux cents ans: il y en a encore deux malades, je crois que notre air ne leur est pas sain. Je vous avois mandé que l'on faisoit courre ici un certain bruit, qu'un Frontin, banni d'Espagne pour la révolte d'Aragon, et qui, par intercession de Madame, a été rétabli en ses biens, avoit été fait mourir incontinent après son retour en Espagne; mais cela s'est trouvé faux, comme le[2] sont aussi tout plein de contes que l'on a faits mal à propos de mécontentements des princes, et autres sottises qui ne furent jamais imaginées. M. le marquis d'Ancre est de retour de Picardie depuis mécredi au soir. M. de Termes, le même jour, arriva en cette cour: il a aujourd'hui fort entretenu la Reine; mais comme il m'en faisoit le récit, M. d'Espernon est arrivé, vers lequel il est allé tout aussitôt, et cela a fait cesser notre discours. Monsieur le Comte[3], dimanche dernier, fit son premier repas à la table de grand maître; il s'assit au milieu de la table, et avoit au-dessus et au-dessous de lui trois hommes de chaque côté: il n'est pas servi en prince quand il mange à cette table, combien qu'il le fut avec de grands soins. La première fois qu'il but, il se tourna

1613

2. *Le* a été ajouté après coup, au-dessus de la ligne. Six lignes plus loin, *récit* a été substitué à *discours*.

3. Voyez plus haut, lettre 107, p. 264, note 4.

1613 vers la compagnie de côté et d'autre, et but à la santé du Roi. Il y a cinq ou six jours qu'on fit, à la requête des gens du Roi, cesser la vente de l'*Epitome* de Sponde[4], et parloit-on d'en refaire deux feuilles où il y avoit quelque chose de la puissance des papes que l'on n'a pas trouvé à propos; mais certes je ne sais ce qui en a été fait. Je vous envoye un livre fait par M. de Boinville[5], dédié à la Reine, lequel il lui présenta le jeudi absolu[6], en l'église des Feuillants. Vous jugerez du livre, je ne vous dirai que la façon dont il fut présenté. Il fut apporté sur l'autel dans une caisse de la longueur d'environ trois pieds; elle étoit de toile d'argent, et par-dessus couverte d'une toilette de satin jaune en broderie d'argent fort magnifique, et d'une tavaiole[7] de point coupé, telle que vous la pouvez imaginer. Comme elle fut ouverte, parut une autre toilette de satin blanc, aussi en broderie d'argent, et une autre tavaiole parfaitement riche; après cela étoient deux grands sachets de poudre de Chypre, entre lesquels étoient deux de ses livres, couverts de toile d'argent comme la caisse. Cela fait, le présent fut porté à la Reine, qui étoit à la chapelle la plus proche de l'autel, au côté gauche en entrant; elle le reçut avec grande dé-

4. Henri Sponde, évêque de Pamiers, mort en 1643. L'ouvrage dont parle Malherbe est intitulé : *Annales ecclesiastici C. Baronii in epitomen redacti.*

5. Il s'agit probablement de Oudart Hennequin, seigneur de Boinville, maître des requêtes ordinaires de l'hôtel du Roi, conseiller du Roi en ses conseils. Malherbe, qui nous racontera quelques-unes de ses extravagances, semble pourtant une fois parler de lui comme faisant partie des gardes de la Reine. Voyez lettre 129, p. 325 et 326.

6. On appelait ainsi le jeudi saint, parce que c'était le jour où, dans l'ancienne Église, on absolvait les pénitents publics.

7. « *Tavayole*, dit le *Dictionnaire de Trévoux*, toilette dont on se sert en quelques cérémonies de l'Église, comme pour rendre le pain bénit ou pour présenter des enfants au baptême. Elle est faite de toile bordée de dentelle et quelquefois toute de point et d'autres ouvrages. »

monstration de bienveillance, et le remercia fort. Il dit au Roi qu'il n'y en avoit point pour lui, mais qu'il en auroit un en latin; depuis il a changé d'avis, et le fait en françois. Vous verrez dans son livre qu'il fait mention de l'histoire qu'il veut faire de la vie du Roi. Quelqu'un qui s'y connoît m'a dit qu'il en a vu une feuille imprimée, mais que si la fin ressemble au commencement, Tacite n'en approche point. Nous verrons ce qui en sera; cependant vous lirez cettui-ci, et la lettre qu'il écrit au roi d'Espagne, que vous recevrez en ce même paquet. Il y aura aussi deux ou trois autres petits traités, qui est tout ce que nous avons ici de nouveau. Je vous ai ici conté tout plein de nigeries, mais il falloit bien se revancher, ou bien ou mal, de tant de nouvelles dont vous m'avez fait part. Je m'y suis plus étendu que je ne croyois; voilà pourquoi je n'avois pris que cette demie feuille; il est donc temps de finir, mais après vous avoir donné le *parabien*[8] de votre bel arrêt. Je prie Dieu qu'à ce contentement il joigne tous ceux que je vous desire; vous ne porterez envie à personne. Adieu, Monsieur : je vous baise bien humblement les mains : aimez toujours votre serviteur très-affectionné. 1613

119. — A Paris, ce 19e de mai.

MONSIEUR, je n'ai que vous écrire, mais si le faut-il faire pour garder ma coutume de n'écrire point en Provence qu'il n'y ait une lettre pour vous. Je vous remercie des nouvelles que vous avez pris la peine de me mander; je vous en rendrois volontiers le même poids et la même

8. *Parabien* est un mot espagnol, qui veut dire « félicitation, compliment. » — « Donner le *parabien*, » *dar el parabien*, signifie « féliciter. »

1613 mesure, mais je suis encore à Paris, et ne puis aller à Fontainebleau de dix ou douze jours, pour une malheureuse petite affaire qui me tient encore[1] ici : vous ne pouvez donc savoir de moi que ce que j'apprends au jour la journée, de ceux qui en viennent. C'est que Monsieur le Prince y est attendu dans deux ou trois jours. La Reine envoya vendredi au soir une de ses litières et celle de Mme de Guise, pour y porter Monsieur, Madame Chrétienne et la petite Madame[2]. Mme de Montglas[3] a commandement de les faire partir demain, je ne sais ce qui en sera : le pis que j'y vois, c'est que cela est signe qu'on y fera plus de séjour que je ne m'étois imaginé. M. du Bouillon arrive demain en cette ville[4]; M. du Maine y est encore. La guerre de Mantoue s'en est allée en fumée[5], ou s'y en va. Le roi d'Espagne presse fort les mariages pour ce mois de septembre : toutefois la Reine dit, il y a deux jours, qu'elle avoit fait remettre la partie à ce renouveau[6]; si bien que ceux qui voudront y danser n'ont point plus de temps qu'il leur faut pour apprendre. M. de Boinville, pour ajouter tous les jours quelque œuvre nouvelle à celles que je vous ai ci-devant envoyées, ayant accompagné la Reine à Fontainebleau, lui

Lettre 119. — 1. Malherbe a ajouté après coup *encore*, et à la ligne suivante *donc;* il avait mis d'abord : « ainsi vous ne pouvez savoir. »

2. Henriette de France, qui épousa en 1625 Charles Ier, roi d'Angleterre.

3. Françoise de Longuejoue, mariée en secondes noces à Robert de Harlay, baron de Montglas, morte en 1633. Elle était gouvernante des enfants de France.

4. Les mots : « en cette ville, » et à la fin de la phrase suivante : « ou s'y en va, » ont été ajoutés au-dessus de la ligne.

5. Après la mort du duc de Mantoue (1612), le duc de Savoie, Charles-Emmanuel, son beau-père, avait envahi ses États, mais il fut arrêté dans ses conquêtes par l'Espagne. Voyez les *Mémoires de Richelieu*, année 1613.

6. *Renouveau*, printemps.

demanda permission de coucher en la salle de ses gardes sur une paillasse, ce qui lui fut accordé; de sorte qu'il a joui de cette concession jusques à vendredi au soir, qu'il revint chez lui, où je crois qu'il coucha plus mollement qu'à Fontainebleau, mais non pas peut-être plus à son gré. Il n'est rien du bruit qui a couru de la mort du marquis de la Force [7], en duel avec le comte de Gramont. Je sollicite tant que je puis ma mémoire pour me fournir quelque chose de plus et de meilleur, mais elle n'a rien; ainsi faut-il que je finisse. Je vous baise donc les mains très-humblement, et à Monsieur le premier président; je lui écrivis il y a dix ou douze jours, si bien que quand je lui voudrois écrire, je n'aurois autre chose à lui mander, sinon que je suis son serviteur très-affectionné : vous le lui direz, s'il vous plaît, et croirez que je suis le vôtre de tout mon cœur, 1613

Fr. Malherbe.

Je vous prie d'assurer M. le président de la Ceppède que je suis son très-humble serviteur. Il n'y a que fort peu de temps que je lui ai écrit. Il m'excusera pour ce coup; puisque je n'ai rien à lui mander que ce qu'il sait bien, qui est que je suis son très-humble serviteur.

J'oubliois à vous dire que ce matin j'ai été voir M. du Maine, qui m'a dit sur le sujet de la guerre de Savoie, qu'il étoit en peine d'un paquet que M. du Vair lui avoit fait tenir par la voie de M. Aleaume; et que trois ou quatre fois il avoit envoyé chez M. Aleaume, qui lui avoit toujours fait réponse qu'il n'en avoit point de nouvelles.

7. Henri-Nompar de Caumont, duc de la Force après la mort de son père. — Devant *duel*, il y a *un*, effacé.

1613 *Dispersit superbos mente cordis sui*, c'est tout ce que je sais du *Magnificat*[8].

---

120. — Paris, ce 22e de mai.

Monsieur, il n'y a que deux jours que je vous écrivis par mon neveu de Châteauneuf[1]. Je mis la lettre dans un paquet dont l'adresse étoit à ma femme; je m'assure qu'elle la vous aura fait tenir. Je n'ai pas oublié, quand il est parti, de lui dire ce qui étoit de son devoir, à quoi je l'ai trouvé très-disposé. Je ne vous écrirai point de nouvelles, pource qu'il n'en est point, et que s'il en est, c'est à Fontainebleau qu'on les apprend et non pas à Paris, où un malotru petit procès me tient encore pour huit ou dix jours. Devant que de partir, je verrai, si je puis, les noces des Toupinamboux. J'ai fort prié une princesse qui est ici de les faire à son logis; mais il n'y a eu ordre de vaincre son obstination : elle dit que pour eux elle est bien contente de leur donner à dîner, mais que Mesdames leurs femmes ne pouvoient être que.... vous m'entendez bien. Elle ne les veut pas voir chez elle. Ce n'est pas qu'elle n'y en voye de pires tous les jours; mais le scandale non plus que le gibet n'est que pour les malheureux. Mme de Villars devoit arriver hier en cette ville : je ne crois pas qu'elle soit longtemps ni ici ni ailleurs; car sa maladie est dange-

8. Ce paragraphe et le précédent sont sur des feuillets séparés et ne faisaient peut-être pas partie de la lettre du 19 mai. Le second surtout semble se rapporter à la guerre des princes de 1614 ou de 1615.

Lettre 120. — 1. Jean Joannis, sieur de Châteauneuf, fils du beau-frère de Malherbe Arnoul Joannis, sieur de Châteauneuf, dont nous avons parlé plus haut, lettre 113, p. 288, note 12, et dont il sera question plus d'une fois.

reuse, comme d'une personne qui vomit le sang[2]. On allègue ici force exemples de personnes qui en ont été guéries; mais[3] il y en a aussi d'autres qui en meurent, et je ne sais desquelles elle sera. M. du Maine va demain à Fontainebleau; M. du Bouillon y est; Monsieur le Prince y arrive lundi au plus tard. Pour la guerre de Montferrat[4], elle se ressuscite un petit; mais je crois que c'est par enchantement et que ce n'est pas une vie vraiment vitale. On attend ici don Inigo, ambassadeur d'Espagne, pour résoudre le temps des mariages. Le roi d'Espagne veut toujours que ce soit en septembre prochain; la Reine demande une remise jusqu'au renouveau, et je crois que cela se fera. J'avois oublié à vous remercier de l'avis que vous me donnez. Je le fais de tout mon cœur, et vous prie de me continuer cette bonne volonté, comme à celui qui est de tout son cœur votre serviteur très-humble et très-affectionné,

1613

FR. MALHERBE.

J'en dis de même à Monsieur le premier président. J'oubliois à vous dire que l'on menace la paulette, je ne dis pas la fille de Paulet[5], mais le droit annuel.

2. Tallemant prétend que cette maladie était feinte. (*Historiette de Mme de Villars*, tome I, p. 213.)

3. Après *mais*, il y a : « je ne sais, » effacé.

4. Le cardinal Ferdinand de Gonzague avait pris le titre de duc de Mantoue et de Montferrat après la mort de son frère François, qui n'avait laissé qu'une fille (1612); mais le duc de Savoie, aïeul maternel de celle-ci, en réclama, les armes à la main, la tutelle pour la veuve de François. Le différend ne fut terminé qu'en 1617. Voyez plus haut, lettre 119, p. 304, note 5.

5. Angélique Paulet, fille de ce Charles Paulet, secrétaire de la chambre du Roi, qui avait affermé le droit annuel du soixantième du prix des offices de judicature et de finance, appelé de son nom la *paulette*. Voyez sur Angélique, l'*historiette* de Tallemant des Réaux, tome IV, p. 11.

121. — De Paris, ce 4e de juin.

1613

Monsieur, vous n'aurez que ce malheureux petit mot, pour vous faire tenir une certaine pièce de monnoie qu'a nouvellement fait battre M. du Bouillon. Votre curiosité vous fait faire cas de toutes choses. Voilà pourquoi je crois que vous m'excuserez de vous faire voir celle-ci, quelque grimeline[1] qu'elle soit. La cour revient samedi de Fontainebleau; nous serons alors dans les nouvelles pour avoir de quoi vous écrire. A cette heure, ce qui est sur le tapis, c'est la guerre de Mantoue, ou autrement la chaleur de foie de M. de Savoie. M. de Longueville s'y en va; vous ne le verrez pas pourtant en Provence, car il prend le chemin de Suisse. Il a eu, comme vous avez su, quelques brouilleries avec M. le comte de Saint-Pol, qui tiroit un peu en longueur sa démission du gouvernement de Picardie[2]; mais elle fut aussitôt éteinte qu'allumée; il a prêté le serment entre les mains du Roi. C'est tout ce que je sais; car du supplice de Magnac[3], cela vous est vieil. Vous savez aussi la prise d'un fils du lieutenant criminel de Tulle en Limozin, qui, au nom de M. de Chambretz[4], s'est fait payer un acquit patent de

Lettre 121. — 1. *Grimelin*, dit le *Dictionnaire de Trévoux*, est une « petite monnoie d'argent, d'un titre assez bas, qui se fabrique et qui a cours à Tripoli de Barbarie. » — *Grimeliner* signifiait jouer petit jeu et d'une manière mesquine.

2. « Le comte de Saint-Pol, dit Pontchartrain dans ses *Mémoires* (année 1613), chagrin de ce qu'il avoit été obligé de remettre le gouvernement de Picardie à M. de Longueville, son neveu, et de ce qu'on ne l'en dédommageoit pas, comme on le lui avoit promis, partit de Fontainebleau vers le 6 juin. »

3. Magnac, que Bassompierre appelle Maignat, Dauphinois, espion de la cour de Savoie, fut roué vif à Paris au mois de mai 1613.

4. Probablement Louis de Pierre-Buffière, seigneur de Chambret, gentilhomme protestant, de la maison de Pierre-Buffière en Limousin.

huit cents écus par le commis du receveur général de Tours; ainsi ne sais-je plus que vous dire. Le temps nous taillera de la matière, Dieu veuille qu'elle soit bonne. Pour moi, je ne change point mon opinion de la durée de cette guerre; je crois qu'un peu de poudre jetée sur ces mouches les fera retirer en leurs ruches. Avec ces bonnes paroles je finis ma lettre, et vous baise, Monsieur, bien humblement les mains. Votre serviteur plus humble et plus affectionné. 1613

---

122. — A Paris, ce jour de la Fête-Dieu, 6e de juin.

Monsieur, je vous écrivis, il y a deux jours, une lettre qui est entre les mains du savetier; mais il est encore ici, et sera, si Dieu ne lui aide, jusques au jour du jugement. Depuis, voici ce qui est arrivé : M. le marquis d'Ancre arriva mardi au soir; hier au soir arriva M. du Maine; j'étois au souper de Mme de Longueville, sur la fin duquel il arriva. M. du Bouillon devoit arriver aujourd'hui. Monsieur le Prince est à Saint-Maur; M. de Vendôme est à Ancenis; la Reine lui a envoyé la Varenne pour lui dire qu'il s'en revienne, et lui défendre d'aller en Bretagne. M. de Longueville partit hier au matin pour aller à Trie[1], où ont leur rendez-vous tout plein de jeunes gens qui veulent faire le voyage de Montferrat avec lui. Je ne sais comme la chose réussira; car quand il revint de Fontainebleau dernièrement, après avoir fait appeler M. le comte de Saint-Pol, et qu'en vertu de cette petite rumeur il eut fait son serment, il s'en revint en cette ville, ou il fit accroire à Madame sa mère que la Reine lui avoit donné congé d'aller trouver M. de Nevers; ce qu'il fit

Lettre 122. — 1. Trie-Château, près de Gisors.

1613 pour par ce moyen la convier à le laisser aller, lui remontrant que ce lui seroit une grande honte que la Reine le trouvât encore ici, après qu'il avoit pris congé d'elle. Le malheur pour lui voulut que mardi au soir Madame sa mère eut lettres de M. de Villeroy, par lesquelles elle sut [2] que Monsieur son fils n'avoit point eu congé de la Reine. Hier au matin donc il envoya son écuyer vers M. de Villeroy pour l'obtenir : ils en sont là-dessus. M. de Villeroy a promis de faire tout ce qu'il pourra. Il est parti cependant en intention de ne revenir à Paris qu'il n'ait fait le voyage entier; il doit repasser à Saint-Denis avec sa troupe, où Madame sa mère lui doit aller dire adieu. Pour le gros de la guerre, Monsieur le Grand a pour la Bresse les régiments de M. de Chappes [3] et de M. de la Guelle, qui est celui de Champagne. M. de Guise a, à ce que l'on dit, six mille hommes pour vos quartiers. Monsieur le chevalier doit mener le régiment de Rosny; M. de la Valette va avec lui. M. d'Espernon tient toujours le dé. Le gros de l'armée sera mené par M. des Diguières; ce sera, à mon avis, la mettre en bonne main. Le rendez-vous pour la montre des troupes est au 25e de ce mois. La Reine dit que ceci lui coûtera un million d'or, et que le peuple soit mangé, et puis ce ne sera rien. J'ai toujours été de cette opinion, et en suis autant que jamais. La roue de fortune tourne ici comme ailleurs; ce qui a été en si grande faveur n'y est plus tant. On parle de la grossesse de Mme la princesse de Conty; je ne sais ce qui en est. Bien vous dirai-je qu'au voyage qu'elle fit ici il y a dix ou douze jours, elle dit qu'elle avoit couché avec Monsieur son mari, qu'il se portoit fort

2. *Sut* a été substitué à *connut*. Plus loin, dans la même ligne, *congé* est précédé de *son*, effacé.

3. Jacques d'Aumont, baron de Chappes, gentilhomme de la chambre du Roi, prévôt de Paris, mort le 14 juillet 1614.

bien, et qu'elle avoit espérance que Dieu leur donneroit des enfants. Ce lui seroit un grand contentement et à tous ses serviteurs : il n'y a en cela rien d'impossible. Vous recevrez de ma femme une lettre que j'ai mise dans son paquet; il y a dedans une pièce d'argent de trente sous, qui est une monnoie qu'a fait battre M. du Bouillon. D'un côté il y a écrit : *Henricus de la Tour, dux Bullionæus;* et de l'autre : *Supremus princeps Sedanensis.* En un des côtés il y a une aigle qui a les ailes et les jambes ouvertes; sous sa main droite il y a 1613, qui est l'année que la monnoie a été battue; et sous la gauche, XXX, c'est-à-dire trente sous, qui est la valeur de la pièce. On tient que l'armée de M. des Diguières sera de douze mille hommes de pied et douze cents chevaux; mais je ne sais si entre ci et là l'ordre changera point. Il a couru un bruit de la venue de M. de Nemours[4] en ces quartiers; toutefois on dit que la Reine n'en a point de nouvelles : quoi que c'en soit, on prépare son logis en cette ville. Au demeurant, avec toutes ces nouvelles et préparatifs de guerre, on ne laisse pas d'y jouer, d'ouïr des comédies, et de bien passer le temps. L'on dit que les comédiens de Mantoue viennent, conduits par Arlequin. Je ne sais plus que vous dire; en voilà deux pages; c'est assez pour une fois. Adieu donc, Monsieur : il ne me reste plus que de vous baiser les mains, et vous assurer que je suis toujours votre serviteur très-affectionné, 1613

Fr. de Malherbe.

J'écrivis hier à Monsieur le premier président; je vous

4. Henri de Savoie, duc de Nemours, né en 1572, mort le 10 juillet 1632. Il épousa, en 1618, Anne de Lorraine, fille unique de Charles duc d'Aumale, morte en 1638.

1613 prie de lui baiser les mains de ma part. Si j'avois un chiffre, je vous manderois des nouvelles en plus de liberté.

123. — A Paris, ce 14e de juin.

Monsieur, ce messager, en m'avertissant de vous écrire, me dit qu'il faut que ce soit tout à cette heure[1]; et de fait il a le paquet de M. de Valavez entre ses mains. Je ne vous eusse point écrit, pource qu'en telle hâte il n'est pas possible que tout ce que l'on fait n'aille de travers; mais je n'ai pas voulu perdre cette occasion de vous ôter bientôt la doute que vous pouvez avoir sur l'affaire dont vous m'écrivez[2]. Je ne vous en puis écrire clairement comme je voudrois; vous savez bien les considérations qui m'en empêchent. Il me suffira [3] de vous dire que vous m'avez obligé de ne croire pas le bruit commun : je vous jure que je ne vous saurois dire *quid dederit locum huic fabulæ*[4]; tant y a que vous pouvez parier pour moi,

Lettre 123. — 1. Malherbe a écrit : « toute à cette heure. »

2. Voici ce que Peiresc avait écrit à Malherbe le 5 mai 1613 : « Il n'y a que trois jours que je vous ai écrit, mais je fus si pressé que j'oubliai à vous donner avis d'une chose assez importante eu égard à votre honneur, à votre inclination à aimer Monsieur le premier président, nonobstant toute sorte d'intérêt que vos alliés y sauroient prétendre. Il y a des flagorneurs qui, voulant faire les bons valets, ont fait courir quelque bruit d'avoir avis de la cour que vous vous employez fort pour Chasteauneuf, ce que venant aux oreilles de Monsieur le premier président, il ne le voulut point croire; aussi n'y a-t-il guère d'apparence. Pour moi, je crois que c'étoit un artifice dudit Chasteauneuf ou de ceux de sa clique pour vous rendre suspect envers Monsieur le premier président et vous engager à leur côté, s'ils pouvoient. » — Le 25 mai 1613, il parle encore de cette affaire où Mme de Malherbe se trouvait mêlée. Voyez plus haut, lettre 113, p. 288, note 12.

3. Devant : « Il me suffira, » l'autographe porte : *mais*, biffé.

4. « Ce qui a donné lieu à cette fable. »

vous gagnerez. Je vous mandai dernièrement que si j'avois un chiffre, je vous écrirois avec plus de liberté; autrement il n'y a point d'apparence de le faire. Tout ce que je vous puis dire, c'est que l'homme οἷος ἐβίωσεν, τοῖος ἀπ....ήσει· μετανοίας ἔλπὶς οὐδεμία, καὶ ἐπανορθώσεως οὐδὲν τεκμήριον[5]. Pour les affaires du monde, M. de Valavez les vous mande. Je pense vous avoir écrit que la fortune a tourné sa roue; et si ceux qui étoient au-dessus ne sont autant dessous, pour le moins sont-ils à côté, et prennent le chemin de descendre, si cette même inconstance ne les fait remonter. Quoi qu'il en soit, les choses sont à cette heure en ces termes. M. d'Espernon tient toujours le haut du pavé; il va par les rues fort accompagné, et toujours à cheval. Je vous en dirai davantage quand j'aurai plus de loisir; pour cette fois excusez-moi. Tenez-moi en vos bonnes grâces et en celles de Monsieur le premier président. Je lui ai écrit deux fois depuis un mois : je ne veux pas qu'il prenne la peine de me répondre; il me suffit de savoir de vous qu'il m'aime toujours, et que toujours vous et lui me tenez pour votre serviteur très-humble et très-affectionné. 1613

---

124. — A Paris, ce 23e de juin.

Monsieur, je ne sais pas en quelle alarme vous serez en Provence par la venue de Monsieur le chevalier[1], mais

5. « Quel il a vécu, tel il mourra; aucune espérance de repentir, et aucun signe d'amendement. » Une partie du quatrième mot n'est plus lisible sur l'autographe, où il y a un trou à cet endroit; la désinence indique un futur, dont le sens doit être *il finira, il mourra.* C'est toujours de son beau-frère Châteauneuf que parle Malherbe.

Lettre 124. — 1. « Le chevalier de Guise, lieutenant de Roi en

1613 ici la guerre est morte tout à fait. Il y en a qui ne laissent pas de continuer leur voyage en Italie, mais il y en a d'autres qui l'ont rompu. La Reine dit hier, après avoir vu le courrier d'Espagne, que le roi d'Espagne avoit mandé au duc de Savoie qu'il ne verroit point le prince son fils qu'il n'eût mis les armes bas, et qu'il vouloit que devant que de traiter, il remît au duc de Mantoue les places qu'il lui avoit prises. Sur les trois[2] heures, allant au conseil des parties, selon la coutume qu'elle en a prise de nouveau, le jeune Parabelle[3] prit congé d'elle; elle lui dit : « Allez; mais je crois qu'il y aura aussi peu de guerre qu'ici. » M. de Vendôme n'est point de retour. La Reine ne veut point oublier le passé qu'il ne soit ou à Chenonceau ou à Ennet; mais elle veut qu'il sorte de son gouvernement[4]. M. de Boinville a eu réponse du roi d'Espagne, qui accepte l'offre de son service; il l'en a déjà remercié, et en a ce matin montré la lettre à la Reine. Il s'est trouvé en Espagne un homme de même humeur qui a fait à la Reine les mêmes offres qu'a faites M. de Boinville au roi d'Espagne, tellement que nous gagnerons de ce côté-là autant que nous perdrons. Si je puis recouvrer toutes ces pièces-là, vous les verrez. Il faut bien vous écrire de ces drôleries, ou ne vous écrire point; car il n'y a ici rien de sérieux, si ce n'est le refus qui a été fait par le parlement de ces édits qui lui ont été présentés. Les Toupinamboux[5] seront demain bap-

Provence, gouverna en l'absence du duc de Guise, son frère, l'an 1613. » (Robert, *l'État de la Provence,* tome I, p. 15.)

2. Malherbe a substitué *trois* à *quatre,* qu'il avait écrit d'abord.

3. Probablement Henri de Baudéan, comte de Parabère, chevalier des ordres du Roi, mort le 11 janvier 1653.

4. De Bretagne.

5. Trois étaient morts. Les trois survivants reçurent le baptême en grande pompe dans l'église des Capucins. — Le P. Claude d'Abbeville, dont nous avons parlé plus haut (p. 297), servait de truche-

tisés; s'il y a moyen de les voir sans être pressé, je le ferai; sinon, je m'en rapporterai à ceux qui y auront été. Il y a déjà des femmes prêtes pour eux. Je crois que l'on n'attend que leur baptême pour accomplir ces mariages, et allier la France avec l'île de Maragnan. Adieu, Monsieur; je vous baise bien humblement les mains et à Monsieur le premier président. Je lui ai écrit ces jours passés; je ne saurois que lui dire, sinon que je suis son très-humble serviteur. Vous le lui direz pour moi, s'il vous plaît; et croirez que je le vous suis aussi, très-affectionné et très-obligé. 1613

L'on dit que le procès de M. de Bassompierre et de Mlle d'Entraigues est appointé au conseil. M. de Bassompierre y est allé tout assuré de vaincre : toutefois on dit à cette heure qu'il y a de quoi douter. Elle marche par Rouen en carrosse, suivie de[6] cinquante ou soixante chevaux. Toutes les femmes sont pour M. de Bassompierre, et les hommes pour elle. M. le maréchal de Fervaques, qui étoit à sa maison, est venu à Rouen par le commandement de la Reine, pour empêcher le désordre. L'on se promettoit qu'il seroit pour M. de Bassompierre; mais il y a de quoi craindre qu'il ne se range du côté d'un sexe pour qui il a eu toute sa vie tant d'inclination[7]. Nous en saurons cette semaine des nouvelles plus certaines, dont vous aurez votre part.

ment. Le Roi fut leur parrain, et les nomma Louis-Marie, Louis-Henri, et Louis-Jean. Voyez le *Mercure*, 1613, p. 175.

6. Au lieu de *suivie de*, il y avait d'abord *avec*. Deux lignes plus bas, *le maréchal* a été ajouté au-dessus de la ligne.

7. Voyez les *Mémoires de Bassompierre*, année 1613. — L'autographe porte : « pour qui il y a eu toute sa vie tant d'inclination. »

1613 125. — A Paris, ce 29e de juin.

Monsieur, vous aurez su par M. de Valavez la cérémonie du baptême des Toupinamboux; car la fortune l'y porta, et l'y plaça en si bon lieu, qu'il n'y a personne qui en sût rendre meilleur compte que lui. Les capucins, pour faire la courtoisie entière à ces pauvres gens, sont après à faire résoudre quelques dévotes à les épouser, à quoi je crois qu'ils ont déjà bien commencé. Tous les mariages ne sont pas si difficiles à faire que celui de M. de Bassompierre et de Mlle d'Entraigues; il y a quinze jours qu'ils sont à Rouen pour cela. Nous saurons cette semaine prochaine ce qui en réussira. La Reine avoit envoyé un exempt de ses gardes dire qu'on plaidât à huis clos; depuis il est venu quelque autre nouvelle, si bien que l'on en renvoya hier un autre pour tenir autre langage. Ce sera à M. de Bassompierre à choisir comme il voudra que l'on plaide; la grande faveur est de ce côté-là, qui y en attire tout plein d'autres : toutefois on ne tient pas la chose hors de doute, et croit-on qu'ils seront appointés au conseil. Mlle d'Entraigues a récusé les présidents du Bourgtouroude et d'Anfreville[1], et cinq conseillers. Si M. de Bassompierre en fait autant de son côté, il y a danger qu'il ne se trouve pas de juges assez, et qu'il ne les faille renvoyer ailleurs. Si cela est, on parle déjà de les envoyer à Aix[2] ou à Grenoble : toutefois je crois que ce sera plutôt au dernier qu'au premier, ou pource qu'il est le plus près, ou pour d'autres considérations que je n'ai que faire de vous écrire. Mmes d'Elbeuf et de la Tri-

Lettre 125. — 1. Nicolas le Roux, baron de Bourgtheroude. — Jacques Poëtier, sieur d'Anfreville.

2. *A Aix* a été ajouté dans l'interligne. Huit lignes plus loin, après le mot *écrit*, il y a *pour cet effet*, effacé; et deux lignes après, *fait réplique* a été substitué à *répliqué*.

1613

mouille sont aussi sur le jugement de leur procès. Les sollicitations de côté et d'autre se font avec de grands soins : je crois que cette même semaine y mettra fin. Je vous avois mandé que M. de Boinville nous vouloit quitter pour aller servir le roi d'Espagne, et lui en avoit écrit. Depuis cinq ou six jours, il en a eu réponse à laquelle il a déjà fait réplique : je vous envoye l'une et l'autre. Il y a quelques jours que Bergoin[3], selon sa hardiesse accoutumée, voulut imprimer ici un livre nouvellement imprimé à Londres, qui s'appelle *Homo novus;* mais, ayant été découvert et mis en prison, il ne s'en est guère fallu qu'il ne lui en ait coûté la vie, le lieutenant criminel s'y étant porté avec une passion extrême, et y ayant eu commission expédiée pour le juger prévôtalement, c'est-à-dire sans appel. Ses amis, par le moyen de la fête de saint Jean, eurent loisir de rompre ce coup, et y eut arrêt de la cour par lequel il fut commandé au lieutenant criminel de déférer à l'appel. Sa sentence a été qu'il est condamné à faire amende honorable au Palais et devant la maison du Nonce, voir brûler son livre en sa présence, et être banni pour toute sa vie de la prévôté de Paris. Nous verrons ce qu'en dira la chambre de l'édit[4], où il en a appelé. Voilà, ce me semble, toutes nos nouvelles. M. le prince de Conty a, cette nuit, été en fort grand danger pour une apoplexie, laquelle s'est bientôt après terminée en paralysie; à cette heure il est, grâces à Dieu, mieux qu'il n'étoit. Dieu veuille que ce soit pour longtemps! Le reste de la cour est comme de coutume. M. le marquis d'Ancre s'en est allé depuis deux jours à Amiens,

3. Probablement Jean Berjon, calviniste, qui exerçait au commencement du dix-septième siècle la profession d'imprimeur à Paris.

4. On appelait *chambre de l'edit* le tribunal mixte institué en vertu de l'édit de Nantes dans les parlements de Paris et de Rouen, et où figuraient des protestants.

1613 et M. d'Espernon ce matin à sa maison de Fontenay, d'où il reviendra[5] incontinent après cette fête : il est toujours fort bien. M. de Vendôme n'est point encore de retour. L'on croit que Madame l'amirale[6] sera ici dans dix ou douze jours, si elle n'y est plus tôt; mais c'est chose dont il ne se parle presque point. Contentez-vous de cela pour cette fois. Je vous dirois que la paix est faite, mais vous êtes plus près que moi du lieu où se faisoit la guerre pour savoir ce qui en est; tant y a que les compagnies furent hier contremandées, ce qui a trompé une infinité d'espérances. Ceux de Genève sont à cette heure en alarme de M. de Savoie; mais je crois que c'est vainement. Je ne me suis point trompé en la guerre de Mantoue, n'ayant jamais pu me mettre en l'esprit qu'elle fût de plus longue durée que ce qu'elle a été. Dieu, qui nous a donné le repos, nous le continuera, s'il lui plaît; et vous, s'il vous plaît, m'aimerez toujours, comme votre très-humble et très-affectionné serviteur,

FR. MALHERBE.

J'ai ce matin reçu une lettre de Monsieur le premier président; mais je lui ai écrit deux fois depuis quinze jours, si bien qu'il ne me reste que lui écrire pour cette heure. Si ce que je vous écris vaut la peine de le lui communiquer, vous le ferez, s'il vous plaît; sinon, vous vous contenterez de l'assurer que je suis toujours son très-humble serviteur. Je lui écrirai par la première occasion. M. de

5. Au lieu des mots : « d'où il reviendra, » il y avait d'abord : « pour revenir. »

6. Marie-Félicie des Ursins, fille de Virginio Ursino, duc de Bracciano. Ce fut le 1er juillet qu'elle arriva à Paris, où elle venait épouser Henri II, duc de Montmorency, amiral de France, celui dont le mariage avec Mlle de Chemillé avait été cassé, comme il est dit plus haut, lettre 60, p. 133.

Boinville m'a dit qu'il lui envoyera la réponse qu'il a eue d'Espagne, et sa réplique, et peut-être encore quelque autre ouvrage. 1613

---

126. — A Paris, ce 8e de juillet.

Monsieur, vous aurez ce petit mot seulement pour vous dire que je suis votre serviteur. Les nouvelles ne sont point changées depuis ma dernière lettre. Mme la duchesse de Montmorency[1] arriva mardi au soir; elle est logée au Louvre, où vous avez vu loger Mme la princesse de Conty; elle n'y logera plus quand elle sera mariée. Monsieur son mari est attendu au 20e de ce mois. Monsieur le connétable a mandé qu'on lui achète pour cent mille livres d'ameublement et de pierreries. L'hôtel de Montmorency est fort paré pour la recevoir. M. le prince de Conty se porte fort bien. Mme de la Trimouille a perdu son procès contre Mme d'Elbeuf. M. de Bassompierre revient demain de Rouen : il a eté appointé au conseil; mais c'est sans qu'on puisse faire production nouvelle, si bien que dans huit ou dix jours ils seront vidés. Sa partie fait ce qu'elle peut pour récuser le parlement de Rouen; mais il sera malaisé. La Reine a dit qu'elle veut avoir les plaidoyers, pour rire des galanteries qui s'y sont dites de côté et d'autre. Si je puis, j'en aurai une copie, et vous par conséquent. M. le marquis d'Ancre est toujours à Amiens; et M. du Maine à Soissons depuis deux jours. L'on parle d'aller à Monceaux pour dix ou douze jours. Adieu, Monsieur; je vous baise bien humblement les mains et à Monsieur le premier président. Je suis son serviteur et le vôtre très-humble et très-affectionné.

Lettre 126. — 1. Voyez la note 6 de la lettre précédente.

1613

127. — De Paris, ce 20e de juillet.

Monsieur, je me suis quelquefois plaint de votre paresse, mais jamais si justement qu'aujourd'hui. Je sais bien que vous me faites toujours l'honneur de m'aimer, et par conséquent[1] ne me puis imaginer qu'autre chose vous ait empêché de m'écrire que le regret de ne me donner quelque mauvaise nouvelle[2]. Nous sommes tous en la main de Dieu, et faut, comme d'un père, recevoir de lui ce qu'il lui plaît nous envoyer; mais sans mentir, ce me seroit une affliction étrangement sensible que de perdre quelque chose de ce qui m'est si cher. Nous n'avons rien ici que vous ne puissiez apprendre de M. Chais. Leurs Majestés[3] furent mécredi à Rongy[4], entre Villejuifve et Juvisy, sur la main droite en allant à Fontainebleau, voir cent pouces d'eau qui y ont été découverts, et que l'on est après de faire venir en cette ville; le marché en est fait par quatre cent soixante mille livres jusques à l'entrée du faubourg Saint-Jacques. Le Roi, dès le matin, étoit allé dîner à Cachan. La Reine partit d'ici environ deux heures après midi, et tous deux se trouvèrent là sur les quatre heures; mais la pluie, qui survint au même temps qu'ils arrivèrent, fut cause que la Reine ne sortit point de sa carrosse. Il fut présenté au Roi cinq

Lettre 127. — 1. *Par conséquent* a été ajouté au-dessus de la ligne.

2. Peiresc lui répondit le 28 août : « C'est bien la vérité que Mme de Malherbe a été quelque temps indisposée de ses yeux, durant lequel elle ne sortoit presque point; mais ce n'a jamais rien été de dangereux, Dieu merci, et elle est maintenant plus gaillarde que jamais, comme aussi le petit Marc-Antoine, qui parle déjà de se mettre a la philosophie, de sorte qu'il ne faudra plus le traiter en enfant. »

3. Malherbe avait d'abord écrit *la Reine*.

4. Ou Rungis. Ce sont les sources de Rungis que l'aqueduc d'Arcueil amène a Paris. Voyez le *Mercure*, 1613, p. 296.

médailles d'argent[5] pour mettre sur la première pierre de l'aqueduc; il offrit cet honneur à la Reine, laquelle le lui ayant remis, il sortit de carrosse, descendit dans la tranchée par quelques degrés, et mit les cinq médailles d'argent en cinq places qui étoient marquées pour cet effet sur la première pierre. Cela fait, cette pierre fut couverte d'une grande table de cuivre où étoit l'inscription, et l'inscription renversée du côté de la pierre pour être mieux conservée; puis on présenta au Roi une truelle d'argent et un petit marteau d'acier; de la truelle il prit du mortier qui lui fut présenté en un bassin d'argent, et en mit aux quatre coins de la pierre, et du marteau frappa deux ou trois coups dessus. Il a rapporté la truelle et le marteau, et une médaille d'or qui lui fut présentée, semblable à celles d'argent. Monsieur le prévôt des marchands[6] m'en a promis une, que je vous envoyerai tout aussitôt; par même moyen vous dirai le reste de cette histoire. Je crois que vous savez ce que c'est que cent pouces d'eau; pour moi, qui l'ignorois, je me le[7] suis fait dire, et ai appris que les dix-sept fontaines qui sont du vieux temps à Paris, toutes ensemble n'ont que deux pouces et demi d'eau. Jugez quel nombre de fontaines il se pourra faire quand il y en aura cent pouces; mais à la première commodité vous aurez ceci plus particulièrement, avec les inscriptions et tout ce que vous sauriez desirer sur ce sujet. A cette heure je vous écris en hâte et avec incommodité, pource que j'ai compagnie. Nous attendons aujourd'hui M. de Montmorency, pour le marier : ce seront noces sans fête autre que celles que se feront les mariés; 1613

5. Après *d'argent*, l'autographe porte les mots *et une d'or*, effacés.

6. Gaston de Grieu, sieur de Saint-Aubin.

7. Les mots *le*, et vers la fin de la ligne *ai*, ont été ajoutés en interligne.

1613 ils coucheront la première nuit au Louvre, et le lendemain se retireront à leur hôtel, qui est paré extraordinairement. Je vous écrirois plus au long et plus de choses; mais au trouble où je suis, je ne vous saurois rien écrire qui fût net : nous remettrons la partie à une autre fois. Tenez-moi en vos bonnes grâces, et m'aimez comme votre serviteur très-humble et très-affectionné,

Fr. Malherbe.

Vous recevrez bientôt un extrait qu'a fait[8] du Monstier, votre compère et le mien, d'une peinture qui s'est trouvée en une vitre de la maison de la Vieille-Monnoie, lorsque l'on l'est allé visiter pour la bailler aux prêtres de l'Oratoire. Vous pouvez penser que ce n'a pas été sans que beaucoup de gens en ayent dit leur avis : vous en direz le vôtre.

Ce sont quatre ou cinq renards vêtus en prêtres qui mangent des images, et se lèvent sur les ergots, tendants à un monde qui est au-dessus, que quelques-uns d'entre eux tiennent déjà, et l'égratignent des pieds de devant; il y a au-dessous quatre vers :

Soutiz[9] renards et grands mangeurs d'images,
Pour haut monter, contrefont les bigots;
Puis, quand ils sont montés sur les ergots,
Au monde ils font de merveilleux dommages[10].

Toute cette peinture est grande comme cette demie

8. *Un extrait qu'a fait* a été substitué à *la peinture qu'a faite*. Trois lignes plus loin, les mots *que l'on y a trouvée* ont été effacés devant *lorsque*.

9. *Soutiz*, subtils.

10. Malherbe avait d'abord écrit ainsi le dernier vers :

Ils font au monde un merveilleux dommage.

feuille de papier. Il s'en fera sans doute une taille-douce ; 1613
et quand cela ne seroit pas, vous en aurez une copie de la main du bon compère. Adieu, Monsieur, encore une fois.

---

128. — A Paris, ce 5e d'août.

Monsieur, je vous écris ordinairement en hâte, mais ce ne fut jamais tant qu'à cette heure. Tout ce que je vous puis donc dire, c'est que je reçus il y a deux jours votre lettre du 20e du passé. Le sujet pour lequel je vous demandois le chiffre est failli. Toutefois il en peut renaître d'autres à toutes heures, si bien que je ne suis pas d'avis que vous laissiez de me l'envoyer. J'ai reçu des lettres de ma femme, qui m'ont, grâces à Dieu, ôté de la peine où j'étois. Je vous remercie de tout mon cœur de l'affection que vous portez à Marc-Antoine, car je ne saurois imputer à autre chose les bons témoignages que vous me rendez de lui. Dieu lui fera, s'il lui plaît, la grâce de se rendre digne de la bonne opinion que vous montrez en avoir, et récompenser[1] par des services les bons langages que vous tenez de lui. J'ai baillé à M. de Valavez deux cents livres pour lui faire tenir ; il en écrit à M. de Calas. Je vous supplie, Monsieur, m'excuser de cette indiscrétion ; vous en recevez tant tous les jours, que vous y devez être accoutumé. Pour des nouvelles, je ne vous en écris point : nous sommes en paix ; il ne laisse pas d'y avoir des froideurs entre les grands, mais rien n'éclate. M. de Longueville est de retour depuis trois jours en cette ville : il s'en va au premier jour en son gouvernement, et M. le marquis d'Ancre à Amiens, pour

Lettre 128. — 1. Malherbe avait d'abord écrit : « que vous montrez avoir de lui, et de récompenser, etc. »

1613 l'y recevoir. Notre nouvelle mariée[2] s'étoit étonnée du coup extraordinairement, pource que cette violence lui fit voir de son sang, ce qu'elle n'avoit jamais vu, de sorte qu'ou d'ébahissement, ou de lassitude, elle s'est reposée quelques jours; mais depuis les trois dernières nuits ils ont recommencé à coucher ensemble. Elle est venue au Louvre, qui est un signe que tout va bien. Il avoit été un bruit si grand qu'il étoit tenu pour certain, que le marquis de Bonnivet[3] s'étoit fait huguenot pour épouser Mlle de Rohan; mais cela s'est trouvé faux. Adieu, Monsieur; je suis plus long que je ne m'étois proposé. Je vous baise les mains, et suis votre serviteur très-affectionné et très-obligé.

---

129. — A Paris, ce 18e d'août.

Monsieur, vous n'aurez point de nouvelles pour cette fois, pource que la cour n'est pas ici. Demain elle y sera : si elle en apporte, vous en aurez votre part. J'ai eu ce matin l'honneur de dîner chez M. de Longueville, et y suis allé tout exprès pour savoir s'il y avoit rien à Monceaux, d'où il revint hier au soir; mais il m'a dit qu'il n'y a du tout rien. Ainsi faut-il que vous m'excusiez; quand M. de Merargues[1] partira, qui doit être, à ce qu'il dit, sur la fin de cette semaine, nous en serons possible[2]

2. L'amirale de Montmorency. Voyez plus haut, lettres 125 et 126, p. 318 et 319.

3. Henri-Marc-Alphonse-Vincent de Gouffier, seigneur de Bonnivet, marié le 30 juin 1615 à Anne de Monchi, fille de Jean de Montcavrel, brûlé avec elle en 1645 dans un incendie qui dévora le château de Bernieulles.

Lettre 129. — 1. Probablement Honoré d'Alagonia, seigneur de Meirargues, qui fut d'abord chevalier de Malte, puis se maria.

2. Devant *possible*, l'autographe porte *peut-es*, commencement de *peut-estre*, que Malherbe a effacé avant d'avoir achevé le mot.

mieux fournis, et alors ce que nous en aurons ne vous sera pas épargné. Il y a quelques jours que je baillai à M. de Valavez la médaille que je vous avois promise, qui est de celles que le Roi a mises sur la première pierre de l'aqueduc de Rongy. Je crois qu'il la vous envoye par cette commodité. Dieu lui donne meilleure fortune que n'a eue celle de Sedan, que je vous envoyai par Pierre le savetier dès le 4e de juin[3] ! Je vois que par votre dernière[4] vous me parlez de la réception de deux autres lettres que je vous ai écrites depuis ; cela me fait croire que le paquet où étoit la médaille ne vous a point été rendu : si vous ne l'avez, je verrai d'en recouvrer une autre. Je vous ai envoyé l'inscription d'une table de cuivre qui a été mise au même aqueduc, et un certain pasquin qui a couru en cette cour. Je vous le dis seulement pour avoir acte de mes diligences, et vous témoigner que votre paresse n'est pas contagieuse en mon endroit. Adieu, Monsieur : je vous baise bien humblement les mains, et vous prie de me tenir toujours pour votre serviteur très-humble et très-affectionné, 1613

Fr. Malherbe.

En achevant cette dernière ligne, on me vient de dire que le fils du pauvre M. Boyer[5] est à l'extrémité. Celui qui le m'a dit venoit d'avec M. Salomon, que l'on est venu querir pour l'aller voir. Vous verrez au premier jour un livre intitulé : *Protector virtutis divinissimæ liber*, c'est-à-dire, selon le sens de l'auteur, un livre d'un sol-

3. Voyez plus haut, p. 308.
4. Après *dernière*, il y a le mot *lettre*, effacé.
5. Un neveu de Mme de Malherbe, comme nous l'avons dit plus haut, lettre 28, p. 59, note 2.

1613 dat des gardes de la Reine[6] : je n'ai plus que faire de le vous nommer : par cet échantillon vous entendez le reste. Il m'en a promis un, que je vous dédie. Adieu, encore un coup, Monsieur : assurez, s'il vous plaît, Monsieur le premier président que je suis toujours son très-humble serviteur. Je lui écrirai et à M. le président de la Ceppède par M. de Merargues, Dieu aidant : vous me tiendrez cependant en leurs bonnes grâces, comme mérite la passion dont je le desire.

---

130. — De Paris, ce 20e d'août.

Monsieur, je viens tout présentement de recevoir votre lettre avec le chiffre; je m'en servirai quand nous aurons quelque chose de plus que de la basse cour. M. de Sesy est un rieur qui vous a conté des bourdes : quelque menteur qu'il soit, il est de mes amis. La Reine arriva hier au soir; le Roi ne viendra qu'aujourd'hui. Je ne vous sais qu'écrire, car il n'y a rien qui ne soit vieil. Je m'en vais au Louvre; si j'y apprends quelque chose, ce sera pour la première commodité; par celle-ci, qui est de M. le greffier Étienne, vous ne pouvez avoir autre chose, pource qu'il part dans une heure, et que je suis encore au lit. Je vous répéterai par celle-ci ce que je vous ai dit par ma précédente, que je m'étonne que je reçoive nouvelles de vous de la réception de toutes les miennes, hormis d'une du 4e de juin, en laquelle j'avois mis une pièce de monnoie du prix de demi-écu, qu'a fait battre M. du Bouillon, comme souverain de Sedan. Cela n'eût pas été de mise du temps du feu Roi; mais nous sommes en un

6. M. de Boinville. Voyez ci-dessus, p. 302.

temps où *quod libet licet*[1]. J'envoye à Marc-Antoine une sarabande qu'a faite Gautier[2] sur la danse des Toupinamboux; quand il l'aura apprise, il vous en donnera du plaisir : on la tient pour une des plus excellentes pièces que l'on puisse ouïr. Je me réjouis du bon portement de Monsieur le premier président, et de votre bonne chère; mais je me fâche de n'y avoir point de part : ce sera quand il plaira à Dieu. Je vous baise bien humblement les mains, et vous prie, Monsieur, que vous m'aimiez toujours comme votre serviteur très-affectionné, 1613

Fr. de Malherbe,

et me teniez aux bonnes grâces de Monsieur le premier président en cette même qualité; je lui écrirai par le premier.

J'oubliois à vous dire qu'il y a quatre ou cinq jours qu'un maître des requêtes, nommé Pontac[3], revenant de soir en carrosse avec Mme de Belesbat[4] de chez Paulet[5], fut rencontré par quelques-uns qui, l'ayant fait sortir de la carrosse, le battirent si outrageusement à coups de bâton, qu'ils le laissèrent pour mort; il en est au lit extrê-

Lettre 130. — 1. « Où ce qui plaît est permis, où l'on peut ce qu'on veut. »

2. Gautier, célèbre joueur de luth, mort en 1653. Il a été oublié dans l'excellente *Biographie des musiciens*, de M. Fétis, qui a mentionné son fils Eunémond. Voyez sur lui Tallemant des Réaux, tome II, p. 8, et tome VII, p. 376.

3. Geoffroy de Pontac, conseiller au grand Conseil, maître des requêtes (1608), président (1617), puis premier président au parlement de Bordeaux. Il était fils de Jean de Pontac, greffier de ce parlement. — Voyez le manuscrit 2036[98] du *Supplément français*, à la Bibliothèque impériale.

4. Claire de Gessei, femme de Pierre Hurault de l'Hospital, seigneur de Belesbat, maître des requêtes, mort en juillet 1623.

5. Voyez plus haut, lettre 120, p. 307, note 5.

1613 mement malade. Yrf haf gxraarag dhr bi yn snxpg snxer cbhe yn pubxml yrf nhgerf zbafxrhe qr grezrf cbhe yn cnhyrgr[6]; mais je n'en crois rien[7].

---

131. — A Paris, ce 6e de septembre.

Monsieur, s'il n'y a cinquante ans que je n'ai eu de vos nouvelles, il n'y en a guère loin; mais pour cela je ne laisserai pas de faire ce que me conseille mon affection. Les délices de la Floride[1] vous ont apoltronni; je vous en excuse, car à ce qu'on m'a dit, elles en sont bien capables; je n'y trouve à dire que le nom, qui a un peu du gascon : toutefois ce sera plutôt fait de le souffrir que de le rebaptiser. Si vous passez le temps en Provence, nous n'en faisons pas moins à Paris : nous avons célébré la fête de saint Louis avec force feux d'artifice; trois divers maîtres, en trois divers jours, y ont fait, à l'envi les uns des autres, tout ce qui leur a été possible : Bagot fut le premier, Jumeau le segond, et Morel le der-

6. Ce chiffre a été traduit ainsi au-dessus des lignes par Peiresc : « Les uns tiennent que Ox l'a faict faire pour la Choizy, les autres Monsieur de Termes pour la Paulete. » Il se pourrait que *Ox* désignât l'archevêque de Reims, l'un des amants de la Choisy, suivant Tallemant. — Pour avoir la clef du chiffre, il faut diviser l'alphabet (de vingt-deux lettres) en deux moitiés, et faire de la première moitié la seconde, et de la seconde la première, de façon que *n* représente *a*, *o* la lettre *b*, etc., tandis que *a* représente *n*, *b* la lettre *o*, etc.

7. Ce paragraphe est écrit sur une bande de papier à part, et rien ne prouve qu'il fût joint à la lettre 130; ce qui est dit du chiffre au commencement de cette lettre ferait plutôt supposer que le postscriptum est d'une date postérieure.

Lettre 131. — 1. Maison de campagne de du Vair. « De dix mille maisons de campagne qui se trouvent dans le territoire de Marseille, est-il dit dans la *Vie de Peiresc*, par Requier, p. 136, c'est la plus belle, principalement pour son étendue et sa fertilité. »

nier[2]. M. de Valavez vous aura conté cette histoire tout au long; ce que je vous en écrirois ne seroit qu'une répétition, car nous les vîmes ensemble : seulement vous dirai-je que Morel a eu tous les suffrages pour lui, non pour son chariot, ni pour son château, mais pour ses fusées, qui, au dire de ceux mêmes qui ont vu assez de semblables choses en Italie, furent les plus belles et les plus rares que l'on vit jamais. Vous avez lu ce qui en a été imprimé, mais croyez que c'est toute autre chose de l'avoir vu. Leurs Majestés y ont pris un tel goût, que de huit mille fusées ou pétards qui devoient être mis en œuvre ce soir-là, en étant resté trois mille qui ne purent pas être prêtes, la Reine a commandé de les porter à Fontainebleau, pour la fête de la nativité du Roi, qui est vers la fin de ce mois[3]. Si la résolution ne change, l'on partira mécredi ou jeudi; encore croit-on que ce ne sera que de lundi prochain en huit jours. Les comédiens italiens sont arrivés; mardi ils joueront au Louvre : l'on n'en dit rien à personne, afin que ce soit en petite compagnie, à cause du lieu qui est petit, et que la saison étant chaude, Leurs Majestés pourroient être incommodées. Nous avons perdu depuis deux jours le marquis de Noirmoutier[4], du pourpre, de la dyssenterie, et de la fièvre continue. Il y avoit bien peu de jours qu'il avoit acheté la lieutenance de Roi en Poitou : cela a mis la puce à l'oreille à beaucoup de gens. La Reine a dit qu'elle veut que la veuve soit récompensée, et un petit garçon qu'il a laissé[5], de

1613

2. C'étaient trois officiers d'artillerie. Voyez la description de ces fêtes dans le *Mercure*, tome III, p. 243 et suivantes.

3. Louis XIII était né à Fontainebleau le 27 septembre (1601).

4. Voyez la lettre 112, p. 284, note 8.

5. Louis de la Tremoille, marquis, puis (1650) duc de Noirmoutier, né le 25 décembre 1612, mort en 1666. Sa mère, Lucrèce Bouhier, se remaria en 1617 avec Nicolas de l'Hospital, duc et maréchal de Vitry.

1613 la moitié de la somme; si bien que ce sont cinquante mille livres qu'il en coûtera à celui qui l'aura. L'on croit que ce sera pour M. le comte de la Rochefoucauld; il a le grand parti pour lui : nous saurons dans peu de jours l'issue de cette affaire. Tous nos autres malades sont guéris, comme la reine Marguerite et Monsieur le Prince. Monsieur le Comte a été mené à Noisy pour l'éloigner du danger; Madame sa mère est encore ici, mais elle s'en va à Dreux au premier jour, où elle le mènera jusques à ce que la doute de ces maladies soit passée. Mlle d'Anguien[6] a eu deux ou trois accès de fièvre, mais ce n'a été rien, Dieu merci. Le Roi, la Reine, Monsieur et Mesdames se portent très-bien, grâces à Dieu, qui nous continuera cette félicité, s'il lui plaît. Je laisserai ce discours de maladies[7] pour un plus agréable : il y a trois ou quatre jours que chez Mme de Rambouillet[8], et en sa présence, il me fut montré par un honnête homme[9] une pièce d'or qui peut être du prix de trois écus ou environ, de la grandeur de ces petites pistoles qui ont en épaisseur ce qui leur défaut en largeur; il y a d'un côté un cheval, et de l'autre une cloche, le tout bien visible, sans aucune écriture ni d'une part ni d'une autre, mais le tout si lourd et si grossier que je pense que ce soit quelque ouvrage de barbares[10]. Il nous dit qu'un paysan

6. Suivant M. Bazin, Mlle d'Enghien était une des sœurs du comte de Soissons, qui en avait quatre, dont l'aînée était née en 1603, et la dernière en 1610. — Il y avait aussi une Hélène d'Enghien, fille naturelle de Henri Ier, prince de Condé. Elle était abbesse de la Perrigne au Mans en 1622.

7. *De maladies* a été ajouté après coup, en interligne.

8. Catherine de Vivonne, la célèbre marquise de Rambouillet, morte en 1665.

9 L'abbé de Saint-Michel. Voyez plus loin, lettre 132, p. 332.

10. Cette pièce d'or est une monnaie gauloise, qui quelquefois est sans légende, comme la pièce dont parle Malherbe, et quelquefois

de ses sujets, fouissant la terre, en avoit treuvé environ une trentaine, et pour n'être découvert, les étoit allé vendre à Bruxelles. Je l'ai prié de s'en informer particulièrement, et m'en avertir, ce qu'il m'a promis; et j'en attends l'effet. On lui a dit que ce paysan en avoit treuvé près de trois cents, et qu'il y en avoit de trois ou quatre sortes; toutefois que le plus grand nombre étoit comme celle qu'il m'a montrée. Je la ferai voir à M. de Valavez, afin que s'il a, comme il m'a dit, quelque connoissance à Bruxelles, il voye d'en pouvoir retirer quelques-unes pour vous. J'oubliois à vous dire que M. le marquis d'Ancre est malade depuis deux jours; il fut hier saigné. Je crois que son mal est un mal de gorge qu'il a déjà eu plusieurs fois. M. de Termes arriva hier, et a été fort bien reçu. Monsieur le Grand a été mandé, et croit-on qu'il sera ici à la fin de ce mois : voilà tout ce que vous aurez pour cette fois. Tenez-moi toujours aux bonnes grâces de Monsieur le premier président et aux vôtres, comme votre serviteur très-humble et très-affectionné, 1613

FR. MALHERBE.

Écrivez-moi quelque chose de 108[11]; il n'est point de besoin de chiffre aux lettres qui viennent par deçà, car elles ne courent point de fortune. D'amendement, je n'y en espère point; Dieu veuille que je me trompe!

porte l'une des légendes suivantes : GOTTINA. — LUCOTIO. — VOCABAN. Les yeux peu exercés peuvent en effet voir une cloche sur l'un des côtés. L'attribution de cette médaille n'est point encore fixée. On l'a trouvée surtout dans le Vermandois et dans les environs de Rouen et de Beauvais. Voyez-en plusieurs spécimens dans l'atlas de la *Numismatique gauloise* de Lelewel, planche III, nos 37, 39, 41; planche IV, nos 18 à 23.

11. Le chiffre 108 désigne le beau-frère de Malherbe, Châteauneuf, dont il a été question plus haut. Voyez lettre 113, p. 288, note 12.

1613 132. — A Paris, ce 14e septembre.

MONSIEUR, j'ai ce matin reçu votre lettre du 28e du passé; elle est venue fort à propos, car je commençois d'en être affamé. L'homme dont vous m'écrivez[1] ne m'avoit rien dit de sa lettre de cachet, et ne crois point qu'il en ait : j'ai bien envie de savoir comme se sera passée cette procédure. Vous me faites tort de me remercier de ces chétives médailles que je vous ai envoyées. Je vous écrivis, ce me semble, en ma dernière lettre, que j'en avois vu donner une[2] à Mme de Rambouillet par un abbé de Saint-Michel, sur la frontière de Picardie; depuis je la priai de me la prêter pour la faire voir à un de mes amis; et à quelques jours de là, lui faisant mon excuse de ce que je ne la lui avois encore rendue, elle me dit qu'elle me la donnoit, de sorte qu'elle m'est demeurée; et ce matin je l'ai mise entre les mains de M. de Valavez, pour la vous faire tenir : il est d'opinion que ce que je vous avois écrit être une cloche en l'un des côtés soit un œil de quelque géant; vous la verrez et en jugerez : pour moi, après l'avoir ouï, je lui ai déclaré que je persistois, comme je ferai jusques à ce que vous m'ayez fait paroître le contraire. Je vous remercie de tout mon cœur de la bonne nouvelle que vous me don-

LETTRE 132. — 1. Peiresc écrivait le 28 août 1613 : « Nous n'avons point de nouvelles de par deçà que la venue de M. de C.... (Châteauneuf), qui ne s'est encore voulu laisser voir et est bien empêché, ce dit-on, comment il pourra faire rendre certaine lettre de cachet qu'il a apportée pour Monsieur le premier président, pour tâcher d'obtenir que son année ne soit comptée que du jour de l'arrêt. Il est maintenant à Châteauneuf. » L'arrêt qui suspendait Châteauneuf pour un an, portait que l'année de suspension ne courrait que du jour où il aurait fait amende honorable. Voyez plus haut, lettre 113, p. 288, note 12.

2. Au lieu des mots : « que j'en avois vu donner une, » Malherbe avait écrit d'abord : « d'une que j'avois *vue* donner. »

nez de la santé de ce que j'ai par delà. On ne m'en avoit point baillé d'alarme, je l'avois prise de moi-même sur ce que j'avois été quelque temps sans en rien ouïr. Vous savez ou saurez quelque jour que 1613

Res est solliciti plena timoris amor[3].

Si M. Ribier et M. Aleaume oublient quelque nouvelle, vous en aurez un petit supplément avec cette lettre, et en ferez part à MM. les premiers présidents du Vair et de la Ceppède; car d'écrire tant de fois une même chose, il n'y a point d'ordre, et puis il n'y a rien en tout cela qui en vaille la peine. Adieu, Monsieur; je suis votre serviteur très-humble et très-affectionné,

Fr. Malherbe.

---

133. — De Paris, ce 15e de septembre.

Le marquis de Noirmoutier est mort depuis cinq ou six jours; toute la cour est conviée à son service, qui se fait lundi prochain en l'église des Célestins.

Sa charge de lieutenant de Roi en Poitou, demandée par plusieurs des seigneurs principaux de ce pays-là, jusques au nombre de quatorze ou quinze, a enfin été donnée à M. de Rochefort, à la prière de Monsieur le Prince, qui à cette condition a promis de ne demander jamais rien.

La femme de M. Puget, fils aîné de M. de Pommeuse[1],

3. C'est le 12e vers de la Ire des *Héroïdes* d'Ovide.

Lettre 133. — 1. Étienne du Puget, fils de Étienne du Puget, trésorier de l'Épargne. Devenu veuf, il embrassa l'état ecclésiastique et devint évêque de Dardanie, puis (1643) de Marseille. Malherbe a composé un sonnet sur la mort de sa femme, fille de Hallé, doyen de la chambre des comptes de Paris : voyez tome I, pièce lxix, p. 223.

1613 trésorier de l'Épargne, qui est cette année en exercice, est décédée d'une chute qui la fit accoucher avant terme.

Mme de Martigues[2] est aussi morte, mais de vieillesse plus que d'autre chose : on lui a dressé une effigie en la salle de l'hôtel de Mercœur, et lui a-t-on ces jours passés donné de l'eau bénite. Aujourd'hui elle a été servie[3], et le sera demain, puis sera portée en Bretagne, pour y être enterrée, selon qu'elle l'a desiré. Ces honneurs ont été jugés plus grands que sa qualité : Mme de Mercœur s'est défendue de l'exemple de feu Mme la duchesse de Beaufort[4]; mais on répond que ce fut par exprès commandement du Roi.

M. de Châteauvieux, chevalier d'honneur de la Reine, a été fort malade et a fait jeter l'œil sur ses charges, mais il est hors de danger; il en est de même du sieur Camille[5], écuyer de la Reine.

M. d'Elbène, premier maître d'hôtel de la Reine, est fort mal, et ne croit-on pas qu'il en réchappe.

La reine Marguerite se porte mieux, mais non bien tout à fait.

Ferrier, autrefois ministre de Nîmes, abjura, il y eut hier huit jours, entre les mains du P. Coton, et ouït le même jour sa messe en la chapelle de Saint-Louis.

Le même jour l'ambassadeur ordinaire d'Espagne apporta à Madame une boîte de pourtrait couverte de diamants, qui est estimée à près de quatre-vingt mille écus; dans cette boîte est le portrait de Madame, et au couvercle celui du prince d'Espagne.

2. Marie de Beaucaire, veuve, depuis 1569, de Sébastien de Luxembourg, vicomte de Martigues. Sa fille, Marie de Luxembourg, avait épousé en 1579 Philippe-Emmanuel de Lorraine, duc de Mercœur.

3. Voyez pour l'explication de ce mot, p. 180.

4. Gabrielle d'Estrées.

5. Malherbe parle plus loin de sa mort. Voyez lettre 137, p. 347.

Il présenta aussi au Roi une écharpe de la part de la petite reine, de laquelle tout le prix est qu'elle a été faite de sa propre main; hors de là elle ne vaut pas plus de trois ou quatre écus. Le Roi n'est guère content d'un si petit présent. 1613

M. de Candale est attendu à la fin de ce mois; Madame sa femme[6] s'en va à Joigny au-devant de lui.

La Bertinière[7], ci-devant procureur des états de Normandie, est aujourd'hui procureur général du Roi au parlement de Rouen, par la mort de Lysores[8]. La Reine lui avoit donné l'état purement et simplement; toutefois Monsieur le chancelier, qui avoit logé chez Lysores au voyage de Rouen, a fait que dans son brevet il a été chargé de bailler[9] à la veuve vingt mille livres, avec promesse, qui est au même brevet, que le Roi l'en fera rembourser sur les deniers ordinaires et extraordinaires de son Épargne[10].

Monsieur le Prince avoit mis en procès M. le prince de Conty pour lui faire prendre le nom et armes de la maison de Roye, attendu que Monsieur le Prince, mort à Jarnac, en épousant l'héritière de Roye, s'étoit chargé d'ainsi le faire[11]. Monsieur le Prince a perdu sa cause, et a été condamné aux dépens.

6. Suzanne, duchesse d'Halluin, femme de Henri de la Valette, comte de Candale.

7. François de la Bertinières (ou de Bretignères), avocat, puis procureur syndic des états de Normandie. Il dut son avancement au crédit de Bassompierre, pour qui il avait plaidé contre Mlle d'Entraigues. Voyez les *Mémoires de Bassompierre*, année 1643.

8. Nicolas le Jumel, sieur de Lisores.

9. *Bailler* a été substitué à *rembourser*.

10. Suivant Farin (*Histoire de Rouen*, tome I), ce fut la province (de Normandie) qui paya les trente mille livres (et non vingt mille) que la Bretignères devait compter à la veuve de son prédécesseur.

11. Louis Ier, prince de Condé, avait épousé, le 22 juin 1551, Éléonore de Roye.

1613 Le livre[12] de M. Coeffeteau pour réponse à du Plessis fut affiché à Charenton de nuit il y a quelques jours. Demain il doit être présenté à Leurs Majestés.

Le marquis de Mauny et la comtesse de la Chapelle[13] ont été épousés cette nuit. C'est la veuve du feu sieur du Pesché.

M. de Nevers sera ici à la fin de ce mois. M. de Longueville n'attend que sa venue pour s'en aller prendre possession de son gouvernement de Picardie.

Senamy[14] ayant fait offrir à MM. de Lucques[15] de leur mener et nourrir, durant leur guerre contre le duc de Modène, trois cents hommes de pied, ils lui en ont envoyé commission.

Le fameux Arlequin est ici avec une compagnie de comédiens italiens; on leur doit préparer, pour le retour de Fontainebleau, qui sera, à ce que l'on dit, environ la Toussaints, un théâtre en la salle des gardes au Louvre; et pour la ville, la Reine leur a loué l'hôtel de Bourgogne. Ils s'en vont à Fontainebleau avec le Roi; la cour part mardi prochain.

---

134. — A Paris, ce 17e de septembre.

Monsieur, voici le reste de nos nouvelles depuis le partement de M. d'Aleaume : le Roi partit lundi matin pour aller à Fontainebleau, et aujourd'hui la Reine est partie sur les neuf heures, et est allée dîner à Lézigny

12. *Réponse au livre intitulé :* le Mystère d'iniquité, *du sieur du Plessis*, Paris, 1614, in-fo. — Nicolas Coeffeteau, dominicain, évêque de Marseille (1621), mort le 21 avril 1623.

13. Voyez plus haut, lettre 109, p. 270, note 10.

14. Ou Cennami.

15. La république de Lucques était en guerre avec César d'Este, duc de Modène, pour la possession de la terre de Garfagnana.

en Brie[1], qui depuis quelque temps est à Mme la marquise d'Ancre. Ce voyage sera de cinq semaines : je suis résolu de m'en dispenser ; mon âge ne vaut plus rien pour les courvées. Je fus samedi au soir à la comédie, par commandement exprès de la Reine ; sans cela je m'étois résolu de ne les voir point qu'on ne fût de retour de Fontainebleau. Arlequin est certainement bien différent de ce qu'il a été, et aussi est Petrolin : le premier a cinquante-six ans et le dernier quatre-vingts et sept ; ce ne sont plus âges propres au théâtre : il y faut des humeurs gaies et des esprits délibérés, ce qui ne se trouve guère en de si vieux corps comme les leurs. Ils jouent la comédie qu'ils appellent *Dui simili*, qui est le *Menechmi* de Plaute. Je ne sais si les sauces étoient mauvaises ou mon goût corrompu, mais j'en sortis sans autre contentement que de l'honneur que la Reine me fit[2] de vouloir que j'y fusse : nous en verrons, s'il plaît à Dieu, davantage, et en jugerons avec plus de loisir. M. de Boinville nous a laissés en l'expectation de son livre, après avoir dépendu près de deux mille écus, ou en impression, ou au coffre dans lequel il le vouloit donner. Il partit il y aura demain huit jours, et le jour précédent il avoit envoyé sa femme[3] à Fresnes, qui est une très-belle maison qu'il a près de Saint-Germain, feignant de s'y en aller le lendemain. On a trouvé en son cabinet une feuille de papier fort judicieusement écrite de toutes ses affaires, et une procuration à sa femme. Lorsqu'il voulut partir, il s'en alla selon sa[4] 1613

Lettre 134. — 1. Dans l'arrondissement de Melun, à vingt-trois kilomètres sud de Paris.

2. Malherbe avait écrit d'abord : « sans autre contentement que de celui que la Reine me fit, etc. »

3. Renée, fille de Nicolas Potier, seigneur de Blancmesnil, second président au parlement de Paris et chancelier de France.

4. *Sa* a été substitué à *la*.

1613 coutume chez son imprimeur, où étant il envoya querir des bottes, prit un cheval de louage, et s'en alla à la première poste, où il prit la poste sans avoir compagnie que du postillon. On a envoyé après, et a-t-on trouvé qu'il a pris le chemin d'Allemagne : on ne sait si c'est pour aller à Gênes par les Grisons, ou s'il va à la foire de Francfort. L'on ne s'est point aperçu qu'il ait pris que cent quatre-vingts pistoles. Il y a quelques jours qu'il fut dit à la Reine qu'il avoit dit qu'il se vouloit faire roi à la pointe de l'épée, et qu'il n'étoit point né pour être autre chose que roi; de manière que lorsqu'il voulut venir au Louvre on lui en[5] refusa l'entrée; toutefois on ne lui en dit pas la vraie cause, mais que l'on avoit peur que lui étant mort une fille de la petite vérole, il n'apportât le mal au Louvre. Ainsi il s'en est allé, ou s'éventer, ou digérer sa douleur, on ne sait en quelle part. Dieu lui fasse la grâce que le changement d'air le remette en meilleur état! car il est très-mal et empire tous les jours. Adieu, Monsieur : je vous ai entretenu de cela faute de mieux; excusez le plaisir que je prends de parler à ceux que j'honore comme vous.

Votre serviteur très-humble,

Fr. Malherbe.

Je baise bien humblement les mains à Monsieur le premier président, et suis son très-humble serviteur.

5. Ici et à la fin de la ligne, *en* a été ajouté après coup, dans l'interligne. Cinq et six lignes plus bas, Malherbe avait mis d'abord : « en son premier état. »

135. — A Paris, ce 28e de septembre. 1613

MONSIEUR, je reçus mécredi votre dernière lettre avec les vers que vous dites être de Porchères[1]; je ne suis pas en cela de votre avis, Porchères est meilleur maître que cela. Celui qui les a faits a eu des conceptions bien gentilles, mais il les a exprimées en un style si bas et si plat que sans doute ils ne peuvent être pris que pour l'ouvrage d'un apprentif. Pour les autres, vous n'aviez que faire de me les envoyer : ceux de qui vous les avez les avoient eus de moi avec d'autres que je sais bien qui vous ont été envoyés. Je ne vous écrirai point de nouvelles, pource que je suis à Paris et la cour à Fontainebleau; M. de Valavez s'y en va, qui verra s'il y a quelque chose, et vous en fera part. Adieu donc, Monsieur : il me suffit de vous témoigner que je me veux assurer l'honneur de vos bonnes grâces, en m'y ramentevant en toutes occasions comme votre serviteur très-affectionné à jamais,

FR. MALHERBE.

J'écrivis dernièrement à Monsieur le premier président; voilà pourquoi je me contenterai pour cette fois de lui baiser les mains par votre entremise, et l'assurer que je suis toujours son serviteur très-affectionné; vous en direz, s'il vous plaît, de même à M. Ribier et M. Aleaume, que je crois qui sont à cette heure en vos quartiers. Vous

LETTRE 135. — 1. Peiresc avait envoyé ces vers le 30 août, et il avait écrit à Malherbe : « Vous y trouverez des phrases et locutions si (aussi) rares que les raretés qu'il a voulu décrire. » — Il y avait deux Porchères, tous deux poëtes, tous deux académiciens et tous deux Provençaux : Honorat Laugier, sieur de Porchères, et François d'Arbaud, sieur de Porchères, élève de Malherbe. Nous avons parlé de celui-ci tome I, pages LXXXVII, XCII et XCIII. M. Bazin conjecture avec raison qu'ici il s'agit du premier.

1613 aviez bien de meilleures nouvelles à me mander que les vers que vous m'avez envoyés, mais je vois bien que vous faites le discret : si cela est, je suivrai votre exemple. Adieu, Monsieur, encore une fois : pourvu que vous m'aimiez toujours, c'est le principal; je me passerai des accessoires.

136. — A Paris, ce 10e d'octobre.

Monsieur, il y a cinq ou six jours que je reçus votre dernière lettre, qui est du 15e du passé; de vous dire par qui, je ne saurois : ma mémoire ne me sert pas si bien que cela. Tant y a que j'ai à me plaindre à bon escient des remerciements que vous me faites en des choses de néant, et crois que par là vous m'avertissez d'en faire de même, en tant d'occasions où tous les jours vous me faites connoître votre bonne volonté; mais vous avez beau faire et beau dire[1], mon serment est de vivre sans cérémonie : je le suivrai, et vous l'endurerez, s'il vous plaît, comme mon meilleur ami. Vous me mandez bien que vous avez ouï la sarabande des Toupinamboux, mais vous ne me mandez pas, ni de la main de qui, ni ce qu'il vous en a semblé[2]. Son auteur, qui est Gautier, est tenu le premier du métier : je ne sais s'il aura réussi, et si le goût de Provence sera conforme à celui de la cour. Au demeurant, vous n'avez que faire de dire que vous l'avez dérobée à Marc-Antoine; étant à lui, elle étoit par conséquent à vous, comme seront toujours les choses sur lesquelles lui ou son père auront quelque pouvoir. Je crois que vous aurez à cette heure reçu une autre petite

Lettre 136. — 1. Les mots *et beau dire* ont été ajoutés après coup, en interligne; de même le premier *ni*, quatre lignes plus bas.

2. Voyez plus haut, lettre 130, p. 327.

médaille d'or, que j'avois baillée à M. de Valavez pour vous faire tenir; je ne sais que c'est, et ne suis pas d'accord là-dessus avec lui[3]. Nous nous en sommes rapportés à vous; votre jugement, quel qu'il soit, sera sans appel. Je presserai le compère[4] de se souvenir de vous : ce n'est pas la coutume d'être bien servi quand la besogne est payée par avance; mais il est trop honnête homme et trop votre obligé pour vous traiter comme le commun. De nouvelles, vous n'en devez pas espérer de moi : je ne suis pas au lieu où elles croissent. Bien vous dirai-je, pour le savoir de bon lieu, que les apparences de malveillance entre nos grands sont moindres qu'elles n'ont été par le passé. De l'intérieur, Dieu seul en est le juge; c'est à nous d'en penser ce qu'il nous plaira. Les comédiens[5], à ce que l'on m'écrit, commencent à être importuns; c'est bien tôt : jugez ce que ce sera quand ils auront été ici quinze mois, puisqu'au bout de quinze jours l'on en est dégoûté. Voilà tout ce que je vous dirai de la cour; M. de Valavez, qui y est, fera le reste. A Paris, il n'y a rien. La reine Marguerite fut, il y a huit ou dix jours, à Notre-Dame-de-Victoire, auprès de Senlis. Le sieur de Villars[6] étoit parti à quatre heures du matin, à pied, pour y aller payer un vœu qu'il avoit fait pour elle cependant qu'elle étoit malade. Elle, à deux heures de là, partit en litière avec[7] quatre carrosses qui portoient sa suite, et s'en alla le suivre en ce voyage. Je devois aller apprendre sur le lieu ce qui s'y étoit passé, où sans doute il y aura eu, à l'accoutumée, quelque extravagance;

1613

3. Voyez plus haut, lettre 131, p. 330.
4. Du Monstier.
5. Voyez les lettres 133 et 134, p. 336 et 337.
6. Musicien; l'un des derniers amants de la reine Marguerite. Tallemant des Réaux dit qu'on l'appelait vulgairement *le roi Margot*.
7. Malherbe avait d'abord écrit *et*, au lieu de *avec*.

1613 mais la mort du pauvre M. d'Infrainville[8], qui étoit mon parfait ami, étant arrivée au même temps, me mit en autre humeur que de rire. Il arriva hier chez M. le commandeur de Sillery un malheur qui sembla grand, et toutefois je crois qu'à la fin ce ne sera rien : sa concierge, après avoir dîné, dit à sa servante qu'elle se trouvoit un peu mal, et qu'elle s'alloit jeter sur le lit pour se reposer et essayer de dormir, lui commandant que quand il seroit heure d'aller à vêpres, qu'elle la réveillât. Cette servante, ayant pris, à son avis, cette occasion bien à propos pour s'en défaire, comme elle la vit endormie lui jeta une poignée de cendre au visage, et en même temps lui donna jusqu'à treize coups de couteau, dont les premiers furent aux yeux, puis à la gorge, et le reste par les autres parties du corps, où bon lui sembla; mais ce fut si lâchement qu'elle ne lui a presque point fait de mal : elle fut à l'heure même menée en prison; vous pouvez penser quelle en sera la fin.

Demain reviennent ensemble les princes qui ensemble étoient allés à Fontainebleau : MM. de Longueville, du Maine et de Nevers; et je crois que bientôt nous aurons toute la cour. Je vous avois écrit que M. de Pontac avoit été maltraité, revenant un soir en carrosse de voir la Paulette[9]. Les auteurs n'en sont point découverts; bien dit-on que l'un des soupçonnés dit l'autre jour tout haut que Pontac se plaignoit d'avoir été battu, mais que cela n'étoit rien, et que le pis pour lui étoit que ce[10] lui étoit une rente annuelle et perpétuelle tant qu'il vivroit. S'il est vrai, je n'en sais rien : celui qui doit avoir tenu ce langage est tel que je le crois bien malaisément. Je ne

8. Peut-être le père de Touvant, dont Malherbe a parlé plus haut, lettre 104, p. 259.

9. Voyez plus haut, lettre 130, p. 327.

10. Malherbe avait d'abord mis *qu'il*, au lieu de *que ce*.

sais de quel livre vous me parlez, nommé *les Civilités puériles*[11]; il en fut affiché un, il y a environ un mois, sous le titre de *Civilité morale*, fait par Érasme[12], et traduit par un petit garçon de neuf ans : il faut que ce soit celui que M. le greffier Étienne a fait voir en Provence; mais si ce l'est, il ne falloit pas l'acheter à Paris, il l'eût eu[13] à Aix pour six liards, et n'y eût eu différence que de la traduction; voilà pourquoi je n'envoyerai point si peu de chose si loin. Je ne saurois croire qu'Érasme sût que c'est de civilité, non plus que Lipse[14] sait que c'est que de police. Je serois bien aise de voir un premier gentilhomme de la chambre écrire du premier point[15], et un roi du second; ils en parleroient, à mon avis, plus pertinemment que des pédants, et ce seroit ces livres-là que j'achèterois fort volontiers, comme faits par des gens du métier. J'oubliois à vous dire qu'ayant eu l'honneur de dîner aujourd'hui avec Mme de Longueville, elle a eu nouvelles que Mme la comtesse de Soissons avoit envoyé en poste querir M. Breyer, son médecin; et ayant à l'heure même envoyé à l'hôtel de Soissons savoir ce que c'étoit, on lui a mandé que c'étoit un dévoiement avec un peu de sang : elle en est en grande alarme. Dieu nous veuille conserver cette belle et sage princesse! notre cour 1613

11. « Mme de Malherbe, avait écrit Peiresc le 15 septembre, fut hier céans, où elle trouva M. le greffier Estienne, qui lui fit grande envie d'un nouveau livre intitulé *les Civilités puériles* (in-4°), pour son petit Malherbe, qui est toujours plus gentil. »

12. L'ouvrage d'Érasme est intitulé *De civilitate morum puerilium*, 1530, in-4°, et l'autre : *la Civilité morale des enfants*, par Claude Hardy, Parisien, âgé de neuf ans, 1613, in-8°.

13. L'autographe porte : « il eût eu. »

14. Juste Lipse, célèbre érudit, né en 1547, mort en 1606. Malherbe fait probablement allusion à l'ouvrage intitulé *Politicorum sive civilis doctrinæ libri sex*, 1589, in-4°.

15. *Point* a été ajouté après coup, au-dessus de la ligne.

1613 perdroit en elle un de ses principaux ornements. Les libraires sont de retour de Francfort, mais non pas les livres; Dieu aidant, j'en verrai demain le catalogue. Adieu, Monsieur : j'ai peur que mes lettres ne soient longues jusqu'à l'importunité, et même n'étant pleines que de ces nigeries; mais qui donne ce qu'il a, fait ce qu'il doit. Excusez-moi donc, et me tenez toujours pour votre serviteur très-humble et très-affectionné,

Fr. Malherbe.

Je baise très-humblement les mains à Monsieur le premier président, et suis son très-humble serviteur. J'attends de vous l'histoire de 108[16]. Je vous supplie, Monsieur, de remercier de ma part M. de Calas de la courtoisie qu'il m'a faite, et l'assurer qu'il a en moi un serviteur très-affectionné, partout où je le lui pourrai témoigner.

137[1].

Monsieur, je ne pensois pas avoir des nouvelles à vous écrire que la cour ne fût de retour à Fontainebleau, mais le voyage qu'a fait la Reine en cette ville m'a fourni de quoi vous faire cette lettre. Elle arriva mécredi au soir[2] pour voir Monseigneur, de la santé duquel on lui écrivoit et parloit diversement : elle alla droit chez lui au sortir de sa carrosse; elle le trouva jouant et sautant emmi la chambre : j'en parle comme témoin oculaire.

16. Voyez plus haut, lettre 131, p. 331, note 13.

Lettre 137. — 1. « Cette lettre est sans date dans l'original, mais les faits qu'elle contient indiquent qu'elle a dû être écrite positivement le 20 octobre. » (*Note de M. Bazin.*)

2. Le 16 octobre.

Elle lui dit qu'elle le venoit querir pour le mener à Fontainebleau, de quoi il fut fort content; elle lui dit qu'elle vouloit qu'il lui donnât à souper, ce qu'il lui dit qu'il feroit fort volontiers; et ayant dit encore quelques autres paroles, la Reine dit : « Si je vous eusse cru comme vous êtes, je ne fusse pas venue. » Elle s'en alla de là voir Madame Chrétienne, qui avoit la fièvre, et croyoit-on que ce fût une menace de petite vérole. Jeudi la Reine fut faire prendre un clystère à Monsieur : il y eut là un grand combat; je n'y étois pas, mais la Reine, à son retour au cabinet, conta l'histoire. Elle lui dit qu'elle étoit venue pour le mener à Fontainebleau, mais que devant que d'y venir, il falloit qu'il fût du tout gaillard, et que pour cet effet il prît un petit bouillon. Il répondit qu'il le prendroit. Là-dessus la Reine lui dit qu'il le falloit prendre par derrière, et que, s'il le prenoit, elle lui donneroit un petit crochetein[3] d'argent qu'elle lui montra. Il reconnut tout aussitôt ce que la Reine vouloit dire, et lui dit : « Je vois bien que c'est que de votre bouillon à prendre par derrière, c'est un clystère déguisé; je n'en veux point, je n'ai que faire de Fontainebleau ni de crochetein. » A cette heure-là, la Reine demanda des verges, et le fit prendre comme pour le fouetter. Ces menaces ne servirent de rien, il en fallut venir à la force : elle le fit donc prendre par trois ou quatre, et le rendit immobile. Comme il se vit en cet état, il se disposa à faire ce que l'on voulut. Hier il prit un petit sirop : je ne veux pas[4] attribuer à la médecine, à laquelle je ne crois pas beaucoup, la bonne disposition où il est, car je ne l'ai jamais vu que bien; mais de quelque part que sa santé 1613

3. Diminutif de *crochet*, agrafe, dans le sens où l'on dit, par exemple : « crochet de diamants. » — Les mots *d'argent* ont été ajoutés au-dessus de la ligne.

4. *Je ne veux pas* a été substitué à *je n'ose*.

1613 vienne, elle est fort bonne, grâces à Dieu. Je le vis hier au soir deux heures au cabinet, courant et jouant en la meilleure humeur que l'on pouvoit desirer[5]. La reine Marguerite vint sur les sept heures de soir dire adieu à la Reine, qui l'étoit allée voir le jour de devant. Monsieur courut quand et quand vers elle; elle lui prit la main et la lui baisa. La Reine lui dit qu'il ne baillât pas sa main, et qu'il l'embrassât et la baisât; ce qu'il fit. Elle fut une heure au cabinet en particulier avec la Reine, et sur les neuf heures se retira; la Reine l'accompagna hors du cabinet jusques à la porte du cabinet du conseil, et là la baisa, et toutes deux se saluèrent avec beaucoup d'affection, comme certainement la Reine l'aime et l'estime fort, comme fort disposée à tout ce qui est du bien de l'État. Madame Chrétienne fut saignée vendredi, et hier au soir étoit en tel état, que la fièvre ne se reconnoissoit presque point. Mme la comtesse de Soissons est malade à Dreux, comme je crois vous avoir écrit : on en avoit avant-hier apporté de bonnes nouvelles à la Reine; toutefois hier au soir, je vis un gentilhomme qui en venoit, qui dit qu'elle ne fut jamais plus mal; les médecins en ont mauvaise opinion, non tant pour la qualité de la maladie, que pource qu'elle dit qu'elle mourra plutôt que de prendre des clystères : ils croyent bien qu'à la fin le mal l'y fera résoudre, mais ils ont peur que ce ne soit trop tard. L'on impute la cause de son mal à la colère qu'elle prit de ce que le maréchal de Fervaques, pour la tenue des états à Rouen, fit ouvrir avec violence l'abbaye de Saint-Ouen, où étoient encore les meubles de feu M. le comte de Soissons, du temps qu'il étoit gouverneur. On dit qu'il y ajouta encore quelques pa-

5. Malherbe avait d'abord écrit : « que l'on pouvoit le desirer; » puis il a effacé *le*.

roles avantageuses : je ne sais ce qui en est, mais c'est là qu'on cherche la source de la maladie de Madame la Comtesse. Monsieur le Comte en fut en une colère extrême, et supplia sa mère de lui permettre d'aller à Rouen brûler le maréchal de Fervaques dans sa maison, ce qui ne lui fut pas accordé, comme vous pouvez penser. Enfin le vicomte de Charmoy [6], par la faveur de M. le marquis d'Ancre, est premier maître d'hôtel de la Reine, en baillant six mille écus à la veuve d'Elbène [7], pour le remboursement de ce qu'il en avoit baillé. Camille, écuyer de la Reine, mourut hier, et sa charge aussitôt fut [8] donnée à un nommé la Motte, gentilhomme servant de la Reine, à la charge de payer quatre mille livres à l'acquit des dettes de feu Camille. Le sieur de Presles, fils du président Nicolaï [9], fut hier reçu enseigne des gardes de la Reine, en la place d'un nommé Aigremont, qui mourut il y a quelques jours. La Reine s'en est ce matin retournée à Fontainebleau pour donner loisir de bâtir au Louvre. Vous avez vu où logeoit Mme la princesse de Conty, lorsque vous et moi la fûmes voir; on prend cela, et le lieu où se tenoit le conseil, et le logement des filles, pour y faire l'appartement où la Reine [10] logera quand la petite reine sera venue. M. de Fourcy [11] 1613

6. Peut-être le fils de Bragelongne, seigneur de Charmoy, conseiller au parlement de Paris.

7. Elle se nommait Marguerite d'Elbène.

8. Malherbe avait d'abord omis l'auxiliaire *fut*, et il l'a ajouté ensuite au-dessus de la ligne.

9. Louis de Nicolaï, seigneur de Presles, guidon des gendarmes du Roi, mort en 1665. Il était fils de Jean de Nicolaï, premier président de la chambre des comptes.

10. Il y avait d'abord : « et le logement des filles de la Reine, pour y faire l'appartement de la Reine. »

11. Henri de Fourcy, président en la chambre des comptes de Paris, surintendant des bâtiments du Roi.

1613 me dit hier au soir que il sera plus beau que celui où elle est à cette heure. M. du Maine vint il y a deux jours; mais il se blessa une jambe, qui lui fait garder le lit. Il s'en faut beaucoup que 66[12] ne soit bien comme de coutume;

Mais non plus que du Nil je n'en sais point la source;

il faudra que je l'apprenne de lui-même : l'on m'a dit qu'il a été huit jours sans que 51 ait parlé à lui. Il y en a qui croyent qu'il a reçu de mauvais offices de 65. L'affaire est un peu rhabillée; à quoi 59 l'a fort assisté. Je l'ai vu ces jours-ci au cabinet, mais moins hardi beaucoup que de coutume, et sans que 51 lui dît jamais rien : cela passera. Vous m'envoyâtes dernièrement des vers au nom de Porchères, qui n'en sont point; Porchères fait mieux que cela. Je vous prie me mander qui en est l'auteur, et comme s'est passée l'affaire de 108. Je crois malaisément que ce coup d'épingle désenfle le ballon. Il y a eu à la dernière foire de Francfort un livre nommé *Hortus Eystetensis*[13], où sont en taille-douce toutes les fleurs du monde; mais il n'y en avoit que quatre, dont il en alla deux à Anvers, un à Londres, et l'autre à Paris, que le sieur Précart apporta. M. le président de Thou l'acheta tout aussitôt pour le prix de six vingts livres. Si vous en desirez un, il faudra que ce soit à la première foire. Il est temps de finir ma lettre : elle est assez longue; mais si est-ce que devant je vous prierai de faire

12. Le chiffre 66 désigne Bassompierre, 51 la Reine, 65 le marquis d'Ancre, 59 le duc de Guise.

13. *Hortus Eystettensis* (d'Eichstaedt), *sive plantæ, flores, stirpes ex variis orbis terræ partibus collectæ per B. Beslerum*, 1613, 2 vol. in-f°. — Il avait été en effet acheté par de Thou, et on le trouve mentionné au tome II, p. 593, du Catalogue de sa bibliothèque (1679, 2 vol. in-8°).

mes très-humbles recommandations aux bonnes grâces de Monsieur le premier président; quand je vous écris, je lui pense écrire. Je suis bien aise d'avoir en cette excuse de quoi flatter ma paresse. J'attendrai à lui rendre ce devoir au retour de la cour. Adieu, Monsieur : je vous baise bien humblement les mains, et suis toujours votre serviteur très-humble et très-affectionné, et le sien aussi, 1613

F. Malherbe.

Vous aurez su qu'il y eut mécredi huit jours que M. de Courtenvaux[14] et M. de Rochefort firent leurs serments : celui-là de premier gentilhomme de la chambre, et celui-ci de lieutenant de Roi en Poitou; et le lendemain, qui fut le jeudi, M. de la Varenne le fit de lieutenant de Roi en Anjou. Monsieur le Grand vient, et sera ici à la fin de ce mois. M. d'Espernon fait instance d'être remis en sa charge de premier gentilhomme de la chambre, qu'il avoit eue du feu roi Henri IIIe, et crois qu'il l'aura pour M. de Candale son fils[15]. Il s'en va à Metz pour trois semaines.

---

138. — A Paris, ce 27e d'octobre.

Monsieur, votre dernière est du 6e de ce mois; je pensois y faire réponse avec loisir et faire une perquisition de nouvelles pour vous faire une gazette d'importance; mais M. de Valavez me vient d'avertir tout présentement de la commodité qui s'offre, si prompte et si précipitée qu'il n'y a moyen de vous rien dire. Si je voulois répondre

14. Jean de Souvré, marquis de Courtenvaux, mort le 3 mai 1646

15. Le comte de Candale fut en effet premier gentilhomme de la chambre.

1613 à vos honnêtetés, ce ne seroit jamais fait; seulement donc je me plaindrai de vos remerciements, qui désobligent en obligeant outre mesure : ne m'en faites plus, si vous ne voulez que je les prenne pour de la tablature que vous me donnez de faire le semblable en votre endroit. Je vous dirai, en un mot, que je vous suis ce que je vous dois être par toutes règles de courtoisie, c'est-à-dire le plus affectionné serviteur que vous ayez. Je viens tout à cette heure de la comédie des Espagnols, qui ont aujourd'hui commencé à jouer à la porte Saint-Germain dans le faubourg; ils ont fait des merveilles en sottises et impertinences, et n'y a eu personne qui ne s'en soit revenu avec mal de tête; mais pour une fois il n'y a point eu de mal de savoir ce que c'est. Je suis de ceux qui s'y sont excellemment ennuyés, et en suis encore si étourdi que je vous jure que je ne sais ni où je suis ni ce que je fais : je n'avois que faire de le vous dire, vous l'eussiez bien vu par ce discours, qui est devenu fâcheux par contagion des leurs. Je me réjouis que la médaille vous ait plu[1]; mais si vous avez eu tort de me remercier avec cérémonie, vous en avez aussi de me demander mon avis d'une chose où je n'entends du tout rien. Bien vous dirai-je qu'il n'y a ordre que je laisse passer cela pour un œil; car le derrière des yeux est de la figure du devant, hormis quelques nerfs[2] aux deux côtés et au milieu; et ce qui est en cette médaille a le derrière en pointe comme le derrière d'un lis. Je n'en dirai pas davantage de peur d'en parler comme un clerc d'armes, ou comme en aveugle des couleurs. Pour cet air provençal que vous m'avez envoyé, je l'ai fait voir à Guedron, qui le trouve du tout

Lettre 138. — 1. Voyez plus haut, lettre 131, p. 330, note 12.

2. Malherbe avait d'abord écrit *muscles*, au lieu de *nerfs*. Trois lignes après, « comme *en* aveugle » est le texte du manuscrit. Deux lignes plus loin, *qui le trouve* a été substitué à *mais il le trouve*.

impertinent; je ne sais si c'est qu'à la vérité il le soit, ou qu'il vérifie 1613

Καὶ πτωχὸς φθονέει πτωχῷ, καὶ ἀοιδὸς ἀοιδῷ[3].

S'il étoit question de juger des paroles, je le ferois plus hardiment; mais il faut que chacun parle de ce qu'il sait. Je vous ai prié de m'avertir qui étoit l'auteur[4] des vers que vous m'envoyâtes sur un jardin de M. des Ars; je vous répète la même prière. Le sieur du Monstier m'a promis d'expédier votre pourtrait[5]; mais il y a longtemps qu'il m'avoit fait la même promesse. Je viens de parler grec, je m'en vais parler espagnol : *a dineros pagados brazos quebrados*[6]. Yn qrsyhrhe yn 66 continue visiblement; la source en est ynyyxnapr de 55 et 65, qui se sont conté l'un à l'autre que durant qu'ils étoient mal, 66 les genuxffbxg gbhf qrhi, et là-dessus ont donné n ragraqer à 51 qu'il faisoit hnaxgr qr fn snhrhe[7]. Monsieur se porte fort bien : il a la vérole, mais sans fièvre et sans mal quelconque, de sorte qu'il danse et saute comme de coutume. Madame Chrétienne aussi se porte

3. « Et le mendiant porte envie au mendiant, et le chanteur au chanteur. » (Hésiode, *les Travaux et les jours*, vers 26.) Malherbe a déplacé un mot; il y a dans Hésiode : Καὶ πτωχὸς πτωχῷ φθονέει, etc.

4. Malherbe avait mis d'abord *le poëte*, qu'il a ensuite biffé, pour écrire à la suite *l'auteur*.

5. Le portrait de Henri IV, que Peiresc lui avait commandé et payé.

6. « A argent payé bras cassés. »

7. Voici quel est, d'après les traductions écrites par Peiresc au-dessus des lignes, le déchiffrement de cette phrase : « *La défaveur de Bassompierre* continue visiblement; la source en est *l'alliance* de *Villeroy* et *Ancre*, qui se sont conté l'un à l'autre que durant qu'ils étoient mal, *Bassompierre* les *trahissoit tous deux*, et là-dessus ont donné *à entendre à la Reine* qu'il faisoit *vanité de sa faveur*. » Dans le second mot Malherbe a mis, par inadvertance sans doute, un *y* au lieu d'un *n*; rigoureusement traduit, le commencement serait : *la deflueur la Bassompierre*. Voyez p. 328, note 5, et p. 348, note 12.

1613 bien. M. de Saint-Brisson[8] est fort mal : voilà un mariage qui n'aura guère duré. Son état de prévôt de Paris est donné à M. le marquis de Cœuvres. M. le prince de Conty est de retour des bains, qui ne lui ont pas apporté grand amendement; il y en a toutefois, mais bien peu : Mme la princesse de Conty le vient voir[9] demain. Monsieur le Grand arriva hier à Fontainebleau au lever du Roi; du bon visage, je n'en ai encore rien appris : je crois qu'il a été tel qu'il le desiroit et méritoit, car le Roi a de l'inclination à lui vouloir du bien. Mme de Souvray et Mme d'Alincourt[10] sont alternativement dames d'honneur de la petite reine; on m'a nommé sa dame d'atour, mais il ne m'en souvient pas[11]. Madame la Grand, qui étoit allée en Bourgogne vers Monsieur son mari, est de retour en cette ville de ce matin. Mme la comtesse de Soissons se porte mieux, mais le médecin qui en est venu ne l'a pas laissée sans fièvre. Il me vient de ressouvenir de la dame de l'atour, c'est Mme de Vaucelas[12], ambassadrice en Espagne. Adieu, Monsieur : je ne me souviens plus de rien, et cela vous vient fort à propos, car mon importunité seroit plus longue. Je ne vous dirai plus rien, sinon que je suis votre serviteur très-humble et très-affectionné,

Fr. Malherbe.

Je vous supplie me faire ce bien d'assurer Monsieur le

8. Louis Seguier de Saint-Brisson, prévôt de Paris. Il ne mourut qu'en 1663. Il avait épousé Anne de Balzac, veuve de François de l'Isle, seigneur de Trigny. Voyez plus haut, lettre 85, p. 217, note 6.

9. Malherbe avait d'abord écrit : « Madame la princesse est attendue. »

10. Françoise de Bailleul, femme du maréchal de Souvré. — Jacqueline de Harlay, femme de Charles de Neufville, marquis d'Alincourt.

11. *Pas* a été substitué à *plus*.

12. Élisabeth de l'Aubespine de Châteauneuf, femme de André de Cochefilet, comte de Vaucelas, ambassadeur en Espagne.

premier président que je suis son très-humble serviteur. 1613
Il y a longtemps que je ne lui ai écrit, mais j'ai une tâche qu'il faut que j'achève devant que de penser à autre chose. Tant que ma paresse a quelque excuse, je suis bien aise de me reposer, et surtout n'ayant rien de sérieux à lui écrire. Mais encore un coup, s'il vous plaît, assurez-le que je suis son très-humble et très-affectionné serviteur. Je baise bien humblement les mains à MM. de Ribier et d'Aleaume, et suis leur très-humble serviteur.

---

139. — A Paris, ce 11e de novembre.

Monsieur, j'ai répondu à votre dernière lettre, et vous ai remercié de la faveur que m'a faite M. de Calas de rendre à ma femme les deux cents livres que j'avois baillées par deçà à M. de Valavez; mais voici encore une autre importunité toute semblable : je n'ose dire que j'ai peur de lasser votre courtoisie, car j'en dois avoir meilleure opinion que cela, mais certainement je rougis; et si j'avois à vous en prier aussi bien de bouche comme par[1] lettre, il n'y a point de doute que j'aurois de la peine à m'y résoudre. Tant y a que j'ai encore aujourd'hui baillé même somme de deux cents livres à M. de Valavez, pour la vouloir aussi faire tenir à ma femme : il en écrit à M. de Calas; je vous supplie, Monsieur, de lui en dire un mot. Marc-Antoine, à qui je les envoye, lui fera, et à vous un jour, Dieu aidant, quelque service qui vous fera prendre plaisir de l'avoir obligé. Sans cette affaire, je n'avois rien à vous écrire; car la cour est toujours à Fontainebleau, et par conséquent je suis toujours sans

Lettre 139. — 1. Devant *par*, il y a *de*, biffé.

1613 nouvelles. Je suis prié de M. de Rambouillet[2] d'aller demain dîner chez lui; si j'y apprends quelque chose, vous en aurez votre part. Cependant je vous envoye l'édit du Roi, vérifié à Toulouse, pour transporter le siége de Nîmes à Beaucaire[3]; je pensois que vous l'eussiez, mais M. de Valavez m'a dit que non : c'est là tout ce que j'ai à vous dire. Vos bonnes grâces et celles de Monsieur le premier président me sont toujours chères comme de coutume, c'est-à-dire *ut nil nisi sidera supra*[4] : conservez-moi les unes et les autres. Quand j'aurai quelque sujet digne de le divertir, je lui écrirai, et l'en prierai moi-même; attendant cette occasion, faites cet office à votre serviteur très-humble et très-affectionné.

---

140. — A Paris, ce 23e novembre[1].

Monsieur, je me suis déjà excusé à vous si vous n'avez point de nouvelles de la cour qu'elle ne soit revenue en cette ville; le terme n'en est pas long, on attend ici Leurs Majestés mardi prochain. Cependant je répondrai à votre lettre, et vous dirai que ce que je croyois que la discrétion vous avoit empêché de m'écrire, c'étoit les amours d'une de vos présidentes veuves, découvertes par l'en-

2. Charles d'Angennes, marquis de Rambouillet, mort le 26 février 1652.

3. Le ministre Ferrier, dont nous avons parlé plus haut, p. 237, note 3, s'étant fait catholique, avait été nommé conseiller au présidial de Nîmes, ce qui amena contre lui une émeute terrible; la Reine, pour punir les habitants, fit expédier à la fin d'août 1613 des lettres patentes qui transférèrent à Beaucaire le siége présidial de Nîmes. Voyez les *Mémoires de Richelieu*, et le *Mercure*, année 1613.

4. « A un tel point qu'il n'y a rien au-dessus que les astres. »

Lettre 140. — 1. Cette lettre fut mise sans aucun doute sous le même couvert que la suivante, qui est plutôt une feuille de nouvelles qu'une lettre à part. La cote de Peiresc est commune aux deux.

flure de son ventre, et celles d'une pauvre fille abusée par un de vos conseillers, qui étoit en même état. Je ne vous en parle pas à cette heure pour vous en demander des nouvelles, car j'en ai ouï les histoires; c'est seulement pour vous ôter de peine que ce ne fût chose de plus grande conséquence. Je n'avois pas attendu votre avertissement pour prier Monsieur l'abbé de Saint-Michel de recouvrer[2] quelques-unes de ces autres médailles; mais il m'a dit que c'est chose malaisée, toutefois qu'il y fera ce qu'il pourra : nous en verrons le succès. Je vous écrivis par M. Caldagne, que je crois qui sera à cette heure en vos quartiers, que M. de Valavez m'avoit fait cette faveur de recevoir encore autre somme de deux cents livres pour les faire rendre par delà à ma femme; et par la même voie de M. de Caldagne, il vous en donna avis. Je vous supplie, Monsieur, me faire ce bien d'excuser ces importunités : la nécessité me fait oublier la honte; en voici encore une autre. Le sieur Cramoisy[3] vous fait un ballot de livres pour vous envoyer; je me suis dispensé d'y mettre un *Lexicon* grec[4], une *Polyanthée*[5] récente, et des *Chiliades* d'Érasme[6], tous livres à l'usage

1613

2. Malherbe avait mis d'abord : « Je n'avois pas attendu votre prière à écrire à Monsieur l'abbé de Saint-Michel, pour le prier de recouvrer, etc. »

3. Claude Cramoisy, libraire, probablement le père de Sébastien Cramoisy, qui en 1640 fut nommé directeur de l'imprimerie établie au Louvre.

4. Sans doute le *Lexicon græco-latinum* de Jean Scapula, dont la première édition est de 1579 (Bâle, in-f°), et qui fut très-souvent réimprimé.

5. La *Polyanthée*, ou recueil de lieux communs, que Malherbe envoie à son fils, est très-vraisemblablement celle qui parut à Genève, en 1600, sous ce titre : *Polyanthea, h. e. opus suavissimis floribus celebriorum sententiarum.... exornatum, quos.... collegere.... D. Nanus Mirabellius, B. Amantius et Fr. Tortius*, in-f°. La première édition est de 1507.

6. *Des. Erasmi Roterodami Adagiorum chiliades*. La première édi-

1613 de Marc-Antoine, à qui je les envoye. Je vous prie me permettre cette commodité de lui en faire tenir quand on vous en envoyera, car je n'en ai point d'autre que la vôtre : ma femme vous rendra le port. Si c'étoient quelques petits livres, je n'en parlerois pas, de peur d'offenser votre courtoisie ; mais en ce paquet, la moindre partie sera pour vous, et puis je vous veux demander congé de continuer cette même voïe. Marc-Antoine exposera un jour, s'il plaît à Dieu, son latin et son grec pour votre service, et payera mes obligations avec les siennes. Puisque je n'ai point de nouvelles, je m'en vais clore ma lettre. J'oubliois à vous dire que le sieur du Monstier m'a promis qu'il ne sera plus menteur, et qu'à bon escient, sans plus de remise, il va travailler pour vous. Adieu, Monsieur : je vous baise bien humblement les mains, comme votre serviteur très-humble et très-affectionné à jamais.

---

141. — De Paris, du 24e de novembre.

Nous aurons ici la cour mardi, à ce que l'on dit. Le Roi vient coucher à Ris près de Juvizy, et la Reine à Villeroy. M. de Montbazon est, au contentement de tout le monde, lieutenant de Roi en Normandie. M. de Matignon[1] est en cour pour demander, à ce que l'on dit, que le bailliage de Caen soit ajouté aux bailliages de Cotentin et Alençon, dont il a déjà la lieutenance de Roi; les autres disent qu'il n'en a du tout point parlé. On

tion du Recueil de proverbes d'Érasme est de 1500 ; il en parut une, considérablement augmentée, en 1606, à Genève, in-f°.

Lettre 141. — 1. Charles, sire de Matignon et de Lesparre, comte de Thorigny, lieutenant général de Normandie, gouverneur de Granville, mort le 8 juin 1648.

tient qu'au retour de la cour en cette ville le mariage de Mlle de Vendôme[2] se mettra sur le tapis, à bon escient. M. le prince de Joinville et M. du Maine sont rivaux en cette poursuite. Mme la princesse de Conty, au voyage qu'elle fit à Paris au commencement de ce mois, pria Mme de Nevers de faire désister M. du Maine de cette recherche, jusques à ce que M. le prince de Joinville, qui y étoit embarqué le premier, en fût hors, et que ce respect, se gardant entre personnes qui ne s'étoient rien, à plus forte raison se devoit garder entre parents si proches, comme ils étoient. Sa réponse fut qu'elle avoit appris d'elle qu'il ne falloit jamais donner de mauvaises nouvelles à ceux que l'on aimoit, et que Monsieur son frère ayant de l'affection pour Mlle de Vendôme, elle ne lui sauroit rien dire de plus fâcheux que de lui parler de se désister de la servir. Elle en parla puis après à M. de Nevers, qui lui dit que c'étoit la gloire d'un galant homme d'avoir des rivaux en son amour, et que l'émulation leur feroit faire des merveilles pour s'avantager l'un sur l'autre en la bonne grâce de leur maîtresse. M. le prince de Joinville est en Lorraine, et doit être ici en même temps que Leurs Majestés seront de retour. On tient qu'alors cette affaire éclatera, bien que la Reine ait dit qu'elle ne veut point que Mlle de Vendôme soit mariée que le Roi n'ait dix-huit ou vingt ans. 102[3] aura pour lui 59 et 71; l'autre, 68 et 65, et à mon avis les parents. M. le maréchal d'Ancre étoit lieutenant de la compagnie de chevaux légers de la Reine; à cette heure, qu'elle est vacante par sa dignité nouvelle, 1613

2. Catherine-Henriette de Vendôme, fille de Henri IV et de Gabrielle d'Estrées, mariée à Charles de Lorraine, duc d'Elbeuf.

3. « M. de Joinville aura pour lui M. de Guise et M. de Conty; l'autre, M. de Vendôme et le marquis d'Ancre. » Peiresc a traduit les chiffres, selon sa coutume, au-dessus de la ligne.

1613 l'on tient que c'est pour M. le marquis de Cœuvres. Monsieur le Grand et M. le maréchal d'Ancre sont fort bien. Monsieur le Grand est fort bien vu de la Reine; elle lui a accordé la survivance[4] de grand écuyer pour M. de Termes, avec augmentation de dix mille livres de pension audit sieur de Termes. Les lieutenances de Roi qu'avoit en Bourgogne le feu baron de Lus, longtemps disputées par M. le vicomte de Tavannes et le baron de Thianges, ont enfin été accordées à M. le marquis de Mirebeau et à M. de Ragny, n'ayant point voulu la Reine les bailler à personnes qui ne fussent en bonne intelligence avec Monsieur le Grand. Mme de Pompadour[5], qui a été autrefois la marquise d'Épinay, est décédée depuis deux jours. Mme la princesse de Conty a été fort mal d'une apostume qui lui est crevée en la gorge, et se trouve fort bien, grâces à Dieu. La Reine a témoigné beaucoup de déplaisir de son mal, et beaucoup de joie de sa guérison. L'on a renvoyé querir les comédiens françois; le Roi ne goûte point les Italiens; les Espagnols ne plaisent à personne : ils jouent au faubourg Saint-Germain, mais ils ne gagnent pas le louage du jeu de paume où ils jouent. Les Italiens ouvrirent hier le théâtre à l'hôtel de Bourgogne, où ils ne firent ni bien ni mal. 66[6] est moins mal[7]; mais je crains qu'il ne soit jamais comme il a été.

Du jour sainte Catherine, 25e de novembre.

Mme de Pisieux est décédée; dont Monsieur le chancelier[8] est, à ce que l'on dit, extrêmement ennuyé : c'étoit une vertueuse dame, estimée de tout le monde. Il

4. Devant les mots *la survivance*, le manuscrit porte *l'estat*, effacé.

5. Marguerite de Rohan-Guémené, veuve de Charles marquis d'Épinay, remariée en 1612 à Léonard Philibert, vicomte de Pompadour.

6. Bassompierre. — 7. En cour. — 8. Son beau-père.

s'est passé quelque chose en la basse Navarre, pour laquelle, et pour la guerre de Savoie et Mantoue, l'on parle d'envoyer un ambassadeur extraordinaire en Espagne. Monsieur le Prince sera ici demain ou mécredi, à ce que l'on dit. Mesdames les princesses sont de retour de leur voyage de Notre-Dame de Chartres, où elles étoient allées il y a environ un mois. Elles ont passé, à leur retour, à Moret, et n'ont point envoyé à Fontainebleau, qui n'en est qu'à deux lieues. Les contemplatifs en discourent à leur fantaisie; pour moi, je crois qu'elles n'y ont point pensé à finesse. L'on murmure que le parlement fera quelque difficulté à la réception de M. le maréchal d'Ancre, et que ils n'auront point faute d'instigateur; et moi je crois que chacun obéira, comme il doit, aux volontés du Roi et de la Reine. L'on dit que Mme la comtesse de Moret a recommencé à fermer sa gorge; je ne sais pas que veut dire cette observation, vous la devinerez si vous pouvez : possible est-ce pour le froid. 1613

Du 27e de novembre.

Le Roi et la Reine arrivèrent hier au soir. Cette après-dînée la Reine a été visitée de Mesdames les princesses, Mmes de Longueville, comtesse de Saint-Pol, de Nevers, de Mercœur, et de la reine Marguerite. La Reine leur a fait voir un bracelet qu'elle a fait faire pour envoyer à la petite reine : ce sont quatre grands chatons de diamants, et au milieu une ovale de diamants; dans cette ovale il y a une forme de losange; aux quatre coins de la losange sont quatre grands diamants, et un encore plus grand au milieu; les chatons sont de grands diamants, et au milieu de chacun des quatre chatons[9] un

9. Malherbe avait mis d'abord simplement : « et au milieu des chatons. »

1613 grand diamant. Sous l'ovale il y aura une devise que M. de Florence a faite : *Titani lumine Vesper*[10]. Il m'en dit une autre, mais je fus d'avis que l'on prît celle-ci : les deux n'ont qu'un même corps, qui est un phénix, et un soleil du côté d'occident, qui jette ses rayons sur lui. Cette ovale ou enseigne est de quatre-vingt mille livres, et tout le bracelet ensemble est estimé six vingt mille écus. Ce qui suit[11] semble incroyable. La Reine a dit par deux fois : « Ce n'est pas là tout ; je lui fais faire une chaîne de vingt-cinq pierres semblables à cette ovale. » A ce compte, la chaîne vaudra deux millions d'or ; mais je crois que l'on fait cette dépense plus volontiers pource qu'elle demeure à la maison. Comme on montroit ce bracelet, Madame est arrivée[12] ; la Reine le lui a montré, et lui a dit : « Voilà que j'envoye en Espagne ; vous n'en êtes pas marrie ? » Elle a répondu que non ; et lors la Reine a répliqué : « Cela fera voir que vous êtes de bonne maison. » La Reine l'a rendue aussitôt au seigneur Nicolo. Madame, qui ne l'avoit pas vue à son aise, a montré qu'elle la vouloit voir davantage. Le sieur Nicolo, que j'en ai averti, la lui a apportée, et lors j'ai eu l'honneur de la considérer à mon aise ; je l'ai rendue au sieur Nicolo, et lui ai demandé ce que valoit l'ovale du milieu, à cause que la Reine avoit dit que la chaîne qu'elle faisoit faire en auroit vingt-cinq semblables : il m'a dit

10. La devise signifie sans doute : « l'étoile du soir (éclairée) de la lumière du soleil. »

11. Il paraît que Malherbe avait d'abord écrit *s'ensuit*. Il y a devant *suit* une syllabe effacée, qui ressemble fort à *s'en*. Deux lignes plus loin, on peut douter s'il y a *pierres* ou *pièces*.

12. Malherbe avait commencé par mettre au passé défini tous les prétérits de cette phrase et des neuf suivantes ; puis il a eu la patience d'y substituer partout le passé indéfini, et de remplacer *arriva*, *montra*, *dit*, etc., par *est arrivée*, *a montré*, *a dit*, etc.

qu'elle valoit quatre-vingt mille écus, mais que toutes ne seroient pas si belles; toutefois qu'il y auroit peu de différence. Quand cette montre[13] fut faite, il n'y avoit que Mmes les princesses de Condé, Mme de Mercœur, M. le cardinal de Joyeuse, Monsieur de Reims et M. le prince de Joinville, qui est de retour de Lorraine. Il a salué la Reine et lui a présenté une lettre de Mme la duchesse de Lorraine; là-dessus sont arrivées Madame, Mlle de Vendôme, Mme de Longueville, et Mme la comtesse de Saint-Pol[14]. Mme la princesse de Conty et Madame sa mère n'ont fait qu'entrer et sortir; elles s'en sont allées voir Mme d'Aumale. Après cela, est arrivée la reine Marguerite, à qui la Reine l'a montrée aussi. Mme de Nevers est arrivée la dernière, et déjà elle étoit reportée. J'ai vu 66[15], que la Reine a appelé, et a parlé fort longtemps à lui, tellement que je crois que sa brouillerie se rhabillera ou est rhabillée. M. de Matignon a eu le gouvernement du bailliage de Caen avec les deux qu'il avoit déjà. Vous saurez que de toutes ces princesses pas une ne baisa la Reine; la seule reine Marguerite a eu cet honneur, comme elle a toujours. Le mariage de M. de Termes se traite avec la fille de M. le marquis de Mirebeau[16]; et tient-on qu'il se fera. Monseigneur le Prince arriva ici hier[17] au soir. 1613

13. Devant *montre*, le manuscrit porte *première*, effacé, et à la ligne suivante, après *de Condé*, qui est en interligne, les mots : « qui furent les premières venues au cabinet, » également effacés.

14. Anne de Caumont, marquise de Fronsac, veuve de Claude d'Escars, remariée en 1595 à François de Longueville, comte de Saint-Paul.

15. Bassompierre.

16. Le baron de Termes épousa en 1615 Catherine Chabot, fille de Jacques, marquis de Mirebeau; elle se remaria en 1635 à Claude Vignier, président au parlement de Metz.

17. Devant *hier*, il y a *mardi*, biffé.

1613 Mme la comtesse de Soissons est un peu malade; voilà pourquoi elle n'a point été au Louvre. On ne dira point M. le maréchal d'Ancre, mais M. le maréchal Conchin.

AVIS DES NOUVELLES DE LA COUR[18].

1613, novembre.

M. le maréchal de Fervaques mourut la semaine passée[19]; le lendemain que la nouvelle arriva, M. le marquis d'Ancre se treuva maréchal de France, lieutenant du Roi en Normandie, et M. le marquis de Villeroy, son prétendu gendre[20], lieutenant du Roi en Picardie, aux places que ledit sieur marquis d'Ancre tient. Trois jours après, M. de Souvray est publié maréchal de France, et ne reste audit sieur marquis d'Ancre que la lieutenance de Roi en Normandie, et depuis, tout cela s'est changé à la françoise: l'on se treuvoit un peu en bredouille. Mondit sieur marquis d'Ancre est demeuré maréchal de France, et a on donné[21] pour récompense à mon dit sieur de Souvray soixante mille écus, et la lieutenance du Roi de Normandie, donnée à M. de Montbazon. La Reine a écrit aujourd'hui de sa main à Mme la maréchale d'Ancre, en ces termes : *A la maréchale d'Ancre, ma cousine*, tout de sa main. Mlle d'Aumale[22] la jeune est morte, de manière que tient-on qu'à présent le mariage de Monseigneur le duc du Maine avec celle qui reste se parachèvera. Peu d'heures auparavant sa mort, parlant au chirurgien qui la traitoit, [elle] dit qu'elle savoit bien que ce seroit lui qui l'ouvriroit; elle lui ordonna de la façon qu'elle vouloit qu'il mît ses entrailles et son cœur, et lui dit qu'il dispo-sât de ses affaires, que bientôt il la suivroit, et qu'il en fît

18. Cette annexe, fort incorrecte, n'est ni de Malherbe ni de son écriture. Au bas du verso du dernier feuillet, on lit : *du Sr de Pibrac.*

19. Il mourut au commencement de novembre.

20. Il y avait eu projet d'alliance entre le marquis de Villeroy et la fille de Concini.

21. *A on donné* est le texte du manuscrit.

22. Marguerite de Lorraine, fille de Charles de Lorraine, duc d'Aumale. — Sa sœur Anne épousa (1618) Henri de Savoie, duc de Nemours.

état : de manière que ce pauvre homme n'a point eu de bien depuis sa mort, et ne le peut-on résoudre qu'il ne meure dans peu de temps. Cela ne vous importe guère, mais je le vous dis parce que je le connois, et que j'ai pris peine de le consoler. M. de Beaulieu Ruzé, premier et plus ancien secrétaire d'État, a passé de cette à meilleure vie[23]; en quoi je fais une notable perte pour être un de mes meilleurs seigneurs et amis. Je pris peine [à] voir l'abord à Fontainebleau de Monsieur le Grand avec M. le maréchal d'Ancre, lequel manqua tellement d'assurance, sentant sa conscience le toucher de peur, vu le peu [de] temps qu'il y avoit qu'il venoit de conjurer sa ruine, qu'il ne lui dit que ces cinq paroles : « Vous soyez le bienvenu, Monsieur ; vous avez bien demeuré à venir ; vous avez beaucoup de gens ; combien sont-ils ? Je suis votre serviteur, commandez-moi. » A la première, il lui fut répondu : « Vous soyez bien venu, Monsieur ; » à l'autre : « J'ai vu mes amis en passant, qui m'a fait retarder ; » à la troisième : « Ce sont mes amis qui ont voulu prendre la peine de m'accompagner ; » puis il dit à la quatrième : « Je ne les ai pas comptés ; » et à la fin : « Adieu, Monsieur. » Je vous ai fait le discours de cet abord, parce qu'il me semble un peu étrange. La Reine a commandé à mondit sieur le Grand de se tenir auprès de Sa Majesté. Le feu Roi (que Dieu absolve !) commanda que l'on réimprimât les *Métamorphoses d'Ovide* en belles et grandes lettres : il prévoyoit bien, le bon prince, que l'on les pratiqueroit après sa mort. La Reine faisoit accommoder un logis pour la reine qui vient d'Espagne, au-dessous du sien, où logeoit M. de Savoie quand il fut à Paris ; ce qu'ayant entendu, l'ambassadeur d'Espagne demanda audience à la Reine, lui remontrant que la reine qui vient d'Espagne doit loger au logis des reines, et qu'elle ne logera point ailleurs. La Reine répliqua que tant qu'elle seroit régente qu'il n'étoit pas raisonnable qu'elle délogeât, et que quand le Roi seroit majeur, que celle qui vient d'Espagne logeroit où bon lui sembleroit, et en demeurèrent là sans rien résoudre. Vous verrez, par les deux discours que je vous envoye, en quel état a été le différend de Mantoue avec

1613

23. Martin Ruzé, seigneur de Beaulieu, mort le 16 novembre 1613. Il était grand-oncle maternel du maréchal d'Effiat.

1613 M. de Savoie, et comme le roi d'Espagne se déclare tout à fait à présent; si le conseil eût secondé la volonté de la Reine, l'on armeroit de nouveau. L'on fait doute si le mariage se parachèvera; la Reine s'offense fort des procédures du roi d'Espagne. Si je ne craignois que cet écrit fût vu, je vous dirois qu'on est bien empêché pour trouver deux hommes, l'un de robe, et l'autre d'épée, pour envoyer en Espagne pour ce sujet. Le marquis Spinola fait faire un grand port, et un canal depuis Ostende jusques à Bruxelles, auquel il y a six mille hommes qui travaillent : c'est le vrai moyen de ruiner le restant de ces Pays-Bas. Hier mourut Mme de Pisieux, de mort soudaine, toute vêtue, se portant bien tout le jour. L'on dit qu'en toussissant elle se rompit une veine.

---

142. — De Paris, ce 30e novembre.

Monsieur, vous aurez dans ce même paquet, ou pour le moins par cette même voie, une grande gazette; j'y ajouterai une chose que l'on m'a dite aujourd'hui de fort bonne part, qui est que Monsieur le chancelier a fait parler du mariage de M. de Pisieux avec Mlle de Sancy [1], sœur de Mme d'Alincourt. Ce sera pour relier aucunement ce qui est délié; mais le segond lien ne sera pas si fort que le premier. M. de Montbazon ne s'étant pas treuvé ici quand la Reine lui a donné la charge de M. le maréchal de Fervaques au gouvernement de Normandie, on lui en a retranché le bailliage de Caen [2], en faveur de M. de Matignon, et le bailliage d'Évreux en faveur de M. de

Lettre 142. — 1. Jacqueline de Harlay-Sancy, mariée en 1596 à Charles d'Alincourt, avait peut-être encore, en 1613, deux sœurs non mariées : Catherine, qui épousa, je ne sais à quelle époque, Louis de Moy, seigneur de la Meilleraye; et Marthe, qui fut religieuse à Montivilliers.

2. Il y a un trou dans le papier, au milieu de ce mot.

Médavid [3]. Hier je vis un homme qui me dit avoir vu le courrier qui apporte la paix de Mantoue et Savoie. Adieu, Monsieur : vous ne direz pas que je suis paresseux. J'entends qu'avec votre congé ces nouvelles soient communes à Monsieur le premier président, et commune la continuation de mon service. Mme d'Aumale et Madamoiselle sa fille firent hier leur première sortie au Louvre. Votre serviteur très-humble et très-affectionné. 1613

---

143. — A Paris, ce 16e de décembre.

Monsieur, je vous écrivis dernièrement une assez ample gazette, de sorte que je me trouve épuisé de nouvelles. Vous vous en passerez donc pour cette fois, et vous contenterez que je vous témoigne ma diligence, puisque, sans sujet même, je ne perds point de commodité de vous écrire. M. de Luxembourg [1], devenu duc et pair de France par la mort de feu Monsieur son père, en a ce matin fait le serment. Samedi M. le prince de Joinville [2], j'entends celui qui tette, fut baptisé; M. le cardinal de Joyeuse le tint sur les fonts; et tout cela sans cérémonie grande ni petite, pour éviter, à ce que m'a dit Mme la princesse de Conty, qu'en une assemblée si grande que requerroit la qualité de Monsieur son neveu, il n'arrivât quelque brouillerie. Pour

3. Pierre Rouxel, baron de Médavi, lieutenant général en Normandie (1594), mort en 1617.

Lettre 143. — 1. Henri de Luxembourg, duc de Pinei, mort le 23 mai 1616. Son père, François de Luxembourg, était mort le 30 septembre 1613.

2. François de Lorraine, prince de Joinville, né le 3 avril 1612, mort le 7 novembre 1639. Il était fils de Charles de Lorraine duc de Guise.

1613 M. le prince de Joinville qui ne tette plus, il me dit hier que le mariage de Mlle de Vendôme étoit remis à la majorité du Roi. M. d'Espernon est encore à Metz. M. de Candale, ayant eu commandement de lui d'attendre qu'il fût à la cour pour y venir, a cependant pris ce temps pour aller voir Monsieur de Toulouse[3], son frère, à la Flèche. M. le marquis de Sablé[4] fut fiancé, il y a trois ou quatre jours, avec Mlle de Souvray, qui avoit été accordée à M. de Mareuil-Fontenay[5]. Nous avons ici pleuré pour la mort de trois belles dames[6] : Mlle d'Aumale, Mme de Pisieux, et Mme de Bouqueville; mais les larmes en sont essuyées. On avoit parlé de remarier M. de Pisieux à Mlle de Sancy, sœur de Mme d'Alincourt : toutefois il ne s'en parle plus. M. de la Meilleraye[7], à qui elle étoit accordée, est ici, à mon avis, pour parfaire ce qui a été commencé : voilà le fond du sac. Adieu donc, Monsieur : aimez-moi toujours, s'il vous plaît, non pas selon la petitesse de mon mérite, mais selon la grandeur de votre courtoisie. J'oubliois à m'excuser de la hardiesse que je pris dernièrement de mettre trois gros volumes dans un ballot que Cramoisy vous envoya; mais Marc-Antoine, pour qui c'est, vous servira quelque jour de ce qu'il y apprendra, et ma femme

3. Louis de Nogaret d'Espernon, cardinal de la Valette, archevêque de Toulouse, de 1614 à 1627.

4. Philippe-Emmanuel de Laval, marquis de Sablé, seigneur de Bois-Dauphin, mort en 1640. Il épousa Madeleine de Souvré, fille de Gilles de Souvré, maréchal de France, morte en 1678.

5. François du Val, marquis de Fontenay-Mareuil, lieutenant général des armées du Roi, ambassadeur en Angleterre et à Rome, mort le 25 octobre 1665, à soixante-dix ans. Il avait épousé Suzanne de Monceaux d'Auxi. On a de lui des mémoires fort intéressants.

6. Malherbe avait mis d'abord : « de trois ou quatre belles dames. » Quatre lignes plus bas, *toutefois* a été substitué à *mais*.

7. Voyez la lettre précédente, p. 364, note 1.

vous rendra le port : autrement, ce seroit me défendre de continuer. Par un paquet que M. de Caldagne a porté, M. de Valavez vous a averti que je lui ai baillé deux cents autres livres : vous me ferez, s'il vous plaît, cette faveur de les rendre à ma femme, afin que je demeure accablé sous le faix des faveurs[8] que je reçois continuellement de vous. C'est à vous de me commander, et à la fortune de me donner de quoi vous servir. Cependant, Monsieur, je vous baise bien humblement les mains, et suis toujours votre serviteur très-humble et très-affectionné, 1613

FR. DE MALHERBE.

M. le marquis de Cœuvres devoit partir aujourd'hui; mais je n'ai bougé du coin du feu, de sorte que je ne sais ce qui en est.

Depuis ma lettre écrite, on me vient dire qu'il part dans deux jours.

---

144. — A Paris, ce 13e janvier. 1614

MONSIEUR, afin que votre courtoisie ait toutes ses dimensions, vous ne voulez point être remercié : vous serez servi à souhait ; je serai incivil plutôt que de n'être pas ce que vous voulez que je sois. Je vous remercierai pourtant de vos nouvelles, afin de vous donner occasion de me les continuer. J'ai reçu votre chiffre nouveau, dont je me servirai quand il en sera temps : nous n'avons rien pour cette heure qui ne se puisse écrire en lettres patentes. Je suis allé ce soir au cabinet, exprès pour avoir quelque chose à vous entretenir; mais je n'y ai rien

8. Il y avait d'abord *obligations*, qui a été corrigé en *faveurs*.

1614 trouvé. Hier M. de Valavez prit la peine de me venir apporter une lettre que vous m'avez écrite du dernier du passé. Je lui contai quelques particularités qu'il me promit de vous écrire, et entre autres une assez notable de 77[1]. Je sais l'action par[2] celui même qui l'a faite : ç'a été une jeunesse, sans autre dessein que de curiosité; mais 51[3] ne laissa pas de s'en fâcher. Nous avons pensé voir un règlement au cabinet du Roi, au commencement de cette année; mais tout cela s'en est allé en fumée, et s'est-on contenté de ne laisser entrer personne que le Roi n'ait pris sa chemise. 65 disoit que 50 étoit frehl ra qebfyr, mais qu'il le feroit frehle ra ebl[4]. Toutefois comme l'on a voulu en venir à la preuve, l'on a trouvé que les François ne se laissent pas volontiers ranger à ce qui n'est ni de la coutume ni de leur humeur[5], et a-t-on laissé le moutier où il étoit[6]. Vous avez eu des almanachs de Morgart[7]; il est à la Bastille, d'où il sera malaisé qu'il sorte que pour aller en Grève. J'ai

Lettre 144. — 1. Peiresc a écrit en interligne : *M. de Longueville.*

2. Malherbe avait d'abord écrit *de*, qu'il a corrigé en *par*. A la ligne suivante, devant *sans* il a effacé *mais;* et devant *curiosité*, les deux mots *contenter sa.*

3. La Reine.

4. Le chiffre est ainsi traduit par Peiresc : « *Le maréchal d'Ancre* disoit que le Roi étoit *seruy en drosle*, mais qu'il le feroit *seruyr en roy.* »

5. *Leur humeur* a été substitué à *l'humeur.*

6. « On disoit autrefois proverbialement : *Il faut laisser le monstier* (*moutier*) *où il est*, c'est-à-dire.... ne point abolir les anciennes coutumes. » (*Dictionnaire de Trévoux.*)

7. Dès 1600, Noël-Léon Morgard, « professeur ès mathématiques, » présentait à Henri IV des *Prophéties* (16 pages in-8°), pour ses étrennes. L'almanach dont parle Malherbe est intitulé : *Prédiction de Morgard pour la présente année* MDCXIV, *avec les centuries pour la mesme année*, 4 feuillets in-8°. Ce n'est pas le titre que donne le *Mercure* (tome III, p. 304). Morgard fut emprisonné le 8 janvier, condamné à neuf ans de galères le 31, et le 9 février « attaché à la chaîne pour être emmené à Marseille, où il sert le Roi à tirer la rame. »

aujourd'hui eu l'honneur de dîner avec Mme de Longueville, qui ayant envoyé chez M. Mangot savoir s'il étoit au logis[8], pource qu'elle avoit affaire à lui, on lui a rapporté qu'il étoit à la Bastille : je crois que c'étoit pour cette affaire-là[9]. Il n'y aura point de mal de retrancher cette liberté de pronostiqueurs, qui parlent de la vie et des affaires des rois comme de celles des crocheteurs. Si ce pauvre homme, devant que d'entreprendre son almanach, eût regardé ce qui lui en devoit succéder, il se fût[10] reposé, à mon avis, plutôt que de travailler à ce prix-là. Notre cour est diminuée aujourd'hui par le partement de Monseigneur le Prince. M. de Longueville s'en va samedi prochain, et Madame sa mère aussi. Elle m'a dit que pource que l'on s'en va faire au premier jour l'état des fortifications, Monsieur son fils desire s'instruire de ce qu'il faut à celles de son gouvernement, de sorte que son voyage ne sera pas long. M. de Nevers partit il y a huit ou dix jours. Il y avoit un certain trésorier de France à Châlons en Champagne, nommé Vertaut, qui avoit pris je ne sais quelle commission, qui lui avoit déplu, ou de laquelle il ne s'acquittoit pas à son goût. M. de Nevers l'a fait prendre dans Châlons, à la sortie de la messe, par six hommes inconnus, et l'a-t-on habillé en fou aussitôt qu'il a été hors la ville, c'est-à-dire qu'on lui a baillé un habillement jaune et vert, chaperon, marotte et sonnettes; et en cet équipage il a été mis sur un cheval et promené au son du tambour et des trompettes par tous les lieux où il avoit exercé sa commis- 1614

8. Au lieu de *au logis*, il y avait d'abord *chez lui;* et à la ligne suivante, *répondu*, au lieu de *rapporté*.

9. Claude Mangot, conseiller au parlement (1592), maître des requêtes (1600), garde des sceaux (1617). — S'il était à la Bastille, on pense bien que c'était pour interroger Morgard.

10. *Se fût* a été substitué à *eût mieux fait*.

1614 sion[11]. Mme de Longueville m'a elle-même fait ce conte, et m'a dit qu'il y a requête présentée par ce Vertaut contre Monsieur son frère; mais je me doute que la fin sera que les battus payeront l'amende. Elle m'a dit que M. de Nevers s'étant plaint à Monsieur le chancelier de ce Vertaut, il lui avoit dit que c'étoit un fou, et que pour cette occasion il l'avoit voulu traiter en homme de sa qualité. M. de Luxembourg fut il y a cinq ou six jours chez un maître des requêtes, il me semble qu'il s'appelle Cairssonnier[12]; et lui ayant fait plainte de la longueur qu'il apportoit à son expédition, dont la réponse ne lui fut pas agréable, il lui sauta au collet avec la dague nue en la main, mais le coup fut retenu par un de ses gentilshommes. J'ai conjoint ces deux actions, pour quelque similitude qu'elles ont ensemble.

Vous avez su que M. Dolé[13], par la mort de M. d'Attichy[14], a été pourvu de l'intendance des finances. Monsieur le Prince, à ce que l'on dit, a fait grande instance pour M. Vignier[15]; mais la Reine, l'ayant une fois donnée, n'a pu révoquer sa parole. Il y eut hier un ballet au Louvre en la salle[16] de Mme de Guercheville; mais ce ne

11. On peut consulter à ce sujet : le *Discours de ce qui s'est passé en Réthelois, touchant le sieur le Jau, qu'on nomme autrement le sieur de Vertaut*, 1614, in-8°, et le *Mercure*, tome IV, 1616, p. 333.

12. Aucun maître des requêtes de ce nom n'est indiqué sur le catalogue manuscrit que nous avons cité plus haut (lettre 130, p. 327, note 3). Il s'agit probablement de Jacques Barin, sieur de la Galissonnière, qui devint plus tard premier président de la chambre des comptes de Bretagne.

13. Louis Dollé, célèbre avocat, à qui Marie de Médicis, devenue régente, donna une place dans le conseil, et qu'elle nomma intendant des finances. Il mourut en 1616.

14. Octavien Doni, seigneur d'Attichy, surintendant des finances de la reine Marie de Médicis, mort le 10 janvier 1614.

15. Claude Vignier, président au parlement de Metz.

16. *Salle* a été substitué à *chambre*.

furent que quelques domestiques du Roi. Dimanche au soir Madame la Princesse donnera à souper à la Reine, et après souper il s'en fera un de réputation; les danseurs sont M. le prince de Joinville, chevalier de Guise, marquis de Rosny, général des galères, Termes, Créquy, Bassompierre, Rochefoucauld, Roche-Guyon, Châtillon, Bressieux, la Ferté, Morel [17] et Guérin [18]; ces deux derniers sont les directeurs du ballet, et sont quatorze en tout. Si je me trouve en humeur d'y aller, je le verrai, et vous en conterai des nouvelles. Vous savez le mariage consommé il y a trois ou quatre jours entre M. le marquis de Sablé et Mlle de Souvray; et puisque nous sommes sur les femmes, je vous dirai que Mme de Vendôme est grosse et Madame l'amirale [19] aussi. Le livre de M. le cardinal du Perron [20] avoit été imprimé pour le corriger plus facilement; mais à ce coup on l'imprime pour sortir en lumière. Il y a huit ou dix jours que l'impression en est commencée : elle se fait en son logis; il s'en tire treize cent cinquante [21]. J'oubliois à vous dire que j'ai vu ici Monsieur l'abbé de Saint-Michel, qui est celui d'où est venue la médaille que je vous ai envoyée; il m'a promis de faire tout ce qu'il pourra pour en avoir encore une ou deux qui se pourront encore recouvrer en ses quartiers. Je lui ai dit que je l'en presserois par mes lettres, comme je ferai. S'il y a moyen, je m'assure que vous les aurez. Pour conclusion de ma lettre, et pour la meilleure nouvelle que je vous saurois écrire, le Roi se porte fort

1614

17. Voyez la lettre 131, p. 328, et la lettre 145, p. 376.

18. Je ne crois pas que ce soit le Guérin qu'au dire de Tallemant on appelait le *fou de la reine Marguerite.*

19. La duchesse de Montmorency. Voyez plus haut, p. 318, note 6.

20. C'est probablement l'ouvrage intitulé : *Brief discours sur quelques points concernant la police de l'Église et de l'État, et particulièrement sur la réception du concile de Trente,* Paris, 1615, in-8°.

21. Après *cinquante,* le manuscrit porte le mot *feuilles,* effacé.

1614 bien ; il avoit eu quelque rhume sur les dents, mais ce fut presque sans douleur, pource que tout aussitôt la joue lui enfla et une partie de la gorge. Cependant qu'il avoit ce mal, il lui vint une ébullition de sang qui lui fit sortir quelques élevures par tout le corps; mais avec cela il ne se passa jour qu'il ne se levât pour jouer au volant, quelques mauvais contes que l'on en fît. J'ai ouï discourir les médecins là-dessus ; mais tout ce qu'ils disent, ou la plupart, m'est ridicule. M. Lyon a triomphé à la cure du baron de Bouteville[22]. Le coup, à la vérité, a été trouvé moindre que l'on ne le croyoit; il est par derrière, trois doigts au-dessus de la ceinture, au côté droit, et à un pouce de l'épine du dos. M. le maréchal d'Ancre y mena le sieur Montalto, médecin que la Reine a fait venir de Florence[23], qui le jugea mort, tant à cause de la blessure que pour le traitement que lui faisoit M. Lyon, qui lui faisoit boire du vin; et là-dessus ayant fait de grands discours, M. Lyon[24] en un mot lui dit : « Vous autres, avec vos raisons vous tuez les malades, et moi sans raison je les guéris. » Tout cela ne se fait pas sans envie des autres chirurgiens; mais en récompense il est loué et admiré de tout le monde. En voilà assez pour une fois. Adieu, Monsieur : aimez toujours

MALHERBE,

car il est toujours votre serviteur aussi affectionné

22. Louis de Montmorency, seigneur de Boutteville, mort le 20 mars 1615, à cinquante ans, avait en 1614 deux fils : Henri, mort en 1616, et François, le célèbre duelliste, mort sur l'échafaud en 1627. Je ne sais duquel des trois il s'agit ici.

23. C'était un juif portugais, médecin du grand-duc de Toscane, et que Marie de Médicis fit venir en France après en avoir demandé la permission au pape. Son arrivée à la cour fut un des griefs articulés contre la maréchale d'Ancre lorsqu'elle fut jugée par le parlement.

24. Le manuscrit porte ici *M. de Lyon.*

qu'obligé. J'en dis de même à Monsieur le premier président : je ne sais pas comme il se porte, mais il n'a pas tenu à bien boire à sa santé s'il n'est bien gaillard. Ce fut chez M. Ribier, où M. de Valavez et moi fûmes conviés. Monsieur l'avocat général[25] devoit être de la partie; mais il fit ici comme M. de Bélesbat à Aix : il lui survint quelque affaire qui l'empêcha de tenir sa promesse. Il y a une belle dame à qui on a fait fête de l'aigre de cèdre[26]; elle m'a prié que s'il y en avoit à Marseille, je lui en fisse venir. Je vous supplie, Monsieur, recevoir encore cette importunité d'être prié de moi que, s'il s'en peut recouvrer, j'en aye une pinte ou deux par votre moyen, et qu'elles soient si bien empaquetées qu'elles arrivent en bonne santé. Je n'ose vous prier avec cérémonie, et veux croire qu'elles vous déplairoient aux requêtes, puisque vous n'en voulez point aux remerciements. 1614

Je pense avoir conté ce qui s'ensuit à M. de Valavez, mais à tout hasard je le répéterai.

Mécredi au soir, le Roi étant allé à ses affaires, il fut crié par un valet de chambre, selon la coutume, que ceux qui n'étoient point des affaires sortissent. Entre ceux qui demeurèrent, furent M. Pluvinel[27] et M. Florence. Comme le Roi fut au lit, et le rideau tiré, M. le maréchal d'Ancre dit tout haut que puisqu'il ne gagnoit rien de faire dire

25. Jean-Louis de Monier, avocat général au parlement de Provence. Voyez plus loin, p. 383.

26. « L'aigre de cèdre, dit le *Dictionnaire de Trévoux*, est une sorte de liqueur faite avec du jus de citron, de limon ou de cédrat et avec du sucre, et qui, mêlée ensuite avec de l'eau, fait une boisson fort agréable. »

27. Antoine de Pluvinel, sous-gouverneur du Dauphin (Louis XIII) et premier écuyer de la grande écurie, mort le 24 août 1620. On a de lui : *le Manége royal*, 1623, très-rare.

1614 que l'on sortît, il le diroit lui-même; et s'adressant à M. Florence, lui dit : « C'est particulièrement pour vous que je le dis; vous n'avez que faire ici à cette heure. » M. Florence lui ayant répondu qu'il avoit accoutumé d'y demeurer, et qu'il croyoit que sa charge l'y obligeoit, Monsieur le maréchal lui répliqua qu'il n'y avoit que faire, et que si le Roi avoit à faire de lui, on l'appelleroit; qu'il ne se soucioit pas de lui, et qu'il se mettroit bien aux bonnes grâces du Roi sans lui. Cela fait, il s'adressa à M. Pluvinel, auquel il tint le même langage, sinon en paroles, au moins en substance. Toutefois cette humeur s'est passée, et depuis ils y ont toujours été, sans que Monsieur le maréchal leur en ait rien dit. Le Roi, durant ces discours, étoit au lit, où son aumônier le faisoit prier Dieu, et ne dit autre chose.

---

145. — [16 janvier.]

Monsieur, je vous écrivis il y a deux jours; mais puisque le messager est encore à Paris, vous aurez par lui-même ce que j'ai appris[1] depuis. Ce soir M. le comte de la Rochefoucauld a apporté à la Reine la résolution de Messieurs les maréchaux de France sur l'appointement de MM. le comte de Curson et de la Frette[2], qui est que la Reine dira : « Vous vous êtes tous deux portés en gens d'honneur et de courage en ce qui s'est passé; je vous commande de vous embrasser, et qu'il ne s'en parle plus. » L'importance est que l'on ne sait s'ils seront contents; car le billet, à ce que m'a dit M. le comte de la

Lettre 145. — 1. Au lieu de : « ce que j'ai appris, » il y avait d'abord : « ce qui est arrivé. »

2. Probablement Pierre Gruel, sieur de la Frette, mort en 1656.

Rochefoucauld, ne leur a pas été montré. Il me semble toutefois que la Reine, après l'avoir lu, a dit qu'il ne restoit plus que l'affaire de Saint-Géran et du marquis d'Urfé[3]. Hier sur les deux heures, Mesdames les Princesses furent prendre congé de la Reine; elles lui dirent qu'elles devoient partir vendredi, qui est demain[4]. Mme de Guise étoit présente quand Monsieur le Prince prit congé : il dit à la Reine qu'il s'en alloit chez lui pour revenir quand le Roi ou elle le lui commanderoit. La Reine lui répondit qu'il savoit bien qu'en toutes les occasions qui s'étoient offertes elle l'avoit toujours gratifié, qu'elle continueroit toujours là où elle le pourroit faire. Il avoit auparavant pris congé du Roi, et lui avoit dit assez de choses; mais il n'y avoit personne présent, et n'en peut-on savoir que ce que le Roi en dit. Au demeurant, Sa Majesté est hors du latin et se porte fort bien. Je crois que le repos qu'il aura de ce côté-là aidera encore à sa santé. Aujourd'hui la résolution s'est prise avec la Reine que le ballet se dansera dimanche prochain, après le souper qui se fera chez Mme la princesse de Conty. Je crois que ce seront les hypocondriaques : l'un sera cruche, l'autre armoire, l'autre tambour, et l'autre une autre chose. 77[5] est venu ce soir au cabinet; je lui ai demandé s'il étoit venu prendre congé de la Reine; il m'a dit que non, et que pour si peu de temps, qui ne seroit que de cinq ou six jours, il ne feroit point cette cérimonie de prendre congé, et qu'il n'alloit qu'à Trie. Je me suis dispensé[6] de lui dire là-dessus qu'il se souvînt d'où venoit sa grandeur, et que ce qui la lui avoit donnée étoit ce qui la lui pouvoit accroître, et que 1614

3. Jacques, marquis d'Urfé.

4. Malherbe avait mis d'abord : « demain vendredi. »

5. M. de Longueville. — 6. Voyez lettre 29, p. 62, note 1.

1614 le plus tôt qu'il pourroit revenir ce seroit le mieux, pour ne donner pas sujet aux discoureurs de le croire malcontent. Il m'a dit là-dessus tout ce que l'on pouvoit attendre d'un sage prince comme il est. Je vous ai voulu dire cela afin que, quand vous orrez parler de son partement, vous n'en croyiez que ce qu'il en faut croire. Je vous avois dernièrement mis un nommé Morel au rang des danseurs du ballet; mais il n'en est point, et en récompense j'avois oublié M. de Montglas, qui en est. J'oubliois à vous dire qu'hier au soir, entre onze heures et le minuit, le pauvre Porchères[7], se retirant, fut attaqué par trois hommes à cheval auprès de son logis, qui est en la rue de l'Arbre-Sec, et reçut quelque coup d'épée sur la tête, et un autre au corps; mais la boucle de sa ceinture lui sauva la vie : il fut jeté par terre, et l'un d'eux dit : « [8]Il est mort, allons-nous-en. » Son laquais eut un doigt coupé. Il ne sait d'où cela peut venir, pource qu'il ne croit point avoir d'ennemis. La Reine ce soir a dit : « Je me doute bien d'où cela vient; mais je ne le dirai pas. » Mme la princesse de Conty a parlé à elle à l'oreille; et s'est trouvé, à ce qu'a dit Madame la Princesse, que la Reine et elle étoient de même opinion. M. d'Andelot[9] et moi étions l'un auprès de l'autre derrière Madame la Princesse, qui nous sommes dit l'un à l'autre ce que nous en pensions, sans nous rien nommer, et croyons avoir pensé la même chose qu'elle : nous en avons trouvé d'autres de notre opinion; mais le tout sans rien nommer, et pour cause. De quelque part que cela soit venu, le pauvre homme n'est pas bien. Il y a bien de

7. Probablement Laugier de Porchères.

8. Devant *Il est mort*, les mots *laissons-le* ont été effacés.

9. Charles de Coligny, seigneur d'Andelot, fils de l'amiral de Coligny, mort le 17 janvier 1632.

la peine à vivre au monde. Adieu, Monsieur: je ne sais plus que vous dire, sinon que je suis votre serviteur très-affectionné et très-obligé, 1614

FR. MALHERBE[10].

De Paris, ce jeudi, à dix heures de soir, 16e janvier.

Quand Mme de Longueville me dit ce que Monsieur son frère avoit fait à ce trésorier, elle n'en sut dire le nom, et lors un des siens dit qu'il lui sembloit qu'il avoit nom Vertaut. Toutefois hier Mlle de Rohan disoit au cabinet que Mme de Nevers le lui avoit nommé du Jaut : il n'importe du nom. Les lieux où il fut promené sur un âne et en l'équipage que je vous ai mandé furent Mézières, Réthel et Donchery. Il avoit demandé, en faisant quelque commission, de qui étoient les armes qu'il voyoit sur les portes des villes; on lui avoit dit que c'étoient celles du Roi et de M. de Nevers, et il devoit avoir répliqué que si ce n'étoit qu'il ne pouvoit faire abattre celles de M. de Nevers sans abattre celles du Roi, il l'auroit fait; et[11] lui ayant été répondu qu'il étoit leur seigneur, il auroit dit qu'ils n'avoient point d'autre seigneur que le Roi, avec quelques autres langages au mépris de M. de Nevers. Ceux de son bureau n'avoient point voulu lui vérifier sa commission, tellement qu'il l'exécutoit de son autorité. Il a eu tort et l'aura, comme auront toujours ceux qui s'attaqueront à de plus grands que soi[12].

10. Auprès de la signature l'autographe porte, de la main de Malherbe : « Mr le P. 58. » C'est évidemment un chiffre proposé ou rappelé à Peiresc : 58 désigne Monsieur le Prince.

11. Devant *lui*, il y a *sur ce*, effacé.

12. Voyez dans le manuscrit 91 de la collection Dupuy, le procès-verbal de Vertaut, et ses requêtes au Roi et aux députés aux états généraux.

1614

146. — A Paris, ce dimanche 27e de janvier.

Monsieur, ce ne seroit jamais fait de vous remercier de vos courtoisies. Je suis bien aise de l'humeur que vous avez, si portée à obliger que ce soit vous faire plaisir que vous en demander. Il ne falloit pas un autre objet à ma mauvaise fortune. C'est à Marc-Antoine de se préparer à vous servir, puisque de si bonne heure vous commencez à vous acquérir du pouvoir sur lui. Nous vîmes jeudi au soir le ballet attendu si longtemps, duquel la vue ne répondit pas à la dépense qui en avoit été faite, que l'on estime à plus de dix mille écus. M. de Valavez le vit à l'Arsenac. Je me remets à lui de vous en faire le récit particulier. Je ne vous en dirai autre chose sinon[1] que ce fut un désordre le plus grand du monde, de quoi toutefois les balletants ont occasion de remercier Dieu; car toute l'invention n'en valant guère d'argent, la faute du mal est rejetée sur le peu de place qu'il y avoit pour le danser. M. de Plainville, capitaine des gardes, ne voulant désobliger personne, laissa entrer tout ce qui se présenta, et se trouva l'enceinte des barrières si pleine, qu'un homme seul eût eu de la peine à y passer. La Reine, à son arrivée, voyant cette multitude[2], se mit en la plus grande colère où je la vis jamais, et s'en retourna, résolue qu'il ne seroit point dansé: là-dessus on fit retirer et coucher le Roi. Toutefois pource qu'à quelques-uns il fut dit à l'oreille que cette retraite n'étoit que pour faire sortir le monde, et que, s'il se trouvoit place, on le danseroit, peu de gens prirent l'alarme, et fallut qu'à la fin les archers dissent tout haut que tout le monde sortît et que le Roi étoit au lit. Cela ayant fait faire quelque place,

Lettre 146. — 1. *Sinon* a été ajouté après coup, au-dessus de la ligne; de même que deux lignes plus loin, *toutefois*.

2. *Cette multitude* a été substitué à *ce désordre*.

mais bien éloignée de ce qu'il eût fallu pour tant de danseurs et de machines, la Reine revint et le Roi aussi, qui étoit déjà couché, et alors le ballet fut donné tellement quellement, et non comme il est décrit dans le discours qui s'en est imprimé. Les escurieux[3] ne dansèrent point au Louvre; bien en parut-il trois ou quatre hier[4], mais ils disparurent tout aussitôt : le Roi les devoit voir ce soir. Cette nuit il s'est fait un combat de deux à deux dans la place Royale. Voilà déjà le segond qui s'y est fait; et sans un empêchement qui fut donné à deux autres qui s'y étoient assignés, ce seroit le troisième. Le sujet de ce dernier est que M. Desmarais[5], fils de Mme de Sully, s'étant enfermé dans une chambre à l'Arsenac, pour voir le ballet avec quelques dames, défendit que l'on n'y laissât entrer homme[6] du monde que M. de Sainte-More[7]. M. de Rouillac[8] vient et frappe à la porte; M. Desmarais, croyant que ce fût Sainte-More, ouvre la porte; il voit le marquis de Rouillac, et la referme. Il lui dit : « Vous êtes bien cruel; » l'autre lui répondit : « Je ne suis pas beau[9]. » Le marquis de Rouillac se retire et rencontre Sainte-More, à qui il conte ce refus, et lui dit qu'il n'avoit pas eu envie d'entrer, mais de faire entrer un gentil- 1614

3. *Escurieux*, écureuils.

4. Ce mot est très-douteux.

5. Philippe Hurault, seigneur du Marais, tué aux Ponts-de-Cé le 7 août 1620, fils du premier mariage de Rachel de Cochefilet, seconde femme du duc de Sully.

6. Devant le mot *homme*, le manuscrit porte *personne*, effacé.

7. François de Sainte-Maure, seigneur de Sales. Suivant une relation conservée dans un manuscrit de la collection Gaignières (nº 750, 2-3), le duel eut lieu au clair de lune, dans la nuit du samedi au dimanche, 26-27 janvier 1614.

8. Louis de Goth, marquis de Rouillac, mort en 1662, à soixante-dix-huit ans.

9. Tel est, bien lisiblement, le texte du manuscrit.

1614 homme anglois qui étoit là présent, lequel[10] il pria Sainte-More de faire entrer, ce qui fut fait. Voilà le fondement de la querelle : le succès, c'est que s'étant assignés à la place Royale, Rouillac contre Desmarais, et Saint-Vincent contre Sainte-More, Rouillac s'étant jeté sur Desmarais, le porta[11] par terre, et lui donna force coups de pommeau d'épée (car ils n'avoient dagues ni les uns ni les autres), pour lui faire demander la vie. L'on dit que Desmarais lui dit qu'il fît ce que bon lui sembleroit de lui, et que la dispute qu'ils avoient ne valoit pas qu'il la lui ôtât, toutefois qu'il fît ce qu'il voudroit. Là-dessus Saint-Vincent, segond de Rouillac, ayant reçu un grand coup d'épée au travers du corps, et tel que son ennemi ne pouvoit retirer son épée, cria à Rouillac qu'il étoit mal et qu'il le vînt secourir, ce qu'il fit, et donna à Sainte-More, qui ne pouvoit retirer son épée du corps de Saint-Vincent, un grand coup d'épée dans la souris[12] du bras, dont il mourut trois heures après, n'y ayant jamais eu moyen de lui arrêter le sang. Rouillac se retira à l'hôtel de Guise, où l'on dit qu'il est encore; les autres disent que non. Cette après-dînée le Roi et Madame ont tenu l'enfant d'Arlequin. La fille de M. le maréchal d'Ancre a la petite vérole. Il y a en cette ville une femme sans pieds et sans mains, qui écrit, coud et enfile son aiguille avec la langue fort bien et fort promptement, à ce que l'on dit. Quand je l'aurai vue, j'en écrirai plus particulièrement. J'ai envoyé votre lettre à votre compère et au mien[13],

10. Au lieu de *lequel*, etc., Malherbe avait d'abord écrit : « et pria Sainte-More de le faire entrer. »

11. Devant les mots *le porta*, il y a *il*, effacé.

12. « Les souris du corps qu'on appelle muscles, sont les parties charnues du corps, composées de chair, nerfs, veines et artères, *musculi.* » (*Dictionnaire de Nicot.*)

13. Du Monstier.

sur le point que j'ai commencé celle-ci; il me l'a renvoyée sans la vouloir regarder, et a dit à mon homme qu'il travailloit tant qu'il pouvoit pour vous, et qu'il vous envoyeroit le pourtrait quand il seroit fait. Mme de Nevers devoit partir ce matin, pour aller trouver Monsieur son mari. J'ai vu sur le midi[14] deux dames qui l'alloient voir et craignoient de la trouver partie; toutefois je viens de voir un gentilhomme qui l'a vue cette après-dînée allant à vêpres aux Feuillants ou aux Capuchins. Ce sera pour demain, et pour demain aussi le partement de M. du Bouillon : il prit hier congé de la Reine. Voilà en nouvelles le payement des vôtres. Je ne saurois deviner quelle nouvelle levée de bouclier veut faire l'homme qui s'est approché de vous[15]; mais cela est indigne du sens commun de croire qu'il vous en veuille; s'il est fou, ce n'est pas jusqu'à la marotte. Je me réjouis de tout mon cœur de la guérison de M. le président de la Ceppède; entre les occasions qui me rappelleront en Provence, son amitié n'est pas la dernière. Je vous supplie, Monsieur, qu'il lise ici que je suis son très-humble serviteur. 1614

Il me semble qu'autrefois j'ai vu en la muraille de l'église des Bons-Hommes d'Aix un épitaphe latin où ce mot de *Threption*[16] rend l'intelligence difficile. S'il vous plaît prendre la peine de me l'envoyer, je suis trompé si je ne vous en baille la vraie interprétation, si vous ne la savez déjà. Je vous envoye un pourtrait, fait à ma mode, du festin qui fut fait à la Reine, il y a aujourd'hui huit jours, par Mme la princesse de Conty. C'est

14. Devant les mots *sur le midi*, le manuscrit porte *au*, effacé.

15. C'est bien certainement le beau-frère de Malherbe, Châteauneuf.

16. L'autographe porte ici *Treption*, sans *h*; mais plus loin Malherbe écrit *Threption*, ce qui est la véritable orthographe du mot : voyez plus loin, p. 432.

tout ce que je vous puis dire. Adieu, Monsieur; tenez-
1614 moi aux bonnes grâces de Monsieur le premier président et aux vôtres, et l'assurez toujours que je suis son serviteur très-humble et très-obligé comme le vôtre.

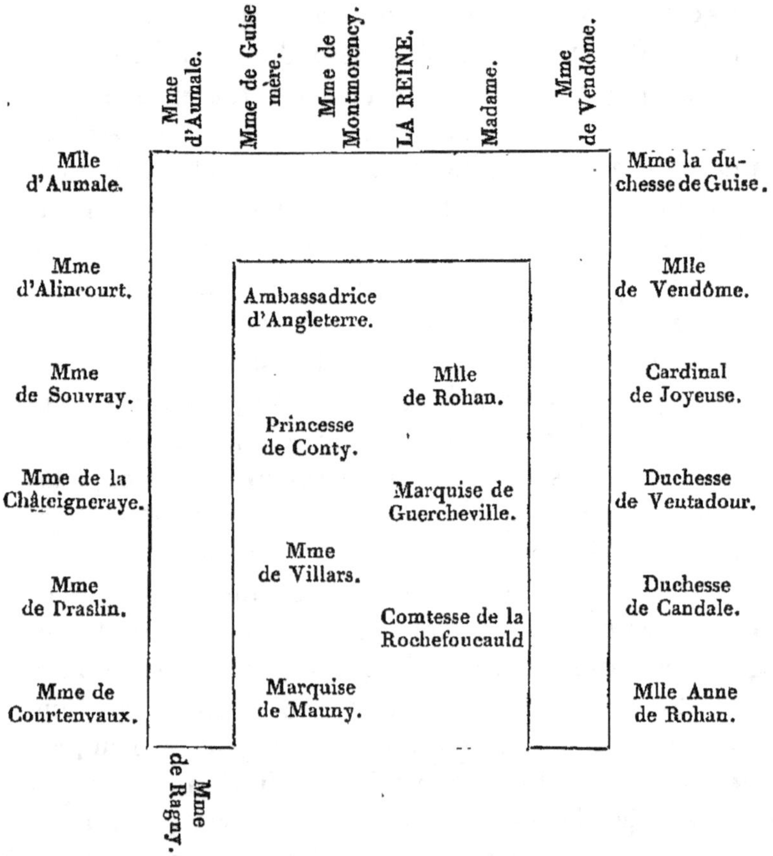

Par le dedans de la potence on servoit la Reine et n'y avoit personne devant elle. En l'un des coins étoit l'ambassadrice d'Angleterre, le visage tourné vers Mme d'Alincourt. En l'autre coin de ce dedans de potence étoit Mlle de Rohan[17]; son couvert

17. Henriette de Rohan, sœur d'Anne de Rohan, morte sans alliance, en 1624.

étoit tourné vers M. le cardinal de Joyeuse; mais pour faire rire la Reine, comme elle a de coutume, elle tourna son siége et son couvert et se trouva droit vis-à-vis de Madame, but à la santé du Roi et de la Reine, etc. 1614

La Reine appela Mme de Guise la mère pour se mettre auprès d'elle; mais elle, complaisante et obligeante selon sa coutume, voulut que Mme de Montmorency y fût[18].

---

147. — A Paris, ce 10e de février.

Monsieur, tout va mieux ici que l'on ne vous mande, je le sais bien, car il y a des gens qui sont faits d'une façon qu'ils ne cherchent[1] que le mauvais temps, et pensent que tout ira de travers à force de le dire. Je vous répète encore une fois que il n'y a du tout rien de nouveau, et ne vois point que les gens de bien ayent[2] de quoi craindre ce dont les méchants semblent entrer en espérance. Je vous en écrirois plus particulièrement; mais ce porteur sera un mois par les chemins, si bien que ce que je vous manderois seroit sans grâce quand il arriveroit. Il va partir, à ce que m'a dit M. l'avocat général Monier, un homme en poste, par lequel vous saurez ce que je sais et que je saurai entre ci et là. Il me suffit que vous voyez que ce n'est pas la paresse qui m'empêche de vous faire une plus longue lettre; ce n'est ni mon desir ni ma coutume; car puisque je ne vous puis servir en autre chose, pour le moins le veux-je faire à vous donner de l'entretien. Je pensois aller remercier Monsieur l'archevêque d'Aix de l'honneur qu'il a fait à mon

18. Le dessin et l'explication qui le suit sont de la main de Malherbe.

Lettre 147. — 1. *Cherchent* a été substitué à *demandent*.

2. Au lieu des mots : « que les gens de bien ayent, » Malherbe avait mis d'abord : « qu'il y ait. »

1614 fils; mais l'on me dit qu'il est allé au Fay [3]. S'il aimoit autant que moi le repos et du corps et de l'esprit, il ne se tourmenteroit ni l'un ni l'autre comme il fait : chacun vit à sa mode, et vivra tant que le monde sera monde. Pour moi, je serai toujours très-humble serviteur et très-affectionné de ceux qui m'aimeront, entre lesquels vous aurez toujours le lieu que vous vous y êtes acquis par les faveurs que j'ai reçues et que je reçois journellement de vous.

---

148. — A Paris, ce jeudi au soir, 13e de février.

Monsieur, je m'assure que l'on vous conte d'étranges bourdes en Provence, puisqu'à Paris, au Louvre, et au cabinet, nous n'en sommes pas exempts : voilà pourquoi, ayant à vous écrire, suivant l'avertissement que m'en avoit hier donné M. de Valavez, j'ai tout aujourd'hui été aux lieux où j'ai pensé apprendre quelque chose de ce qui est aujourd'hui sur le tapis. Chacun discourt de l'absence de ces princes à sa fantaisie; pour moi, je ne sais que c'est, mais il faudra, devant que je craigne de la pluie de ce côté-là, que je voye d'autres nuées. Les peuples demeurent partout [1] en obéissance; et de rien faire sans eux, il n'y a point de moyen. La Reine, tout ce soir, n'a fait que regarder des pierreries et en acheter, pour donner la foire [2] aux princesses. Je ne vois nul trouble sur son visage; tant que cela sera, j'aurai l'esprit en repos. Nous avons ici un monde de gens qui, pource qu'ils desirent la guerre, s'imaginent qu'elle sera; ils seront trompés,

3. Terre appartenant à la famille de l'archevêque.

Lettre 148. — 1. *Partout* a été substitué à *de tous côtés;* et trois lignes plus loin, *princesses* à *dames*.

2. C'est-à-dire un cadeau à l'occasion de la foire Saint-Germain.

s'il plaît à Dieu. Pour le moins, Leurs Majestés se portent bien, à la barbe de Morgart et de ses prophéties. Les comédies continuent une fois la semaine, et le repos toujours, Dieu aidant. Adieu, Monsieur : je sais bien que comme homme de bien et bon serviteur du Roi, vous avez le même desir que j'ai[3] ; vous pouvez aussi avoir la même espérance. S'il vient des tempêtes, nous avons de bons pilotes, et qui en ont vu de plus grandes que ce malheureux petit vent ne sauroit en exciter. Je suis votre serviteur très-humble et très-affectionné, 1614

Fr. Malherbe.

De Paris, ce 13e de février.

Morgart a été condamné, il y a quelques jours, en galère pour neuf ans[4]. La Reine eût bien desiré qu'il fût mort : toutefois la recommandation qu'elle en a faite[5] lui rendra la vie pire que la mort.

Il y a quelques jours que M. de Ventadour[6] fut envoyé vers Monsieur le Prince. Mme de Gêvres[7] dit hier, en un lieu où j'étois, que M. de Ventadour ayant appris par les chemins que Monsieur le Prince étoit passé en ces quartiers, il s'étoit arrêté à Orléans, et avoit envoyé

3. Malherbe avait d'abord écrit : « le même desir que moi. » Deux lignes plus bas, *en* a été ajouté après coup devant *ont vu*, en interligne.

4. Voyez plus haut, lettre 144, p. 368, et la note 7.

5. Au lieu des mots : « la recommandation qu'elle en a faite, » il y avait d'abord simplement : « sa recommandation. »

6. Anne de Lévis, duc de Ventadour, chevalier des ordres du Roi, gouverneur et sénéchal du haut et bas Limousin, lieutenant général en Languedoc, mort en 1622. Voyez diverses lettres de lui, au sujet de sa mission, dans le manuscrit 91 de la collection Dupuy.

7. Charlotte Baillet, femme de Louis Potier, seigneur de Gesvres, secrétaire d'État, mort le 25 mars 1630.

1614 vers la Reine un gentilhomme pour recevoir ses commandements.

Elle dit aussi que Monsieur le Prince étoit à Muret, qui est une maison qu'il a à sept ou huit lieues de Soissons, et la même maison d'où il partit quand il alla en Flandres, du temps du feu Roi.

Il y eut mardi huit jours que M. le comte de Saint-Pol arriva; je n'étois pas au cabinet quand il arriva, mais j'y arrivai tout incontinent après, où je sus que la Reine lui avoit fait fort bon visage. Bien vis-je que la Reine, sortant du petit cabinet, et entrant dans le grand, appela M. de Guise, le tira à part, et parla à lui assez longtemps. M. de Guise, l'ayant quittée, demanda tout haut : « Où est M. le comte de Saint-Pol? » Je le lui montrai, et tout aussitôt il l'alla saluer et lui fit un grand compliment, le convia de descendre à la comédie, ce qu'il fit, où ils furent assis l'un auprès de l'autre, et M. de Guise eut soin de lui faire apporter un siége.

Vendredi 7e de ce mois, M. de Longueville revint de sa maison de Trie, où il avoit été dix ou douze jours; j'étois au cabinet quand il salua la Reine, qui lui fit fort bonne chère.

Ce même jour, les trois Toupinamboux, qui sont sur leur partement, vinrent prendre congé du Roi; leur harangue fut : « Adieu, Sire; je suis votre très-humble serviteur. » Il y en eut un qui y ajouta, comme plus grand orateur : « Adieu, Sire Monsieur. » Ils en dirent de même à la Reine : « Adieu, Madame, etc. » Le Roi leur a fait donner des croix d'or avec des fleurs de lis d'or aux quatre coins de la croix, et les fit, avec cela, chevaliers de l'ordre Saint-Louis[8], mais ce fut sans autre

8. Je ne sais si l'on connaît d'autres chevaliers de cet ordre que les trois Topinamboux.

formalité que le don qu'il leur fit desdites croix. M. d'Espernon et Monsieur le chancelier eurent quelque petite brouillerie, mais ce ne fut rien : en voici l'histoire, que m'a racontée M. le marquis de Rambouillet, qui y étoit. M. d'Espernon, dans le grand cabinet, cependant que la Reine étoit dans le petit, s'adressa à Monsieur le chancelier, et lui dit : « Monsieur, vous avez passé la grâce de Miramont[9] ? » Monsieur le chancelier lui répondit : « Oui, Monsieur; elle étoit juste. — Ce n'est pas, dit M. d'Espernon, ce que je veux dire; je me plains de l'adresse qui en a été faite au prévôt de l'hôtel[10]. » Monsieur le chancelier lui répondit que cela aussi s'étoit dû faire, pource qu'il étoit commensal, et que M. le marquis de Rosny le lui avoit ainsi notifié. M. d'Espernon répliqua que M. le marquis de Rosny pouvoit l'avoir fait pour être ami de Miramont, mais qu'à la vérité il n'étoit pas commensal[11]. Monsieur le chancelier lui dit que le grand prévôt feroit justice. M. d'Espernon dit qu'il y avoit quarante ans qu'il étoit à la cour, mais qu'il n'avoit jamais vu que le grand prévôt eût fait pendre personne de qui la grâce lui eût été adressée; et ayant haussé sa voix en disant cela, Monsieur le chancelier lui dit : « Monsieur, vous êtes en colère. » M. d'Espernon lui répondit que lui dire qu'il étoit en colère, c'étoit lui dire qu'il étoit sans raison, et qu'il savoit fort bien ce qu'il 1614

9. Peut-être le chevalier de Miraumont, commandeur de Coulommiers, mort le 24 janvier 1630, et auquel Tallemant a consacré une *historiette* (tome III, p. 477).

10. Le prévôt de l'hôtel du Roi avait, comme nous l'avons dit plus haut, la juridiction sur toute la maison du Roi, tandis que le duc d'Espernon avait justice souveraine sur toute l'infanterie française, où Miramont servait probablement. — On appelait *commensal* celui qui avait le droit de prendre place aux tables du Roi.

11. Malherbe avait mis d'abord : « pour être son ami, mais qu'à la vérité il ne l'étoit pas. »

1614 faisoit et disoit, et étoit trop vieil pour avoir besoin de pédagogue. Là-dessus, la Reine entrant dans le cabinet, Monsieur le chancelier lui dit : « Monsieur, voici la Reine. » Ils s'avancèrent tous deux vers elle, et en sa présence répétèrent ce discours. La Reine leur commanda de le laisser, et ne se souvenir plus de ce qui s'étoit passé entre eux; ce qu'ils promirent faire. J'avois oublié à vous dire que M. d'Espernon lui dit : « Je sais bien ce que je dois aux chanceliers, mais aussi sais-je bien ce que les chanceliers doivent à gens de ma qualité. » Et ce fut là-dessus que Monsieur le chancelier lui dit qu'il étoit en colère, et y ajouta qu'il l'avoit toujours honoré comme un prince, et desiroit continuer. Comme ils sortoient après le commandement que leur eut fait la Reine de tout oublier, Monsieur le chancelier, en sortant, dit à M. d'Espernon : « Monsieur, je vous supplie donc très-fort de ne vous souvenir plus de ce qui s'est passé. » M. d'Espernon dit : « Je le ferai, mais je sais bien que vous n'en ferez pas de même. »

La charge de M. de Ventadour est de convier Monsieur le Prince à s'en venir en cour, pour accompagner le Roi au voyage de Bayonne, pour son mariage avec l'infante d'Espagne, qui se doit faire incontinent après Pâques, et aussi pour se trouver à l'accord de mariage de Madame Chrétienne avec le prince d'Angleterre[12], et que, s'il se plaignoit de n'avoir pas assez de part aux libéralités du Roi et de la Reine, qu'il lui répondît que, se tenant auprès du Roi, et le servant comme il doit, il se devoit assurer qu'il y seroit toujours respecté pour celui qu'il est, et seroit gratifié autant qu'il devoit desirer; que s'il mettoit les autres absents en jeu, il lui devoit répondre qu'il n'avoit aucune charge là-dessus. Je sais cela

12. On sait que ce mariage ne se fit pas.

de 71[13]. Vous aurez su de M. de Valavez la brouillerie qu'a eue M. de Lyvarrot[14] avec un nommé la Ferté-Silly, de Normandie; je me passerai de vous en rien dire. La reine Marguerite est venue supplier la Reine pour la grâce de M. de Lyvarrot, et dit-on que demain elle y doit revenir; je crois qu'elle l'obtiendra. 1614

M. de Termes, le même[15] vendredi 7e de ce mois, fit serment de premier gentilhomme de la chambre.

Mlle de Sancy, sœur de Mme d'Alincourt, est mariée avec M. de la Meilleraye en Normandie.

Dimanche dernier, M. de Longueville, ayant demandé congé à la Reine de s'en aller en son gouvernement de Picardie, elle lui dit qu'il lui donnât encore sept ou huit jours; et que encore qu'elle lui pût commander comme sa reine, elle l'en prioit comme elle en prieroit son fils. Il lui promit de le faire; et le lendemain, qui étoit lundi[16], ayant changé d'avis, il monta en carrosse, et dit à son carrossier qu'il allât au Louvre. Comme il fut à mi-chemin, il se mit à se plaindre de sentir des tranchées de colique; et s'étant fait remener chez lui, il se mit au lit, où il fut jusques à la nuit, et lors il monta à cheval et s'en alla.

Mardi au soir, la Reine ayant eu opinion et avis[17] que M. de Vendôme suivroit cet exemple, l'envoya querir par M. de Mailloc[18], son gentilhomme servant. Il le

13. Le chiffre 71 désigne, d'après la traduction de Peiresc, la princesse de Conty.

14. Peut-être André d'Oraison, baron de Boulbon et de Livarrot, marié en 1603 à Jeanne d'Arces ou d'Arcy, dame de Livarrot. Voyez plus loin, lettre 149, p. 393.

15. *Le même* a été ajouté en interligne.

16. 10 février.

17. Les mots *et avis* sont au-dessus de la ligne.

18. Probablement le du Boulay Mailloc qui figure sur les comptes de l'année 1612 comme appointé à neuf cents livres.

1614 trouva qui venoit chez la Reine; il pensa donc qu'il n'étoit point de besoin de lui rien dire. La Reine étoit dans le grand cabinet, où ayant avisé M. de Vendôme au travers de ceux qui étoient devant elle, elle entra dans le petit cabinet, où incontinent après elle fit, par une de ses femmes, Mlle Catherine, appeler M. de Vendôme, et lui dit qu'elle étoit avertie qu'il vouloit faire comme M. de Longueville : il le nia fort et ferme, et elle lui répondit qu'elle savoit qu'il avoit fait mener des chevaux hors de Paris tout exprès, et qu'elle le vouloit empêcher de faire chose qui irritât le Roi et l'obligeât à lui faire déplaisir, et que pour cet effet elle avoit résolu de l'arrêter. M. de Vendôme la supplia de se souvenir du feu Roi, et de l'honneur qu'il lui avoit fait de le reconnoître pour son fils; la Reine lui dit que ce[19] qu'elle en faisoit, c'étoit pour l'empêcher de se perdre, et qu'il s'en allât en sa chambre. Comme il sortit, M. de Plainville, capitaine des gardes, qui est en quartier, le conduisit en sa chambre, et lui laissa six archers et deux exempts.

Hier, qui étoit mécredi, il fut permis de le voir, toutefois non plus que deux à la fois, et sans épées. Aujourd'hui l'on m'a dit que l'on ne le voyoit plus, et de fait, sur les quatre heures, M. de Plainville est allé faire prendre la mesure de ses fenêtres pour les griller; et a-t-on fait murer une porte de sa chambre.

Madame sa femme ni Mme de Mercœur[20] n'étoient point ce soir au cabinet; il n'y avoit de princesses que Mmes de Guise et Mme la princesse de Conty.

Il courut hier un bruit faux que Riberpré[21], qui com-

19. Devant *ce*, il y a *aussi*, biffé.

20. Devant *de Mercœur*, l'autographe porte les mots *sa mère*, effacés.

21. Probablement le fils de Nicolas de Moy, seigneur de Veraines et de Riberpré.

mande à la citadelle d'Amiens sous M. le maréchal d'Ancre, avoit été poignardé; mais cela s'est trouvé faux. 1614

M. le maréchal d'Ancre partit hier sur les quatre heures pour y aller; sa troupe étoit seulement de trente-cinq chevaux.

---

149. — [Février[1].]

Monsieur, nous sommes au temps des nouvelles, voilà pourquoi je ne vous les veux pas épargner. Je vous dis dernièrement tout ce que je savois : ce qui est arrivé depuis est peu de chose; mais je juge bien, par les bruits qui se font ici, que l'on vous met en de grandes inquiétudes par les bourdes que l'on vous conte. Je vous pense avoir écrit que tout ceci s'en iroit en fumée; je n'ai point changé d'opinion, et aujourd'hui le vent du cabinet étoit plus tourné à la paix qu'à la guerre. La foire[2] est continuée pour toute cette semaine; c'est tout ce que je vous puis dire. Je baillai hier cent francs à M. de Valavez, et le priai de me faire ce bien de les faire rendre par delà à ma femme, pour avoir des livres à Marc-Antoine. Je vous supplie, Monsieur, que je reçoive cette courtoisie de vous avec tant d'autres, et que vous croyiez que vous n'aimez personne qui estime cet honneur comme je fais, et qui soit plus que moi votre serviteur très-humble et très-affectionné,

Fr. Malherbe.

Je vous supplie, Monsieur, me faire cette faveur de

Lettre 149. — 1. Les deux premiers paragraphes n'ont pas été datés par Malherbe. La cote de Peiresc est douteuse; il y a 16 ou 18.

2. La foire Saint-Germain.

1614 baiser bien humblement les mains à M. du Vair, et l'assurer que je suis toujours son serviteur très-humble, et en cette qualité très-desireux de la conservation de ses bonnes grâces. Je lui écrirai, et à M. le président de la Ceppède, quand j'aurai fait quelque ouvrage que je leur puisse envoyer; car sans cela je n'oserois rompre un si long silence. Adieu, Monsieur, encore une fois, et encore une fois je vous supplie de m'aimer et tenir pour votre serviteur.

A Paris, le dimanche 16e de février.

M. de Ventadour revint hier au soir, ayant appris à Orléans que Monsieur le Prince, vers lequel il alloit, étoit passé en ces quartiers : on ne parle plus de renvoyer vers lui.

Ces Messieurs les Princes absents sont à Mézières, les autres disent à la Cassine : mais l'un et l'autre peut être vrai; car la Cassine, qui est une maison de Mgr. de Nevers, est tout auprès de Mézières. Ils n'ont personne avec eux. Monseigneur le Prince partit de Châteauroux avec six chevaux; le reste de son train l'a suivi depuis, jusquès à quarante ou cinquante chevaux. M. de Longueville y est allé aussi avec sept ou huit chevaux, et tous n'ont que leurs domestiques : ils vont ordinairement à la chasse.

La Reine dit, il y a trois ou quatre jours, qu'elle mèneroit sa fille[3] avec trente mille hommes de pied et six mille chevaux, et qu'elle ne pensoit pas qu'en cet équipage elle ne pût passer partout.

En cas que nous ayons guerre, ce que je ne crois nullement, et ai assez de gens de mon opinion, MM. de Termes, de la Rochefoucauld, de Courtenvaux, et mar-

3. Élisabeth.

quis de Sablé, font chacun une compagnie de chevaux légers. Les compagnies de Monsieur le Prince et de M. du Maine sont mandées et viennent. 1614

Il se fait levée de six mille Suisses, qui doivent être à Saint-Jean-de-Lône en Bourgogne dans un mois ou six semaines. On fait une crue aux vingt compagnies du régiment des gardes, de cent hommes par compagnie, et de cinquante par chaque compagnie des autres régiments entretenus; mais je crois que l'on n'en viendra point si avant, bien crois-je que le voyage se fera avec dix ou douze mille hommes de pied, qui seront le régiment des gardes et les six mille Suisses, et douze ou quinze cents chevaux.

Ceux de la religion ne remuent point, même l'on m'a dit que ceux de la Rochelle avoient envoyé assurer la Reine de leur obéissance. Je ne sais si je vous ai mandé qu'ils ont obtenu depuis douze ou quinze jours qu'ils ne seroient plus tenus de nommer leur religion prétendue réformée, mais réformée simplement.

On a envoyé Fouqueroles, enseigne des gardes du corps, en Bretagne, porter la nouvelle de l'arrêtement de M. de Vendôme. M. de Bassompierre est aujourd'hui coronel des Suisses[4]. M. de Rohan, qui l'étoit, lui a vendu sa charge pour le prix de trente mille livres. M. de Lyvarrot, dont vous aviez pu ouïr l'emprisonnement à la Bastille, pour un soufflet qu'il avoit donné dans l'antichambre de la Reine[5], a eu aujourd'hui sa grâce, et est venu dans le cabinet remercier Sa Majesté. Le Roi s'étoit allé coucher, et n'y avoit au cabinet que Mme la princesse de Conty et Mme de Guise. M. de Souvray s'est approché de la Reine et lui a dit quelque chose à l'oreille, et lors il s'est

4. Voyez, à ce sujet, les *Mémoires de Bassompierre*, année 1614.
5. Voyez plus haut, lettre 148, p. 389.

1614 tourné vers M. de Lyvarrot, qui s'est jeté à deux genoux aux pieds de la Reine et a parlé fort bas. Il n'a guère parlé, que la Reine lui a dit : « Levez-vous ; » il a toutefois toujours continué à genoux. Comme il a eu fort peu parlé, la Reine lui a dit : « Une autre fois soyez plus sage. » Il a encore dit quelque chose, à quoi la Reine a répondu par deux fois : « Je sais bien cela. » Voilà tout ce que j'en ai ouï, encore que je fusse tout auprès, sinon qu'il la supplioit très-humblement de lui pardonner : aussi n'a-t-il dit autre chose ; car je l'ai su de lui-même, lorsqu'il a été hors de la présence de la Reine[6]. Mme de Bressieu lui avoit fait porter un lit à la Bastille, qui est venu tout à propos pour le comte de la Roche[7], qui y a été mis comme M. de Lyvarrot en est sorti. Je ne crois pas qu'il en sorte sitôt, ni peut-être à si bon marché. Peyronne[8], de M. d'Espernon, se meurt, et ne croit-on pas qu'il soit demain en vie : l'on dit que son mal est une[9] esqui-

6. L'affaire ne se termina pas là ; le 17 janvier 1615, un duel eut lieu à Bicêtre entre la Ferté et Livarrot, qui y fut blessé à mort.

7. La nuit du 26 décembre 1613, auprès de Tarare, le comte de la Roche avait assassiné un prêtre italien, nommé Theofilo Stefanio, agent secret de la France en Italie et en Allemagne, et dont la mort importait fort au duc de Savoie, au service duquel le comte avait été depuis la mort de Henri IV. Après une information faite sur les lieux, la Roche, sur lequel on trouva divers papiers ayant appartenu au prêtre, fut arrêté et conduit d'abord à la Bastille, puis à la Conciergerie. Le 6 août 1614, il fut condamné à mort avec deux de ses complices, et exécuté le même jour. Je n'ai trouvé la mention de cette affaire que dans le manuscrit 91 de la collection Dupuy (p. 236 et suivantes), et dans le manuscrit 192 du fonds Brienne où sont rapportées diverses pièces du procès. Le comte, dans son interrogatoire, déclare s'appeler Balthasar Flotte de Montauban, comte de la Roche, un des quatre barons du Dauphiné, être âgé de soixante ans, et demeurer à Montmaur en Dauphiné.

8. Probablement Peyrolles, dont il est question plus d'une fois dans la *Vie de d'Espernon* par Girard.

9. On lirait plutôt *un* que *une*, dans l'autographe.

nancie, et le médecin dit qu'il se doute encore d'une apostume dans le corps. 1614

---

150. — A Paris, ce jeudi 20e février.

Monsieur, si ceux qui se chargent de mes lettres sont aussi diligents à les vous rendre que moi à les vous écrire, vous n'avez point de quoi vous plaindre que vous ne soyez très-bien informé[1] de ce qui se passe, pour le moins de ce qui en peut venir à ma connoissance. Je vois les alarmes que l'on baille ici à ceux qui croyent de léger, et ne doute point que l'on ne vous fasse encore pire aux provinces. Voilà pourquoi je vous veux garder de tomber aux inquiétudes que ces bruits peuvent causer à ceux qui ne sont pas bien avertis. Vous avez su, et je crois le vous avoir mandé, qu'il vint, il y a trois jours, un courrier de la part de M. de Nevers avertir la Reine que sur ce qu'il avoit voulu faire voir la citadelle de Mézières à Monsieur le Prince, l'entrée lui en ayant été refusée, il l'avoit assiégée et étoit sur le point de la prendre pour faire obéir le Roi; ce qu'ayant fait, il y mettroit celui que la Reine y voudroit envoyer. Là-dessus la Reine dépêcha M. de Praslin, qui partit hier au matin, et mena avec lui M. des Ruaux, lieutenant des gardes du corps en la compagnie de M. de Tresmes, pour la lui faire remettre. Hier au soir il arriva que M. de Vendôme, qui étoit gardé fort gracieusement, se sauva sur les sept heures. Ce M. des Ruaux étoit l'un de ceux qui en avoient la charge, de sorte qu'étant parti, tout le commandement demeura

Lettre 150. — 1. *Informé* a été substitué à *averti*; et, cinq lignes plus loin, *peuvent causer* à *vous causeroient si*.

1614 à un exempt nommé la Borderie, qui avoit recherché cette commission et l'avoit eue par l'instante poursuite qu'il en avoit faite. En cette chambre de M. de Vendôme il y avoit une antichambre, et tant la chambre que l'antichambre avoit porte sur une même montée, qui est celle qui va à la chambre de Mme la princesse de Conty. La porte de la chambre demeuroit fermée de sa serrure ordinaire, à laquelle l'on avoit ajouté un cadenas : ainsi n'entroit-on que par la porte de l'antichambre, laquelle étoit gardée par dedans de huit archers, qui n'entroient point dans la chambre de M. de Vendôme, mais seulement l'exempt qui les commandoit. Comme le soir fut venu, M. de Vendôme dit qu'il ne se trouvoit pas bien et qu'il ne vouloit point souper; de manière que l'exempt, qui avoit accoutumé de manger à sa table, s'en alla souper[2] à son train. Étant de retour, M. de Vendôme, qui peut-être n'avoit pas encore son cas prêt, le pria d'aller[3] vers la Reine la supplier très-humblement qu'il eût l'honneur de parler à elle avant qu'elle partît pour aller à Châlons, où elle devoit aller le lendemain si la première résolution eût été suivie, et aussi qu'elle le fît garder en quelque chambre du côté de la galerie, afin qu'il eût la commodité de s'y pourmener; il lui donna encore quelques autres commissions pour lui donner sujet de demeurer plus longtemps hors de la chambre. L'exempt s'en va vers la Reine, qui lui dit : « Dites-lui que je lui permettrai de me voir devant que je parte, et que pour ce qu'il me demande, j'y aviserai et l'en résoudrai. » L'exempt sort et s'amuse encore quelque temps ailleurs; enfin il s'en

2. Il y avait d'abord *dîner*, qui a été corrigé en *souper*.

3. Malherbe avait commencé par rédiger ainsi cette phrase : « Étant de retour, je ne sais si M. de Vendôme n'avoit pas encore son cas prêt, il pria l'exempt d'aller, etc. »

revient à la chambre de M. de Vendôme, où ayant jeté 1614
les yeux de tous côtés et ne le voyant point, il demande à Mme de Vendôme : « Où est Monsieur? » Elle lui répondit : « Me l'avez-vous baillé en garde? » Là-dessus il s'écria qu'il étoit perdu, et descendit en bas, et se mit à crier : « Fermez les portes; M. de Vendôme est sorti. » Les portes sont aussitôt fermées, et fut crié aux armes chez la Reine. A ce bruit tout le monde y courut; les compagnies des gardes qui l'ouïrent prirent les armes et s'en vinrent aux barrières, la pique basse; de sorte que M. de Guise, le prince de Joinville, et Monsieur le Grand, qui étoient à l'hôtel de Bouchage avec M. le cardinal de Joyeuse, eurent peine d'entrer au Louvre. Vous pouvez penser comme la Reine fut en colère, et justement. La Borderie fut mis au Four-l'Évêque, où il est encore; et croit-on que le moindre mal qui lui en arrivera sera de perdre sa charge. Pour les soldats, leur justification est qu'ils avoient défense d'entrer dans la chambre de M. de Vendôme. Ce soir tout le monde contoit des nouvelles à la Reine, et une infinité se vantoient de l'avoir rencontré, mais plutôt pour se faire de fête que pour vérité qu'ils sussent de cette affaire; et entre autres j'ai ouï que la Reine a répondu à l'un qui lui disoit qu'il avoit été rencontré sur les cinq heures de soir : « Comme est-ce que cela se pourroit faire? il n'échappa qu'à sept. » Tout ce que l'on en sait, c'est qu'il sortit par la porte des cuisines, et s'en alla par la rue de Saint-Thomas du Louvre se rendre à la porte de Saint-Honoré, où l'on dit qu'il se botta et s'en alla au Bourget, qui est sur le chemin de Soissons, où l'on croit qu'il soit allé. Si cela est, je ne sais pas comme il y sera bien venu; car il est certain que Messieurs de Soissons, en corps de ville, allèrent trouver M. du Maine et lui dirent qu'ils avoient été serviteurs de Monsieur son père, et étoient encore les siens, mais qu'ils

1614 le supplioient de ne faire aucune assemblée en leur ville, pource qu'ils étoient serviteurs du Roi et ne vouloient rien faire dont Sa Majesté eût sujet de s'offenser. Il les loua de cette bonne volonté au service du Roi, et leur dit que, quand ils lui verroient faire quelque chose qui y fût contraire, il leur permettoit de lui fermer les portes. Sur ce propos, je vous dirai que M. de Beaumont étant allé à Orléans se faire recevoir lieutenant de Roi en la place de M. d'Entraigues[4], duquel il a acheté la charge vingt-trois mille livres, Messieurs d'Orléans, après l'avoir reçu, lui ont dit qu'ils savoient qu'il dépendoit entièrement de Monsieur le Prince, et que pour cette occasion, vu les bruits qui couroient, ils le prioient de se retirer ou chez lui ou ailleurs, où bon lui sembleroit, jusqu'à ce que le temps fût autrement disposé. Messieurs de la religion sont sages de tous côtés. Messieurs des États de Hollande se sont offerts à Sa Majesté, et l'ont assurée qu'ils n'auroient autre volonté que la sienne. Il me semble que tout cela et la qualité de ces Messieurs, dont l'absence fait ainsi parler le monde, doit faire croire que tout ceci s'en ira en fumée, et bientôt. J'y ajouterai encore qu'un intendant de la maison de 58[5] rencontra hier un de ses secrétaires, et le pria de lui dire en ami s'il croyoit que nous eussions guerre, et si 58 reviendroit : il lui dit qu'il seroit ici bientôt, si l'on vouloit. Tous ces Messieurs sont à Sedan, qui est à trois ou quatre lieues de Mézières[6]. Le baptême du fils du prince Palatin se doit faire le 26e du mois qui vient; la reine d'Angleterre est marrine et les États de Hollande parrins : M. du Bouillon s'y doit aussi trouver. L'on tient que la Reine partira lundi prochain

4. Charles de Balzac, seigneur d'Entraigues, frère aîné de la marquise de Verneuil.

5. Monsieur le Prince. Voyez plus haut, p. 377, note 10.

6. Voyez tome I, pièce LXVI, p. 219.

pour aller à Mézières; mais l'on espère qu'elle attendra des nouvelles de M. de Praslin, et qu'elles seront si bonnes qu'elle ne sortira point du tout de Paris[7]. Pour moi, je crois qu'elle continuera son voyage, et que si l'on traite avec ces Messieurs, elle voudra être sur les lieux pour faciliter davantage les affaires. Tous les gouverneurs sont envoyés en leurs gouvernements. M. de Montbazon est parti cette après-dînée pour aller en Bretagne. Je crois que vous aurez bientôt Monsieur le chevalier; car pour M. de Guise, il demeure auprès de Sa Majesté. J'oubliois à vous dire que le Roi montre une extrême envie d'aller à la guerre; et devant-hier il se fit armer de toutes pièces avec un tel contentement de se voir en cet équipage, que s'étant mis au lit, il ne voulut pas laisser son casque, et disputa longtemps qu'il dormiroit mieux avec ce casque qu'avec son bonnet de nuit; mais enfin il se laissa aller aux remontrances qu'on lui fit de le quitter. Dieu veuille bénir les commencements de ce prince! Je pense que nous n'aurons (je veux dire ceux qui vivront alors) rien à regretter du passé. 1614

Mme la comtesse de Soissons contoit ce soir au cabinet que Monsieur son fils disoit aussi qu'il vouloit aller à la guerre, mais qu'il ne vouloit obéir qu'au Roi; et comme Madame sa mère lui remontroit qu'il étoit encore trop foible, il lui a répondu qu'à la guerre il n'étoit question que de savoir tuer un homme, et qu'il en tueroit bien un.

Adieu, Monsieur : louez ma diligence, et aimez toujours votre serviteur très-humble et très-affectionné,

FR. MALHERBE.

7. Au lieu de cette fin de phrase, il y avait simplement d'abord : « qu'elle n'ira point du tout. »

1614 Je vous prie, Monsieur, me faire ce bien de rendre[8] à ma femme cent francs que j'ai baillés à M. de Valavez; c'est pour acheter des livres à Marc-Antoine, qui sera votre serviteur comme le père.

Afin que vous ne vous étonniez pas que la prise de la citadelle de Mézières ait été faite en si peu de temps, je vous veux avertir qu'il ne s'y est tiré coup ni de canon ni d'arquebuse, ni de ceux de dehors ni de ceux de dedans, pource que, de quarante soldats qui étoient dedans, il y en avoit trente qui y étoient de la main de M. de Nevers, sans le lieutenant et l'enseigne.

Je vous ai dit la colère où fut la Reine de l'échappement de M. de Vendôme; mais j'avois oublié à vous dire que à l'heure même une de ses femmes, nommée Mlle Quenche, lui vint dire qu'il étoit repris, à quoi 51[9] répondit qu'à ce coup il iroit à la Bastille; mais l'avis se trouva faux.

---

151. — A Paris, ce 23e de février.

Monsieur, je vous écrivis il y a deux jours si au long que je n'ai rien à vous écrire. Je mis en ma dernière lettre tout ce que je savois, et depuis je n'ai rien appris, pource que hier la Reine avoit pris des pilules, et par conséquent elle ne se laissa point voir. Aujourd'hui je suis allé sur les six heures chez Mme la princesse de Conty, où je pouvois apprendre des nouvelles; mais ne pensant pas vous devoir écrire, je n'ai pas été curieux d'en demander; et voyant qu'elle ne vouloit descendre au cabinet qu'après son souper, je m'en suis revenu au logis, où j'ai trouvé

8. Devant *rendre*, il y a *faire bailler*, effacé.
9. La Reine.

l'un des laquais de M. de Valavez, qui me venoit avertir de sa part que si je voulois écrire, je lui envoyasse ma lettre : il m'est donc impossible de vous dire autre chose, sinon que la Reine a eu des [lettres[1]] de Monsieur le Prince et de M. de Nevers; celles de Monsieur le Prince sont fort longues; il a aussi écrit à la cour de parlement. La Reine fit lire les siennes tout haut au cabinet le jour même qu'elles furent apportées; mais mon malheur voulut que je n'y arrivai qu'après que ce fut fait. Le sujet, c'est quelque réformation qu'ils desirent être faite au gouvernement des affaires, de la vénalité des offices, de l'avancement des étrangers aux principales charges de la couronne, et autres tels textes accoutumés à ceux qui remuent. Je verrai d'avoir la copie des unes et des autres, et les vous envoyerai[2]. J'ai ce matin appris une nouvelle d'un qui la pense bien savoir: c'est que depuis deux jours la Reine a présenté requête à la cour des comptes que, vu les affaires qui se préparent, il lui soit permis de prendre un million de livres à la Bastille, ce qui a été accordé, pour être les deniers employés aux affaires de la guerre, s'il y en a. Demain, Dieu aidant, je serai plus savant, et par conséquent vous aurez de plus longues lettres. Adieu, Monsieur: je suis, comme de coutume, votre très-humble et très-affectionné serviteur.

1614

LETTRE 151. — 1. Il y a un trou dans l'autographe, à la place où était le mot *lettres*.

2. Le manifeste du prince de Condé et la réponse de la Reine se trouvent dans le *Mercure*, 1614, tome III, p. 317-330. Voyez dans le P. Lelong, tome II, nos 20115 à 20210, et dans le *Mercure*, 1614, p. 383, une liste des pièces imprimées relatives à la guerre des Princes.

1614

152. — A Paris, ce 10e mars.

Monsieur, je vous remercie de votre gazette, et en revanche je vous en envoye une autre : elle est petite, mais aussi n'avons-nous pas grandes nouvelles, quoique je m'assure que l'on vous conte d'étranges drôleries. J'ai vu les vers du ballet que vous m'avez envoyés ; celui qui les a faits écrit fort bien et fort nettement. Je vous en envoyerai, quelqu'un de ces jours, d'autres, s'il plaît à Dieu ; vous m'en direz votre avis, comme je vous dis le mien, et avec la même liberté. Je crois que Monsieur votre père aura reçu un petit mot de lettre que lui écrivoit M. de Valavez, pour rendre à ma femme cent francs que j'envoye à Marc-Antoine pour avoir des livres. Je vous supplie, Monsieur, à votre commodité, les lui faire bailler, et excuser tant d'importunités; mais en cette sorte de besoins, à qui recourrai-je, sinon à vous? Je devrois craindre de lasser votre courtoisie, mais j'ai peur de faillir encore davantage de croire qu'elle soit capable de se lasser. J'oubliois à vous parler encore d'une autre hardiesse que j'ai prise de mettre quelques livres pour lui dans un ballot que l'on vous a envoyé ; mais c'est trop souvent rougir, je ne vous en veux plus rien dire ; puisque je me suis mis dans le chemin de l'impudence, il faut aller de longue[1]. J'écrirois à Monsieur le premier président, mais je veux attendre que je lui envoye des vers, pour rompre mon silence avec quelque chose qui m'excuse de l'avoir si longtemps gardé ; et puis je sais bien que vous lui faites part des nouvelles que je vous écris, si toutefois il ne les sait d'ailleurs et de meilleur lieu. Je suis tou-

Lettre 152. — 1. « *Aller de longue*, avancer, gagner pays, » dit le *Dictionnaire de Trévoux*.

jours son très-humble et très-affectionné serviteur, et le vôtre, 1614

MALHERBE.

Je vous envoye deux copies de[2] la réponse que la Reine a faite à la lettre de Monsieur le Prince. Il y en aura, s'il vous plaît, une pour Monsieur le premier président, s'il ne l'a eue d'autre part. Ce porteur est le laquais de M. de Pibrac; je ne sais pas quelle diligence il est capable de faire : son maître est fort de mes amis, comme déjà je crois vous l'avoir écrit[3]. Je vous supplie, Monsieur, que sa cause vous soit recommandée, comme est tout ce qui vient de ma part; vous n'êtes pas de ses juges, mais vous avez des amis et du crédit.

Du lundi, ce 10e mars, à Paris.

On fait les habits du Roi et de Madame pour le voyage et pour les noces; ce n'est pas signe que l'on retarde le mariage. L'on n'a point encore de nouvelles de M. de Thou[4]; l'on en attend à demain. Aujourd'hui Monsieur le Nonce et l'ambassadeur de l'Archiduc ont eu audience, qui ont offert à Leurs Majestés tout ce qui dépend de leurs maîtres. Un gentilhomme portant aux Suisses une dépêche de Monsieur le Prince pour arrêter la levée, attendu que l'on étoit en termes d'accord, a été arrêté, et sa dépêche envoyée à la Reine; elle a été lue au conseil cette après-dînée.

Ils[5] doivent être à Saint-Jean-de-Lône cette semaine sainte; la Reine l'a dit ainsi tout haut.

2. *Deux copies de* a été ajouté au-dessus de la ligne.

3. Voyez plus haut, lettre 102, p. 255.

4. Le président de Thou avait été envoyé pour négocier avec les princes.

5. Les Suisses.

1614 Tous les régiments entretenus ont fait crue de deux mille hommes chacun; outre cela, les sieurs de Rambure[6] et de Vaubecourt[7] en ont chacun un de [deux[8]] mille hommes. Le rendez-vous de l'armée est à Épernay près de Châlons. M. de Praslin partit vendredi dernier pour y aller. M. de Rohan a mandé à la Reine qu'il est son très-humble serviteur; ceux de la Rochelle aussi en[9] ont mandé de même; je le sais du sieur de la Chesnaye[10], ordinaire du Roi, et de la religion, qui avoit été envoyé vers eux. MM. du Maine et de Longueville sont à Soissons sans aucune troupe; il ne s'y fait pas seulement garde aux portes; le sieur de Vincy, qui en arriva samedi, y étant allé voir l'évêque, qui est son oncle[11], me l'a dit, et m'a dit davantage que M. du Maine lui a dit qu'il ne se désuniroit pas d'avec ses amis, mais qu'il ne feroit jamais rien contre le service du Roi, et particulièrement contre la protestation qu'il avoit faite à la Reine d'être son très-humble serviteur.

De Bretagne on a aujourd'hui eu nouvelles de M. de Montbazon que tout y étoit paisible, sans aucun mouve-

6. Jean de Rambures, mestre de camp du régiment des gardes, mort en 1637.

7. Jean de Nettancourt, baron de Vaubecourt, gouverneur de Châlons, chevalier du Saint-Esprit, mort en 1642.

8. Le papier est déchiré entre *de* et *mille*.

9. *En* a été ajouté après coup, en interligne.

10. Jean de Vasselot, sieur de la Chesnaye, premier valet de chambre du Roi. Sa veuve fut choisie, en 1638, pour être gouvernante de l'enfant dont Anne d'Autriche devait accoucher et qui fut Louis XIV.

11. Jérôme Hennequin, évêque de Soissons de 1585 à 1619. — Antoine Hennequin, sieur du Fay et de Vincy, dont il a déjà été question plus haut, « était né en 1578 et mourut en 1645 à Saint-Lazare, où il s'était retiré et était prêtre de la Mission, ayant auparavant été en très-grande estime à la cour et dans les armées. » (Blanchard, *les Présidents à mortier*, p. 271.)

ment contre le service de Leurs Majestés. Jeudi au soir extraordinairement furent scellées les commissions pour les crues. Je me trouvai ce soir-là au cabinet, où la Reine, qui avoit été l'après-dînée à la volerie[12], dit qu'elle avoit pris un corbeau, ce qu'elle prenoit à bon augure; et certainement tout le monde dit que c'est chose qui n'arriva presque jamais. L'affaire fut qu'un corbeau et une corneille étant venus au duc, les oiseaux, ayant été jetés, entreprirent le corbeau, et laissèrent aller la corneille. Le corbeau fut pris; je le vis entre les mains du Roi; et, afin que l'augure fût bon tout à fait, la Reine dit que ses oiseaux n'avoient pas eu un coup de bec. M. de Vendôme est à sa maison d'Anceny sans aucune troupe; cette maison est dix lieues par delà Angers, sur la rivière de Loire, où il a mis un petit bateau pour apprendre ce qui passera sur la rivière, sans toutefois faire jusqu'ici autre mal. Vous avez su qu'il avoit fait détrousser un paquet du Roi à M. de Montbazon; il s'en est excusé à la Reine par une lettre qu'il lui a écrite, mais je ne crois pas qu'elle en soit fort satisfaite : la Reine dit tout haut qu'il s'est fait criminel de lèse-majesté pour un morceau de papier. 1614

---

153. — De Paris, ce 1er jour d'avril.

Monsieur, j'attendois à vous écrire que j'eusse quelque grande épargne de nouvelles; je ne sais si cette saison de dévotion a diverti les esprits des choses du monde, mais durant toute cette semaine il ne s'est rien fait ni rien dit. Depuis une heure ou environ, M. de Loménie a apporté un avis à la Reine, contenu dans une lettre qu'il lui a lue, qui contient que messieurs les absents, qui viennent à

12. A la chasse au vol.

1614 Soissons, doivent venir avec huit mille hommes de pied, douze cents chevaux et huit canons; les autres disent quatre mille hommes de pied, deux mille chevaux et quatre canons, et que ce sont troupes qui viennent du côté d'Artois. Tant y a que je tiens, et l'ai ainsi maintenu dans le cabinet d'où je viens présentement, que c'étoit une bourde. La Reine à l'heure même a envoyé querir M. d'Espernon, qui est venu aussitôt; et M. de Guise et lui, avec M. de Loménie, ont longtemps parlé à la Reine. A l'heure même Mme de Ragny[1] a porté à la Reine une lettre de M. le maréchal de Laverdin, qu'il écrivoit à Mme de Guise, du contentement qu'il avoit de servir Leurs Majestés avec Monsieur son fils[2], et la supplioit de les assurer de sa fidélité, et qu'il partiroit après ces fêtes[3], qui est un terme déjà échu; il mande que il a mille chevaux de ses amis tous prêts au premier besoin qu'en aura Sa Majesté. Quant à moi, je ne crois point que ces tumultes aboutissent qu'à la paix : c'est toujours mon opinion, et sera jusques à ce que je voye d'autres apparences de guerre. Pour d'autres nouvelles, je n'en sais point, sinon qu'un qui est à M. de Brissac a pris une maison de M. de Vendôme, qu'il faisoit fortifier auprès de Blavet[4]. Au reste, Leurs Majestés se portent fort bien : depuis que le Roi a pris le vin et quitté le latin, sa santé et son embonpoint croissent à vue d'œil. Mme de Guise, avec laquelle j'ai eu l'honneur de souper, m'a dit que le mariage de M. du Maine et de Mlle d'Aumale fut hier accordé. Ceux de la religion, de Rouen, sont venus ici se justifier d'un bruit qu'ils disent que l'on avoit fait courir,

Lettre 153. — 1. Hippolyte de Gondi, mariée (1607) à Léonor de la Magdelène, marquis de Ragny.

2. Henri de Beaumanoir, marquis de Laverdin, mort en 1633.

3. Pâques, en 1614, tombait au 30 mars.

4. Port-Louis, à l'embouchure du Blavet (Morbihan).

qu'ils avoient fait quelques assemblées de nuit pour surprendre la ville ; la Reine les a assurés qu'elle s'assure fort de leur fidélité : voilà tout ce que je sais. Demain, messieurs les absents doivent partir, à ce que l'on dit, pour venir à Soissons. L'on dit que nos députés partiront jeudi, et que ce seront MM. le cardinal de Joyeuse, président Janin, et Boissize. Monsieur le cardinal s'en excuseroit volontiers, mais je crois qu'il sera malaisé. Je ne veux pas oublier à vous remercier du vin aigre de cèdre[5], et voudrois avoir moyen de servir M. de Cassagnes, qui en cette occasion a voulu m'obliger plus que je ne mérite. Comme je le portai à la dame de Rambouillet, qui est celle pour qui je le vous avois demandé, j'y trouvai Monsieur de Saint-Michel, cet abbé que j'avois prié de me recouvrer quelque autre médaille de celles qui ont été trouvées en son village. Il m'a dit qu'on lui a donné espérance de lui en faire recouvrer deux à Bruxelles, et qu'il y fera ce qu'il pourra : de mon côté aussi j'en ferai de même pour lui en faire souvenir. Je vous avois écrit que je pensois avoir trouvé l'intelligence d'une certaine inscription qui est à Notre-Dame-des-Lassez, à la muraille de l'église, du côté du chemin, où est ce mot de *Threption*[6] : je crois, puisque vous ne m'en mandez rien, que vous n'avez point reçu ma lettre. Je vous réitère donc la même prière, afin que je voye si j'ai rencontré ; car autrefois j'ai fort rêvé là-dessus sans en pouvoir venir à bout. Vous m'avez extrêmement obligé de m'avoir mandé l'histoire de 108[7]. J'ai toujours cru qu'il y avoit différence 1614

5. Voyez plus haut, lettre 144, p. 373, note 26.

6. Voyez ci-dessus, p. 381.

7. Quelle était cette nouvelle histoire du beau-frère de Malherbe? Nous ne pouvons le préciser. Voici seulement ce que nous lisons dans deux lettres inédites adressées de Paris le même jour (24 mars 1614) à Peiresc. Jacques Ribier, neveu par alliance de du Vair, écrit: « Je

1614 de courage et d'orgueil; cette action l'a assez témoigné : il est malaisé de corriger les inclinations qu'on a prises au ventre de la mère. Je lui ai dit autrefois une partie de ce que j'en pensois; je dis une partie, pource que je ne le voyois pas disposé à recevoir de bons conseils. Il ne me reste, à mon avis, autre chose à vous dire, sinon que je suis, et à Monsieur le premier président, comme de coutume, votre très-humble et très-affectionné serviteur,

Fr. Malherbe.

Je continue mon silence avec lui, et le continuerai jusques à ce que j'aye quelque chose qui m'excuse de l'a-

ne puis assez admirer l'effronterie de ce misérable qui s'est prostitué avec tant de lâcheté. C'est un effet digne de la cause. Mais pource qu'il a eu si peu de soin de son honneur, il ne le faut pas épargner, mais plutôt achever de le perdre, et que toute votre compagnie en corps entreprenne un si vertueux dessein. J'ai horreur quand je me représente un spectacle si infâme et peut-être inouï en tous les siècles passés, eu égard à toutes les circonstances qui se rencontrent en cet acte dernier. Il y va de l'honneur d'une si bonne compagnie d'en retrancher un membre pourri. Croyez que s'il se hasarde nous venir voir, nous lui rendrons les offices qu'il mérite. » (*Correspondance de Peiresc*, Bibliothèque impériale, tome IV, p. 204.) — De son côté Aleaume, beau-frère de Ribier, n'est pas moins énergique; et lui il nomme le personnage : « J'ai appris, dit-il, l'infâme et vilaine action à laquelle s'est prostitué Châteauneuf. C'est une p..... et non un magistrat, et crois que c'est là le couronnement de tout plein de sales et scandaleuses entreprises qu'il avoit faites durant qu'il étoit en votre compagnie, dont il est membre indigne en mille façons. Vous ne le pouvez plus réagréger en un corps si célèbre et si recommandé par tout le royaume, que vous ne dérogiez entièrement à votre mérite et réputation. Je ne sais quelle scélératesse et forfait on ne doit attendre d'un perdu de cette qualité. Je vous supplie d'assister toujours Monsieur le premier président (*du Vair*) de votre bonne et douce conversation et de vos prudents avis. » (*Ibidem*, tome III, p. 160.)

voir gardé si longtemps; mais, s'il lui plaît, qu'il ne laisse pas de me faire l'honneur de me tenir en ses bonnes grâces. 1614

---

154. — A Paris, ce dimanche 6e d'avril.

Monsieur, je vous écris ce peu que nous avons de nouvelles; c'est à regret, pource que, devant que vous les ayez, elles seront, non-seulement vieilles, mais décrépites : tant y a qu'à cette heure elles sont nouvelles, et ne perdront cette qualité que par la longueur du porteur, qui s'en va par le coche. Pour le moins, vous témoignerai-je ma diligence, et peut-être encore que lorsque vous les recevrez, vous aurez de quoi contester contre quelque conteur qui s'en voudra faire accroire et exposer de la fausse monnoie pour de bon argent. Quand il se sera passé en la conférence de Soissons quelque chose d'importance, si d'aventure il vient jusqu'à moi, vous en aurez votre part : puisque je ne puis autrement reconnoître tant de courtoisies que journellement je reçois de vous, il est bien raisonnable que je vous y fasse preuve de ma diligence. S'il se présentoit quelque autre occasion de vous servir, vous pouvez penser que je ne manquerois pas de vous y rendre quelque témoignage du pouvoir que tous les jours, par quelque nouveau bienfait, vous acquérez sur moi. Adieu, Monsieur : aimez-moi comme votre plus humble et plus affectionné serviteur,

Fr. Malherbe.

De Paris, ce 6e d'avril.

Il y a cinq ou six jours que sur un avis qu'eut la Reine, par le sieur de Vassan, lieutenant à Laon sous M. le marquis de Cœuvres, de cinq ou six mille hommes de

1614 pied et de cheval qui s'acheminoient à Soissons, elle se résolut d'y envoyer M. de Montigny[1], pour, durant le passage de ces troupes, empêcher qu'il ne s'y fît[2] rien au préjudice du service du Roi. Comme il y alloit, M. du Maine en eut avis; et sachant qu'il ne passoit qu'avec six ou sept chevaux de poste, envoya quinze chevaux après pour le prier de le venir voir : il en fit quelque difficulté; toutefois, voyant qu'il le falloit faire, il s'y résolut. M. du Maine le reçut fort courtoisement et avec plainte de ce qu'il passoit sans le voir, vu qu'il savoit qu'il étoit son ami. M. de Montigny lui répondit, avec sa liberté accoutumée, qu'il lui faisoit tort de le retenir, allant pour le service de Leurs Majestés, et que s'il avoit envoyé quelqu'un, il ne seroit pas bien aise qu'on le retînt. M. du Maine le retint à souper et à coucher, et le lendemain lui prêta sa carrosse pour le porter à Laon, après l'avoir prié d'assurer Leurs Majestés que le succès de cette conférence seroit à leur contentement. Au même temps, le sieur de Cerisy, gentilhomme pensionnaire du Roi, et qui ci-devant a été lieutenant d'une compagnie des gardes du corps, fut envoyé reconnoître ces troupes. Il en fut de retour avant-hier. Je lui en demandai des nouvelles; il me dit qu'ils pouvoient être environ quatre mille hommes de pied et cinq ou six cents chevaux. M. de la Varenne, que la Reine avoit envoyé au même temps vers Monsieur le Prince, pour savoir que vouloit dire cette levée d'hommes, revint hier, et fit le même rapport que le sieur de Cerisy. Il dit que les troupes sont de cinq mille hommes de pied, dont la plus grande partie sont Wallons, c'est-à-dire Liégeois, et huit cents chevaux,

Lettre 154. — 1. François de la Grange, seigneur de Montigny, maréchal de France en 1616, mort en 1617.

2. *Fît* a été substitué à *passât*.

qu'il dit être fort lestes ; et entre autres il fait cas de la compagnie de M. du Bouillon, avec des casaques blanches en broderie de veloux noir. Monsieur le Prince lui a dit qu'il ne se défie pas de la Reine, mais qu'il sait qu'auprès d'elle il y a des gens qui ne lui sont guère affectionnés. Un gentilhomme de qualité, huguenot, m'a dit qu'il a cette après-dînée entretenu fort longtemps M. de Villeroy, qui lui a dit que jusqu'à cette heure il n'avoit point cru que les choses s'accommodassent, mais qu'à cette heure il en avoit grande espérance. Messieurs les Princes arrivent ce soir à Soissons; leurs troupes sont logées auprès d'eux, et n'ont mis que mille hommes de pied dans la ville. M. de Ventadour partit hier pour y aller. MM. les présidents Janin, Thou et Boissize sont partis ce matin. La petite Madame a la fièvre continue depuis cinq jours; il est vrai qu'aujourd'hui elle se porte beaucoup mieux. M. de Vendôme a écrit au Roi et à la Reine de la fortification que fait de Blavet le baron de Camorre, et leur mande que ce qu'en fait ledit baron est que [3] le sieur de Fouquerolles[4], qui avoit été envoyé en Bretagne incontinent après que M. de Vendôme fut retenu, lui avoit dit qu'il eût à prendre garde que l'on ne se saisît de Blavet, et qu'il avoit cru ne pouvoir mieux empêcher que l'on ne s'en saisît qu'en se mettant lui-même dedans, et qu'il croyoit qu'il feroit ce que Sa Majesté lui commanderoit. Je crois que cette honnêteté vient de ce que ce baron de Camorre étoit gouverneur de Hennebon, autre petit port de mer à deux lieues de Blavet, et que cependant qu'il s'est amusé à fortifier Blavet, les habitants de Hennebon lui ont fermé les portes à son retour, tellement qu'à cette heure, reconnoissant qu'il a 1614

3. Au lieu de *que*, il y avait d'abord : *suivant ce que lui avoit dit*.
4. Enseigne aux gardes.

1614 perdu le certain pour l'incertain, il voudroit bien que ce fût à recommencer. M. le comte de Brissac[5] fit, il y a trois ou quatre jours, serment de lieutenant général en Bretagne, en survivance de Monsieur le maréchal son père. M. de Bassompierre le fit hier de coronel des Suisses, qui est une charge que lui a vendue M. de Rohan pour le prix de trente-six mille livres[6]. Pour remplir la fin de cette page, je vous dirai que le Roi, hier au soir, venant au cabinet de la Reine, lui fit voir un paquet qu'il venoit de recevoir de M. de Boinville. Ce paquet fut à l'heure même ouvert, et dedans furent trouvées deux lettres, l'une au Roi, l'autre à M. de Guise; en celle du Roi, qui fut, et l'autre aussi, lue tout haut par Mme la princesse de Conty, anagnoste[7] ordinaire du cabinet, il supplie le Roi de lui permettre le combat avec le duc de Guise (ce sont ses termes), et pource que ledit duc pourroit s'arrêter sur les qualités, il supplie Sa Majesté de lui donner de la noblesse et de l'honneur assez pour s'égaler à lui. Dans cette lettre, il appelle M. de Guise, *notre ennemi*, comme ennemi du Roi et le sien. En un endroit de cette lettre, il y avoit ces mots : *Cette ingrate race de Lorraine*. Comme Madame la Princesse en fut là, elle se mit à rire, et dit à la Reine, en rougissant, de quoi l'on lui fit la guerre : « Vraiment, il est bien ingrat des bons offices que je lui ai rendus auprès de Votre Majesté! » et après cela continua de lire. Elle lut aussi celle qu'il écrivoit à Monseigneur de Guise, qui étoit un cartel[8]. La plainte qu'il fait de lui, c'est que, durant sa prison, ayant eu loisir de penser à ses affaires, il a trouvé que

5. François de Cossé, duc de Brissac, mort le 3 décembre 1651, à soixante-dix ans.

6. Voyez les *Mémoires de Bassompierre*, année 1614.

7. Mot grec (ἀναγνώστης), signifiant lecteur.

8. Devant *cartel*, il y a le mot *duel*, biffé.

M. de Guise lui avoit fait de mauvais offices auprès de Sa Majesté. Cet entretien donna à rire à la compagnie durant un quart d'heure. La Reine dit qu'il s'étoit fait huguenot. Je vous avois mandé que l'on faisoit des habits pour la petite reine : c'est une robe qui se fait à l'hôtel de Luxembourg par des Turques, dont il y a deux lés de faits, et dit-on que c'est la chose du monde la plus belle. J'ai su depuis du sieur Jacomo, tailleur de la Reine, que c'est pour Mme la maréchale d'Ancre, pour les noces du Roi; mais qu'elle ne desire pas que l'on le sache. Je ne sais plus que vous dire; adieu, Monsieur. 1614

---

155. — [A Paris, ce 15e d'avril[1]].

Monsieur, je viens d'être averti par M. de Valavez du partement de M. Breton, qui s'en va en poste. Nous n'avons point de nouvelles, et quand nous en aurions, il les vous diroit plus particulièrement que je ne les vous saurois écrire. Je fus hier au soir au Louvre, où l'on avoit opinion de la guerre; toutefois on attendoit M. du Bouillon, qui devoit venir aujourd'hui, pour en savoir davantage. S'il est venu, je n'en sais rien, pource qu'il n'est que huit heures de matin, et que je suis encore au lit. J'appris que s'il n'apporte nouvelles qui contentent la Reine, on s'en va à eux, avec dix-huit mille hommes de pied et deux mille cinq cents chevaux. Monseigneur de Guise commandera l'armée, et M. d'Espernon y fera sa charge de coronel. M. de Rambure, qui a un régiment de deux mille hommes, a mandé à la Reine que s'il lui plaît lui faire[2] le commandement, il taillera

Lettre 155. — 1. La lettre n'est datée que par la cote de Peiresc.
2. Devant *faire*, il y a *en*, effacé.

1614 en pièces tout ce qu'ont ces Messieurs. Pour moi, j'espère et crois toujours la paix, en partie pource que je la desire, et en outre pource que je ne crois point que des deux côtés on ne l'aime mieux que la guerre, et que, devant que de rompre, les uns demanderont moins, et les autres accorderont plus qu'ils ne s'étoient proposé. Il y a trois ou quatre jours que la Reine ayant dit au Roi qu'il falloit qu'il se purgeât pour se bien porter tout cet été[3], et que le plus tôt étoit le meilleur, et là-dessus s'étant adressée à M. de Souvray, et lui ayant dit qu'il falloit que le lendemain le Roi prît médecine, le Roi lui dit : « Non, non, Madame; il n'est pas bon que j'en prenne à cette heure, ces gens de Soissons diroient que je suis malade. » Hier au soir, il dit tout haut : « Voyez un peu quels bruits ils font courir, ils disent que j'ai donné deux coups de poignard à M. de Souvray; vous pouvez penser quelle apparence il y a! » et à la vérité cela a été dit à Soissons; ils font ce qu'ils peuvent pour faire croire que le Roi est de leur côté. Un homme qui a vu des commissions baillées par Monsieur le Prince m'a dit qu'il prend qualité de lieutenant général de Sa Majesté en pays de son obéissance et en ses armées, de protecteur de l'État. M. du Bouillon, à ce que l'on dit, est fort disposé à la paix, et, à ce que l'on dit, la cause est que, par la mort de Monsieur le connétable[4], son état de premier maréchal lui sera de grand revenu, n'y ayant point de connétable. La petite Madame est guérie; Leurs Majestés se portent bien, grâces à Dieu! je le prie qu'il les continue en cet état, et[5] ajoute à ce bien tout ce dont il sait que nous avons besoin. Je vous remercie,

3. Malherbe avait d'abord écrit *hiver*.
4. Henri de Montmorency, mort le 2 avril précédent.
5. Devant *ajoute*, il y a *nous*, effacé.

Monsieur, de l'avis que vous m'avez donné : je ne suis pas encore hors de peine, car je n'ai point de nouvelles de ma femme; mais vous m'en avez diminué l'alarme[6]. Quand je voudrai faire tenir de l'argent en Provence, j'en userai comme vous me mandez. Adieu, Monsieur : je suis votre très-humble et très-obligé serviteur. 1614

---

156. — A Paris, ce 21e avril.

Monsieur, nos nouvelles sont que samedi, après dîner, M. de Bullion retourna vers ces Messieurs de Soissons. Le soir même il en arriva un courrier qui avertit la Reine que Monsieur le Prince en étoit parti le matin pour cinq ou six jours, durant lesquels il avoit laissé toute charge à MM. du Maine et du Bouillon. Après que la Reine eut lu l'avis, elle le dit ainsi tout haut. Vendredi au soir j'étois au cabinet, où arriva un nommé Andras, qui venoit de Soissons; il parla à elle à l'oreille; l'une des choses qu'il lui dit fut qu'il avoit rencontré un chariot plein de mousquets que l'on portoit à Soissons pour M. du Bouillon, lequel il avoit fait ramener. La Reine commanda qu'il fût renvoyé[1] en sa maison au faubourg Saint-Germain; ce qui a été fait : aussi en étoit-il parti. Il y a défense faite par le lieutenant civil aux quincailliers de vendre aucunes armes que par sa permission. Le prévôt des marchands demanda à la Reine, au commencement de l'arrivée de Monsieur le Prince à Soissons, si l'on garderoit les portes de la ville. La Reine lui répondit, à ce que lui-même m'a conté, que la chose ne le

6. Dans une lettre du 1er avril 1614, Peiresc avait parlé d'une légère indisposition de Mme de Malherbe.

Lettre 156. — 1. Il y avait d'abord le pluriel : « qu'ils fussent renvoyés, » et à la ligne suivante : « étoient-ils partis. »

1614 valoit pas. On parle de tout plein de demandes que font ces Messieurs; mais c'est si diversement que je n'oserois les vous écrire. Au retour de M. de Bullion, si nous en savons davantage, je vous ferai part de ce que j'en apprendrai. Adieu, Monsieur; je vous baise bien humblement les mains, et suis votre serviteur très-affectionné et très-obligé,

FR. MALHERBE.

Je fus hier au Louvre, mais je n'y appris rien, à cause que l'on ne voyoit point la Reine; elle s'étoit fait saigner, et n'y entra homme quelconque que le Roi. Il y a trois ou quatre jours que j'envoyai la paraphrase d'un psaume à M. de Valavez [2] : je crois qu'il la vous aura envoyée. Je fus samedi chez notre compère, où je vis ce qu'il a fait pour vous, j'entends le pourtrait du feu Roi. Il n'y a que la tête, pource que, à ce qu'il dit, vous n'en voulez pas davantage. Elle me semble fort bien faite, et crois que vous en serez content.

Encore que je ne vous écrive point que je suis très-humble serviteur de Monsieur le premier président, je présuppose que vous le vous teniez toujours pour écrit, et que vous l'en assuriez. Faites-moi donc cette faveur de le faire en cette occasion et en toutes, encore que j'oubliasse à vous en écrire. Adieu, encore un coup, Monsieur; et encore un coup je vous dis que je suis votre serviteur de tout mon cœur.

---

157. — De Paris, ce 1er de mai.

MONSIEUR, je vous écrivis hier ce que je savois; mais, ayant aujourd'hui étudié, j'ai appris quelque chose de

2. Voyez tome I, pièce LXIII, p. 207.

plus, dont je vous ai fait un petit mémoire, que vous trouverez en ce paquet[1] : il y a du plaisir à écrire par la poste ; mais par les messagers, il n'y a point ni plaisir ni honneur à mander[2] ce qui sera vieil et ridé devant qu'il arrive. Adieu, Monsieur : aimez-moi toujours. 1614

Votre plus humble et plus obligé serviteur.

---

158. — A Paris, ce 3e de mai.

Monsieur, il y a assez de temps que je ne vous osois écrire de nouvelles : je les voyois si incertaines que j'aimois mieux que vous apprissiez des mensonges d'autre que de moi ; à cette heure, je vous puis dire à bon escient que la paix a été conclue ce matin en un conseil général, qui pour cet effet a été tenu au Louvre. Il ne tenoit qu'à Amboise, que la Reine avoit fait quelque difficulté de bailler : toutefois enfin elle s'est laissée aller à la prière de tout le monde. Une chose si précieuse comme la paix est toujours à bon marché, quoi qu'elle coûte. Vous vous en réjouirez, je m'assure, comme font tous les gens de bien, et crois que M. d'Escures[1] n'aura pas beaucoup de gens qui l'accompagnent en son déplaisir. Il avoit eu cette place du Gast[2] par le prix de cent mille écus, et n'en avoit baillé que six mille comptant. Le reste partoit d'une certaine affaire de six deniers pour livre, exigés par le passé par les receveurs particuliers des élections, plutôt par souffrance[3] et coutume que pour aucun

Lettre 157. — 1. Ce mémoire n'est point dans le manuscrit.

2. Malherbe avait d'abord écrit simplement : « il n'y a point de plaisir à mander, etc. »

Lettre 158. — 1. Il était gouverneur d'Amboise, et en 1615 il fut maréchal général des logis de l'armée royale.

2. Michel de Gast, seigneur de Montgaugier.

3. *Souffrance*, tolérance.

1614 droit ni titre qu'ils en eussent; de sorte que pour éviter la recherche du passé, et avoir permission de continuer la même exaction à l'avenir, ils ont baillé deux cent tant de mille livres, qui sont destinées à cet achat. Quelqu'un de mes amis m'a dit que M. le président Janin, à son retour de Soissons, ayant parlé à M. d'Escures de remettre cette place, il avoit dit qu'il n'en feroit rien; à quoi lui ayant Monsieur le président répondu qu'il falloit qu'il le fît, et lui continuant en sa négation, enfin Monsieur le président lui répliqua : « Par la mort Dieu! vous le ferez, ou nous vous ferons pendre. » On a fait plusieurs discours sur la longueur qu'il y a eu avant que de la vouloir bailler; mais cela seroit trop ennuyeux[4], et étant hors d'apparence, ne vaut pas la peine d'en gâter le papier. Après cette nouvelle de paix, il n'y auroit point de goût à en lire d'autres; et certainement je crois que celle-ci a consumé toutes les autres, car il ne se parle de chose quelconque que de cela. J'ai été ce soir au cabinet exprès pour en apprendre[5]; mais j'en suis revenu aussi savant que j'y étois allé, hormis que j'ai ouï que la Reine a dit à Mme de Praslin[6] qu'elle voyoit bien qu'elle étoit bien aise de la paix, mais qu'elle ne se réjouît pas trop, et que peut-être, à l'heure qu'elle parloit, M. de Praslin étoit aux mains avec les gens de Monsieur le Prince, pource que, eux ayant fait contenance de vouloir passer un certain passage, M. de Praslin avoit envoyé savoir d'elle ce qu'il lui plaisoit qu'il fît en ce cas-là; sur quoi elle lui avoit commandé de les charger.

Je crois que M. de Valavez vous aura fait voir une tra-

4. *Ennuyeux* a été substitué à *long*.

5. Malherbe avait mis d'abord : « pour apprendre quelque chose. »

6. Claude de Cazillac, femme de Charles de Choiseul, marquis de Praslin, maréchal de France (1619), mort le 1er février 1626.

duction que j'ai faite[7] du psaume CXXVIII : *Sæpe expugnaverunt me a juventute mea*[8]. Voilà pourquoi je gratifierai ma paresse en cette occasion, avec votre congé. Il y a dix ou douze jours que je la donnai au Roi et à la Reine. La Reine, après l'avoir eue, commanda à Mme la princesse de Conty de la lire tout haut. Cela fait, la Reine me dit : « Malherbe, approchez-vous ; » et me dit tout bas à l'oreille : « Prenez un casque. » Je lui répondis que je me promettois qu'elle me feroit mettre en la capitulation ; là-dessus elle se mit à rire, et me dit qu'elle le feroit. Adieu, Monsieur : je ne me souviens de rien digne de vous être mandé. Si j'apprends quelque chose des articles segrets, vous en aurez votre part, à la charge que vous m'aimerez toujours, et toujours me croirez votre très-humble et très-affectionné serviteur, 1614

MALHERBE.

J'oubliois à vous dire que cette après-dînée, étant allé voir Monsieur l'évêque de Riez[9], je l'ai trouvé avec le bréviaire à la main ; vous pouvez penser comme il fera mais qu'il soit[10] doyen des cardinaux.

On fait un air au psaume dont il est question, et en a-t-on fait un à un autre psaume que j'ai fait autrefois : *Domine, Dominus noster, quam admirabile est nomen tuum in universa terra*[11] ! et aussi à une chanson que j'avois faite pour le feu Roi :

Que d'épines, Amour, accompagnent tes roses[12] !

Quand je les aurai recouverts, je les vous ferai tenir

7. *Que j'ai faite* a été ajouté au-dessus de la ligne.
8. Voyez plus haut, p. 416.
9. Guillaume Aleaume, évêque de Riez, de 1614 à 1621.
10. Dès qu'il sera. — 11. Voyez tome I, pièce XV, p. 62.
12. Voyez tome I, pièce XLV, p. 158.

1614 pour les bailler au page de Monsieur le premier président.

---

159. — De Paris, ce 20e de mai.

Monsieur, je ne vous écris presque jamais que ce ne soit en hâte ; mais à cette fois je suis plus pressé qu'en nulle des autres : tant y a que puisque ce porteur s'en va en poste, j'ai jugé que si ce que je vous écris est peu de chose, pour le moins il sera frais quand vous le recevrez. Nous attendons nos députés mécredi prochain, car à ce coup la paix est signée et scellée ; les feux de joie en ont été faits à Sainte-Menehould, et le canon tiré[1]. Je crois qu'ici nous ne ferons rien, pource que nous n'estimons pas que la chose le vaille. Je ne sais encore rien des conditions, sinon qu'ils ont cent cinquante mille écus pour leurs frais, à savoir cent mille livres pour Monsieur le Prince, cent cinquante mille pour M. de Nevers, cent mille pour MM. du Maine et Longueville, soixante mille pour MM. de Vendôme et de Raiz, et quarante mille pour MM. du Bouillon et de Luxembourg. Je crois que nous les aurons ici au premier jour. M. du Maine et M. de Longueville, se trouvant près de M. de Lorraine, le sont allés voir. Dimanche dernier, le comte de Crissey[2] vint apporter au Roi une lettre de Monsieur le Prince. Le Roi étoit tout au haut du Louvre[3], en une fenêtre qui regarde sur la cour ; comme on le lui vint dire, il commanda qu'on allât querir M. de Souvray, qui étoit

Lettre 159. — 1. La paix entre la Reine et les Princes avai signée le 15 mai à Sainte-Menehould.

2. Est-ce le commandeur de Crissé, grand prieur d'Aquitaine, mort en 1644? Malherbe avait d'abord écrit *de Russé*.

3. Il y avait d'abord simplement : « Le Roi étoit en haut. »

allé dîner et n'étoit point encore revenu, afin qu'il le lui présentât. M. de Souvray venu, on fit entrer cet ambassadeur, qui dit au Roi que Monsieur le Prince lui baisoit très-humblement les mains, et lui avoit baillé cette lettre pour lui rendre, avec commandement de l'assurer qu'il étoit son très-humble serviteur. Le Roi répondit : « Que fait-il? comme se porte-t-il? » et là-dessus lut la lettre; puis[4] dit à M. de Souvray qu'il vouloit aller ouïr vêpres aux Cordeliers, ce qu'il fit sans dire autre chose au comte de Crissey. L'on n'a point encore pourvu aux charges de M. de Châteauvieux. La Reine dit, il y a quelques jours, que Monsieur le chancelier lui en avoit parlé pour son frère, le commandeur[5], mais qu'elle vouloit un cordon bleu et une barbe grise pour chevalier. On attend l'élection qu'en fera Sa Majesté, et croit-on qu'elle ne se résoudra pas sitôt, ou pour le moins qu'elle ne fera pas sitôt savoir son intention. Mlle de Ventadour décéda jeudi dernier, à quatre heures de matin. Le même jour, on envoya un exempt querir le baron de Benac, qui est entre les mains du parlement de Pau, pour avoir appelé M. de la Force. C'est un grand seigneur de Béarn, qui, avec tout le pays, s'est opposé à la survivance que M. de la Force a eue pour son fils de lieutenant général de ce pays-là. Ils prétendent que par leurs priviléges ils doivent avoir un seigneur du pays, et que si la considération du feu Roi leur a fait accepter M. de la Force, ils ne veulent pas que cela soit tiré en conséquence. De cette querelle générale s'est formée cette particulière pour laquelle M. de Benac ayant fait appeler M. de la Force, M. de la Force, ayant demandé le lieu où il étoit 1614

4. Entre *puis* et *dit*, Malherbe a effacé les mots : « sans dire autre chose; » et plus loin, à la même ligne, *messe*, devant *vêpres*.

5. Le commandeur de Sillery. Voyez plus haut, lettre 87, p. 221, note 6.

1614 pour l'aller trouver, l'envoya prendre et mettre entre les mains du parlement de Pau.

J'avois envoyé quelques livres à Marc-Antoine, que, suivant ma hardiesse ou impudence accoutumée, j'avois mis avec un paquet que l'on vous envoyoit; je vous supplie, Monsieur, me mander si vous en avez rien appris. L'on m'a écrit de Provence que celui qui avoit ensorcelé ces pauvres religieuses est découvert; mais l'on me mande que vous m'écrirez le reste, ce que toutefois vous n'avez point fait. Je serois bien aise d'apprendre ces particularités de vous, comme du meilleur lieu dont je les pourrois savoir. Souvenez-vous aussi, s'il vous plaît, de *Threption*, dont je vous ai ci-devant écrit. J'oubliois à vous dire qu'il y a cinq ou six jours que quelques soldats qui se débauchoient des gardes pour aller trouver Monsieur le Prince furent découverts; et y en eut deux pris. Cela fut dit au Roi, qui demanda ce que l'on en avoit fait; on lui dit qu'on les réservoit pour le retour de M. d'Espernon, qui les feroit pendre[6]. 50[7] répondit : « 61[8] est cruel. » Monsieur, si je savois quelque chose de meilleur, je le vous dirois; je vous baise donc les mains, et vous conjure de me tenir en vos bonnes grâces et en celles de Monsieur le premier président, comme votre très-humble et très-obligé serviteur.

6. A la suite du mot *pendre*, il y a un quart de ligne écrit en chiffre, qui a été biffé et est entièrement illisible. La petite phrase : « 50 répondit : 61 est cruel, » est sur une petite bande détachée, qui a été collée à la fin de la lettre.

7. Le Roi.

8. D'Espernon.

160. — [26e mai.] 1614

MONSIEUR, depuis ma dernière lettre, que je vous ai écrite par le sieur de la Palu, le temps n'a rien produit, si bien que je n'ai sinon à vous remercier de vos honnêtetés accoutumées[1]. Je fis voir à Mme de Guise ce que vous m'écriviez des amazones de Manosque[2]; elle y prit un plaisir extrême, mais il eût été plus grand si vous eussiez conté l'histoire plus particulièrement. Il y a trois ou quatre jours que je baillai à M. de Valavez les articles de la paix et le pouvoir de nos députés pour le vous envoyer; je crois que s'il ne l'a fait, il le fera par cette commodité. Nous voilà en repos, à bon escient; j'espère que la bonté de Dieu et la sagesse de notre grande reine nous y conservera. L'on avance toujours fort le logement de la petite reine, ou, pour mieux dire, celui de la Reine mère qui sera[3], car elle[4] quittera son appartement d'en haut à la petite reine, et viendra loger à celui d'en bas, qui sera plus magnifique que l'autre. Nous attendons le retour des absents; qui dit qu'ils seront ici bientôt, qui dit qu'ils voudront faire leur quarantaine comme pestiférés; quant à moi, je ne doute point qu'ils n'ayent quelque honte de ce qui s'est passé. Je ferai bien tout ce que je pourrai pour voir leur première arrivée; et si ce n'est qu'ils viennent à l'habiller de la Reine, je crois que ce plaisir-là ne m'échappera pas. Nous n'avons point encore de nouveau chevalier d'honneur, et ne peut-on deviner à qui la Reine a destiné cette charge. Pour la Bastille, il n'y a non plus rien de résolu; toutefois il y en

LETTRE 160. — 1. Le manuscrit porte : « honnêtetés et accoutumées. »

2. Nous croyons qu'il s'agissait d'une cavalcade que les femmes de Manosque avaient organisée pour aller au-devant du duc de Guise.

3. *Qui sera*, c'est-à-dire *future*. — 4. Marie de Médicis.

1614 a qui croyent que M. de Noirestan[5] l'aura, par la faveur de M. de Villeroy. Vous aurez en un mémoire à part quelques autres particularités. Je viens, il y a environ quatre ou cinq heures, de recevoir vos dernières lettres, avec les nouvelles du traitement fait au comte du Bueil[6]. M. de Savoie est grand prince; mais quand Malherbe n'auroit que vingt ans, il ne se résoudroit jamais à le servir. J'ai tout aussitôt envoyé chez mon compère, mais il n'est point chez lui. Dans quatre ou cinq jours, il partira un gentilhomme en poste, par lequel je vous rendrai compte de cette affaire à laquelle, ni à rien que vous me mandiez et commandiez, je ne manquerai ni de soin ni de diligence. Je n'ai point encore vu Pierre le savetier, ni par conséquent l'huile que vous lui avez baillée pour m'apporter; mais quelques faveurs que je reçoive de vous, n'en espérez plus de remerciements, car vous m'avez si souvent obligé que vous avez tari mon éloquence, qui de soi n'étoit guère copieuse. Leurs Majestés avoient déjà nouvelles du partement de Rome de M. de Breves[7]; car il y a deux jours que le Roi, en se jouant avec Monseigneur, lui faisoit la guerre de sa venue; mais à la vérité il ne s'en étonnoit guère. Je vous ai par deux fois prié de prendre la peine de m'envoyer un extrait d'une certaine inscription antique qui est en la muraille de Notre-Dame-des-Lassez, du côté du chemin en venant de la ville. Il me souvient qu'il y a un mot *Threption* qui m'en a autrefois rendu l'interprétation difficile; je pense en avoir trouvé l'explication. Je vous supplie, Monsieur, commander à quelqu'un des vôtres d'en tirer une copie, et

5. Philibert de Lignerac, marquis de Nérestang, conseiller d'État, maréchal de camp, tué aux Ponts-de-Cé en 1620.

6. Annibal Grimaldi, comte de Bueil, et son fils venaient d'être jetés en prison par le duc de Savoie, qui les fit mettre à mort en 1621.

7. Il était nommé gouverneur de Gaston.

me faire cette faveur de me l'envoyer : je suis toujours importun, mais je crois que cela doit être permis à votre serviteur très-humble et très-affectionné, 1614

MALHERBE.

A Paris, ce 26e mai, à dix heures de soir.

---

161. — De Paris, ce 31e de mai.

MONSIEUR, pour vous conserver la bonne opinion de ma diligence, je vous envoye ce peu de nouvelles; autrement elles ne valoient pas être écrites ni lues[1]. Vous y en verrez une de quoi sans doute l'on fera grand cas aux provinces, et qui ne diminuera pas entre les mains de ceux qui la porteront; mais ceux qui la vous conteront autrement que moi, ne les croyez pas, car j'ai voulu savoir l'affaire de ceux qui l'ont maniée. Adieu, Monsieur : aimez toujours votre très-humble et très-obligé serviteur,

MALHERBE.

Je viens d'envoyer chez mon compère, qui a dit qu'il n'y avoit plus qu'à faire les boîtes, et qu'il les vouloit faire faire lui-même. Je vous promets que je le solliciterai de si près que si Jacques le messager ne vous porte tout, au moins en aurez-vous une bonne partie.

De Paris, ce dernier de mai, à dix heures de soir.

Mécredi au soir[2] la Reine fut à la Bastille, d'où elle en

LETTRE 161. — 1. Malherbe avait d'abord écrit : « ne le valoient pas; » puis il a effacé *le*, et ajouté en interligne : « être écrites ni lues. »
2. Le 28 mai.

1614 fit tirer un million de livres. Deux ou trois jours auparavant cela avoit été résolu, comme je crois que je le vous avois écrit[3], et pensois qu'il eût été fait dès lors, mais il ne fut fait que mécredi. L'on m'a dit que la Reine a trouvé qu'il en falloit encore tirer cinq cent mille livres, et que là-dessus Messieurs des comptes sont aujourd'hui venus faire quelque remontrance; mais je n'en ai rien ouï de plus particulier.

M. de Longueville est arrivé aujourd'hui sur les cinq ou six heures de soir; il est allé descendre chez M. le comte de Saint-Pol, et de là s'en sont venus sur les sept heures chez le Roi. Sa Majesté étoit sur le perron qui est au bout de la galerie dorée, où vous vîtes recevoir les ambassadeurs d'Espagne pour le mariage. Comme M. de Longueville est entré dans la galerie, il n'y a pas eu fait une douzaine de pas, que le Roi est sorti du perron et est venu au-devant de lui, et l'a rencontré plus près de la porte que de là où il étoit parti. Je m'étois mis tout auprès du Roi, mais sur le point de la révérence, il s'est fait un mouvement qui m'a porté à trois ou quatre pas de là. M. de Longueville a fait quelque petite harangue, et le Roi une réponse encore plus courte; mais il n'a été possible que j'en aye rien entendu. Demain, Dieu aidant, j'irai voir M. de Longueville, de qui je saurai le tout. Le Roi lors s'en alloit souper; M. de Longueville a été à la moitié de son souper, où il ne s'est parlé que de propos communs. De là M. de Longueville s'en est allé aux Tuileries voir la Reine; cela m'a trompé, car je m'étois imaginé qu'il seroit avec le Roi jusques au retour de la Reine, et que de là le Roi, allant chez la Reine, comme il fait tous les soirs après souper, le mèneroit avec lui. J'y suis allé attendre cette action, mais j'ai perdu

3. Voyez plus haut, lettre 151, p. 401.

ma peine; je saurai de lui et de ceux qui étoient présents comme s'est passée l'affaire[4]. 1614

M. le maréchal d'Ancre arriva hier dans une litière, à ce que l'on m'a dit, à cause de sa sciatique; ceux qui le virent alors et qui le sont allés voir aujourd'hui m'ont dit qu'il a fort mauvais visage. Mme la maréchale d'Ancre étoit à la fenêtre de sa chambre à le voir arriver, et cria à ceux qui le descendirent de la litière : « Gardez de le blesser ! » M. de Valavez le vit passer, qui vous écrira l'équipage.

M. du Maine vient lundi prochain, et ainsi peu à peu nous ramasserons tous nos gens. Monsieur le Prince est à Valery; l'on dit qu'il s'en va prendre possession d'Amboise, et y mettra un nommé la Grange, son écuyer, qui est l'un de ceux qui l'avoient suivi en Flandres, du temps du feu Roi.

M. le marquis de Cœuvres est allé vers M. de Vendôme faire désarmer et ruiner les fortifications de Blavet.

Hier au soir, entre huit et neuf heures de soir, un homme inconnu fut pris en la cour du Louvre, près du petit degré qui va droit à la chambre de la Reine. L'archer, voyant cet homme de mauvaise mine, et qui se bouchoit[5], lui demanda ce qu'il demandoit; il dit qu'il cherchoit le Roi : enquis ce qu'il lui vouloit, il dit qu'il le vouloit tuer. Là-dessus il fut saisi et mené en la chambre de M. de Vitry, capitaine des gardes du corps, qui est en quartier là où il dit qu'il vouloit tuer le Roi; et sa raison étoit qu'il ne croyoit pas que la paix pût être en

4. *L'affaire* a été substitué à *cette affaire*.

5. Telle paraît être la leçon de l'autographe. Malherbe a sans doute pris ce mot dans le sens où l'a employé Amyot (*Vie de Numa*, chapitre XVIII) : « Alors le grand pontife tire la patiente toute *bouchée* (couverte, cachée, voilée) hors de la littiere. » Voyez le *Dictionnaire de la langue française*, par M. Littré, article *boucher*.

1614 France autrement. Il fut fouillé exactement, et ne lui fut trouvé dague, couteau, ni fer quelconque; et là-dessus, comme on lui demanda comme il le pensoit tuer, il dit qu'il le vouloit tuer de son aleine[6]. Ce mot d'*aleine* a déjà été commenté, et a-t-on dit qu'il avoit été saisi d'une longue *alêne* dont il vouloit tuer le Roi. M. de Vitry, qui le fouilla et le fit fouiller en sa présence, m'a dit qu'il n'avoit chose quelconque propre à tuer : seulement avoit-il force lettres dans ses poches, qui lui avoient été baillées à Metz, d'où il venoit, adressantes à plusieurs personnes de cette ville. Les uns disent qu'il est de Metz, les autres de Nancy. Quand il fut pris, il lui prit un grand tremblement et presque une défaillance. L'on dit qu'il avoit dit qu'avec le Roi il vouloit tuer toute la maison de Lorraine, pour la même raison; que sans cela il ne pouvoit pas y avoir de paix en France. Il fut à l'heure même mené au Four-l'Évêque : l'on[7] a assuré Mme de Guise, à son dîner, qu'il avoit été mis entre les mains de la cour; mais cela étoit faux, car il est encore au Four-l'Évêque. Je crois qu'il fût fou, et ai cette opinion avec tout le monde; mais *in magnis stultitia luenda est* aussi bien que *fortuna*[8]. L'on n'a rien dit de tout ce que dessus au Roi, de peur de l'intimider sans sujet. Leurs Majestés se portent fort bien, grâces à Dieu. Dieu les conserve en cet état!

Du 1er de juin, à Paris.

Celui qui fut pris pour avoir dit qu'il vouloit tuer le Roi s'appelle Isaac le Cardinal; il a dit être venu deux

6. Le mot est écrit ainsi dans l'autographe.

7. Devant *l'on*, le manuscrit porte les mots *ce matin*, effacés.

8. « Quand il s'agit des grands, la folie doit être expiée, aussi bien que la fortune. » C'est une allusion au vers 107 du livre II des *Tristes* d'Ovide :

Scilicet in Superis etiam fortuna luenda est.

fois en la petite montée qui va à la chambre de la Reine, en cette intention. C'est un homme noiraud, d'environ trente-quatre ou trente-cinq ans, de moyenne taille. Comme il fut mené en la chambre de M. de Vitry, il commença en ses réponses à faire le fou, mais d'une façon que l'on connoissoit qu'il y avoit de l'artifice. Il fut mis nu en chemise pour être fouillé, et alors il se mit à danser; tantôt il s'agenouilloit, tantôt il s'asseyoit. Il commença à s'étonner lorsque le sieur de Fouqueroles, enseigne des gardes du corps, qui est à cette heure en exercice, lui attacha les bras par derrière, et que l'on parla de l'envoyer en prison; et alors il dit que c'étoit le diable qui l'avoit tenté. Il a été envoyé en la Bastille, du Four-l'Évêque où il avoit été mis premièrement. Il est de Naucy, et avoit tout plein d'affaires en cette ville pour des marchands de Lorraine, comme l'on a vu dans tout plein de lettres qu'il avoit dans un sac de cuir, lequel il avoit quand il fut pris. Tous ces marchands ne parloient point de lui autrement que d'un homme sage. Il étoit logé à la Truanderie, chez une Mme Pasté, devant le *Puits d'amour*. Depuis qu'il est en prison, il a dit qu'il avoit un couteau, mais qu'il l'avoit laissé choir. J'ai su tout ceci de la bouche du sieur de Fouqueroles, qui fut celui qui l'interrogea et tourmenta en la chambre de M. de Vitry. 1614

Cette après-dînée M. de Praslin est arrivé sur les six heures, comme la Reine sortoit pour aller aux Tuileries.

M. du Maine arriva mécredi, et apporte la promesse de tous ces messieurs de la société, par laquelle ils désavouent M. de Vendôme s'il n'obéit, et se départent de toute l'association qu'ils pouvoient avoir faite avec lui : je crois qu'on n'en viendra point là.

Vous avez vu les articles de paix et les signatures;

1614 mais elles ne se[9] sont pas faites comme cela; il s'est fait autant de copies comme ils étoient de concurrents en qualité. Monseigneur le Prince a signé en toutes, lui et M. de Longueville en une, et derechef lui et M. de Nevers, puis lui et M. du Maine, en chacun la sienne, pource que nul n'a voulu céder à son compagnon; M. du Bouillon a signé en celle de M. de Nevers, et M. de Luxembourg en celle de M. de Longueville.

L'on s'en va faire les baptêmes de Monseigneur et de la petite Madame : Monseigneur aura nom Gaston, et sera tenu par la reine Marguerite et M. le cardinal de Joyeuse; la petite[10] Madame aura nom Henriette, et sera tenue par Madame et par M. le cardinal de la Rochefoucauld, lequel on attend pour cet effet. Il y aura si peu de cérémonie que la Reine même n'y sera pas; ce sera dans la chapelle du Louvre.

L'on m'a dit que mécredi dernier on tira de la Bastille quinze cent mille livres, et que depuis on n'a point parlé d'en tirer davantage.

Il y a trois ou quatre jours que Monseigneur étant au cabinet de la Reine, plusieurs, en lui faisant la guerre, l'appeloient don Gaston; le Roi même en fut l'un, M. de Bassompierre et quelques autres; et à tous il répondoit une même chose, qu'il vouloit bien qu'on l'appelât Gaston, mais non pas *don*.

Comme M. de Longueville eut vu le Roi, et lui eut tenu compagnie jusques à la moitié de son souper, il s'en alla aux Tuileries trouver la Reine : elle étoit au bout de la grande allée, où elle oyoit chanter le Villars et un page, que la reine Marguerite y avoit amenés; la Reine

9. Le mot *se* a été ajouté après coup, en interligne. Trois lignes plus loin, après *une*, il y a *autre*, effacé.

10. Les mots *la petite* ont été ajoutés au-dessus de la ligne.

étoit debout. M. de Longueville, après deux grandes révérences, lui baisa le bas de la robe. Elle lui fit signe avec la main qu'il se relevât, ce qu'il fit, et se retira deux pas en arrière sans dire mot quelconque. Lors la Reine lui dit : « D'où êtes-vous parti aujourd'hui? » Il répondit qu'il étoit parti de Trie, à cinq postes d'ici. Puis elle lui dit que la barbe lui étoit venue, et qu'il la falloit couper : ce fut là tout le discours. La Reine étoit masquée, qui fut cause que l'on ne put rien juger de sa passion par son visage. 1614

162. — A Paris, ce 10e juin.

Monsieur, à la fin, à la fin, j'ai arraché le pourtrait du Roi des mains de notre compère; M. de Valavez le vous envoye par ce porteur. Je crois que si vous n'êtes content de la diligence, vous le serez du reste, car il me semble fort bien fait. Quant aux nouvelles, vous n'en aurez point en celle-ci, car le porteur est Pierre le savetier, qui ne partira possible d'ici à quinze jours, et en sera vingt par les chemins; de sorte que la marée ne sauroit être fraîche quand il arrivera. M. de la Verdière[1], qui part tous les jours, ou le premier qui s'en ira en poste, vous portera ce que nous en aurons. Il me fut hier donné un petit livret par son auteur, qui est M. le Maistre[2], premier médecin de Monseigneur et de Mesdames; je le vous envoye : vous y apprendrez des curiosités dont vous ne serez point marri. Le quelqu'un dont

Lettre 162. — 1. Jean de Castellane, sieur de la Verdière, député de la Provence aux états généraux.

2. Probablement Rodolphe le Maistre, l'auteur du *Préservatif des fièvres malignes de ce tems*, 1619, in-12.

1614 il fait assez souvent mention est M. Petit, qui fut, après M. Laurens, premier médecin du feu Roi; puis s'en lassa, et aima mieux être ce qu'il est aujourd'hui, médecin ordinaire de la Reine[3]. Ces deux hommes, comme vous verrez, ont toujours été mal ensemble. Hésiode pouvoit dire καὶ ἰατρὸς ἰατρῷ, aussi bien que ἀοιδὸς ἀοιδῷ[4]. C'est une maladie commune à toutes personnes de même profession. J'ai reçu la petite boîte qu'il vous a plu m'envoyer, dont je vous remercie, avec honte d'un si grand nombre d'obligations. Je vous remercie aussi de l'épitaphe et de l'interprétation que vous lui donnez, qui est, à mon jugement, très-véritable[5]. J'avois toujours été en peine de ce mot *Threption;* mais certainement, comme vous[6] dites, ce n'est du tout rien que le nom de ce C. Voratius, et ne crois point qu'il y ait de mystère pour la relation de *Paternus* à *Threption*, que j'ai toujours pris pour *alumnus* passif ou actif, comme en latin *alumnus* est l'un et l'autre[7]. Ce qui me mettoit en peine, c'est que je ne savois pas, comme depuis je l'ai appris, et comme vous le dites fort bien, que *Threption* fût un surnom, n'ayant pu croire que ces noms grecs, qui se donnoient ordinairement aux affranchis, se communiquassent aux gentilshommes et citoyens romains.

3. Voyez plus haut, lettre 50, p. 102.

4. « Et le médecin (porte envie) au médecin, (aussi bien que) le chanteur au chanteur. » Voyez plus haut, p. 351.

5. Peiresc, répondant à la question de Malherbe, lui avait écrit le 2 mai : « Je ne pense pas que le surnom de *Threption*, qui est donné à celui qui a fait faire cette table sépulcrale en l'honneur de Paternus, son fils, soit plus mystérieux que ceux de *Cicero*, *Naso*, *Crassus*, et autres semblables, qui se rendoient héréditaires aux familles, etc. » Le 3 juin suivant, il lui envoya l'inscription entière.

6. Devant *dites*, il y a *le*, effacé; et après *dites*, les mots *ce n'est* ont été substitués à : « il ne signifie. »

7. Le mot latin *alumnus* signifie en effet *nourrisson* et *nourricier;* mais dans les bons auteurs il n'a que le premier de ces deux sens.

Monsieur, puisque j'ai renoncé à vous dire des nouvelles par cette voie, je n'ajouterai plus rien ici que la continuation des prières que vous fais toujours de m'aimer et me tenir pour votre très-humble et très-affectionné serviteur. 1614

163. — A Paris, la veille de saint Jean[1].

Monsieur, il est plus près d'onze heures que de dix, et tout présentement je viens d'être averti par M. de Valavez que demain il s'en va un homme en poste en Provence. Jugez quelles nouvelles je vous puis écrire : la cour est à Saint-Germain pour trois semaines, qui est le temps ordinaire que l'on donne à nettoyer le Louvre. J'ai à faire à l'Épargne ; cela me retient ici pour quelques jours. Comme j'aurai mon expédition, je m'en irai faire huit ou dix jours de comparence[2], et de là vous aurez plus de particularités que je ne vous en puis mander pour cette heure. Contentez-vous pour cette fois de cette petite gazette, et m'excusez envers Monsieur le premier président si je ne lui écris par cette voie; ce sera par la première qui s'offrira. J'aimerois mieux n'écrire jamais que de lui écrire au désordre où je suis; j'use plus privément avec vous, pource que[3] je sais bien que vous le voulez. Je vous ai écrit le grand deuil de cette cour en la nouvelle de la mort de Monsieur le chevalier[4], et comme Madame

Lettre 163. — 1. C'est-à-dire le 23 juin.

2. *De comparence*, de présence.

3. *Pource que* a été substitué à *car*.

4. Cette lettre est perdue. Le chevalier de Guise avait été tué le 1er juin 1614, au château des Baux, près d'Arles, « par l'éclat d'un (*canon*) auquel il voulut lui-même opiniâtrément mettre le feu. » Voyez la lettre de Malherbe à M. de la Garde, tome I, p. 357, et au tome IV, la lettre de consolation qu'il adressa à la princesse de Conty,

1614 la princesse sa sœur et Messieurs ses frères se sont montrés sensibles en cet accident; à cette heure, je vous envoye quelques *Consolations* qui leur ont été données[5] : l'une est de Monsieur l'évêque de Conserans[6], et l'autre de M. Coeffeteau; il y en a eu une autre de Monsieur de Bourges[7], mais elle n'a point été imprimée. Madame la princesse a perdu la copie qu'il lui en avoit donnée, et m'avoit commandé de le prier de sa part de la faire imprimer; mais je ne l'ai point encore vu, ce sera peut-être pour demain. Vous prendrez cependant celles-ci qui ont été jugées les meilleures de toutes celles que j'ai vues. Adieu, Monsieur : je vous baise bien humblement les mains, et vous prie de me tenir toujours pour votre serviteur très-humble et très-affectionné,

MALHERBE.

Le baptême de Monseigneur et de la petite Madame se fit le dimanche 15e de juin 1614, entre midi et une heure, au Louvre, en la chapelle de la Reine. Monseigneur avoit ce jour-là six ans sept semaines et deux jours; Madame, quatre ans six mois et trois semaines. Il y avoit pour drap de pied un tapis velu, étendu emmi la place, et dessus un escabeau d'environ deux pieds de hauteur, couvert d'une tavaiole[8] de toile d'argent, et sur icelui

sœur du chevalier. — Il existe plusieurs relations de la mort du chevalier de Guise; il en a été publié une dans l'édition des *Mémoires de Marguerite de Valois* qui fait partie de la *Bibliothèque elzévirienne*. Voyez aussi le *Mercure*, tome III, p. 440.

5. Au lieu de *données*, Malherbe avait d'abord écrit *faites*.

6. Octave de Bellegarde, évêque de Conserans de mai 1614 à 1621. — La pièce de Coeffeteau a été publiée sous le titre de : *Consolation à Madame la princesse de Conty*, Paris, Cramoisy, 1614, in-8°.

7. André Fremyot, archevêque de Bourges de 1602 à 1622.

8. Les mots *d'une tavaiole* ont été ajoutés après coup, ainsi que, deux lignes plus loin, *il y avoit*, et huit lignes après, *et tête nue*.

un bassin vermeil doré. A la main droite, près de l'autel, il y avoit une table sur laquelle étoient deux carreaux de drap d'or et deux chrêmeaux, l'un de fine toile, et l'autre de satin blanc, avec un grand vase d'eau d'ange. De l'autre côté, à l'opposite, étoit une autre petite table où étoient les huiles, la mitre, et autres ornements. Sur l'autel il y avoit six cierges de cire blanche, et la croix au milieu, et de plus deux flambeaux sur deux fenêtres au-dessus dudit autel. Monseigneur et Madame étoient vêtus de satin blanc. Monseigneur étoit à genoux et tête nue devant l'escabeau, sur un carreau; son aumônier près de lui, tenant un cierge en la main, lui fit dire tout haut le *Pater* et l'*Ave* : l'ayant dit, il se leva. Le cardinal de Bonsy [9], qui célébroit, assisté de trois aumôniers et du curé de Saint-Germain, lui demanda s'il se souviendroit bien de cette cérémonie; à quoi, en souriant, il répondit qu'il n'avoit garde de l'oublier, et qu'il se souviendroit bien d'autre chose. La reine Marguerite, marrine, et le cardinal de Joyeuse, parrin, étoient derrière lui. Derrière la petite [10] Madame étoient Madame et le cardinal de la Rochefoucauld, elle marrine et lui parrin. Le nom de Monseigneur est Gaston-Jean-Baptiste, et de Madame, Henriette-Marie. On leur appliqua la sainte huile sur la poitrine et entre les épaules, avec les cérémonies accoutumées selon l'usage de Paris, et sans eau, ayant le baptême été célébré incontinent après leur naissance [11]. 1614

Cette description n'est pas de moi; elle est de M. le Maistre, médecin de Monseigneur. J'étois allé chercher

9. Le cardinal Jean-Baptiste de Bonsi, qui avait négocié le mariage de Henri IV avec Marie de Médicis, aumônier de Henri IV, né à Florence en 1554, mort en 1621.

10. Ici encore *la petite* est en interligne. Deux lignes plus bas, *est* a été substitué à *fut*.

11. Voyez le *Mercure*, 1614, tome III, p. 440.

1614 M. de Valavez pour l'avertir d'y venir, je ne le trouvai point, et perdis l'occasion de le voir.

Vendredi dernier, Monseigneur vint voir la Reine à son dîner, et lui montra une chaîne de diamants que la Reine Marguerite, sa marrine, lui avoit envoyée : elle n'est que de douze ou quinze cents écus, mais je crois que c'est tout le crédit qu'elle a pu trouver, car cette pauvre princesse est volontiers excessive en ses libéralités : elle donna par même moyen une montre de cinq à six cents écus à Mme de Montglas; elle donna aussi je ne sais quelle défroque[12] à Mme Sauval, sous-gouvernante, et à Madame la nourrice de Monseigneur.

La place de chevalier d'honneur n'est point encore donnée; l'on dit que l'on a envoyé vers le frère aîné de M. le maréchal d'Ancre pour cet effet, et qu'il ne veut pas venir. L'on dit qu'il a plus de dix mille livres de rente; si cela est, il a raison, et même étant vieil, comme l'on dit qu'il est. L'on dit que M. le maréchal d'Ancre ôte le sieur de Riberpré de la citadelle d'Amiens et y met un nommé Hocquincourt, frère du sieur de Montcavré[13], gouverneur d'Ardres. On baille à M. de Riberpré, pour récompense[14], le gouvernement de Corbie et une abbaye qui y est, de la valeur de six mille livres de rente. M. de Ventadour revint hier au matin d'Amboise[15], d'où l'on me dit qu'il avoit rapporté toutes bonnes nouvelles; je me suis toujours moqué de ceux qui en discouroient autrement. La cour partit aussitôt qu'il fut arrivé; voilà pourquoi je ne m'informe point plus parti-

12. Le mot est douteux; on lirait plutôt dans le manuscrit *defergue* que *defroque*.

13. Georges de Monchy, seigneur d'Hocquincourt. Il était le second fils de Jean de Monchy, seigneur de Moncavrel, mort en 1638.

14. *Récompense*, dédommagement.

15. Où était le prince de Condé.

culièrement de ce qu'il a rapporté; c'est assez que l'on dit que la Reine en est contente. Mme la comtesse de Maillé[16], que vous connoissez peut-être mieux par le nom de Mme de Givry, est décédée depuis douze ou quinze jours. M. le comte de Lude[17] est lieutenant général pour le Roi en Auvergne : cette nouvelle est vieille, mais je l'avois oubliée en mes précédentes. La Reine a porté le deuil de M. le prince de Toscane[18], et Mesdames; mais le Roi non : il avoit été une fois résolu qu'il le porteroit; mais depuis l'on changea d'avis. M. le marquis de Cœuvres est retourné vers M. de Vendôme, mais il n'est pas encore revenu. N'espérez que paix et obéissance de ce côté-là, quoi que l'on vous die. Il l'a ainsi écrit par un gentilhomme exprès au Roi et à la Reine, qui s'appelle Vimays; il arriva samedi au matin : le sujet de son voyage étoit pour rendre raison à Leurs Majestés de ce qu'il étoit entré dans Vannes. L'on est toujours résolu à la tenue des états[19], mais irrésolu du lieu où l'on les tiendra : Sens se trouve trop petit pour loger tant de monde; l'on a parlé de Troyes et de Tours; la chose est encore incertaine. Mme de Longueville est de retour à Coulommiers, qui est une belle maison qu'elle a en Brie, à douze lieues d'ici. Je crois que nous aurons bientôt et elle et Monsieur son fils à Paris. M. le maréchal d'Ancre est toujours fort mal de sa sciatique; l'os de sa cuisse est hors de la boîte, et s'y est fait un cal, de sorte que l'on

16. Marguerite Hurault, veuve en secondes noces d'Anne d'Anglure, baron de Givry, tué en 1594, s'était remariée une troisième fois, et avait épousé Armand le Dangereux, comte de Maillé. Elle mourut le 13 juin 1614.

17. François de Daillon, comte du Lude, gouverneur de Gaston d'Orléans.

18. François de Médicis, prince de Capistran, né en 1594, mort le 17 mai 1614. Il était fils de Ferdinand Ier, grand-duc de Toscane.

19. Les états généraux, qui s'ouvrirent à Paris le 14 octobre 1614.

1614. doute qu'il ne demeure boiteux pour toute sa vie. On lui fait des casaques en broderie, je crois que c'est pour la compagnie de la Reine, laquelle il commande; la devise est *Tutus ab alto, non timet ima*[20]. Le brodeur qui me l'a dit avoit une des casaques sous le bras, mais je fus paresseux de la vouloir voir; il me semble qu'il me dit que le corps étoit un[21] aigle dans les nues, mais il ne me souvient pas du reste.

M. d'Espernon s'en va en Guienne; en récompense, nous aurons M. du Bouillon, que l'on tient devoir être ici bientôt. Vous avez su que M. de Châtillon a été fait général[22] de toutes les troupes de pied et de cheval que le Roi entretient en Hollande. Le baron de Courtaumer, pour se consoler de cela, en a obtenu la lieutenance en son absence; et des deux régiments françois entretenus en Hollande, l'on en fait trois, dont le sieur de Hauterive[23], fils de M. Châteauneuf l'Aubépine, a le troisième; cette affaire pour les deux derniers articles[24] n'est pas encore résolue, mais si tient-on qu'elle se fera.

20. « N'ayant rien à craindre d'en haut, il ne redoute pas ce qui est en bas. »

21. Malherbe avait d'abord écrit *une*, puis il a effacé l'*e* final.

22. Devant *général*, il y a *lieutenant*, biffé. A la ligne suivante, *M.* a été effacé devant les mots *le baron;* et un peu plus loin, *en* a été ajouté en interligne devant *a obtenu.*

23. François de l'Aubépine Châteauneuf, marquis de Hauterive, lieutenant général des armées du Roi, gouverneur de Bréda, mort le 27 mars 1670, à quatre-vingt-quatre ans.

24. Au lieu des mots : « les deux derniers articles, » Malherbe avait mis d'abord « le dernier article. »

164. — A Paris, ce 4e de juillet. 1614

Monsieur, ce n'est point ici pour vous donner des nouvelles; M. de la Verdière les sait toutes, vous les apprendrez de lui[1] : c'est seulement pour exercer ma diligence, et me garder de tomber en cette malheureuse paresse à laquelle je suis si porté de mon inclination. La cour s'en va demain à Orléans; pour moi, je ne bouge de Paris[2], à cause des années passées. Il est temps de me choyer; encore je me doute qu'avec tout mon soin et toutes mes étaies, le bâtiment ne sauroit pas être longtemps sans aller par terre. Je ne crois pas que le voyage d'Orléans soit long. Monsieur le Prince, quand ces Messieurs de Poitiers lui refusèrent les portes, leur demanda leur réponse par écrit[3]. Cette procédure me fait croire que tout se passera par les voies de la justice. Ces méchantes gens de Poitiers lui dirent qu'ils ne savoient ni lire ni écrire, mais qu'ils savoient bien tirer; ils ajoutèrent à cela que Monsieur le Prince prît à témoins de ce refus quelques écoliers qui étoient là. Ne le croyez pas, mais croyez, s'il vous plaît, Monsieur, que je suis toujours votre très-humble et très-affectionné serviteur.

4 juillet.

Aujourd'hui, sur les cinq heures de soir, je suis parti du Louvre, où les nouvelles étoient que la Reine part

Lettre 164. — 1. Dans l'autographe, *vous* est précédé de *duquel*, effacé; *de lui* a été ajouté au-dessus de la ligne.

2. *De Paris* est en interligne, et *des années passées* a été substitué à *de mes années*.

3. Les habitants de Poitiers, excités par leur évêque Henri-Louis de Chasteignier, avaient au mois de juin blessé quelques hommes de la suite du prince de Condé, lui avaient refusé l'entrée de leur ville, s'étaient barricadés, et avaient chassé leur gouverneur. Voyez plus loin, p. 441; voyez aussi le *Mercure*, 1614, p. 45 et suivantes, et le

1614 demain et s'en va coucher à Dolinville[4], dimanche à Étampes, lundi à Toury et mardi à Orléans. M. du Maine s'en va de sa part trouver Monsieur le Prince pour l'amener; il part demain en poste. Il a fort prié la Reine de ne bouger de Paris, et l'a assurée qu'il lui amènera Monsieur le Prince. La Reine a répondu qu'il lui sera encore plus commode de venir à Orléans qu'à Paris. La Reine, en toutes façons, quoi qui arrive, et quoi qu'on lui die, est résolue à ce voyage. Je lui ai ouï dire qu'elle ne veut parler à personne qui vienne de la part de Monsieur le Prince, mais qu'elle veut que lui-même vienne lui remontrer ce que bon lui semblera.

Messieurs du parlement, aujourd'hui sur le midi, la sont venus voir. J'étois lors chez Mme la princesse de Conty, de manière que je n'ai fait que les voir passer au travers de la cour. Un qui y étoit présent m'a dit que la Reine ne leur a nullement parlé de Monsieur le Prince, mais bien de M. de Vendôme; qu'elle s'approchoit de lui pour le faire obéir, suivant les articles à Sainte-Menehould. Je crois que cet acheminement sera un grand avancement aux affaires de Bretagne, et décidera celles de Poitou.

Vous aurez vu, dans la lettre que Monsieur le Prince écrit à la Reine, dont M. de Valavez vous envoye la copie, qu'il y est fait mention d'un nommé la Fraiselière[5]; il est depuis trois ou quatre jours en cette cour. Je me trouvai hier devant la Reine auprès de lui, où je m'informai de toute cette affaire, qui me la conta comme

Procès-verbal de la revolte faicte par Messieurs de Poictiers à leur gouverneur, Monsieur le duc de Roannes, 1616, 16 p. in-8°.

4 Ollainville, où Henri III avait bâti un magnifique château, à une demi-lieue environ d'Arpajon (Seine-et-Oise).

5. Probablement Isaac Frezeau, marquis de la Frezelière, maréchal de camp, tué au siége d'Hesdin le 28 juin 1639.

Monsieur le Prince la conte, hormis quelques particularités qu'il y ajouta. Le duc de Roanoys[6], qui est gouverneur particulier de Poitiers, fut prié de sortir, pource qu'ils eurent opinion qu'il étoit partisan de Monsieur le Prince, et comme tel avoit dîné chez M. de Sainte-Marthe[7], qui est du même parti, où il avoit dit qu'il falloit pendre ces séditieux. Ce Sainte-Marthe, qui est maire de la ville, le procureur du Roi du siége présidial, et quelques autres, jusqu'au nombre de huit ou dix, qui étoient tous suspects d'être pour Monsieur le Prince, sont aussi sortis volontairement. Vous orrez dire que Monsieur le Prince a cinq ou six mille hommes de pied et deux mille chevaux; vous réduirez tout cela à trois cents chevaux, au dire de la Fraiselière, et à cent vingt, au dire d'un autre qui dit en être parti depuis deux jours et être venu en poste. De sa façon de vivre, on en parle diversement : qui dit qu'il paye, qui dit le contraire. 1614

M. le marquis de Cœuvres n'est point encore de retour, et, qui plus est, il n'a point écrit. Je crois que cet approchement ne plaira guère à M. de Vendôme[8]. Si quelqu'un vous veut faire croire que la brouillerie de Poitiers soit quelque chose, moquez-vous-en. Je crois que vous avez su que Mme de Remiremont[9], sœur du landgrave, qui

6. Louis Gouffier, duc de Roannès, né le 25 novembre 1575, mort le 16 décembre 1642.

7. Gaucher Scévole de Sainte-Marthe, président et trésorier de France dans la généralité de Poitiers, mort le 29 mars 1623, à quatre-vingt-sept ans.

8. Malherbe avait d'abord écrit : « ne lui plaira guère. »

9. Élisabeth, sœur du Rhingrave Philippe-Othon, comte, puis prince de Salm. « Mon cousin, le comte Rhingrave, dit Bassompierre (année 1614), ne pouvant plus souffrir la vie déshonnête que sa sœur, l'abbesse de Remiremont, menoit, m'envoya un de ses gens me prier de donner ordre de la tirer de la; ce que je fis par la permission de la

1614 étoit en cette ville il y avoit fort longtemps, fut, par la menée de ses parents, qui n'étoient pas contents de sa vie, enlevée dans un carrosse le 15e du passé; on l'amène chez un sien beau-frère.

Il se fit une galanterie, il y a sept ou huit jours, de laquelle vous pouvez avoir ouï parler, qui est que l'on voulut enlever la fille d'un Barré[10], qui, pour la garder plus sûrement du comte de Montsoreau[11], qui la lui vouloit enlever, l'avoit emmenée de Tours, d'où il est, en cette ville. Il y a prise de corps contre le marquis de Mauny, Lezigny, et un Fiesque[12], qui devoit être le marié; il y avoit quelques autres dans le carrosse, mais ils ne se sont point trouvés en l'information. Le père et la mère, avertis de l'entreprise, supposèrent pour leur fille une fille de chambre, qui sortant de l'église, fut tout aussitôt enlevée et jetée dans le carrosse, duquel on avoit subtilement arraché l'esse, tandis qu'il étoit devant l'église à attendre la demoiselle; si bien qu'à cent pas de là le carrosse alla par terre; ils se sauvèrent, et la fille demeura. On a par arrêt défendu à M. Barré d'appointer ni transiger de cette affaire, à peine de dix mille livres. La fille a huit cent mille livres en mariage.

Le 11e du passé, il se fit en Bretagne un tour qui n'en doit rien à celui-là. Un nommé M. de Montbarot[13],

Reine; et une après-dînée la fis mettre en carrosse, accompagnée de trente chevaux, et l'envoyai à Pannes en mes quartiers (en Lorraine), où de là son frère envoya la querir. »

10. « Il nous semble que ce doit être Marie Barré, fille d'Antoine Barré, sieur de Coustau, qui épousa le secrétaire d'État Nicolas Potier d'Ocquerre. » (*Note de M. Bazin.*)

11. René de Chambes, comte de Montsoreau. Voyez quelques-uns de ses exploits dans Tallemant des Réaux, tome VI, p. 474.

12. Peut-être François de Fiesque, comte de Lavagne et de Bressuire.

13. René de Montbarot, gouverneur de Rennes.

gentilhomme breton, qui peut avoir quatorze ou quinze mille livres de rente, n'a qu'une seule fille, qui est son héritière. Il étoit allé voir M. de Rohan, à Saint-Jean-d'Angely; un la Roche-Giffart, aussi gentilhomme[14] breton, de huit ou dix mille livres de rente, se servant de cette commodité, assisté de cent chevaux, et peut-être se fiant de sa retraite aux troupes de M. de Vendôme, qui étoient à deux lieues de là, pource qu'il est des grands amis de M. de Vendôme, s'en vint de nuit mettre le pétard devant la maison de M. de Montbarot, et enleva cette héritière; laquelle il mena tout aussitôt chez sa mère, où l'on tâcha de lui persuader de le vouloir épouser. Elle n'en veut point ouïr parler, ni M. de Montbarot aussi. M. de Vendôme l'a envoyé querir pour accommoder l'affaire : on ne croit pas qu'il le puisse. M. le prince de Conty vouloit à toutes forces se faire porter à Orléans en brancard[15]; mais Madame la princesse, avec beaucoup de peine, l'a fait demeurer, à la charge que s'il y a guerre, qu'il y viendra[16]. L'un des siens m'a dit qu'il l'a ainsi accordé à Madame sa femme, mais qu'il est résolu de y aller. Nous verrons demain, Dieu aidant, ce qui en sera. 1614

Après dîner, j'ai vu l'audience du Nonce et de l'ambassadeur d'Espagne, qui sont venus dire adieu à la Reine : il ne s'y est rien passé d'extraordinaire; ils y ont tous deux été fort longtemps.

Les États de Hollande ont fait de grandes offres à la Reine, mais il n'en sera point de besoin, Dieu aidant.

14. Samuel de la Chapelle, seigneur de la Roche-Giffard. Il épousa celle qu'il avait enlevée, Françoise de Marec, et mourut en 1625.

15. Malherbe avait d'abord écrit : « en litière. »

16. Tel est le texte du manuscrit; il y a deux fois *que* : comparez p. 342, 363, 388.

1614

165. — Paris, ce vendredi 11e de juillet.

Monsieur, je ne suis pas en lieu d'où vous puissiez attendre des nouvelles : la cour est hors de cette ville, et j'y suis demeuré pour conserver ce bâtiment ruineux, qui ne peut plus désormais souffrir de grandes secousses sans faire un mauvais tour à son hôte. Je viens de voir Mme la marquise de Rambouillet, qui a eu sur le midi des nouvelles de Monsieur son mari, par un valet de garde-robe du Roi. Il lui mande que le marquis de Cœuvres est à Orléans, de retour de Bretagne, et a rapporté à Leurs Majestés que M. de Vendôme est du tout disposé à l'obéissance. Pour ce qui est de Monsieur le Prince, l'on attend le retour de M. du Maine ; je ne sais ce qui en réussira : tant y a que ce valet de garde-robe vient querir les armes du Roi, et dit que lorsqu'il partit la résolution étoit que demain Leurs Majestés partoient d'Orléans pour continuer leur voyage. Il faut nécessairement qu'elles passent par Amboise ; ce sera là que l'on verra plus clair en ces ténèbres. Dieu nous donne sa sainte paix, ou victoire au Roi de tous ses ennemis! Adieu, Monsieur : je suis votre serviteur très-humble et très-affectionné.

166. — De Tours, le 22e de juillet[1].

Nous allons je ne sais où et reviendrons je ne sais quand. Nous tirons pays si doucement et si plaisamment que, n'étoit le déplaisir de s'éloigner de Paris, hors lequel il n'y a point de salut, il ne s'y pourroit rien ajouter. Nous sommes maintenant à Tours, où la cour est fort grosse. La Reine s'aperçoit bien

Lettre 166. — 1. Malherbe a copié lui-même cette pièce et a ajouté au bas : « Cette lettre est de M. de Fouqueroles, enseigne des gardes du corps. »

que sa présence et du Roi n'est pas inutile en ces quartiers. 1614
Monsieur le Prince s'est retiré chez lui avec bien peu de gens. Il a mandé à la Reine force bonnes paroles. Pourvu que les effets soient semblables, nous sommes bien. M. de Vignier partit de Blois pour l'aller trouver. Les uns tiennent qu'il viendra, les autres que non. Je crois que les derniers diront vrai, car avec les défiances qu'il n'a que trop grandes, des gens de deçà, que vous jugez bien sans les vous nommer, font courir exprès des bruits qui les lui accroissent. L'on fortifie Amboise, ce qui est trouvé de mauvais goût; et font si bonne garde dedans, que force gens de la cour se voulant approcher du fossé par curiosité ont été menacés, au cas qu'ils ne se retirassent, de les faire retirer avec arquebusades. L'on a fait ce que l'on a pu pour alarmer les huguenots sur ce voyage. La Reine envoya d'Orléans M. de la Chesnaye à la Rochelle, et M. de Villette à Saint-Jean-d'Angely, qui en ont rapporté à la Reine des offres dont elle est très-contente. Ceux de la Rochelle particulièrement ont supplié la Reine et le Roi de venir dans la ville de tout le royaume où ils seront le mieux reçus et le mieux obéis. M. du Plessis est arrivé ce matin, et Monsieur l'évêque de Poitiers. Tout rit à Leurs Majestés, et leurs présences ont dissipé force nuages. La Reine a dit qu'elle partiroit jeudi pour être à Poitiers samedi et qu'elle n'y séjournera que deux jours, et de là retourner la tête vers Paris, pour y être au 15e d'août. Elle prendra le chemin de Chartres. L'on attend des nouvelles de M. de Vendôme, qui sans doute aura obéi entièrement. L'armée de M. le maréchal de Brissac a fait halte vers Vendôme, et crois qu'elle ne passera pas outre. Monsieur le Grand dans deux jours s'en va en Bourgogne. M. de Termes demeurera auprès du Roi.

---

167. — A Paris, ce 27e juillet.

Monsieur, vous n'aurez guère de nouvelles, mais c'est ce qu'en peut savoir un homme qui est à quatre-vingts lieues de la cour; je les ai mises en un mémoire à part. Je vous ai écrit de l'enlèvement de la fille de M. de Mont-

1614 barot; je vous envoye la satisfaction qui a été faite au père. M. de Vendôme a stipulé trois mois durant lesquels M. de Montbarot trouve bon qu'il recherche sa fille pour la Roche-Giffart. Hors ces nouvelles, que vous verrez au mémoire que je vous envoye, je n'en sais point d'autres. Le Roi et la Reine se portent fort bien; ils reçoivent des bénédictions du peuple partout où ils vont, et désabusent les peuples de l'opinion qu'on leur avoit donnée que le Roi étoit si flouet et si délicat qu'on le nourrissoit dans du coton, et qu'il ne vivoit que de médecines : quand il n'y auroit autre profit en ce voyage, celui-là n'est pas petit. La Reine est extrêmement aise de l'avoir fait; aussi ne voulut-elle pas croire les conseils qui lui furent donnés de ne bouger de Paris, non pas même les prières que lui fit la 65[1], encore qu'elle se jeta à genoux pour la retenir. La Reine lui fut dire adieu; ce qui fut sans voir le 65[2]. Monsieur le Prince faisoit fortifier Amboise : la Reine a commandé aux prévôts des[3] maréchaux de courir sus à ceux qui y travaillent. De Poitiers, où elle est allée, l'on tient qu'elle passera à Angers; mais je crois que la résolution de cette affaire dépend de ce que fera M. de Vendôme. Je crois que l'approchement du soleil fera fondre la dureté des cœurs. Je n'écris point à Monsieur le premier président; je vous supplie l'assurer de mon service, et vous-même me croire votre serviteur plus humble et plus affectionné,

MALHERBE.

Vous avez su la mort de M. de Chappes[4]; la Reine a donné le régiment à son fils.

LETTRE 167. — 1. La maréchale d'Ancre.
2. Le maréchal d'Ancre.
3. *Prévôts des* a été ajouté au-dessus de la ligne.
4. Jacques d'Aumont. Voyez plus haut, lettre 122, p. 310, note 3. —

Satisfaction faite à M. de Montbarot par M. de la Roche-Giffart[5]. 1614

Je demande pardon à M. de Montbarot pour avoir témérairement et inconsidérément enlevé Mlle de Montbarot, reconnoissant que si M. de Montbarot eût été[6] chez lui, je ne l'eusse osé entreprendre; que si M. de Montbarot eût été averti de mon dessein, je sais aussi qu'il l'eût empêché, à ma honte et confusion. Je supplie M. de Montbarot de m'aimer comme son très-humble serviteur; et pour éviter les calomnies et faux bruits que l'on pourroit faire courir au déshonneur de Mlle de Montbarot et à ma honte, je promets et proteste, quand cela arrivera, de prendre l'offense comme faite directement à moi, et rechercherai par toute voie de fait, pour faire mentir et mourir tous ceux qui voudront diminuer quelque chose de l'honneur de Mlle de Montbarot, et obscurcir la vérité de mes comportements envers elle.

Fait et prononcé par M. de la Roche-Giffart, en présence de grand nombre de noblesse qui assistoit M. de Montbarot, auquel en même temps ledit sieur de la Roche bailla les mêmes paroles, écrites et signées de sa main et de son nom.

SAMUEL DE LA CHAPELLE.

Ce qui fut à Vannes, le 2e juillet 1614.

---

168. — A Paris, ce 12e d'août.

MONSIEUR, je ne fus jamais plus mal en nouvelles que je suis. Le Roi et la Reine sont fort loin; si bien qu'il est malaisé d'être bien averti de ce qui se passe à la cour. Je viens tout à cette heure de voir un homme qui partit samedi d'Angers, qui dit que l'on y attendoit Leurs Majestés

Son fils aîné était César, marquis de Clairvaux, dit le marquis d'Aumont, mort le 20 avril 1661.

5. Cette pièce n'est pas de la main de Malherbe.

6. Devant *chez lui*, le manuscrit porte *averti*, biffé.

1614 le lendemain ou lundi, qui étoit hier; l'on croit que ce fut plutôt hier que dimanche. De là elles s'en vont aux états à Nantes; et si doute que la Reine n'aille jusques à Blavet, car on a dit qu'elle le veut faire raser en sa présence. Je crois que ceux qui ont fait les mauvais en Bretagne sont bien empêchés de leur contenance. L'on tient qu'à ce coup M. de Vendôme désarmera. Il se parle de bailler le gouvernement de Poitou à M. le maréchal de Brissac, et récompenser[1] M. de Sully, et bailler à M. le maréchal de Bois-Dauphin la lieutenance de Bretagne. L'on tient que la haine que l'on y porte à M. le maréchal de Brissac acquiert à M. de Vendôme ce qu'il y a d'amis. L'on a parlé aussi de récompenser M. de Rochefort, et bailler sa charge, qui est la lieutenance de Roi en Poitou, à M. de Saint-Luc. Nous avons encore ici des gens qui philosophent sur toutes choses, et veulent être estimés plus fins que le commun, qui tiennent que l'on ne reviendra point sans faire noces, et allèguent, pour fortifier leur soupçon, qu'il y a trente brodeurs qui travaillent tous les jours aux habits de Madame. Il y a déjà plus d'un mois que je sais que l'on avertit une dame que si elle vouloit voir l'ameublement de Madame, elle se dépêchât, et que on l'alloit emballer. Nonobstant tout cela et autres conjectures, moquez-vous de tout cela : les rois de France et d'Espagne ne sont point gens à dérober des mariages; quand ils voudront une chose, il n'y a que Dieu seul qui la puisse empêcher; et souvenez-vous, Monsieur, qu'il n'y a huguenot qui osât y avoir pensé[2], et que la Rochelle même ouvrira ses portes, et priera Leurs Majestés d'y entrer. La Reine parla à M. du

LETTRE 168. — 1. Voyez plus haut, p. 436, note 14.

2. Il y a ici deux mots écrits en chiffre, qui ont été effacés et sont illisibles.

Plessis[3] du bruit que l'on faisoit courir qu'elle alloit pour faire les mariages, et lui dit que quand il seroit temps de les faire, qu'elle ne les feroit point à la dérobée. Il lui répondit qu'elle savoit mieux que nul autre ce qui étoit bon pour le Roi et pour le royaume, et que personne ne s'opposeroit à sa volonté. Ce sont chimères que de penser à la guerre; ceux qui avoient donné quelque apparence de la faire[4] sont si honteux de ce qu'ils ont fait, encore plus de ce qu'ils n'ont pu faire, qu'ils voudroient être morts. Ce voyage a fait des merveilles, et pour le moins a-t-il fait connoître que le Roi n'est ni boiteux, ni bossu, ni[5] nourri dans du coton, comme on l'avoit fait accroire aux provinces ; il se porte très-bien, Dieu merci, et mieux que ceux qui faisoient courir ces plaisants bruits[6]. La cour ne fut jamais grande comme elle est, tant est grand le nombre des gentilshommes qui de tous côtés viennent trouver le Roi. Mme de Vendôme est accouchée d'une fille[7] : ce sera, si Mme de Mercœur est crue, pour M. le duc de Joyeuse ; au moins lui ai-je ainsi ouï dire. Il y a du loisir d'y penser ; devant que les personnes soient en âge, les choses ne seront pas comme elles sont. Vous avez su la mort de M. le prince de Conty, qui décéda il y eut dimanche huit jours[8]. Madame la prin- 1614

3. Du Plessis-Mornay.

4. *Faire* a été substitué à *craindre*.

5. Au lieu de ce troisième *ni*, il y avait d'abord *et n'est point*.

6. Voyez le *Journal* de Hérouard, médecin du Roi.

7. Élisabeth de Vendôme, fille de César duc de Vendôme et de Françoise de Lorraine, duchesse de Mercœur, mariée (1643) à Charles-Amédée de Savoie, duc de Nemours, morte le 19 mai 1664. Le duc de Joyeuse en question était Henri de Lorraine, devenu plus tard duc de Guise, et qui était né le 4 avril 1614.

8. Le 3 août (et non le 13, comme le dit le *Mercure*). Il mourut à l'abbaye de Saint-Germain des Prés, où il fut enterré. « Il étoit si bègue, dit Richelieu, qu'il étoit quasi muet et n'avoit pas plus de sens que de parole. » Voyez le *Mercure*, 1614, p. 497.

1614 cesse, à ce que l'on tient, ne fera point de quarantaine, pource que la Reine la mène avec elle, et ne lui a pas voulu permettre de venir[9] qu'elle ne vienne elle-même; et de fait on lui a dressé sa chambre de deuil à Angers : il ne s'y fera point d'effigie; l'exemple de M. le comte de Soissons sera suivi. Je ne lui ai point voulu envoyer la consolation que je lui avois faite pour la mort de feu Monsieur le chevalier, attendant qu'elle vînt; à cette heure que ce nouveau deuil est survenu, je ne sais comme j'en dois faire : mais qu'elle l'ait vue, je la vous envoyerai, car je n'oserois plus tôt. Pour celle de Monsieur de Bourges, il s'en est allé sans me la donner : à son retour, je la lui demanderai, et la vous envoyerai. Elles sont toutes fort bien; mais celle de M. Coeffeteau est fort à mon goût[10]. Adieu, Monsieur; voilà trois pages d'écriture, c'est assez. Je m'en vais finir par cette vérité, que je suis, Monsieur, votre serviteur très-humble et très-affectionné,

MALHERBE.

Monsieur, je n'écrirai point cette fois à Monsieur le premier président; ce sera pour la première commodité : je lui baise bien humblement les mains, et suis son serviteur très-humble et très-affectionné. J'oserai dire, avec votre congé, à M. de Cassagne que je suis bien glorieux de vivre en la mémoire d'une personne que j'estime comme je fais lui; je le supplie de m'y conserver comme son très-humble serviteur. Je suis endormi, et ne sais que je fais ni que je dis; excusez-moi pour cette fois, s'il vous plaît.

9. A Paris.
10. Voyez plus haut, lettre 163, p. 434, note 6.

169. — De Paris, ce 17e d'août. 1614

Monsieur, cette lettre languira par les chemins; mais je la hasarderai, de peur d'être longtemps sans trouver d'autre commodité. N'exigez pas de moi grandes nouvelles, car nous sommes à cent lieues de la cour, ou peu s'en faut. Leurs Majestés sont à Nantes, où les états de la province sont assignés. Il a couru aujourd'hui un bruit qu'Elles les alloient tenir à Rennes, mais je n'en crois rien. M. de Vendôme, à ce que l'on tient, s'est reculé à Lamballe; il s'étoit approché à Anceny, qui est une maison de Madame sa femme, entre Angers et Nantes, et croyoit-on qu'il viendroit à Angers; mais il a pris l'alarme, à mon avis, d'une députation qu'a fait[1] la province de Bretagne au Roi, de lui en[2] ôter le gouvernement. Ils allèguent leurs priviléges, aussi bien que Marseille, et qui plus est, ils disent que s'il faut assiéger M. de Vendôme, ils feront les frais du siége; s'il leur faut payer[3] le gouvernement, ils le lui payeront. Il sera malaisé de refuser leurs offres; leurs plaintes contre lui sont grandes, et surtout de la violence de ses soldats, à qui ils disent qu'il a donné toute impunité[4]. Dans cinq ou six jours nous saurons à quoi aboutira cette affaire. Je vous ai toujours dit que vous vous gardiez bien de croire les bruits du mariage; je le vous dis encore. L'on m'a dit que l'on fait le procès au marquis de Bonnivet, pour tout plein de mauvais actes qui se sont faits ou par lui ou par les siens. Il y en a qui disent qu'il est con-

Lettre 169. — 1. Il y a *fait*, sans accord, dans l'autographe.

2. *En* a été ajouté après coup, au-dessus de la ligne.

3. *S'il leur faut payer* a été substitué à *s'il lui faut rembourser du;* à la ligne suivante, *leurs offres* à *les offres*.

4. Il y avait d'abord : « de ses soldats, dont ils disent qu'il leur a promis l'impunité. »

1614 damné; je n'en sais rien, mais je crois que puisque l'on a commencé l'on achèvera. Un nommé Bonneraut, capitaine des Ponts-de-Cé, vint trouver le Roi à Saumur, et le supplia de lui faire l'honneur d'aller voir sa place. Le Roi le regarda fixement, et sans lui répondre lui tourna le dos. Le pauvre homme s'adressa à M. de Souvray, et lui dit qu'il croyoit que l'on lui avoit fait quelque mauvais office auprès du Roi. M. de Souvray lui dit qu'il n'en avoit rien su, et qu'il en parleroit au Roi; ce qu'il fit. La réponse du Roi fut qu'il ne vouloit point voir un homme qui avoit dit que si Monsieur le Prince prenoit le turban, il le prendroit[5] avec lui. Pour le retour de Leurs Majestés, il est certain; car il sera ou plus long ou plus court, selon le cours des affaires. Mme la maréchale d'Ancre écrivit, il y a quelques jours, à la Reine qu'elle la supplioit de lui mander si elle seroit encore longtemps en son voyage, afin qu'elle l'allât trouver[6] si elle ne revenoit bientôt. La Reine lui répondit qu'elle ne sauroit que lui dire du temps de son retour, pource que cela dépendoit des affaires, et qu'elle n'avoit que faire de venir. Mme la princesse de Conty ne fera point de quarantaine, car la Reine ne lui a pas voulu permettre de s'en revenir. La pension de Monsieur son mari lui est continuée pour cette année, à cause des funérailles; et après cette année elle aura trente mille livres par an[7], jusques à ce que quelques dettes où Madame la princesse est obligée soient acquittées. Hier se fit l'élection du prévôt des marchands : M. le président Miron[8] l'emporta; il n'y eut

5. Malherbe avait d'abord écrit : « qu'il le prendroit. »
6. L'autographe porte « qu'elle allât trouver. »
7. La pension du prince de Conty était de soixante mille livres; celle de sa femme fut de trente-sept mille cinq cents livres en 1615. (Collection Dupuy, manuscrit 852, fos 154, 162, 172, 112.)
8. Robert Miron, conseiller au parlement de Paris (1595), prési-

que neuf voix pour la continuation de M. de Grieu. La Reine avoit dit qu'elle vouloit que celui qui auroit le plus de voix l'emportât : ainsi voilà l'affaire jugée. M. Miron s'en va demain la trouver. Je crois que voilà tout ce que je sais : c'est assez pour un homme qui est si loin du monde. Je vous supplie, si ceci est encore frais quand il arrivera, ce que je ne crois pas, en faire part à Monsieur le premier président, et l'assurer que je suis toujours son très-humble serviteur et très-affectionné, comme aussi je suis le vôtre de tout mon cœur. Adieu, Monsieur : je vous baise bien humblement les mains.

1614

170. — A Paris, ce 27e de septembre.

Monsieur, vous aurez au premier jour de plus longues lettres de moi, Dieu aidant; celle-ci est si inopinée que je n'ai loisir de vous rien écrire. Tout en gros, je vous dirai que les choses sont comme les gens de bien les souhaitent, et comme j'ai toujours cru et crois qu'elles iront d'ici à fort longtemps. Je n'écris point à Monsieur le premier président, pource que je suis trop hâté. Cette commodité, qui m'est baillée inopinément par M. de Gordes, ne me servira que pour vous adresser la consolation que j'ai faite pour Mme la princesse de Conty [1]. Soyez-lui moins rigoureux, pource qu'elle est de votre très-humble et très-affectionné serviteur,

Malherbe.

Depuis, je me suis ravisé, et ai écrit un mot à Monsieur

dent aux requêtes, ambassadeur en Suisse, intendant de la police et finances en Languedoc, prévôt des marchands, mort en 1641, à soixante-douze ans.

Lettre 170. — 1. Voyez au tome IV.

1614 le premier président, mais sans nouvelles; car comme je vous ai dit, je n'en ai point le loisir, et puis ce messager est à pied. La première commodité qui se présentera, je vous écrirai tout au long ce que nous aurons. On attend ici Monsieur le Prince; qui dit qu'il viendra, qui dit qu'il ne viendra point; mais cela est mis, à cette heure, *inter* ἀδιάφορα[2]. M. de Valavez fera tout ce qu'il pourra pour voir la cérémonie de la majorité[3]; pour moi, je ne m'oserois plus commettre à cette presse; je me contenterai d'en savoir des nouvelles par ceux mêmes qui seront de la comédie. Mme de Guise la douaire[4] y sera en qualité de pair de France; Monsieur le premier président en eut hier le commandement de la Reine.

---

171. — A Paris, ce 5e d'octobre.

MONSIEUR, vous m'avez défendu de bailler de l'argent par deçà que je ne le vous fasse savoir[1]; voilà pourquoi je n'en ai osé bailler à M. de Valavez. Je vous supplie me faire ce bien de bailler[2] cent ou six vingts écus à ma

2. « Parmi les choses indifférentes. » — Voyez p. 459.

3. Le Roi fut déclaré majeur dans un lit de justice tenu le 2 octobre 1614.

4. *Douaire*, douairière, *donataria*, comme le traduit Nicot. Catherine de Clèves, femme de Henri, duc de Guise, morte le 11 mai 1633, à quatre-vingt-cinq ans.

LETTRE 171. — 1. Cette défense s'explique par un passage d'une lettre, en date du 1er avril 1614, où Peiresc raconte à Malherbe que « son père (M. de Calas) est si las des excessives et intolérables dépenses de M. de Valavez, que les petits surcroîts lui sont quelquefois plus fâcheux que les gros. » Il était donc, à ce qu'il paraît, assez chanceux de prendre M. de Valavez pour intermédiaire quand il s'agissait d'un envoi d'argent.

2. Malherbe avait d'abord écrit, après *bailler*, les mots *à ma femme;* puis il les a effacés, pour les inscrire à la fin du membre de phrase.

femme, et je les rendrai par deçà tout aussitôt, ou à M. de Valavez, ou à celui que vous ordonnerez. Je crains qu'elle n'en ait à faire : cela m'ôte la honte que je devrois avoir de vous importuner si souvent. Je ne vous dis rien de la puissance que vous avez sur moi : c'est trop de langage sans effet; tant y a que vous pouvez vous assurer que vous n'avez point de plus humble et plus affectionné serviteur que 1614

MALHERBE.

Dimanche, 5e octobre.

Pour la majorité du Roi, M. Ribier vous aura écrit ce qui se passa dans la chambre, où sa robe rouge le fit entrer. Vous aurez aussi appris de lui les contentions qu'il y eut pour les rangs, et ce qui y fut résolu; je ne vous en dirai donc rien.

Pour ce qui se fit en allant au Palais, M. de Valavez vous l'écrit aussi. Je n'y vis rien d'extraordinaire qu'une dispute entre les pages de la grande écurie et les valets de pied, à qui seroit auprès du Roi : les valets de pied alléguants que c'est leur droit et leur devoir, et les pages que cela est bon pour la chasse et autres telles occasions ordinaires; mais qu'en une cérémonie d'importance comme celle-ci, cet honneur leur appartient. Le Roi le jugea ainsi par trois fois, sans qu'ils obéissent, et tient-on que M. de Liancourt le fils[3], faisant la charge de Monsieur le Premier, son père, qui étoit absent, leur faisoit opiniâtrer cette dispute. Enfin le Roi appela M. de Souvray, et lui commanda d'aller donner une douzaine de coups de bâton à un valet de pied nommé Janeston, que le Roi avoit remarqué le

3. Roger du Plessis, fils de Charles du Plessis, premier écuyer. Voyez lettre 71, p. 168, note 8.

1614 plus séditieux; cela fut fait, et alors les valets de pied obéirent.

M. le cardinal de Joyeuse ne fut point à la cérémonie: il s'en étoit allé aux champs, il y avoit trois ou quatre jours, pource qu'il doutoit de n'avoir pas le rang qu'il desiroit, et que les cardinaux ne perdissent leur cause contre les pairs. Monsieur l'évêque de Beauvais[4] la débattit fort, jusques à dire qu'il savoit mieux que tout ce qu'il y avoit de cardinaux en la chrétienté que c'étoit qu'être cardinal; et s'adressant à M. le cardinal de la Rochefoucauld, lui dit : « Monsieur, je vous honore, j'honore votre personne et votre mérite; mais pour votre dignité, je n'en fais pas grand cas. » Tout cela fut fort débattu; mais enfin les cardinaux l'emportèrent.

M. de Candale s'en étoit aussi allé, par le commandement de Monsieur son père, vue la dispute qu'il prétendoit contre M. le duc de Montbazon pour le rang. Ce que je vous en dis, je l'ai ouï de la bouche de M. d'Espernon. Il est aujourd'hui de retour.

Le soir de cette cérémonie, le Roi se treuva las et soupa dans le lit. M. de Frontenac, qui le servoit comme premier maître d'hôtel, reçut dans un billet l'avis de l'abbaye de Charronne[5], six lieues près de Poitiers. Il fut fort en peine s'il la devoit demander au Roi ou[6] à la Reine, pource qu'il avoit peur d'offenser la Reine, en s'adressant au Roi le même jour qu'il étoit majeur. Il bailla le billet à M. de Souvray, qui tout aussitôt la demanda au Roi pour M. de Frontenac. Le Roi dit à M. de Souvray qu'il allât prier de sa part la Reine sa mère de la donner à M. de Frontenac. M. de Souvray lui dit qu'il le verroit

4. René Potier de Blancménil. L'évêque-comte de Beauvais était le quatrième des pairs ecclésiastiques.

5. C'est-à-dire l'avis de la vacance de l'abbaye de Charronne.

6. Il y avait d'abord *et*, qui a été corrigé en *ou*.

souper, et puis qu'il s'y en iroit. Le Roi lui répliqua : « Allez-y tout à cette heure, de peur qu'un autre ne la demande. » M. de Souvray y alla donc à l'heure même. La Reine lui répondit qu'elle l'avoit donnée dès le matin à M. de Brèves, toutefois que puisque c'étoit la première chose que le Roi avoit donnée, elle vouloit que M. de Frontenac l'eût. M. de Frontenac étant allé la remercier[7], elle lui dit la même chose. M. de Frontenac lui répondit qu'il n'avoit jamais eu autre volonté que la sienne et celle du Roi, et qu'il ne vouloit encore en ceci que ce qu'elle voudroit. La Reine lui répondit : « Vous m'obligez; vous en jouirez donc vous et M. de Brèves par moitié; et la première qui vaquera, vous l'aurez, et celle-ci demeurera entière à M. de Brèves. » Je vous ai conté cette histoire tout au long, pource que, puisqu'on l'a contée ici diversement, on fera encore pis aux provinces; je l'ai voulu savoir de M. de Frontenac même. 1614

Vous aurez ouï un bruit que M. le maréchal d'Ancre fut appelé[8] hier au soir de la part de M. de Longueville. Voici le fait à la vérité. Il y a quelques jours que ceux d'Amiens ayant remontré à M. de Longueville qu'un certain pont-levis qui est entre la citadelle et la ville, et que ceux de la citadelle lèvent tous les soirs, leur est nécessaire, à cause que n'ayant autre passage pour aller à la porte de Montrécu, cette porte, s'il y venoit quelque alarme de nuit, demeureroit sans défense, M. de Longueville un matin s'en alla ouïr messe en une église voisine, et en même temps envoya des charpentiers et serruriers pour arracher les chaînes de ce pont. Ceux de la citadelle, au nombre

7. Malherbe avait commencé par écrire « l'étant allé remercier, » puis il a biffé *l'*, et a ajouté *la* au-dessus de la ligne, devant *remercier*.

8. Malherbe avait mis d'abord *a été appelé*, puis à l'auxiliaire *a été* il a substitué *fut*.

1614 de cinquante ou soixante mousquetaires, sortirent la mèche sur le serpentin, et pointèrent leurs canons vers la ville, disant qu'il falloit quitter le pont. M. de Longueville y voulut aller; toutefois il fut conseillé de n'en rien faire, de peur de quelque mousquetade. Il se retira donc à son logis. Toute la ville se mit en armes contre la citadelle; mais il fit tant en parlant aux uns et aux autres, que chacun se retira et tout demeura en paix. Il en écrivit donc à la Reine par un gentilhomme nommé Montigny, qui arriva il y a cinq jours. Le même jour qu'il arriva, il[9] fut voir M. le maréchal d'Ancre, et lui demanda, de la part de M. de Longueville, s'il avouoit ce qu'avoient fait ses soldats. Il répondit qu'il étoit le très-humble serviteur de M. de Longueville, mais que pour l'affaire dont il lui parloit, c'étoit chose dont il ne savoit du tout rien, et qu'il s'en informeroit pour lui en rendre réponse. La Reine dit au gentilhomme qu'elle envoyeroit quelqu'un à Amiens savoir ce que c'étoit, pour, après en avoir su l'importance, en ordonner. Le gentilhomme fut la Feuillade[10], qui n'est parti que ce matin. Le gentilhomme de M. de Longueville hier au soir s'en alla trouver M. le maréchal d'Ancre, et lui dit qu'il pouvoit avoir eu réponse de la citadelle, et qu'il le prioit derechef de lui dire ce qu'il rapporteroit à son maître. Il lui dit que pour l'intérêt du Roi, que c'étoit chose à quoi il ne vouloit pas toucher, et que si ses soldats avoient fait quelque chose mal à propos il les désavouoit comme étant très-humble serviteur de M. de Longueville. Cependant M. le maréchal d'Ancre étant sorti hier, sur les neuf heures, de sa maison, avec son

9. Montigny.

10. Probablement Georges d'Aubusson, comte de la Feuillade, lieutenant des chevau-légers de la garde de Marie de Médicis, mort en 1628.

valet de chambre et Montabene, qui est celui qui tua Prety et Condamine en deux duels, et ne se trouvant point encore à cette heure, l'on croit qu'il a été appelé. Le gentilhomme de M. de Longueville a été ce matin mené par M. du Maine au Roi et à la Reine, et leur a juré qu'il n'a fait aucun appel, d'où il se rapporte à ce qu'en dira M. le maréchal d'Ancre. Toute la cour a été à cheval de grand matin à le chercher; mais on ne l'a point trouvé, tellement que tout le monde est revenu. 1614

La Reine a envoyé M. de Ventadour vers Monsieur le Prince à Saint-Maur, pour lui conter cette affaire. Il s'est retiré là, pource que la Reine devoit se faire saigner et prendre médecine, à quoi il faudra trois ou quatre jours. Ce matin elle a été saignée, qui est cause que l'on ne l'a pu voir. M. de Valavez vous a écrit la venue de Monsieur le Prince, je n'y ajouterai rien, sinon qu'il y a une chose où il y a diverse leçon. L'on a dit à M. de Valavez que lorsque Monsieur le Prince entra au carrosse du Roi[11], MM. de Courtenvaux et de la Roche-Guyon, qui y étoient auparavant, montèrent à cheval sans rentrer en carrosse, et laissèrent Monsieur le Prince seul à la portière. Le valet de pied qui baissa la portière et la haussa dit que M. de Courtenvaux rentra au carrosse, et demeura près de Monsieur le Prince. Le Roi étoit au devant du carrosse, et avoit M. d'Elbeuf d'un côté, et M. de Verneuil de l'autre. J'avois hier commencé à en demander des nouvelles à M. de Souvray; mais le Roi l'appela, tellement que je n'en pus rien apprendre. Comme Monsieur le Prince eut salué la Reine, c'est-à-dire baisé le bas de la robe, ce qui fut au pied du grand degré, la Reine monta soutenue par ses écuyers. Monsieur le Prince allant de-

11. Le prince de Condé, en revenant en poste à Paris le 29 septembre, à cinq heures du soir, avait rencontré, rue de la Tixeranderie, le Roi, qui l'avait fait entrer dans son carrosse.

1614 vant, elle lui disoit quelque chose de fois à autre. Étant en haut dans la salle, et ayant ouï que Madame étoit derrière lui, il se retourna et lui alla baiser aussi la robe, puis s'en revint à Mme la princesse de Conty, qu'il baisa, et lui dit qu'il iroit lui rendre cet honneur chez elle; de là il s'adressa à Mme la comtesse de Soissons, et l'ayant baisée, lui dit qu'il s'en iroit souper avec elle, ce qu'il fit. De là ils entrèrent au cabinet du conseil, où ayant trouvé Mmes de Guise, d'Elbeuf, et de Montmorency, il les salua, en commençant, ou fortuitement ou exprès, par Mme de Montmorency. Un peu après entrèrent MM. de Guise, de Joinville, et de Raiz, qui se saluèrent avec bonne mine de côté et d'autre. L'on a remarqué qu'allant au cabinet de la Reine, Monsieur le Prince dit au Roi qu'il le trouvoit extrêmement crû. Le Roi lui répondit qu'il étoit crû de corps et encore plus de courage. M. de Vendôme se guérit de sa petite vérole; elle est fort appréhendée par nos dames. Le jour devant la majorité, M. de Vendôme écrivit à la Reine; elle ne voulut pas prendre la lettre, et commanda qu'on la baillât à M. Phelypeaux, son secrétaire.

Lundi on fit un conte à la Reine à son dîner, que Monsieur avoit demandé quand on le déclareroit majeur. Le sieur de Marillac, à qui il faisoit cette demande, lui répondit que l'on ne faisoit cela qu'aux rois. Lors il demanda s'il y avoit point d'autre royaume que la France; on lui répondit qu'oui, mais qu'il y avoit des rois partout. Il demanda s'il y avoit pas un royaume de Turcs; on lui dit qu'oui; et alors il dit : « C'est bien; mais que je sois grand, je vous en rendrai bon compte. »

172. — A Paris, ce 8e d'octobre. 1614

Monsieur, depuis ma dernière lettre, que je crois que vous recevrez par ce même porteur, il n'est rien survenu, sinon que M. le maréchal d'Ancre est revenu chez lui. Je crois qu'il s'en est fallu fort peu que toute la cour ne se soit offerte à lui. M. de Guise et M. d'Espernon en ont fait de même, en partie pource qu'ils croyent qu'il y va de l'intérêt du Roi, et en partie pource que, en la mort de Monsieur le chevalier, M. de Longueville n'a rien écrit à M. de Guise, et se contenta de lui en faire dire quelque chose par un gentilhomme qu'il envoyoit ici. D'avantage, M. de Guise se plaint que lorsque M. de Longueville vint trouver le Roi à Orléans, il y vint vêtu de vert[1]. Je ne sais ce que M. de Longueville répond là-dessus. Je vous avois écrit que l'on envoyoit le sieur de la Feuillade à Amiens; mais l'avis a été changé, et y a-t-on envoyé M. de la Curée[2]. Nous attendons ici M. de Nevers pour la fin de cette semaine; je l'ai ainsi appris d'un gentilhomme qu'il a envoyé ici; et Mme la princesse de Conty m'a dit de plus que M. du Maine s'en alloit à Soissons pour l'amener. M. du Bouillon vient aussi au premier jour, et M. de Vendôme aussi; il est guéri de sa petite vérole. Je vous avois écrit dimanche que l'on saignoit la Reine; mais il n'en fut rien : le chirurgien, qui s'appelle Boudot, que M. de Bassompierre lui avoit baillé, et qui l'avoit autrefois saignée fort bien et fort à son gré, la piqua deux fois sans avoir trouvé la veine. Lundi et hier on regarda encore s'il y avoit moyen de la saigner; mais on n'osa s'y hasarder, de peur de lui accroître la douleur qu'on lui avoit faite au premier état, qui avoit été tel

Lettre 172. — 1. C'est-à-dire sans porter le deuil du chevalier.

2. Peut-être le fils de Gilbert Filhet de la Curée, l'un des plus braves compagnons du roi de Navarre.

1614 qu'elle s'en étoit mise au lit. Je demandai hier à Mme la princesse de Conty s'il étoit vrai que Monsieur le Prince eût demandé à M. le maréchal d'Ancre s'il étoit guisard ; elle me dit qu'il étoit vrai, et qu'il étoit vrai qu'il avoit répondu qu'oui. Je l'avois déjà su d'ailleurs; mais pour en être plus assuré, je le voulus savoir de sa bouche. On ne voyoit point encore la Reine hier ; je ne sais si aujourd'hui on la verra : le principal est qu'elle se porte bien; mais je crois que pour cette fois elle perdra l'envie de se faire saigner. Adieu, Monsieur : je suis votre serviteur très-humble et très-obligé.

---

173. — De Paris, ce 17e d'octobre.

Monsieur, il y a dix ou douze jours que M. de Bouq-Puget s'en pensoit aller, et alors je le chargeai de deux paquets pour vous rendre. Depuis il lui arriva quelque brouillerie en son affaire, qui l'a retenu jusques à cette heure; de sorte qu'il faut ajouter aux nouvelles que je vous écrivois alors ce qui est arrivé depuis, qui n'est autre chose que l'arrivée de M. de Nevers, qui fut lundi au soir[1], combien qu'il eût mandé qu'il ne viendroit que le mardi. La Reine ne trouva pas bon que l'on allât au-devant de lui jusques à ce qu'il eût vu le Roi. Je crois que ce fut la cause qui le fit arriver inopinément. Le lendemain de son arrivée il vint au Louvre, où il entra à cheval, accompagné de quarante ou cinquante gentilshommes, qui mirent pied à terre à la porte selon la coutume; ils étoient donc tous à pied à l'entour de lui : ce qui parut le plus furent dix ou douze pages, fort bien vêtus de

Lettre 173. — 1. Le 13 octobre. — Malherbe avait mis d'abord « qui ne fut que lundi au soir. »

capots, jupes, et chausses de drap jaune[2], en broderie de blanc et noir, fort bien et fort richement; ils avoient tous des bonnets de veloux à la façon de ces chapeaux d'Espagnols qui ont une pointe plate, et de fort grandes fraises, et tous des bas attachés, avec l'épée au côté. Il avoit aussi force valets de pied, qui avoient la même livrée. Il étoit au Louvre lorsque j'arrivai, tellement que je ne vis point la réception, et sans mentir je ne l'ai point demandée. Je le vis à la messe de la Reine, où étoient tous MM. de Guise et M. du Maine. A la fin de la messe je le saluai; il me fit cet honneur de m'embrasser; et lors je lui dis que j'étois bien aise de le voir là et que j'eusse voulu qu'il n'en eût jamais bougé; il se mit à rire; mais ce discours ne fut point continué plus avant, à cause que la Reine se leva de son agenouilloir, et s'en alla au cabinet, où il la suivit. Depuis qu'il est venu, et il me semble que ce fut le lendemain, son carrossier et celui de M. de Guise eurent quelque brouillerie pour prendre la place du carrosse de Monsieur le Prince qui venoit de partir, chacun d'eux estimant y avoir droit. L'écuyer de M. de Nevers, qui étoit en haut, descendit et prit la bride des chevaux du carrosse de M. de Guise, pour les ôter de leur place, et la bailler aux siens. L'écuyer de M. le prince de Joinville, qui vit cette dispute, y arriva et s'attaqua à l'écuyer de M. de Nevers. En cette contestation M. de Nevers descendit, qui tança ses gens, ayant appris que son carrossier avoit tort, si bien que cela se passa fort doucement. Le lendemain il y eut encore quelque commencement de brouillerie entre les pages de Monsieur le Prince et ceux de M. d'Espernon. Leur querelle étoit que les pages de Monsieur le Prince disoient que les pages 1614

2. Les mots *de drap jaune* sont en interligne, ainsi que la fin de la phrase : *et tous des bas*, etc.

1614 de M. de Guise étoient des poltrons, qu'ils avoient été appelés, et n'y étoient pas allés. Ceux de M. d'Espernon leur dirent qu'ils avoient menti. Là-dessus, tous les pages et laquais de part et d'autre eurent l'épée haute; les écuyers d'un commun accord firent[3] cesser ce tumulte, et promirent de fouetter les pages, et donner les étrivières aux laquais; ainsi n'y eut-il autre chose. Les valets de pied du Roi et de la Reine s'allèrent offrir à ceux de M. de Guise: ce qui est plus à noter que le reste. M. de Monchy, gentilhomme de Picardie, enseigne de la compagnie de feu M. le prince de Conty, se plaignit devant-hier au Roi, sortant du conseil, de ce qu'un qu'il avoit fait condamner à avoir la tête tranchée, pour un assassinat qu'il lui avoit fait, venoit au Louvre sous l'appui de Monsieur le Prince, au mépris de l'autorité du Roi et de la justice. Le Roi tout à l'heure rentra dans le cabinet, où étoient encore la Reine, Monsieur le Prince, et le conseil, et le dit à la Reine, les larmes aux yeux, tant il se sentit touché de ce mépris : l'on dit qu'il en vouloit parler lui-même à Monsieur le Prince, mais que la Reine l'en divertit, et lui promit de lui en parler. Le Roi donc ressortit, et lors la Reine en parla à Monsieur le Prince, le priant de ne le faire plus, et ne donner point occasion au Roi de se fâcher, pource que, encore qu'il fût petit, il portoit fort impatiemment ce qui choquoit son autorité. Monsieur le Prince s'en excusa, et promit ne le faire plus à l'avenir. L'on m'a dit que l'autre jour le Roi, parlant de semblables choses, dit qu'il ne vouloit pas qu'on l'appelât *Louis le Bègue*, mais *Louis le Juste;* et certainement on m'a assuré que depuis peu de jours, quelqu'un lui faisant une plainte, le Roi lui répondit : « Mon ami, je vous ai

3. Devant *firent*, l'autographe porte les mots *descendirent et*, effacés.

prêté une oreille; je garde l'autre pour votre partie. » 1614
Ce prince donne de très-grands témoignages qu'un jour il se saura faire obéir, et qu'il aimera la justice. Il a fait faire de nouveau un cabinet d'armes, où il est continuellement, au moins fort souvent. Il y a deux ou trois jours que maniant une mèche allumée, il lui en vola une bluette à l'œil sans lui faire mal toutefois. Quelques-uns qui étoient présents lui dirent qu'il ne devoit pas manier ces choses-là; il leur répondit qu'il en auroit bien d'autres devant que de mourir. Madame la Princesse est à Amboise, avec la petite vérole : l'on avoit cru au commencement qu'elle n'en auroit que cinq ou six grains, mais enfin il lui en est tant venu qu'elle en est couverte de la tête jusques aux pieds : l'on ne sait si elle en sera marquée; tant y a que l'on espère[4] qu'elle se portera bien, Dieu aidant. Monsieur le Prince en a montré un grand soin, et lui a envoyé un médecin et un apothicaire. M. de Vendôme, qui a eu la même maladie à Ennet, pour être sorti trop tôt est tombé en fièvre. Mme de Mercœur, qui étoit revenue en cette ville, y est retournée; l'on croit[5] qu'il y a de la fâcherie d'esprit autant que d'autre chose. Il y en a qui tiennent que M. de Nevers s'en ira faire quelque voyage pour n'être pas à l'ouverture des états, et puis reviendra. M. de Longueville est à Amiens, tellement que sans contredit la place demeure à MM. de Guise. Nous verrons ce qui en sera, et vous en manderons des nouvelles, Dieu aidant. Je vous avois écrit qu'il y avoit diverse leçon, en ce que l'on disoit que lorsque Monsieur le Prince vint trouver le Roi au cimetière Saint-Jean, il

4. *Que l'on espère* a été ajouté au-dessus de la ligne. A la ligne suivante Malherbe avait d'abord écrit *grâces à Dieu*, au lieu de *Dieu aidant*.

5. *L'on croit* a été substitué à *il y en a qui veulent dire*.

1614 se mit à la portière du carrosse, et y demeura seul. La vérité est que M. de la Roche-Guyon, qui y étoit avec M. de Courtenvaux, en sortit[6] et monta à cheval; mais M. de Courtenvaux demeura auprès de Monsieur le Prince. Le marquis du Resnel[7], de la maison d'Amboise, qui avoit été avec M. de Nevers et tenu son parti, demanda, par l'intercession de Mme de Montglas, d'avoir permission de saluer la Reine. Il y vint donc amené par Mme de Montglas : il étoit fort tard, et tout le monde étoit presque retiré du cabinet. Comme il salua la Reine, elle se tourna vers Mme de Montglas, et lui dit : « Madame de Montglas, les serviteurs du Roi peuvent entrer ici à toutes heures; mais je ne le trouve pas bon de ceux qui sont autres. » Elle demeura extrêmement étonnée, comme fut celui qu'elle avoit amené, et tout ce qui étoit là, qui étoient Mme de Guise, Mme la princesse de Conty, et quelques autres. M. de Sully arriva mardi, ce me semble; le lendemain de matin il fut trouver[8] le Roi aux Tuileries, qui le reçut si bien qu'il ne se pouvoit mieux. Il le fit mettre dans son carrosse, et l'amena au Louvre, parlant toujours à lui par les chemins. La Reine se coiffoit au cabinet du lit : le Roi entra seul, et dit à la Reine que M. de Sully étoit là. La Reine commanda qu'il entrât, et alla cinq ou six pas au-devant de lui, et lui dit : « Monsieur de Sully, vous soyez le bienvenu, je suis bien aise de vous voir; » et lui répéta ces paroles plusieurs fois. Il n'y a ici personne qui ne soit bien aise

6. *En sortit* a été substitué à *fit place;* trois lignes plus loin, les mots « qui avoit été avec M. de Nevers et tenu son parti, » ont été ajoutés en interligne.

7. Louis de Clermont d'Amboise, marquis de Resnel, tué le 3 novembre 1615.

8. Au lieu de « le lendemain de matin il fut trouver, » il n'y avait d'abord que ces deux mots : « il trouva. »

de sa venue, et qu'il[9] ne desire qu'il rentre au maniement des affaires. Il le reconnoît bien, et a un visage extrêmement joyeux. Voilà tout ce que vous aurez pour cette fois, et Dieu veuille que vous le puissiez lire! prenez-vous-en à M. de Valavez, qui m'a averti trop tard. Adieu, Monsieur : tenez-moi, s'il vous plaît, en vos bonnes grâces et en celles de Monsieur le premier président. 1614

Je ne me suis point mis en peine de vous rien mander des états, pource que cela est du gibier de M. de Valavez[10]. L'on travaille fort à la salle de Bourbon; mais elle ne sera prête de quinze jours, car on la voûte. Les ecclésiastiques s'assembleront aux Augustins et la noblesse aussi; ils y auront chacun leur salle : le tiers état sera à la maison de ville.

Votre très-humble et très-obligé serviteur.

---

174. — A Paris, ce 27e d'octobre.

Monsieur, vous aurez ce mot en hâte, pource que je suis sur le point de m'en aller à l'ouverture des états, qui se fait à Bourbon sur le midi. Hier nous vîmes la

9. Il y a *qu'il* dans l'autographe. La fin de la phrase : *soit bien aise*, etc., a été ajoutée après coup au-dessus de la ligne.

10. Il était député de la noblesse de Provence aux états généraux. — Voici les noms des autres députés de la province, dont quelques-uns sont mentionnés par Malherbe dans le cours de sa correspondance : P. Hurault de l'Hospital, archevêque d'Aix; T. de Glandèves, évêque de Sisteron; Arnault de Villeneuve, marquis des Arcs; André d'Oraison, comte de Boulbon; Roland de Castellane, sr de Monmeyan; François sr de Vins; Jean de Castellane, sr de la Verdière; Jean-Louis de Mathaon; Thomas de Feraporte; François

1614 procession, qui ne fut du tout rien; elle partit des Augustins, et s'en alla à Notre-Dame, où Monsieur de Paris officia, et M. le cardinal de Sourdy prêcha; elle alla du long du quai des Augustins au bout du pont Saint-Michel, où Madame Chrétienne et Madame Henriette étoient chez un tapissier à les voir passer; de là elle alla par la rue de la Harpe trouver la rue de Saint-Séverin, d'où elle reprit à main gauche vers le pont Notre-Dame, et de là à l'église. Monsieur, et pour lui M. de Brèves, portoit au bout de derrière le côté de droit du poêle[1] sous lequel étoit le saint sacrement; Monsieur le Prince portoit à la main gauche, et devant portoient M. de Guise et M. le prince de Joinville. Le Roi et la Reine venoient derrière, lui à droite, et elle à gauche. M. du Maine comme grand chambellan, étoit derrière le Roi; la Reine avoit la queue de sa mante portée par Mme de Guercheville. Madame étoit conduite par le comte de la Roche-Guyon; la queue de sa mante étoit de gaze blanche, portée par un gentilhomme. Après suivoient Mme la princesse de Conty, comtesse de Soissons, à côté l'une de l'autre, celle-là à droite et celle-ci à gauche; puis Mme d'Aumale, la duchesse de Montmorency, la duchesse de Ventadour, et Mme de la Boissière. Il me semble qu'il y en avoit une, duchesse, entre Mme de Montmorency et Mme de Ventadour; mais il ne m'en souvient pas. M. de Valavez vous mandera le reste; je ne vous ai mandé que ce qui étoit de la cour, le reste étoit peu de chose. Adieu, Monsieur : excusez cette mauvaise lettre, elle est faite trop en

de Sebolin ; Antoine Achard ; Theocrènes de Glandèves, s[r] de Cuges ; Léon s[r] de Valbelle ; Baltazard Vias ; Gabriel de Varadier, s[r] de Saint-Andeol ; Pierre d'Augières.

LETTRE 174. — 1. Malherbe avait mis d'abord simplement : « portoit le poêle; » et cinq et six lignes plus loin : « sa queue, » pour « la queue de sa mante. »

hâte pour être bien : la prochaine sera plus ample, Dieu aidant. 1614

Votre très-humble et très-affectionné serviteur,

MALHERBE.

Je vous supplie derechef, Monsieur, me faire ce plaisir de bailler à ma femme cinq cents livres, et je les rendrai par deçà, selon votre ordonnance. Je suis honteux de tant d'obligations, mais je n'y saurois que faire, je ne sais à qui demander de la courtoisie mieux qu'à vous, qui en êtes la source.

M. du Bouillon dîna hier à Claye[2] et devoit arriver au soir. M. de Nevers, à ce qui me fut dit, étoit allé au-devant de lui. Ce fut, comme vous jugez bien, pour éviter la dispute des rangs. Il y en avoit qui avoient dit que M. de Nevers seroit à la procession, et M. de Guise aux états. Je le demandai à Mme de Guise, qui me dit que M. de Guise tiendroit son rang partout. On attendoit hier au soir Mme de Nevers. Mme de Longueville a été quelque temps à Coulommiers ; elle s'en va trouver Monsieur son fils en Picardie.

[A cette lettre est joint le dessin suivant, que Malherbe a accompagné de notes, expliquant le sens des lettres et des signes, hormis celui de la lettre Z.]

---

2. Claye, à trois lieues et demie ouest de Meaux (Seine-et-Marne).

1614

SALLE DE BOURBON.

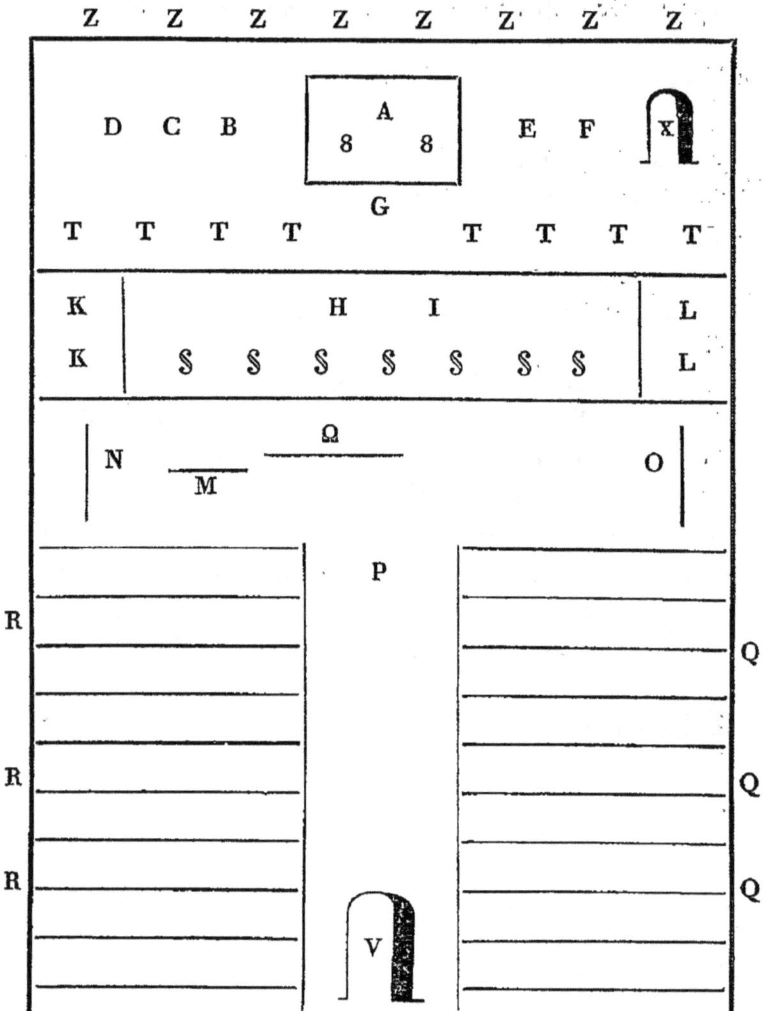

A. Le Roi.
B. La Reine.
C. Madame.
D. Reine Marguerite.
E. Monseigneur.

F. Madame Chrétienne. 1614

G. M. du Maine, grand chambellan.

H. M. de Fronsac, fils de M. le comte de Saint-Pol, pour le grand maître.

I. Monsieur le chancelier.

K. Banc où étoient Monsieur le Prince et M. le comte de Soissons, et après une séparation comme d'une personne, tout de rang étoient MM. de Guise, de Reims, de Joinville, d'Elbeuf, ducs d'Espernon et de Sully.

L. Banc vis-à-vis de l'autre où étoient assis MM. les cardinaux de Perron, de la Rochefoucauld et Bonzy, les ducs de Ventadour, de Montbazon, maréchaux du Bouillon, de Brissac, et de Bois-Dauphin.

A cette ligne marquée § commençoit l'échafaud sur lequel l'on montoit par cinq degrés.

A la ligne T T T on montoit encore une marche.

Le lieu où étoit la chaise du Roi[3] étoit encore une marche plus haut que le reste.

N. Banc où étoient quelques évêques députés, et derrière eux des conseillers d'État.

O. Autre banc vis-à-vis où étoient les députés de l'Ile de France, les députés de Bourgogne et de Normandie.

P. Le chemin de la grande porte à venir sur l'échafaud, et tout du long les bancs des députés selon leurs rangs.

Cette ligne où vous voyez les QQQ et les RRR étoient des barrières qui séparoient les députés d'avec les regardants.

V. La grande porte par où tout le monde entroit.

X. Petite porte par où le Roi entra avec la Reine, Monsieur et Mesdames.

8 8. Capitaines des cent gentilshommes.

M. Un banc ou tréteau, couvert d'un satin violet fleurdelisé, où se mettoient l'un après l'autre les haranguants.

Ω. Banc des secrétaires d'État, avec une table devant eux hors de l'échafaud.

---

175. — A Paris, ce 3e novembre

Monsieur, je vous envoye un mémoire de[1] ce peu que je sais de nouvelles. J'avois été en propos de ne vous rien écrire des états, et m'en remettre sur M. de Valavez; mais comme je me suis vu la main à la plume, je me suis laissé aller. Vous y verrez encore quelques autres

3. Malherbe avait mis simplement d'abord : « Le lieu du Roi ; » et deux lignes plus bas il a ajouté en interligne *députés* après *évêques*.

Lettre 175. — 1. Les mots *un mémoire de* sont écrits en interligne.

1614 choses[2], mais sommairement et en hâte : comme je n'écris jamais presque autrement, vous m'excuserez, s'il vous plaît, à Monsieur le premier président, si je ne lui écris point ; je sais bien que vous lui faites part de tout ce que vous avez, et que d'ailleurs il est mieux averti qu'il ne sauroit être de moi. Nous attendons ici vos députés ; l'on avoit fait courir un bruit qu'ils avoient été noyés, et la chose en étoit venue si avant que M. Florence avoit eu l'archevêché d'Aix ; mais l'on a depuis su qu'ils se portent bien, et croit-on que demain ou mécredi ils arriveront. J'eusse volontiers écrit à M. le président de la Ceppède que j'ai reçu depuis trois ou quatre jours une lettre qu'il m'a écrite, et que je suis son très-humble et très-obligé serviteur ; mais vous le lui direz, s'il vous plaît, et à M. du Vair aussi. Je vous envoye les requêtes faites au Roi par les états de Bretagne, tenus à Nantes, et les réponses que le Roi y a faites : c'est tout ce que je sais de nouveau[3]. Adieu donc, Monsieur : tenez-moi toujours pour votre très-humble et très-obligé serviteur,

MALHERBE.

A Paris, ce 3e de novembre.

Les états furent ouverts le lundi 27e d'octobre[4], environ trois heures après midi ; sitôt que le Roi fut entré, il[5] harangua.

Il entra par une petite porte qui étoit sur l'échafaud même, et avec lui entrèrent la Reine, Monsieur, et Mes-

2. *Choses* a été substitué à *nouvelles*.

3. Voyez le *Mercure*, 1614, p. 475.

4. Malherbe a écrit 26e ; mais le 26 octobre, en 1614, était un dimanche, comme il le dit lui-même un peu plus bas.

5. *Il* a été substitué à *on*.

dames. La reine Marguerite étoit entrée par la grande porte quelque peu auparavant. 1614

Monsieur le Prince entra par la même grand'porte[6], un peu après la reine Marguerite.

Il y eut quelque contention pour les séances, mais il faudroit avoir vu les lieux pour entendre de quoi il étoit question. Messieurs des états vouloient avoir leurs premiers bancs de côté et d'autre, devant Messieurs du conseil, et l'emportèrent.

Le Roi harangua le premier fort bien; Monsieur le chancelier après; mais peu de gens l'ouïrent, car il parloit extrêmement bas.

Monsieur de Lyon[7] parla le troisième, fort au gré de tout le monde. M. du Pont-Saint-Pierre[8], pour la noblesse, parla après lui; les uns approuvèrent tout à fait sa harangue, les autres avec quelques modifications.

Monsieur le prévôt de Paris[9] parla le dernier, pour le tiers état, et parla à genoux, fort bien aussi.

Comme il eut parlé, on se retira.

Dimanche au soir, jour de la procession, 26e du passé, M. du Bouillon arriva. Le lundi, un peu devant qu'on allât aux états, il vint au Louvre, droit à la petite chambre du Roi, où il n'y a aujourd'hui point de lit, pource que l'on y tient le conseil des affaires.

Il demanda au sieur d'Armagnac[10], premier valet de

6. Ici Malherbe a écrit *grand porte;* deux lignes plus haut, et à la p. 471 : *grande porte*.

7. Denis-Simon de Marquemont, cardinal, archevêque de Lyon de 1612 à 1626.

8. Pierre de Roncherolles, baron de Pont-Saint-Pierre, premier baron de Normandie, mort le 1er mars 1627.

9. Le prévôt des marchands, Miron.

10. Gouverneur de Loudun. Il fut assassiné par un de ses domestiques en avril 1635.

1614 chambre du Roi, où étoit le Roi; il lui dit qu'il étoit chez la Reine : il dit qu'il l'attendroit pour lui faire la révérence.

Le Roi au même temps sortoit du cabinet de la Reine, pour s'en venir à cette petite chambre : quelqu'un lui dit que M. du Bouillon y étoit; il rentre chez la Reine, et le lui dit. La Reine lui répondit : « Eh bien! allez; faites-lui bonne chère. »

Il s'en vient donc : M. du Bouillon lui fit la révérence, et lui dit quelque chose de son affection à son service, et qu'il venoit pour l'en assurer. Le Roi répondit : « Vous soyez le bienvenu, si vous venez avec de bonnes intentions. » Il répliqua là-dessus qu'il n'en avoit jamais eu d'autres, mais qu'il avoit des ennemis qui lui faisoient de mauvais offices. Le Roi lui dit qu'il l'aimeroit, pourvu qu'il fît mieux à l'avenir qu'il n'avoit fait par le passé, et se tourna d'un autre côté.

M. du Bouillon, sortant de là, rencontra M. de Souvray, qui y venoit, et lui dit qu'il venoit de saluer le Roi, qui à la vérité lui avoit fait bon visage, mais lui avoit tenu des paroles fort rudes. M. de Souvray lui dit qu'il ne savoit ce que c'étoit. Il s'en alla chez la Reine, à qui il fit la même plainte; la Reine lui répondit que ce n'étoit rien que cela, et qu'il ne falloit pas qu'il y prît garde, et qu'il s'en vînt aux états, ce qu'il fit.

Mme de Nevers vint mardi au soir, sur les six[11] heures du soir, baiser les mains à la Reine; la Reine étoit lors au cabinet du conseil, debout, appuyée contre la table. Comme Mme de Nevers fut à trois ou quatre pas de la Reine, elle lui fit une grande révérence, et se tourna vers

11. *Six* a été substitué à *cinq*. Deux lignes plus loin, *debout* a été ajouté après coup.

Mme de Guise la douairière [12], qui étoit près de la Reine, à son côté gauche, et lui en fit une petite. S'étant approchée de la Reine, elle lui en fit une autre, et lui baisa la robe, puis se releva, et lui dit quelque peu de chose, comme de la longueur de cinq ou six lignes. La Reine lui répondit : « Vous soyez la bienvenue ; » et continua encore quelque deux douzaines de paroles. A quoi Mme de Nevers répondit ; mais ce fut si bas que, encore que je fusse tout joignant, et que je tendisse l'oreille fort attentivement, je n'en pus rien ouïr, ni de ce que la Reine lui répliqua, hormis le dernier mot de la Reine, qui fut : « Qu'il continue en cette volonté. » Mme de Nevers alors ne répondit plus rien que ces propres paroles : « Madame, il n'y manquera jamais. » Là-dessus la Reine lui dit tout haut : « J'ai vu ce matin votre fils [13]; » et elle lui dit : « Mon Dieu, Madame, j'en suis si honteuse ! car il est si malappris, et puis il est si maigre que rien plus, comme venant de faire deux cents lieues. » Et alors on s'assit. 1614

Le Roi a eu deux accès de fièvre tierce, mais au troisième accès elle a cessé. Il se porte fort bien, grâces à Dieu, et la Reine aussi.

On avoit proposé de faire les trois premiers commis de l'Épargne trésoriers des pensions, chacun en son année [14], à la charge qu'ils bailleroient deux cent mille écus ; mais les trésoriers ont pris le marché pour eux : ils prendront six deniers pour livre sur les pensionnaires.

Voilà tout ce que vous saurez pour cette heure.

12. L'autographe porte ici *douairière;* plus haut (p. 454), nous avons vu, dans le même sens, *douaire*.

13. François de Paule, duc de Réthelois, mort le 13 octobre 1622, à seize ans.

14. Les mots : « chacun en son année, » sont en interligne.

1614

176. — A Paris, ce 14ᵉ de novembre.

MONSIEUR, ce mot n'est que pour tenir compagnie à un petit mémoire de nouvelles que je vous envoye, non pas de celles des états, car vous avez M. de Valavez, qui en est témoin oculaire, mais de nos autres nigeries de cour, qui plaisent bien autant comme font les choses sérieuses. Je vous ai prié par mes précédentes de me faire ce bien de vouloir bailler à ma femme jusques à cinq cents livres, et me mander à qui vous voulez que je les rende par deçà, et je le ferai tout aussitôt; je vous fais encore la même prière de tout mon cœur[1]. Hier on fit le décri des pièces d'argent étrangères; je crois que c'est principalement pour celles de M. de Nevers et de M. du Bouillon, que l'on dit être fort mauvaises : toutefois je crois que tout y est compris. Je ne sais encore rien de ce fait plus particulier que ce que j'en ai ouï dire ce soir à la Reine. Mme la princesse de Conty ayant[2] dit là-dessus que les pièces qu'elle faisoit battre[3] étoient fort bonnes, j'ai pris occasion de lui en demander une, qu'elle m'a donnée tout aussitôt; vous la recevrez avec cette lettre. Elle en a en même temps donné une à la Reine, et une à M. le commandeur de Sillery. Je n'ai point eu de nouvelles de l'abbé de Saint-Michel, qui est celui d'où étoit venue la médaille que je vous ai envoyée; je crois que nous n'en aurons autre chose : tant y a qu'il n'a pas tenu à l'en solliciter, car en cela et partout ailleurs je prendrai toujours à grande faveur que vous me reconnoissiez votre serviteur très-humble et très-affectionné,

MALHERBE.

LETTRE 176. — 1. Ce dernier membre de phrase a été ajouté au-dessus de la ligne.

2. Au lieu de *ayant*, Malherbe avait mis d'abord *a*.

3. Dans sa principauté de Château-Regnaud, située en Cham-

Aux articles de Bretagne que je vous envoyai dernièrement[4], il y a : « pour le bien et service du pays ; » lisez : « pour le bien et sûreté du pays. » 1614

177. — De Paris, ce jeudi 4e de décembre.

Monsieur, vous n'aurez ce mot que pour vous remercier de la faveur que vous me faites de m'accorder ce dont je vous avois prié. Je fournirai par deçà ou à M. Cramoisy, ou à qui bon vous semblera, ce que vous aurez baillé à ma femme. Nos nouvelles principales sont les affaires des états, que vous saurez par M. de Valavez, qui y est assidu, et y fait des merveilles au gré de Leurs Majestés. Pour celles du Palais, M. Ribier en est bien mieux informé que nous ne sommes. Ainsi, s'il me reste quelque chose à vous dire, ce sont nos nigeries du Louvre. Mme de Longueville arriva dimanche au soir, et lundi après dîner elle vint au cabinet, où elle fut, à ce que l'on m'a dit, très-bien recueillie de la Reine. J'arrivai incontinent après la réception ; voilà pourquoi je n'en puis parler autrement. Mme la comtesse de Saint-Pol, Mlles de Longueville[1], y vinrent avec elle ; Mme de Nevers y vint un peu après. La Reine, au bout d'une demie heure ou environ, s'en alla au conseil, et dit à ces princesses[2] qu'elle reviendroit incontinent, ce qu'elle fit une heure après. J'attendois que selon la coutume, lorsque la Reine seroit

pagne, à deux lieues de Mézières, sur la frontière du pays de Liége et du Luxembourg.

4. Voyez plus haut, p. 472. — Cette sorte de post-scriptum se trouve au haut de la page qui porte l'adresse.

Lettre 177. — 1. Catherine et Marguerite de Longueville.

2. Malherbe avait d'abord écrit : « et leur dit. » Cinq lignes plus loin, *n'ayant* a été substitué à *et n'avoit*.

1614 partie, ces princesses se salueroient, mais elles n'en firent rien. Mme la princesse de Conty se trouva presque seule; n'ayant personne des siens, elle se tourna à sa main droite, et s'entretint avec Mme de Chanvallon[3] du bon accueil qu'avoit fait l'Infante à Mlle d'Aumale. Mmes les duchesses d'Auvergne[4], de Ventadour et de la Trimouille se mêloient à ce discours; mais je pris garde que Madame la Princesse et Mme de Longueville ne parloient jamais directement l'une à l'autre. La Reine revint là-dessus, et s'en alla droit à un autre coin du cabinet, où Mme la princesse de Conty alla quand et quand, et Mme de Nevers un peu après. Quant à Mme de Longueville, avec Mesdamoiselles ses belles-sœurs et Mme la comtesse de Saint-Pol, elles s'en allèrent sans rien dire. Je fus voir le lendemain Mme de Longueville chez elle; elle fut toute l'après-dînée assiégée, à son logis[5], de compagnies qui la visitèrent, et entre autres de Monsieur le Prince. Elle me dit bien qu'elle ne croit pas que Monsieur son fils prenne l'échange qu'on lui offre de la Normandie pour la Picardie, à cause de l'affection de ce peuple envers leur maison; et moi je crois que si la Reine continue en cette volonté, l'affaire se fera : il est aisé aux rois de persuader sans être grands orateurs. Je vis hier après dîner arriver Madame la Princesse la mère au cabinet; elle étoit accompagnée de Mme de la Trimouille et de Madame la Grand : la Reine lui fit très-bonne chère, mais la Reine sortit incontinent[6], et s'en alla acheter des étoffes. J'avois

3. Catherine de la Marck, dame de Bréval, femme de Jacques de Harlay, seigneur de Chanvallon, mort le 3 avril 1630.

4. Charlotte de Montmorency, femme de Charles de Valois, comte d'Auvergne, duc d'Angoulême, morte le 12 août 1636.

5. Au lieu des mots : « à son logis, » il y avait d'abord : « chez elle. »

6. Les mots : « la Reine sortit incontinent, » sont écrits, en interligne, au-dessus d'autres mots effacés et qu'on ne peut plus lire.

oublié à vous dire que, ce même lundi dernier, M. de Guise étant venu au cabinet, la Reine lui dit, en présence du Roi, qui y venoit d'arriver, qu'elle avoit eu ce jour-là des nouvelles d'Espagne; que le prince d'Espagne étoit si gaillard que rien plus, et que la Reine sa belle-fille (voilà comme elle la nomme) étoit la plus agréable et la plus gentille qu'il se pouvoit desirer, et que le Roi son père l'aimoit uniquement, et la faisoit assister, et le Prince aussi, aux affaires; et que lorsque l'affaire de la frontière de Navarre avoit été proposée, elle y étoit, où elle fit des merveilles pour la France; de sorte que le Prince dit au Roi leur père : « Monsieur, voyez comme elle est déjà toute Françoise; » et certainement ils disent que cette belle petite reine aime la France et ce qui la touche, avec une passion extrême; aussi l'affaire fut terminée au contentement de celui qui l'étoit allé poursuivre. Notre petite reine, en une comédie qui s'est jouée en la cour d'Espagne, a récité un nombre infini de vers si bien qu'il ne se vit jamais rien de pareil : les Espagnols disent qu'elle est perdue tout à fait pour eux, et qu'aussi elle avoit récité comme reine de France, voulant dire que, comme infante d'Espagne, elle eût forfait contre la gravité, de réciter en une comédie. Sur ce propos, je vous dirai que Madame et Madame Chrétienne, accompagnées de[7] plusieurs autres filles jusques au nombre de seize, doivent danser un ballet à carême-prenant; ce sera quelque chose de beau, mais je ne vous en puis dire le dessein, pource qu'il s'en est fait sept ou huit, et n'y a eu rien de résolu. Mme la princesse de Conty me commanda hier de l'aller trouver ce matin, pour en choisir un[8]; j'y suis 1614

7. Au lieu des mots *accompagnées de*, Malherbe avait d'abord mis simplement *et*.

8. *Choisir un* a été substitué à *résoudre*.

1614 allé, mais elle étoit à je ne sais quel service de Monsieur son mari, à l'abbaye de Saint-Germain; ce sera pour demain, Dieu aidant. Je ne sais plus que vous dire. M. d'Espernon avoit été un peu enrhumé, et avoit gardé la chambre; mais ce matin il a été au Louvre. La Reine l'a envoyé, durant son mal, visiter tous les jours. L'ambassadrice d'Angleterre, après avoir été longtemps malade, décéda hier au matin sur les deux heures après minuit; son mari en est au lit, affligé extraordinairement : la Reine l'envoya visiter hier au matin. Mme la comtesse de Moret va perdre un œil sans remède, à ce que disent les médecins; elle n'en voit déjà plus goutte, et les médecins disent que c'en est fait : ce sera une belle borgne; Dieu veuille qu'elle ne soit point aveugle! car la chose n'est pas sans difficulté. Adieu, Monsieur : je ne veux pas tourner le feuillet, car il ne me reste à vous dire sinon que je suis votre très-humble et très-obligé serviteur à jamais,

MALHERBE.

Je ferai à M. Viassy[9] tout le service qu'il me sera possible; tout ce qui vous touchera me sera toujours cher comme il doit. Le jour qu'il harangua, je l'ouïs fort louer à la Reine; je le vous dis sans cajolerie. On va mettre les pistoles à sept livres. Je vous ai envoyé, il y a quelques jours, une pièce d'or de Mme la princesse de Conty, et un peu auparavant je vous avois envoyé les articles de Bretagne[10]. Mandez-moi, s'il vous plaît, si vous les avez reçus. Je baise très-humblement les mains

9. Il s'agit probablement de Baltazard de Vias, député du tiers état de Marseille aux états généraux, consul de la nation française à Alger (1623), gentilhomme ordinaire de la chambre du Roi, conseiller d'État (1647).

10. Voyez les lettres 175 et 176, p. 472 et 477.

à Monsieur le premier président. Ce peu de nouvelles lui sera commun, s'il vous plaît, et à M. le président de la Ceppède; Dieu sait comme j'ai ressenti son affliction. Je lui écrirai par la première voie, mais celle-ci s'est présentée à moi inopinément. 1614

178. — A Paris, ce 26ᵉ de décembre.

Monsieur, je me suis laissé surprendre au partement de ce messager : non que M. de Valavez ne m'eût averti de bonne heure; mais, ou ma paresse, ou les compagnies que j'ai eues tout aujourd'hui chez moi, m'ont ôté le loisir qu'il m'avoit donné. Une autre fois je vous écrirai plus amplement; par cette voie, je ne saurois vous rien dire qu'en désordre. On commence à n'espérer pas grand fruit de nos états, et certainement je me range de ce côté-là à la commune opinion; mais M. de Valavez vous en dira davantage, comme celui qui en est un des arcs-boutants. Je le dis sans raillerie, vous avez député tous honnêtes gens; mais le courage et la suffisance ne se rencontrent pas en tout le monde, comme en lui. Vous avez perdu le pauvre marquis des Ars[1]; celui qui est en sa place est d'une autre humeur, et à en parler librement, je crois qu'il sera plus homme du monde. Pour les autres occurrences de cette cour, l'on est toujours après l'échange du gouvernement de Picardie à celui de Normandie. M. de Longueville, ni Madame sa mère, jusques ici n'y ont voulu entendre, encore que l'on leur ait offert le Pont-de-l'Arche, le château de Caen, et deux cent mille écus. Par ce moyen, le gouvernement de Picardie en chef demeurera à M. le maréchal d'Ancre.

Lettre 178. — 1. Voyez plus haut, lettre 43, p. 87, note 16.

1614 Mme de Longueville s'en alla lundi à Coulommiers, qui est une maison qu'elle a en Brie, à quatorze lieues de cette ville. La Reine ne lui donna congé que pour quatre jours. Je crois qu'après ces fêtes elle sera ici, et que, quelque bonne mine qu'elle fasse, elle voudra enfin ce que voudra la Reine. M. de Villeroy a été mal quelque quatre ou cinq jours, jusques à renvoyer[2] les paquets à M. de Pizieux, et s'être retiré à Conflans; mais il est de retour, et crois que cette brouillerie est apaisée. La cour a ses flux et reflux comme la mer. M. de Roquelaure est maréchal de France en la place de M. le maréchal de la Châtre, et sénéchal de Guienne en la place de M. de Merville[3], qui est mort depuis un mois ou six semaines. L'on m'a conté une chose que je vous vais dire, et puis je finirai; celui de qui je la tiens étoit présent à l'affaire : c'est qu'il y eut mardi huit jours que le Roi, étant au conseil, ayant pris les placets qui étoient sur la table, et entre autres ceux que Monsieur le Prince y avoit apportés, il en trouva un où il y avoit : *Plaise au Roi et à Monseigneur le Prince;* il prit une plume, et raya ce mot de *Monseigneur le Prince*, et le lui rendit. En voilà assez pour cette fois; je vous écris toujours en hâte, mais certainement elle ne fut jamais précipitée comme à cette heure. J'oubliois à vous dire que M. du Maine et Monsieur le Grand sont réconciliés, et vont à la chasse ensemble; le même M. du Maine et le prince de Joinville partent à cette heure ensemble : voilà que c'est que de ce monde; il y naît des brouilleries, il y en meurt aussi; et par ces vicissitudes qui ont toujours été et seront toujours, peu à peu nous arrivons au dernier acte de la co-

2. Au lieu de : « jusques à renvoyer, » Malherbe avait écrit d'abord : « et avoit renvoyé. »

3. François d'Escars, baron de Merville, grand sénéchal de la Guienne.

médie. Je vous ai dit assez de fois que ce que je vous écrivois de nouveau étoit commun avec Monsieur le premier président, je le vous répète encore à cette heure ; sans cela je ne serois pas si longtemps sans lui écrire ; car je suis et serai tant que je vivrai son serviteur et le vôtre très-humble et très-affectionné, 1614

MALHERBE.

Nous avons ici une milliasse de petits livrets; mais je me remets à M. de Valavez de les vous envoyer, car il y est très-diligent[4].

---

179. — A Paris, ce 1er de février. 1615

MONSIEUR, je ne vous écris guère que pour vous remercier; la dernière lettre de ma femme m'en a donné un nouveau sujet, par l'avis qu'elle m'a donné de l'argent que vous lui avez fait fournir par M. d'Agut[1] et M. Califet[2] : il ne reste que de me mander à qui il vous plaît que je le baille par deçà ; et s'il vous plaît lui fournir encore cinquante écus de quarts d'écu, qui seront cent soixante livres, vous me ferez un plaisir singulier; et je rendrai tout ensemble par deçà; mais pour l'honneur de Dieu, si cela vous est importun, dites-le-moi librement, et je chercherai quelque autre voie. J'ai mis les nouvelles en un papier à part : elles ne sont pas grandes, au moins celles que je sais ; mais M. de Valavez suppléera au reste,

4. Voyez la *Bibliothèque historique de la France*, tome II, nos 20 215 à 20 267, et le *Mercure*, tome III, p. 79, 149, etc.

LETTRE 179. — 1. Honoré d'Agut, membre du parlement de Provence. Il fut avec Peiresc envoyé à l'assemblée des notables qui se tint à Rouen en 1617.

2. Probablement Alexandre de Galifet, président aux enquêtes du parlement d'Aix.

1615 et vous envoyera tout ce qui s'est écrit de nouveau. Je ne prends pas tout ce que l'on m'apporte, pource qu'il y a force sottises; je choisis seulement ce que je crois être moins mauvais[3], et encore avec tout cela je pense que j'en aurai deux gros volumes. Il y a deux jours que l'on m'apprit un excellent distique contre les grands amis de M. du Périer[4]; c'est tout ce que je vous envoyerai de nouveau, avec des vers latins[5] faits par un nommé Syrmond[6], que je trouve des plus beaux que je vis jamais. L'auteur me doit venir voir; je lui en demanderai un autre[7] que je garderai, car certainement je ne les ai lus qu'une fois, mais je les trouve parfaits : il fait quelque chose en françois, mais *non passibus æquis*[8]. Il est neveu du P. Syrmond, jésuite, de sorte que je ne crois pas qu'il soit auteur du distique; tournez le feuillet, vous le verrez.

Arcum Dola dedit; dedit illis alma Sagittam
Gallia : quis funem quem meruere dabit[9]?

Pour l'entendre, il faut savoir que ceux de Dôle, en la Franche-Comté, ont donné aux jésuites une maison qui s'appelle *l'Arc;* le feu Roi leur donna la Flèche.

Quelques-uns ne trouvent pas cet *alma* à propos.

3. Malherbe avait écrit d'abord : « mais je choisis ce que je crois qu'il y a de moins mauvais. »

4. Les jésuites.

5. *Latins* a été ajouté après coup, au-dessus de la ligne.

6. Jean Sirmond, historiographe du Roi, membre de l'Académie française, né en 1580, mort en 1640. Son oncle Jacques Sirmond, jésuite, érudit, confesseur de Louis XIII, né en 1559, mourut en 1651.

7. Un autre exemplaire.

8. Voyez le livre II de l'*Énéide* de Virgile, vers 724.

9. « Dôle a donné l'Arc; la Gaule généreuse leur a donné la Flèche. Qui leur donnera la corde qu'ils ont méritée? »

On m'a dit que M. Servin y met *stulta;* pour moi, je dirois : 1615

Arcum Dola dedit; dedit his male cauta Sagittam
Gallia, etc.

On y peut aussi mettre *male sana*[10].

Je vous supplie baiser très-humblement les mains de ma part à Monsieur le premier président, et l'assurer que je suis toujours de tout mon cœur son très-humble serviteur. Je lui rendrai cet office moi-même par la première commodité, Dieu aidant.

Votre très-humble et très-obligé serviteur.

---

180. — A Paris, ce 13e de février.

Monsieur, M. de Gordes, qui partit hier, m'a ôté tout moyen de vous entretenir de nouvelles; et quand il en seroit arrivé depuis son partement, je ne vous saurois rien écrire par ce porteur qui ne fût vieil quand il sera en Provence. Il vous aura dit le bruit qu'a fait ici un livret nommé *le Financier*[1]; l'on est fort en peine d'en savoir l'auteur. C'est à la vérité le plus galant de tous ceux que ces états nous ont fait naître, à mon gré. Quiconque il soit, s'il n'est du pays où l'on appelle le pain *pain*, et les figues *figues*, il en est de l'humeur. Il s'est fait un *Diogène françois*[2], mais ridicule et impertinent; et hormis trois ou quatre mots où il contrefait le baragouin d'un certain homme, et bouffonne sur la physionomie de

10. *Stulta*, sotte; *male cauta*, imprudente; *male sana*, insensée.

Lettre 180. — 1. *Le Financier à Messieurs des États*, 1615, in-8°. « Cette fine satire, disent les auteurs de la *Bibliothèque historique de la France* (n° 28 002), est contre les financiers. »

2. Sans date, in-8°.

1615 l'autre, je n'en donnerois pas un clou à soufflet. Je vous avois parlé dernièrement de certains vers faits par un nommé Syrmond, sur la statue du Pont-Neuf[3]. Il me vint hier voir, et m'en apporta un couple[4] que je vous envoye[5], l'un pour vous, et l'autre pour Monsieur le premier président. Je ne lui écris point, ni ne lui écrirai que je ne lui envoye quelque chose du mien : ce sera, s'il plaît à Dieu, à l'entrée de ce carême, que nous serons hors du ballet de Madame[6]. Vous me tiendrez cependant en ses bonnes grâces; j'en estime la possession ce qu'elle vaut : j'en dis de même des vôtres; conservez-les-moi donc s'il vous plaît, comme à celui qui sera toute sa vie votre très-humble et très-affectionné serviteur,

MALHERBE.

M. de Gordes vous aura conté ce qui se passa il y a quelques jours au Louvre entre la Reine et Monsieur le Prince. Les choses sont encore aux mêmes termes. M. de Rochefort est à Saint-Maur, pour se garantir de la prise de corps[7]. Monsieur le Prince n'est point allé depuis au

3. La statue équestre en bronze de Henri IV. « Elle avait été faite à Florence, dit Fontenay-Mareuil, et envoyée par le grand-duc Cosme II. » Voyez le *Mercure*, 1614, p. 492.

4. C'est-à-dire deux exemplaires.

5. Malherbe avait d'abord mis : « je vous en envoye l'un, etc., » puis il a ajouté *que*, au-dessus de la ligne, et a oublié d'effacer *en*.

6. Ce ballet, pour lequel Malherbe composa des vers, eut lieu le 19 mars 1615. Voyez tome I, pièce LXXII, p. 228, et le *Mercure* (tome IV, p. 9 et suivantes), qui a reproduit les vers de Malherbe. Peiresc, après les avoir reçus, écrivit au poëte le 21 avril, pour lui exprimer son admiration : « M. du Vair, ajoutait-il, y trouvoit quelque petit grac au second couplet; mais M. du Périer nous ayant montré une correction d'icelui, écrite de votre main, il en demeure grandement satisfait. » — Le carême, en 1615, commençait le 4 mars.

7. Rochefort, dont nous avons parlé plus haut (lettre 56, p. 118, note 3), avait donné des coups de bâton à Marsillac, « sous prétexte,

Louvre. Tout cela s'apaisera. Monsieur le Prince fait un ballet avec douze[8] conseillers du parlement[9]; il l'a toujours répété jusques à cette heure; toutefois il semble que l'ardeur s'en attiédisse. Si M. de Gordes a oublié à vous dire un bon mot que lui dit M. de Sully, je le vous dirai. Monsieur le Prince avoit convié plusieurs gentilshommes à son ballet, mais[10] ils s'en excusèrent; si par faute d'argent, ou pour autre considération, c'est à vous à le deviner : tant y a qu'en ayant parlé à M. de Sully, afin que M. le marquis de Rosny voulût être de la partie, et M. de Sully lui ayant dit que son fils étoit marié et avoit des enfants, que ce n'étoit plus à lui à danser, Monsieur le Prince lui répliqua : « Je vois bien que c'est, vous voulez faire de mon ballet une affaire d'État. — Nullement, Monsieur, lui répondit M. de Sully; tout au contraire, je tiens vos affaires d'État pour des ballets. » 1615

Pour *le Financier*, il dit beaucoup de choses des affaires du monde; mais pour l'affaire du mariage de la fille de M. le marquis d'Ancre, il en parle en homme qui n'est pas du Louvre. J'ai voulu savoir le fond de cette affaire d'une personne qui la sait très-bien; mais elle m'a

dit Richelieu, qu'il avoit médit de Monsieur le Prince et déclaré la mauvaise volonté qu'il avoit pour la Reine, et dit plusieurs particularités de ses desseins contre la Reine qu'il lui avoit confiés. » Comme Marsillac avait quitté le service du prince pour celui de Marie de Médicis, le scandale fut grand. Le parlement fut saisi de l'affaire, malgré les bravades et les récriminations de Condé, qui fut contraint de s'humilier et de demander des lettres d'abolition pour Rochefort. Voyez le *Mercure*, 1615, p. 229.

8. *Douze* a été ajouté en interligne.

9. Ce ballet fut dansé le 22 février 1615. Tout le monde s'en moqua, et un mot blessant de la Reine, rapporté aux conseillers, excita contre elle le parlement. (*Mémoires de Fontenay-Mareuil*, année 1615.)

10. Il y avait d'abord *toutefois*, que Malherbe a rayé pour y substituer *mais*.

1615 dit qu'il ne s'en est jamais parlé, et que ce bruit n'a autre fondement que ce que dit un jour M. le marquis d'Ancre, qu'il n'y avoit jeune homme à la cour plus à son gré que M. de la Valette [11]. L'on me vient de dire qu'il se parle d'elle et de M. le chevalier de Vendôme, pour obliger l'affection du Roi, que l'on croit portée à aimer ce jeune prince. Nous verrons, si nous vivons, ce qui en sera, et les changements de cabales qu'apportera cette alliance [12].

Vous ne me dites [13] point en vos dernières à qui vous voulez que je rende les trois cent vingt-neuf livres huit sous que vous avez baillées à ma femme : vous m'obligerez de me tirer de cette peine.

---

181. — A Paris, ce 23e de mars.

Monsieur, il vous faudroit bien une longue lettre pour vous remplacer cette longue intermission que j'ai faite de vous écrire ; mais puisque vous en avez fait de même, ce sera plus tôt fait, sans plainte ni d'une part ni d'autre, de nous faire un pardon réciproque. Je laisserai donc les cérémonies qu'il y faudroit apporter, pour vous parler de notre ballet [1]. Il fut dansé jeudi dernier, et redonné hier au soir, toujours avec admiration des machines, mutations de scène, et disposition [2] des danseurs, mais, plus que de nulle autre chose, de la bonne grâce de Ma-

11. Bernard de Foix, duc d'Espernon, de la Valette et de Candale, colonel général de France, gouverneur de Guienne, mort en 1661, à soixante-neuf ans. C'était le second fils du duc d'Espernon.

12. La fille du maréchal d'Ancre mourut à la fin de 1616.

13. Au lieu de *dites*, Malherbe avait d'abord mis *parlez*.

Lettre 181. — 1. Voyez la note 6 de la lettre précédente, p. 486.

2. *Disposition*, agilité.

dame, qui fit émerveiller toute l'assemblée, et particulièrement l'ambassadeur d'Espagne, qui à tous propos regrettoit que tout cela ne se faisoit en la présence du prince d'Espagne. M. de Valavez vous envoye un petit livret[3], où la description de tout ce qui s'y passa est assez particulière; et si quelque chose y défaut, il l'y ajoutera, comme très-bien informé. Il le vit jeudi fort bien, mais ce fut d'assez loin. Hier nous le vîmes ensemble d'une place que nous choisîmes nous-mêmes, étant entrés les premiers dans la salle, pour éviter les presses et incommodités qui ont été souffertes en ces occasions par des personnes des plus grandes qualités de cette cour. La reine Marguerite commence à se porter mieux; et comme elle a été hors d'espérance, on la tient aujourd'hui hors de crainte. L'on tient que si sa guérison s'achève, la Reine lui fera voir le ballet. Si j'eusse été aujourd'hui au Louvre, je vous en dirois de plus certaines nouvelles; mais la longue veille d'hier au soir m'a tenu si endormi ce matin, que je ne suis point sorti du logis. Il y a trois ou quatre jours qu'il vint un courrier d'Espagne, qui a apporté à la Reine, de la part du roi d'Espagne, tout ce qu'elle pouvoit desirer de contentement; il fait la Reine juge des différends d'Allemagne et de Savoie[4], si bien que l'on fait compte de se mettre en chemin pour le voyage de Bayonne à la fin de ce mois d'août prochain. Tous ceux qui écrivent d'Espagne content des merveilles de notre petite reine, de sa beauté, sagesse, amour au Roi, et affection à la France. Elle porte continuellement le bra-

1615

3. Voyez tome I, p. 228, la notice de la pièce LXXII.

4. Malherbe avait écrit d'abord : « des différends d'Allemagne et de ceux de Savoie; » et sept lignes plus loin, au lieu des mots : « ne l'avoit pas porté, » il avait commencé par mettre : « ne le porteroit pas; » deux lignes après, il a substitué : « on le lui a envoyé, » à « on lui avoit envoyé. »

1615 celet qui lui a été envoyé d'ici[5]. L'on disoit que M. le commandeur de Sillery ne l'avoit pas porté, toutefois il se trouve que si a. Je ne sais s'il l'emporta quand il partit, ou si depuis on le lui a envoyé; pour moi, je crois qu'il l'emporta quand et lui, mais qu'il avoit commandement[6] de ne le bailler qu'en cas qu'il vît les affaires en bon train, et que pour cette occasion on ne vouloit pas que l'on sût qu'il en fût chargé. Pour les autres affaires de cette cour, je n'y vois point de changement, sinon l'agitation ordinaire. L'on bruit que M. de Bullion est destiné chancelier de la petite reine; et M. le président Chevalier, chancelier de Monsieur. Quelqu'un parlant à 16[7] pour M. de Champigny[8], il répondit que véritablement il étoit galant homme, mais que sa femme l'avoit donné à M. le président Chevalier. Monsieur l'ambassadeur d'Espagne, qui vit danser le ballet à Madame, n'y trouva qu'un point à redire, qui est que Madame n'étoit menée par le Roi. Beaucoup d'autres que lui firent la même observation; mais ce n'est pas l'humeur du Roi de se parer; si l'âge et l'amour ne changent son inclination, il ne sera curieux que de ce qui est solide : ceux qui vivront verront ce qui en sera[9]; pour moi, j'ai opinion que ce sera un très-grand et très-bon roi. Si nous avons passé le temps à Paris, M. de Longueville a fait à Amiens ce qu'il a pu pour ne s'ennuyer point. Il a été fort accompagné de noblesse durant tout

5. Voyez plus haut, lettre 141, p. 359.

6. Ici, Malherbe a effacé le mot *charge*, pour mettre à la place *commandement*.

7. Ce chiffre est traduit par *Conchine*, au-dessus de la ligne. Nous avons vu plus haut *Concini* désigné par 65; mais Malherbe parle, dans la lettre 144 (p. 367), du chiffre nouveau qu'il a reçu de Peiresc.

8. Jean Bochart de Champigny, l'un des trois directeurs généraux des finances (1624), premier président au parlement de Paris (1628).

9. Malherbe avait d'abord écrit : « ceux qui vivront le verront. »

ce carême-prenant, à laquelle il a fait passer le temps à toutes sortes d'exercices, comme courses de bague et de faquin, qui se faisoient sur la contrescarpe de la citadelle d'Amiens, pour la commodité du lieu. L'on dit qu'il avoit fait faire ha sndhxa qh gbhg frzoynoyr nh 16[10]. Quand vous serez de retour à Aix, je serai plus curieux de savoir des nouvelles pour vous écrire; mais je vous tiens être quasi hors du monde à Roquebrune[11]. Je ne vous dirai donc pour cette heure sinon que je suis toujours, Monsieur, votre serviteur très-humble et très-obligé, 1615

MALHERBE.

Je suis toujours attendant que vous me mandiez à qui vous desirez que je rende ce que vous avez fourni[12] par delà à ma femme. S'il vous plaît lui fournir encore cinquante écus, pourvu que vous le puissiez faire sans vous incommoder, vous m'obligerez, et je rendrai le tout ensemble par deçà selon l'ordre que vous me donnerez.

---

182. — De Paris, ce 28e mars.

MONSIEUR, puisque vous êtes de retour de ce désert de Roquebrune, je renouvellerai ma diligence à vous écrire,

10. Voici la traduction écrite par Peiresc au-dessus de ce chiffre : « un faquin du tout semblable au marquis (*Concini*). » — Sur le mot *faquin*, voyez plus haut, lettre 45, p. 90, note 2. L'insulte du duc de Longueville est mentionnée dans une pièce de vers faisant partie d'un petit pamphlet, sans date, de 16 pages in-8°, intitulé : *le Courrier picard*.

11. Village près de Fréjus (Var). Peiresc y avait été envoyé au mois de novembre précédent par le parlement de Provence, pour le règlement de certaines affaires financières. Voyez la *Vie de Peiresc* par Requier, p. 154.

12. Devant *fourni*, il y avait le mot *avancé*, qui a été rayé.

1615 que votre éloignement m'avoit fait intermettre[1]. Je vous écrivis, il y a quatre ou cinq jours, par une voie que m'offrit M. Ycart; celle-ci est par un messager de pied qui, à mon avis, ne sera pas à Aix que les nouvelles qu'il vous portera ne soient surannées. Je ne vous dirai donc autre chose que le retour de M. de Longueville : je ne l'ai point encore vu; voilà pourquoi je ne vous puis rien écrire de cette affaire-là. Nous attendons M. le commandeur de Sillery cette semaine prochaine; il devoit partir le 18e de ce mois[2] : ce que je vous en dis, je le tiens de M. Desmarais[3], gendre de Monsieur le chancelier, qui m'a dit aussi qu'il s'en va en Angleterre[4] incontinent après Pâques, où il se promet de faire des merveilles. Nous avons ici des gens qui font fort les échauffés pour aller en Savoie; mais la Reine les menace fort et ferme[5]; et un appelé Montaret[6], qui y est allé, si la Reine ne s'apaise, aura perdu huit cents écus de pension qu'il avoit. La Reine dit qu'elle a en main de quoi contenter M. de Savoie, et que dans quatre mois la paix sera faite. L'on parle de faire le voyage de Bayonne au mois de juin; et certainement, pour être revenu devant l'hiver, il faut bien partir à cette heure-là. J'oubliois à vous dire que la reine Marguerite mourut hier au soir à onze heures[7]. M. de Valavez a été la voir; pour moi, je la tiens pour

LETTRE 182. — 1. *Intermettre*, interrompre.

2. La date est en chiffres romains : « le XVIIIe de ce mois. »

3. Gaspard Dauvet, seigneur des Marests, avait épousé, en 1601, Jeanne Brûlart, fille du chancelier Nicolas Brûlart.

4. Comme ambassadeur.

5. Malherbe avait mis d'abord : « mais la Reine menace fort et ferme ceux qui iront; » puis il a effacé les trois derniers mots et a écrit *les* devant *menace*, au-dessus de la ligne.

6. Peut-être le Montaret, lieutenant-colonel au régiment de Conty, qui fut tué à la bataille de Nordlingen en 1645.

7. Voyez le *Mercure*, tome III, p. 428.

vue, car il y a une presse aussi grande qu'à un ballet, et n'y a pas tant de plaisir. La Reine a dit qu'elle veut payer ce que légitimement elle devra; et que si elle ne le faisoit, elle auroit peur qu'elle ne la vînt tourmenter de nuit. Elle fait cas que les dettes n'iront qu'à[8] quatre cent mille livres; mais l'on tient qu'elle doit plus de deux cent mille écus. Ce matin, la chambre de la Reine étoit si pleine de ses créanciers, que l'on ne s'y pouvoit tourner. Le Roi, la Reine, Monsieur, Mesdames, et toute la cour, porteront le deuil; l'on parle du voyage de Fontainebleau; mais il n'est pas encore bien résolu. A propos, ou hors de propos, il faut que je vous die qu'il y a sept ou huit jours que, comme l'on parloit du voyage de Bayonne, la Reine demanda à Madame ce qu'elle feroit si, lorsqu'elle sera en Espagne, le père la vouloit épouser, au lieu du fils, comme avoit fait Philippe II de Madame Élisabeth, qu'il prit pour lui, encore qu'elle eût été menée pour le prince Charles[9]; elle répondit qu'elle ne le vouloit point, pource que ses enfants ne seroient pas rois, et qu'elle vouloit qu'ils le fussent. Voilà, Monsieur, tout ce que je vous dirai pour cette heure, qui n'est qu'un petit supplément à ce de quoi M. de Valavez ne se souviendra pas. 1615

Votre serviteur très-humble et très-obligé.

---

183. — A Paris, ce 28e d'avril.

Monsieur, M. de Montmeilan[1] s'en retourne, qui vous dira toutes nos nouvelles : il pourra être long sur les

8. Malherbe avait d'abord ainsi rédigé le commencement de cette phrase : « Elle fait cas qu'il n'ira qu'à quatre cent mille livres; mais l'on tient qu'elles iront à, etc. » Huit lignes plus bas, il a effacé *d'Espagne* pour y substituer *de Bayonne*.

9. Don Carlos. — Après *Charles*, l'autographe porte *son fils*, biffé.

Lettre 183. — 1. Roland de Castellane, seigneur de Montmeyan

1615 autres occurrences; mais sur ce qu'ils ont fait aux états il le vous pourra dire en un mot. Je suis en peine de n'avoir point de nouvelles de ma femme, et certainement ce m'est un trouble qui me garde autant de vous écrire que nulle autre chose. Je vous fais une gazette, que vous aurez quand j'aurai l'esprit plus libre; les nouvelles qui y seront les premières seront vieilles quand j'y mettrai les dernières, mais peut-être y aura-t-il des particularités que vous n'aurez point encore entendues. Hier au matin le sieur Cramoisy me vint voir, avec votre lettre, à qui je rendis les trois cent vingt-neuf livres huit sous que vous aviez baillées à ma femme, comme je crois qu'il le vous a écrit. Vous me ferez l'honneur, s'il vous plaît, de lui bailler encore cinquante écus, et je les rendrai tout de même ou au sieur Cramoisy ou à celui que vous m'ordonnerez. La principauté de Mme la princesse de Conty s'appelle Château-Renaud[2], à deux lieues de Sedan, et autant de Mézières; c'est un vieil château ruiné[3], où l'on voit encore la tour de Maugis et l'étable de Bayard. Le domaine est de dix mille écus de revenu; sa justice souveraine est à Paris, par permission du feu Roi. Pour récompenser cette courte lettre, vous aurez, Dieu aidant, au premier jour une relation que fait exprès pour moi un de mes amis qui a été en Espagne au voyage de M. le commandeur de Sillery. Adieu, Monsieur : je suis toujours votre serviteur très-humble et très-affectionné.

(et non Montmejeu, comme l'écrit le *Mercure*); il avait été député de la noblesse de Provence aux états généraux. Voyez ci-dessus, p. 467, note 10.

2. Voyez plus haut la lettre 176, p. 476, note 3.
3. Il y avait d'abord : « une vieille tour ruinée. »

184. — A Paris, ce 6e de mai. 1615

Monsieur, je vous écris toujours en hâte, mais je n'en eus jamais de si pressée que cette-ci; contentez-vous donc de ce peu que vous trouverez en ce paquet, car aussi je suis fort troublé de n'avoir point de nouvelles de ma femme. Avec un plus grand loisir et un plus grand repos d'esprit, je vous écrirai de plus longues lettres, et ferai réponse à Monsieur le premier président : cependant vous l'assurerez de mon affection à son très-humble service, et continuerez de me croire ce que je suis[1], votre très-humble et très-obligé serviteur.

---

185. — De Paris, ce 17e de mai[1].

Monsieur, je vous écrivis, il y a huit ou dix jours, ce peu que je savois de nouvelles, et vous promis de vous en mander davantage par la première voie ; mais certainement je suis si troublé de l'incertitude où je suis de la santé de ma femme, que je ne sais ni que je fais ni que je dis. Je remettrai, avec votre congé, ce discours à une autre fois : ceci ne sera que pour me recommander à vos bonnes grâces, et Marc-Antoine à votre protection. Tout ce que je vous saurois dire, c'est que l'on s'en va dans six semaines ou deux mois faire le voyage de Bayonne pour aller querir la Reine[2] et mener Madame. Il y a trois ou quatre jours que Monsieur le Grand eut commandement de faire hâter ce qui dépendoit de lui; il a assuré la

Lettre 184. — 1. Malherbe avait mis d'abord : « ce que je vous suis; » puis il a effacé *vous*.

Lettre 185. — 1. L'original de cette lettre a disparu du manuscrit de la Bibliothèque impériale; mais nous l'avons trouvé dans une collection particulière et nous avons pu le collationner.

2. Anne d'Autriche.

1615 Reine que tout sera prêt dans un mois. Je ne crois pas que je fasse le voyage ; je me résoudrai suivant les nouvelles que j'aurai de Provence : Dieu me les donne bonnes ! mais quelles qu'elles soient, je me veux retirer. Adieu, Monsieur : aimez-moi toujours, s'il vous plaît, et me le témoignez en la personne de mon fils, qui vous sera un jour, Dieu aidant, ce qu'est son père, votre serviteur très-humble et très-affectionné,

MALHERBE.

Je baise très-humblement les mains à Monsieur le premier président, et suis son très-humble serviteur.

---

186. — A Paris, ce 23e de mai.

MONSIEUR, vous eûtes dernièrement une fort courte lettre de moi; celle-ci ne sera pas plus longue, pource que le trouble où j'étois n'est point cessé. Je vous envoye un petit mémoire de ce dont il me souvient, mais il n'y a ordre qu'en l'humeur où je suis je vous puisse entretenir comme je voudrois : il me suffit que vous connoissiez que je desire que vous me conserviez en vos bonnes grâces; et certainement ce mot n'est à autre fin que pour vous en prier, comme je fais de tout mon cœur : faites-le, s'il vous plaît, Monsieur, et obtenez de Monsieur le premier président qu'il me continue l'honneur de sa bienveillance. J'ai été ce matin au Palais, où j'ai vu la dame l'Angelier, qui m'a prié de savoir s'il n'a point[1] reçu les *plates peintures de Philostrate*[2] qu'elle lui a envoyées ; elle dit lui

LETTRE 186. — 1. Malherbe avait d'abord mis : « s'il n'avoit point, » puis il a rayé la syllabe finale *voit*.

2. *Les Images ou tableaux de platte peinture des deux Philostrates, mis en françois par Blaise de Vigenère*, Paris, Ve Abel l'Angelier, 1614,

en avoir écrit par deux fois sans avoir eu réponse : vous vous en informerez, s'il vous plaît, afin que s'il ne les a reçues, elle lui en envoye d'autres, et m'en donnerez des nouvelles par votre première. Adieu, Monsieur : aimez toujours votre serviteur très-humble et très-obligé, 1615

MALHERBE.

De Paris, ce samedi 23e de mai.

L'on est résolu tout à fait au voyage; ce sera, à mon avis, pour la première semaine de juillet.

La Reine Infante doit être sur la frontière de France le 22e d'août prochain.

Monseigneur demeure ici en pension chez M. de Brèves ou chez le sieur Barbin[3] : l'un et l'autre se dit.

On avoit été sur le point de dresser sa maison; mais le Roi ne l'a pas trouvé bon, et a dit qu'il ne vouloit pas qu'il fût mieux traité qu'il[4] avoit été quand il étoit dauphin.

Monsieur le Grand s'en va demain en Bourgogne, par le commandement de la Reine, pour empêcher les levées qui se font pour le duc de Savoie, à quoi la Reine veut que là et ailleurs on procède avec toute rigueur.

Messieurs du parlement furent hier au Louvre, et firent lire leurs mémoires si longtemps attendus[5]; il leur fut

in-f°, fig. — La première édition de cette traduction avait paru en 1578, Paris, N. Chesneau, 2 vol. in-4°.

3. Intendant de Marie de Médicis, qui le fit, en 1616, contrôleur général des finances.

4. Au lieu de *qu'il*, Malherbe avait d'abord écrit *que lui*.

5. Le 24 mars, quatre jours après la clôture des états, la cour de parlement s'assembla et arrêta que, « sous le bon plaisir du Roi, les princes, ducs, pairs et officiers de la couronne seroient invités de se trouver en ladite cour, pour, avec le chancelier, les chambres assemblées, aviser sur les propositions qui seroient faites pour le service

1615 fait des réponses auxquelles ils étoient mal préparés. Cette montagne a produit moins qu'une souris.

Aujourd'hui on a délibéré sur cette affaire[6], et a été fait arrêt au conseil, par lequel il est ordonné que leurs remontrances seront ôtées du registre et supprimées, comme libelles diffamatoires.

Monsieur le Prince s'en alla, il y a quatre ou cinq jours, et commanda à Madame sa femme de le suivre le lendemain; ce qu'elle fit avec Madame sa belle-mère.

Elles vinrent au Louvre prendre congé de la Reine. En sortant du cabinet, Madame la Princesse monta chez Mme la princesse de Conty pour lui dire adieu, ce qu'elle fit sur la montée, où elles se rencontrèrent; Madame la Princesse la mère s'en alla droit à son carrosse. Elles disent qu'elles doivent revenir mardi; je ne sais ce qui en sera; je ne crois pas que Monsieur le Prince revienne sitôt, puisqu'il a mené Madame sa femme. Il ne se vit jamais ni si belles carrosses ni si belles litières que celles de la Reine Infante et de Madame; elles sont chez le Gaigneur pour les monter.

Le lit du Roi est chez le brodeur, que l'on dit être la plus belle chose que l'on puisse voir. Je l'irai voir, Dieu aidant, quand il sera achevé, et vous en envoyerai[7] la description.

Mais certes je suis si troublé de n'avoir point de nouvelles de ma femme, que je ne puis vous rien particulariser.

L'on dit que M. du Maine et Mme d'Elbeuf se vont

du Roi, le soulagement de ses sujets et le bien de son Etat. » Cet arrêt fut cassé par un arrêt du conseil, contre lequel le parlement rédigea les remontrances dont parle Malherbe, et qui furent apportées au Roi le 21 (ou le 22) mai. Voyez le *Mercure*, 1615, tome IV, p. 53 et suivantes.

6. Après *affaire*, le manuscrit porte les mots *au Louvre*, effacés; à la ligne suivante, *au conseil* a été ajouté dans l'interligne.

7. Malherbe a substitué *envoyerai* à *manderai*.

marier[8]; les autres tiennent qu'ils le sont, mais que pour quelques respects ils ne veulent pas publier le mariage. 1615

Il y a ici deux femmes de Maragnan[9] qu'en a amenées un nommé du Prat; elles seront mises en montre au premier jour. Il m'a promis un billet pour les voir demain; nous y devons aller, M. de Valavez et moi. Elles sont toutes nues. Ce qui empêche qu'on ne les voit point encore, c'est qu'il les fait peindre à la mode du pays. Il y a une femme et une fille de neuf ou dix ans. La femme peindra[10] la fille, et sur ce patron un peintre peindra la femme, pource que la fille ne le sauroit faire.

---

187. — A Paris, ce 1er de juin.

MONSIEUR, je vois bien que ce que je n'ai point de vos lettres est la maladie de ma femme, dont vous n'avez pas voulu m'avertir[1]; je l'ai sue des lettres de mon fils, qui me mande qu'elle en est un peu revenue, et que toutefois c'est avec une grande foiblesse, de laquelle, en l'âge où elle est, il faut craindre un mauvais événement : cela m'a fait résoudre d'aller faire un voyage en Provence aussitôt que la cour sera partie pour celui de Bayonne[2]. Je ne vous

8. Ce mariage n'eut point lieu.
9. Voyez plus haut, p. 297, note 3.
10. Au lieu de *peindra*, il y avait d'abord *doit peindre*.
LETTRE 187. — 1. Peiresc écrit à Malherbe le 26 mai 1615 : « Mme de Malerbe et Monsieur son fils ne furent jamais si gaillards que ce qu'ils sont maintenant; mais je crois que vous aviez un esprit prophétique sur la fin d'avril, quand vous m'écriviez que vous étiez en peine de ses nouvelles, car certainement elle fut lors fort malade de foiblesse de cœur et d'une espèce de catarrhe ou grand rhume : pour raison de quoi elle fut saignée et médicamentée; mais elle est maintenant plus saine que jamais. »
2. D'après une lettre de Ribier à Peiresc, ce fut en janvier 1616 que

1615 écris point de nouvelles, pource que n'en sais point. L'on attend ici le retour de Monsieur le Prince; Madame sa mère arriva samedi au soir; pour Madame sa femme, elle partit vendredi de Valery, et s'en alla à Châteauroux[3] : l'on tient que c'est pour y être quelque temps. M. d'Alincourt a eu la survivance du gouvernement de Lyon pour son fils[4], qui est la meilleure affaire qu'il pouvoit desirer; et de là l'on conjecture que M. de Villeroy est aussi bien qu'il a été. Je dois aujourd'hui avoir les remontrances du parlement écrites à la main; si vous ne les avez eues d'ailleurs, je les vous envoyerai; mais celui qui les a dressées, que vous connoissez, n'aura pas manqué de les envoyer à Monsieur le premier président. Je crois qu'elles sont très-bien, venant d'un si bon auteur, et étant passées par la censure de tant d'honnêtes hommes; mais pour cela on n'en espère pas davantage de fruit, et tient-on qu'ils voudroient n'en avoir rien fait. Tout se porte bien d'ailleurs, et ne parle-t-on que de paix. Adieu, Monsieur : tenez-moi en vos bonnes grâces et en celles de Monsieur le premier président; je suis son serviteur et le vôtre très-humble comme très-obligé.

---

188. — A Paris, ce jour de saint Jean[1].

Monsieur, j'ai certainement l'esprit plus libre que je n'avois quand je vous écrivis ma dernière lettre, mais

Malherbe partit pour la Provence, d'où il revint au mois d'avril avec Peiresc et du Vair, quand celui-ci eut été nommé garde des sceaux.

3. Voyez plus loin, p. 507, note 2.

4. Nicolas de Neufville, marquis d'Alincourt, maréchal de France (1646), duc de Villeroy (1663), mort en 1685. Voyez la lettre 138, p. 352, note 10.

Lettre 188. — 1. 24 juin.

pour cela vous n'aurez pas plus de nouvelles de moi. Ces chaleurs, qui ne cèdent guère aux vôtres de Provence, font que l'on ne voit pas la Reine si souvent que de coutume, et de là vient que je ne sais rien qui soit bien digne d'être écrit[2]. L'on s'en va partir à ce huit ou dixième du mois qui vient; les équipages ne sont pas encore du tout prêts, mais on les ira attendre à Fontainebleau. Le Roi et la Reine ont une impatience merveilleuse du voyage : tous les gens de bien ont le même desir, pource que jusque-là ou il y aura des brouilleries, ou l'on en craindra; pour moi, je me moque de tous les bruits, et m'assure que tout se passera au contentement de Leurs Majestés. On laissera ceux qui ne voudront venir, car nous n'avons pas[3] plus de temps que ce qu'il en faut. Il y a tantôt un mois que M. le comte de Gramont est parti avec ordre, pour ce qui est de sa charge[4]; il a deux mille écus pour le bateau qui passera Madame en Espagne, mais il fait compte d'y en ajouter quatre mille du sien : il est vrai que l'ayant ainsi dit à la Reine, elle lui dit qu'elle l'en avoueroit et le rembourseroit de toute sa dépense, pource qu'elle vouloit que rien n'y fût épargné. Cette cérémonie, par concert de Leurs Majestés et du roi d'Espagne, se doit faire le quinzième de septembre. Je vous ai dit en général que le Roi attend son mariage avec impatience; je m'en vais, à cette heure, vous en dire une particularité où vous verrez ce que vous en devez croire. Il y a quatre ou cinq jours qu'il dit à Mme la comtesse de Saint-Pol qu'il avoit acheté six vingts moutons, et qu'à cette heure qu'il s'alloit marier, il vouloit être bon ménager. Elle lui répondit : « Mais est-il possible, Sire, que

1615

2. Malherbe avait mis d'abord : « de vous être écrit. »

3. *Pas* a été ajouté après coup, en interligne.

4. Il était gouverneur et lieutenant général pour le Roi « en Navarre, Béarn, en la ville de Bayonne et pays circonvoisins. »

1615 vous en ayez si grand[5] envie que vous dites? » Sa réplique fut : « Oui, j'en ai si grand envie que si je trouvois le diable à mon chemin qui m'en voulût empêcher, je lui passerois sur le ventre. » Voilà pour le mariage. Pour le fait de Savoie, M. de Pongny[6] est retourné, quoique l'on die que M. de Savoie est assez mal satisfait de M. le marquis de Rambouillet[7], et qu'il a mandé qu'il ne desire point qu'il se mêle plus de ses affaires, pource qu'il est plus Espagnol que les Espagnols mêmes. Je ne sais pas ce qui en est, mais je le tiens un des habiles hommes de France pour négocier, et qui n'ignorant point l'intention de Leurs Majestés, ne fera rien que ce qu'il croira être de leur service. M. de Montigny est aujourd'hui auprès de M. de Savoie; la Reine en eut hier avis, et[8] en est fort en colère; et certainement il me semble que quand autre chose ne l'auroit retenu, le cordon bleu étoit une considération assez forte pour ne s'engager point avec un prince étranger Quelqu'un dit à la Reine que M. de Montigny se plaignoit; elle répondit qu'il n'en avoit pas occasion, et là-dessus raconta ce que le feu Roi et elle avoient fait pour lui, qui est qu'il avoit été fait capitaine de la porte, et l'avoit vendu; depuis premier maître d'hôtel, qu'il avoit vendu aussi; qu'après cela il avoit eu le gouvernement du Blaisois, dont il avoit fait de même; qu'il avoit marié sa fille au comte de Saint-

5. Il y a *grand*, et non *grande*, dans l'autographe, à cette ligne et à la suivante. Voyez ci-dessus, p. 275, note 24, et p. 473, note 6.

6. Jacques d'Angennes, marquis de Poigny, qui mourut en Angleterre, où il était ambassadeur, le 9 janvier 1637.

7. Il avait été envoyé près du duc de Savoie pour négocier la paix entre celui-ci et l'Espagne.

8. Malherbe avait mis d'abord *qui;* puis il a effacé ce mot, pour le remplacer par *et.* — Voyez dans le manuscrit 91 de la collection Dupuy, une lettre du Roi à Montigny, en date du 11 mai 1615, pour lui défendre d'aller servir dans l'armée du duc de Savoie.

Aignan[9], de la charge de maistre de camp de la cavalerie légère, qui lui avoit été donnée; et enfin qu'il avoit eu la lieutenance de Metz et pays messin, dont depuis peu de jours elle lui avoit accordé la lieutenance pour son fils[10], lequel étant allé mettre en possession, il s'est servi de ce prétexte pour son voyage de Savoie. La Reine dit qu'elle ôtera la lieutenance à son fils; mais le temps l'adoucira, à mon avis. Bien vous dirai-je qu'un des amis du baron de Digoine[11] lui a fait savoir, depuis deux jours[12], qu'il ne desiroit rien plus que de revenir, pourvu que la Reine l'assurât de sa bonne grâce; elle ne l'a pas voulu faire. Je vous avois dit, Monsieur, que je ne vous dirois point de nouvelles, et cependant, comme j'ai été en train, ma paresse m'a quitté. J'oubliois à vous dire qu'un nommé Montereuil, ou Montereau[13], Normand, qui est celui même qui étoit maistre de camp des Wallons qu'avoient Messieurs les Princes au tumulte de Mézières, lève un régiment vers Sedan pour mener en Piémont. Je vous le dis, afin que vous ne vous imaginiez rien de pire là-dessus. Il s'est fait tout plein de petits livrets, mais je me remets à 1615

9. Jacqueline de la Grange, fille de François de la Grange, seigneur de Montigny, maréchal de France, mariée à Honorat de Beauvillier, comte de Saint-Aignan, mort en 1622. — Après *maistre de camp*, les mots *de la cavalerie légère* ont été ajoutés après coup.

10. Henri-Antoine de la Grange, seigneur de Montigny, lieutenant général du gouvernement de Metz, Toul et Verdun, et gouverneur de Verdun.

11. Théophile Damas, baron de Digoine, député de la noblesse de Charolais aux états généraux de 1614. Il était allé se mettre au service du duc de Savoie, et fut tué au siége de Verceil en 1617. Voyez le P. Anselme, tome VIII, p. 332.

12. « Depuis deux jours » a été ajouté en interligne; de même que six lignes plus loin, le mot *Normand;* et trois lignes après « vers Sedan. »

13. C'est probablement le même qui, en 1622, fut chargé par le duc de Nevers d'une négociation importante près de Mansfeld. Voyez le Vassor, *Histoire de Louis XIII*, in-4°, tome II, p. 492.

1615 M. de Valavez à les vous envoyer, et à vous dire la résolution du parlement sur l'arrêt du conseil [14]. Il ne me reste plus qu'à vous remercier des cinquante écus que vous avez baillés à ma femme, je les rendrai au sieur Cramoisy quand il voudra [15]; je vous en remercie un million de fois, qui est tout ce que je puis faire, car de bien servir, je vois bien que j'y serai aussi inutile à l'avenir que j'ai été par le passé. Je vous supplie de me tenir toujours aux bonnes grâces de Monsieur le premier président et aux vôtres, comme votre serviteur et le sien très-humble et très-obligé.

---

189. — A Paris, ce 27e de juin.

Monsieur, je vous écrivis il y a deux jours une lettre que vous trouverez en ce paquet; mais puisque la fortune m'a fait rencontrer sur le point que M. de Valavez l'alloit fermer, je vous y ajouterai ce que j'avois oublié de vous mander touchant ce que vous desirez savoir de Château-Renaud [1]. Ce que j'en ai appris, c'est que cette principauté est une portion d'un partage baillé par un duc de Bourgogne à un puîné. Mme la princesse de Conty ne m'en a su dire davantage; mais l'un de ses gens d'affaires m'a promis qu'il verra les documents, et m'en baillera un mémoire particulier. Je ne sais si je vous ai mandé l'accord de Monsieur le Prince avec M. le prince de Joinville; il y a déjà quelques jours qu'il [2] est fait : Monsieur le

14. Voyez plus haut, p. 497, note 5; et sur ces livrets dont parle Malherbe, la *Bibliothèque historique de la France*, tome II, nos 20 272 à 20 313; le *Catalogue de la Bibliothèque impériale, Histoire de France*, règne de Louis XIII, année 1615; et le *Mercure*, tome IV, p. 121.

15. Devant « quand il voudra, » le manuscrit porte les mots : « au premier, » effacés.

Lettre 189. — 1. Voyez plus haut, lettre 176, p. 476, note 3.

2. *Qu'il* a été substitué à *que cela*.

Prince demeure possesseur de Saint-Martin, et baille à M. le prince de Joinville l'abbaye de Coulon en Beauce, de la valeur de dix mille livres de rente, et six mille écus d'argent comptant, outre le contentement qu'il donne à Monsieur l'évêque de Boulogne[3]. Monsieur le Prince partit de Saint-Maur hier, environ dix heures de soir; son train est parti ce matin entre deux et trois : l'on dit qu'il est allé à Cray[4], qui est un lieu près de Clermont en Picardie, voir une fête célèbre qui s'y fait de tireurs au papegay; les autres disent qu'il s'est allé aboucher avec M. du Bouillon. L'on attend ce soir ou demain M. de Nevers, qui vient de ces quartiers-là; par lui l'on aura toute sorte de nouvelles. Le voyage de Fontainebleau est rompu[5]; le séjour que l'on y vouloit faire se fera ici, attendant que tout l'équipage soit prêt; mais je ne crois pas, quoi que vous oyiez dire, que l'on diffère le partement pour tout cela; au moins la Reine l'a encore aujourd'hui ainsi assuré. Il se fait quelque bruit sourd que sur ce qui se passa le jour de l'octave, à Saint-Germain, entre les pages de Mme de Guise et ceux de Mme de Longueville, M. de Longueville veut faire appeler M. de Guise : *staremo a veder*[6]. Hier une femme vint trouver Mme la princesse de Conty, et lui dit quelque chose à l'oreille, à la ruelle de son lit, où nous étions, Mme de Ragny et moi. Madame la princesse tout aussitôt nous le dit tout haut, et dit qu'il n'y avoit point de danger, et que nous étions l'un et l'autre affectionnés au service du Roi : le segret étoit que Monsieur le Prince lui avoit dit qu'il ne l'esti- 1615

3. Claude Dormy, évêque de Boulogne de 1600 à 1626.

4. Creil (Oise).

5. Après *rompu*, le manuscrit porte les mots : « et sera-t-on ici, » effacés. Quatre lignes plus loin, *ainsi* a été ajouté après coup devant *assuré*.

6. Voyez plus haut, p. 285, note 13.

1615 mât jamais ce qu'il étoit, si le voyage de Bayonne se faisoit. M. de Valavez vous envoye un petit livre appelé *Remontrance de la noblesse au chancelier*[7]. La Reine ne l'avoit point encore vu; je le baillai à Mme la princesse de Conty pour le lui faire voir, hier, comme elle montoit en carrosse pour aller au sermon. Mme de Guise étoit auprès d'elle à la portière, qui m'a dit qu'en le lisant tout du long du chemin, elle rougissoit à tous moments. Comme elle eut tout lu, elle lui demanda qui le lui avoit baillé; elle répondit que ç'avoit été Malherbe; à quoi elle répliqua[8] : « Je m'assure qu'il n'en a pas été moins piqué que moi. » Je ne sais plus que vous dire, et ma mémoire est trop pressée pour faire un examen de ce que je sais; contentez-vous donc de ce peu, et me tenez toujours pour votre serviteur aussi humble qu'obligé,

MALHERBE.

M. de Sully[9] avec le congé de la Reine a acheté le gouvernement de Saint-Maixent et une abbaye de dix mille livres de rente à six lieues de Poitiers, qui s'appelle l'Or de Poitiers. M. de Rohan a la survivance du gouvernement du Poitou. Ce n'a pas été du gré de M. le marquis de Rosny.

7. Ce petit livre est intitulé : *la Noblesse françoise au chancelier*, 8 pages in-8°. Il parut aussi sous le titre de : *Remontrance faite par deux cents gentilshommes françois au chancelier*, 1615, in-8°. Il est imprimé dans le *Mercure*.

8. Après *réplíqua*, le manuscrit porte les mots « qu'elle s'assuroit, » effacés.

9. Ce post-scriptum est écrit au verso du second feuillet de la lettre, à côté de la suscription.

190. — A Paris, ce 17e de juillet. 1615

Monsieur, vous n'eûtes jamais une si courte lettre que sera celle-ci; tout ce que je sais de nouveau est en une feuille à part en ce même paquet. Je vous baise donc les mains, et à Monsieur le premier président, à qui, s'il vous plaît, vous ferez part de cette gazettille, si vous croyez qu'il y ait chose qu'il n'ait point sue d'ailleurs. Je suis, Monsieur, votre très-humble et très-affectionné serviteur,

Malherbe.

Le voyage ne se diffère point, quelques bruits que vous oyiez. La Reine dit avant-hier qu'elle partiroit le premier jour d'août.

M. de Villeroy est arrivé ce matin sur les sept heures[1], et tout aussitôt s'est mis au lit. La Reine s'est baignée, et ne l'a-t-on point vue.

J'ai été au dîner de Mme la princesse de Conty, qui ne croyoit pas que le dernier voyage de M. de Villeroy eût plus avancé que le premier.

Comme j'ai vu qu'elle ne descendoit point au cabinet, et qu'il n'y avoit point d'espérance de voir la Reine, je suis sorti du Louvre, et ai trouvé à la porte le comte de Châteauroux[2], qui m'a dit qu'il avoit vu le sieur de Vignier, qui avoit accompagné M. de Villeroy, et qu'il avoit appris de lui que Monsieur le Prince demandoit deux ou trois choses qui étoient faciles à accorder, et que, moyennant cela, il promettoit de venir au voyage.

Au premier voyage de M. de Villeroy, il desira que

Lettre 190. — 1. Il avait été envoyé pour négocier avec le prince de Condé.

2. Jean de Maillé de la Tour Landry, comte de Châteauroux, mort en 1635. Il avait, en 1613, vendu son comté au prince de Condé.

1615 Madame sa mère eût l'honneur de recevoir la Reine : il n'y a rien de changé en ce dessein. Elle est une des trois qui doivent porter la queue de la Reine aux cérémonies; Mme la princesse de Conty et Mme la comtesse de Soissons sont les deux autres.

On fut mécredi[3], sur les cinq heures de soir, à la Bastille, prendre[4] douze cent mille livres pour le voyage. Le Roi et la Reine y furent eux-mêmes, accompagnés des princes, maréchaux de France et officiers de la couronne, Monsieur le chancelier et M. le président Janin, et tout plein de conseillers d'État. L'argent fut tiré dans quarante charrettes, qui portoient chacune trente mille livres en quarts d'écu. La Reine fut priée de ne partir point qu'elle n'eût vu sortir la dernière charrette. Ces cérémonies y furent apportées pour les difficultés qu'avoient faites Messieurs des comptes de vérifier les lettres expédiées pour tirer cette somme; à quoi ils demeurèrent opiniâtres, nonobstant trois jussions qui leur furent envoyées.

Cependant que Leurs Majestés furent à la Bastille, tout le monde fut voir M. le comte d'Auvergne, avec congé[5]. Il fit supplier la Reine qu'il eût l'honneur de la voir, ce qu'elle lui permit; et lors on fit retirer le Roi, qui s'alla cependant promener par la Bastille. Il vint et se jeta à deux genoux aux pieds[6] de la Reine, qui tout aussitôt le fit relever; ce qu'il fit, et se mit, avec un transport de joie qui le faisoit presque bégayer, à faire des protestations du déplaisir qu'il avoit d'avoir offensé le Roi; de sa

3. Le 15 juillet.

4. Malherbe avait d'abord mis *tirer*, qu'il a effacé pour y substituer *prendre*.

5. Il était prisonnier depuis 1604. — Après le mot *congé*, Malherbe a effacé « de Leurs Majestés. »

6. L'autographe porte *au pié*, au singulier.

liberté, il n'en parla point, pource que cela avoit été ainsi convenu. Cela fait, il se mit à parler à tous ceux qui étoient là; et les voyant tous avec du poil gris, il leur dit que c'étoit une marque de leur sagesse, et à lui une marque de sa folie de n'en avoir point. Il a fait couper cette longue barbe qu'il avoit longtemps laissée croître, parce que trois ou quatre jours auparavant, comme M. de Montmorency et le marquis de Portes[7] dînoient avec lui, M. le président Janin fut de la part de la Reine lui promettre sa délivrance au retour du voyage. Ce n'est pas pourtant qu'il n'y ait encore de ceux qui pensent voir plus clair que les autres qui dient qu'il ne sortira point; quant à moi, je tiens l'affirmative[8].

1615

M. de Nevers et Mme de Nevers doivent aller au voyage, et l'ont ainsi promis à Leurs Majestés. Mécredi au cabinet, Mme la comtesse de Soissons dit à Mme de Nevers tout haut devant la Reine : « Comme ferez-vous de votre grossesse? » Mme de Nevers répondit qu'elle n'étoit point grosse, et dit à la compagnie que Madame la Comtesse disoit cela pour lui faire la guerre, selon sa coutume. Toutefois un peu après, comme une princesse qui mangeoit des confitures et[9] en donnoit à celles qui étoient présentes, et qu'elle lui demanda si elle en vouloit, elle répondit qu'oui, pourvu qu'elles fussent aigres. Yba gxrag que tout pryn rfgblg pbapregr pour frehxe qriphmr n 78 qr ar snxer cnf yr hblntr, et joint-on à cela que 101 rg ryyr ont retiré les rfgbsrf dhxym avoient baillées cbhe snxer yrhef unoxgm[10].

7. Antoine-Hercule de Budos, marquis de Portes, chevalier des ordres du Roi.

8. Il ne fut mis en liberté que le 26 juin 1616. Voyez le *Mercure*, 1616, tome IV, p. 139.

9. Tel est le texte du manuscrit. Est-ce *qui* ou *et* qui est de trop?

10. Peiresc a expliqué, au-dessus de la ligne, les mots écrits en

1615 L'on parloit dernièrement devant la Reine d'un bruit qui couroit que Mme de Nevers seroit intendante de la maison de la Reine; elle dit qu'elle n'en avoit point eu, et que la Reine sa fille n'en auroit non plus qu'elle; ryyr nqxblhfgn à cela que dhnaq ryyr l ra zrggebxg har ryyr ar yn ceraqeblg jamais en yn ersbezngxba[11].

Madame doit mener, outre Mme de la Boissière, qui s'en va finir ses jours en Espagne avec elle[12], trois autres dames, douze femmes de chambre, et six filles. Je ne sais qui seront les dames; mais pour les filles, il y aura de la peine à en trouver, et ne s'en présente encore qu'une seule, qui est fille de Mme de Hélin[13]. Cette Mme de Hélin est une des sœurs de M. de Gondy, qui étoit mariée à un riche gentilhomme de Picardie nommé M. de Hélin. La difficulté n'est pas que nos filles ne veuillent bien aller en Espagne, mais c'est qu'il faut que leurs parents leur baillent quatre mille écus à chacune pour leur équipage, et douze cents écus de pension annuelle, jusqu'à ce qu'elles soient mariées; et à ce prix-là nos filles ne veulent point aller si loin.

Il y a quelques jours[14] que Madame Henriette a la rougeole; sitôt que cela fut découvert, qui fut, ce me semble,

chiffre : « *l'on tient* que tout *cela estoyt concerté* pour *seruir d'excuze à Mme de Nevers de ne faire pas le voyage*, et joint-on à cela que *M. de Nevers et elle* ont retiré les *estofes qu'ilz* avoient baillées *pour faire leurs habitz.* »

11. C'est-à-dire, comme le traduit Peiresc : « *elle adiousta* à cela que *quand elle y en mettroit une, elle ne la prendroyt* jamais en *la réformation.* »

12. Elle en fut renvoyée l'année suivante avec tous les Français qui avaient accompagné Madame. — Au lieu de *outre*, Malherbe avait d'abord écrit *avec*.

13. Marie de Gondi, fille de Jean-Baptiste de Gondi, introducteur des ambassadeurs, mariée à Léonor de Pisseleu, seigneur de Heilly. Quatre filles sortirent de ce mariage.

14. Malherbe avait écrit d'abord : « Il y a sept ou huit jours. »

lundi ou mardi, on mena Monsieur et Madame Chrétienne coucher aux Tuileries, et le même jour Monsieur fut ôté aux femmes et remis au gouvernement des hommes. 1615

On l'avoit mis depuis au logis de M. Zamet; mais je ne sais quelle incommodité l'on y a reconnue. On les a depuis mis en l'abbaye de Saint-Germain des Prés, où ils seront jusques à ce que l'on parte, et alors ils iront à Saint-Germain en Laye.

Il y a dix ou douze jours qu'il y eut doute de quelque brouillerie entre M. de Montmorency et M. de Raiz, pour quelque chose qui s'étoit passée chez Mlle Choisy; mais cela n'éclata point : la Reine les fit tout aussitôt embrasser en sa présence. La véritable bpnfxba rfgblg que zbafxrhe qr zbagzbenapl parlant du qhp qr ergm ynhblg neeryyr qhp qr erfgr[15], et quelques autres choses sur le même sujet, voulant dire qu'il avoit eu fba erfgr[16].

Pour petites nouvelles, il a couru bruit, mais qui s'est trouvé faux, qu'un catholique, feignant se convertir à la religion prétendue, avoit voulu tuer M. du Bouillon[17].

Un Simon, soldat[18] de la citadelle d'Amiens, fut pendu il y a douze ou quinze jours à Amiens même pour avoir donné trois coups de poignard à un apothicaire qui lui avoit refusé de l'arsenic; il fit ce coup-là de la peur qu'il eut qu'il ne le découvrît[19].

15. C'est-à-dire : « La véritable *ocasion estoyt* que *Monsieur de Montmorancy*, parlant du *duc de Retz*, *l'auoyt apellé duc de Reste*. — Le duc de Retz avait épousé la comtesse de Chemilly, qui avait été démariée d'avec M. de Montmorency. Voyez plus haut, lettre 60, p. 133.

16. *Son reste*.

17. Il est fait allusion à cette affaire dans un pamphlet assez vif intitulé : *le Protecteur des princes*, p. 12.

18. Devant *soldat*, l'autographe porte l'abréviation *cap^{ne}* (*capitaine*), effacée.

19. Voyez sur cette affaire, qui faillit devenir très-grave, le *Mer-*

1615 Mme de la Boissière prend le nom de comtesse de Lannoy, qui est le nom d'une grande maison d'Artois de laquelle elle est, et de laquelle étoit un Charles de Lannoy[20] qui se trouva à la prise du feu roi François.

Le Roi ne vit point M. le comte d'Auvergne, il n'y eut que la Reine : comme il fut fait venir, on fit trouver bon au Roi de s'aller promener; comme il revint, on avertit le prisonnier de se retirer.

---

191. — A Paris, ce 10e d'août.

Monsieur, nous sommes en un temps où il est malaisé de vous rien écrire de certain : voilà pourquoi je me remets à ce porteur de vous dire ce qu'il en sait, et crois que quand vous l'aurez ouï, et lu tout ce que l'on vous mande[1], vous n'aurez pas de quoi être mieux informé que vous êtes. Il a toujours été des saisons fertiles en toutes sortes de bruits; mais il n'en fut jamais où les changements fussent si fréquents comme ils sont en celle-ci. Au matin on tremble au bruit d'une nouvelle, au soir l'on s'en moque; et les mensonges, qui sont ordinairement logées à la basse cour, osent monter jusques au cabinet. Toute la fin que j'y vois, c'est le partement de Leurs Majestés; car jusque-là chacun s'imaginera des grotesques. Ceux qui sont de la cour savent bien que la sécheresse qui a épuisé

cure, 1615, tome IV, p. 148 et suivantes. — A la ligne précédente, les mots : « il fit ce coup-là, » ont été ajoutés en interligne.

20. Charles de Lannoy, seigneur de Sanzelles, qui commandait les troupes impériales à la bataille de Pavie. — Ce petit paragraphe manque dans le manuscrit. Le suivant, qui est sur une bande de papier à part, paraît se rattacher à ce qui est dit plus haut (p. 508).

Lettre 191. — 1. *Mande* a été substitué à *écrit*.

toutes les mares de Beauce, et la mort de deux soldats qui moururent samedi en marchant, outre la perte de près de deux cents chevaux de la compagnie de Monseigneur, que le chaud a tués, sont les causes véritables du dernier retardement: mais je m'assure qu'aux provinces on le contera de toute autre façon, et que du sens littéral, qui est très-recevable, on passera à des allégories les plus sottes et les plus impertinentes qui furent jamais. Quand il y aura sujet de craindre, je ne suis ni[2] si vaillant ni si stupide que je ne craigne comme les autres; mais jusques ici je n'en vois point d'occasion : huit ou dix jours nous mettront hors de toutes ces doutes; Dieu, s'il lui plaît, les fera résoudre selon le desir des gens de bien. Je fais compte de m'en aller passer l'hiver avec vous. Adieu, Monsieur : je suis votre serviteur très-affectionné à jamais, 1615

MALHERBE.

Il y a quelques jours que M. Cramoisy me vint voir. Je lui baillai les cent soixante livres que vous avez baillées par delà pour moi. Je vous en remercie de tout mon cœur, et desire qu'il se présente quelque occasion de vous témoigner le ressentiment que j'ai de cette obligation et d'une infinité d'autres qui l'ont précédée.

Comme j'écrivois cette lettre, M. Syrmond m'est venu voir, pour me prier de l'assister demain à la présentation d'un livret qu'il a fait sur la lettre de Monsieur le Prince[3]. Il m'en a donné un, que je vous envoye. Il a écrit un autre petit livret intitulé *la Pitharchie*[4], et encore un autre,

2. Devant *ni*, il y a *pas*, effacé.

3. Le manifeste de Condé est daté du 9 août. Voyez le *Mercure*, 1615, tome V, p. 160 à 188.

4. *La Pitarchie françoise, ou Response aux vaines plainctes des malcontens*, 1615, Paris, Leveau, 48 pages in-8°.

1615 auquel je donne le prix de tout ce que nous avons vu sur ce sujet, qui s'appelle *Avertissement aux provinces*. Vous m'en direz votre opinion. Je le trouve fort gentil personnage. Il est neveu du P. Syrmond.

---

192. — A Paris, ce 10e d'août[1].

Monsieur, depuis mon autre lettre écrite, je suis allé au Louvre, où j'ai trouvé que le voyage n'étoit pas si reculé comme l'on pensoit. La première chambre a commandement de partir demain, et tient-on que mécredi Leurs Majestés ne coucheront point à Paris. M. le maréchal de Bois-Dauphin demeure ici pour garder Monseigneur, et M. de Praslin avec lui. L'on fait compte de douze mille hommes de pied, et de quelque cavalerie dont je n'ai point ouï dire le nombre. J'ai fort grande opinion que la colère de Monsieur le Prince se sera toute évaporée en son manifeste. Voilà tout ce que j'avois à ajouter à ce que vous verrez en mon autre lettre. Je vous pense avoir écrit que Monsieur l'évêque d'Orléans[2] avoit eu le brevet de premier aumônier de la Reine, et il étoit vrai; mais depuis la chose est changée, et M. de Loménie, qui avoit eu commandement [de] le lui porter, le lui est allé redemander. Le discours de cette affaire seroit trop long pour cette page; je pense l'avoir fait devant ce porteur, qui vous dira ce qui en est[3] : aussi vous dira-t-il la brouillerie de Mme la maréchale d'Ancre

Lettre 192. — 1. Le premier paragraphe de cette lettre n'est plus dans le manuscrit. Nous l'avons trouvé dans une collection particulière, et l'on nous a permis de le collationner.

2. Gabriel de l'Aubépine, évêque d'Orléans de 1604 à 1630.

3. Malherbe avait mis d'abord : « qui vous le dira. »

avec le P. Coton; elle se conte si diversement que je ne saurois[4] que vous en dire. Adieu donc, Monsieur. 1615

Votre serviteur très-obligé,

MALHERBE.

Hier au matin la Reine alla à Saint-Germain faire son bon jour[5], où il lui prit, en oyant messe, une défaillance, dont elle revint tout aussitôt, et se porte fort bien, grâces à Dieu.

Ce même matin, les avis qui lui furent donnés que toutes les mares de la Beauce, d'Étampes à Orléans, étoient tellement asséchées qu'il n'y avoit pas une goutte d'eau, la mort de deux soldats de la compagnie du capitaine de la Salle, qui est du nombre des six du régiment qui sont parties, lesquels, samedi dernier[6], crevèrent de chaud au chemin de Long-Boyau[7], et le même accident arrivé à plus de cent cinquante chevaux de la compagnie de Monseigneur, firent remettre le voyage à jeudi prochain, comme croyent la plupart, mais véritablement jusques à la première pluie.

Monseigneur est encore à l'abbaye de Saint-Germain avec Mesdames, ses sœurs, et y sera jusques à ce qu'on soit parti, et que le Louvre ait été nettoyé. Mme la princesse de Conty offrit à la Reine de faire curer les fossés, mais elle ne le voulut pas. Il y a trois jours qu'elle envoya querir la cour de parlement, et dit qu'elle leur vouloit laisser la garde des deux choses qui lui étoient les plus chères, Paris et Monseigneur. Ils y vinrent, et reçurent cette recommandation de la part de la Reine pour une singulière faveur.

4. *Je ne saurois* a été substitué à *je n'oserois*. — 5. Communier.

6. *Samedi dernier* a été ajouté en interligne, et de même, au commencement du paragraphe suivant, les mots : *l'abbaye de*.

7. Près de Villejuif.

1615 Hier un peu devant midi, vint un courrier au Roi de la part de Monsieur le Prince, et lui rendit un fort gros paquet, dans lequel il y avoit un manifeste qui a fait bien du bruit, pource que l'on dit qu'il y a que si par les prières il ne peut obtenir que l'on fasse justice, il sera contraint de recourir aux armes[8]. Ceux qui nous veulent faire peur font grand fondement là-dessus, et déjà imputent à cela le retardement du voyage; mais je ne pense pas que la semaine prochaine se passe que Leurs Majestés ne soient en chemin.

Hier, sur les six heures de soir, la Reine, entrant en carrosse pour s'aller promener, dit tout haut, en s'adressant à ceux qui étoient devant la portière, desquels il se rencontra que j'étois l'un : « Qu'ils écrivent tant qu'ils voudront, autant en emporte le vent; » et répéta ces derniers mots par deux fois.

A l'heure même il courut un bruit que M. de Longueville avoit été blessé d'un coup de couteau, qui lui[9] couloit le long de la mamelle droite, et entroit dans le bras droit; mais, grâces à Dieu, cela s'est trouvé une pure invention.

Il s'est dit et cru par plusieurs personnes que MM. de la Mark avoient vendu leurs droits de Sedan au marquis de Spinola. J'en ai voulu savoir la vérité, et le demandai premièrement à Mme la marquise de Mauny, qui me dit : « Nous ne l'avons pas fait, mais nous le ferons. » A deux heures de là, je trouvai Mme du Bouillon la Mark[10], et lui fis la même demande; elle me répondit que cela n'étoit point, et qu'ils ne feroient jamais rien contre le service du Roi. Samedi je retrouvai Mme la marquise de

8. Voyez plus haut, p. 513, la note 3 de la lettre 191.

9. Devant *couloit*, l'autographe porte *entroit*, effacé.

10. Isabelle de Nassau, femme de Henri de la Tour, vicomte de Turenne, duc de Bouillon, morte en 1642.

Mauny, et lui dis la réponse que m'avoit faite Mme du Bouillon; elle me dit : « Qu'elle die ce qu'elle voudra, nous le ferons; le Roi ne nous peut pas empêcher de vendre ce qui est à nous : je ferai faire cette affaire-là. » 1615

Un gentilhomme qualifié de cette cour, et qui est fort de M. de Nevers, me dit qu'il ne tiendroit qu'à la Reine que M. de Nevers ne vînt au voyage, et que ce qu'il demandoit étoit si peu de chose et si raisonnable, qu'il ne croyoit pas que la Reine le lui refusât; c'étoit que de deux honneurs qu'il y auroit en cette cérémonie, l'un de mener Madame, et l'autre de ramener la Reine, M. de Guise en eût l'un, et lui l'autre; que cela n'étant point, il supplieroit la Reine de lui permettre de demeurer à Nevers. J'ai demandé ce qui en seroit à des personnes qui le pensent bien savoir, qui m'ont dit que M. de Guise auroit l'un et l'autre : *staremo a veder*[11].

M. de Mayenne, qui a eu peur que les habitants de Soissons ne le missent dehors, s'en est assuré par quelques hommes qu'il a mis dedans.

Le jour même que les députés de Provence furent ouïs, qui fut, ce me semble, jeudi ou vendredi[12], l'ambassadeur d'Espagne prit congé du Roi, qui l'embrassa par plusieurs fois, avec grand témoignage d'affection. Le Roi étoit botté; l'ambassadeur lui dit que Sa Majesté s'en alloit à la chasse, et que pour cette occasion il ne la vouloit pas importuner plus longtemps; le Roi lui répondit qu'il n'y avoit point de plaisir qu'il ne quittât pour s'entretenir avec lui. Comme il eut achevé, il se tourna vers la Reine, et ayant pris congé d'elle, fit de nouveau la révérence au Roi, qui l'embrassa encore deux ou trois fois.

11. Voyez ci-dessus, p. 285, note 13, et p. 505.

12. Les mots : « qui fut, ce me semble, jeudi ou vendredi, » ont été ajoutés au-dessus de la ligne.

1615

193. — A Paris, ce 18e d'août.

Monsieur, nous voici à la fin des nouvelles : Leurs Majestés partirent hier. Il y eut quelque cérémonie au partement de Madame, mais bien petite. Telle qu'elle fut, M. de Valavez la vit avec le soin dont il est coutumier de remarquer toutes choses; il la vous écrit[1], et vous écrit aussi comme M. le président le Jay[2] est du voyage. Chacun parle de cette affaire selon son sens; le mien est que l'on ne lui veut point faire de mal, mais l'empêcher d'en faire. Quel sera l'état des choses par deçà, je ne le puis deviner. Deux ou trois jours de temps nous y donneront quelque lumière; pour moi, je crois ce que j'ai toujours cru, qu'il y auroit de la peur, et point de mal : tant y a que l'on y a apporté force prévoyances. M. le maréchal de Bois-Dauphin est demeuré, avec environ dix mille hommes de pied françois, et quinze cents Suisses, quatorze cents chevaux, et six cents carabins; on lui a aussi laissé du canon, des balles, et des poudres, et de l'argent pour ce qui sera nécessaire. M. de Praslin demeure avec lui : il y eut quelque contestation avant que l'y faire résoudre; mais enfin il a fait ce que Leurs Majestés ont voulu. Mme de Guise accoucha d'une fille[3] le jour de la mi-août; la Reine en sera la marrine, s'en étant priée

Lettre 193. — 1. Au lieu d'*écrit*, Malherbe avait d'abord mis *dira*.

2. Nicolas Lejay, baron de Tilly, président aux enquêtes (1613), président à mortier (1630), puis premier président au parlement de Paris de 1630 à 1640. Il était partisan du prince de Condé, et ayant refusé de suivre la cour dans le voyage de Bordeaux, il fut, au moment du départ, enlevé, mis dans un carrosse, et conduit à la suite du Roi à Amboise, où il resta prisonnier. — Voyez le *Mercure*, 1615, tome IV, p. 207.

3. Marie de Lorraine, duchesse de Guise et de Joyeuse, morte sans alliance, le 3 mars 1688. — Les mots *d'une fille* ont été ajoutés dans l'interligne.

elle-même[4], combien que ce fût l'intention du père et de la mère. Sa Majesté dit qu'elle avoit apporté son nom en naissant, et que puisqu'elle étoit née en un jour[5] dédié à la Vierge, il falloit qu'elle s'appelât Marie. Je fus lundi voir Mme la princesse de Conty, et fus longtemps seul à la ruelle, pource que l'heure des visites n'étoit pas[6] encore venue. Nous tombâmes sur le discours des affaires du temps, et particulièrement sur les plaintes que font les princes absents ; je lui dis que tout le monde donnoit sa voix à 107[7], et que 59[8] et elle devoient prendre cette occasion pour obliger une personne qui auroit un jour moyen de les servir, et que[9] le faisant elle obligeroit toute la France, pour le mérite et la probité du personnage. Elle me répondit : « Est-il bien homme de bien ? » Jugez ce que je lui répliquai ; et lors elle me dit : « Mais je crois qu'il seroit bien difficile. » Je lui répondis qu'aux choses injustes il ne faudroit rien espérer de lui, mais que sans faire injustice il se présenteroit des occasions où l'on se pourroit prévaloir de son amitié[10] ; j'y

1615

4. Malherbe avait d'abord écrit : « s'y en étant priée elle-même. »

5. *En un jour* a été substitué à *le jour*.

6. Devant *pas*, le manuscrit porte *point*, biffé.

7. Peiresc a écrit au-dessus de la ligne : « M. du V. » — Guillaume du Vair fut garde des sceaux de mai à novembre 1616, puis de 1617 jusqu'à sa mort, arrivée le 3 août 1621. C'est peut-être de la princesse de Conty ou de son frère que du Vair veut parler dans une lettre écrite en janvier 1616 à Villeroy ; il lui annonce avoir reçu « une lettre d'une personne de grande qualité et qui, dit-il, me témoigne beaucoup d'amitié, avec un billet dedans par lequel elle me faisoit entendre qu'elle avoit reconnu que la Reine me desiroit en une charge qu'elle me marquoit, m'avertissant de penser à la réponse. » (*Collection Godefroy*, portefeuille 268.) — Voyez plus loin, p. 548, note 6.

8. M. de Guise.

9. Au lieu de *que*, Malherbe avait d'abord mis *qu'en*.

10. Devant *j'y ajoutai*, le manuscrit porte : *et que* ; à la ligne suivante, *est* a été substitué à *sera*.

1615 ajoutai qu'être facile à un homme qui est en cette charge n'est autre chose qu'être ignorant ou méchant. Elle me dit qu'il étoit vrai, et qu'elle seroit très-aise que cela fût, et que de son côté elle y apporteroit ce qu'elle pourroit Nous mîmes alors sur le tapis ceux qui y pouvoient prétendre, qui ne se trouvent point à son goût. On croit que 65[11] baillera volontiers cette victime[12] à l'accommodement des affaires. Je sais bien que vous avez en ceci le même desir que j'ai, et peut-être vous pourrez-vous résoudre à prendre une charge de maître des requêtes, pour ne vous séparer point d'une personne qui vous est si chère. Dieu inspire la Reine à faire une bonne élection! elle est sage en toutes choses, il faut croire qu'elle le sera encore en celle-ci. Adieu, Monsieur : si ce n'est ici la dernière lettre que je vous écrirai cette année, je pense qu'elle sera la pénultième, et que vous verrez bientôt votre serviteur très-humble et très-affectionné,

MALHERBE.

Mme de Nevers va au voyage, avec charge d'aller recevoir la Reine qui vient, dont l'on m'a dit qu'elle a brevet. M. de Nevers, à mon avis, ne bougera de Nevers; Je crois vous en avoir dit l'occasion par ma dernière. 74[13], à ce que m'a dit un qui le croit bien savoir, fait compte de s'en aller à Montferrat[14], et de là prendre le chemin de Bayonne, pour être auprès de la Reine, et l'accompagner à Bordeaux, où, pour sa qualité, elle se trouvera indubitablement la première, et ainsi rendra

11. Le maréchal d'Ancre.

12. Le chancelier Nicolas Brûlart, marquis de Sillery, fut en effet, l'année suivante, destitué et remplacé par du Vair.

13. La comtesse de Soissons.

14. En Dauphiné.

à 78[16] sa commission inutile. Le même m'a dit que Mme de Longueville sera de la partie. 1615

194. — A Paris, ce 19e d'août.

MONSIEUR, ce petit mot est seulement pour garder la coutume que j'ai de ne voir partir personne sans vous écrire, et pour vous faire tenir une harangue de Monsieur de Saint-Victor[1] qu'il m'a fait cette faveur de me donner. Je ne vous en dirai rien : vous y voyez assez clair. Le jeune séculier, présenté par un hérétique, dont il parle[2] est un nommé M. Malamy ; par l'hérétique il veut dire M. des Diguières, qui écrivit fort chaudement en sa recommandation. Il me semble bien qu'un grand personnage ne méritoit point une marque si odieuse. Toutefois je n'oserois mettre ma censure à ce qui part de mon archevêque futur[3], de peur qu'à son tour il ne me fît quelque jour sentir la sienne. Adieu, Monsieur : tenez-moi en vos bonnes grâces et en celles de Monsieur notre premier président. Si les choses continuent au train qu'elles prennent, comme elles feront à mon avis, vous le verrez au lieu où il est desiré de tout ce qu'il y a de gens de bien. M. de Valavez chiffre mieux que moi, ce sera à lui à vous en dire davantage.

Votre serviteur aussi affectionné qu'obligé.

15. Mme de Nevers.

LETTRE 194. — 1. François de Harlay de Chanvallon, abbé de Saint-Victor, archevêque de Rouen du 8 octobre 1615 à 1651.

2. *Dont il parle* a été ajouté après coup, ainsi que six lignes plus loin les mots *quelque jour*, et quatre lignes après *au lieu*.

3. Malherbe fait allusion à l'espérance qu'il avait d'obtenir une pension sur l'archevêché de Rouen, pour lequel l'abbé de Saint-Victor était désigné. Voyez les lettres 197 et 199, p. 526 et 531.

1615

195. — A Paris, ce 23e d'août.

Monsieur, je fus hier dire adieu à M. de Valavez, qui devoit partir ce matin avec M. de la Forest[1]. Le Roi va si vite qu'il est temps de partir à qui a envie de l'atteindre par les chemins. Jusques ici Leurs Majestés n'ont trouvé qu'obéissance en leur voyage : il n'en faut pas espérer autre chose au reste. Tout est calme partout; en Picardie seulement il y a quelque bruit : je dis bruit, car de dire guerre, je n'y vois rien qui mérite un nom si relevé. L'armée du Roi sera dans dix ou douze jours aux champs; elle sera de dix mille hommes de pied françois, quinze cents Suisses, quatorze cents chevaux, et six cents carabins : sitôt que cela sera ensemble, on marchera vers eux. Pour moi, je vois bien que cette brouillerie sera encore plus ridicule que celle de Mézières. Monsieur le Prince, à ce que l'on dit, est allé à Sedan; je crois qu'il ne voit guère de sûreté ailleurs que là, et encore Spinola est aux terres de Luxembourg, avec dix ou douze mille hommes de pied, autant de canons, et douze cents chevaux : ce qui n'est pas sans faire penser à soi M. du Bouillon. Le Roi va aujourd'hui à Amboise, et la Reine à Chenonceau, où M. de Vendôme la traite. Je vous envoye une lettre du P. Fronton[2], et cinq copies de la harangue de vos députés : tout cela m'a été baillé par M. de Valavez. Adieu, Monsieur : je ne suis pas en lieu de nouvelles pour vous en pouvoir dire davantage. Je suis votre plus humble et plus affectionné serviteur,

Malherbe.

Au dernier voyage que vous fîtes en cette ville, vous

Lettre 195. — 1. De la maison de Requistons, en Provence.

2. Fronton du Duc, jésuite, érudit et théologien, né à Bordeaux en 1558, mort à Paris le 25 septembre 1624.

m'aviez baillé à garder une caisse[3], qui fut ouverte, lorsque je fus volé, il y a tantôt deux mois. Je ne vous puis dire ce qui y fut pris, pource que je ne sais ce qu'il y avoit. Je l'envoyai il y a cinq ou six jours à M. de Valavez, pource que, étant sur le point de m'en aller en Provence, j'ai pensé ne pouvoir laisser ce qui est à vous en meilleures mains que les siennes. Je crois que vous le trouverez bon. Pour les cent soixante livres que vous avez baillées à ma femme, il y a longtemps que je les ai rendues au sieur Cramoisy, suivant ce que vous m'en aviez mandé. 1615

196. — A Paris, ce 5e de [septembre[1]].

Monsieur, je vous ai déjà protesté que je n'étois plus ni de la cour ni du monde, et que par conséquent vous ne deviez plus attendre de nouvelles de moi. D'ailleurs[2] nous n'avons ici que de faux bruits des affaires de Picardie : voilà pourquoi je ferois conscience de vous en écrire ; vous oyez assez de mensonges d'ailleurs, sans que j'y ajoute les miennes. On dit que Monsieur le Prince a fait quelque revue de ses troupes à Montcornet[3] ; mais de leur nombre, c'est de quoi l'on n'est pas d'accord : ceux qui disent le moins lui donnent deux[4] mille hommes de pied, et sept ou huit cents chevaux ; ceux qui disent le plus lui baillent cinq ou six mille hommes de pied, et de

3. Voyez plus haut, lettre 106, p. 263. — Au lieu de *baillé à garder*, Malherbe avait mis d'abord *envoyé*.

Lettre 196. — 1. Malherbe avait écrit : « 5e d'août » par inadvertance. Cette date a été corrigée par Peiresc, qui, après avoir mis au dos 5e *août*, comme Malherbe, a effacé *août*, pour y substituer *septembre*.

2. *D'ailleurs* a été ajouté en interligne.

3. A sept lieues nord-est de Laon.

4. *Deux* a été ajouté au-dessus de la ligne.

1615 mille à douze cents chevaux. Un nommé Fresque, qui est au maréchal d'Ancre, passant par ici, il y a trois jours, pour s'en aller à la cour, dit que M. de Longueville pouvoit avoir à Corbie cinq cents arquebusiers, et cent ou six vingts chevaux; et Monsieur le Prince mille ou douze cents hommes de pied, et de cinq à six cents chevaux : certainement ils ne peuvent avoir grand'chose. Je vis hier entre les mains d'une dame une lettre d'un de ses amis qui lui mandoit qu'il levoit un régiment pour eux, et qu'il purgeroit ses terres de tout ce qu'elle y auroit de gens inutiles et mauvais garçons, et que dans peu de jours il les mèneroit à un lieu où il feroit bien chaud. Je ne puis deviner ce qu'il veut dire, si ce n'est à la citadelle d'Amiens[5]; mais si c'est là, je ne crois pas que ce soit avec effet. Il y a trois jours qu'un homme que Mme la maréchale d'Ancre envoyoit à son mari pour lui donner de ses nouvelles et avoir des siennes, fut pris par les chemins et mené à M. de Longueville, qui lui fit faire fort bonne chère, et aussitôt le renvoya à M. le maréchal d'Ancre, et lui manda qu'en leur parti ils étoient plus courtois que nous n'étions au nôtre. Du côté de Poitiers, j'ai vu une lettre que[6] M. le marquis de Rambouillet écrit à Madame sa femme, et lui mande que Leurs Majestés y étoient arrivées[7] le jour précédent, qui devoit être dimanche ou lundi dernier, et qu'ils y feroient quelque séjour, tant pour laisser reposer les soldats du régiment et autres, que pour laisser remettre les chevaux de carrosse et chariots, qui étoient

5. Au lieu des mots : « si ce n'est, etc., » Malherbe avait mis d'abord : « je me doute que c'est à Amiens. »

6. L'autographe n'a pas *que*, mais *de*, à la suite de *qui*, biffé.

7. Malherbe avait d'abord voulu écrire : « que Leurs Majestés étoient arrivées à Poitiers. » Trois lignes plus loin, devant *soldats*, le manuscrit porte le mot *personnes*, effacé.

merveilleusement travaillés. A cette cause il y en ajouta
une autre, que Madame se trouvoit indisposée d'un petit 1615
dévoiement, et que la Reine prendroit ce temps pour se purger, d'autant qu'elle étoit plus galeuse que lorsqu'elle partit. Il y a eu quelque brouillerie entre M. de Sully et M. le comte de la Rochefoucauld pour un logis; mais je crois que M. de Sully s'est trouvé n'avoir point de raison, d'autant que M. le comte de la Rochefoucauld l'avoit loué il y avoit longtemps, comme lieutenant de Roi de la province, et que par conséquent il n'y falloit point de craie. Voilà tout ce que je sais. Vous recevrez en ce paquet trois livrets qui sont sortis au jour depuis le partement de Leurs Majestés : ils ne valent pas mieux que les autres. J'oubliois à vous dire que M. de Luynes[8] a eu l'abbaye de Fécamp, de la dépouille du cardinal de Joyeuse. L'on tient M. le prince de Joinville marié avec Mme la maréchale de Fervaques[9]. Je me trouvai hier en une compagnie où quelqu'un dit que quand elle parloit de lui, elle disoit Monsieur mon mari. Je faisois compte d'avoir l'honneur de le voir aujourd'hui pour le savoir de sa bouche; mais un petit dévoiement d'estomac m'a fait garder le logis, et m'a gardé de recouvrer un petit livret nommé *Martin l'Ane*[10], qui est d'hier ou d'aujourd'hui seulement, dont[11] je vous eusse fait part comme des autres. Adieu, Monsieur: je suis de tout mon cœur votre serviteur très-humble et très-affectionné,

MALHERBE.

Si sans vous incommoder vous pouvez bailler cent écus

8. Charles d'Albert, duc de Luynes, connétable, né en 1578, mort le 15 décembre 1621.

9. Anne d'Alègre. Elle resta veuve.

10. *Martin l'Ane aux Parisiens, salut*, 8 pages in-8°.

11. Devant *dont*, il y a *ce*, effacé.

1615 à ma femme, vous m'obligerez extrêmement, et je les laisserai avant que de partir ou à M. Cramoisy ou à tel autre que vous me manderez.

---

197. — A Paris, ce 6e de [novembre[1]].

MONSIEUR, ce ne seroit jamais fait de vous remercier. Vous avez, par les obligations précédentes, épuisé tout ce que je savois d'honnêtetés, tellement que je ne saurois plus vous rien dire de nouveau; et de vous répéter des choses que si souvent je vous ai dites, ce seroit trop indiscrètement abuser de votre patience. J'attends le succès de l'affaire de la pension, qui dépend entièrement de M. de Valavez[2]. Il me mande que la Reine m'a accordé ce que Mme la princesse de Conty lui demanda pour moi, et qu'elle en avoit demandé un mémoire pour s'en souvenir. La lettre étoit du jour du mariage[3], en laquelle il remettoit la poursuite de l'affaire après la cérémonie : depuis je n'en ai point ouï parler. Je lui écris présentement pour le prier de me mander librement ce qui s'en doit espérer. Je ne suis pas bien prompt à me promettre du bien; voilà pourquoi je démords fort aisément l'opinion des bons succès, quelque apparence qu'ils ayent[4]. M. de Valavez est au lieu des nouvelles, vous les devez espérer de lui : pour moi, je ne vous puis rien dire de deçà, que

LETTRE 197. — 1. Malherbe s'est encore trompé en datant du 6 octobre cette lettre, qui est du 6 novembre, comme le prouvent, outre les faits qu'elle contient, la date qu'il a mise lui-même à un des post-scriptums, et la cote de Peiresc.

2. Voyez plus haut, lettre 194, p. 521, note 3.

3. Le 18 octobre. — Malherbe a substitué *du jour* à *de la veille*.

4. Il y avait d'abord : « quelque apparence qu'il y aye ; » et ensuite *Il*, au lieu de *M. de Valavez*. Sept lignes plus loin, *cet exploit* est une correction qui a remplacé *son siége*.

la prise d'un petit lieu qui s'appelle Clermont, qui tenoit pour Monsieur le Prince. M. le maréchal d'Ancre a fait ce siége, et, samedi dernier, s'en vint en cette ville, accompagné de M. le marquis de Portes, qui lui a aidé à faire cet exploit; il y a été jusques à hier. Le sujet de son voyage étoit de venir voir Monseigneur, et d'offrir, comme il a fait, à Messieurs de Paris, sa nouvelle conquête; ce qu'il fit en la présence de M. de Liancourt, leur gouverneur, avec force belles paroles, remerciant Dieu d'avoir béni ses armes en une occasion où il y eût moyen de les servir. Mais M. de Liancourt lui répondit que c'étoit au Roi que les places prises par ses lieutenants avoient accoutumé d'être remises, et qu'il en falloit attendre l'intention de Sa Majesté. Vous avez peut-être su qu'un maître des comptes, nommé les Forges, avoit été pris avec quelques autres, il y a environ trois semaines, en allant à Piquepus[5], et mené à Soissons. Je viens d'apprendre de la sœur du président de Soissons que lui et cinq autres prisonniers étoient revenus hier au soir, et que son frère avoit prêté sa carrosse pour les ramener, sans avoir payé aucune rançon, avec cette condition, qui, si elle est véritable, est ridicule, que si le Roi à son retour les jugeoit de bonne prise, ils payeroient rançon. Cet exemple fera que les chemins seront plus libres qu'ils ne sont depuis cinq ou six semaines; car puisque l'on ne paye point de rançon, il n'y a plus d'apparence de prendre des prisonniers. Tout le danger qu'il y a, ce[6] sera la rencontre des voleurs. J'ai bien un passe-port fort favorable; mais la sûreté n'en est pas si grande qu'avec tout cela il ne reste occasion d'avoir peur. Il se faudra remettre à la

1615

5. Peut-être Picpus, près de Limours. — Les mots : « et mené à Soissons, » ont été ajoutés après coup.

6. *Ce* a été ajouté au-dessus de la ligne.

1615 garde de Dieu. Je reçus il y a cinq ou six jours un état de notre armée qui me fut envoyé par un ami. Je le vous envoye pour tenir lieu de quelques nouvelles, sans lesquelles il semble qu'en cette saison les lettres ne puissent avoir bonne grâce. Adieu, Monsieur : Dieu vous tienne en sa sainte garde! et vous, s'il vous plaît, aimez-moi comme de coutume.

Votre serviteur très-humble et très-obligé,

MALHERBE.

M. Gaillart[7] est parti depuis deux à trois jours, à ce que l'on m'a dit. Il y a environ trois semaines que je le fus prier de prendre de moi deux cents écus, et les faire rendre en Provence à ma femme; mais il me dit qu'il ne le pouvoit faire. J'aurai donc recours à M. Roux, sur la confiance que vous me donnez qu'il me fera cette courtoisie. Si j'eusse su le partement de M. Gaillart, je vous eusse écrit par lui. Ce paquet ira à Bordeaux pour aller à Aix; le chemin est long, mais c'est aujourd'hui la seule commodité que j'aye. Adieu, encore un coup, Monsieur : je vous baise très-humblement les mains, et à Monsieur le premier président.

De Paris, ce 6e de novembre.

J'oubliois à vous dire la mort du marquis du Resnel. Il étoit allé pour lever quelques logis aux reîtres de Monsieur le Prince, qui étoient demeurés derrière; mais ayant fait donner son lieutenant en un village un peu devant

7. Il y a deux familles du nom de Gaillart dans *l'État de la Provence* par Robert (tome II, p. 106-111). Nous croyons que le personnage dont parle Malherbe est Joseph Gaillard, conseiller à la cour des comptes d'Aix (1622), ou son père Jean, mort vers 1624. — La famille Roux a aussi sa généalogie dans Robert.

1615

qu'il donnât à l'autre, ceux qui fuyoient de ce premier lieu donnèrent l'alarme aux autres, de sorte que le marquis de Resnel les trouva à cheval, et fut tué lui et un autre des siens[8]. Il est vrai que le corps de cet autre ne se trouve point, tellement que l'on ne sait ce qu'il est devenu. Mme la marquise de Resnel[9] est ici, fort affligée : aussi est-ce un grand malheur que n'y ayant eu qu'un homme tué, le sort soit tombé sur son mari.

Je vous remercie de votre arrêt; il est comme je les aime, aussi est-il fait par des gens de bien.

« L'armée du Roi commandée par le maréchal de Bois-Dauphin, général; M. de Praslin, maréchal de camp; M. d'Escure, aide de maréchal de camp; M. du Plessis, sergent de bataille; M. de Fouiou, maréchal des logis de l'armée; M. de Reffuge, pour le conseil et pour les finances, ordonné avec Monsieur le maréchal.

Compagnies de gendarmes :

Celle de Monsieur, frère du Roi;
Celle de la Reine;
Celle de M. de Lorraine;
Celle de M. de Vaudemont;
Celle de Monsieur le maréchal;
Celle de M. de Montbazon;
Celle de M. de la Châtre.

Compagnies de chevaux légers :

Celle du Roi, commandée par M. de Coutenant;
Celle de M. de Nevers;
Celle du prince de Joinville;
Celle du marquis de Sablé;
Celle de M. de Vitry;
Celle de M. de Montglas;
Celle de M. de Nangy;
Celle de M. de Bussy d'Amboise;
Celle de M. Zamet.

Compagnies de carabins :

Celle de M. de Gié;
Celle de M. de Montalan;
Celle de M. de la Haye;
Celle de M. de Vitry.

8. Le 3 novembre.
9. Anne Lallemant, fille de Jean, seigneur de Marmaignes.

1615 Les quatre vieux régiments de seize compagnies :

Navarre ;

Picardie ;

Piémont ;

Champagne ;

Le régiment des Suisses de neuf compagnies, qui font nombre de quinze cents hommes, gardant le canon, qui est de deux gros canons, deux coulevrines, deux bâtardes menées par M. de Boor, et les Suisses commandés par M. de Bassompierre, le colonel Galatis et autres capitaines.

Les régiments de dix compagnies :

Bourg ;

Chappes ;

Rambure ;

Vaubecourt ;

Boniface.

« L'état auquel est à présent l'armée du Roi, ce 24e octobre, commandée par M. le maréchal de Bois-Dauphin comme général de ladite armée. »

---

198. — De Paris, le 15e novembre[1].

Monsieur, vous n'avez pas souvent de mes lettres, pource que nous avons faute de commodités. J'attendois toujours la réponse de M. de Valavez sur l'affaire de la pension, dont vous avez pris la peine de lui écrire, pour m'en aller en Provence ; mais je crois qu'il soit allé à Bayonne avec M. de Guise, ou que s'il est demeuré, il n'a rien pu avancer. Quoi qu'il en soit, il faut vouloir ce que Dieu veut. Ce qui me garde de partir est quelque petite affaire que j'achèverai, Dieu aidant, au premier jour ; et cela fait, quelques dangers qu'il y ait sur les chemins, j'en courrai la fortune, et me remettrai à ce qu'il plaira à Dieu en ordonner ; car c'est un voyage à quoi je suis du tout résolu, et dont j'attends l'heure avec impatience. Puisque

Lettre 198. — 1. Le manuscrit porte cette date, mais elle n'est point écrite de la main de Malherbe.

je n'ai point de nouvelles à vous écrire, je vous envoyerai en conséquence deux ou trois pièces que vous serez bien aise de voir, encore que véritablement ce ne soit rien; mais je connois votre curiosité, et n'ayant autre moyen de vous servir, je suis bien aise de la pouvoir contenter en quelque chose. Je vous baise bien humblement les mains, et suis, Monsieur, votre très-humble serviteur. 1615

199. — A Paris, ce 28e de novembre.

Monsieur, je n'ai point été trompé de l'affaire de la pension[1] : là où il y a un coadjuteur, il n'y a point de lieu de rien espérer. J'espère vous voir bientôt : cela et la faute de nouvelles me gardera de vous entretenir plus longtemps. Je viens de voir un homme de mes amis qui a été à la poste exprès pour apprendre quelque chose; mais le maître du logis lui a dit que depuis le 14e de ce mois il n'étoit venu personne. M. le maréchal de Bois-Dauphin avoit écrit du 22e à Monsieur le premier président que dans trois jours il contraindroit Monsieur le Prince ou de tourner le dos ou de donner bataille; mais nous n'oyons jusqu'ici dire ni l'un ni l'autre. Il y a huit ou dix jours que le sieur de Riberpré a été chassé de Corbie par un nommé Hélincourt, qui y étoit en garnison avec quatre compagnies. La raison, on ne la sait point : le bruit est qu'il avoit intelligence avec le parti contraire; je n'y vois guère d'apparence par beaucoup d'occasions, et même ce qu'il s'est retiré à Soissons l'en semble assez justifier. J'ai regardé les *Centuries* sur le fait du quatrain[2]; à la

Lettre 199. — 1. Voyez la lettre 194, p. 521, note 3.

2. « Il s'agit du quatrain LV de la dixième centurie de Nostradamus. » (*Note de M. Bazin.*)

1615 segonde ligne il y a : *mais la fin malheureuse;* en la quatrième il y a bien *le Phybe*, comme au vôtre; mais je crois qu'il y a faute à l'un et à l'autre, et qu'il faut lire *l'Éphèbe*. Le prince d'Espagne a nom, comme je crois vous avoir écrit par ci-devant, Philippe-Domingue-Victor. Pour moi, depuis que j'ai vu la fausseté de la centurie qui promettoit morgues[3] à la France, je n'ai plus cru le centuriateur : tant y a qu'en ce quatrain il ne dit rien qui ne puisse être rejeté à une autre saison plus convenablement qu'à la nôtre. Dieu garde nos rois, et fasse tomber les malheurs du siècle sur autres têtes que sur celles qui nous sont si chères ! Je vous supplie, Monsieur, me tenir toujours aux bonnes grâces de Monsieur le premier président, comme son serviteur très-affectionné. Je ne doute point des vôtres, comme aussi ne crois-je pas que vous doutiez[4] de mon affection. J'ai suivi l'avis que vous m'avez donné de M. Gaillart, et ai baillé ce matin trois cents livres à M. Roux pour rendre à ma femme en Provence. Adieu, Monsieur : j'espère que les premières nouvelles que vous aurez de moi, j'en serai moi-même le porteur.

Votre serviteur très-humble et très-obligé.

Il y a ici dans la correspondance une assez longue interruption, suivie, après la lettre unique de 1617, d'une autre lacune plus longue encore. Malherbe se rendit à la fin de 1615 ou au commencement de 1616 en Provence, d'où il repartit le 19 avril, avec Peiresc et du Vair, qui venait d'être nommé garde des sceaux. Peiresc resta jusqu'en 1623 à Paris, d'où il ne s'éloigna guère, tandis que Malherbe fit deux voyages en Normandie et en Provence. C'est à ces deux absences que nous devons les lettres des années 1621 et 1622.

3. *Morgue*, outrage, malheur.
4. *Que vous doutiez* a été ajouté dans l'interligne.

200. — A Paris, ce dimanche 25e de juin[1]. 1617

Monsieur, vous êtes le premier qui m'avez donné des nouvelles du succès de mon affaire de Toulon[2]. Il y a longtemps que je sais votre soin à obliger vos amis. Tout le monde n'y va pas de même pied que vous. Je vous en remercie de tout mon cœur, et desire qu'en une meilleure occasion je vous puisse témoigner la même diligence. La favorable expédition que j'en ai eue a bien été ma première joie; mais la plus grande a été la confirmation que j'y vois[3] de la bienveillance de Monseigneur le garde des sceaux[4]. S'il m'en vient quelque chose, je ne le tiendrai d'autre que de lui, comme certainement son appui est la seule considération qui me tient à la cour. Dieu me fera, s'il lui plaît, la grâce que devant que je prenne le dernier congé des Muses, je ferai[5] quelque ouvrage qui me déchargera, non de ce que je lui dois, car il y auroit de la présomption de l'espérer, mais du blâme d'ingratitude que je mériterois infailliblement si je ne disois rien d'une vertu si grande et que j'ai eu l'honneur de connoître de si près. Pour les lettres patentes qu'il me faut avoir en

Lettre 200. — 1. Peiresc était alors avec du Vair à Fontainebleau; car à la cour comme en Provence il vécut dans la plus grande intimité avec du Vair, et il recueillit sous le titre d'*Anecdotes de l'histoire de France, tirées de la bouche de M. du Vair et autres*, une série de faits curieux qui ont été publiés à la suite des *Mémoires de Marguerite de Valois* (édition de la Bibliothèque elzévirienne). Il y est question de Malherbe aux pages 316 et suivantes.

2. La concession de terrain dans l'enceinte du port de Toulon. Voyez tome I, *Notice biographique*, p. XXVI.

3. *Que j'y vois* a été substitué à *que j'y ai eue*. Deux lignes plus loin, Malherbe avait d'abord écrit : « son seul appui. »

4. Du Vair.

5. Il y a diverses corrections dans cette ligne et les deux suivantes, qui étaient d'abord ainsi rédigées : « je fasse quelque ouvrage qui me décharge en quelque manière, non de ce que j'ai sur le cœur.... mais de l'opinion d'ingratitude, etc. »

1617 conséquence de cet arrêt, je n'ose vous en importuner; mais s'il vous plaît en solliciter M. Salomon, qui a acheminé l'affaire là où elle est, vous m'obligerez infiniment. Il faudra, s'il vous plaît, que ce soit M. de Pisieux qui les expédie, et non autre, pour une occasion que je vous dirai à notre première vue. Cela vient assez à propos, pource qu'il est en mois, et que c'est lui qui fit la réponse de mon placet. Pour la Conchine, je crois que vous aurez loisir de la voir en ses beaux atours, car à ce que m'ont dit des gens[6] qui le doivent bien savoir, la chose ira jusques à samedi[7].

Je baillai hier moi-même votre lettre à M. Servin. Il avoit pris médecine, ce qui me donna loisir de l'entretenir deux heures. Aussi fut-ce là que j'appris des nouvelles de cette affaire. Il me dit qu'il ne vous écrivoit point et que vous auriez entendu de M. de Modène[8] tout ce qu'il vous en pouvoit mander. Je reçus hier sur le midi votre papier et m'étonnai qu'étant recommandé comme il étoit, il fût demeuré si longtemps par les chemins; cela m'a fait douter de vous répondre par la voie de la poste, que je voyois si mal assurée; d'ailleurs ayant eu l'honneur de dîner avec Mme Aleaume, à laquelle j'avois baillé votre lettre dès hier, j'ai appris d'elle que Monseigneur le garde des sceaux avoit écrit à M. Ribier

6. Malherbe avait commencé par écrire : « à ce que j'appris hier de gens; » puis il avait remplacé *j'appris de gens* par *me dirent des gens;* à la fin il a changé *me dirent* en *m'ont dit.* — Six lignes plus loin, *entendu* a été substitué à *appris.*

7. La plaisanterie est cruelle : la maréchale d'Ancre fut suppliciée le 8 juillet.

8. François de Raimond de Mormoiron, baron de Modène, d'une famille du Comtat-Venaissin. Parent du duc de Luynes, il fut chargé de diverses négociations en Italie, devint conseiller d'État (1617), membre du conseil des finances (1620) et grand prévôt de France. Il fut disgracié à la mort du connétable.

que mardi prochain il partiroit de Fontainebleau. Toutefois enfin je m'y suis résolu, afin que vous fussiez servi à votre gré. Je vous envoye les lettres qui avoient été adressées par M. de la Guillaume chez M. Ribier. Elles étoient entre les mains de Mme Aleaume, qui faisoit difficulté de les vous envoyer, sur le bruit que la cour seroit ici au premier jour. Elles sont dans ce paquet. Si vous le recevez, vous les recevrez aussi. Mme Aleaume croit qu'elles viennent de M. de Riez [9], et pour cette opinion [10] avec la considération que je vous ai dite, elle ne s'étoit point hâtée de les vous envoyer. C'est, Monsieur, tout ce que j'ai à vous dire. Si vous voyez M. de Racan [11], vous lui direz, s'il vous plaît, qu'il ne s'en aille pas chez lui, sans voir un spectacle qui vaut bien que l'on vienne du bout de la France pour le voir [12]. 1617

Adieu, Monsieur : je vous baise bien humblement les mains, et suis votre très-humble et très-obligé serviteur.

---

201. — A Caen, ce 8e de juin. 1621

MONSIEUR, il y a cinq ou six jours que je reçus par votre moyen une lettre de M. d'Agut, dont je vous remercie et vous supplie très-humblement que me continuant cette même affection, vous preniez le soin [1] de me faire tenir les lettres qui me viendront de Provence. Je suis honteux et

9. Guillaume Aleaume, évêque de Riez.

10. Devant *opinion*, le manuscrit porte les deux premières syllabes du mot *assur*[*ance*], biffées.

11. Le poëte Racan, dont il a été parlé souvent et longuement dans le premier volume.

12. Voyez plus haut, note 7.

LETTRE 201. — 1. *Le soin* a été substitué à *la peine;* et, cinq lignes plus loin, *pour* à *de*.

1621 fâché tout ensemble de vous donner cette peine ; mais je vous ai déjà tant d'autres obligations, que je ne puis douter de votre bonne volonté. Si, après l'avoir si souvent essayée, je pouvois être assez heureux pour vous donner quelque témoignage de la mienne, ce me seroit une satisfaction que[2] je tiendrois pour l'une des plus grandes grâces que la fortune me sauroit faire. Il me souviendra de la commission que vous m'avez donnée; et croyez que s'il s'y peut rien faire, que je ferai que vous en serez content. Je n'ose vous demander des nouvelles, pource que je suis en lieu où je ne vous saurois rendre la pareille; mais ce seroit bien à cette heure une des principales faveurs que je saurois recevoir de vous : nous en sommes ici fort affamés, principalement en l'absence de M. le marquis de Mauny[3]. Ne craignez point, s'il vous plaît, quand vous prendrez la peine de m'écrire, de charger les lettres de port, afin que les porteurs soient plus curieux de les rendre. Adieu, Monsieur : aimez-moi toujours comme celui qui toujours est et sera votre serviteur très-humble et très-affectionné.

---

202. — A Caen, ce 17e de juin.

Monsieur, je reçus, il y a trois ou quatre jours, vos lettres, et avec elles un paquet de Provence, que vous avez pris la peine de m'adresser; je vous en remercie très-humblement, mais[1] avec un regret extrême que je n'en puisse prendre aucune revanche : ce sera quand il

2. Après *que*, l'autographe porte les mots : « j'égalerois à la, » effacés.

3. Gouverneur de Caen.

Lettre 202. — 1. Au lieu de *mais*, Malherbe avait d'abord écrit *et*.

plaira à Dieu m'en donner le moyen. M. le marquis de Mauny, qui est notre gouverneur, comme vous savez, m'a dit qu'il se souvient qu'en travaillant aux fossés de la citadelle d'Amiens, il s'y treuva un tombeau où il y avoit des fioles[2] de verre encore toutes pleines d'eau, desquelles il croit que M. de Riberpré pourroit donner des nouvelles. Je vous donne cet avis pour l'opinion que j'ai que ce soit chose digne de votre curiosité. Pour ce qui se treuvera de deçà, ne doutez point que je ne tâche de satisfaire à votre desir et à la promesse que je vous[3] ai faite; en cela, Monsieur, et en toute autre occasion, vous me treuverez toujours votre serviteur très-humble et très-obligé, 1621

MALHERBE.

Monsieur, avec mon impudence accoutumée, je vous supplie très-humblement de me continuer la faveur que vous m'avez faite de m'écrire des nouvelles. Je fis voir vos lettres à M. le marquis de Mauny, qui en fut extrêmement satisfait, pource qu'il n'en avoit point d'ailleurs, ou, s'il en avoit, elles n'étoient ni[4] si certaines ni si particulières que les vôtres.

---

203. — A Caen, ce 8e juillet.

MONSIEUR, j'ai reçu votre paquet, et connu en votre lettre, comme je fais en toutes, le soin que vous avez de me témoigner votre affection. La fortune ne me présente ici, non plus qu'ailleurs, ni l'occasion ni le moyen de

2. Malherbe avait d'abord mis *bouteilles*, qu'il a effacé pour y substituer *fioles*.
3. Après *vous*, le manuscrit porte le mot *en*, biffé.
4. Il y avait d'abord *pas*, qui a été effacé, et remplacé par *ni*.

1621 vous servir, dont j'ai un déplaisir extrême; mais au moins crois-je que vous ne doutez pas que je n'attende l'un et l'autre avec beaucoup de volonté. Je fus dîner, il y a quatre ou cinq jours, à l'abbaye de Saint-Étienne, où je vis la salle des armoiries, qui y paroissent encore assez; je ne m'en irai pas sans vous en porter un extrait. Je regardai de tous côtés si j'y verrois quelque chose digne d'être remarqué; mais le temps et la rage des premiers huguenots ont tellement délabré ce qu'il pouvoit y avoir, qu'il n'y est rien demeuré d'entier. Monsieur le prieur, qui prit la peine de m'accompagner partout, me montra en deux lieux le combat de Gris et Carrouges[1] : en tous deux ils sont représentés à cheval, et[2] en l'un la femme y est peinte debout du côté de son mari; mais tout est si effacé que cela ne se sait seulement que par ce que les religieux de temps en temps en ont ouï de leurs prédécesseurs. Les armes qui étoient aux banderoles de leurs lances y paroissent aucunement; celles de Carrouges sont d'une maison de Carrouges qui étoit alors en ce pays, et qui y est aujourd'hui éteinte. Pour la terre de Carrouges, elle est au comte de Tillières[3], dont le surnom est *le Veneur*, qui est ambassadeur en Angleterre. Le même prieur m'a promis de me faire voir huit ou dix chartres qui leur sont demeurées du ravage qui fut fait en leur

Lettre 203. — 1. En 1386, un arrêt du parlement de Paris ordonna un combat judiciaire entre Carouges et Legris, le premier accusant le second d'avoir violé sa femme. Legris, qui avait toujours protesté de son innocence, fut tué. Quelques années après, le vrai coupable avoua son crime au lit de la mort. — Après *Carrouges*, le manuscrit porte ces mots, biffés : « pour en l'un ils sont. »

2. *Et* a été substitué à *mais;* à l'avant-dernière ligne de cette page, les mots « en l'année 1562 » ont été ajoutés après coup.

3. Tanneguy le Veneur, comte de Tillières et de Carouges, mort en 1652. On vient de publier ses mémoires. Paris, Didot, in-18.

maison en l'année 1562; quand je les aurai vues, je vous 1621
avertirai de ce qu'elles contiennent, afin que vous me mandiez celles[4] que vous desirerez. Je vous remercie bien humblement de vos nouvelles; j'en ai fait part à M. le marquis de Mauny, notre gouverneur, qui en a été très-aise, car il n'est guère plus particulièrement averti que les autres. Je n'oserois vous prier de continuer, de peur de vous trop importuner; vous m'obligerez assez si vous continuez de m'aimer, et me conservez, Monsieur, en vos bonnes grâces, comme votre serviteur plus humble et plus affectionné.

---

204. — A Caen, ce 21e juillet[1].

Monsieur, j'ai reçu vos nouvelles avec le contentement que je devois, pource qu'elles viennent d'un bon auteur, et qu'elles m'assurent du bon succès des affaires du Roi, qui est toujours une des principales passions des gens de bien, même en une cause si juste comme celle qui est aujourd'hui sur le tapis. Je voudrois bien pouvoir prendre quelque revanche de tant de faveurs; mais que peut une fortune stérile comme la mienne, et en un lieu écarté comme celui où je suis? J'attendrai le changement de l'un et de l'autre. Cependant je vous envoye un petit extrait[2] que j'ai fait d'un cahier en parchemin que Messieurs les religieux de cette abbaye de Saint-Étienne m'ont fait voir.

4. *Celles* a été substitué à *ce;* à la ligne suivante : « j'en ai fait, » à « je fais. »

Lettre 204. — 1. Cette lettre, dans l'édition de Blaise, avait été imprimée parmi les lettres de l'année 1611 avec la date du 21 août.

2. L'extrait latin dont parle ici Malherbe, et que nous donnons à la suite de cette lettre, se trouve rapporté en entier dans la *Neustria pia*, publiée par Arthur du Monstier, MDCLXXIII, in-f°, p. 339 et 640.

1621 Ce qui m'y a semblé de meilleur est ce que je vous envoye ; le reste ne sont que donations qui leur ont été faites. J'ai aussi entre mes mains deux cahiers en parchemin dont le titre est : *Incipiunt epistolæ Lamfranci Dorobernensis archiepiscopi*[3] ; mais il n'y a que huit feuillets en l'un, et quatorze en l'autre. Si vous desirez les[4] voir, je le vous envoyerai ; sinon, je le leur rendrai. Je suis très-marri que je n'aye quelque chose de plus digne, et qui donne plus de prétexte à mes importunités ; mais, s'il vous plaît, vous m'excuserez avec la même courtoisie dont vous m'obligez. Bonjour, Monsieur.

Votre serviteur très-humble et très-affectionné,

MALHERBE.

Je vous supplie, Monsieur, m'apprendre que c'est que l'affaire de M. Arnout[5].

Eo tempore quo genti Normannorum comes Wilhelmus præerat, qui et Anglos postmodum suo subjugavit imperio, princeps idem, sancta devotione præventus, ecclesiam perpulchram et peramplam in honore Beati protomartyris Stephani, in loco qui Cadomus dicitur, construi fecit. Qua ex parte decenter constructa, virum valde scientia imbutum, nomine Lamfrancum, de prioratu Becci, ad hoc opus perficiendum accepit, et eum ecclesiæ quam construebat abbatem præfecit. Sed cum non multo post comes idem Angliam sibi armis subjugasset, abba-

3. Lanfranc, archevêque de Cantorbéry (1070), mort en 1089. Ses œuvres, qui comprennent, entre autres choses, un livre de lettres, ont été publiées par d'Achery en 1648.

4. Malherbe avait d'abord mis *le*, qu'il a ensuite corrigé en *les*.

5. Le P. Arnoux, jésuite, confesseur du Roi, fut renvoyé de la cour par l'influence du duc de Luynes, contre lequel il parlait au Roi. Voyez les *Mémoires de Richelieu*, année 1621 ; et dans le manuscrit 74 de la collection Dupuy, une lettre du P. Arnoux, au connétable, sur sa disgrâce.

tem eundem totius Angliæ archiepiscopum primatem constituit; in loco vero ejus alium, nomine Wilhelmum, ejusdem ecclesiæ monachum, abbatem substituit. In cujus tempore cum prædictam mirifice consummasset ecclesiam, convocatis in unum Normannorum episcopis et principibus, accito quoque de transmarinis partibus archiepiscopo Lamfranco, ecclesiam ipsam in honore gloriosissimi martyris Stephani dedicari fecit; et quæcunque illi nunc dabit vel antea dederat, sua suorumque auctoritate, filiique ac principum, in perpetuum habenda firmavit. Reliquias quoque pretiosissimi martyris Stephani pretio non parvo adquisivit · unam videlicet particulam de brachio ipsius, quod in civitate Bysantio habetur, et unam ampullulam de sanguine illo qui de eodem brachio mire et veraciter fluxisse narratur. Capillorum etiam partem cum corio capitis, et lapide quo ipse martyr percussus fuit, rex idem gloriosus alio tempore comparavit. Qui videlicet capilli adhuc ita sunt pulchri et candidi, quasi modo de ejus capite fuissent incisi; servantur autem in quodam pulcherrimo vasculo de crystallo inclusi. Est itaque totum pulchrum : capilli albi et pulchri; lapis etiam unde percussus fuit albus, vas pulchrum et album; et aspicientibus rem adeo pulchram, magnam faciunt admirationem. Tanto igitur thesauro comparato, beatissimi martyris Cadomensis ecclesia propriis margaritis, sui scilicet Stephani reliquiis, est adornata. Cum autem postmodum abbatem Wilhelmum Cadomensem rex fieri decrevisset archiepiscopum Rothomagensem, alium quidem, nomine Gislebertonem, in loco illius subrogavit. Sed non multo post tempore idem rex huic vitæ finem fecit : quamdiu tamen rebus humanis interesse potuit, dilectæ sibi ecclesiæ indefessus procurator permansit, et quos ibi congregaverat monachos paterno affectu fovit et dilexit. Cum vero diem mortis suæ sibi imminere sensisset, præcepit regni sui principibus ut corpus illius Cadomum deferrent, atque in ecclesia sui dulcissimi domini, sancti scilicet Stephani, sepelirent. Principes autem illius, sicut præceperat, cum defunctus fuisset, eum Cadomum attulerunt, atque in ecclesia sancti Stephani, quam ipse construxerat, coram oculis monachorum suorum, qui de illius eleemosyna vivunt, sepelierunt. Hoc autem ideo factum est, ut tanto dulcius pro anima illius misericordiam Creatoris exorarent, quanto frequentius in

1621

1621 præsentia sua corporis illius sepulturam qui eos ibi congregaverat inspicerent.

Ce que dessus est en un cahier de parchemin contenant huit feuillets, en la quatorzième page, et vient jusques à la moitié de la quinzième. Cette pièce est la dernière de celles qui sont audit cahier : elle n'a point de titre; les précédentes sont donations faites à ladite abbaye, tant par ledit Guillaume que plusieurs autres. L'écriture est fort ancienne, et toutefois si lisible qu'il n'y a rien dont l'on puisse douter.

---

205. — A Caen, ce 7e août.

Monsieur, vous continuez à m'obliger, comme je continue à vous être importun. Votre honnêteté, s'il vous plaît, excusera mon malheur : si ma fortune étoit capable de revanches, je[1] ne m'amuserois pas aux remerciements, mais c'est tout ce que je puis. Je suis marri, comme je dois, de la mort de M. de Termes[2] ; et ce qui m'en accroît le déplaisir, c'est que je dois là-dessus une lettre de consolation à Monsieur le Grand[3], et que certainement je ne sais par quel bout la commencer, pource que sa douleur étant telle que je la connois, il est malaisé que le soulagement s'en treuve dans les paroles. Voilà que c'est de la vanité du monde, et les raisons qu'ont les plus heureux d'y faire aucun fondement. Dieu veuille que Clérac fasse rire ceux qu'il a fait pleurer ! il est protecteur des bonnes causes, et particulièrement de celle des rois; cela

Lettre 205. — 1. Devant *je*, il y a *elle*, biffé.

2. Il fut blessé mortellement au siége de Clérac le 13 juillet, et expira le lendemain.

3. Voyez cette lettre dans le tome IV de la présente édition.

m'en fait espérer le succès que desirent les gens de bien. 1621
L'affaire d'Arnout m'avoit été contée en plusieurs façons, dont l'une étoit celle que vous m'écrivez. Je ne crois pas que la mort de M. de Termes l'ait mis hors de peine, ni qu'il ait bien fait de se retirer au parti contraire; l'événement en jugera. Je vous envoye les chartres que vous desirez : c'est un cahier contenant huit feuillets en parchemin. J'ai été sur le point de le faire copier, mais j'ai cru qu'il vous seroit plus agréable de cette façon. S'il vous plaît, Monsieur, vous en prendrez la copie, et me la renvoyerez; car ces Messieurs les religieux ne croyent pas qu'il doive sortir d'entre mes mains. Pour le roman de M. Barclay[4], vous savez comme j'estime tout ce qui vient d'un si bon auteur; mais je me doute qu'à mesure qu'on a imprimé le latin, l'imprimeur n'ait fait travailler à la traduction, tellement que je ferois inutilement ce qui auroit déjà été fait. Il eût fallu, ce me semble, pour bien faire, que la traduction eût été faite devant que de rien imprimer. A tous hasards, vous m'obligerez extrêmement de m'en envoyer un exemplaire, que je chérirai et pour celui qui l'aura fait et pour celui de qui je le tiendrai. Adieu, Monsieur : je serai, tant que je vivrai, votre serviteur très-humble et très-affectionné,

MALHERBE.

Je vous supplie, Monsieur, faire travailler à copier ce que je vous envoye; car, comme il me souvient que M. Camdenus vous écrivoit, *rabiosula sunt fere istorum hominum ingenia.*

Nous avons, à quatre lieues d'ici, près de Saint-

4. L'*Argenis*, roman allégorique, écrit en latin, et publié en 1621, à Paris, par les soins de Peiresc.

1621 Aignan-le-Malherbe, une chapelle qui s'appelle *la chapelle du Corps nu*. L'on dit que c'est pour la satisfaction d'un homme que le duc Guillaume fit écorcher; et là-dessus il se dit des choses fabuleuses. L'on m'a dit qu'en l'abbaye du Plessis, dont elle dépend, j'en pourrai savoir des nouvelles; je fais compte de m'y en aller dans un mois, Dieu aidant, et d'en savoir tout ce qui s'en pourra savoir, dont je vous donnerai avis tout aussitôt.

206[1].

Monsieur, le même jour que je reçus votre lettre, Monsieur notre gouverneur en reçut tout plein de ses amis qui sont en l'armée; mais et lui et tous ceux qui les ouïrent lire confessèrent que vous méritiez le prix à écrire des nouvelles judicieusement et véritablement. Ce qui nous les rendit plus agréables fut qu'on nous contoit ici des merveilles d'une armée imaginaire de M. du Bouillon, qui menaçoit toute la Normandie, et particulièrement Rouen, Caen, Dieppe et le Havre. Dieu veuille continuer au Roi les prospérités qu'il lui a données jusques à cette heure! les brouilleurs, ni les brouilleries, de quelque part qu'elles viennent, ne nous feront pas grand'peur. J'ai reçu, avec vos lettres, le livre de M. Barclay; je vous tiendrai la promesse que je vous ai faite: ce n'est pas que je l'aye encore vu, mais je défère assez à votre jugement pour en croire tout le bien que vous en dites. Il est vrai que j'ai dès le commencement choppé à ce qu'il dit que lorsque ce jeune homme fut jeté sur le bord de la mer en Sicile, l'empire romain n'étoit pas encore

Lettre 206. — 1. Cette lettre n'a été datée ni par Malherbe ni par Peiresc. Voyez le commencement de la lettre 208, p. 551.

en sa grandeur. Je ne vois pas que s'il a voulu désigner le temps où cela se fit, il n'en ait dû désigner un temps[2] plus particulier[3]. Je vous dis cela sommairement : vous l'examinerez tout à loisir, et lui ferez, si vous le treuvez bon, cette difficulté pour la lui faire expliquer, ou bien y remédier tout à fait, ce que je crois qui seroit le plus à propos ; car je ne vois raison du monde capable d'excuser cette erreur ou plutôt inadvertance : le mieux que j'y vois, c'est qu'il est bien aisé de la rhabiller. Quant aux vers que vous m'avez envoyés, ceux de M. Grotius[4] me plairoient bien, si les deux premiers étoient raccommodés; mais ce sens-là n'est pas en sa place, il le falloit mettre après avoir parlé de M. du Vair ; et d'ailleurs je ne treuve pas bien grande élégance à *moderari arbitrium regni*[5] : toutefois à vous, doctes. Je fais encore quelque scrupule en sa conclusion, où le mot pour rire est *ferre vitam* et *ferre mortem*[6] : je sais bien ce que c'est que *ferre mortem fortiter*, ou *æquo animo ;* mais *ferre vitam*, je confesse que je ne sais que c'est. Les vers de M. Bertius[7]

1621

2. *Temps* a été ajouté après coup, en interligne.

3. Voyez l'*Argenis*, livre I, chapitre 1.

4. Ils sont intitulés : *Ad virum amplissimum Nicolaum Peiresium, senatorem, super morte viri summi Guilelmi Veri, sigillorum Galliæ custodis, Hugonis Grotii Epigramma*, 1 feuillet in-4°. Cette pièce, composée de 22 vers, ne se retrouve pas dans les *Poemata* de Grotius, publiés à Leyde, 1639, in-12. — Guillaume du Vair était mort le 3 août, à Tonneins.

5. Les deux premiers vers de la pièce sont :

Quod tu, qui nuper regni moderantibus omne
Arbitrium curis dulce levamen eras.

6. *His et tu monitis animum duratus, amici*
Fer mortem vitam quo tulit ipse modo.

7. Pierre Bertius, historiographe de Louis XIII, né en 1565, mort en 1629. La pièce à laquelle Malherbe fait allusion est intitulée : *Petri Bertii in obitum Guil. Vairii, episcopi lexoviensis, sigillorum regiorum custodis*, Parisiis, 1621, in-4°. Elle est dédiée à Peiresc, et forme 8 pages in-4°.

1621 me semblent d'un bon sens et bien raisonnés; je ne puis parler que de cela : en[8] ce qui est du style poétique, je m'en remets aux gens du métier. Quant aux vers françois, l'auteur est mon ami parfaitement, mais certainement il n'y a rien de poétique, ni aux conceptions, ni aux paroles. Un bon ami, qui eût mieux aimé la vérité que la complaisance, lui eût beaucoup servi, pourvu qu'il l'eût voulu croire. Je treuve la harangue de M. Molinier[9] bien bonne, au moins en ce que j'en ai lu; je la lirai toute et avec plus de loisir, et vous en dirai mon opinion. Pour la lettre de consolation, son auteur est galant homme; mais, *inter strepitus armorum*[10], les pauvres muses ne sont pas en leur élément: il faut considérer les circonstances pour excuser les défauts, s'il y en a: de quoi je me rapporte à vous. Je suis ici sur le point de quelque acheminement à mes affaires, de sorte que, si vous ne partez bien précipitement[11], je pourrai bien avoir l'honneur de m'en retourner avec vous[12], car on me promet que dans un mois la chose sera résolue. Pour les chartres, je vous ai promis d'y vaquer aussitôt que je serai hors de ma consolation[13]; mais vous savez ma paresse et mon humeur libertine[14], je tiens que assez tôt si assez bien. Je fus hier ouïr messe aux Jacopins, où je

8. Devant *en*, Malherbe a effacé *car*.

9. *Discours funèbre de la mort de Guillaume du Vair*, par Ét. Molinier, Paris, 1621, in-8°. Voyez dans notre quatrième volume une lettre de condoléance de Malherbe à l'évêque de Riez sur la mort du garde des sceaux.

10. « Au milieu du bruit des armes. »

11. Telle est dans le manuscrit l'orthographe de ce mot.

12. En Provence.

13. C'est-à-dire de la lettre de consolation qu'il devait écrire à M. de Bellegarde sur la mort de son frère. Voyez plus haut, p. 542, note 3.

14. *Libertine*, vagabonde.

vis l'inscription que je vous envoye: je ne sais si elle pourra être utile[15] à quelque chose; mais si je ne vous sers, au moins veux-je que vous connoissiez que j'ai envie de vous servir. Je prie Dieu, Monsieur, qu'il m'en donne le moyen et l'occasion, afin que vous ayez sujet de continuer à m'aimer et à me tenir pour votre serviteur très-humble et très-affectionné, 1621

MALHERBE.

On m'a parlé ici d'une inscription que feu M. du Vair s'est faite lui-même[16] : si cela est, je vous supplie, Monsieur, que je l'aye de votre main. Si j'eusse eu un chiffre avec vous, je vous eusse écrit quelque chose qui n'est pas de grand importance, mais que vous serez bien aise de savoir : ce sera pour notre première vue, Dieu aidant.

Monsieur, sur la nouvelle que vous m'avez donnée, j'ai écrit ce mot à Monsieur de Dardanie[17]; je vous supplie très-humblement le lui faire tenir[18].

---

207. — A Caen, ce 21e d'août[1].

MONSIEUR, j'ai été bien aise du récit que vous m'avez fait en votre dernière lettre de la disposition testamen-

15. *Être utile* a été substitué à *servir*.

16. Cette inscription a été imprimée ainsi dans le *Mercure*, tome VII, p. 654 : GUILLELMUS DU VAIR, EPISCOPUS LEXOVIENSIS FRANCIAE PROCANCELLARIUS, HIC EXPECTO RESURRECTIONEM ET MISERICORDIAM. NATUS 7 MARTII 1556.

17. Étienne du Puget, dont nous avons déjà parlé (p. 333, note 1), évêque de Dardanie, dans la province ecclésiastique de l'Hellespont, venait d'être promu à l'évêché de Marseille. Le billet de Malherbe figurera dans notre quatrième volume.

18. Ce dernier paragraphe est écrit au verso du dernier feuillet, à côté de la suscription.

LETTRE 207. — 1. Il y a dans la date de cette lettre ou dans celle

1621 taire[2] de feu M. du Vair; il s'en vend ici un petit discours, duquel je ne vous dirai autre chose sinon que je crois que Saugrain[3] en soit l'auteur. Je tiens qu'à cette heure vous ferez achever l'impression de ses œuvres[4]; si vous le faites, souvenez-vous, s'il vous plaît[5], d'y mettre cette lettre qu'il avoit écrite à M. de Villeroy, sur le premier refus qu'il fit de la charge de garde des sceaux[6] : le cas que j'en fais est sur le témoignage que vous m'en avez donné. J'ai ouï aussi bien estimer une harangue qu'il fit

de la suivante (21 et 17 août), dates écrites d'une manière fort lisible, une erreur que nous ne savons comment rectifier. D'après son contenu, il est évident que la lettre du 21 août a été écrite avant celle qui est datée du 17. Peut-être Malherbe a-t-il voulu mettre 27. Les cotes ne nous sont ici d'aucun secours; car l'une est conforme à la date donnée par Malherbe, et l'autre, celle de la lettre du 21, porte, mais non de la main de Pereisc, 6 *août*.

2. Malherbe avait d'abord mis *dernière*, qu'il a corrigé en *testamentaire*.

3. Il en était au moins l'éditeur. Ce petit discours est intitulé : *Relation véritable de la mort de Guillaume du Vair*, Paris, Saugrain, 1621, in-8°. Le testament, qui est analysé dans le *Mercure*, parut à Paris en 1621, 12 pages in-12. Du Vair y nomme Peiresc un de ses exécuteurs testamentaires et lui lègue toutes ses médailles.

4. Les *OEuvres* de du Vair parurent à Paris, chez Claude Cramoisy, 1625, in-f°. On y trouve, p. 947, la *Harangue au parlement de Bordeaux*, et, p. 733, l'*Inscription faite à l'honneur du feu Roy Henry le Grand*, dont nous avons parlé plus haut, p. 99. — On lit dans la *Vie de Peiresc* par Requier (p. 200), à l'année 1623 : « Durant le reste de son séjour à Paris, Peiresc s'appliqua tout entier à l'édition des *Euvres* de du Vair. Mais n'ayant pu y mettre la dernière main, il se déchargea sur Duchesne du soin de l'achever. » — André Duchesne, érudit, mort en 1640.

5. *S'il vous plaît* a été ajouté après coup; ainsi que, huit lignes plus loin, *feu* devant *Roi;* et à la septième ligne du paragraphe suivant, *le* devant *latin*.

6. Cette lettre ne figure point dans les *OEuvres* de du Vair, et, à ce qu'il nous semble, elle n'a jamais été imprimée. Nous en avons découvert l'original dans le portefeuille 268 de la collection Godefroy, à l'Institut. Elle porte la date du 9 janvier 1616, et est remarquable à plus d'un titre. Voyez plus haut, p. 519, note 7.

au parlement de Bordeaux, au voyage que fit le Roi en Béarn. Je pense que vous la treuverez entre ses papiers; je vous en donne avis, afin que vous y preniez garde. Il fit aussi une Inscription des faits du feu Roi, qu'il m'envoya pour la faire voir, comme je fis, à Sa Majesté. Si vous desirez l'y mettre, comme il me semble qu'il sera fort à propos, vous la pourrez avoir de notre compère du Monstier, à qui j'en baillai une copie. Pour l'autographe, Mme de Rohan, qui étoit au cabinet quand je le fis voir, me le demanda, et je ne pus pas le lui refuser [7]. Pour la traduction dont il est question, vous savez ce que vous pouvez sur moi; mais jusques à ce que j'aye vu ce que c'est, et si mon style s'accommodera bien au sien, je ne vous en veux rien promettre : j'en ferai l'essai sur un livre, et vous en ferai juge. 1621

J'ai parlé à Messieurs de l'abbaye de Saint-Étienne de leurs chartres; ils en ont encore tout plein qu'ils m'ont promises : en exécution de quoi, y ayant hier envoyé mon homme, ils m'envoyèrent deux copies de deux chartres qu'ils m'avoient montrées un jour auparavant; mais je ne les treuve pas exactement faites, et vois bien que celui qui les a écrites n'entend aucunement le latin : je les irai corriger sur les originaux, aussitôt que je me serai tiré d'une lettre de consolation que je me suis cru obligé d'écrire à Monsieur le Grand sur la mort de M. de Termes. J'eusse été bien aise de faire quelque chose pour les victoires du Roi, mais je crois que son retour ne me pressera pas beaucoup; j'apprendrai, s'il vous plaît, cela de vous, et tout ce que d'ailleurs vous aurez appris de nouveau. Nous n'avons point ici d'auteur dont l'on fasse cas comme de vous; la plupart des autres écrivent sans jugement. Je m'assure que le Roi se sera bien mis en

7. Voyez plus haut, p. 107.

1621 colère de la prise de Bourrelon et de la hardiesse des huguenots d'avoir arrêté ses paquets. Je ne pensois pas que il y eût plus rien au Poitou pour ces gens-là. Si M. de la Rochefoucauld est dans le pays, c'est de la besogne pour lui : je prie Dieu qu'il nous délivre pour une bonne fois de tous ces persécuteurs. Si cette occasion s'en perdoit, je ne pense pas qu'elle se pût jamais recouvrer.

J'oubliois à vous dire qu'il y a à une lieue d'ici une abbaye où l'on m'a dit qu'il y a une bibliothèque de deux cents pas de long; celui de qui je le tiens n'est pas homme de lettres, mais l'abbé est de mes amis : quand il sera de retour de Rouen et de Paris, où il est à cette heure, je l'irai voir pour apprendre ce qui en est. Ils ont aussi force chartres anciennes, dont les copies ont été produites en un procès qu'il a contre ses religieux; je crois qu'il ne me les refusera pas : si cela est, je les vous envoyerai tout aussitôt pour en faire part à M. du Chesne et autrement en[8] disposer comme il vous plaira. J'ai reçu celles que vous m'avez envoyées, et les ai déjà rendues, afin de rendre ces messieurs-là plus prompts ou moins difficiles à nous faire voir le reste, comme certainement je les y vois de fort bonne volonté.

Monsieur, je me recommande de tout mon cœur à vos bonnes grâces, et prie Dieu qu'il vous ait en sa très-sainte garde.

Votre plus humble et plus affectionné serviteur.

8. Malherbe avait d'abord écrit : « et autrement disposer, etc. ; » puis il a ajouté *en* dans l'interligne.

208. — A Caen, ce 17e d'août[1]. 1621

Monsieur, je vous crie merci de vous avoir écrit sans date : ce n'est pas ma coutume; une autre fois je serai plus considéré[2]. Je suis fort satisfait des raisons que vous m'avez apportées sur la difficulté que je vous avois faite. Aussitôt que je serai hors de la besogne que j'ai entreprise, j'y mettrai la main sans intermission : je le vous ai promis, je le vous promets encore. Depuis ma dernière lettre, ces religieux de Saint-Étienne m'ont baillé une bulle du pape Honorius, que je vous envoye : vous jugerez si c'est chose qui vaille, j'ai bien peur que non; mais de quoi reconnoîtrois-je tant de peine que je vous donne ordinairement? L'abbé dont je vous avois parlé est de retour de Paris; je me suis informé de la bibliothèque de son abbaye, dont un malhabile homme m'avoit tant fait de cas; mais il m'a dit que ce n'est du tout rien, que il n'y a pas un seul manuscrit, et que ce sont tous livres achetés depuis quinze ou vingt ans. Je vous remercie très-humblement de vos nouvelles. Je dînai hier au château, où je les fis voir à M. le marquis de Mauny, qui en étoit aussi affamé que moi. Je crus aisément, et lui aussi, celle du nouveau superintendant des finances[3]; l'emploi que l'on avoit fait de M. le comte de Schomberg[4] me l'avoit fait soupçonner il y a longtemps. Mais pour une autre que l'on nous a dite, et qui a été écrite de Paris à une dame de ce pays, qui est que M. de Monts,

Lettre 208. — 1. Voyez p. 544, note 1, et p. 547, note 1.

2. *Considéré*, attentif.

3. Jean Bochart de Champigny, premier président du parlement de Paris, fut appelé à la surintendance des finances en 1621. Je ne sais si c'est de lui que Malherbe veut parler.

4. Henri de Schomberg, maréchal de France (1625), avait été fait surintendant des finances en 1619, mais en 1621 il exerçait un commandement important dans l'armée du Roi.

1621 conseiller en votre parlement, étoit garde des sceaux, je ne la crois pas si aisément : c'est une charge où la probité ne suffit pas ; et d'ailleurs j'estime ce bonhomme si peu touché des vanités, qu'on lui feroit déplaisir de le tirer du repos où il est pour l'attacher aux tumultes de la cour. Le passager et le pilote sont tous deux en même vaisseau, mais ce n'est pas pourtant une même chose. Adieu, Monsieur : je ne sais plus que vous dire, sinon vous prier de m'aimer toujours, et me tenir pour votre très-humble et très-affectionné serviteur,

MALHERBE.

J'espère être dans quinze jours ou trois semaines à Paris, où, suivant la disposition où j'y treuverai les affaires, je pourrai bien me résoudre à vous accompagner en Provence.

Hnyrf erprhrαheε trarenyα qrε prfgrμ hxyyrα me dit l'autre jour en bonne compagnie que zbaαfxrheρ qrα exrmαδ lui avoit dit que hαbhfμ craλfxrmξ avoir fbaε rhμξrfpφurα, mais que αhbhfε hbαhf gebzϙxrmε bien, et se tournant vers μαzblα zrε qxfgα xy anxzrεα threrfαγξ zbaεfxαrhe qr crxerfdασ [5].

5. Peiresc n'a pas traduit ce paragraphe, mais nous avons pu le déchiffrer, au moyen de la clef donnée plus haut (p. 328, note 6). Les lettres grecques intercalées ne comptent pas ; elles marquent pour la plupart des fins de mots ou au moins de syllabes. Voici le sens des cinq lignes : *Vales receueur général de ceste ville* me dit l'autre jour en bonne compagnie que *Monsieur de Riez* (voyez p. 419, note 9) lui avoit dit que *vous pensiez* avoir *son euesché*, mais que *vous vous trompiez* bien, et se tournant vers *moy me dist : « Il n'aime guères Monsieur de Peiresq. »* — Devant les deux derniers de ces mots chiffrés, Malherbe avait d'abord écrit, puis il a effacé, les lettres que voici : « de peαleλλrfdαλε ; » c'est le nom *de Peyresq*, écrit en chiffre, et mêlé de lettres grecques insignifiantes, à partir de *yresq*.

209. — [A Caen,] ce 1er d'octobre. 1621

MONSIEUR, devant la réception de votre lettre du 22e du passé, nous avions la malheureuse nouvelle de la mort de M. du Maine[1], mais on différoit de la croire, jusques à ce que vous l'eussiez écrite. Pour moi[2], qui voyois tous les sujets du monde de l'appréhender, pour les hasards où il se précipitoit, il faut que je dise inconsidérément, je la crus tout aussitôt qu'elle me fut dite. Voici certes une très-mauvaise année : Dieu veuille que celle qui vient nous soit meilleure! Si M. d'Angoulême a le gouvernement de Guienne, je crois que votre vertu ne treuvera pas moins de recommandation envers lui qu'envers M. du Maine. L'intendant de sa maison, nommé M. de Crosille, est parent d'un gentilhomme qui est le mien, et peut-être seroit-il le mien lui-même si j'avois fouillé bien avant dans nos généalogies : les prières qui lui seront faites de cette part-là pourront encore ajouter quelque chose à la faveur que votre mérite aura de lui-même.

Je plains le pauvre M. Barclay[3], et encore plus que lui le siècle qui a perdu un si galant homme. Nous ne manquons point d'exemples de la fragilité humaine; mais je ne mets pas cettui-ci entre les ordinaires : tant y a que nous sommes tous mortels; ce qui échappe cette année est réservé pour quelqu'une de celles qui viennent après. Il faut, tant que nous pouvons, détacher nos affections du monde, pour avoir moins de regret d'en partir quand nous serons appelés; je n'y vois point d'autre remède. Je pensois[4] être à Paris dans huit ou dix jours; mais je

LETTRE 209. — 1. Henri, duc de Mayenne et d'Aiguillon, avait été tué au siége de Montauban le 17 septembre 1621.

2. *Moi* est écrit dans l'interligne, au-dessus de *le moins*, effacé. Devant *voyois*, l'autographe porte les mots *crains tous*, également effacés.

3. Barclay venait de mourir à Rome.

4. Après *pensois*, il y a le mot *partir*, rayé; dans le membre de

1621 suis encore accroché ici, à mon avis, jusqu'au 20e ou 25e. J'écris encore un petit mot à ma femme, que vous lui ferez tenir, s'il vous plaît. Je ne doute point que vous n'ayez été bien étonné de lire ce que je vous écrivis[5] : mais qu'y feriez-vous? qui ne sait dissimuler ne sait pas[6] régner ou plutôt ne sait pas vivre. C'est un art bien fâcheux à ceux qui ont du courage, mais nécessaire à tout le monde. J'attends ici le retour du prieur de l'abbaye de Saint-Étienne pour faire peindre les armoiries de son abbaye; je crois que ce sera dans huit ou dix jours : cela fait, je les ferai extraire, et les vous porterai moi-même, Dieu aidant, avec quelque autre pièce, si je la recouvre. Adieu, Monsieur : je me recommande de tout mon cœur à vos bonnes grâces, et vous supplie de me continuer toujours le même honneur de votre bienveillance, comme je continuerai la même affection de votre très-humble et très-affectionné serviteur.

---

210. — A Caen, ce jeudi 14e d'octobre.

Monsieur, si vous avez été quelque temps sans avoir de mes lettres, n'en imaginez point, s'il vous plaît, d'autre cause que la faute des messagers. Je reçus hier vos dernières, du 9e de ce mois, et avec elles toutes les nouvelles dont vous avez pris la peine de me faire part; je les ai aujourd'hui fait voir à M. le marquis de Mauny, qui s'informoit tous les jours si j'en avois point reçu, et soupçonnoit ou que vous étiez hors de Paris ou que vous étiez malade, pource que j'avois été quelque temps plus que

phrase suivant, *je* a été substitué à *j'y*, et *ici* a été ajouté au-dessus de la ligne; les dates sont en chiffres romains : xxe, xxve.

5. Allusion aux lignes en chiffre de la lettre 208, p. 552.

6. *Pas* a été ajouté dans l'interligne.

de coutume sans en recevoir. Il avoit reçu des lettres[1], il y a deux jours, de M. Ruscellaï[2]; mais il lui en mandoit beaucoup moins que vous à moi. Il lui envoyoit aussi son livret; ce qui me fait croire, ce que vous m'avez écrit, qu'il en étoit l'auteur. Je vois bien que le siége de Montauban[3] sera plus long que l'on n'avoit pensé; car ni en ses lettres ni aux vôtres je ne vois point qu'il se soit fait aucun progrès de notre côté. Dieu continuera, s'il lui plaît, ses bénédictions sur le Roi et sur ses armes, et nous donnera le même succès de cette entreprise qu'il a fait des autres. Cela étant, il ne faut pas avoir peur de tiers parti; mais attendant que cela soit, je ne doute point que les brouillons ne vivent en quelque espérance de renouveler les desseins que tant de fois ils ont tentés inutilement. Nous n'avons point vu ici M. de Nevers. M. de Longueville est venu à Alençon pour y éteindre quelque feu qui sembloit s'y vouloir allumer. M. de Matignon y est venu aussi de son côté; mais, grâces à Dieu, ils ont treuvé la besogne bien avancée. Je ne doute point que vous n'ayez eu votre part des faux bruits que nous avons eus ici; j'en fais la conjecture par les bourdes que l'on nous a contées sur ce sujet, et crois qu'en étant plus éloignés que nous ne sommes, on a été plus hardi à vous dire des mensonges. On nous a tantôt dit qu'il y avoit deux mille hommes, tantôt huit cents[4]; chacun se dépêchoit d'en conter selon sa peur ou selon son desir. On y envoya de cette ville un espion, qui rapporta qu'ils pouvoient être 1621

LETTRE 210. — 1. Au lieu des mots : « Il avoit reçu des lettres, » Malherbe avait d'abord mis : « Il en avoit reçu. »

2. Louis (ou Jean) de Ruccellaï, fils d'un banquier de Florence, mort au siége de Montpellier en octobre 1622. Il était clerc de la chambre apostolique et (1622) abbé de Saint-Maixent-sur-Sèvre.

3. Le siége de Montauban fut levé par les troupes royales le 2 novembre 1621.

4. L'autographe porte ici les mots *et tantôt*, effacés.

1621 cent cinquante ou environ, et que leur retraite étoit en une forêt nommée la forêt d'Andeine[5], assez près d'Alençon, et s'en alloient vivre par troupes dans les lieux circonvoisins; mais qu'ils se promettoient bien d'être en peu de jours un beaucoup plus grand nombre, et qu'ils avoient dessein sur Falaise, Argentan, Domfront et Alençon. Je ne sais certes à quelle fin, et ne vois point qu'ils puissent faire autre chose que voler et piller le plat pays. Le gouverneur d'Alençon fut le premier à eux, et, à ce que l'on dit, en tua quelque dix ou douze, et en prit bien autant. Ce qui leur a donné échec et mat a été la mort d'un nommé Montchrestien[6], qui étoit le directeur de toute cette affaire, et alloit deçà delà par les maisons des huguenots, s'assurant d'hommes et d'argent pour dresser son armée imaginaire. Après qu'il eut bien rôdé par ces quartiers-là, enfin il vint, il y a aujourd'hui huit jours, sur les huit heures de soir, accompagné de six autres gens de même qualité, à une hôtellerie d'un lieu nommé les Tourailles[7], qui est à douze lieues d'ici. Aussitôt l'avis en fut donné au seigneur du lieu, auquel appartenoit l'hôtellerie; il s'y en vint à l'instant avec quinze ou vingt mousquetaires. Montchrestien et ses compagnons se défendirent si bien qu'ils tuèrent les trois premiers qui se présentèrent à la porte de sa chambre, entre lesquels étoit un gentilhomme nommé l'Escarde, de cette ville, fils unique de sa maison, et riche de cinq ou six mille livres de rente, qui fut apporté ici, où il fut inhumé[8] hier

5. La forêt d'Andaine, près d'Argentan (Orne).

6. Le poëte Antoine Montchrestien, sieur de Vasteville. On a de lui des *Tragédies*, réimprimées plusieurs fois de 1600 à 1627, et un *Traicté de l'économie politique*, Rouen, 1615, in-4°. Voyez le *Mercure*, 1621, tome VII, p. 801 et suivantes.

7. Près de Condé-sur-Noireau (Orne).

8. Malherbe avait d'abord écrit : « qui fut apporté ici et inhumé. »

au matin. Au pied de la montée il se treuva un vieil gentilhomme qui[9] tira un coup de pistolet à Montchrestien, et le tua ; il y eut aussi un valet de Montchrestien blessé d'un coup de carabine au genou, dont il tomba et fut fait prisonnier : les autres cinq échappèrent par une fenêtre. On dit que l'on en a treuvé un mort à une lieue de là. Montchrestien a été ou sera mis sur la roue, tout mort qu'il est[10]. Le mal de tout ceci est que celui qui avoit ses mémoires, nommé Rochefontaine, qui avoit été gendarme du comte Maurice, s'est sauvé, et n'a-t-on treuvé sur Montchrestien autre chose qu'un billet, qui étoit dans son cordon, où il y avoit seulement écrit en chiffre sept mille sept cent soixante et dix-neuf ; mais de savoir ce que cela vouloit dire, il n'y a moyen : son valet même ne le sait pas, ou ne l'a pas voulu dire. Voilà la fin de Montchrestien. Vous le pouvez avoir vu à la suite du conseil, il y a, ce me semble, deux ou trois ans. Il a fait un livre de tragédies en vers françois ; je crois que c'étoit ce qui lui avoit donné sujet de me venir voir deux ou trois fois. Il étoit homme d'esprit et de courage, dont il avoit fait preuve en d'autres occasions qu'en celle-ci. Je me trompe ou il donna en ce même temps-là un livre in-4° de sa façon[11], assez gros, à Monsieur le garde des sceaux, et me semble que le sujet de son livre étoit du commerce, ou de quelque chose pareille[12]. Il étoit fils d'un apothicaire de Falaise, et dit-on que le nom de sa maison étoit *Mauchrétien ;* mais que pource[13] qu'il ne lui plaisoit pas, il l'avoit changé en Montchrestien. Les Tou- 1621

9. Après *qui*, il y a *lui*, biffé.
10. Son cadavre fut apporté à Rouen et brûlé. Voyez le *Mercure*, p. 813.
11. *De sa façon* a été ajouté dans l'interligne.
12. Voyez plus haut, p. 556, note 6.
13. Entre *pour* et *ce*, l'autographe porte le mot *éviter*, effacé.

1621 railles[14] s'appelle en son surnom *Turgot*, et est des ordinaires du Roi, neveu d'un maître des requêtes, que vous pouvez avoir vu, nommé Saint-Clair. Voilà l'histoire de Montchrestien, que je vous ai dite assez au long, pource que je me doute bien que, selon la coutume, on vous aura conté des chimères là-dessus : tant y a que par sa mort nous croyons être en repos en Normandie. De toutes les apparences de brouillerie, la plus forte est, à mon avis, le déménagement de Madame la Princesse; mais je vois si peu de circonstances pour fortifier le soupçon que l'on peut avoir de ce côté-là, que j'aime mieux croire que Monsieur le Prince, voyant que le Roi est pour ne revenir pas de cet hiver à Paris, et n'y voulant pas demeurer en son absence[15], a mandé Madame sa femme et ses enfants, pour vivre, ou à Châteauroux[16], ou ailleurs, en bon père de famille. Pour le retour de M. de Guise en Provence, je n'en sais que dire; et ce qui me trouble le plus, c'est qu'il me semble que l'on ne parle plus de l'armée navale, dont il devoit avoir la charge. Dieu donne aux bonnes intentions du Roi de bons événements! Montauban pris, je ne crois pas que nous ayons plus rien à craindre. Bonsoir, Monsieur; c'est trop d'importunité : excusez-m'en, s'il vous plaît, et me tenez pour votre très-humble et très-affectionné serviteur,

Malherbe.

Si M. de Saint-Clair, maître des requêtes, me tient

14. C'est-à-dire le seigneur des Tourailles. Le ministre Turgot appartenait à cette famille.

15. Au lieu de *demeurer en son absence*, Malherbe avait d'abord mis : « venir en l'absence du Roi. » Deux lignes plus loin, il a ajouté *bon* devant *père*, au-dessus de la ligne.

16. Nous avons dit plus haut, lettre 190, p. 507, note 2, qu'il avait acheté en 1613 le comté de Châteauroux.

promesse, j'espère que je vous porterai quatre médailles fort antiques. Mais j'ai peur que ne s'y connoissant non plus que moi, il n'estime beaucoup ce qui ne vaut guère. 1621

---

211. — A Caen, ce 2e de novembre.

Monsieur, il n'est pas de nos messagers comme de ceux des autres universités, qui ont leurs journées réglées : les nôtres n'ont ni gages ni priviléges, et par conséquent ils font leurs voyages quand bon leur semble; mais pour cela ils ne laissent pas d'être souvent à Paris, et sans un malheur extraordinaire il est malaisé qu'on aille au *Fer à cheval*[1], sans y en treuver quelqu'un. Je suis très-marri de la peine que cela vous a donnée, comme je vous suis très-obligé du soin que vous y avez apporté. Je n'ai rien à vous dire en revanche de vos nouvelles, sinon que lundi 25e du passé furent amenés[2] en cette ville sept des camerades[3] de Montchrestien, desquels son valet étoit l'un; le principal de tous étoit un nommé les Ventes, que l'on dit avoir eu quelque part en ses conseils; les autres étoient gens de peu, et presque tous parents de Montchrestien. Le lendemain[4] ils furent menés par le prévôt à Rouen, où, si les fêtes ne leur ont allongé la vie, je crois qu'ils sont déjà pendus. On leur a treuvé, à ce que l'on dit, quelques commissions pour lever des hommes. Je vous en envoye une copie, que je crois que vous serez bien aise de voir, sinon que vous l'ayez déjà vue. Les médailles

Lettre 211. — 1. Hôtellerie, située dans la rue Aubry-le-Boucher. — Malherbe avait d'abord écrit : « il est malaisé que le *Fer à cheval* se treuve sans quelqu'un. »

2. *Furent amenés* a été substitué à *passèrent*.

3. *Camerades* est la leçon du manuscrit.

4. Après *le lendemain*, le manuscrit porte les mots *à midi*, effacés.

1621 que vous donne M. de Saint-Clair sont entre mes mains; mais je n'ai pas voulu les mettre dans ce paquet, de peur que l'opinion que l'on auroit que ce fût quelque chose de meilleur leur fît courir fortune. Je les vous porterai moi-même, Dieu aidant, dans dix ou douze jours; cependant je vous en ai voulu donner cet avis, afin que si vous le voyiez[5], vous lui en fassiez le remerciement. Je n'oserois donner un hardi jugement en chose où je me connois si peu, mais certainement je ne crois pas que ce soit rien de bien rare. L'une est un Adrian[6], qui a pour son revers une femme, avec ce mot *fides*, et un autre qui est effacé. Les deux autres sont de même grandeur et de même matière que nos doubles de cuivre; il me semble que j'y ai lu *Constantinus*. Outre cela il y a une quatrième pièce[7], comme une tête de clou de cuivre, de la grandeur d'une médaille ordinaire, où il y a un aigle qui a les ailes ouvertes, que je n'estime du tout rien; mais à vous, doctes. Je me suis informé de l'affaire du sieur de Heudreville; tout ce que j'ai pu apprendre, c'est qu'il y a en cette province deux gentilshommes qui portent ce nom, l'un auprès d'Argentan, et l'autre au quartier de Rouen. S'il vous plaît, vous m'avertirez lequel c'est; et devant que je parte, je donnerai ordre de treuver quelqu'un qui soit assez son ami pour obtenir quelque chose de lui, afin que vous connoissiez en cela, comme partout ailleurs, que si je ne me revanche des obligations que je vous ai, je ne laisse pas de les ressentir comme je dois. J'ai reçu le paquet de Provence, dont je vous rends mille grâces, et vous offre toute sorte de services pour tant de peines que je continue à vous donner. J'ai recouvert ici un ma-

5. L'autographe porte *voyiez*.

6. Une médaille de l'empereur *Adrien*. Malherbe avait mis d'abord *une Adrian*.

7. Les mots *une quatrième pièce* ont été ajoutés après coup.

nuscrit de quelques mémoires fort particuliers de l'état de la France[8] après la bataille de Saint-Quentin, qui commence au siége de Calais, et finit à celui de Thionville; mais ce n'est qu'un fragment : je crois que vous le jugerez fait de la main d'un habile homme, et qui étoit dans les affaires, et desirerez comme moi qu'il fût plus long et plus entier; tel qu'il est, vous le verrez et en disposerez comme bon vous semblera. Adieu, Monsieur : je vous baise bien humblement les mains, et vous prie de me tenir toujours en vos bonnes grâces, comme votre[9] très-humble et très-obligé serviteur, 1621

MALHERBE.

Je n'oy rien des galères de Provence; cela me fait croire qu'elles sont encore à Marseille.

A Caen, ce 5e de novembre.

Monsieur, il y a trois ou quatre jours que j'avois fermé ce paquet; mais les messagers n'étant pas partis sitôt que j'espérois, et ayant aujourd'hui reçu une segonde lettre de vous, il me l'a fallu rouvrir pour rafraîchir la date de ma première, et vous faire une segonde réponse. Voici certainement une année funeste en toutes façons : je plains grandement la mort de tant d'honnêtes hommes; mais comme nous sommes plus sensibles en ce qui est de notre intérêt, j'ai eu un déplaisir particulier de la mort du pauvre M. d'Andilly[10]. Dieu, qui nous envoye ces su-

8. Malherbe avait mis d'abord : « de l'état de France, » puis il a ajouté *la* en interligne.

9. Après *votre*, il y a *plus*, effacé.

10. Ce personnage était peut-être un membre de la famille Arnauld; mais le premier que l'on connaisse, ayant porté le nom d'Andilly, est Robert, qui ne mourut qu'en 1674. Voyez la généalogie des

1621 jets de douleur, nous en donnera, s'il lui plaît, un de joie en la prise de ce malheureux Montauban. On nous en donne ici bonne espérance; mais jusques à ce que j'en voye quelque chose dans vos lettres, je suspendrai mon approbation à tout ce que j'en oy dire. J'ai prié un de mes amis de travailler à l'affaire de Heudreville; il m'a dit qu'il y a déjà envoyé, et que dans peu de jours il m'en saura dire des nouvelles. Ne doutez pas, s'il vous plaît, Monsieur, qu'en cela et en toutes autres occasions je ne cherche de vous faire paroître combien je suis votre très-humble et très-affectionné serviteur.

---

212. — A Caen, ce 12e de novembre[1].

Monsieur, vous aurez vu, par la date de la dernière lettre que je vous ai écrite, que je n'ai pas été négligent[2], mais que celui qui la devoit porter n'est pas parti sitôt comme il me l'avoit promis. Je suis véritablement paresseux, mais non pas jusque-là que je me souvienne si mal de ce que je dois à mes amis, et à vous principalement, qui me donnez tous les jours quelque nouveau sujet de me reconnoître votre obligé. Je me suis réjoui de la venue de la Reine mère de Sa Majesté, mais je crois que les Parisiens s'en sont encore plus réjouis, pour le long[3]

Arnauld au tome I des *Mémoires pour servir à l'histoire de Port-Royal*, 1742, 3 vol. in-12.

Lettre 212. — 1. Cette lettre manque dans le manuscrit. Elle se trouve dans une collection particulière, dont le possesseur nous a obligeamment permis de la collationner.

2. Les mots *à vous écrire* ont été effacés après *négligent;* et au commencement de la phrase suivante, *ne* après *je*.

3. Malherbe avait d'abord écrit *pour le long temps*, puis il a effacé *temps;* à la ligne suivante, après *ne cessera pas*, il a rayé *du tout;* et un

chômage de leurs chambres, qui ne cessera pas en cette occasion, mais leur fera, par ce commencement, espérer le retour du reste de la cour. Pour les deux opinions[4] que l'on a de ce que deviendra l'archevêché de Sens[5], je suis pour M. de Ruscellaï, et ne crois pas que M. le cardinal de Raiz, s'il entreprenoit d'ôter à Sens le titre d'archevêché, et le transporter à Paris[6], il fût assez fort pour vaincre les oppositions qu'il y aura; cela seroit un ouvrage de favori, et je ne crois pas qu'il le soit assez pour cela, même ayant en tête un homme qui est très-bien[7], et, s'il se peut dire, mieux que lui. Nous en verrons l'événement; ce n'est pas chose dont je sois beaucoup en peine, je la mets entre les indifférentes. Je suis bien plus travaillé du siége de Montauban, que je ne vois pas[8] aller du pied que je voudrois. Je ne doute pas que l'on n'y fasse ce que l'on peut, mais il y faut du temps. Le meilleur que j'y voye pour le succès de cette affaire, c'est que le Roi l'opiniâtre; et certainement s'il la laissoit imparfaite, ce seroit renoncer à être jamais absolu en son royaume : Dieu lui en donnera, s'il lui plaît, meilleure issue. Il vient d'arriver ici présentement un petit discours de la prise de Ville-Bourbon[9]; mais pource que je ne le verrai 1621

peu plus bas, après *fera*, il a supprimé, pour le reporter plus loin, le verbe *espérer*.

4. *Opinions* a été substitué à *avis*.

5. Jean du Perron, archevêque de Sens, était mort le 24 octobre 1621. Il eut pour successeur Octave de Bellegarde, malgré l'appui que le duc de Luynes avait donné à l'abbé Ruccellaï.

6. L'évêché de Paris, suffragant de Sens depuis son origine, fut érigé en archevêché par une bulle de Grégoire XIII en date du 20 octobre 1622.

7. Après *très-bien*, l'autographe porte les mots « avec la faveur, » effacés.

8. *Pas* a été ajouté après coup, dans l'interligne.

9. « Montauban a trois villes : la nouvelle, du côté de Cahors; la ville vieille; et la ville Bourbon, au delà le pont du Tarn, qui n'é-

1621 jusqu'à demain au matin, après le partement de ce messager, je n'ai pas voulu différer à vous écrire pour une chose que je ne vois pas qui soit vraisemblable : quand cela sera vrai, la chose vaut bien que le Roi envoye un courrier exprès; il l'a fait pour de moins importantes. On fait ici un bruit du comte de Suze, les autres disent de la Suze[10], qui a été arrêté en Dauphiné, allant faire quelque levée pour les huguenots[11] en Allemagne; j'en suis en peine, et d'une nouvelle que l'on m'a dite, qu'à Bergerac les habitants ont fait entrer cinq ou six cents soldats habillés en paysans, pour se révolter, et qu'il y en a eu bon nombre de pendus. Je suspends ma créance jusques à ce que j'aye de vos nouvelles. A ce soir, quand cette nouvelle est venue de la prise de Ville-Bourbon, tout le monde a envoyé savoir si vous me l'aviez écrite[12]; quand je leur ai dit que non, cette joie s'est refroidie, et ne prend-on cet avis que pour une billevesée. Il est allé un de mes amis vers Argentan, où se tient un des Heudrevilles; il m'a promis de s'en informer avec soin, et m'en rapporter la vérité. Si c'est le Heudreville d'auprès de Rouen, il faudra treuver quelque autre voie.

toit avant les troubles qu'un faubourg et s'appeloit le faubourg Saint-Jacques. » (Le *Mercure*, 1621, tome VII, p. 822.)

10. Louis de Champagne, comte de la Suze, marquis de Normanville, calviniste, joua un rôle important dans les guerres de religion sous Louis XIII, et fut successivement général de la république de Berne (1623), maréchal de camp (1633), gouverneur de Montbéliard et lieutenant général. Il mourut en 1636. Il avait été arrêté le 16 octobre à Saint-Mury, près de Grenoble. Voyez le *Mercure*, 1621, tome VII, p. 873; et *La prise du comte de la Suze*, Paris, 1621, 8 pages in-8°.

11. *Pour les huguenots* est dans l'interligne.

12. Malherbe a corrigé *écrit* en *écrite*. A la ligne suivante, au lieu de : « et ne prend-on cet avis, » il avait mis d'abord : « et ne la prend-on; » deux lignes plus loin, devant *s'en*, il y a *m'en*, effacé.

Il passa[13], il y a trois ou quatre jours, par cette ville un conseiller d'Église du parlement de Rouen, nommé du Rosel, lequel, s'étant treuvé sur les lieux du temps de la prise de Montchrestien, en a informé. Il a laissé ici à quelques-uns de ses amis un mémoire dont je vous envoye la copie[14]; mais je crois, ou[15] qu'il n'a pas tout découvert, ou qu'il n'y a pas mis tout ce qu'il sait; mais les prisonniers qui sont entre les mains de la cour diront le reste. Voilà, Monsieur, tout ce que je sais. Je pense être sur la fin de ce mois à Paris, où je vous délivrerai de ces importunités; mais jusques à ce temps-là je vous prie ne vous lasser point d'obliger avec moi une infinité d'honnêtes hommes, qui ne veulent rien croire si vous ne l'écrivez. Le premier qui partira vous portera deux chartres de l'abbaye de la Trinité de cette ville : peut-être les avez-vous déjà; mais il vaut mieux les avoir deux fois que de ne les avoir point. Je vous supplie que je sache par votre première que sont devenues nos galères, et ce qui est de la peste de Provence, et si le chemin du Dauphiné est toujours dangereux. Adieu, Monsieur : voilà trop de paroles; mais excusez la liberté de votre serviteur très-humble et très-affectionné. 1621

Le Sr de la Ravardière.
Le Sr de Moigneville, fils du Sr de Briqueville.
Le baron de Tournebe.
Le S^r d'Anfernel, neveu de Montgommery.
Cerisy Patron.
Beaumont d'Ouville.

13. Le mot *hier* a été effacé après *passa*.

14. Cette copie se trouve dans le manuscrit de la Bibliothèque impériale; elle est écrite de la main de Malherbe; nous la reproduisons à la suite de la lettre.

15. *Ou* a été ajouté après coup, en interligne; ainsi que *mais*, à la ligne suivante.

1621 Le Sr de Gonneville.

Le Sr de Videlou pour Montgommery, ayant fait porter ses biens et son argent chez sire Jan Paulet, S^r de St Ouen à Jersey, qui est l'entremetteur des huguenots pour l'Angleterre et grand ami de Montgommery.

Le baron de la Haye du Puys. Mr de Briqueville les est venu voir et eux lui récentement.

Tous les dessus-dits sont allés aux îles de Jersey et Gernesey, auquel lieu de Gernesey il y a des vaisseaux rochelois de XXIIII en XXIIII heures, et a-t-on porté des poudres au Sr de Gonneville par le passage des rades de Linerville[16], où il fait passer et repasser par ses vaisseaux nuit et jour toutes personnes.

Il a levé du mois de juin dernier de Caen pour plus de sept mille livres d'armes, et ses beaux-frères de même. Il les tient chez Nicolas le Noble et Guillaume Lendet, ses vassaux, cachés.

Outre le susnommé, le Gousrière, armurier de Coustances, a toujours depuis travaillé pour lui aux armes, comme il fait encore de présent; et assurément ledit sieur de Beaumont a paquets pour l'assemblée de la Rochelle à distribuer à Caen et ailleurs

La Haye du Puys s'est saisi du prieuré de St-Germain-sur-É[17] et des autres maisons qui y sont sur le bord de la mer.

Gonneville, par le moyen des rades de Linerville et de sa terre de Gonneville, fait passer aux Iles tout ce que bon lui semble et plus de là. Briqueville tient Renieville, qui est un château sur le bord de la mer et le meilleur havre de Costentin.

Tellement que les huguenots ont près de dix lieues de côte [pour] eux en ce quartier-là.

S'il y a quelque ambiguïté en ce mémoire, prenez-vous-en à celui [qui l'a] fait, et non à moi qui l'ai transcrit fort fidèlement.

16. Linverville. Le manuscrit porte ici, et treize lignes plus bas, *Linerville*.

17. Saint-Germain-sur-Ay (Manche).

213. — De Caen, ce 13e de novembre.

1621

Monsieur, le messager à qui j'avois baillé mon paquet n'étant pas parti sitôt comme il m'avoit promis, j'ai eu loisir d'y ajouter le discours dont je vous avois fait mention[1] : c'est à mon goût une pièce fort impertinente, et qui me fait juger qu'à Toulouse les Colomias[2] n'en savent pas davantage que les Saugrains à Paris. J'attends votre réponse pour en croire ce que vous m'en manderez; aussitôt que je l'aurai, je partirai pour m'en aller vous treuver. Vous me ferez, s'il vous plaît, l'honneur de recevoir ces deux malles que j'ai adressées chez vous, et les faire retirer en quelque coin de votre garde-robe, jusques à ce que je sois à Paris. Je ne saurois jamais vous rendre tant de services que je vous fais d'importunités; mais autant que cette considération me rend honteux, autant me donne de hardiesse la connoissance que j'ai de votre courtoisie. S'il plaît à Dieu, je vous porterai des nouvelles de Heudreville; un de mes amis, qui est allé en ces quartiers-là, m'a promis de s'en informer curieusement : c'est un homme capable de le faire; cela m'en fait bien espérer. Adieu, Monsieur : je vous baise bien humblement les mains, attendant l'honneur d'être avec vous; je le souhaite[3] impatiemment, mais ce ne peut être que je ne sache l'arrivée de mes malles à Paris. Si vous avez appris quelque chose de ce Beaufort que vous m'aviez mandé avoir été condamné à mort par le conseil de guerre[4],

Lettre 213. — 1. Voyez la lettre 212, p. 563.

2. Libraire de Toulouse.

3. Au lieu de : « je le souhaite, » Malherbe avait d'abord mis : « que je souhaite. »

4. Beaufort, mestre de camp du duc de Rohan, avait été fait prisonnier en jetant un secours dans Montauban. Il fut cette fois considéré comme prisonnier de guerre (voyez le *Mercure*, tome VIII, p. 869); mais en 1628, pris de nouveau lors du siége de Pa-

1621 vous me tirerez, s'il vous plaît, de la peine où j'en suis.

Votre serviteur très-humble et très-affectionné.

214. — A Caen, ce 18e décembre[1].

Monsieur, cependant que j'attends que le beau temps vienne, il empire tous les jours, et les chemins par conséquent. Il se faut donc résoudre d'en courir la fortune, et satisfaire au dessein que j'ai d'être avec vous il y a si longtemps. Je fais compte de partir jeudi prochain : ce sera pour être à Paris le lundi 29e de ce mois, s'il plaît a Dieu. Je passerai par Lisieux, et vous porterai, si je ne me trompe, de bonnes nouvelles de l'affaire dont vous m'avez écrit[2]. Adieu, Monsieur : je suis toujours votre très-humble et très-affectionné serviteur.

1622 215. — [A Aix[1]], ce 10e de juillet 1622.

Monsieur, je suis trop obligé à me souvenir de vous pour ne vous rendre pas raison de mon silence depuis tantôt[2] deux mois que je suis arrivé en ce pays. Mon

miers, il fut condamné à mort par le parlement de Toulouse et exécuté.

Lettre 214. — 1. L'original de cette lettre a disparu du manuscrit de la Bibliothèque. Nous avons revu le texte sur le manuscrit Fortia.

2. Peut-être quelque affaire relative à la succession de du Vair, évêque de Lisieux.

Lettre 215. — 1. Le papier est coupé à l'endroit où étaient écrits les mots *A Aix;* on voit encore le haut des deux *A*. — Peiresc ne quitta Paris qu'en 1623. Il était à Aix au mois d'octobre.

2. *Tantôt* a été ajouté au-dessus de la ligne. A la ligne suivante,

excuse, que, je m'assure, vous treuverez raisonnable, est que le jour même de la fête de Dieu, il plut à l'avocat général Tomassin[3] faire garder la chambre à mon fils; ce qui lui réussit si bien, par la facilité qu'il trouva en M. d'Oppède[4], qu'encore aujourd'hui il est en prise de corps. Je crois bien que si je l'eusse voulu faire représenter, il en seroit quitte[5]; mais pource que je me doute qu'ils l'eussent obligé à quelque satisfaction à la partie, j'ai mieux aimé qu'il soit privé quelques jours de la place des Jacobins, que de le soumettre à cette indignité. J'ai donc envoyé querir un renvoi à un autre parlement; je l'attends au premier jour avec les inhibitions à celui-ci. Quand cela sera, je serai en état de vous écrire avec soin et de vous mander des nouvelles dont la source va être en ces quartiers : pour celles qui y sont à cette heure, M. de Bouc[6] les vous dira; c'est assez pour ce coup que je vous aye témoigné que je n'oublie point l'honneur que vous et les vôtres me faites de m'aimer; continuez-le-moi, s'il vous plaît, comme je continuerai, Monsieur, d'être toute ma vie votre serviteur très-humble et très-affectionné, 1622

MALHERBE.

Monsieur, je vous supplie de me faire cette faveur d'envoyer ce paquet au *Fer à cheval*, en la rue Aubry-Boucher, et le faire mettre entre les mains de quelqu'un

Malherbe avait mis d'abord : « que je m'assure que vous treuverez, » puis il a effacé le second *que*.

3. Jean-Étienne Tomassin, premier avocat général au parlement d'Aix (1601).—Voyez sur toute cette histoire la *Notice biographique*, tome I, p. xxxv et suivantes.

4. Vincent-Anne de Fourbin Meynier, baron d'Oppède, premier président du parlement d'Aix de 1621 à 1632.

5. *Quitte* a été substitué à *dehors*.

6. De la maison de Seguiran, en Provence.

1622 des messagers de Caen, qui y sont ordinairement, pour le faire tenir selon son adresse. Pardon, Monsieur, de tant de peines[7].

---

216. — A Aix, ce 25e septembre.

Monsieur, j'ai tant de peur de vous importuner trop souvent, que peut-être je ne vous rends pas ce que je vous dois. Mais que vous écrirois-je, quand je serois moins paresseux que je ne suis? Tout ce qu'il y a ici de nouveau vous est mandé par M. de Valavez : voilà pourquoi, ce sujet me défaillant, il m'en reste peu d'autres pour vous entretenir. Nous attendons ici les reines d'un jour à l'autre; aussitôt qu'elles y seront, je m'en irai les treuver, et me tenir auprès d'elles. S'il n'en vient qu'une, à la bonne heure; si elles viennent toutes deux, encore mieux; notre cour n'en sera que plus grande. Ce sera là que j'aurai[1] moyen de savoir plus fidèlement et plus certainement ce qui se fera en l'armée, et alors vous verrez que je n'ai pas oublié le soin que vous avez eu de m'écrire quand j'étois en Normandie. J'écris un petit mot à M. du Bouillon à Caen, pour le prier de recevoir une méchante rente de cinq cents livres, dont le terme est échu depuis le seizième du présent mois, et les vous envoyer. Vous me ferez, s'il vous plaît, l'honneur de les prendre, et en bailler à M. Ycart ce qu'il vous demandera, et le reste vous me le ferez tenir par la première commodité. Vous voyez, Monsieur, comme j'abuse de vous; mais je sais votre courtoisie générale envers tout le monde, et votre bienveillance particulière en mon endroit; c'est ce qui

7. Ce paragraphe a disparu du manuscrit autographe.

Lettre 216. — 1. Malherbe a effacé *le* devant *moyen;* à la fin de la ligne il a ajouté après coup *plus*, devant *certainement*.

me fait si libre ou, pour mieux dire, si effronté. Vous m'en excuserez, s'il vous plaît, et aviserez si en quelque chose je serai capable de revanche : jusques ici je m'engage toujours, et accrois le nombre des dettes ; mais la fortune peut faire un plus grand miracle que de me donner de quoi en payer, sinon tout, pour le moins une partie. J'en prie Dieu de tout mon cœur, et vous, Monsieur, de me conserver en vos bonnes grâces, et me croire toujours votre très-humble et très-obéissant serviteur. 1622

---

217. — A Aix, ce 23e novembre.

Monsieur, je me réserve à vous remercier de bouche de tant de bons offices que je reçois de vous ; je pense être en chemin devant qu'il soit huit ou dix jours : tout ce que j'attends, c'est que le Roi soit avancé vers Paris, afin qu'à tant d'autres incommodités je n'ajoute point celle d'être mal logé, ce qui ne pourroit être autrement si je m'embarrassois dans le gros de la cour. M. de Savoie est auprès du Roi ; mais des cérémonies de cette réception et de ce qui s'y est passé, il faudra que vous le sachiez de M. de Valavez, qui y a été continuellement ; pour moi, l'âge et la saison me font désormais éviter les courvées qui ne sont point nécessaires. Je vous supplie, Monsieur, si l'on m'envoyoit l'argent de Normandie, en bailler à M. Ycart ce qu'il a fourni pour moi, et me garder le reste à mon arrivée à Paris. Je vous ai des obligations, des offres que vous me faites, si grandes que je ne vous en saurois exprimer le ressentiment. Cette démonstration de[1] bonne volonté me sera toujours devant les yeux,

Lettre 217. — 1. Les mots *démonstration de* sont écrits au-dessus de la ligne.

1622 jusques à ce que la fortune m'ait donné quelque moyen de m'en revancher. Je vous supplie y ajouter encore cette faveur de faire tenir à M. Ycart ce paquet que je vous adresse, et à Mme Jouan une lettre que je lui écris pour me tenir ma chambre prête au vingtième[2] du mois prochain. J'espère, Monsieur, en ce temps-là n'être pas loin de vous, et vous dire avec plus de paroles ce de quoi je ne puis à cette heure vous entretenir; cependant vous me conserverez, s'il vous plaît, en vos bonnes grâces, comme votre serviteur très-humble et très-obligé,

MALHERBE.

Monsieur, excusez encore cette importunité : si M. Ycart a besoin de quelque recommandation en mon affaire, je vous supplie très-humblement l'assister de la vôtre envers les amis que vous avez au conseil.

1626

218. — A Paris, ce 19e de décembre.

MONSIEUR, il y a si longtemps que je ne vous ai écrit, que je ne sais si vous connoîtrez ma lettre; la paresse en est une cause, mais les affaires sont la principale. J'ai si peu accoutumé d'en avoir, que la moindre que j'aye ne me permet aucun divertissement. Monsieur le Cardinal[1] m'a promis toute sorte de faveur; vous pouvez penser si j'en dois espérer bonne issue. Sitôt que j'en serai hors, je m'en vais lui rendre en rime ce qu'il m'aura prêté en prose. Je suis vieil, et par conséquent contemptible aux

2. Malherbe a corrigé *quinzième* en *vingtième*, et trois lignes plus loin, *pourrois* en *ne puis*.

LETTRE 218. — 1. Le cardinal de Richelieu. Voyez tome I, la *Notice biographique*, pages XXIX et L.

Muses, qui sont femmes; mais en son nom je crois que je ne leur demanderai rien qu'elles ne m'accordent. Quoi que je die et que j'écrive de lui, je pourrai bien le satisfaire, mais moi jamais. Je lui donnai, il y a environ un mois ou cinq semaines, un sonnet que je vous envoye[2]; vous m'en direz votre avis : aussi bien n'avons-nous point de nouvelles. Vous avez su le congé donné à Barradas[3]. Nous avons un Saint-Simon[4], page de la même écurie, qui a pris sa place. Le Roi, mécredi dernier, le présenta à la Reine sa mère. C'est un jeune garçon de dix-huit ans ou environ[5]. La mauvaise conduite de l'autre lui sera une leçon, et sa chute un exemple de faire mieux. J'ai ouï dire à Mme la princesse de Conty qu'elle avoit vu qu'un jour le Roi, par caresse, lui jeta quelques gouttes d'eau naffe[6] au visage dans la chambre de la Reine. Il se mit en telle colère, qu'il sauta sur les mains du Roi, lui arracha ce petit pot où étoit l'eau, qui étoit un pot de porcelaine, et le lui cassa à ses pieds : ce n'est pas là l'action d'un homme qui voulût mourir dans la faveur. Bais, son oncle, du déplaisir qu'il a eu de son éloignement[7], est mort deux jours après. Je crois que le principal sentiment qui le porta à cette extrémité fut qu'il avoit répondu pour lui de quinze ou vingt mille écus[8]. Monsieur le Cardinal a été cinq ou six jours à Grosbois; il en revient demain; il se porte bien, grâces à Dieu. Vous 1626

2. Voyez tome I, piece XCIX, p. 272.

3. François de Barradas, premier écuyer de la petite écurie. Voyez les *Mémoires de Richelieu*, livre XVII, année 1626, vers la fin.

4. Claude de Saint-Simon, le père de l'auteur des *Mémoires*.

5. Malherbe avait ajouté ici *beau gar[çon]*, qu'il a ensuite rayé.

6. « Sorte d'eau de senteur, dit le *Dictionnaire de l'Académie*, dont la fleur d'orange est la base. »

7. Les mots *de son éloignement* ont été substitués à *du bannissement de*.

8. Dans l'autographe : « xv ou xx mille escus »

1626 pouvez penser comme je prie pour un homme qui m'a dit qu'il veut faire toutes mes affaires. Les notables [9] continuent toujours leur assemblée, mais lentement. Monsieur leur président fait bien souvent l'école buissonnière; mais, sans flatter et sans mentir, on dit qu'il y fait des merveilles, et qu'il donne toute l'espérance qu'on peut avoir d'un grand prince. J'oubliois à vous dire qu'il y a quatre ou cinq jours qu'étant avec M. d'Herbaut [10], il vint un homme d'Église lui présenter un papier; il lui demanda que c'étoit; il lui dit que c'étoit un placet pour une archevêché que le Roi lui avoit accordée. Je lui demandai quelle archevêché c'étoit; il dit que c'étoit celle [11] d'Aix: je contestai là-dessus, et lui dis que ce ne pouvoit être celle d'Aix, pource qu'elle étoit au frère de Monsieur le Cardinal [12], qui ne pouvoit être mort qu'il n'en fût plus grand bruit. Je lui demandai si ce n'étoit point Aqs [13]; il dit que non. M. d'Herbaut là-dessus prit son placet, et l'ayant regardé, dit : « Voilà Aix en Provence bien écrit : tenez, gardez bien votre placet. » Le pauvre homme s'en retourna bien étonné; mais M. d'Herbaut ni moi ne savons qui il est. Je n'ai pas l'honneur d'être connu de Monsieur notre archevêque, mais je ne desire pas que nous le changions; je crois qu'aussi ne faites-vous : je sais bien le goût que vous avez pour les personnes de son mérite. Adieu, Monsieur. Devant que de finir, je vous

9. L'assemblée des notables s'ouvrit au château des Tuileries le 2 décembre 1626, et fut close le 24 février 1627. — Le frère du Roi, Gaston, en avait été nommé président.

10. Raymond Phelypeaux, seigneur d'Herbaut, secrétaire d'État (1621), mort en 1629.

11. Devant *d'Aix*, il y a *de Monsieur*, effacé; et deux lignes plus loin, *à Monsieur* après *étoit*.

12. Alphonse-Louis du Plessis-Richelieu, archevêque d'Aix de 1626 à 1629.

13. La ville d'Acqs ou Ax, plus connue sous le nom de *Dax*.

dirai que les Espagnols ont pris une île entre Irlande et Angleterre, et la fortifient. Les deux reines en oyant[14] hier ensemble, la Reine dit à la Reine mère que c'étoient ses enfants qui se battoient[15]. On attend ici M. le maréchal de Bassompierre, qui a rhabillé tout le malentendu entre France et Angleterre[16]; les choses y vont comme on le sauroit desirer. Adieu encore un coup : j'ai plus babillé que je ne pensois; je vous baise bien humblement les mains, et suis, Monsieur, comme toujours, votre serviteur très-humble et très-affectionné, 1626

MALHERBE.

Je suis très-humble serviteur de M. de Valavez.

---

219. — A Paris, ce 27e juillet 1627. 1627

MONSIEUR, vous n'avez point eu de réponse de moi sur le fait de la contestation entre Monsieur l'Archevêque et Messieurs du parlement[1], parce que lorsque j'en parlai à Monsieur l'évêque de Chartres[2], il me dit qu'il avoit été enquis sur le même sujet de votre part il y avoit quinze jours, et qu'il y avoit répondu. Tout ce que j'y

14. L'autographe porte : « en n'oyant. »

15. Deux des filles de Marie de Médicis avaient épousé, l'une Philippe III, roi d'Espagne, l'autre Charles Ier, roi d'Angleterre.

16. Voyez les *Mémoires de Bassompierre*, année 1626.

LETTRE 219. — 1. « Au sujet d'une estrade sur laquelle l'Archevêque voulait que le parlement montât pour aller à l'offrande. » (*Note de M. Bazin.*) — Voyez dans le manuscrit 91 de la collection Dupuy, un arrêt du parlement d'Aix contre l'Archevêque; et à la suite des *OEuvres* de du Vair, les remontrances au Roi du même parlement contre lui.

2. Léonor d'Estampes de Valançay, cardinal, évêque de Chartres de 1621 à 1641.

1627 ajouterai, c'est que de tous les évêques à qui j'en ai parlé, il n'y en a pas un qui n'ait dit qu'il avoit toujours attendu l'offrande aux degrés qui sont devant l'autel; un seul me dit que Messieurs du parlement faisoient ce qui leur plaisoit dans le Palais, et qu'un archevêque ne devoit pas avoir moins de puissance dans son église. Je me trompe, ou il ne pouvoit pas me dire plus ouvertement : « Je prétends, à la première promotion, être nommé pour le chapeau de cardinal. » Je vous remercie de vos nouvelles : les nôtres sont bonnes pour la santé du Roi, grâces à Dieu; mais il est aujourd'hui venu un courrier à Sa Majesté, qui dit que les Anglois ont mis pied à terre en l'île de Ré, et que, sur l'empêchement qu'on leur a voulu donner, il s'est fait un grand combat, où nous avons perdu la Rochebaritaud, le baron de Chantal[3], et Rostincler, frère de M. de Thoiras : pour le nombre des morts, on en parle diversement; nous en saurons dans deux jours la vérité, je ne me plais pas à écrire des bourdes. Par cette voie, j'écris à Monsieur le premier président[4] plus au long tout[5] ce que je sais; vous le verrez à votre aise dans sa lettre: je suis pressé de sommeil, je serai plus diligent une autre fois. Cette fois, Monsieur, vous ne contesterez que je vous die que je sois votre serviteur très-humble.

3. Le baron de Chantal, père de Mme de Sévigné. — Rolin de Saint-Bonnet, seigneur de Restanclières, capitaine au régiment des gardes, frère de Jean de Saint-Bonnet, seigneur de Toiras, qui défendit glorieusement le fort de Saint-Martin contre les Anglais, et fut nommé maréchal de France.

4. Voyez ci-dessus, p. 569, note 4.

5. *Tout* a été ajouté au-dessus de la ligne.

220. — A Paris, le 4e d'octobre. 1627

Monsieur, je ne suis pas diligent comme je devrois être[1]; mais je suis vieil, et vous, qui êtes jeune, ne faites pas mieux que moi. Vous avez ici M. d'Agut, qui vous fait penser que vous n'avez que faire des autres; et certes vous avez raison, il ne manque point de bons avis; aussi l'opinion que j'en ai n'est pas une des moindres excuses de mon silence. Quoi que c'en soit, il faut tout treuver bon de ses amis; je crois que quand les autres fois vous auriez voulu contester ponctuellement avec moi là-dessus, à cette heure que vous me voyez embarrassé dans une si malheureuse affaire comme celle de la mort de mon pauvre fils[2], vous ne feriez point difficulté de me remettre quelque chose de votre droit. Je desire toujours vos bonnes grâces, et ne me manquera que des occasions pour le vous témoigner. Vous verrez ce que je sais de nouvelles dans celle que j'écris à Monsieur le premier président[3]. J'espère au premier jour vous mander le partement de Bouquinghan[4]; les affaires prennent ce chemin-là: je m'assure que c'est autant votre souhait comme le mien. Pour mes assassins[5], les marauds peut-être croyent que leur cas va bien, parce que je les laisse en repos; mais je veux qu'ils sachent que avec l'aide de Dieu

Lettre 220. — 1. Le mot *être* a été ajouté au-dessus de la ligne.

2. Marc-Antoine avait été tué en duel le 13 juillet 1627. Voyez tome I, la *Notice biographique*, p. xxxvii et suivantes. C'est par erreur qu'au même volume la date du mois de juin a été indiquée dans la notice de la pièce cii, p. 276.

3. Malherbe avait mis d'abord : « Vous verrez ce que je sais de nouvelles de Monsieur le premier président, à qui j'en écris. »

4. Le duc de Buckingham, que l'on se disposait à chasser de l'île de Ré.

5. Les meurtriers de son fils. Voyez tome I, *Notice biographique*, p. xxxvii et suivantes. — Devant *marauds*, le manuscrit porte : « povres gen[s]; » *peut-être* a été ajouté au-dessus de la ligne.

1627 ils se treuveront accablés d'un côté d'où ils ne se guettent pas. M. de Gordes, si vous le voyez, vous dira avec quelle affection le Roi me promit qu'ils n'auroient jamais de grâce ni d'abolition; il y étoit présent. Dieu sait comme je dépeignis à Sa Majesté l'horreur de l'assassinat et la basse condition des drôles. Il m'exhorta de les faire prendre, et que du reste je m'assurasse que j'aurois justice. Si je n'eusse empêché leur confiscation, il y a longtemps qu'elle fût donnée : mon intérêt seul en a été le retardement. Adieu, Monsieur : je parle à vous comme à mon ami; aussi suis-je tout à fait votre très-humble et très-affectionné serviteur,

MALHERBE.

J'ai oublié, aux nouvelles que j'ai écrites à Monsieur le premier président, de lui dire que demain la Reine, mère du Roi, s'en va pour huit ou dix jours à sa maison de Monceaux.

Le Roi devoit être hier à Saumur : il y en a qui croyent que de là il ira voir ses vaisseaux à Morbihan; les autres, qu'il ira droit à la Rochelle, qui n'est qu'à vingt-quatre ou vingt-cinq lieues de Saumur.

1628 221. — A Paris, ce 3e avril 1628.

MONSIEUR, quand j'ai vu votre lettre, que m'a fait tenir M. de Porchères Arbaut[1], j'ai été ravi, comme d'une chose toute inopinée; tout ce que j'y blâme, c'est que vous ne vous excusez point d'avoir été si longtemps sans m'écrire. Je ne savois certes à quoi imputer votre silence.

LETTRE 221. — 1. Cousin de la femme de Malherbe. Voyez tome I, *Notice biographique*, p. XLII.

J'avois de la peine à croire que deux hommes de si basse condition comme sont mes parties, vous fussent plus considérables que je ne suis : toutefois je ne savois à quoi me résoudre. Loué soit Dieu, que vous m'avez témoigné d'avoir encore quelque souvenir de moi ! cette franchise dont je vous parle, conforme à mon naturel, vous doit assurer de la vérité de mon[2] sentiment. Je ne saurois perdre votre amitié qu'avec douleur ; on n'estime point ce que l'on perd sans s'émouvoir. Je vous remercie de vos nouvelles : je crois que c'est ce que vous avez de plus illustre en Provence que l'affaire de Mme de Créquy ; il y a là de quoi entretenir le cercle. Je vous ai déjà accusé d'une chose, je vous accuserai encore d'une seconde : c'est que vous me dites que si l'imprimeur qui a imprimé mes vers[3] en eût eu encore des exemplaires, vous ne m'en eussiez pas demandé : ce n'est pas, ce me semble, vivre avec moi comme veut celui que je vous suis. Je vous envoye une dernière douzaine d'exemplaires, mais c'est d'une impression faite sans mon sçu et sans mon aveu. Je m'en suis, au commencement, offensé à bon escient ; mais à cette heure que je suis au bout de trois cent cinquante exemplaires que j'avois fait faire, je suis bien aise que cette commodité se soit offerte de satisfaire à mes amis qui en desirent avoir. Je promis hier au Roi d'en faire sur la prise de la Rochelle ; mais je vous jure que j'en ferai faire douze ou quinze cents exemplaires[4], et avec privilége, afin que je ne retombe en ce déplaisir que j'ai eu de voir les fautes faites en cette dernière impression. 1628

Pour nos nouvelles, le Roi est parti ce matin, environ les sept heures ; Monseigneur, qui lui venoit dire

2. *De mon* a été substitué à *du*.
3. Voyez tome I, pièce CIII, p. 277.
4. *Exemplaires* a été ajouté après coup, au-dessus de la ligne.

1628 adieu, comme il a été devant la porte de mon logis, s'est arrêté à la vue du Roi, qui sortoit de la barrière du Louvre; il a mis pied à terre, et de là est monté au carrosse du Roi, qui l'a fait mettre auprès de lui au derrière du carrosse. Sa Majesté lui donna samedi cinquante mille écus. Il dit qu'il veut que tout cela s'en aille en bisques[5] incontinent après Pâques. M. de Lorraine vient cette semaine; si le Roi est sorti de Versailles ou de Dourdan, il l'ira trouver en poste. Je crois que par gravité le Roi n'a pas voulu l'attendre plus longtemps; mais quelle qu'en soit la signification, il ne m'en chaut, puisque l'affaire est accommodée. Hier un Écossois, nommé Lamon, qui est l'un de ceux qui gardent M. de Vendôme[6], dit au Roi qu'il avoit nouvelles de Londres que Bouquinghan, pour se parer de la haine du peuple qui s'étoit ému contre lui, s'étoit retiré à Plémut[7], et de là en Écosse; que sa maison avoit été pillée et rasée de fond en comble, et ses carrosses brûlés emmi la rue. Je ne pense pas que cette affaire-là soit bonne pour les Rochelois : s'ils ont bon nez, cela leur doit grandement diminuer[8] l'espérance d'être secourus. Hier au soir, le Roi, après avoir soupé, descendit chez la Reine sa mère. Comme[9] il y eut été environ demi-quart d'heure, il se

5. Le mot *bisques* signifie-t-il ici *mets exquis*, *festins*, ou bien faut-il le prendre dans le sens de jeu (de l'italien *bisca*, brelan, tripot)?

6. Prisonnier à Vincennes. Il avait été arrêté à Blois le 13 juin 1626.

7. Plymouth. — L'autographe porte *Plémut* ou *Plémur;* la dernière lettre est douteuse.

8. Malherbe avait d'abord écrit : « cela doit grandement leur diminuer. »

9. Cette phrase n'en faisait d'abord qu'une avec la précédente. Le second *il*, à la fin de cette ligne, et, un peu plus haut, le mot *descendit*, ont été ajoutés après coup.

leva, prit congé de ce qui étoit dans le cercle. Madame la Princesse fut la première, Mme la princesse de Conty la segonde, et Mme la comtesse de Soissons la troisième. Il parla à elle quelque temps; aux autres, il ne fit autre chose que les baiser. Il avoit un pourpoint de peaux, que les Reines et toutes les princesses louèrent grandement. Je dis tout bellement à la Reine que je souhaitois que ce pourpoint-là fût vu dans les rues de la Rochelle : elle me dit qu'elle le souhaitoit bien aussi, mais que ce fût dans peu de temps. Je lui répondis que je ne croyois pas que l'affaire tardât plus de deux mois ou trois au plus. Elle dit au Roi ce que je disois; lequel s'étant avancé vers moi, me dit qu'il n'avoit jamais vu de si beaux vers que ceux que je lui avois donnés[10] : je lui dis que j'en allois faire pour la prise de la Rochelle qui seroient encore meilleurs; il me dit que je le fisse. Voilà de la besogne pour moi; Dieu me fera, s'il lui plaît, la grâce d'en sortir avec autant d'honneur que je suis sorti de ceux que vous avez vûs. J'ai envoyé à M. Astruc[11] le remerciement que Monseigneur le Cardinal m'en a daigné faire ; il vous montrera la copie de la lettre qu'il m'en a écrite[12]. Je ne sais plus que vous dire. Dieu veuille que bientôt je vous mande la prise de la Rochelle ! C'est, Monsieur, tout ce que j'ai à vous dire, sinon que je suis et veux être à jamais votre serviteur très-humble.

1628

10. Voyez plus haut, p. 579, note 3.

11. Astruc, avocat au parlement d'Aix. Voyez tome I, *Notice biographique*, p. XLIII.

12. Nous avons donné cette lettre dans le tome I, *Notice biographique*, p. L.

PIÈCES SANS DATE.

Les originaux des pages qui vont suivre se trouvent dans le manuscrit de la Bibliothèque impériale, mais séparés des lettres auxquelles ils appartenaient; et nous ne pouvons leur assigner que des dates approximatives.

I[1]. Monsieur, je vous supplie de mettre cette lettre dans le paquet que vous baillerez à M. du Mas, et m'envoyer la résolution du billet que je laissai hier au soir à votre homme pour vous bailler. Je vous remercie de vos belles et bonnes prunes, et prie Dieu qu'elles me tiennent sain pour vous servir.

II[2]. Le Roi a été ici sept ou huit jours, et en est parti assez mal content de tous les sujets qui l'y avoient amené.

La marquise lui a fait des demandes qu'il n'a pas jugées être à propos de lui accorder, las de ce qu'elle demandoit cinq villes, dont Metz en étoit l'une. On y met Caen, Calais, Antibes; mais de cela chacun en parle diversement. Tant y a qu'ils se sont séparés en mauvais ménage. Sa Majesté a vu Néry [3], qui a consenti à tout

1. Ce billet est placé en tête du tome I du manuscrit des lettres. Il a été écrit pendant un des voyages de Peiresc à Paris.

2. Ce fragment, qui se trouve au numéro 58 du tome I du manuscrit, est antérieur au mois de juin 1608, puisqu'à cette date le mariage de M. de Vendôme et de Mlle de Mercœur était accordé.

3. Néry était une belle fille de la cour que l'on voit figurer sur

ce qu'il a voulu; mais on dit que le Roi ne se trouva pas bien disposé. Pour Mlle de la Haye, le Roi n'a vu ni elle ni sa fille, dont elle est infiniment affligée.

Monsieur le connétable a dit franchement au Roi qu'il ne pouvoit consentir au mariage de son fils avec Mlle de Verneuil, à cause du mal qu'en dit la Reine à Madame la marquise. Pour Mlle de Vendôme, il la voudroit bien, mais on doute que le Roi ne la destine ailleurs. Je vous en ai écrit ci-devant.

Mme de Mercœur, avec cette même liberté, a dit qu'elle supplioit très-humblement le Roi de ne lui parler plus du mariage de M. de Vendôme avec sa fille, parce qu'elle n'en vouloit point entendre parler, et que de la forcer c'étoit chose à quoi elle ne pouvoit résoudre. M. de Sully, qui prétend cette chose, lui remontra qu'il faudroit donc payer les cent mille livres de dédit. Elle a répondu que tout son bien est au Roi, qu'il en fera comme bon lui semblera, et qu'elle se contentera que le Roi lui laisse et à sa fille de quoi vivre.

M. le comte de la Rocheguyon perdit l'autre jour cent mille écus contre M. le prince de Joinville et M. de Termes. On lui fera composition, mais il y en coûtera toujours trente ou quarante mille écus.

Sa mère, Mme de Guercheville, étoit malade à Fontainebleau. Si elle sait cette nouvelle, c'est pour la faire mourir. On dit que la Reine la lui a dite.

Je vous supplie de faire mes humbles recommandations à M. du Périer et lui montrer ce billet; car nous n'avons autres nouvelles.

les comptes de la maison du Roi pour l'année 1615, comme jouissant d'une pension de quinze cents livres.

III[1]. Le Roi étant hier après dîner aux Tuileries, dit qu'il boiroit volontiers du cidre; on en alla tout aussitôt querir chez le comte de Thorigny[2]: cependant il continua de jouer dans les allées. M. de Souvray et Monsieur le Premier demeurèrent à se reposer, attendant que le cidre fût venu. L'on apporta deux bouteilles et deux verres; M. de Souvray et Monsieur le Premier burent de l'une de ces bouteilles. Le Roi arrivant incontinent après, demanda s'il y avoit du cidre; on lui dit qu'oui, et qu'il étoit fort excellent. Il demanda pourquoi on avoit bu devant lui[3]; M. de Souvray lui dit qu'on lui avoit laissé une bouteille à laquelle on n'avoit point touché : il fit mine de se contenter, puis demanda en quel verre ils avoient bu; on le lui montra. La fortune voulut que celui qui fit l'essai le fit en l'autre verre; de sorte que le Roi, quelques remontrances que lui fît M. de Souvray que le feu Roi son père buvoit même avec les moindres soldats, ne voulut jamais boire. Il y eut bien de la contestation; enfin il ne but point, et s'en plaignit à la Reine. M. de Souvray fit aussi sa plainte : les conclusions furent au désavantage du Roi, mais elles ne furent pas exécutées.

Mardi au soir, le Roi se voulant coucher, M. le marquis d'Ancre commença à le détacher. M. de Souvray dit à un valet de chambre : « Détachez le Roi. » Il s'approcha, et se mit en devoir de le faire. Monsieur le marquis, sans rien dire, le repoussa tout doucement de la main, et continua de vouloir détacher. Le valet de

1. Ce fragment, qui est au numéro 8 du tome II du manuscrit, est antérieur au mois de février 1614, date à laquelle Concini fut nommé maréchal de France, puisqu'il est encore question de lui, comme marquis d'Ancre. Dans l'édition de Blaise il avait été inséré, avec le suivant, à la fin de la lettre du 17 juillet 1615.

2. Jacques de Matignon, comte de Thorigny.

3. C'est-à-dire avant lui.

chambre se reculant, M. de Souvray lui dit derechef : « Faites ce que je vous commande, détachez le Roi; » ce qu'il fit, et Monsieur le marquis se retira.

IV[1]. Je ne vous puis rien écrire du fait de M. de Châteauneuf[2], pource qu'il n'y a encore rien d'avancé. Il lui a été rapporté que quelqu'un parlant à Monsieur le chancelier de cette affaire, lui proposa qu'il seroit bon qu'il baillât son état de conseiller à son fils; et que là-dessus Monsieur le chancelier répondit qu'il n'y avoit pas d'apparence à cela, et qu'il étoit trop honnête homme. Je ne sais ce qui en est; tant y a que je ne le vois pas disposé à s'en défaire. Je crois que dans quelques jours il saura la résolution de Monsieur le chancelier. Jusqu'ici il s'est contenté de le voir sans lui parler de rien, depuis la première fois qu'il le salua à son arrivée.

V[3]. Monsieur, je viens d'arriver de la ville, et jusqu'à cette heure il ne m'étoit point souvenu d'écrire en Provence, si bien que je n'ai eu loisir que d'écrire un mot à ma femme, que je vous envoye pour mettre, s'il vous plaît, en votre paquet; et ferez mes excuses à M. de Peiresc. Par la première commodité je lui payerai l'usure de ce retardement. Bonsoir, Monsieur : je vous baise bien humblement les mains et à M. de Cazan.

1. Ce fragment, qui se trouve au tome II du manuscrit, numéro 39, est probablement de l'année 1614.

2. Le beau-frère de Malherbe dont il a été souvent parlé plus haut.

3. Cette lettre, qui se trouve au numéro 24 du tome I du manuscrit, est probablement adressée à M. de Valavez, à Paris.

APPENDICE.

I

LETTRES DE MADAME DE MALHERBE A PEIRESC[1].

1. — D'Aix, ce 5 décembre 1614.

MONSIEUR, je reçus il y a quelques jours, par M. André, la lettre qu'il vous plut m'écrire. Je vous supplie de me pardonner si j'ai tant demeuré de vous remercier très-humblement [de] tant de faveurs et honnêtes offres qu'il vous a plu me faire. Je ne suis pas si pressée que je n'attende bien votre retour pour recevoir la partie que M. de Malherbe vous a supplié par ses lettres de me fournir, et qu'il la baillera de delà à ceux que vous lui marquerez. Je vous supplie de l'excuser, lui et moi, de tant d'importunité que nous vous donnons. Mais nous ajouterons cette obligation au nombre infini que nous vous avons déjà, n'ayant autre desir que de le reconnoître par toutes les sortes de service que nous vous pourrons rendre; et en cette volonté, je vous baise très-humblement les mains, et je demeure, Monsieur, votre très-humble et très-obligée servante,

MADELEINE DE CORRIOLIS.

Monsieur, je viens de recevoir tout présentement un paquet de M. de Malherbe, lequel je vous envoye avec cette lettre chez M. de Calas, pour le vous faire tenir.

1. Les originaux de ces deux pièces se trouvent au tome I du manuscrit, numéros 218 et 191. Il n'y a que les signatures, *Madeleine de Corriolis*, qui soient de la main de Mme de Malherbe.

2. — D'Aix, ce 6 janvier 1615.

Monsieur, j'ai reçu par les mains de M. le conseiller Agut la lettre qu'il vous a plu m'écrire, avec soixante carnes de sezains[1], trois écus d'Espagne et deux sezains ; et de M. de Galifet[2], cent vingt-cinq livres. Je l'ai ainsi écrit aujourd'hui à M. de Malherbe, par Griphon, homme de chambre de M. de Gordes, qui est parti pour s'en aller à la cour. S'il vous plaît de lui faire l'honneur de lui écrire, et lui marquer ceux à qui il les rendra par delà, je m'assure qu'il le fera tout aussitôt. Je ne saurois assez, à mon gré, vous remercier, Monsieur, de tant de faveur que vous me faites, et du soin que vous prenez de nous. Je ne puis autre chose que prier Dieu qu'il vous donne tout le contentement que vous desirez. Je vous baise très-humblement les mains et demeure, Monsieur, votre très-humble et très-obéissante servante,

Madeleine de Corriolis.

Lettre 2. — 1. *Carne de sezains* ou *seizains* signifie *quatre pièces de seize sous*. Les pièces de seize sous sont les quarts d'écu dont parle Malherbe dans sa lettre du 1er février 1615, où il remercie Peiresc au sujet de la somme d'argent dont Mme de Malherbe accuse ici réception. Pour la valeur du quart d'écu, voyez, outre le calcul contenu dans la lettre que nous venons de citer, celui que Peiresc a joint à la cote de la lettre 20 et que nous donnons plus bas, p. 601, note 1. — C'est seulement dans le *Dictionnaire françois-anglois* de Cotgrave, publié à Londres en 1611, que nous avons trouvé l'explication du mot *carne*, qui est une contraction de *quaterne* et désigne « un nombre de quatre unités ou de quatre dizaines. » La locution *carne de testons* y est ainsi traduite : *A quarterne of testons, consisting of foure* (sic), *or of fortie* (sic). — Quant au terme *sezains* ou *seizains*, c'est la cote mise par Peiresc à la lettre 179 qui nous en a donné le sens. Il emploie *seizains* comme équivalant aux mots *quarts d'écu*, dont Malherbe s'est servi dans sa lettre : voyez p. 614, et p. 483.

2. Voyez encore ci-dessus, p. 483. Malherbe écrit *Califet*.

II

LETTRES DE M. DU BOUILLON A PEIRESC[1].

1 — De Caen, ce 28e jour de juillet 1622.

Monsieur, j'avois pris la hardiesse de vous écrire un mot de lettre, pour apprendre de vous quelques nouvelles de mon cousin Malherbe, parce qu'il en étoit venu ici de très-mauvaises qui m'avoient donné de très-grandes inquiétudes. Les siennes m'ont soulagé l'esprit de cette appréhension, et ont converti mon déplaisir en un excès de joie; mais ce qui me le redouble encore plus est le témoignage qu'il vous plaît me rendre de votre bienveillance : j'avoue que j'en dois le remerciement à votre bonté, car je ne l'ai jamais méritée par aucune sorte de service; mais pour l'avenir je tâcherai de l'entretenir et de la cultiver par mes très-humbles devoirs de respect et de submissions. Je regrette que je ne suis en lieu ou en assez bonne condition pour faire paroître le ressentiment que j'ai de cette obligation; mais n'osant l'espérer, vous me permettrez de le souhaiter : la sincérité de mon affection suppléera au défaut de ma mauvaise fortune. En attendant que j'aurai l'honneur de vous en donner les

1. Ces lettres se trouvent dans le tome I du manuscrit de la Bibliothèque impériale, aux numéros 124, 125, 122 et 123, et dans le tome II, au numéro 26 ; elles ont été écrites à Peiresc, qui était resté à Paris pendant le voyage de Malherbe en Provence. M. du Bouillon était un cousin par alliance de Malherbe. Nous en reparlerons dans notre quatrième volume. — Notons en passant que Malherbe n'appelle jamais le duc de Bouillon autrement que du Bouillon, comme son cousin.

assurances de bouche et en présence, celle-ci préviendra mon devoir[1]; car j'espère partir vendredi de cette ville pour aller à Paris prêter le serment de trésorier de France, devant Monsieur le chancelier[2]. Là je jouirai du bonheur de votre entretien. Entre temps[3], je vous dirai que vos bonnes nouvelles avancent le service du Roi, car les esprits étoient déjà préoccupés de cette mauvaise impression qu'avoit donnée le bruit de la venue du comte de Mansfeld. Nous avons été travaillés en cette province de l'appréhension de l'armement des Anglois : cette peur nous fut apportée si chaude, que toutes les communes se sont assemblées pour défendre leur côte. Il est venu des Anglois naturalisés qui s'étoient retirés au commencement de ces troubles, qui ont levé cette terreur panique; ils nous ont assuré que M. de Soubise se promène à Londres comme un gentilhomme qui voyage à petits frais. M. de Longueville est venu ces jours passés visiter les villes de son gouvernement en la basse Normandie. Il a changé le lieutenant de Cherbourg, ville maritime, pour s'être vanté d'avoir refusé cinquante mille livres de sa place; il a craint que cette forte tentation ne l'emportât : en matière d'État, *qui deliberant desciverunt*[4]. Je regrette qu'en contréchange je ne vous puis mander autre chose; mais le pays étant petit et stérile, il ne porte pas grand fruit. Je clôrai donc la présente de mes très-humbles baise-mains, et demeu-

Lettre i. — 1. *Devoir* a été substitué à *dessein*.

2. Les sceaux étaient tenus depuis le 24 décembre 1621 par Méri de Vicq, seigneur d'Ermenonville, qui mourut près de Montpellier, le 2 septembre 1622.

3. *Entre temps*, en attendant. Il y a *entre tant* dans le manuscrit.

4. « Délibérer c'est être déjà rebelle. » (Tacite, *Histoires*, livre II, chapitre lxxvii.)

rerai pour jamais, Monsieur, votre très-humble et très-obéissant serviteur,

Du Bouillon.

---

2. — [De[1]] Caen, ce 26e octobre [1622].

Monsieur, je vous dois mille remerciements, non-seulement du soin qu'il vous plaît prendre de me faire tenir les lettres de mon cousin Malherbe, mais de votre bienveillance particulière en les voulant accompagner des vôtres et de vos agréables nouvelles. Nous étions ici fort en peine pour le bruit de paix qui couroit[2], et on nous le faisoit si confus, que nous n'osions y ajouter encore beaucoup de foi; mais à présent que nous en voyons les particularités, nous en prendrons plus d'assurance. Ceux qui faisoient des vœux pour la prospérité des armes du Roi ne s'imaginoient pas que le parti de la religion se pût relever du penchant de sa ruine; mais Montauban et la Rochelle subsistants, et M. de Rohan dans son pouvoir et avec crédit et autorité dans ce parti, c'est encore une seconde table[3] dans le débris de leur naufrage. Il ne nous appartient pas d'entrer dans le cabinet, ni d'enquérir les causes et les motifs des conseils et des résolutions de nos rois, pource que Dieu leur a donné un pouvoir absolu dans leur État, et nous a laissé seulement la gloire de l'obéissance; mais la liberté françoise qu'ils ont concédée à leurs peuples fera contrôler les articles de cette paix. Toujours les plus sages et les plus judicieux l'estimeront bonne si elle est durable. Je regrette qu'en revanche de vos courtoisies je ne puis vous mander quelque chose

Lettre 2. — 1. Il y a ici un trou dans le papier.

2. La paix fut conclue à Montpellier en octobre 1622.

3. *Table*, planche, dans le sens du latin *tabula*.

de nouveau ; mais pour le présent il n'y a rien de considérable dans cette province. Les états du pays sont tenus et assignés au premier jour de décembre à tenir à Lisieux, à cause de la peste, qui est très-cruelle à Rouen. J'écris un mot à mon cousin Malherbe ; je vous supplie, Monsieur, de me faire tant de faveur que de lui faire tenir. Il me charge de lui faire payer une partie de cinq cents livres par deçà : aussitôt que je l'aurai reçue, je vous l'envoirai[4] comme il le desire[5]. En attendant, continuez-moi, s'il vous plaît, l'honneur de votre bienveillance aussi longtemps comme je tâcherai de la mériter par toute sorte de devoirs et de submissions, en qualité, Monsieur, de votre très-humble et très-obéissant [serviteur[6]].

3. — De Caen, ce 30e octobre 1622.

Monsieur, je ne vous ai pas assez servi pour mériter les faveurs que je reçois continuellement de vous. Si je ne le fais pour l'avenir, accusez-en plutôt mon impuissance que le manque d'affection. Si j'étois en quelque autre lieu, je pourrois espérer qu'il se présenteroit quelque occasion de revanche ; mais étant relégué ici comme au coin le plus reculé du monde, il ne se faut rien promettre d'un banni. Votre courtoisie aura toutes les qualités desirables en un vrai bienfait : vous donnez pour n'en rien attendre ; mais puisque votre inclination vous porte à obliger les personnes qui vous honorent, pardonnez, s'il vous plaît, Monsieur, à la liberté que je prends d'exiger encore cette particulière faveur de votre bonté. Nous sommes en ces

4. Le mot est écrit ainsi dans l'autographe.
5. Voyez la lettre 216, p. 570.
6. Le papier est coupé à la place où devaient être le mot *serviteur* et la signature.

quartiers tous curieux de nouvelles, mais si malheureux pour une bonne ville, que nous en sommes toujours ou les derniers ou très-mal informés. Tandis que mon cousin Malherbe étoit à Paris, nous tirions ce secours de lui; en son absence, faites-moi cette grâce que de commander à votre secrétaire de me donner la copie de celles que vous recevrez, s'il y a quelque chose de considérable. En cette demande, que vous jugerez peut-être incivile et trop hardie, ne vous imaginez pas que je souhaite que vous vous donniez la peine de m'écrire : rien moins; à Dieu ne plaise que j'abuse jamais de l'honneur de votre bienveillance, en desirant de vous des choses injustes! Je sais par connoissance combien vous êtes arrêté dans l'occupation d'affaires très-sérieuses : aussi je tiendrois à crime de vous en divertir. Si vous me concédez ce que je desire, ce sera à cette condition, s'il vous plaît, que vous ne ferez que commander : ce sera un commerce entre votre secrétaire et moi, que vous autoriserez de votre nom comme font les bons maîtres envers leurs serviteurs fidèles. Si vous m'obligez, Monsieur, de cette courtoisie, vous accroîtrez les obligations dont mon cousin Malherbe vous est redevable, parce que ce sera une faveur extraordinaire que vous donnerez, non à ma personne, mais à son nom. En attendant qu'il vous en remercie, permettez que je fasse des vœux pour votre prospérité, en qualité, Monsieur, de votre très-humble et très-obéissant serviteur,

Du Bouillon.

---

4. — De Caen, ce 24 novembre 1622.

Monsieur, je vous remercie très-humblement du soin qu'il vous a plu prendre de nous envoyer les articles de la paix. Jusques à ce que nous les ayons vus, nous n'ajoutions pas une pleine foi à cette bonne nouvelle; mais d'autant que dans le contenu d'iceux il n'est point parlé de Montauban ni de la Rochelle, nous estimons qu'il y a quelque chose de plus secret pour ces villes-là. On nous a ici écrit de Rouen et de Saint-Malo que l'armée navale a choqué les vaisseaux de la Rochelle, et qu'il y a eu vingt navires pris et douze coulés à fond, et deux mille soldats arrêtés prisonniers. Si cette victoire[1] étoit véritable, cet heureux succès relèveroit la gloire de M. de Guise; mais parce que vos mémoires n'en portent rien, je crains[2] fort de la vérité de cette histoire : elle seroit assez d'importance et en considération pour s'en souvenir; à joindre qu'il est croyable qu'elle seroit aussitôt arrivée à Paris que publiée ici. Depuis ma dernière, il n'est rien survenu de nouveau en cette province qui soit digne de vous. On espéroit que les états tiendroient à Lisieux, à cause de la contagion de Rouen; mais M. de Longueville, qui est allé treuver le Roi à Lyon, fait croire qu'ils seront assignés en un autre lieu et à une autre saison. Je vous baise bien humblement les mains, et suis, Monsieur, votre très-humble et très-obéissant serviteur,

Du Bouillon.

---

5. — De Caen, ce 25 janvier 1623.

Monsieur, encore que mon cousin Malherbe soit de retour, il a desiré que je vous donne l'importunité et l'adresse de mes lettres, tant il est incertain où il se logera à demeure. Il regrette fort le malheur de son hô-

Lettre 4. — 1. Le combat eut lieu le 27 octobre 1622. Voyez les *Mémoires de Richelieu*, année 1622, vers la fin.

2. *Crains* paraît être la leçon du manuscrit, mais le mot est mal écrit et nous laisse quelque doute.

tesse et l'éloignement de votre voisine. S'il peut s'approcher de vous, son logis lui sera beaucoup plus agréable. A un homme de son âge et de son humeur il ne lui faut plus désormais que bon feu et bon voisin. Pour le premier, il y donnera bon ordre; le second dépend du hasard. Je pense qu'il a fait son dernier adieu en Provence, puisqu'il a pris la résolution de faire venir son fils à la cour. Il y a longtemps que nous avions tâché de lui persuader; mais pour tout il déféroit plus aux conseils de sa femme que de ses amis. A présent qu'il a l'esprit en cette bonne assiette, je vous supplie, Monsieur, de lui vouloir continuer. Je sais par expérience combien il a de créance à vos sages avis, et il nous importe grandement que la réputation et le crédit qu'il a acquis en cour ne meure pas. Son fils ayant de très-bonnes qualités naturelles et acquises est capable, si Dieu lui donne des jours, de le faire subsister. En ce faisant, il amendera sa fortune, et peut, avec le temps, tirer la main à ses parents et à ses amis. Les états de cette province ont tenu; mais ils ne nous ont rien produit de nouveau : s'il y avoit eu quelque chose digne de vous entretenir, je n'y aurois pas manqué, car en outre les obligations particulières que je vous ai, je vous dois beaucoup de revanches. Si par quelque espèce de reconnoissance vous me jugiez utile en ce pays à vous servir, je le réputerois à grand honneur. En attendant que Dieu m'en fasse naître quelque occasion, je le prierai, Monsieur, qu'il vous conserve en longue et heureuse santé.

Votre très-humble et très-obéissant serviteur,

DU BOUILLON.

III

GÉNÉALOGIE DE MALHERBE.

Cette pièce, de la main de Malherbe, se trouve au tome Ier, numéro 126 *bis*, du manuscrit de la Bibliothèque impériale. Elle est précédée d'une gravure qui représente les armes des Malherbe de Saint-Aignan et dont une reproduction fidèle sera jointe à notre édition.

Généalogie de la maison de Malherbe, qui est en Angleterre, en la comté de Sufolk.

Geffroy Malherbe.

|

Henry Malherbe.

|

Roger Malherbe.

|

Richart Malherbe.

|

Marguery Malherbe,
fille et héritière de Richart,
et épouse de Thomas Carhurta.

|

Roger Carhurta.

|

Sarra Carhurta,
fille et héritière de Roger Carhurta,
et mariée à Jean Cotel de Yonbrige,
en la comté de Devon, où cette famille est demeurée.

Cette généalogie a été transcrite d'un livre appartenant

à M. Segar, roi de la Jarretière, demeurant à Londres, en Angleterre.

Le sire Malherbe de Saint-Agnan porte d'hermines à six roses de gueules; et le sire Malherbe de la Duncasse porte d'or à deux jumelles de gueules et deux lions de même passant l'un contre l'autre en chief[1]; et le sire de la Meauffe porte de sinople à trois fleurs de lis d'or; et le sire Fonteney de Vaquetot porte de gueules à trois bezans d'argent, comme il appert ci-dessus.

Ceci a été tiré d'un livre de parchemin écrit à la main, au commencement duquel il y a ces mots, en vieille lettre françoise :

« Cest liure deuise la circuite du païs de Caux et combien il a de tour; et les abayes, prieurez et chanoineries qui y sont, et qui les fonda, et de quel temps, et quels corps saintz y sont saintiz à chacune place; et auec ce tous les noms, armes, cris et surnoms de tous les sieurs et nobles hommes qui y sont de present; et les noms et armes de cheux qui y ont esté au temps passé dont lesditz noms et armes sont failliz; et auec ce la creation de cheualerie; et comme syrs et gentz nobles doiuent gouuerner; et en especial, princes et gentz de grande authorité; et la creation de l'ordre des heraultz et poursuiuans : et comme ils se doiuent gouuerner, et ce qui appartient à leurs offices, et les blasons d'armoirie aueque plusieurs armes d'empereurs, syrs et barons de France. »

Ce mémoire me fut apporté par M. de Valavez à son retour d'Angleterre en l'année 1609[2].

1. Malherbe avait d'abord écrit *un chief*, puis il a écrit *en* au-dessus, sans effacer *un*.

2. Voyez ci-dessus la lettre 3, p. 5 et 6, et la note 16.

Je crois qu'il y a erreur en ce mot de la Duncasse et qu'il faut lire de la Meauffe, pource qu'il se trouve ainsi en tous les livres qui parlent des anciennes maisons de Normandie, et ce mot de Duncasse ne se trouve en livre du monde.

FIN DU TROISIÈME VOLUME.

TABLE DES MATIÈRES

CONTENUES DANS LE TROISIÈME VOLUME[1].

Pages.

PRÉFACE. I

NOTICE PAR M. BAZIN. VI

LETTRES.

Lettres.

1. Paris, février 1606. 1
Pour le carrousère.

2. Paris, février 1606. 2
Vers pour le carrousère.

3. Fontainebleau, 2 octobre 1606. 3

4. Fontainebleau, 3 octobre 1606. 6
Commandement du Roi pour faire des vers; mémoires de sa maison par Camdenus; chemisettes.

5. Fontainebleau, 10 octobre 1606. 8

6. Fontainebleau, 15[2] octobre 1606. 11
Mort du sieur de Tyron; Raimbergue rendue; le Nonce cardinal; 400 vers pour le Roi et sa réponse.

1. Les espèces de sommaires placés dans cette table à la suite des dates sont de Peiresc, qui avait coutume d'écrire au dos des lettres, outre leurs dates et le nom du correspondant, une sorte d'analyse où il rappelait ce que chacune d'elles contenait de plus important, en empruntant souvent les expressions mêmes de Malherbe. Pour un certain nombre des dernières lettres, il s'est contenté de souligner quelques passages.

2. Peiresc a mis au dos 14, au lieu de 15.

Lettres. Pages.

7. Paris, 9 novembre 1606. 12

Retour de M. de Rohan de Hollande; mariage du prince d'Orange et ses articles.

8. Paris, 17 décembre 1606. 15

Avec le livret de P. mro Paulo, Vénitien; œuvre de M. Servin pour les Vénitiens.

9. Paris, 22 et 24 décembre 1606. 19

Pour l'emprisonnement du Gascon; pompe de la Seine a couru le dimanche devant Noël; lieutenante civile emprisonnée.

10. Paris, 2 janvier 1607 22

Avec ces beaux vers.

11. Paris, 17 janvier 1607. 24

12. Janvier 1607. 25

En recommandation.

13. Paris, 8 février 1607. 26

14. Paris, 21 mars 1607. 28

Joutes de Concino, etc; chasse de Mlle des Essarts à Chantilly; duel de la Liègue et de Bouchereau; élargissement et protestations du Gascon: payement des 15 livres à M. Ycart; charge de Monsieur le Dauphin; huile d'orange non sophistiquée.

15. Paris, 26 avril 1607. 32

Naissance de Monsieur d'Orléans, etc.

16. Paris, 23 mai 1607. 36

Confirmation de la nouvelle concernant Monsieur le premier président.

17. Paris, 18 juillet 1607. 38

Remerciements de l'huile d'orange; résolutions de l'archevêque d'Aix; dissolution du mariage de Mme de Moret; promesse du Roi d'une pension; félicitations de la réception; caresses qu'a reçues M. de Joinville en Angleterre; demande de l'huile autrement qu'en beurre; sonnet pour Messieurs le Dauphin et d'Orléans.

Lettres. Pages.

18. Paris, 28 juillet 1607. 42

Sur l'avis de ma réception; incertitude en la résolution de sa demeure.

19. Paris, 3 août 1607. 44

En son trône de paresse; promesses de du Monstier sur son portrait; offre de fournir de delà en remboursant de deçà à Madame sa femme; avec de l'or moulu.

20. Paris, 10 août 1607. 46

Avec les six collets et de l'or encore [1].

21. Paris, 2 septembre 1607. 47

A force nouvelles.

22. Paris, 24 septembre 1607. 50

Plaintes; mort de M. de Meslé.

23. Paris, 7 octobre 1607. 51

24. Paris, 12 novembre 1607. 51

Catholisation de M. de Rosny; remerciement des vers de Barclay; les *Muses ralliées;* les aiguillettes et manchettes.

25. Paris, 8 décembre 1607. 54

26. Paris, 1er janvier 1608. 55

27. Paris, 20 janvier 1608. 55

Nouvelles du froid, de la maladie de M. de Montpensier, de la mort du marquis de Montlaur, des règlements de la maison du Roi, de l'enceinte des murailles de Paris.

28. Paris, 8 mars 1608. 59

Perte du paquet de Tassi; consolation sur le décès

1. Cette cote est accompagnée de ce petit calcul, duquel il ressort que le quart d'écu valait seize sous :

Envoyé 22 quarts d'écu, qui font 17 livres 12 sous.

4 livres	10 sous,	d'or.
7	15	collets.
1	15	aiguillettes.

14 livres. — Reste : 3 livres 12 sous.

Lettres. Pages.

de feu mon oncle; mort de M. de Montpensier, qui a interrompu le ballet de Monsieur le Dauphin; promesse du Roi sur sa pension; promesse de Beys pour un page de Jérôme.

29. Paris, 25 mars 1608. 62

Cérémonie des funérailles de M. de Montpensier; départ de don Jouan; légitimation du comte de Moret et de l'abbesse de Frontevaux.

30. Paris, 20 avril 1608. 65

Résolution du voyage de Provence.

31. Paris, 14 mai 1608. 66

32. Paris, 25 mai 1608. 66

33. Paris, 17 juin 1608. 68

Naissance de la fille de M. de Soissons.

34. Fontainebleau, 30 juillet 1608. 69

Son voyage de Bourgogne; arrivée de don Pedro.

35. Auxerre, 20 août 1608. 70

36. Dijon, 1er septembre 1608. 76

Compliments.

37. Dijon, 3 septembre 1608. 77

38. Dijon, 4 septembre 1608. 77

Compliments.

39. Dijon, 3 octobre 1608. 78

Nouvelles des bâtiments publics.

40. Paris, 12 janvier 1609. 80

Plainte et recommandation.

41. Paris, 2 février 1609. 80

Mort du comte de Sault; ballet de la Reine; recommandation.

42. Paris, 21 mars 1609. 83

43. Paris, 16 avril 1609. 83

Lettres. Pages.

44. Mai 1609. 87

Mariage de Monsieur le Prince.

45. Paris, 23 juin 1609. 89

Remercie les huiles[1]; noces de M. de Vendôme; refus d'élargir le comte d'Auvergne; voyage de Mme la princesse d'Orange en Flandres; avec la lettre de Beys; remerciement.

46. Paris, 19 juillet 1609. 91

Cérémonies des noces de M. de Vendôme avec Mlle de Mercœur; exécution de l'édit des duels; guerre de Clèves pour M. de Nevers.

47. Paris, juillet 1609. 96

48. Sans date. 97

49. Paris, 1er août 1609. 97

Guerre de Clèves; jugement de l'inscription de M. du Vair.

50. Paris, 17 août 1609. 100

Venue du président Richardot; vengeance de Courtenay Blesneau sur sa femme; différend de Mme de Villars; mort du sieur de Laurens, médecin; grossesse de Mme la princesse de Conty.

51. Paris, 23 août 1609. 103

M. de Nevers reçu en ses demandes sur Clèves; vengeance de Courtenay Blesneau; gaige de Mme de Guise sur le voyage de Tunis; grossesse de Mme de Conty; refus au Roi par la comtesse de Moret; venue du sieur de l'Esdiguières.

52. Paris, 21 septembre 1609. 105

Mort du président Richardot et reparties à son traité; publication du mariage du petit Rosny; mépris du testament de la maison de Sault par le sieur de Vins; la Reine entre en son neuvième mois le 23e octobre; Mlle de Leuville a la picotte[2].

1. Tel est le texte du manuscrit. Comparez plus haut, p. 587, ligne 4.

2. La petite vérole.

Lettres. Pages.

53. Paris, 19 octobre 1609. 108

Lunettes hollandoises; faveur du président Janin; disgrâce du chancelier; discours à l'encontre de lui par Bandoli; inscription d'Henrichemont, etc.; consommation du mariage du petit Rosny; vers pour le Roi, bien loués d'Arcandre.

54. Paris, 28 octobre 1609. 112

Sur la maladie de Monsieur le premier président; souci de la Reine sur les femmes enceintes, et opinion d'une fille; préparatifs de sa couche; mariage peut-être de Bullion, etc.; Blanc ne donneroit pas cinq sous du droit de M. de Vins sur Sault; mante et ameublement de la marquise de Rosny; édits réservés à la Saint-Martin; relieur de livres; autres vers donnés au Roi.

55. Sans date. 116

56. Paris, 11 décembre 1609. 117

Voyage de Monsieur le Prince en Flandres; changement de lieutenant dans Metz par M. d'Espernon; chute de la litière de Mme de Conty; quatrain supposé de Nostradamus.

57. Paris, 5 janvier 1610[1]. 121

Avec les seconds vers d'Arcandre; pour justification du silence de mon frère; NOUVELLES: Boutteville revient de Flandres; le Prince demande trois places; s'habille à l'espagnole; a de l'Excellence; visite de l'Infante; discipline de ses filles; visite de l'Archiduc; offre de marchandises; lettre de M. de Sully à Monsieur le Prince; boutade du Roi à M. de Sully; adieu de Mme de Verneuil à son fils; M. d'Esdiguières duc; M. de la Boderie en Angleterre.

58. Paris, 11 janvier 1610 128

Ses vers d'Arcandre[2]; avec des nouvelles de Monsieur le Dauphin, jouant aux échecs, visitant M. de

1. La partie de la lettre qui commence à la page 124 forme dans le manuscrit un numéro à part, précédé des mots : « du 5e janvier, » qui ont été omis par erreur dans l'impression.

2. Ces premiers mots de la cote sont biffés.

Lettres. Pages.

Sully; sur portrait de dona Anna Mauricia d'Austria; de l'entrée de M. de Lorraine à Nancy; de la petite vérole de M. le chevalier de Guise.

59. Paris, 13 janvier 1610. 131

Recharge de recommandation pour M. Morant.

60. Paris, 2 février 1610. 132

Voyage du marquis de Cœuvres; prétentions de Saxe sur Clèves; mariage de Savoie et guerre; mariage de Mlle de Montmorency défait; son bien de sept cent mille écus; mort du maréchal d'Ornano; ceux de Notre-Dame lui refusent sépulture; festin de Spinola de deux mille huit cents écus; disposition des Hollandois à la guerre.

61. Paris, 6 février 1610[1]. 136

Dessein du couronnement de la Reine; baptême qu'a fait Monsieur le Dauphin; arrivée du sieur d'Espernon le même jour; duel demandé et requête contre Balagny par Benac; bruit du mariage de Savoie rompu désagréable au Roi; mariage de Mlle de Montmorency défait; ordre du ballet de M. de Vendôme; festin de Spinola à Monsieur le Prince.

62. Paris, 12 février[2] 1610. 139

Guerre; assûrance de M. d'Esdiguières; demande de Monsieur le Prince vers Léopolde de mille chevaux; recherche de la comtesse de Chemilly; chanson achevée d'*Infidèle mémoire*.

63. Paris, 15 février 1610. 141

Par mon frère. — Couronnement de la Reine et entrée à Paris; son déplaisir du bruit qu'il ne se fît pas.

64. Paris, 18 février 1610. 142

1. Il faut effacer (p. 136) en tête de cette lettre ou plutôt de cette feuille de nouvelles, le mot *Monsieur :* il n'est pas dans le manuscrit.
2. C'est par erreur qu'à la page 139 on a daté cette lettre du 12 février. Nous avons retrouvé dans le manuscrit, à quelque distance de la lettre même, le feuillet qui lui servait d'enveloppe; Peiresc y a écrit la date du 11 février.

Lettres. Pages.

65. Paris, 23-25 mars 1610. 143
66. Paris, 24 mars 1610. 151
67. Paris, 1er avril 1610. 154
68. Paris, 23 avril 1610. 156
69. Paris, 6 mai 1610. 160
70. Paris, 19 mai 1610. 165

Assassinat en la personne du Roi; condamnation de Bandoli.

71. Paris, 19 mai 1610. 167

Assassinat du roi Henri IV; et la suite.

72. Juin 1610. 175
73. Paris, 26 juin 1610. 177

Effigie du Roi en cérémonie; Mariana brûlé; départ du maréchal de la Châtre; enterrement du roi Henri III et de sa mère; retour de Monsieur le Prince à Bruxelles; crayon du feu Roi de du Monstier; les cent cinquante écus.

74. Paris, 28 juin 1610. 185
75. Paris, 17 juillet 1610. 188

Brouillerie pour les rangs du parlement et évêque de Paris; venue de Monsieur le Prince; invention de Resely[1] pour les navires.

76. Sans date. 197

Funérailles du feu roi Henri IV.

77. Paris, 9 août 1610. 202

Harangues funèbres de Bertaut; manifeste d'un prince.

78. Paris, 3 septembre 1610. 203

Son voyage de Normandie durant le sacre et en Provence; arrivée des ambassadeurs d'Hespagne et Angleterre.

1. Malherbe a écrit *Razilly* : voyez p. 195 et 297.

Lettres. Pages.

79. Paris, 8 septembre 1610. 204
L'Anti-Coton.

80. Paris, 19 septembre 1610. 205
Voyage de Reims; réception des ambassadeurs; les cent soixante écus acceptés.

81. Paris, 25 septembre 1610. 207
Concino marquis d'Ancre, comte de la Plume, etc.; Monsieur le Prince veut avoir l'ordre du Saint-Esprit; difficultés du mariage.

82. Paris, 9 octobre 1610. 208
Différend des rangs de M. de Créquy et Concino; mariage de M. de Guise; gardes ôtées à M. de Verneuil; miracle d'une fille qui pissa; remerciement des beurrières.

83. Paris, 23 décembre 1610. 211
Avec ses vers pour la Reine; de sa pension.

84. Paris, 7 janvier 1611. 213
Querelle du marquis d'Ancre avec Monsieur le Grand; recommandation pour M. Morant.

85. Paris, 13 février 1611. 216
M. de Gordes.

86. Paris, 4 mars 1611. 218
Don Louis de Velasque.

87. Paris, 5 mars 1611. 220
Retour du maréchal de la Châtre d'Angleterre.

88. Paris, 8 mars 1611. 221
Voyage de Monsieur le Grand en Bourgogne; payement des quatre cent quatre-vingts livres.

89. Paris, 5 avril 1611. 222
Avec deux médailles du Roi et de la Reine; proposition de la canonisation du feu Roi; vœu de la comtesse de Sault; médailles du bois de Vincennes; mariage de Bassompierre avec l'Entraigues; compliments.

Lettres. Pages.

90. Paris, 13 mai 1611. 225

Discours du sorcier présenté à la Reine; voyage de Monsieur le Prince en Guienne; entrevue de Mme de Monravel[1].

91. Paris, 22 mai 1611. 230

92. Paris, 29 mai 1611. 233

Protestation du roi d'Angleterre contre les huguenots françois.

93. Paris, 4 juin 1611. 234

94. Paris, 20 juillet 1611. 235

Quatre cent vingt livres.

95. Paris, 21 juillet 1611. 236

Ambassade des députés de Saumur; avis sur les Médicées[2].

96. 23[3] juillet 1611. 242

Soufflet du roi d'Angleterre au prince de Walles.

97. Paris, 1er août 1611. 244

Querelle du comte de Bresne.

98. Paris, 4 août 1611. 247

La comédie des princes; lettre de Barclay sur l'Arabella.

99. Paris, 14 août 1611. 249

Son voyage en Normandie; M. le Fèvre précepteur du Roi.

100. Paris, 9 novembre 1611. 251

Venue de Mme de Lorraine; sur la santé de Monsieur le président.

1. L'autographe de Malherbe porte Montravel.
2. C'est-à-dire les satellites de Jupiter, que Galilée avait d'abord appelés « les astres de Médicis. »
3. Au lieu de 23, la cote de Peiresc porte *der.* Cela veut-il dire *dernier juillet* (date de la réception)?

Lettres. Pages.

101. Paris, 25 novembre 1611. 252

Enterrement de Monsieur d'Orléans ; deuil de Mlle de Montpensier; citadelle de Bourg; rumeur de Vaten en Berry.

102. Paris, 7 février 1612. 254

Pibrac; avec le livre de Richer; compilation de lettres qu'on veut imprimer.

103. Mars 1612. 256

Remerciements.

104. Fontainebleau, 14 juin 1612. 257

La réception du duc de Pastrano[1] se fera à Paris, en la salle du bal; la Reine lui a augmenté sa pension de cent écus pour les heureuses devises.

105. A M. DE CALAS. Paris, 4 novembre 1612 260

Compliments à M. de Calas.

106. Paris, 22 novembre 1612. 261

Tombeau de M. le Fèvre.

107. Paris, 15 décembre 1612. 264

Gouvernement d'Auvergne; baptême de M. le comte de Soissons et son serment; dernier refus des ducs; chevaliers du Saint-Esprit; ceux de la religion; paroles de Monsieur le Prince contre Monsieur d'Aix en plein conseil.

108. Paris, 18 décembre 1612[2]. 266

Régiment de chevaliers de l'ordre; livre du marquisat de Saluces.

109. 5 janvier 1613. 267

110. Paris, 8 janvier[3] 1613. 271

Combat de M. de Lux.

1. Malherbe a écrit *Pastrana :* voyez p. 258.
2. Au lieu de *décembre* 1612, la cote de Peiresc porte : *janvier* 1613.
3. Il y a 5e *janvier* à la cote de Peiresc.

Lettres. Pages.

111. Paris, 12 janvier 1613. 278
112. Paris, 21 janvier 1613. 283
113. Paris, 1er février 1613. 286
114. Paris, 11 février 1613. 290
Accord du comte de Bresne.

115. Paris, dernier février 1613. 292
116. Paris, 12 avril 1613. 295
Voyage du cadet de la Mole en Allemagne pour la guerre turquesque.

117. 15 avril 1613. 297
Les Toupinamboux; duel de la Châteigneraye; bruit de la mort de Frontin; du roi de [Hespagne].

118. Paris, 3 mai 1613. 300
Voyage du Roi à Bordeaux; mort des Toupinamboux; le bruit de Frontin faux; Monsieur le Comte en possession; suspension du livre de Sponde; livre de Boinville Hennequin; notre arrêt.

119. Paris, 19 mai 1613. 303
120. Paris, 22 mai 1613 306
121. Paris, 4 juin 1613. 308
122. Paris, 6 juin 1613. 309
123. Paris, 14 juin 1613. 312
124. Paris, 23 juin 1613. 313
125. Paris, 29 juin 1613. 316
126. Paris, 8 juillet 1613. 319
127. Paris, 20 juillet 1613. 320
128. Paris, 5 août 1613. 323
129. Paris, 18 août 1613. 324
130. Paris, 20 août 1613. 326
131. Paris, 6 septembre 1613. 328
Censure du mot de Floride; les feux de saint Louis; médaille d'or gauloise chez Mme de Rambouillet.

Lettres. Pages.

132. Paris, 14 septembre 1613. 332
M. Ribier.

133. Paris, 15 septembre 1613. 333
M. Ribier.

134. Paris, 17 septembre 1613. 336
Comédiens; départ de Boinville.

135. Paris, 28 septembre 1613. 339
Des vers de la Coignace.

136. Paris, 10 octobre 1613. 340
137. Sans date. 444
138. Paris, 27 octobre 1613. 349
139. Paris, 11 novembre 1613. 353
140. Paris, 23 novembre 1613. 354
141. Paris, 24, 25 et 27 novembre 1613. 356
Avec la gazette du maréchal Concin; du bracelet de douze mille écus avec la devise : *Titani lumine Vesper;* des deux cents livres, des livres baillés à Cramoisy[1].

142. Paris, 30 novembre 1613. 364
Mort de Mme de Pisieux.

143. Paris, 16 décembre 1613. 365
Mariage de Mlle de Vendôme, de Mlle de Sancy; retour du sieur de Candale.

144. Paris, 13 janvier 1614. 367
145. 16 janvier 1614. 374
146. Paris, 27 janvier 1614. 378
Ordre du festin de Mme la princesse de Conty, fait à la Reine le 19e de janvier 1614.

147. Paris, 10 février 1614. 383

1. Au sujet des deux derniers articles de cette cote, voyez la lettre 143, p. 366 et 367.

Lettres.		Pages.
148.	Paris, 13 février 1614	384
149.	Février 1614	391
150.	Paris, 20 février 1614	395
151.	Paris, 23 février 1614. Sur l'absence de Monsieur le Prince, etc.[1].	400
152.	Paris, 10 mars 1614	402
153.	Paris, 1er avril 1614	405
154.	Paris, 6 avril 1614. Soissons.	409
155.	Paris, 15 avril 1614. Lieutenance générale à M. de Guise, contre celle des commissions de Monsieur le Prince.	413
156.	Paris, 21 avril 1614. Bullion revenu de Soissons.	415
157.	Paris, 1er mai 1614	416
158.	Paris, 3 mai 1614. La paix; présentation de sa traduction du psaume CXXVIII; prenez un casque.	417
159.	Paris, 20 mai 1614. Département des cent cinquante mille écus des princes; lettre de Monsieur le Prince; le baron de Benac; les soldats des gardes.	420
160.	26 mai 1614. Logement de la petite reine; du comte de Bueil.	423
161.	Paris, 31 mai 1614. De celui qui vouloit attenter au Roi.	425
162.	Paris, 10 juin 1614	431

1. Ces mots sont précédés de la date des cinq dernières lettres de Malherbe : « 10e, 13e, 16e, 20e, 23e février 1614. » La troisième de ces dates s'applique à la lettre 149, que nous avions laissée sans indication de jour, et lève le doute exprimé par la note 1 de la page 391.

Lettres. Pages.

163. Paris, 23 juin 1614. 433

Avec les consolations de Coeffeteau et du sieur de Conserans; baptême de Monsieur Gaston.

164. Paris, 4 juillet 1614. 439

165. Paris, 11 juillet 1614. 444

Voyage d'Orléans.

166. Tours, 22 juillet 1614. 444

167. Paris, 27 juillet 1614. 445

Voyage de Poitiers et Tours; satisfaction de Montbarot.

168. Paris, 12 août 1614. 447

Voyage de Bretagne.

169. Paris, 17 août 1614. 451

Succès du voyage de Bretagne.

170. Paris, 27 septembre 1614. 453

Avec son épître à Mme de Conty.

171. Paris, 5 octobre 1614. 454

Pour cent ou cent vingt écus.

172. Paris, 8 octobre 1614. 461

Majorité du Roi; querelle de M. de Longueville contre le maréchal d'Ancre[1].

173. Paris, 17 octobre 1614. 462

174. Paris, 27 octobre 1614. 467

Procession des états généraux; séance des états généraux.

175. Paris, 3 novembre 1614. 471

Avec la requête de Bretagne (articles où il faut lire : « pour le bien et sûreté du pays »). — Entrée des états; réception de M. du Bouillon et de Mme de Nevers.

1. Les deux dates écrites au dos de la lettre par Peiresc (5e *et* 8e *octobre* 1614) montrent que cette cote s'applique aux lettres 171 et 172.

Lettres. Pages.

176. Paris, 14 novembre 1614. 476

Avec l'écu de Mme de Conty.

177. Paris, 4 décembre 1614. 477

Réception de Mme de Longueville; échange de gouvernement; actions de la princesse d'Espagne.

178. Paris, 26 décembre 1611. 481

Mort du marquis des Arcs, maréchal de Roquelaure; placet rayé par le Roi.

179. Paris, 1er février 1615. 483

Avec les vers de Sirmondus, le distique de Dôle et une gazette; pour bailler cinquante écus en seizains[1].

180. Paris, 13 février 1615. 485

Avec les vers de Sirmond sur la statue du Roi; *Financier; Diogène;* ballet de Monsieur le Prince et rencontre de M. de Sully; alliance de M. de Vendôme.

181. Paris, 23 mars 1615[2]. 488

Ballet de Madame; bracelet de la petite reine; ses officiers; faquin d'Amiens.

182. Paris, 28 mars 1615. 491

Venue de M. de Longueville; voyage du sieur des Marets en Angleterre; sur les secours de Savoie; mort de la reine Marguerite; dialogue sur le choix, en l'alliance d'Espagne, du père pour le fils.

183. Paris, 28 avril 1615. 493

184. Paris, 6 mai 1615. 495

Défenses à Madame de sortir seule.

185. Paris, 17 mai 1615. 495

Voyage de Bayonne.

186. Paris, 23 mai 1615. 496

Voyage de Bayonne; carrosses; remontrances du parlement; départ de Monsieur le Prince; mariage de M. du Maine.

1. Voyez la seconde lettre de Mme de Malherbe, p. 588, note 1.
2. La cote de Peiresc porte 1614, au lieu de 1615.

Lettres. Pages.

187. Paris, 1er juin 1615. 499

Son voyage de Provence; survivance du gouvernement de Lyon; remontrances du parlement.

188. Paris, 24 juin 1615. 500

Voyage de Bayonne; inclination du Roi aux mariages; Montiny en Savoie; levée de M. de Bouillon; les cinquante écus pour Cramoisy.

189. Paris, 27 juin 1615. 504

Principauté de Château-Renaud; accord de Monsieur le Prince avec M. de Joinville; départ de Monsieur le Prince; rumeur de Saint-Germain l'Auxerrois; remontrance de la noblesse.

190. Paris, 17 juillet 1615. 507

Voyage; quatre cent mille écus de la Bastille; comte d'Auvergne; Mme de Nevers; M. de Montmorency.

191. Paris, 10 août 1615. 512

Résolution du voyage.

192. Paris, 10 août 1615. 514

193. Paris, 18 août 1615. 518

Départ de Leurs Majestés; charge du maréchal Bois-Dauphin; accouchement de Mme de Guise; 107[1]; voyage de Mme de Nevers.

194. Paris, 19 août 1615. 521

Avec la harangue de Chanvallon.

195. Paris, 23 août 1615. 522

196. Paris, 5 septembre 1615. 523

Armement de Monsieur le Prince; mariage de M. de Joinville; *Martin l'Ane;* rencontre.

197. Paris, 6 novembre 1615. 526

Sa pension; conquête du maréchal d'Ancre; prison

1. Ce chiffre désigne du Vair : voyez p. 519.

1. Au sujet de cette date et de celle de la lettre suivante, voyez ci-dessus, p. 547, note 1.

2. Cette lettre porte l'annotation suivante, écrite de la main de Peiresc : « Reçue le 27e décembre 1622. »

APPENDICE.

FIN DE LA TABLE DU TROISIÈME VOLUME.

PARIS. — IMPRIMERIE DE CH. LAHURE
Rue de Fleurus, 9

www.ingramcontent.com/pod-product-compliance
Lightning Source LLC
Chambersburg PA
CBHW071241240426
43668CB00033B/1018
* 9 7 8 2 0 1 2 5 9 6 6 7 2 *